SHONA PRO

PALM OIL WITH W   RICAN
WORDS ARE EATE

Compiling Editors: Ngwabi Bhebe
Advice Viriri

Booklove Publishers

BOOKLOVE PUBLISHERS
P. O. Box 1917, Gweru, Zimbabwe
E-mail:booklove87@yahoo.com

SHONA PROVERBS: PALM OIL WITH WHICH AFRICAN
WORDS ARE EATEN

First published 2012

Editor: E A Makadho

Assistant Editors: D Nhidza
                  M Chikanga
                  V Nyamondo

ISBN   978 0 7974 4825 4

Published in Zimbabwe
by Booklove Publishers
printed by Kitskopje, Pretoria
2012

Contents

PREFACE

The reason of assembling this Shona proverbs collection is to highlight both the range of philosophical issues that Shona proverbs raise and the shared concerns emanating from them. This book emerges from the harnessing of Shona proverbs by Taperesa Mutematemi Samaita, born in February 1914, near Chingechuru Primary School, in the area of Chief Mudavanhu in Mberengwa District. His paternal ancestors had emigrated from Manicaland and were of the Manyika tribe. His maternal grandparents belonged to the AmaNdebele tribe who came from the Matopo Hills in Matabeleland.

Towards the fall of 1917, the whole Mutematemi family moved from Mberengwa to Shurugwi District in the far north with the intention to return to Manicaland as was demanded by their ancestral spirits, but the outbreak of the 1918 influenza, while they were staying in Shurugwi, forced the whole family to discontinue their trip. So they finally got permanently settled in Nyaningwe District, under headman Shiku Musinauta. At the age of nine, in 1923, Taperesa first attended school at Dangakurabwa of the Dutch Reformed Church, under teacher Johnsaya Mhungu. After two years of schooling, in early 1925, the entire family drifted back to Mberengwa, where they again had their home built near Chingechuru School. Facilities at the school were so poor that in 1926 and 1927 Taperesa had to stay home without attending school.

In July 1928, he left home for Masase Boys Central Primary Boarding School, where he was admitted in Sub-B (now Grade Two) by the Principal, Rev. Rickland. He obtained very good end-of- year examination results, which earned him a double promotion to Standard Two. Taperesa worked diligently at school and eventually surprised many when he was top of the Standard Two end-of-year examination and deserved being pushed to Standard Four.

From Standard Four, he was promoted to Standard Five, which he com-
iv

bined with his first-year teachers' training course. In 1933 he completed his second-year teacher's training course where he obtained a first class pass as well as being number one in a class of seventeen students.

At the age of 19, he began teaching at one of the village schools in Gwanda District. But after two years, at the beginning of 1936, he proceeded to Morgenster Teachers' Training College in Masvingo District for his third-year, which he completed together with Standard Seven students. From 1937, he taught in Gwanda, Shurugwi and Mberengwa District schools. In 1944 and 1945, he was at Tiger Kloof High School in the Cape Province of South Africa furthering his secondary education.

Taperesa became a teacher at Mnene Boys Central Primary School in Mberengwa District from 1946 to 1949. In January 1946, Taperesa Mutematemi Samaita was appointed to teach Standard Four Shona lessons at Mnene Boys Central Primary School in Mberengwa District. Shona proverbs teaching formed part of his Shona lessons. He encouraged his pupils to collect as many Shona proverbs as they could. When collected, these were first analytically dealt with orally, then followed by written exercises. Jonathan Kufa Siyapela, his confidant, had a very fertile knowledge of Shona proverbs which further enriched his Shona proverbs' collection.

In 1950, he was transferred to Musume Boys Central Primary School in Mberengwa where he taught until 1951. On request from the Department of Internal Affairs, he left teaching and became a clerk and a court interpreter for twelve years, from 1952 to 1963. During the whole term of his service, he was stationed at Mberengwa, Zvishavane, Gokwe and Mvuma. He, again, returned to teaching in early 1964 in the Gokwe District primary schools for a period of 10 years up to May 1974, when he retired. Since then, he has been staying at his home in Gokwe District, near Gokwe Primary School.

The proverbs contained in this book were gathered from the width and breadth of Zimbabwe covering Midlands, Masvingo, Manicaland and Mashonaland West Provinces. Of the 5 240 Shona proverbs he collected, only 2 736 are in this book.

May this result of his forty-three years [1946-1989] of strenuous Shona proverbs research, fruitfully reward the five Shona dialects-speaking people, namely, Chikaranga, ChiManyika, ChiZezuru, ChiKorekore and ChiNdau, in preserving the undiluted identity of their Shona language proverbs. Shona proverbs are gradually fast dwindling into obscurity through daily contacts with foreign languages, and these contacts are practically unavoidable. People with diverse backgrounds should always communicate whenever they meet. This collection was contributed entirely by Shona elderly persons, most of whom were, and still are notable experts on the Shona language.

Many thanks are due to my friend, Panganai Mushangwe of Nyashanu Mission High School, Buhera and Mrs Laurencia Viriri of Regina Mundi High School, Gweru for their expert advice as 'A' level Shona teachers. The late Professor Emmanuel Mudhliwa Chiwome left an indelible mark on this project by his untimely death. May his soul rest in peace. It is this void that I, being nurtured by the intellectual guidance of Professor Ngwabi Bhebe, managed to publish this voluminous text. It is Professor Bhebe's patience, good humour and constructive criticism in getting the book published, that I owe a debt. Above all, to God be the glory.

Advice Viriri
Deputy Dean
Midlands State University

FOREWORD

This book has a long history in preparation. Taperesa Mutematemi Samaita, an exceptionally foresighted conservationist of Shona intangible heritage, tells us that he took 43 years to research, compile and to provide an English translation for each of the Shona proverbs in this collection. Very few people would have foreseen, 65 years ago, as Samaita did, the overwhelming western cultural impact on Africans, especially through formal education and rapid urbanisation. The use of English as the medium of instruction in our educational system, though not leading to the replacement of local *languages, has given rise to a situation where the young ge*neration communicates in mixtures of languages. People nowadays hardly complete sentences in any local language without putting in English words. Moreover, urbanisation with its concomitant atomisation of the traditional communal family structures, which constituted the reservoirs and transmitters of indigenous cultures, has also tended to speed up the transformation of the local languages through assimilation of exogenous linguistic structures and vocabularies. Incorporations of foreign elements also go hand in hand with considerable losses of elements in indigenous languages. Normally, the endangered aspects of an invaded autochthonous language tend to be figures of speech or idioms. That was what Samaita instinctively and percipiently grasped and embarked on in his almost lifelong intensive research in collecting Shona proverbs.

In a very important way, this collection of the Shona proverbs testifies to the African wisdom as transmitted through the Akan people of Ghana that when the rain beats the leopard, its fur becomes wet, but its spots do not wash away. In spite of the cultural battering and interpenetrations of the West, the present study is enough testimony that Shona proverbs, typical of all African orature, demonstrates enduring resilience since rain has failed to wash away the leopard's spots. While it is true that the proverbs are becoming increasingly sparse in everyday speech, a reading of them in this book conjures up vividly Shona worldview and many aspects of Shona life. Clearly, failure to preserve these receptacles of our culture and philosophy, is to commit a slow process of suicide as a people, since that might also be the beginning of the demise of our indigenous languages. Language death is a reality which matters and we should be seen to be caring. The plight of the world's endangered languages should be at the top of any environmental linguistic agenda. As editors of the present study, we felt everyone should be concerned, because it is everyone's loss. Indeed, we take seriously the counsel contained in the proposition of the 1992 International Linguistics Congress in Quebec, which unanimously agreed on the following proposition:

> *As the disappearance of any one language constitutes an irretrievable loss to mankind, it is for UNESCO a task of great urgency to respond to this situation by promoting and, if possible, sponsoring programs of linguistic organisations for the description in the form of grammars, dictionaries and texts, including the recording of oral literatures, of hitherto unstudied or inadequately documented endangered and dying languages (Crystal, 2000 : vii).*

In response to this clarion call, we were determined to have this book published as a complimentary volume to Alec Pongweni's *Figurative Language in Shona Discourse* (1989), Hasan Rokem's *The Pragmatics of Proverbs: How the Proverb Gets its Meaning* (1982), Mordekai Hamutyinei and Albert Plangger's *Tsumo-Shumo: Shona Proverbial Lore and Wisdom* (1976), Herbert Chimhundu's *Shumo, Tsumo and Socialisation,* (1980), Caroline Parker's *Aspects of a Theory of Proverbs: Contexts and Messages of Proverbs in Swahili,* (1974), and Munashe Furusa & Nhira Edgar Mberi's article, 'What is Orature' in *Introduction to Shona Culture,* (1997). This book helps to preserve our linguistic heritage and to promote awareness without which universal concern on world orature cannot grow. Indeed, this awareness has been on the significant increase as shown by the following events, among others. In 1995, the Endangered Language Fund was instituted in the USA, the very same year that an International Clearing House for Endangered Languages was inaugurated at the University of Tokyo, Japan. The following opening statement by the Fund's committee provides a relevant perspective which further inspired us:

> *Languages have died off throughout history, but never have we faced the massive extinction that is threatening the world right now. As language professionals, we are faced with a stark reality: Much of what we study will not be available to future generations. The cultural heritage of many peoples is crumbling while we look on. Are we willing to shoulder the blame for having stood by and done nothing* (Crystal, 2000:vii).

This book is a combination of proverbs' humanistic tendencies encapsulated in *ubuntu* philosophy that provides a method for correcting the trend towards rudeness and for a return to civility. *Ubuntu* philosophy is a concept that is carried through proverbs. *Ubuntu* means human dignity and collective sharedness. This definition means that people are people through other people. This is easily summed up in proverbs. Put rather differently, the very existence and identity of an individual depends on his/her relationships with others. It is an existing truism that reconciliation and the peaceful transition from Zimbabwe's Chimurenga War to independence was only possible due to the shared understanding and exercising of *ubuntu*. The Zulu maxim that *Umuntu ngumuntu ngabantu*, whose Shona equivalent is *munhu vamwe*, when put differently simply means that: To be human is to affirm one's humanity by recognising the humanity of others in its finite variety of content and form (Van der Verwe, 1996).

The fact that the book is truly significant is quite evident. A language dies, as we have already indicated, as if it has never been, when nobody speaks it any more. To say that a language is dead is tantamount to saying a person is dead. This reality is unequivocal. If this continues unchecked, the world will face a linguistic crisis of unprecedented scale. This volume has come at a critical point in human linguistic history and it, therefore, becomes the knowledge bank of Shona language as a repository or archive of the people's spoken linguistic past.

Proverbs contained in this volume might be new, depending on one's Shona dialect, but their variant forms are juxtaposed. In a way, the book assesses the level of functional or structural change in some Shona proverbs which is a very important process that the present writers carried out with extreme caution. Change is the only known constant variable. After all, change is a normal and mandatory process of all languages, hence the promotion of a people's identity. From the viewpoint of human capital theory, proverbs embedded in a language are part of the resources that people can draw upon in order to increase the value of their potential contribution to life and productivity. Proverbs are, therefore, valuable for they promote community cohesion and vitality, foster pride in a people's culture, and give a community its desired self-confidence.

Most of the proverbs in this volume have never been written down before but were performed orally. Some are lost with time and others are retained in the esoteric incantations and pronouncements of traditional court officials as well as oral performers. A well-known West African griot (oral performer) adroitly expresses it:

> We are vessels of speech, we are the repositories which harbour secrets many centuries old... We are the memory of mankind; by the spoken word we bring to life deeds and exploits of kings for younger generations (Crystal, 2000: 42).

This collection of proverbs, no doubt, is enough testimony of the prodigious feats of a people's memory. It is through oral performers' use of state-of-the-art linguistic techniques that ensures the transmission of this memory. Proverbs contain a people's history; for a language does not only provide its philological connections but is the archives of history. George Steiner's (1967: 131) apt comment applies: 'Everything forgets.

x

But not a language.' It is the richness of Shona cultural heritage whose power to facilitate individual expression in the form of community or personal identity, which this book, *Shona Proverbs: Palm Oil With Which Words Are Eaten* contains. A nation without proverbs is a nation without a heart.

Finally, I need to complete the story of the book itself. Samaita finished writing it in 1989 and the entire voluminous manuscript was hand-written. In the same year, Samaita worked with the Rev Sven-Erik Fijellstrom at Masvingo Bible School, where they were running an induction programme for Swedish SIDA and mission workers. It was the Rev Fijellstrom, who happened to have important vocational and family links with old missionaries who still bear permanent relationships and attachments with the people of Zimbabwe, who carried the manuscript to Sweden for its typing. As it happened, Fijellstrom is son-in-law to Tore Bergman, our old and fondly cherished Principal of Chegato Secondary School in Mberengwa. Ten years later, Bergman sent me the manuscript at the University of Zimbabwe, where I was Professor of History. To edit and prepare the work for publication, I enlisted the partnership of Prof. Emmanuel Chiwome, in the Department of African Languages and Literature. When he passed on most untimely, I transferred the partnership to Advice Viriri, then Chairperson in the Department of African Languages and Culture and now the Deputy Dean of the Faculty of Arts, Midlands State University. It is Midlands State University which has provided funding for the publication of this book, through its Editorial and Publications Committee and the Research Board. To all these missionary friends and scholars, I say, your generous contributions to this noble work and the book itself are permanent monuments to Taperesa Mutematemi Samaita, the far-sighted, indefatigable and dedicated conservationist of Shona intangible heritage.

Professor Ngwabi Bhebe
Vice Chancellor
Midlands State University
Gweru, Zimbabwe, February 2012

References

Crystal, D. (2000) *Language Death*. Cambridge: Cambridge University Press

Steiner, G. (1967) *Language and Silence*. London: Faber and Faber

Van der Merwe, W. (1996). "Philosophy and the Multicultural Context of (Post) Apartheid South Africa" in *Ethical Perspectives*, 3, 1-15.

Introduction

"In Africa, when an old man dies, a library burns down."

(Amdou Hampate Ba, Report of the World Commission on Culture and Development, 175)

Link Between Previous and Current Studies

The most recent and extensive study of Shona proverbs was carried out by Alec Pongweni and published in 1989 under the title – *Figurative Language in Shona Discourse*. This introduction reviews and synchronises previous efforts of scholars like Hasan Rokem (1982), Mordekai Hamutyinei and Albert Plangger (1976), Herbert Chimhundu (1980), Parker (1974), Munashe Furusa and Nhira Edgar Mberi (1997). The present writers frequently draw from the summation of observations made by Pongweni in the context of Shona literary discourse.

The largest collection comprises 1896 proverbs compiled and translated by Hamutyinei and Plangger (Mberi, 1997:70). As the compilers admit, this is not an exhaustive collection. It is not possible to collect the entire repertoire of oral culture in existence. While we are busy compiling the existing inventory of proverbs, new ones are coined and canonised. The book at hand adds to the existing inventory of proverbs by including modern proverbs which earlier collections had not included. The new proverbs serve to demonstrate that a living language keeps extending itself to cover aspects of experience that are not catered for by the existing ones. New proverbs are part of a natural organic process of a living language. They do not threaten the purity of language, as cultural nationalists and language conservationalists have sometimes feared.

The book also brings Ndau proverbs into the mainstream of studies in Shona oral traditions. This introduces the element of cultural diversity to the narrow classical concept of standard Shona. We believe that this addition broadens the parameters of the Shona language by recognising that the language does not only get enriched through contact with the West but by lexical diversity within its dialects. Urbanisation has also gradually brought many dialects of Shona together in the modern cultural metropolis, that way, making the language more colourful and unified than perhaps the classical concept of standard Shona had implied. Shona should continue to benefit from the figurative expressions that are found in its dialects and neighbouring Bantu languages. Ndau proverbs are particularly interesting insofar as they show the proximity of Shona to Nguni languages. A word like *inohamba*, in 'Hove *inohamba* ngemuronga wayo' (A fish travels along its way), is closer to *iyahamba* in Ndebele than to *inofamba*, in Shona. The same applies to *mundu* in 'Kunzi *mundu* ari apa kudya' (For people to recognise one as a (real) person, one must eat). In keeping with this organic development of the Shona language, proverbs from other dialects are reflected in this book. The concept of the standard Shona language is observed in terms of spelling and orthography.

Proverb Defined

Hasan-Roken (1982) defines the proverb as a summary of a community's experience (in Pongweni, ibid, 2-3). Proverbs represent their creators' ability to create theories of existence from everyday observations. Each proverb is a part-truth about life, together the proverbs form artistic truths about the Shona worldview. Together, they depict the soul of the people. It is, therefore, not possible to fully understand Shona perceptions of themselves at given points in history by studying a set of proverbs out of the context of the total inventory. The Shona proverbs are generalisations covering virtually all aspects of life. They represent the wisdom of the past used in a new situation to justify current behaviour, condition or thinking. They teach, warn, console, satirise and advise listeners.

> *They belong to the unwritten compositions of the society*
> *which do not only immortalise the wisdom, philosophy and*
> *history of the Shona people but also provide a system of*

handing down these insightful ideas the Shona people have compiled about themselves, from generation to generation (Furusa, 1997:86).

Furusa further observes that:

A close study of the Shona proverbs reveals that they express the Shona people's strong desire to cultivate and promote the best in individual and society at large as determined by their resources at each stage in their development (Furusa, 1997:86).

Tsumo / Shumo in Traditional Society

The traditional setting for the proverb is dialogue or conversation. The meaning of the proverb as well as its aesthetic effect can only be determined in the social discourse. As demonstrated in the poems collected by John Haasbroek (1980) under the title *Nduri Dzenhango DzomuZimbabwe,* proverbs validate ritual, thus bringing it to fulfilment. They define the purpose of ritual to the participants. A host may propose a toast, *kusuma,* by asking his nephew, *muzukuru,* to dedicate a pot of beer to their kinsfolk. The nephew could start by saying, "*Vakuru vedu vakati, 'Chawawana idya nehama, mutorwa ane hanganwa'*" (Our elders said, 'Share with relatives the good you have found, non-relatives forget too soon.') That proverb would encourage kinsfolk to support each other against possible threats from outsiders. It underscores the fact that the strength of individuals in a subsistence society with simple technology lies more in their solidarity as opposed to machinery or money in the capitalist economy. In a different setting, the same society would say, *Mweni haapedzi dura (A visitor does not finish (food) in the granary).* This proverb emphasises that, in the subsistence economy, generosity is a form of investment rather than a liability.

The Shona people's wisdom represents moral lessons, science, philosophy, art, history, religion, social vision - in short, truth that is derived from experience. Proverbs equip individuals with knowledge, skills and values that are compiled from their past. For that reason, the past is endeared and cherished for use by all, as enshrined in the proverb: *Ziva kwawakabva mudzimu weshiri uri mudendere* (Know where you came from, the ancestors of birds are in the nest) (Furusa, 1997:91). However, the same society also cherishes entrepreneurship and innovativeness as evidenced by the proverb: *Chitsva chiri murutsoka* (New things come through venturing out), or *Zviuya zviri mberi* (The good is in the future). The latter encourages one not to give up hope just because the present is bleak.

Proverbs are used to support current positions. While they are stable in terms of vocabulary and structure, they constantly occur in new situations which may have something in common with the past. They, therefore, do not reflect social status as has been argued from the classical social anthropological perspective. Conflicting proverbs merely represent two sides of the coin which need to be recognised as part of understanding the nature of a situation. The inherent conflict may represent choices that are available to people in given situations. On the issue, Furusa (ibid:89) observes that:

> It is important to add that these realities are unearthed in the process of living itself. The proverbs speak against parochialism and dogmatism. They leave room for personal judgement, creativity and self-initiative as demanded by the imperatives of social existence always guided by the envisioned goals of their specific culture. Dualities of opposites exist in life and this does shape the thinking of a people as they try to give direction to their life according to principles and directions that they fashion.

When behaviour cannot be linked to the past, it creates a sense of insecurity. Proverbs which refer to the past give their users a sense of affiliation which helps create social stability through the observance of selected values and practices. Those that are used to support change show that innovation is an integral part of living traditions. They link the past and present through the selection and incorporation of relevant observations from the past. To that extent, proverbs give a sense of continuity as culture keeps on changing. They give the feeling that change is within known and, therefore, acceptable limits:

> *They illustrate an intense search for a harmonic relationship with the present, with everyday life, a relationship that would enable them to find the most correct action, to bring about justifiable change freely in their own life* (Furusa, ibid: 92).

Thus, contrasting proverbs create an atmosphere in which diverse views and opinions are accommodated by the apparently homogeneous society. In relation to this, Parker (1974:133) observes that:

> *The point at which circumstances and / or opposing values come into conflict is a point of ambiguity. One must make a decision concerning which of the values is more relevant to himself or to the circumstances* (Parker in Pongweni, 1989:8).

Furusa also observes that proverbs:

> *Present to us a world in which man, nature and the spiritual world move in step, where social organisation, social control and moral balance are maintained by clearly defined and subtle protocol of law, custom and rituals articulated in artistic form and where language has a powerful social purpose and words value.*

The position supported by the proverb is in fact not conservative. It is the 'validation which is ancient' (Bourdillon, 1993:9). To that extent, Bourdillon correctly observes that proverbs are a guide rather than a trap. They support certain choices and forms of behaviour, that way, giving their users the satisfaction that their actions and ideas are within the acceptable social framework (Bourdillon, ibid: 9). They do not represent stereotyped thinking as quick impressions based on the structure and meaning of proverbs might suggest.

Pongweni notes that proverbs are canonical since they reinforce the values and norms of a stable society. He cites a case where 'proverb occurrence and usages by protagonists...justify conflicting interests and courses of action in the fight for Mhazi chieftaincy' (Pongweni, 1989:74). In such a situation, proverbs are prefixed by words like *'Our ancestors told us that...'* (Pongweni, 1989: 77). The ancestors are the custodians of cardinal values. Proverbs can be used expediently even to oppose the humanistic values that they are a metaphor of. When selected proverbs are invoked as the voices of elders from whom both the speaker and audience originate, they carry the sanctity and correctness of authority. Their users who share the same ancestors are predisposed to accept the logic expressed

therein. Proverbs are the voices of wisdom insofar as they measure the extent to which present actions or decisions conform to, or deviate from, previous actions and decisions. In the Shona oral culture, they act as the law of precedent:

> *They categorise the current problem, relating it to past ex-*
> *perience which was similar and arguing that the present case*
> *should be treated similarly* (Pongweni, 1989:8).

In the same sense, proverbs are argued to be *'stark and unambiguous'* (Pongweni, 1989:78). Their vividness depends on their familiarity to the listeners.

Tsumo / Shumo in a Changing Society

Some Shona speakers in present-day Zimbabwe live in cities. To some of these people, particularly the young generation, country-based images may be out of their sphere of experience. The new material and non-material aspects of culture in the changing environment provide alternative words to the original ones. Urban areas provide images which school-going youths can readily associate with. In such a situation, well-known proverbs which use unfamiliar diction may still be accepted because the audience is used to hearing them in contexts in which their validity is not questioned. This acceptance is intuitive rather than cognitive. Chimhundu (1980) notes that new proverbs are coined on the basis of canonical ones. The acceptance of the new proverbs is based on their structural conformity to existing ones.

In some cases, lack of familiarity with diction leads to the replacing of unfamiliar words with familiar ones within the same structural framework. These changes may arise out of dialectal differences. All versions are acceptable in the different areas and have the same status in the Shona language.

In cases where proverbs are used consecutively, the familiar illuminate and lend credibility to the familiar that was also achieving emphasis and intensity of effect. In some cases, innovation is inspired by the general tendency of the youth to resist conformity to formal expression. The Shona youth are not the regular users of proverbs among themselves and may not use them to persuade elders as it is a sign of confrontation rather than respect. Nevertheless, they do coin their own proverbs for light-hearted use in their own circumstances. A proverb that arises out of the youths' desire to subvert conventional expression is: *Charovedzera charovedzera, mubhoyi akaenda nederere kudhorobha* (Misfortune is a stubborn customer, the black man was forced to carry okra to the city). Another one would be: *Zvabhenda zvabhenda mbambaira haitwasanudzwi* (Come what may, a crooked sweet potato cannot be panel-beaten). *Zvabhenda zvabhenda sadza harina horodhi'* (Come what may, there is no holiday to eating *sadza*). More examples are found under sections with 'modern' proverbs. Such proverbs are likely to be found in satirical oral discourse rather than solemn elderly discourse in the traditional setting or in serious fiction.

Some of the coinages are made by adults. A mature man or woman who is also a keen observer of life may be associated with a certain axiom. When the person dies, the idiosyncratic statement is attributed to that person. With time, it gets canonised and gets linked to all the elders. The Tonga people have a proverb which illustrates such a situation: A white man has no kin; his kin is money (Finnegan, 1970: 393). Some Tonga elders could have coined the proverb on realising that, unlike pre-capitalist Tonga who rely on kinsfolk for comfort, the white people they know rely on money and, therefore, can dispense with assistance from relatives. The proverb illustrates that social relations are shaped by the economy.

Popular singers use old and new proverbs to appeal to the sensibility of their audience. The abundance of the proverb in the lyrics helps the singers to identify with the audience without whose support they cannot subsist. In the 1980s, Paul Matavire was very popular with his social-satirical songs which relied heavily on proverbial irony. At one time, an idea was mooted to honour the singer with a degree for his popularisation of figurative discourse. Apart from him, artistes like Oliver Mutukudzi and Simon Chimbetu are other singers whose lyrics derive largely from pro-verbial language in dealing with contemporary social and political themes. Their formulaic repertoire appeals to the masses of Zimbabwe.

Writers also introduce new proverbs to the language. Their predilection for deploying proverbs in their writings sometimes makes them translate expressions from other languages into Shona. An example is the English expression: *'Money is the root of evil' Mari ndiwo mudzi wezvivi* (Shona)*; Imali yimpande yesono (Ndebele). Another one is: Gehena harina moto* (Hell has no fury) from Christian religion.

Classification of Collection

'Each field of human effort produces its own proverbs, which provide, in turn, guidelines for human action' (Furusa, 1997: 90). In this book, we have not used the fields of human action to classify the proverbs.

Readers know that there are proverbs on *wisdom* and *foolishness*; *speed*, *strength* and *bravery; fortune* and *misfortune; friendship* and *enmity; honesty* and *dishonesty; selfishness* and *generosity; human nature* and *unity*. This typology in Hamutyinei and Plangger (1976) is not as neat as it might appear because life itself does not prescribe proverbial use to one domain. To demonstrate the fact that this typology is only an attempt to anatomise a holistic field of artistic and normative data in order to make some sense of it, we have not classified some proverbs under *'miscellaneous.'* This also helps to suggest that the typology is not all-inclusive and neat. Nevertheless, it is not useful enough to demonstrate that the Shona universe can be coherently accessed through these categories. This volume is, therefore, less concerned with these categories for readers require reference to a broader social context than to be blinkered.

Further to that, the proverbs are not divided into 'traditional' and 'modern' ones. The traditional' category reflects proverbs whose imagery predates colonisation, while the 'modern' category presents proverbs which arise from encounters with modernity. Today, the traditional and modern exist side by side; with one category being older, more formal and more popular than the other. The absence of a division also shows that proverbs date back from different points in history from time immemorial and keep increasing all the time.

Tsumo / Shumo and Socialisation

Elders use proverbs to teach young people. Pongweni (1989:81) uses Ignatius Zvarevashe's novel, *Kurauone*, as a case study of the traditional formal instruction. In this case, proverbs are employed to shape the attitudes of the young towards certain topical issues. However, they are most pronounced during rites of passage like entry into adolescence, marriage and, nowadays, departing for college or leaving the village for the city. These attitudes help construct a worldview that guides youths through life (ibid, 82). This function of the proverb is the subject of Herbert Chimhundu's discussion entitled *Tsumo-shumo and Socialisation* (*Zambezia*:1980). Proverbs play a key role in making people see the world in a way that is unique to them as a community. George Fortune (1975-6) and Aaron Hodza (1974), identify a discourse which is characterised by proverbs which they call *rayiro* (advice). Developing from Hodza, John Haasbroek (1980) calls the same discourse *Nhango dzerayiro*. Through this proverbial discourse, children are taught by members of the extended family, particularly maternal uncles and paternal aunts, all they need to know about life. A grandmother teaching grandchildren a moral which is necessitated by a given situation may begin by quoting a deceased elder. Emmanuel Chiwome's maternal grandmother, Mbuya Tendai, affectionately known in the villages as VaTendai, often says, 'Mai vangu, VaEsitere, vaisiti…' (My mother, Lady Esther, used to say…). That way, she prefaces her retrieval of proverbs for use among her grandchildren and great grandchildren.

A Shona child assimilates proverbs for use in adult life. As a new person in the world, a child has a difficult road of discovery ahead of it. This discovery takes an ongoing training of the mind to appreciate the world from a certain perspective. The appreciation takes the form of creating concepts of itself, its family, culture and country. Proverbs are instrumental in broadening the cognitive capacity of the child to allow it to participate fully in life. The mind-expanding proverbs provide the child with mental crutches to use as it learns to walk through life. Through the proverbs, the unfamiliar sights, smells, feelings and the rest of the sense data, are ordered into a coherent whole. The proverbs link the past and the present, that way, creating a concept of existence that a child can lean on (Mark Ralkowski, 1997). They make new experiences look familiar. Past anecdotes about physical surroundings, about the family and animals are presented in a manner that helps a person enter various phases of life without much trauma. The resultant concept of existence provides the individual with a comfortable route through life.

Tsumo / Shumo in Folktales

Proverbs may conclude tales which are told to instruct the young. An example of such a proverb is *'Mbira yakashaya muswe nokutumira* (The rock rabbit failed to get a tail because of sending (other animals)). It sums up one myth (of the origin), where *mbira* (the rabbit) decided to send one animal after another, without success, to get it a tail from the creator. It ended up with the shortest tail which was a leftover. The allusive proverb teaches self-reliance. To this extent, proverbs may arise from tales as prefaces or conclusions.

Tsumo / Shumo as Allusions / History

Proverbs may also refer to history. The Ndebele proverb: *Isisu Sobohla Manyosi,* is a good example. It originates in Zulu military history. Manyosi, a distinguished soldier of Shaka and Dingane, was patronised by the kings he was serving well. He was granted generous allowances of beer and meat because of his prowess. When Mpande succeeded Dingane, Manyosi was not granted the same privilege. People taunted the old soldier about his shrinking belly (Zifikile Gambahaya, 1996). The observation became an anecdote, then got fossilised in the language. The experience is now used among the Ndebele to illustrate the ficklessness of fortune. Historical and mythical proverbs are elusive for those who are not familiar with the mythology and history in question.

Because of their extensive use in socialising the young and rehabilitating adult people, proverbs can be grouped into broad themes as reflected in Hamutyinei and Plangger's book as well as the collection at hand. In the domain of adult life, proverbs can be used to comment on the dangers of polygamy. Examples are: *Barika mwoto unopisa* (Polygamy is fire that burns). The late Mbuya Masango of Murehwa is quoted by her grand-children as having often warned: *Barika isango rinorura mhondoro*

(Polygamy is a forest which teems with marauding lions). For the same experience, the KiSwahili say, 'Two wives are two pots full of poison' (Finnegan, 1970:405). Such proverbs serve to admonish men in the pre-colonial society to be wary of the dangers of polygamy. In connection with the situational nature of proverbs, Parker (Finnegan, 1970:118-9) observes that proverbs:

> *may categorise events and phenomena; ease social tensions and defuse potentially volatile situations, enculturate, socialise, act as mechanisms for social control, justify behaviour, warn, etc* (Parker in Pongweni, 1989:8).

The role of proverbs in conditioning thinking is comparable to that of riddles, where proverbs encourage children from an early age to see similarities in objects that are otherwise different. The perception of similarity in the dissimilar helps people see phenomena and order them into their own reality. It is on the basis of the taken-for-granted perceptions that consensus ends up being arrived at, from different directions.

Source of the imagery

To make the assimilation of proverbs easy, elders use metaphors that are appealing to the imagination. In relation to this, Eric Hermanson's observations on conceptual metaphor in Zulu can be extended to Shona proverbs. The conceptual theory of metaphor says that people are animals and can be used as animal metaphors and vice versa. For that reason, animals can be used as images in metaphors. People appear in proverbs as large animals as in *Nzou hairemerwi nenyanga dzayo* (An elephant does not find its tusks too heavy to carry). They can be compared to small animals: *Tsuro pfupi haitemi uswa urefu* (A small rabbit does not cut tall grass). They can appear as domesticated animals: *Imbwa nyoro ndidzo tsengi dzamatovo* (Dogs which do not look aggressive are the ones which eat hides). They also appear as birds: *Shiri yakangwara inovaka dendere neminhenga yedzimwe* (A clever bird builds a nest with feathers of other birds). They appear also as reptiles: *Ngwena haidyi chebamba, chayo chinoza neronga* (A crocodile does not thrive on violence, its food comes with the river. People are also seen as insects: *Zingizi gonyera pamwe, maruva enyika haaperi* (Carpenterbee, concentrate on one flower, the world has many flowers). Images from the animal world concretise ideas that children need to remember in order to help them make decisions later in life. Since children are already aware of the animal metaphors through *ngano* (folktales), they find it relatively easy to extend their knowledge of themselves through further analysis of animal metaphors.

The imagery of proverbs reflects the organic aspect of the Shona environment. Images are constructed from the phenomena that people have observed well in their homes, fields, forests and social interaction. They show the Shona people's intimacy with inanimate nature as well as with the animal world. To people who dwell in such a habitat, communication entails knowing the organic world of the speakers. The Shona are an example of a 'high context' culture where meaning is heavily dependent not just on phrases and sentences but also on the appreciation of natural and cultural contexts.

Tsumo / Shumo and Conflict Resolution

Proverbs are important in settling disputes in traditional Shona courts. The plaintiff, defendant and jury of elders deploy proverbs in various directions to define their positions in relation to the case and also in locating the position of the case in relation to society's perceptions. This situation gives the impression that proverbs are law. She further notes that despite performing a legal function, they cannot be argued to represent common law because of their situational nature. Finnegan correctly argues that they cannot be assigned a fixed meaning since meaning depends on contexts. Gombe (1982) rightly puts it that they play an important judicial role, since even modern laws are given various interpretations in different cases. The proverb's meaning as a vehicle of the law will similarly change from one situation to the other. The conclusiveness of proverbial claims forms part of an attempt to base a verdict on tenets that are accepted by all. Their capacity to be both situational in terms of meaning and yet detached from the particular speaker, in spite of their being immediately attributable to that speaker, makes them useful in arbitrating cases. They carry a meaning that is generalisable precisely because of its historical specificity. By their nature, similar historical situations have certain underlying social scientific principles in common. Some of these principles lead to the creation of proverbs.

Allusion

The allusive nature of proverbs makes them impersonal, that way broadening their field of application. It gives speakers a neutral point of reference, thus minimising subjective commentary on the case under discussion. They 'authoritatively and objectively evaluate the behaviour from which the conflict ensues' (Pongweni, 1989:5). They clarify situations for chosen courses of action and help reconcile divergent views. This is crucial for social harmony, which is the basis of collective survival.

Structure and Rhythm

For its vividness, the proverbial tradition relies on rhythm and figures of speech. Pongweni's study details the verse structure of the proverb. The poetic quality marks the proverb from prosaic utterances. The parallelism, cross-parallelism and the repetition of syllables are some of the manifestations of the poetic balance which makes proverbs forceful expressions. Examples of one type of structural balance are:

> *Kupedza nyota / kuenda patsime.*
> *To quench thirst / is to go to the well.*

Kubuda ziya / kuvigisa pfuma.
To sweat / is to bank wealth.

Their cumulative effect embellishes speech, that way capturing the attention of the listener. They create symmetry which beautifies logic. Without this embellishment, business would be conducted in cold logic which is both uninteresting and not easy to remember. Vividness makes proverbs convincing to listeners who are trained to discern logic out of the imaginative realm.

Proverbs can be shortened, if they are well known to both speakers and audience. Instead of saying, *'Chitsva chiri murutsoka, magaro haana chawo'* (The foot leads to new things, (sitting on) buttocks does not), a speaker could simply end up by saying, *"Chitsva chiri murutsoka"* (The foot leads to new things), suggesting that it is redundant to complete the cliché, thus saying the obvious. Another example is: *Mukadzi womumwe ndiambuya* (Someone's wife is [your] mother-in-law). Not many people will know the other half of the proverb: *haanzi famba mberi* (She should not be asked to walk in front [of you]). When a speaker abbreviates a proverb, he implies that the interlocutors share the same sensibility and there is, therefore, no need to belabour the obvious.

Imagery

The word-pictures can take the form of referential statements or literal expressions: *Kare haagari ari kare* (The past does not remain static). A proverb can take the form of a simile. The following example comes from the Ashanti of Ghana: A wife is like a blanket; when you cover yourself with it, it irritates you, and yet if you cast it aside, you feel cold (Finnegan, 399). This may be used to sober up a man who wants to divorce his wife. Finnegan (1970:398) cites a Hausa proverb which exemplifies paradox: 'The want of work to do makes a man get up early to salute his enemy.' Paradox reflects the role proverbs play to intelligently explain confusing inconsistencies. Many other proverbs rely on their hyperbolic quality for effect. Hyperbole enhances clarity of vision which often helps the audience to define the boundary between good and bad. Hyperbolic proverbs are useful in satirical narratives which use irony and sarcasm to delight the audience. As it entertains, it also warns the audience of certain dangers of follies.

Tsumo / Shumo in Literature

Pongweni's *Figurative Language in Shona Discourse* demonstrates that proverbs are the pivot of Shona literary discourse. They embellish language, that way, combining wisdom with beauty. For this reason, the Shona people believe that: *Mubayi wetsumo anowana zvaanoda* (*One who uses proverbs gets whatever he wants*). If one excels in the use of proverbs, one is regarded as intelligent and wise. One's social status is measured in the domain of solving problems: a reflection of one's usefulness to society. Like notes from the ancestors, proverbs give one a place in one's culture. Observing the same function in the Zulu language, Nyembezi (1954) says, 'Without them, the language would be but a skeleton without flesh, a body without soul' (Finnegan, 415). Logic is transmitted through words that appeal to the imagination. Aphorisms easily lend themselves to moralistic literature. They are style-markers as evident in Chakaipa's plots where proverbs are used as motifs to predict action.

The proverbial titles of Shona novels explicitly spell out the didactic concerns of writers. Their overuse in some of the novels gives the novels propagandistic flavour (Chiwome, 1996: 127). In relation to this, Chimhundu's observation that, among other things, proverbs cultivate speech habits that conform to the taste of those in authority needs to be extended beyond African patriarchal society to cover colonial and neo-colonial cultures. Proverbs have been used in literature to produce people who have respect for colonial values and, inversely, little respect of themselves. They are a part of literature that forms the core of colonial formal schooling which miseducated the young. Such young people were intended to serve the colonial economy faithfully (Chiwome, 1996). Some members of the generation that consumed this literature in subservience to Western values continue to faithfully transmit the values of the colonial era in the post-independence period. They have become a liability to their own independence. This has facilitated the laying of the foundation of neo-colonialism to perpetuate the subservience of Africa to the West.

Some writers use proverbs to challenge traditional values, that way, facilitating further weakening the stability of the Africans in the face of pressure from the West. They help integrate readers into a system that serves sectional interests. In the pre-colonial order, proverbs supported the status quo which represented the interests of the majority. The proverbial discourse exemplified in Patrick Chakaipa and Ignatius Zvarevashe's novels in particular, illustrates the manipulation of images to pave way for Western domination which wears the cloak of modernity. The lore introduces seminal colonial values. The use of the proverb against its creators merely confirms Ruth Finnegan's assertion that proverbs can refer to 'practically any situation' (ibid, 104).

Notwithstanding these hegemonic issues, there are fortuitous advantages in using proverbs in modern literature. Writers introduce the young to various ways of manipulating verbal symbols for economic, political and religious reasons. The young are sensitised to the ever-shifting meaning of the proverb, which leads to the renewal of old values for contemporary use. This is a useful social foundation for children.

Chinua Achebe has demonstrated that African language proverbs can be effectively used in translation to create an English which reflects an African worldview. His novels exploit Ibo expression in translation. These convey an Africanist idiom at the crossroads of Europe and Africa. The indigenous flavour injected into English through the lore reflects survival strategies that are unique to that part of the world. The same world conflicting ideas could not be equally captured in highbrow English.

In defence of the preservation of oral traditions, Ignazio Buttitta, a Cecilian poet writes:

> *A people*
> *become poor and enslaved*
> *When they are robbed of their tongue*
> *Left them by their ancestors:*   *they are*
> *lost forever. (UNESCO Report; 1995:178)*

Basically, proverbs are beacons which guide the Shona people as they travel through the mist of experience. They create unity of thought among members of the same community. Through them, a person deduces his / her understanding of him / herself and of other people through life. They give listeners a vantage point from which to understand experience. Through them, people receive, experiment with, and reinterpret new ideas. They are, therefore, not for passive assimilation in a supposedly static society.

Conclusion

We shall conclude the introduction with an observation from the UNESCO Report (1995:82) which shows the potential for development that lies in the oral traditions:

> *The arts have provided the inspiration for their own protec-*
> *tion and renewal. They have also been called into service in*
> *positive ways. Cultural expression at the local or 'grassroots'*
> *level has been used by development agents working with com-*
> *munities to strengthen group identity, social organisation and*
> *the community to generate social energy; to overcome feelings*
> *of inferiority and alienation; to teach and raise awareness;*
> *to promote creativity and innovation; to foster democratic*
> *discourse and social mediation; to help cope with the*
> *challenges of cultural differences and to enter the economy*
> *directly through the production of goods and services.*

The proverbs in this book are compiled to stimulate debate rather than for nostalgic purposes. They are not only intended to prove that the Shona people have a rich oral heritage, for that has long been established as an existing truism.

LIST OF REFERENCES

Achebe, C. (1958) *Things Fall Apart.* London: Heinemann.

Bourdillon, M.(1993) *Where are the Ancestors?: Changing Culture in Zimbabwe.* Harare: University of Zimbabwe

Chimhundu, H. (1980) 'Shumo – Tsumo and Socialisation', in *Zambezia*, Vol vii, No. 1, pp.37 – 51

Chiwome, E.M (1996) *A Critical History of the Shona Novel.* Harare: Juta Zimbabwe

Finnegan, R. (1970) *Oral Literature in Africa.* Clarendon: Oxford

Fortune, G.   (1975-6) 'Form and Imagery in Shona Proverbs,'in *Zambezia*, Vol 4, ii, 55-67

Furusa, M. and Mberi, N.E. (1997) 'What is Orature?' in *Introduction to Shona Culture.* Kadoma: Juta

Gambahaya, Z. (1996) *'Ndebele Proverb,'* unpublished paper

Gombe, J.M. (1982) *The Shona Idiom.* Harare: Mercury Press

Haasbroek, J. (1980) *Nduri Dzenhango DzomuZimbabwe.* Gweru: Mambo Press

Hamutyinei, M.A. and Plangger A.B. (1974) *Tsumo-Shumo: Shona Proverbial Lore and Wisdom.* Gwelo: Mambo Press

Hasan-Rokem, G. (1982) 'The Pragmatics of Proverbs: How the Proverb Gets its Meaning' in Pongweni, A.J. *Figurative Language in Shona Discourse.* Gweru: Mambo Press

Nyembezi, C.L.S. (1954) *Zulu Proverbs.* Johannesburg: Wits. University Press.

Parker, A.(1974) *Aspects of a Theory of Proverbs: Contexts and Messages of Proverbs in Swahili.* University of Washington PhD Microfilms, quoted in Pongweni, 1986.

Pongweni, A.J. C. (1989) *Figurative Language in Shona Discourse.* Gweru: Mambo Press

Ralkowski, M. (1997) "Shona Proverbs." Unpublished Essay. Harare: Syracuse University Programme

UNESCO, (1995) *Our Creative Diversity: Report of the World Commission on Culture and Development.* Pretoria

1   ●   **Aiva madziva ava mazambuko.**

VARIANTS
- Chaisiseva chotemura.
- Dzaiva nhungo dzava mbariro.
- Chaisikanya chototsa.

EXPLANATION AND TRANSLATION
Vakanga vakapfuma vava varombo.
The pools are now crossings.
Those who used to have plenty, are now beggars.

2   ●   **Aizova mano makuru dai vanoda ruzha vaipfuwa nguruve (hochi).**

EXPLANATION AND TRANSLATION
Zvaimufanira murume anoda kugara achirwa nomukadzi, kuti aroore mukadzi ane pamuromo, anofadzwa nokugara achitukana nomurume.
It would have been wisdom, if noise lovers reared pigs.
He that loves noise, must buy pigs.

3   ●   **Angova (Ava) mambudzi ekure, ongoverengwa namakukuta (namatehwe).**

VARIANTS
- Kuverenga mambudzi ekure hungoverenga namatehwe.
- Kuverenga mbudzi dzerimuka, woverenga nedzangova mapapata.

EXPLANATION AND TRANSLATION
Pfuma yakachengeteswa kumwe, mwene wayo anongoti ichiripo yose, pamwe yakanguva yaparadzwa, isisipo.
Goats kept far away from the owner, count all alive including the dead ones.
You can never be sure of what has happened to relatives

with whom you have no communication.
The property kept away from the owner is considered safe
even though some of it is missing.

4   *   **Angova mawombera mbonje, chirume ndecharwa.**

EXPLANATION AND TRANSLATION
*Munhu anoti atangana nomumwe, ongoramba achipopota
asingarwi, anozoguma ari iye anokuvadzwa.*
He that keeps bellowing without fighting, is asking for fresh
wounds.

5   *   **Aripo mapenzi munyika anofamba akasimira nguwo.**

EXPLANATION AND TRANSLATION
*Vamwe vanhu vakangwara, asi zvimwe zvezviito zvavo
zvichiratidza upenzi mukati mazvo.*
In the world there are fools, who move about clothed.

6   *   **Ava mabata-mabata kuvhiya nyama kwounoida.**

EXPLANATION AND TRANSLATION
*Munhu anodisisa chinhu kuti achiwane, anochitsvaka
nebapu achingopaparika.*
Too eager is the person who is after gain.
He is exceedingly feverish, he that desires to gain most.

7   *   **Ava magarakuvhiya nyama kweanoida.**

VARIANT
•   Magara-magara kuvhiya nyama kweanoida.

EXPLANATION AND TRANSLATION
Munhu anodisisa kuwana chiro anochitsvaka nebapu achingopaparika.
Too eager is the person after gain.
He is feverishly impetuous he that desires to gain most.

8   ●   **Ava matamba asangana munhava ongobonderana.**

EXPLANATION AND TRANSLATION
Vasungwa vakasungirwa mhosva dzamarudzi akasiyana-siyana vanosangana mujere rimwe.
In prison, all convicts are treated alike, sharing the same sleeping room as well as diet.

9   ●   **Badza guru hupa murimi, kupa simbe inovata naro.**

VARIANT
  ◆   Badza guru huwana murimi.

EXPLANATION AND TRANSLATION
Munhu akagara asikwa iri simbe, haana nhumbi yokushandisa yaanogona kushanda nayo. Semuenzaniso, murume asingazvari (ngomwa) angangoroora vakadzi vachingoteverana achivaramba vose vasina vana, achiti ndivo vasingazvari.
Give a big hoe to the worker, if you give it to the lazy, he will sleep with it.
A bad carpenter blames his tools.
A bad workman quarrels with his tools.
A bad shearer never had a good sickle.

10   ●   **Badza harinyepi parapinda muvhu.**

EXPLANATION AND TRANSLATION
Basa ripi neripi munhu raashanda rinomupa mubairo.

Even little labour will always reward.
He that labours should harvest the fruits of his labour.

11 ❋ Badza inhema rinotema mwene waro.

VARIANT
◆ Mukadzi imombe inotsika wakaishava.

EXPLANATION AND TRANSLATION
Mukadzi angauraya murume wake akamuwana.
A person can sustain injuries from a hoe he bought for himself.
A wife can kill her husband.

12 ❋ Badza kuperera muromo hunge rarima.

EXPLANATION AND TRANSLATION
*Kusakara kwenhumbi inoshandiswa kunoratidza kureba
kwenguva yayashandiswa.*
The wearing away of a hoe-point indicates long service.

13 ❋ Banga rinogara rakachekesewa ndiro rinopinza.

EXPLANATION AND TRANSLATION
*Muviri unoshandiswa nguva dzose ndiwo unogara
wakasimba.*
The used knife is always sharp.

14 ❋ Bango rakanakira kuvaka harisiiwi rimire.

EXPLANATION AND TRANSLATION
*Musikana anotarisika akakodzera kuzova mukadzi kwaye,
haapfuurwi namajaya, anonyengwa chiriporipo.*
A stone that is fit for the wall is not left lying about.

15 ◉   **Barwe rinoyevedza (rinowaunidza) rinofa riri gava (rava nerebvu).**

EXPLANATION AND TRANSLATION
Mwana anokura akasimba, achifadza, anofa achiri muzero duku.
A healthy handsome child dies at its infant stage (earliest youth).
A healthy lovely maize plant dies before tusseling.

16 ◉   **Basa harina mbonje setsvimbo (hariurayi sechirwere).**

EXPLANATION AND TRANSLATION
Nyange munhu oshanda basa gukutu, rakaremesesa, harimuurayi.
Even hard work does not kill.
No bodily injuries were ever sustained from the brunt of hard work.

17 ◉   **Basa harina duku, iduku rabatwa.**

EXPLANATION AND TRANSLATION
Ukuru nouduku hwebasa hwunozivikanwa nokureba kwenguva inenge yatorwa richishandwa.
A task is not small, until it has been accomplished (done).

18 ◉   **Basa harina shoma, chine ushoma kudya.**

EXPLANATION AND TRANSLATION
Ushoma hwebasa hwunozivikanwa nokureba kwenguva yatorwa richashandwa.
A piece of work is no little as would be a meal.

19 ● Basa ratanga kubatwa rapera.

EXPLANATION AND TRANSLATION
Basa rinenge ratangidzwa kushandwa, harizosiyirwi panzira risati rapedzwa kushandwa.
A piece of work begun, is a piece of work finished.
Well begun is half done.

20 ● Benzi bvunza rakanaka.

VARIANT
◆ Wabvunza waziva.

EXPLANATION AND TRANSLATION
Munhu anobvunza vamwe pamusoro pezvaasingazivi, anowana ruzivo.
Without asking one can never learn.

21 ● Benzi harinyengererwi, munoritutsira upenzi hwaro.

EXPLANATION AND TRANSLATION
Zviito zvebenzi zvisakafanira ngazvidziviswe kuitira kuti risaramba richizviita.
When a fool acts foolishly, stop him at once, lest he continues to misbehave.

22 ● Benzi harisekwi.

VARIANTS
◆ Chirema hachisekwi (Urema hahwusekwi).
◆ Seka urema wafa.

EXPLANATION AND TRANSLATION
Ukagara uchiseka mapenzi, unozvidanira benzi mumhuri kuti urizvarewo.
Mock not at a disabled.

23 ✳ **Benzi haritambwi naro pane vanhu, rinoguma rakunyadzisa.**

EXPLANATION AND TRANSLATION
Munhu asina mano haatambwi naye pavanhu, ungakunyadzisa.
Play not with a half-witted person in the public.

24 ✳ **Benzi hariudziki (haridziviki, harirayiriki)**

EXPLANATION AND TRANSLATION
Nyange benzi rorayirwa parinenge richiita zvakashata, haridi kurega kuzviita.
Fools despise counsel.

25 ✳ **Benzi kukwaziswa (kugunzvana) nashe (namambo) rinozviona seranokora mundiro imwe naye.**

EXPLANATION AND TRANSLATION
Munhu anongova munhuwo zvake mumararamiro ake, kana akafarirwa nomunhu anoremekedzwa, anozviona seavawo munhu mukuru.
King's warm entertainment to a fool, pleases it most.
A nod from a king (a lord) is a breakfast to a fool.

26 ✳ **Benzi kuseka rimwe benzi.**

VARIANTS
◆ Mapenzi anosekana.
◆ Funye yakaona hoto ikaseka.
◆ Chivendekete kuseka chimwaure.
◆ Zvirema zvinosekana mundiro yenhopi.

EXPLANATION AND TRANSLATION
Vanhu vane pfungwa dzakavhengana nedzoupenzi vanogara vakasekana.

Persons of different wierd character gossip about one another.
Fools mock at one another.

27 ● **Benzi kuve rako kudzana unopururudza.**

VARIANT
♦ Une benzi ndoune rake kudzana anopururudza.

EXPLANATION AND TRANSLATION
*Nyange mwana akave benzi, anazvowo muupenzi hwake
zvimwe zvaangafadza nazvo vabereki vake.*
She that has a fool in the house is never lonesome.

28 ● **Benzi kuvenga hama.**

VARIANT
♦ Benzi nehama vashorani, hazvionani.

EXPLANATION AND TRANSLATION
Kazhinji benzi hariwanzi kufarira hama dzeropa.
Fools harbour bitter hatred against relations.

29 ● **Benzi munhu, hazvienzani neasina.**

EXPLANATION AND TRANSLATION
Akazvara benzi anoriverengerawo pauzhinji hwavana vake.
Even a fool is counted as a full member of the family.

30 ● **Benzi munhu ungarituma, harienzani neimbwa
yausingatumi.**

EXPLANATION AND TRANSLATION
*Akachengeta benzi anogona kurituma kuti rimutorere mwoto
nemvura iye agere pasi.*
A fool is serviceable in being sent for fire and water.

31   ✱   **Benzi nderako munhu kuseva anorisiira muto.**

VARIANT
◆   Chako ndechako kuseva unochisiira muto.

EXPLANATION AND TRANSLATION
Mwana benzi akangofananawo navamwe vana kuna mai vavo, uye vanofanirawo kumupa zvokudya misi yose.
Even a fool deserves to be given a full meal share.
She that has a fool has much pleasure in feeding him.

32   ✱   **Benzi nderatevera njiva, watevera shezhu anodya mazana.**

EXPLANATION AND TRANSLATION
Murume anosiya vasikana achinyenga chembere yaguma kuzvara, kana kuti mukadzi ane murume wake, haana chimuko chaanowana.
He that goes about courting married women dies a bachelor.
It is a foolish and a gainless undertaking to make love to a married woman, leaving a maid.

33   ✱   **Benzi pane charagona kuita rinorumbidzwa.**

EXPLANATION AND TRANSLATION
Munhu anogara achikundikana kuita zvinhu, kana agona kuzviita anotendwawo.
Success makes a fool seem wise.
For good deeds a fool is often praised.
Success credits a fool.

34 ● **Benzi rine zanowo ringabvisa vakangwara munjodzi.**

EXPLANATION AND TRANSLATION
Munhu anonzi haana mano ibenzi, asi angava nepfungwa dzinganunura vakangwara munhamo inenge yavawira.
A fool may give a wise man helpful counsel.

35 ● **Benzi rinozivawo anorivenga neanorida.**

EXPLANATION AND TRANSLATION
Munhu benzi, nyange asina amuudza vanomuvenga navanomuda anovaziva.
Even a fool knows its enemy and friend.

36 ● **Bere harizezi (harityi) kuwanda kwamakwai arinoruma.**

EXPLANATION AND TRANSLATION
Muroyi haatyi uzhinji hwavanhu, kana ovaroya.
It never troubles the wolf how many sheep it devours.
A witch is never afraid of the large number of victims she intends to bewitch.

37 ● **Bere rabvurirwa nenzara rinovhima siku nesikati.**

EXPLANATION AND TRANSLATION
Munhu ane mhuri yapindirwa nenzara, anofamba pose pose nenguva ipi neipi zvayo achitsvakira mhuri yake zvokudya.
A hungry wolf preys (hunts) by day and night.
Necessity hath no law.

38 ❋ **Bere rakurumbira nderamuka, richigere kumuka harizikanwi munharaunda.**

EXPLANATION AND TRANSLATION
Muroyi abatwa achiroya, ndiye anozikanwa noruzhinji kuti muroyi.
The hyena that has preyed is the one widely known in the vicinity.

39 ❋ **Bere raponesa zvipfuwo nderafa.**

EXPLANATION AND TRANSLATION
Kana muroyi afa, vanhu vanoti vapona, havachazofi.
The death of the hyena is the safety of the sheep.
The witch that has saved the lives of people is the one that is dead.

40 ❋ **Bere rarira raenda (rapfuura).**

EXPLANATION AND TRANSLATION
Njodzi inenge yatowira munhu yatomupfuura, haichadzokizve.
A befallen danger is a past danger.
The hyena that has howled past has gone.

41 ❋ **Bere rawakaudzwa ndiro rinokuruma (rinokudya).**

EXPLANATION AND TRANSLATION
Zvinhu zvinotikuvadza muupenyu, ndezvatinenge taziva kuti zvinokuvadza.
The hyena eats often the sheep that has been warned.
We perish through the sins we know of (are aware of).

42 ✱ **Bere rine bwana ndiro rinorura (rinokara).**

EXPLANATION AND TRANSLATION
Mbavha inoba nguva dzose, imbavha ine vanoikurudzira
kuba kuti vayamurike pane zvavanoshaya.
The wolf that has a litter kills (preys) most.
The thief that steals for others steals most.
No receiver, no thief.

43 ✱ **Bere rinorura harioni rufu.**

EXPLANATION AND TRANSLATION
Muroyi anogara akaroya vanhu haakurumidzi afa.
Anorarama kudzamara akwegura achingoroya.
A wicked person never meets death.
A most preying hyena never meets death.

44 ✱ **Bino (Buno) sifemberi.**

VARIANT
◆ Rutsoka harune mhino.

EXPLANATION AND TRANSLATION
Mukadzi wauchangoroora, usati wambogara naye kwenguva
haungazivi zvaachazove mushure menguva diki yamunenge
mazogara mese.
No nostrils have power to scent out difficulties and danger lying
ahead.
Even the near and far future happenings can ever be known until
they have taken place.

45 ✱ **Bira ndimaunganidze.**

EXPLANATION AND TRANSLATION
Pane mutambo webira panosangana hama nehama
uye shamwari neshamwari.
A great feast draws a multitude together.

46 ✹ **Bofu harina chine tsvina (harina undere).**

VARIANTS
- Usavi hwebofu hahwusharwi nhunzi namapete.
- Bofu harirondi charapiwa.

EXPLANATION AND TRANSLATION
Munhu anenge asingaoni haana chaanoramba kudya.
All meals to a blind man are without dirt.
It is a blind person that has no choice of meal.

47 ✹ **Budzi (Gavhu) rendye rinoyevedza.**

EXPLANATION AND TRANSLATION
Kazhinji vakadzi vanoroya, simbe, nemhombwe vanowanza
kunakisisa pazviso zvavo, vachitora mwoyo yavarume
vazhinji.
The wicked hearted women have most attractive appearances.
A sour gourd (squash) has a shiny and smooth outside colour.

48 ✹ **Bundo harina hama.**

VARIANT
- Sango harina waro.

EXPLANATION AND TRANSLATION
Munhu kana achifamba musango anofanirwa kungwarira
zvikara zvinoparadza.
The bush is no man's friend.

49 ✹ **Bundo harinyimi, rinopa.**

VARIANT
- Sango harinyimi, rinopa.

EXPLANATION AND TRANSLATION
Murume, nyange ava tsvimborume anenge achinyenga
vasikana, vachimuramba, asi anozoguma adikanwa, aroora.
The bush has meat for everyone.

50   ✱   **Buruwuru chitandavara kwandabva kondo svinonzwa meso (maziso).**

EXPLANATION AND TRANSLATION
Kana mutariri wavabati asipo pavanobata, vabati
vanongoswera vavete zvavo vasingabati basa.
During the absence of the overseer, labourers relax.
Tadpoles, you can relax , where I come from I left the hammerkop suffering from sore eyes.

51   ✱   **Bveni (Gudo) guru peta muswe kuti maduku akutye.**

EXPLANATION AND TRANSLATION
Mukuru ngaakudze nokunyara vaduku, vaduku
vagomukudzawo   nokumunyarawo.
Big baboon, bend your tail so that the little baboons will fear you.
An elder should behave with dignity for the young ones to respect him or her.

52   ✱   **Bvudzi romuhuro rinokwana mafuta nokuyerera.**

VARIANTS
- ◆   Hwava unji hwune nyama.
- ◆   Hakuna davi risingawedzeri ukuru hwomumvuri womuti.

EXPLANATION AND TRANSLATION
Munhu akazvara vana vazhinji, ane zvakawanda
zvinomubatsira zvinouya navana vake mumba make,
haatambudziki nokushaya.
He that has many children, has many wealth sources.
Many children contribute much wealth to their   father's wealth.

53 ✻ **Bvura rinowira parinoda.**

VARIANT
◆ Mwoyo muti unomera paunoda.

EXPLANATION AND TRANSLATION
Musikana anosarudza jaya raanoda kuti rimuroore.
Fortune lands on the spot where it wills.
Love has its own choice.

54 ✻ **Bwandya hwaenda hwasara hwunopande gwara.**

EXPLANATION AND TRANSLATION
Mbavha dzikaba dziri mbiri, kana imwe yadzo ikabatwa,
inoreurura kune imwe yayo ichizobva yabatwawo.
The detained thief for questioning discloses the whereabouts of
its accomplice.

55 ✻ **Bwanga meso (maziso).**

EXPLANATION AND TRANSLATION
Kuti munhu adzidze kuita chinhu namaoko, anofanira
kushandisa maziso ake, anyatsotarisisa kuti chinoitwa
nenzira dzakadini, agoziva maitirwe acho.
Close observation teaches art.
We learn to do things by closest watching.

56 ✻ **Bwe (Ibwe) guru tseduka, duku riwane ugaro.**

VARIANT
◆ Pabva gondo pogara zizi.

EXPLANATION AND TRANSLATION
Kufa kwaIshe (kwamambo) kunoita kuti munin'ina kana
mwana wake asarudzwe kuva mambo pachinzvimbo chake.

The removal of the great man from a high position gives room for the small man to succeed.

57   ✱   **Bwendedzo hwepfuma imhindu.**

EXPLANATION AND TRANSLATION
Kuti munhu apfume anofanira kushanda nesimba achibinduka nenzira dzakasiyana-siyana dzinopinza pfuma siku nesikati.
Business is the source of wealth.

58   ✱   **Bwiridza chavene chisine vende.**

VARIANTS
- Chavanhu chisina vende, hechi samatorerwe achakaitwa.
- Dzorera (dzosera, Dzosa, Pereka) chavanhu chisine vende.
- Dzorera (Dzosa, Dzosera, Pereka) chomumwe chizere, sezvawakapiwa chizere.

EXPLANATION AND TRANSLATION
Nhumbi yawakumbira kumwe kuti uishandise, ishandise zvakanaka. Kana woidzorera kwawakaikumbira, uidzorere isina payakafa.
Return a borrowed tool as whole as when you borrowed it.
Return a borrowed tool undamaged.

59   ✱   **Bwoni hwunenge hwenyoka inoruma chaisingadyi.**

EXPLANATION AND TRANSLATION
Muroyi anoroya munhu, asi haadyi nyama yake kana afa.
As malicious as a snake that kills what it does not eat.

60 ✹ **Chabatwa namaoko omunhu hachishayi anochida.**

EXPLANATION AND TRANSLATION
Munhu anogara achiveza, kuruka nokusona zvinhu, haashayi vanhu vanozvitenga.
Busy hands gain most.

61 ✹ **Chabikwa hachizipi chisina munyu, chinorungwa.**

EXPLANATION AND TRANSLATION
Zita romunhu kuti rigare richipupurwa zvakanaka, rinotsigirwa namabasa ake akanaka aanenge achiita. Ndiwo anorirunga somunyu unozipisa usavi.
If you take away the salt, you may throw the flesh to the dogs.

62 ✹ **Chabuda mumuromo chabva mumwoyo (ndechinofunga mwoyo).**

EXPLANATION AND TRANSLATION
Zvose zvinotaurwa nomunhu zvinobva mupfungwa dzake dzemwoyo.
The mouth reveals what is contained inside the heart.
What the heart thinketh, the tongue speaketh.

63 ✹ **Chada mwoyo chakura.**

VARIANT
◆ Mwoyo chawada chakura.

EXPLANATION AND TRANSLATION
Kana munhu akange ada chinhu, nyange kuvazhinji chisingakoshi, kwaari chinenge chakakosha.
That which the heart craves is great to it.

64 ✴ **Chada mwoyo chanaka.**

VARIANT
◆ Mwoyo chawada chanaka.

EXPLANATION AND TRANSLATION
*Jaya rikange ranyenga musikana, akarida, nyange akange
achimhurika kuna vamwe, kwariri zvose zvaari zvinenge
zvakanakisisa.*
If Jack is in love, he is no judge of Jill's beauty.

65 ✴ **Chadamwoyo (Chinodikanwa nomwoyo)
hachitumburwi somunzwa.**

EXPLANATION AND TRANSLATION
*Mwoyo womunhu chaunenge wada, chinobva charamba
chirimo mukati memwoyo, hachizobviswe, chinoramba
chakanamatira.*
No surgical operation that can take the desire out of the
person's heart.

66 ✴ **Chada mwoyo hachiremi.**

VARIANTS
◆ Mwoyo chawada hachiremi.
◆ Chada (Chinodikanwa nomwoyo) mwoyo hachirwadzi.
◆ Mwoyo chawada hachirwadzi (hachigozhi).
◆ Chada mwoyo hachikoni kuitika.

EXPLANATION AND TRANSLATION
*Chinhu chinodisisa munhu kuti achiwane chive chake,
nyange nzira yachinowanikwa nayo yooma sei, haambogari
ainzwa kuoma kwayo.*
Labour is light where love does pay.
It is easy to do what one's own self wills.

If you beat a dog with a bone he will not howl at you.
It is never too hard to work, when gain is much sought   after.
Nothing is impossible to a burning desire.

67   ✱   Chadyiwa chakuva, ipawo akuwana uchidya.

VARIANTS
◆   Chadyiwa chapera mutengeni hauna zvigwegwedu.
◆   Chadyiwa chapfuura.
◆   Chadyiwa chave ndove chaora.
◆   Chadyiwa charova(charashwa).

EXPLANATION AND TRANSLATION
Usanyima akuwana uchidya mupe adyewo, nokuti kudyiwa kwechinhu ndiko kupera kwacho.
The eaten meal is the past meal.
Eaten bread is soon forgotten.

68   ✱   Chadyiwa nomurombo (nomuchena) chadyiwa nashe (namambo).

EXPLANATION AND TRANSLATION
Chikwereti chinotorwa nomunhu asina pfuma yokuchiripa nayo, chinongoita sechatorwa nashe. Anoti kana akadya chinhu chomuranda, angarega zvake kuchidzosa, zvikangopererana zvakadaro. Muranda anongonyararawo.
A debt owed by a poor person is never soon settled up.

69   ✱   Chadyiwa nowako (nehama) chachengetedzwa (chavigwa).

EXPLANATION AND TRANSLATION
Kana ukapa hama yako chokudya, naiyo mangwana ichakupawo chokudya.
It is not lost that a friend (a neighbour) gets.

70 ● Chadyiwa nowako hachinzi charasika, kurasika kwacho hunge wako arizivira, risingapi.

EXPLANATION AND TRANSLATION
Rubatsiro runopiwa hama haruwanzi kurova, asi kana hama isina rudo nehamawo.
It is not lost that you give to a friend, unless your friend knows not how to give.

71 ● Chafamba mukoko chaputa.

VARIANTS
- Chayambuka (Chafamba) muganhu chasiya.
- Mwana washe muranda kumwe.
- Chafamba (Chayambuka) chasiya.

EXPLANATION AND TRANSLATION
Munhu abva munyika yake akaenda kune imwe nyika, nyange anga achikudzikana sei, anobatwawo somunhuwo zvake akangofanana navamwe vose.
In a foreign country even the king is taken as a commoner.

72 ● Chafunga (Wafunga) murimo chavangarara (wavangarara).

VARIANTS
- Wakange nyimo wavangarara.
- Wafunga chake wave hombarume.

EXPLANATION AND TRANSLATION
Munhu wazvipira kuita chinhu chake, nyange chorema sei haadzokeri shure, anongoramba achichiita kudzamara abudirira.
The resolved mind hath no cares.

73 ✱ Chafungwa nebenzi chingagona kupwisa vakangwarawo.

EXPLANATION AND TRANSLATION
Munhu wose pane zvaanogona kuita, zvingakundikana vamwe kuzviitawo.
A fool may throw a stone into a well, which a hundred wise men cannot pull out.

74 ✱ Chagoverwa padare hachina bopoto.

EXPLANATION AND TRANSLATION
Munhu wapirwa chinhu pamaziso oruzhinji, haapoperi kuti chishoma kana kuti chiduku.
The sharing done in public has no further dispute on equality of shares.

75 ✱ Chaimbokuda (Chaikuda) kana chokuramba panoita sepane chakwenyera.

EXPLANATION AND TRANSLATION
Vanhu vainzwanana nokudanana zvakanyanyisisa, kana vakati vavengane, havazodi kuonana zviso nezviso nyange nokutaurisana, nokukwazisana hazvizogoni.
Greatest bitter hatred springs from greatest love.

76 ✱ Chaipa chinogadzirwa nemiromo yavanhu.

EXPLANATION AND TRANSLATION
Mashoko oga anobva mumiromo yavanhu ndiwo anogona kugadzira nokururamisa mhosva dzose dzezvakaipa dzinoparwa navanhu.
There is no wrong without remedy.
Words are used to settle up disputes.

77 ● Chaisitemura choseva.

VARIANT
♦ Chaisitotsa chokanya.

EXPLANATION AND TRANSLATION
Munhu akanga ari murombo ava mupfumi. Munhu airarama nokudya kushomanene, wodyawo kudya kwakawanda.
He that used to live in poverty now lives in riches.
He that was poor is now rich.

78 ● Chaitwa chisine ranga chinopfuka.

VARIANT
♦ Kupfuka kwechaitwa chisine ranga.

EXPLANATION AND TRANSLATION
Chinhu chinopinza vaviri kana vatatu mukati, hachiitwi nomumwe wavo ari oga nokuti chinowanza kusabudirira pane zvachinenge chakatarisirwa.
That which is done without the consent of all concerned suffers a lame conclusion.

79 ● Chaitirwa pamberi poruzhinji, hachishayi pachinonzi apa chakombama.

EXPLANATION AND TRANSLATION
Maziso mazhinji pane chimwe chinhu anoonawo zvizhinji zvakasiyana zvisina kuchifanira.
He that builds a house by the highway side, it is seen as either too high or too low.

22

80 ❋ **Chakachenjedza (Chakangwadza) inhamo mugaro hauchenjedzi (haungwadzi).**

VARIANT
◆ Nhamo ndiyo ngwadzi.

EXPLANATION AND TRANSLATION
Munhu akazvarirwa mukutambudzika kwakasiyana-siyana, akangwara nokutsunga pane zvakawanda zvinonetsa muupenyu.
Adversity makes a man wise. Peace makes him a gentleman.
Adversity builds a wise man. Peace builds up a gentleman.

81 ❋ **Chakachenjedza ndechakatanga.**

VARIANT
◆ Kuona kamwe kuona kaviri.

EXPLANATION AND TRANSLATION
Kana munhu ambowirwa netsaona akapona mairi, anogara akaiziva, achiedza kuinzvenga paanenge asangana neimwe yakafanana neyokutanga.
Bitter experience breeds care.
Danger itself is the remedy for danger.

82 ❋ **Chakada (Chinoda) vose rufu, kana iri pfuma vamwe yakavaramba.**

EXPLANATION AND TRANSLATION
Vanhu vose havana kupiwa ropa rokupfuma, asi rokufa vose vanaro nokuti hapana asingafi.
Death comes upon all but wealth denies some.

83   ✸   **Chakadya chakaoneka (chakaenda) mutanda wakasiya mbare.**

EXPLANATION AND TRANSLATION
*Baba vakafa vakasiya mangava (mhosva) avasina kuripa,
mwanakomana wavo wavasiya ari mupenyu ndiye
anozoripa.*
He, whose father dies leaving unsettled debts behind, inherits
sorrow.
Unpaid debts left by the father are the burdens of the son.

84   ✸   **Chakafa ndechakanika ura, chakafuka makushe chipenyu, chichadanaura.**

EXPLANATION AND TRANSLATION
*Chipfuwo, kana mhuka ikangogurwa, kana kubayiwa,
kana kutemwa, ingangonzi yafa izvo nyamba ichiri
kutandadza, ichiri mhenyu, ichafema, asi yavhiyiwa
yatumburwa ura, ndiyo inonzi yafa.*
You can never be sure the killed beast (animal) is actually dead,
till it has been skinned.

85   ✸   **Chakafa neshungu mutengeni, kana uri mutohwe wakafa wadudza.**

EXPLANATION AND TRANSLATION
*Musikana nyange odisisa mukomana sei, haangazaruri
muromo wake akati kumukomana anomuda.   Mukomana
ndiye anotaura kumusikana kuti anomuda.*
No matter how much great love a woman has for a man, she
can never first court him for marriage, but a man does.

24

86 ✱ **Chakafukidza kuora kwenyimo ideko.**

EXPLANATION AND TRANSLATION
Kunaka kwechiso chomunhu kunovanza kushata kuri
mukati memwoyo wake.
The rotten bean seed in a pod is hidden by the shell.
A fair face has a foul heart.

87 ✱ **Chakafukidza mbayo mudzimba (dzimba) matenga.**

EXPLANATION AND TRANSLATION
Kunetsana kwomurume nomukadzi mumba
hakungazivikanwi navari kunze nokuda kwekuti
kwakafukidzwa namatenga edzimba dzavanogara.
It is roofs which cover all frequent domestic misunderstandings
and quarrels among families.

88 ✱ **Chakagara chanzi uchadya, hachikukoni, unoguma watochidya.**

VARIANT
◆ Chakagara chanzi ndechako hachikoni chinoguma
chasvika.

EXPLANATION AND TRANSLATION
Pfuma yawakamisirwa kuiwana muupenyu, nyange zvodii
unoiwana chete.
That which is designed to enrich you will eventually drop at your
doorstep.
There is no barrier to what was meant for you, it will come.

89   ✱   **Chakagara chine firo hachitsvakirwi imwe firo**.

EXPLANATION AND TRANSLATION
*Mumwe nomumwe akasikwa aine nzira yomufiro waachafa
nawo, haazombofi neimwe nzira asi iyeyo. Firo rinoita vanhu
rakagara rakatarwa naMwari uyo akavasika.*
He that was born to hang must be hanged.

90   ✱   **Chakagona kuza, kuhwirira hachichagoni.**

VARIANT
◆   Zvakagona kupinda, kubuda hazvichadi.

EXPLANATION AND TRANSLATION
*Kurwara kwomunhu kunotanga nezuva rimwe, asi kunaya
ndokwamazuva.*
Diseases enter our bodies on hare speed, but they go out on
tortoise pace.

91   ✱   **Chakagovanwa kudya, mwoyo haigovanwi**.

VARIANT
◆   Mwoyo haigovanwi sezvokudya.

EXPLANATION AND TRANSLATION
*Kururama kwetsika dzomumwe hakungatorwi nomumwe
ane tsika dzakashata kuti avevo munhu ane tsika
dzakanaka.*
No exchange of good and bad characters.
Good character cannot be shared between as food can.

92 ❋ **Chakaguta chikaramba chakakomborera vane nzara vopona.**

EXPLANATION AND TRANSLATION
Murume anoramba mukadzi wake, anokomborera tsvimborume kuti iwanewo mukadzi.
He that divorces (rejects) a wife marries her to another needy bachelor (celibate).
A divorced wife soon finds another husband.

93 ❋ **Chakaipa chakaipa, hachirombwi mbeu yacho.**

VARIANT
◆   Chakaipa chakaipa, hachiyemurwi.

EXPLANATION AND TRANSLATION
Hakuna mubereki anochengeta maitiro akashata aanosangana nawo achiitwa navamwe vanhu kuti agozoadzidzisa vana vake kuti vaitewo saizvozvo.
No weed seeds were ever collected by a gardener.

94 ❋ **Chakaipa chakaipa, hachizvari chakanaka.**

EXPLANATION AND TRANSLATION
Zviito zvakashata zvinoitwa nomunhu pamagariro ake navamwe, hazvimuisi pakugara achidikanwa nokukudzwa nevaagara navo.
An ill deed cannot bring honour.
Wrong never comes right.

95 ❋ **Chakaipa chine mubairo wacho.**

EXPLANATION AND TRANSLATION
Chinhu chakaipa chinoitwa nomunhu chinoguma nokumurwadzisa.
Every ill practice has its own punishment.

96 ✱ **Chakaipa hachidzvarwi, minzwa inongozvimerera yoga.**

EXPLANATION AND TRANSLATION
Munhu ane mwoyo wakashata akagara aberekwa mwoyo wake wakashata, haana kudzidziswa navamwe kuti ave nemwoyo wakashata.
Thorns and weeds need no sowing.

97 ✱ **Chakaipa hachifukidzwi chikavanda.**

VARIANTS
- Rina manyanga hariputirwi.
- Sasi yomwoto haiputirwi nejira, rinotsva.
- Chakaipa hachivhuchirwi muvhu chikarova.

EXPLANATION AND TRANSLATION
Munhu anoita mabasa akashata nyange oyedza kuavanziridza, anongoguma abudira pabani kuvanhu, voavona.
A crime committed in the dark will be known by day.
No wrong can be covered in the soil.

98 ✱ **Chakaipa hachigari chakaiswa pamuromo chinobva chazviswededza pedyo.**

EXPLANATION AND TRANSLATION
Chinhu chakaipa chikagara chakangobatwa pamiromo, chichitaurwa,chinokaruka chasvika mukati menyu imi munochitaura.
The devil is never nearer than when we are talking of him.

99 ✱ **Chakaipa (Chakashata) hachigari kusiri kwacho.**

EXPLANATION AND TRANSLATION
Chinhu chakaipa kana chaitwa muchivande, hachitori nguva

chisati chabuda pachena, chozivikanwa.
Secrets hatch out to reveal themselves.

100 ✵ **Chakaipa hachimiri pasi, chinotekeshera.**

VARIANTS
- Chakaipa hachimiri pasi chinotekeshera.
- Chakaipa kana chagara chaitwa chazikanwa.
- Chakaipa hachivanziki chikarova.
- Chakaipa hachivandi.
- Chakaipa chine mapapiro hachitani kunzwikwa kumwe.

EXPLANATION AND TRANSLATION
Pakaitika chinhu chakaipa guhu rinokurumidza kupararira nenyika yose, rozikanwa.
An ill deed spreads quickly.
A hidden crime is bound to come out some day.
Do wrong once, and you will never hear the end of it.

101 ✵ **Chakaipa hachina rwendo rurefu.**

EXPLANATION AND TRANSLATION
Munhu anogara akarovera kuita zvakashata hazvitani kumupinza mudambudziko.
An evil practice has never lasted long.

102 ✵ **Chakaipa hachipembedzwi.**

EXPLANATION AND TRANSLATION
Munhu anoita mabasa akashata haarumbidzwi, anoshoorwa.
No praise (credit) from ill deed (action).

103 ✱   **Chakaipa hachitani kuteverwa.**

EXPLANATION AND TRANSLATION
Chinhu chakashata chikagara chatangidzwa kuitwanomunhu mumwe chete, vamwe vanobva vachiitawo.
That which is evil is soon followed (learnt).

104 ✱   **Chakaipa hachitani kutekeshera.**

EXPLANATION AND TRANSLATION
Chinhu chakashata kana chikange chaitwa nomunhu, chinokurumidza kuzikanwa noruzhinji kunzvimbo dziri kure nokwachaitirwa.
An evil action quickly gets spread to farthest ends.
Ill news spreads quickly.

105 ✱   **Chakaipira mumwe, chakanakira mumwe.**

VARIANT
◆   Chakanakira mumwe, chakaipira mumwe.

EXPLANATION AND TRANSLATION
Mwoyo yavanhu inoda zvakasiyana-siyana. Hapana mwoyo inoda zvakafanana.
One man's good meat is another man's poison.

106 ✱   **Chakakambudzwa idoro (ihwahwa), mhosva haikambudzwi.**

EXPLANATION AND TRANSLATION
Mufambi haangatsaukiri panenge parwiwa kana panoba mbavha paanoziva kuti angatorana nemhosva, asi panonwiwa doro (hwahwa).
A scene of committing a crime attracts no passer-by as it is with a scene of beer drinking.

107 ⚫ Chakamirirwa (Chinomirirwa) mugaro (rugare) kana iri nhamo ifambisi.

VARIANTS
- Vanazvo havafambi, vanofamba ndavasinazvo.
- Chigadza pasi mugaro (rugare) kana iri nhamo ifambisi.
- Chakapfavirwa (Chamirirwa) mugaro (rugare) kana iri nhamo imhengesi.

EXPLANATION AND TRANSLATION
Munhu anoshaya zvingamuyamura mumagariro emisi yose muupenyu anogara akangofamba achitsvaka zvingamubatsira.
He that is at peace keeps at the same place, but he that is in want trots about looking for help.

108 ⚫ Chakamisa imba kudya.

EXPLANATION AND TRANSLATION
Kudya ndiko kunogara kwakabatanidza mhuri ichifara muupenyu hwose.
Food makes family life permanently pleasant.

109 ⚫ Chakanaka chakanaka hachivandi, chinozvirevera choga chimene.

EXPLANATION AND TRANSLATION
Munhu akanaka anongopupurirwa nezviito zvake zvakanaka kuvanhu kuti munhu wakanaka.
Good wine needs no bush to advertise it.
A good name keeps its lustre in the dark.

110 ⚫ Chakanaka, chakanaka chisine ndye mukati.

EXPLANATION AND TRANSLATION
Munhu kana ari muroyi kana mbavha haanzi wakanaka, nokuti uroyi hwunovava sendye.
A sweet taste is good without bitter mixture.

137 ✱ **Chakanaka chakanaka imbwa haihukuri sadza.**

VARIANT
- Chakanaka chakanaka mukaka haurungwi munyu.

EXPLANATION AND TRANSLATION
Zvinhu zvakanaka ngazvive zvakanaka, sezvazvagara zvakazvinakira.
That which is good, must be taken as it is.
Everything has its own good taste, sour milk is taken without salt.

139 ✱ **Chakanaka chichiri kure kana chava pedyo chabviribvindika.**

VARIANTS
- Zviuya zvichiri kure, kana zvava pedyo zvabviribvindika.
- Munhu ndimunakira kure segomo rinobwinya riri kure.

EXPLANATION AND TRANSLATION
Munhu akashata muzviito anenge akanaka kana usati wagara naye pedyo. Kana wazogara naye pedyo, ndipo paunozoona kushata kwezviito zvake.
Distance lends enchantment to the view.

140 ✱ **Chakanaka chinowanisa chakanaka.**

VARIANT
- Chakanaka chinozvara chakanaka.

EXPLANATION AND TRANSLATION
Zviito zvakanaka zvine mubairo wakanaka.
A good deed gains.
One never loses by doing a good turn.
He that soweth good seed shall reap good corn.

32

111 ❋ **Chakanaka hachinakiri chimwe.**

EXPLANATION AND TRANSLATION
*Pazvinhu zvose, chimwe nechimwe chine ukuru, kukosha,
norubatsiro rwacho zvakasiyana nezvechimwe asi pasina
chinopfuura chimwe kana zvaenzaniswa.*
One thing is good for its own purpose (value) in life.

112 ❋ **Chakanaka hupedza nyaya (chirevo).**

EXPLANATION AND TRANSLATION
*Chinenge chatanga kurongwa, ngachirongwe chipere,
chisasiirwa munzira, chisati chapera.*
A completed discussed affair (problem) is an achieved victory.

113 ❋ **Chakanakira mwene (muridzi wacho/mwenechiro)
hachinakiri vazhinji.**

EXPLANATION AND TRANSLATION
*Murume mumwe nomumwe anogutsikana norunako rwechiso
chomukadzi wake. Nyange achinzi navamwe varume chiso
chomukadzi uyu chakashata. Ndizvozvo zvimwe chete
nomurume wake.*
Even an ugly looking wife is pretty enough in the sight of
her husband. Every husband is content with the facial beauty of his
wife.

114 ❋ **Chakandinakira icho chinotenza mwoyo wangu.**

EXPLANATION AND TRANSLATION
*Chinhu chinodikanwa nomunhu ndicho chakamunakira kana
akachitarisa, uye kana achigara achichifunga asingachioni.*
A man sets by what he thinks best suits him.

115 ❋ **Chakanzi ndandanda ibvudzi, asi pfuma hayienzanwi.**

VARIANT
* Chakaringanwa ibvudzi, kana iri pfuma vamwe yakavaramba.

EXPLANATION AND TRANSLATION
Bvudzi rinomera mumisoro yevanhu vose, asi kana iri pfuma, vamwe vanayo asi vamwe havana.
What is common to all is hair, but each one's private riches differ from another's.
All men have hair but not all have wealth.

116 ❋ **Chakaora chinonzwikwa nokunhuwa.**

EXPLANATION AND TRANSLATION
Munhu akashata anozivikanwa namabasa ake okushata kwake anenge achitaurwa nevaagere navo, vanenge vachimuona achiaita.
A decayed matter gives off an offensive smell.
A wicked person is usually known by his wicked deeds.

117 ❋ **Chakaringanwa ibvudzi, kana dziri njere dzina vashoma.**

EXPLANATION AND TRANSLATION
Nyange misoro yavanhu vose yakamera bvudzi, asi mishoma ine njere dzakakwana mukati mayo.
What is common to all men is hair, but as for wisdom only a few have.

118 ✳ Chakashata chakashata, nyoka haigarwi nayo mumba.

EXPLANATION AND TRANSLATION
Chakagara chasikwa chiri mhandu kuupenyu hwemunhu hachifaniri kutorwa sechinhu chine ruyamuro kumunhu.
That which is bad is bad. A snake can never be accomodated in the same room in which men live.

119 ✳ Chakashaviwa (Chakatengwa) ipfuma, mwoyo wakanaka haushaviwi.

EXPLANATION AND TRANSLATION
Munhu akazvarwa akashata mwoyo, haana imwe nzira yaangawana nayo kururama kwomwoyo. Nyange munhu akapfuma haangakutengi nepfuma.
Heart gentleness can never be bought.

120 ✳ Chakashaviwa (Chakatengwa) ipfuma, upenyu hahwushaviwi.

VARIANT
◆ Upenyu hahwushaviwi sepfuma.

EXPLANATION AND TRANSLATION
Munhu akafa nyange anga ari mupfumi sei, arasikirwa noupenyu hwake zvachose nokuti upenyu hahwutengwi.
No man has lease for his life.
There is no life sale pen (market).

121 ✳ Chakata kutsvukira kunzi nditanhiwe.

VARIANT
◆ Manomano echakata kutsvukira mumuti kunzi ndipotserwe.

EXPLANATION AND TRANSLATION
Musikana anoda kugara achifamba-famba, achipfuura
napagere majaya anotsvaka kunyengwa.
Manomano echakata kutsvukira mumuti kunzi ndiposherwe.
A maid that is fond of entertaining bachelors is after being
made love to (wishes to be courted).

122 ❋ Chakati chururu chakapwa (chinopwa).

EXPLANATION AND TRANSLATION
Zvinhu zvose zvinotangidza kusvika pavanhu zvine
mikurumbira yakakurisisa zvinoguma nemikurumbira yazvo
ikaperawo.
Everything extreme has its own ending day.

123 ❋ Chakavhinyu chiuno chehuku chinoonekwa musi
wakunenge kune mhepo.

VARIANT
◆   Ndimusi dzakada kuseka-seka.

EXPLANATION AND TRANSLATION
Munhu ane hasha nejinyu, anongofara nokuseka-seka nomusi
waanenge azvidira asi mazuva mazhinji achigara akatsamwa
achityisa.
A bad-tempered person seldomly wears a joyful beaming face.

124 ❋ Chakavhunika chonzvengwa norufu, chondofa ava
makore anoverengwa.

EXPLANATION AND TRANSLATION
Munhu akaremara, bofu, mbeveve, matsi, benzi, neduruturu,
nyangotsamwisa vane hasha dzokurwa, havarwi navo,
vanovanyenyeredza.

Cracked doors hang long on their hinges.
The deformed creatures usually live longest.

125   ✹   **Chakavinga (Chakaza) munhu choga rufu, kana iri pfuma inoshaviwa.**

VARIANT
◆   Pfuma haivingi munhu yoga sorufu.

EXPLANATION AND TRANSLATION
Rufu rwoga rwunouya kumunhu, pfuma inoshandirwa kuti iwanikwe.
It is only death alone that comes to all men without being laboured for, but not wealth.

126   ✹   **Chakazipa uchichidya woga isadza, kana iri nhamo inovava kuti uidye woga.**

EXPLANATION AND TRANSLATION
Munhu ari pakudya haatsvaki hama dzokumubatsira asi kana ava munhamo ndipo paanodzitsvaka kuti dzimubatsire kubuda mairi.
Eating food (Taking a meal) without friends is joy but getting into troubles without friends is bitter sorrow.

127   ✹   **Chako ndechako hachipinganidzwi (hachipingwi) nomunhu.**

EXPLANATION AND TRANSLATION
Chinhu chaunenge wakaravirwa kuti uchachiwana, hapana chingakukonesa kuti uchiwane.
That which is meant for you by Providence, must without fail come.

128 ❋ Chako ndechawadya, chigere mutoro wamambo.

VARIANTS
- Chako ndechawira mudumbu, chiri kunze ndechavamwe.
- Uswa hwenyati (hweshonga) ndohwayamedza,
  hwuri mumuromo inofa nahwo.

EXPLANATION AND TRANSLATION
*Chinhu chaunoti ndechako ndechawashandisa. Chausati
washandisa ungangokaruka wafa choshandiswa navamwe.*
The morsel is yours that you have swallowed up (eaten), the one
still not swallowed up (eaten) belongs to others.

129 ❋ Chakuda ndechako chidewo.

EXPLANATION AND TRANSLATION
Anokufarira newe mufarirewo.
Accept the love from the one who loves you.
Love the one who loves you.
Love feeds on love.

130 ❋ Chakuda ndechako chitore.

EXPLANATION AND TRANSLATION
*Kana rombo rako rakuratidzira chinokubatsira muupenyu,
chigamuchire nomufaro uchishandise.*
When fortune knocks at your door, open for it.
Accept that which has deserved you.

131 ❋ Chakukona chakuparira murimo.

EXPLANATION AND TRANSLATION
*Kana chawatanga kuita chikakona kubudirira, pamhidza
kuchiita rwechipiri, chozoda simba rokuchiita
rakapamhidzirwa kaviri.*
A failure doubles efforts.

132   ✱   **Chakuramba chinenge mhere, chakuda chinenge mbudzi ine mafama**.

EXPLANATION AND TRANSLATION
Jaya nemhandara, murume nemukadzi, kana zvichakanaka vachidanana, pose pavanofamba havasiyani, asi kana vorambana vanosiyana.
Bitter rejection talks ill loudest, abundant love is the cosiest.

133   ✱   **Chakuramba hachirwiwi nacho, chako chinoza choga**.

EXPLANATION AND TRANSLATION
Akambokuda kana okuramba oga usamumanikidza kuti akudezve. Musiye akadaro, wako uchamuwana ariko mberi.
You need not force that does not deserve you, yours comes to you willingly.

134   ✱   **Chakurumba hachina mukwidza wachinozeza kukwira, chinoguma chasvika**.

EXPLANATION AND TRANSLATION
Chako chawakagara wachisarudzirwa, nyange nzira dzokuchiwana nadzo dzooma sei, unozopedzisira wachiwana.
There are no steep barriers to your deserving gifts.
Fortune enters even the locked-up house.

135   ✱   **Chakurumba ndechako, hachikoni**.

EXPLANATION AND TRANSLSTION
Chaunenge wakamisirwa kuti chive chako muupenyu unochiwana.
Your gift will never fail to land upon you.

136 ❋ **Chakurumba ndechako, irwa nacho kuti uchiwane.**

VARIANT
◆ Irwa nechakurumba, ndechako.

EXPLANATION AND TRANSLATION
Kana ukaona zviratidzo zvokuti chinhu chinokuda kuti uchiwane, chitsvaka mano nenzira dzaungashandisa kuti uchiwane nadzo.
First deserve, then strive to get it.

137 ❋ **Chamangwami wakati kutamba makomo, misungo ndeyangu.**

EXPLANATION AND TRANSLATION
Chero munhu anozviti akachenjera kupfuura vamwe vanhu vose, haangachenjeri zvokuti agone kunzvenga rufu kana rwuchinge rwamusvikira.
There is no cunning person who has ever licked his own back.
Even the most cunning thief eventually finds himself caught in the act of thieving.

138 ❋ **Chamuka panzvimbo chine ropa inyama, ngachitevererwe chibatwe.**

EXPLANATION AND TRANSLATION
Munhu ane nhamo huru yokushaya zvingamuyamura muupenyu, nyange akawana rubatsiro rudukuduku, asarurega ngaarugamuchire arushandise.
Make the best use of any chances you may come across.

139 ❋ **Chamurumba nechinenge chine gofa kwaari ipfuma.**

EXPLANATION AND TRANSLATION
Munhu asingasarudzi anongoti nechinhu chakashata, chisina maturo, kana chasvika kwaari akachiona namaziso ake,

anochitora otanga kuchishandisa asina hanya nezvachiri.
To him even a crab or a frog is fish.
All is fish that comes to his net.

140 ❋ **Chanonoka kusvika hachinzi charasika, zuva racho richasvikawo, chikasvika**

EXPLANATION AND TRANSLATION
Mudzimai anozvara mwana mushure memakore akawanda aroorwa akambogara asina mwana, mwana wake iyeye haanzi kana kwotaurwa nezvake onzi akanonokerei kuzvarwa, haachadikanwi.
It is not lost that comes at last.
A child born after a long childless period is never out of season.

141 ❋ **Chaonekwa neziso chadzira mumwoyo.**

VARIANT
◆ Ziso charaona chadzira mumwoyo.

EXPLANATION AND TRANSLATION
Zvinhu zvose zvinotora mwoyo, zvinotanga zvaonekwa namaziso.
That which the eye sees descends inside the heart.

142 ❋ **Chapera chapera, muto wehuku hausehwi kaviri.**

EXPLANATION AND TRANSLATION
Mhosva yaripwa yose ikapera, yapera, haizomutsidzirwizve.
Full debt payment ends further payment demand.
Final case judgement ends its further hearing.

143 ❋ **Chapera chapera, wava muroyi wafa navana.**

EXPLANATION AND TRANSLATION
Kubuda nokupurumuka munjodzi hurusa, kana dambudzo

*guru, umo munhu maasingazopindizve mairi, kana kufa
aionazve muupenyu hwake hwose.*
It is the death of a witch including her entire family.

144 ❋ Chapfuura chabva mumwoyo.

EXPLANATION AND TRANSLATION
*Chinhu chaunodisisa kana chisisipo pauri, uye nhamo
yawanga uri mukati mayo, kana yapera, wotozvikanganwa
nokuti hazvisisimo mupfungwa dzako dzemisi yose.*
Out of sight out of mind.

145 ❋ Chapfuura chapfuura, mvura haiyereri ichikwidza norwizi.

EXPLANATION AND TRANSLATION
*Pfuma yashandiswa ikapera, yapera, haichadzoki kuti
igoshandiswazve, saka pfuma yapera yapera, haichatarisirwi
kubatsirazve.*
Used wealth counts no relief to prevailing want.
The mill cannot grind with water that is past.

146 ❋ Chapfuura chapfuura rega kuchiisa mumwoyo.

EXPLANATION AND TRANSLATION
*Kana ukange wakunda nhamo dzinogara dzakakukomba,
chibva wadzibvisa mupfungwa dzako dzezuva nezuva.*
Let bygones be bygones.
Let the past be the past.

147 ✴ **Chapfuura chinopa hanganwa, asi chinoza hachibvi mumwoyo.**

EXPLANATION AND TRANSLATION
Munhu anokurumidza kukanganwa munhu akamuitira zvinhu zvakanaka, asi waakatarisira kuti achamubatsira nezvaanoshaya, anongogara akamuisa mupfungwa dzake nguva nenguva.
Past bestowed kindness is less valued than the expected one.

148 ✴ **Chapinda mudumbu chave ndove, charasiwa (chapfuura).**

EXPLANATION AND TRANSLATION
Zvokudya zvadyiwa hazvichaverengerwi kuti zvingabatsirazve. Rubatsiro rwazvo rwapfuura, haruchatarisirwizve.
The eaten meal is already dung awaiting to be thrown out.

149 ✴ **Chapinda musango chazvipereka kurufu.**

EXPLANATION AND TRANSLATION
Munhu azvipira kufamba mukati mesango rine zvikara, azvipfupisa upenyu hwake, zvikara zvinomudya.
That which has entered into the thicket, has given itself away to death.

150 ✴ **Chapungu hachidonhedzi minhenga yacho.**

EXPLANATION AND TRANSLATION
Munhu anongozvifunga iye oga kupfuura vamwe, haadi kugovera vamwe pane zvake zvaanowana.
A bateleur eagle does not let its feathers fall off.
A selfish man never shares with others what he gets.

151 ❋ Chara chimwe hachitswanyi inda.

VARIANTS
- ◆ Gunwe rimwe haritswanyi inda.
- ◆ Rume rimwe harikombi churu (tsuro).
- ◆ Safuri imwe hairiri.
- ◆ Ndarira imwe hairiri.

EXPLANATION AND TRANSLATION
Munhu haangashandi basa rinoda vazhinji ari oga akabudirira. Basa rinobudirira nderinobatsiranwa.
One thumb cannot crush a louse.
He that is backed up in a cause is sure to succeed.
Unity is strength.

152 ❋ Charehwa chabuda.

EXPLANATION AND TRANSLATION
Chinhu chataurwa pamusoro pacho, chatova choruzhinji chozikanwa.
Once said once out.

153 ❋ Charehwa chapararira (chatekeshera).

VARIANT
- ◆ Miromo yavakuru haiwiri pasi.

EXPLANATION AND TRANSLATION
Chinhu chataurwa pamusoro pacho chikanzwikwa navazhinji chazara nyika.
While the word is in your mouth it is your own, once it is spoken it is another's.
Rumour is a great traveller.

154 ✱   **Charehwa nemiromo yavanhu hachiwiri pasi (hachikoni kuitika).**

VARIANT
- ◆   Miromo yavakuru haiwiri pasi.

EXPLANATION AND TRANSLATION
Munhu anoyambirwa navanhu vachimuudza nemiromo kuti zviito zvake zvakashata. Kana akasateerera kuyambira kwavo, anoguma azvipinza mumatambudziko nezviito zvake.
He that hath an ill name is half-hanged.
Give a dog an ill name, you hang him.

155 ✱   **Charehwa nomuromo chabva mumwoyo.**

EXPLANATION AND TRANSLATION
Zvose munhu zvinotaurwa nomunhu zvinenge zvichibva mukati memwoyo wake.
What the tongue speaks springs from the heart.

156 ✱   **Charova sei chando chakwidza hamba mumuti?**

EXPLANATION AND TRANSLATION
Inenge yave nhamo hurusa sei yokushaya mukadzi kana jaya rozvipira kuroora chembere yezero rimwe naamai varo?
He must be desperately in need of a wife, the unmarried bachelor who offers himself to marry a woman of his own mother's age.
It is a too hard winter when one wolf eats another.

157 ✱   **Charovedzera charovedzera gudo (bveni) rakakwira mawere (rakafamba napamawere) kwasviba.**

VARIANT
- ◆   Muzivisisi wenzira yaparuware ndiye mufambi wayo.

EXPLANATION AND TRANSLATION
Nyange chinhu chooma sei pakuitwa kwacho, kana munhu
akange angogara achichiita, anozochigona kuchiita nenzira
dzakawanda dzakasiyana-siyana asingachitadzi.
Practice produces efficiency.
Custom knows no experience, the baboon always returns
home at dusk.

158   ✱   Chashaika chii, shiri hairiri usiku?

EXPLANATION AND TRANSLATION
Zvinhu zvinoitwa masikati ndezvamasikati, nezvinoitwa
usiku ndezvousiku. Chinhu chousiku ngachimirire nguva
yacho yousiku isvike, nechamasikati chimirirewo nguva
yacho nokuti hapana chinhu chisina nguva yacho.
Things done at their odd times never succeed.
A hat is good for the head, not for the feet.

159   ✱   Chashaya murimo (Chisine basa) hachirashwi, zuva
racho richasvika, rokuti chishandiswe.

EXPLANATION AND TRANSLATION
Chinhu chimwe nechimwe, nenhumbi imwe neimwe, ine basa
rayo rainoshandiswa kana payakafanira kushandiswa
pawanikwa.
Although a thing is useless, keep it safely, one day you will find its
proper use.
Keep a thing for seven years, you will find its use one day.

160   ✱   Chasiya gwara pachafamba hachinetsi kutevera.

EXPLANATION AND TRANSLATION
Kana nyaya ikaitika pakava nevaiona ichiitika hainetsi
kuigadzira nokuti vanga varipo ichiitika, vacharondedzera
kuitika kwayo.

A trace of an incident is easily followed with eye-witnesses present.
That which has left spoor behind it, is easy to follow.

161 ✱ **Chataurwa zvakanaka, icho chabvumwa noruzhinji.**

EXPLANATION AND TRANSLATION
Kuronga kunotenderanwa nako navazhinji kunenge kwaonekwa kwakanaka.
That is well spoken is well taken by many.

162 ✱ **Chatumirwa nhume chakura.**

EXPLANATION AND TRANSLATION
Chinhu chinenge chiine munhu anofambisa nyaya yacho, achichifambira chinenge chichitorwa sechinhu chine maturo.
It is no small a message for which a messenger is sent.

163 ✱ **Chausakabudira ziya hachina vako (hachigari) pauri.**

VARIANT
◆ Chausina kubudira ziya hachikumiriri, chinotedzemuka.

EXPLANATION AND TRANSLATION
Chinhu chaunowana nyore nyore usina kuchitamburira kuchiwana hachitani kupfuura kana kupera.
Lightly come, lightly go.
Easy come, easy go.

164 ✱ **Chaunacho muruoko chikuru ngachipfuudze nhamo yaunayo ipere.**

EXPLANATION AND TRANSLATION
Nyange pfuma yako yave shoma sei, ishandise ipedzewo imwe

yenhamo dzauinadzo.
Whatever you hold in the hand is great, use it to lessen your want.

165 ● **Chausakafira nesimba hachikurwadzi mwoyo kuchiparadza.**

EXPLANATION AND TRANSLATION
Kana uchiparadza pfuma yausina kushandira,
unongoparadza yose nenguva pfupipfupi, usina hanyn'a
nokupera kwayo.
That which did not cost your energy in getting it, is never painful to waste.

166 ● **Chauya (chawapiwa) nomudzimu hachirambwi.**

EXPLANATION AND TRANSLATION
Zvinhu zvose zvinosvika pamunhu asina kuzvitarisira zvine
rubatsiro mukati ngaazvitore.
Look not a gift horse in the mouth.
Nothing is freer than a gift.

167 ● **Chava chimukono chava chin'ombe kukonewa kurwa utera hwacho.**

VARIANTS

◆ Yave mhuru yave mombe inozvifurira.
◆ Wakura wakura anozvionera.

EXPLANATION AND TRANSLATION
Mwana azvarwa anofanira kudzidziswa kuzvibatsira, pane
zvaangagona kuita kuti agozvibatsira. Asagara akatarisira
kuti vabereki vamubatsire pane zvose, nezvaanogona
kuzviitira.
An old ox will find shelter for himself.

Even a bullock is counted a grown up bull and can protect itself.
He that is grown up should never feed from another's hand.

168 ● **Chava mumba (Chiri mumba) hachitizi, chinotiza ndechiri mubundo (musango).**

EXPLANATION AND TRANSLATION
Kana munhu achitsvaka chinhu, ngaatange kunochitsvakira kure nokuti chiri pedyo anogona kuchiwana nenguva dzose. Muramu ngaanyengerwe shure, nokuti ari pedyo nomurume wavakoma vake.
First struggle for the bone that lies farthest from you, the nearest to you will always be yours.

169 ● **Chawafumbatira muruoko chengeta, nhamo haizikanwi kuuya kwayo.**

EXPLANATION AND TRANSLATION
Munhu pfuma yaanenge awana ngaaichengete zvikurusa asatamba-tamba nayo, nokuti kushaya pamunhu hakuzikanwi mauyiro ako.
Hold fast what you have, need may arise.

170 ● **Chawafuratira hauchachioni chabva mumwoyo.**

VARIANT
◆ Pawabva rave dongo, hauchapafungi.

EXPLANATION AND TRANSLATION
Vanga vakadanana, navanga vakaroorana, kana vakarambana, hapana achagara achifunga mumwe kudzamara vafa.
The abandoned love is out of mind.
Seldom seen is soon forgotten.

171 ● Chawagadzikirwa nendiro hachirambwi.

VARIANT
◆ Utununu kuramba chawagadzikirwa nendiro.

EXPLANATION AND TRANSLATION
Kana munhu akange awana chinhu chikuru chaanga asina muupenyu nenzira dzakareruka, asanonoka kuchigamuchira. Ngaachitore achishandise, zvichida haangazochiwanizve.
Take up and make the best use of the chances that have been offered to you.
Never be ashamed to eat meat freely given to you.

172 ● Chawakadya uri woga chakumera mota parurimi, chozviratidza kuti ndiwe wakachidya.

EXPLANATION AND TRANSLATION
Munhu akaponda mumwe munhu ari oga, anototanga kuzivikanwa noruzhinji kuti ndiye akamuponda nokuda kwezviratidzo zvokuvhumuka-vhumuka kwaanoita pamatauriro ake, achigunzva zita rowaakaponda.
Murder is out.

173 ● Chawakadzidza uchayamwa hauchikanganwi.

EXPLANATION AND TRANSLATION
Munhu zvaakadzidzisiwa ari mucheche, haazvikanganwi.
What is learned in the cradle lasts to the tomb.

174 ● Chawakambodya nacho hauchikanganwi, naicho hachikukanganwiwo.

EXPLANATION AND TRANSLATION
Vakanga vakanyengana vakasazoroorana, havangambo-

kanganwani. Vanongogara vakafungana nguva nenguva.
Old love will not be forgotten.
Old love endures green to the end.

175 ❋ **Chawanzwa padare ndechapadare hachisumirwi mukadzi mumba.**

VARIANT
◆ Chedare ndechedare hachiturirwi mukadzi mumba.

EXPLANATION AND TRANSLATION
Zvinhu zvose zvatinonzwa nezvatinoudzwa muchivande, hatifaniri kungofamba tichizvitaura pose pose nyange kuvakadzi navana vedu.
Disclose not all that you hear to the public.
Women will say out anything and hardly hide secrets.

176 ❋ **Chawaona namaziso (nameso) isa mumwoyo uzvinyararire.**

VARIANT
◆ Maziso (Meso) muri nhumbi dzokuchengetera, chengetai muone pazvinogumira.

EXPLANATION AND TRANSLATION
Zvose zvatinosangana nazvo tichizviona misi yose, kana nguva yazvo yokuti tizvitaure kuna vamwe isati yasvika, ngatizvichengetere muzvipfuva zvedu, zvigaremo kudzamara yasvika.
Watch and see and wait for the end.

177 ❋ **Chawapiwa ndechako chichengete.**

EXPLANATION AND TRANSLATION
Munhu chinhu chaawana muupenyu, nyange chisina

kumufanira ngaachigamuchire achitore achishandise nokuti
pane zvachakafanira kushandiswa.
That which is given to you, is yours to keep it.

178   *   **Chawapiwa ndechako chitore uchidye.**

EXPLANATION AND TRANSLATION
Munhu akange aita rombo rakanaka akasangana nechinhu
chine ruyamuro muupenyu, asachisiya, ngaachitore
achishandise chimuyamure.
He that is given a bone enjoys the marrow.

179   *   **Chawapiwa ndicho chawapiwa gutsikana nacho.**

EXPLANATION AND TRANSLATION
Murume akaroora mukadzi asingamugutsi muzviito
zvoupenyu, nomukadzi akaroorwa nomurume akadarowo,
ngavatsunge mwoyo varambe vagere vose kuitira kuti
zvivanakire.
He that life gave him lean fortune must be content with it.

180   *   **Chawapiwa nomudzimu hachina chiduku,**
chigamuchire unyerere.

EXPLANATION AND TRANSLATION
Chipo chinopiwa munhu nomumwe nyange chiri chiduku
sei, ngaachigamuchire nomufaro achitenda anenge amupa.
Small and great gifts are but all gifts.
Even small gifts also must be thanked for.
Without murmuring receive that which fortune has given you.

181 ❋ **Chawapiwa (Chaunopiwa) nomudzimu hachikoni kusvika.**

EXPLANATION AND TRANSLATION
Chinhu chakagara munhu akamisirwa nomusiki wake kuti achachiwana nyange chikatora nguva yakareba asati achiwana, anongozoguma achiwana muupenyu hwake.
That which God gives will eventually land on your hands.

182 ❋ **Chawapiwa nomumwe hachirambwi, midzimu inenge yakupa.**

EXPLANATION AND TRANSLATION
Kana mumwe akupa chipo, ukachiramba, unenge wachirambira Musiki wako, uyo anenge amukurudzira nokukupa chipo.
Never you decline a gift from someone inspired by your Creator.

183 ❋ **Chawareverwa chimbodya nacho.**

VARIANT
◆ Zviri nani (zvinochenesa mwoyo) kufira gavhu pakufira shamba.

EXPLANATION AND TRANSLATION
Kana munhu achipomerwa chinhu chaasingaiti, zviri nani abve achiita kuti apomerwe zvaanoita.
When people say you are a wolf (hyena) it is time for you to prey.

184 ❋ **Chawarovera chadukupa.**

VARIANT
◆ Ziso chararovedzera chadukupa.

EXPLANATION AND TRANSLATION
Munhu akagara achingoona chinhu chimwecho misi yose, nyange changa chakanakisisa sei, chinozoguma kwaari chava chinhu chisina maturo.
It is nothing when you are used to it.

185 ✱ Chawarovera kudya hauchikanganwi, unochikanganwa chapota kugotsi.

EXPLANATION AND TRANSLATION
Kana munhu akagara achiita chinhu chakaipa paagere, kuti apfidze kuramba achichiita misi yose anotofanira kutama abve panzvimbo iyoyo achifuratire. Ndiko kuti achirege kuchiita zvachose.
The only best remedy against a dangerous pursuit is to abandon it.
Absence sometimes blunts love.

186 ✱ Chawawana chava muruoko chikuru batisisa, hachienzani nechausati wawana.

EXPLANATION AND TRANSLATION
Munhu chinhu chaava nacho chakura, nokuti nyange chiri chiduku, asi chava norubatsiro kwaari rwaanovimba narwo.
One bird in the hand is worth two in the bush.

187 ✱ Chawawana chagadza mwoyo.

EXPLANATION AND TRANSLATION
Munhu kana awana chinhu chaanga achitsvaka, mwoyo wake unotanga kugadzikana, ava nepfungwa itsva dzomufaro.
Gain makes the heart rest.
Pain is soon forgotten where gain follows.

188 ❋   **Chawawana idya unyerere kusarudza (kushara) hakuna dumbu.**

EXPLANATION AND TRANSLATION
Munhu anosarudza anoda kudya zvokudya zvakagadzirwa noutsanana. Anowanza kufa nenzara kana asangana nezvokudya zvisina kubikwa noundere, ozviramba.
The choice of only well-prepared meals, fills not the belly.

189 ❋   **Chawawana ndechako chibatisise.**

EXPLANATION AND TRANSLATION
Kana munhu akawana chinhu chine ruyamuro muupenyu, ngaachichengete, asachipunyumutsa kuti chimurasikire nokuti anosara otambura rubatsiro rwaenda chisisipo.
Stick fast on what you have.

190 ❋   **Chawawana tenga, kutengera mberi kunorozva.**

EXPLANATION AND TRANSLATION
Kana ukange wawana chinhu chinotengeswa chaunoshaya, chitenge chiriporipo. Zvichida ungazochitenga mangwana ichocho chakare mutengo wacho wakwira, kana kusazochiwanazve.
Buy what you want when you find it, putting off buying may mean you will not find it.

191 ❋   **Chawawanira pedyo chazorodza makumbo (chakuzorodza matunhu).**

EXPLANATION AND TRANSLATION
Kana uchitsvaka chinhu chawakanzwa kuti chinowanika kure, ukazochiwanira pedyo, unenge wabatsirika kushandisa nguva yawanga uchaparadza uchichifambira.
A near gain lessens labour and shortens distance as well.

192 ● **Chawayemura chadzira mumwoyo.**

EXPLANATION AND TRANSLATION
Chinhu chaunenge waona chikakunakira unochichengetera mumwoyo mako.
That which you have admired is stored in the heart.

193 ● **Chayambuka muganhu chasiya.**

VARIANTS
◆ Chafamba mukoko chaputa.
◆ Chafamba chasiya.
◆ Mwana washe muranda kumwe.

EXPLANATION AND TRANSLATION
Munhu ane zita guru munyika yake, kana akaenda kune imwe nyika, ukuru hwezita rake hwunopera, ongobatwawo zvake somumwe woruzhinji rwavanhu.
He is no longer as great as he is, he that has gone out of his own country.

194 ● **Chazikanwa noruzhinji chazare nyika (chatekeshera).**

EXPLANATION AND TRANSLATION
Chinhu chagara chaitika pakati pavanhu vakawanda, vanochitora vochiparadzirawo kure kure.
That which the public have known reaches the farthest ends.

195 ● **Chebundo (chesango) hachikodzi (hachigutsi).**

EXPLANATION AND TRANSLATION
Munhu anorarama nokudya zvaanofamba achipiwa navamwe anogara akaonda uye haapiwi chinhu chinopedza nhamo dzake nguva dzose.

He that lives by begging has a lean body.
Begged meals fill not the belly.

196 ❋ **Chechete dzatsvuka dzotururwa, maganga ombosara ari mumuti achiibva.**

VARIANT
◆ Vakanaka vanotanga mberi, vakaipa vachisara vovatevera.

EXPLANATION AND TRANSLATION
Vakanaka vanofa nokukurumidza, vakaipa vozofira shure vambosara vachigadzira mhosva dzavo.
The best go first, the bad remain behind to mend their wicked ways.

197 ❋ **Chembere benzi yakabva pauduku hwayo.**

EXPLANATION AND TRANSLATION
Munhu ane pfungwa dzisingashandi akura, akangogara akadaro kubvira pakuzvarwa kwake.
A weak-minded person was born weak-minded.
The childhood shows the nature of the man of tomorrow.
The weak character begins at youth.

198 ❋ **Chembere mukadzi mvura ndinongonwa.**

VARIANTS
◆ Chembere ndeyemombe, yomunhu inobatwa nzeve.
◆ Chembere mukadzi hazvienzani nokuvata (nokurara)mudare (mugota)
◆ Ane ganda ane nyama hazvienzani neakabata hohwa.

EXPLANATION AND TRANSLATION
Hapana mukadzi nyange achembera sei angakundikana

kubvuwira murume wake sadza kuti adye.
No wife is too old to cook meals for her husband.
Half a loaf is better than no loaf.

199 ❋ **Chembere yausati wapota nayo mutunhu hairumbidzwi kufambisa.**

VARIANTS
- Rega kurumbidza (Usarumbidza) chembere yausati wafamba nayo mutunhu.
- Rumbidza chembere wambofamba nayo rwendo.

EXPLANATION AND TRANSLATION
Usarumbidza munhu kunaka mwoyo kwake kana usati wagara naye nguva refu kuti udzidze zviito zvake.
Praise no man before you have dwelt with him long enough.
He that praises his neighbour should be sure of his praise.

200 ❋ **Chembwa ndechokuyina-yina, haigari mutumba seine chayo.**

VARIANTS
- Hapana chakavinga munhu agere pasi.
- Mudzimba ndounofamba-famba.
- Chitsva chiri murutsoka.

EXPLANATION AND TRANSLATION
Kana munhu asingafambi-fambi, akangojaira kugara ari pamwe chete, haawanzi kuwana zvinhu zvitsva.
The dog that trots about finds a bone.

201 ✸ **Chemusi bere kutamba nembwa paruvanze.**

VARIANTS
- Mwoyochena ndowei bere kutamba nembudzana (nembwa) paruvanze?
- Mwoyo ndowei (Chishamiso)bere kurinda wakafa?
- Ishura (Mashura) bere kunanzva mbudzana.
- Mwoyochena ndowei ingwe kusiirwa mbudzi muchirugu ikarega kuidya?
- Manenji (Chishamiso) bere kutamba neimbwa paruvanze.
- Chishamiso bere kurinda wakafa.

EXPLANATION AND TRANSLATION
Muvengi kana achiratidza kuti anokufarira, anenge asingakufariri nomwoyo wake wose, asi anenge achida kukuswededzera pedyo kuti agowana nguva yokukukuvadza.
The love of an enemy is usually full of false pretence.
Beware of generosity bestowed upon you by an enemy.

202 ✸ **Chendakose (Mutendareve) huyo yebvubvubwe inokuya mativi ose.**

VARIANTS
- Hwenyakwose huyo yebvubvubwe isina divi raisingakuyi naro.
- Zinyakwose mukombe une buri.

EXPLANATION AND TRANSLATION
Munhu anoratidza kuti anowirirana navanhu vose vose asi aine makuhwa, achitora zvaanonzwa kumwe wozviisa kumwe.
A friend to everybody is a friend to nobody.

203   ✴   **Chenga ose manhanga (mapudzi) hapana risine mhunzi (mhodzi).**

EXPLANATION AND TRANSLATION
Munhu ngaabate mhuri yake yose zvakanaka nenzira
yakafanana nokuti vose vanozomubatsira.
Have care for every kind of pumpkin, there is none without seeds.
Be appreciative for all the pumpkins, there is none without seeds.
Be fair to all your family, for they are all serviceable to you.
Keep all the pumpkins, there is none without seeds.

204   ✴   **Chengeta mukavo mufambi, chirimo hachine guti.**

EXPLANATION AND TRANSLATION
Guti rechirimo ririko mangwanani, kana zuva rokwira guti
rinopera, zuva roswera ropisa richinzwisa vanenge vari
munzendo nyota. Saka vanofanira kutakura mvura
muchitende kuti vagonwa kana vonzwa nyota.
He that travels on a cloudy spring day should carry drinking water.

205   ✴   **Chengeta muromo kudya kuri mberi.**

EXPLANATION AND TRANSLATION
Kana munhu akadarikwa nechinhu chaanga ava nevimbo
kuti kana achiwana chave chake, anofanira kusaora mwoyo,
mangwana achasangana nechimwe chakangofanana naicho
chiya chakambomudarika.
He who will in time present pleasure refrain, will in time to come
more pleasure obtain.
Long looked for comes at last.
Everything comes to those who wait.

206 ❋ **Chera mvura, maziso (meso) echura haaputsi mukombe.**

EXPLANATION AND TRANSLATION
Kana chinhu chaunoda chikange chichidikanwawo navamwe,
usazeza kuchida kwavo ukabva wochirega, wonyara.
Ingoedzawo kuchiwana nenzira dzako wakatarisa divi.
Allow yourself not to be discouraged, when you are upon gainful pursuit (undertaking).

207 ❋ **Chero idumbu, sadza harinaki rose.**

EXPLANATION AND TRANSLATION
Kana munhu ofa nenzara, nyange akapiwa zvokudya zvisina
kubikwa noundere, asazviramba, ngaadye agute. Chaanoda
kupedza nzara chete inenge yamuuraya.
Even poor meals will fill the belly.

208 ❋ **Chibwe chinotedza chinotyiwa navari kure, vari pedyo vanopota nacho.**

VARIANT
♦ Chikomo chinoremerera vari kure, vari pedyo vanotamba nacho.

EXPLANATION AND TRANSLATION
Vavakidzani vashe (vamambo) vanodya naye, havamutyi
zvikuru, sokumutya kunoitwa navasingagari naye uye
vasingadyi naye. Kana vagere pamwe chete naye
vakafarikana, vanogunzvana naye, vachitaura vachitoseka
naye zvavo.
Familiarity breeds contempt.
Frequent association decreases respect.
The king is not a king to his family but a father.

209 ✳ **Chichiri musango (mubundo) hachisiri chako woga, ndechavazhinji.**

EXPLANATION AND TRANSLATION
Musikana wawakangonyenga ichiri nduma koga, anogona kunyengwa nomumwe akamuda, ukamutorerwa.
That which is still in the bush belongs to many.

210 ✳ **Chidakadaka pahuro pedafi (pedatya).**

EXPLANATION AND TRANSLATION
Munhu ari parugare anowanza kutaura navamwe nomutowo wokuzvikudza nokusembura, asingaoni vamwe vanhu savanhu panyika.
Abundance of wealth (riches) spoils good manners.

211 ✳ **Chidamwoyo hamba yakada makwati (makwande) kukwaturwa.**

EXPLANATION AND TRANSLATION
Munhu asarudza chinhu, azvipira kutakura kurema, kusafadza, kusamufanira uye kumhurika kwacho kuruzhinji.
By its own choice, the tortoise has a shell, the inconvenience associated with it.
The burden of one's own choice is not felt.
You've made your bed, lie on it.

212 ✳ **Chidaushe haafi akahuwana.**

EXPLANATION AND TRANSLATION
Munhu anokura ane mweya wokudisisa nokukarira kuva mukuru, nyange oyedza kuzviwanira ukuru nenzira dzakawanda, haabudiriri kuhuwana.
He that is exceedingly greedy of honour, dies without honour.

213 *   **Chidembo hachivhiyiwi (Dembo harivhiyiwi) pana vanhu vazhinji.**

VARIANT
- Pavazhinji hapavhiyiwi chidembo (dembo).

EXPLANATION AND TRANSLATION
Nyaya yavaviri yomuchivande haitaurwi pane ruzhinji, vanoipindira ikakanganisika ikasazobudirira payanga yakatarisirwa kuti isvike.
A bad practice (action) done in public is easily detected.
Skin not a polecat in public.
Discuss not a hidden secret in public.

214 *   **Chidembo kana choramba mwena chinochera chakaufuratira chichiitira kuti chitosvorwe chigourega.**

VARIANT
- Ndiwo mutowo wechidembo kana choramba mwena chinouchera chakaufuratira.

EXPLANATION AND TRANSLATION
Munhu anenge asati achada chinhu anotaura zvakashata zvakawanda zviri zvenhema pamusoro pacho kuitira kuti agowana marambire, asingashorwi kuti wachirambirei.
He that no longer loves a thing speaks of it the worst.
Where love fails we espy faults.
Where love is thin faults are thick.

215 *   **Chidigidigi (Chidididi/Chigidirigidiri/Chikweya-kweya/Chigwidirigwidiri/Chikwitikwiti) chakazvara chimwandamwanda.**

VARIANTS
- Ukama hwechikunyanguwo hwakazoguma mipinyi yorira.

63

- Ukama hwechikunyanguwo hunopera mvura yonaya.
- Ushamwari hwechikwitikwiti hwakaguma mipinyi yovhunika.
- Kwamairigidukira, ndiko komoringa beya.

EXPLANATION AND TRANSLATION
Ushamwari hunotangwa nokufambidzana kwakanyanyisisa, kusingaswedzi zuva vanhu vasati vaonana, hunopera vanhu vorwa nokuvengana kukurusa.
Too much frequent association ends in bitter enemity.
Closest friendship leads to a breakdown.

216 ● Chidimbudimbu (Chigumegume/Chiguregure) nzira yaparuware inofambwa pose pose.

EXPLANATION AND TRANSLATION
Kutaura nyaya nokusarudza misoro yamashoko makuru anoumba nyaya yose kutangidzira painobvira kusvika painogumira.
To outline the main points of a matter in discussion.

217 ● Chidodo chawira mudziva chati hove dzichidye.

VARIANTS
- Chinoda kufa chinovingira (chinozvipereka).
- Mudzimu wokufa unotuma munhu kuita zvinourayisa.
- Unodanwa norufu.

EXPLANATION AND TRANSLATION
Munhu ngaagare akazvichengeta pamaitiro ake muupenyu, asazvipinza pazvinhu zvinourayisa, achizviona kuti zvinourayisa, achifunga kuti hazvingamuurayi.
The grasshopper that drops itself into the pool provides fish with a meal.
Better chances landing upon carrying wealth with them must not be neglected.

218 ❋ Chiduku chine simba rachowo rakachiringana (rakachienzanira).

EXPLANATION AND TRANSLATION
Chinhu chimwe nechimwe, nyange chiri chiduku sei, chine zvachinokwanisa kuita nemazvo zvikabudirira pauduku hwacho.
A little water will quench a little blazing fire.

219 ❋ Chiduku chiri chomutengo, chokupiwa chikuru.

EXPLANATION AND TRANSLATION
Munhu chaangopiwa koga, asina kuchitenga nyange chiri chiduku sei haafaniri kupopera kune amupa kuti amupirei chiduku.
Grumble not at the smallness of a gift for a gift is no small.
Take without murmur anything given to you as a gift.

220 ❋ Chiduku inguwo, kudya hakuna kuduku.

EXPLANATION AND TRANSLATION
Nyange zvokudya zviri zvishoma sei zvinogona kuziyinura munhu aziya nenzara.
It is only a garment that can measure a small size, but food has no small size.

221 ❋ Chiduku izai, hukwana haina duku, inokura.

EXPLANATION AND TRANSLATION
Chinhu chose chinofema nyange chichiri pazera duku kana wachipiwa, chigamuchire, usachiramba nokuti chinokura. Mangwana chingakubatsira chakura.
The egg is no chicken, should never be reckoned a chicken.

222 ✸   **Chiduku ndechawaminya, chigere chikuru.**

VARIANTS
- Chiduku ndechawira mudumbu, chichiri kunze chikuru.
- Chiduku ndechawawana, chichigere chikuru.

EXPLANATION AND TRANSLATION
Chinhu chashandiswa chikapera, nyange changa chakawanda mupfungwa dzowachishandisa, anochifunga sechanga chiri chishoma.
The already swallowed morsel is smaller than the one still not eaten.

223 ✸   **Chiduku ndechawafumbatira muruoko, chichigere mwoyo unotsva.**

VARIANT
- Chiduku ndechawira mudumbu, chichiri kunze chikuru.

EXPLANATION AND TRANSLATION
Pfuma yawawana, nyange yawanda sei, unongoona iri shoma. Asi yaunorwisana nayo kuti uiwane, mupfungwa dzako yakawandisisa, unorwadziwa mwoyo kuti uiwane.
Little is the already got property, but the one still not got sets the heart burning.
The eaten morsel is smaller than the one still not eaten.

224 ✸   **Chiduku ndechisingaringani vose, chinoringana vose chikuru.**

EXPLANATION AND TRANSLATION
Nyange zvokudya zvichionekwa zviri zvishoma, asi kana vose vanenge vachizvidya, vakadya zvakaenzanirana vose, zvinonzi zvawanda.
That which is sufficient is not little.

225 * **Chiduku ndicho chinorera muviri, chikuru chinouya wakora.**

EXPLANATION AND TRANSLATION
Munhu anotanga kupfuma nokuwana pfuma shoma.
Yakawanda wozoiunganidza nokugarika, nzira dzokuiwana
nadzo dzawandawo.
Every property builds up great wealth.

226 * **Chidyamatowo akadzipwa neganda remhuru.**

VARIANT
◆ Chimedzamatowo akadzipwa nebvupa remhuru.

EXPLANATION AND TRANSLATION
Munhu mupengo ane simba rinotyisa, aigara achikurira
vamwe pakurwa, vaakaenzana navo pazera,
akazokurirwa nemwana muduku vachirwa akaurawa naye.
The fierce all-beating bully fighter met his death from the
young fighter's blow.
The eater of a tough old beast's hide was choked by the bone of a
calf.

227 * **Chidziva mudingwi (Chidziva chidzike) ndicho chine
(chinogara) ngwena.**

EXPLANATION AND TRANSLATION
Vanhu vakanyararisa zvikuru ndivo vane hasha, umbavha,
nezvimwe zviito zvakashata zvamarudzi akasiyana-siyana.
Still waters run deep.
Too quiet persons have deep anger.

228 ✺ **Chiendanyume anodzoka (anouya) hwana hwoshuva.**

EXPLANATION AND TRANSLATION
Munhu anoenda kunhu kwaasingakurumidzi adzoka.
He is as such that goes away and not return in time.

229 ✺ **Chigara gume mwena wamakonzo.**

VARIANTS
♦ Rugare mwena unoguma.
♦ Chigumegume mwena wemakonzo

EXPLANATION AND TRANSLATION
Kugara kwakanaka ndokwenguva pfupi. Somukadzi anofirwa nemurume vachangoroorana, osara achitambura.
Happiness is shortlived.

230 ✺ **Chigamuchiro muromo, maziso (meso) haadyi chaagadzikirwa.**

EXPLANATION AND TRANSLATION
Chokudya chose chinopiwa munhu, muromo ndiwo unogamuchira uchichidya. Maziso anenge achingochiona koga, asi haadyi.
It is the mouth that receives any food given, the eyes only see it.

231 ✺ **Chigere ibwe muti unowa.**

VARIANTS
♦ Hapana danda risingaori.
♦ Hapana muti unokona gonye.

EXPLANATION AND TRANSLATION
Pano panyika vanhu vose nezvisikwa zvinofa. Hapana nechimwe choga chisingafi chikaora.

There is no lease for life.
All men are mortal.
Even they that live longest will at last die.

232 ●   **Chigumegume kudya nhaka yowafa (chowafa).**

EXPLANATION AND TRANSLATION
Kudyiwa kwesadza rinobikirwa vaviga wafa, ndipo
panoperera kudyiwa kwezvake.
The end of a person is the eating of the meal at his funeral.
The end of a person is the inheriting of his estate.

233 ●   **Chikadzi chimwe (Mukadzi mumwe) chirova ndarayira.**

EXPLANATION AND TRANSLATION
Murume akaroora mukadzi mumwe chete ngaarege kurwa
naye asati abikirwa sadza ramanheru nokuti angarara
asina kurayira nokuti mukadzi atiza asati abika.
He that has one wife must quarrel with her after supper meal.

234 ●   **Chikadzi urombo (chakaipa) ndicho chinozvara machinda.**

VARIANT
◆   Zvikadzi urombo ndizvo zvinozvara machinda.

EXPLANATION AND TRANSLATION
Kushata kwechiso chomukadzi, hakumukonesi kuti azvare
vana vane mwoyo yakanaka uye vane unhu. Vanogona
kuumba ukuru hwezita rababa vavo nokunaka kwemwoyo
yavo.
Out of an ugly-faced wife princes are born.
Crooked logs make straight fires.

235 ● Chikomba chinonyan'anya (chinovhirima) kwacho.

EXPLANATION AND TRANSLATION
Munhu mumwe nomumwe anozviona sokuti ndiye munhu
anopfuura vamwe vanhu vose pane zvose zvaari.
Every person thinks of oneself the best.
Every person has a high opinion (regard) for oneself.

236 ● Chikomba chinoturirwa zvomusha kana vamwe varume vasipo.

EXPLANATION AND TRANSLATION
Munhu asina kukwirira, ari pasi uye asingaverengerwi
muboka ravakakwirira paungwaru nepfuma.
He is a man of some petty importance in the absence of the most
important better men.
In want of a wise man, a fool is sat on the chair (stool).

237 ● Chikomba chinozeza chimwe chikomba.

VARIANTS
♦ Zvikomba zvinozezana.
♦ Shumba dzinozezana.

EXPLANATION AND TRANSLATION
Mupengo ane mbiri yokurwa anotyawo mumwe mupengo
waanonzwa ane mbiri yokurwawo.
One sword keeps the other in the sheath.
A hero fears another hero.

70

238   ✸   **Chikomba mundiro yenhopi chinosvora chimwe chikomba.**

EXPLANATION AND TRANSLATION
Jaya rinonyenga musikana warinodisisa harifari kana mamwe majaya achishanyirawo musikana iyeye. Rinenge richitya kuti ringamutorerwa.
A bachelor that is much bent after winning a lady lives in great fear of other bachelors.

239   ✸   **Chikomba mundiro yenhopi chinovirima.**

VARIANT
♦   Zvikomba mundiro yenhopi zvinovirima.

EXPLANATION AND TRANSLATION
Munhurume upi noupi zvake kana ari pane vakadzi anozvinzwa ari murume chaiye. Anozvibata akazviisa pamusorosoro uye achizviona seaasingabviri.
Even a fool when amongst ladies feels most self-important.
Every man when amongst ladies feels most self- important.

240   ✸   **Chikomba pavasikana chinotserera chimwe chikomba.**

VARIANT
♦   Zvikomba pavasikana zvinotsererana.

EXPLANATION AND TRANSLATION
Munhurume wose wose kana ari mukati mavasikana anozvirumbidza zvakanyanyisisa.
No man feels inferior when amongst maids.
Men over-praise themselves when amongst maids.

241 ❋ **Chikomo chaMusinzwi (chaMatsvaire) chakazogarwa naTaisimboreva.**

VARIANT
◆ Chikomo chaMusinzwi (chaMatsvaire) nhasi chazogarwa naTaisimboreva.

EXPLANATION AND TRANSLATION
Munhu anoramba kurayirwa nokudzorwa pazviito zvakaipa zvaanenge achirarama nokuita, kana akazoguma azviwisira munyatwa nazvo, anozohomerwa zvichinzi 'takambokutaurira'.
He who swims in sin shall sink in sorrow.
The fly that playeth too long in the candle-light singeth his wings at last.

242 ❋ **Chikomo ipe divi unake divi, vana vawane pavanotambira (pokutambira).**

VARIANTS
◆ Mwoyo womukuru itsvina yedzvinyu rakati apa chene apa svibe.
◆ Chikomo shata divi rimwe ritambire pwere.

EXPLANATION AND TRANSLATION
Munhu ngaashate pane zvimwe zvinhu, anake pane zvimwewo. Asangova akashata pane zvose.
A person must not be wholly bad.

243 ❋ **Chikuku vatavata chinonzwa musoro.**

EXPLANATION AND TRANSLATION
Munhu anoti kana anewe anokubata kumeso achiti wakanaka, asi kana abva pauri ava navamwe okureva navo zvakanyanyisisa.
He covers me with his wings and bites me with his bill.

244 ✹   **Chikuru hachiperi kuitwa nezuva rimwe.**

EXPLANATION AND TRANSLATION
Basa guru rakatakura rubatsiro rukuru haribatwi rikapera nezuva rimwe.
No great task was ever accomplished within a day.

245 ✹   **Chikuru hurarama, pfuma zhinji haikundi upenyu.**

EXPLANATION AND TRANSLATION
Munhu kana achirarama zvakanaka, muviri wake wakasimba, achiunzwa uchimubvumira kuita mabasa ake anomupfumisa anobva agutsikana kuti mupenyu panyika.
Health is better than wealth.

246 ✹   **Chikuru idumbu, guva hariurayi waridya.**

EXPLANATION AND TRANSLATION
Zvokudya zvose munhu zvaanodya, haazvidyiri kuzipa kwazvo, asi anozvidyira kugutsa dumbu nokupodza nzara.
A meal is a meal regardless of its quality.
Chaff is also food, for it contains no poison.

247 ✹   **Chikuru inzou hachina mutsindo, makumbo enzou haana mutsindo.**

VARIANT
◆   Masimba makuru hurasha, haadyirwi chinhu (chiro).

EXPLANATION AND TRANSLATION
Basa guru raunobudira ziya siku nesikati uchirishanda kazhinji hariwanzi kupfumisa zvakanyanya.
The greatest burdens are not the gainfullest.
No gain from the greatest labour.

248   ●   **Chikuru chikuru, nzou haipindi muzumbu rehuku.**

EXPLANATION AND TRANSLATION
*Kana zviyo zvakamera mumunda wose zvakausanganisa,
pasina pakakona, hazvingazonzi hazvimo kana kuti hazvina
kumera, nokuti zvinonzi zvishoma nokutaura koga
nomuromo kunenge kuchiita munhu, asi izvo zvirimo
zvakamera.*
What is plenty is plenty, it will never be little, because it is said to
be so in theory.

249   ●   **Chikwambo hachirwi pachisakadyiwa pfuma.**

VARIANTS
◆   Muti haubati pasina ronda.
◆   Mvura haisvingi pasina gangwa (gomba, gawa).

EXPLANATION AND TRANSLATION
No man can accuse another innocent man.
Groundless accusation carries no conviction with it.

250   ●   **Chikweya ndechengombe, chomunhu chinotevera.**

EXPLANATION AND TRANSLATION
*Nyange mukadzi asina pfungwa dzakati tasa, anogona
kuzvarira murume wake vana, kumubikira zvokudya
nokushanda mamwe mabasawo.*
Even a weak-minded wife is able to bear children and cook for
the husband.

251   ●   **Chimbo chakapfumba navabvumiri.**

VARIANTS
◆   Ngoma yakapfumba navabvumiri.
◆   Nhumba yakapfumba navabvumiri.

EXPLANATION AND TRANSLATION
Munhu anoita mabasa akashata kana akanaka zvikurusa
nokuwana vakawanda vanomukurudzira nokutenderana
naye, nokumutsigira kuti azviite.
Were there no hearers, there would be no back-biters.
A thief with many receivers steals most.

252 ◆ **Chimbo (Ngoma, Nhumba) chawakambotamba**
hauchikanganwi.

EXPLANATION AND TRANSLATION
Munhu akambojaira kuita chinhu anongogara
achichifunga, pamwe zvakare achida kuchiitazve.
He that once played a game, remembers it with much longing
to play it.

253 ◆ **Chimbo (Ngoma, Nhumba) chawarovera kutamba**
hachikunyadzi.

EXPLANATION AND TRANSLATION
Kana munhu akakura achingoita mabasa akashata,
anongoramba achiaita kudzamara akwegura kana
achembera, asinganeti.
A thief is never tired of stealing because he is much used to it.

254 ◆ **Chimbudzi chaberekera (chazvarira) pavanhu chati**
ngandibatirwe mbudzana.

VARIANTS
◆ Chimbudzi chavhiyirwa padare, chati mapapu
ngaadyiwe.
◆ Mbudzi kuzvarira pavanhu kuti nditandirwe imbwa.

EXPLANATION AND TRANSLATION
Nyaya yaitika pana vanhu, nyange vasingazivi kuti yatanga
sei, vanenge vachifanirwa kuti vapindire mairi vaitaurewo
navamwe vose varipo.

They that fight in the public are asking for being stopped from fighting.

255 ❋ Chimbudzi chasarira shure chasarira maponda.

VARIANTS
- Chimbudzi cheshure ndicho chinowana maponda.
- Mbudzi inosarira shure ndiyo inorumwa neimbwa.

EXPLANATION AND TRANSLATION
Munhu anorarama nguva yakarebesesa panyika ndiye anoona nhamo dzakawandisisa dzine marudzi akasiyana-siyana.
He that lives longest (life) suffers most.

256 ❋ Chimbwa chowada, wasunga wonovhimisawo.

VARIANT
- Chimbwa choruwa chisingasarudzi wachatevera (wachinotevera).

EXPLANATION AND TRANSLATION
Inzenza kana pfambi inongobvuma kunogara nomurume upi noupi zvakewo anenge ainyenga kwechinguva chipfupipfupi, yoenda kunogara nomumwezve.
It is an everybody's dog that whistles.
A loose woman is easily won by any man.
Once a whore and ever a whore.

257 ❋ Chimhurepure kuurawa kwenyoka.

EXPLANATION AND TRANSLATION
Kutsvakwa kwechinhu chakanangwa chinodisiswa, kunoshandiswa nzira dzoungwaru, kuchikurumidzwa kusingazororwi siku nesikati.
He without rest speedily works at his gain.

258 ✳ **Chiminya (Chimedza) mutengeni chakapangana (chakarangana) nembudyo.**

VARIANTS
◆ Kuminya (Kumedza) tsvurwe yechakata huvimbe huro.
◆ Kumedza bvupa huvimba huro inorimedza.

EXPLANATION AND TRANSLATION
Murume anozvipira kutizisa mukadzi womumwe murume
ngaatange averenga mombe dzake kuti ingani, kuti
agobudirira kuripira mwene womukadzi.
He must have a lot of cattle he that elopes with someone's wife.
He must have a very wide rectum opening, he that swallows a fruit
ball.

259 ✳ **Chimwango chomumwe hachina ndima.**

VARIANTS
◆ Gonde chako (Vimba nechako) chimwango chomumwe
hachina ndima.
◆ N'ombe yekuronzerwa ikama wakaringa nzira.
◆ Chimwango chokukumbira hachina ndima.
◆ Chisi chako masimba mashoma.

EXPLANATION AND TRANSLATION
Nhumbi dzokushandisa kana dzichinge dzakumbirwa kune
vamwe, varidzi vanozokurumidza kuzokutorera usati
wapedza basa rawanga wadzikumbirira.
Borrowed tools have short service.

260 ✳ **Chimwe ndechimwe urema hausekwi.**

VARIANT
◆ Zvimwe ndezvimwe urema hausekwi.

EXPLANATION AND TRANSLATION
Munhu anoseka chirema ngaazive zvaanoseka. Zvichida
angazvarawo chirema, kana kuti naiye pachake anogona
kuzofa ava chirema.
He that is whole must never mock at a cripple.

261 ✺ **Chimwe nechimwe chine zvacho.**

EXPLANATION AND TRANSLATION
Zvinhu zvose pamavambo azvo zvine mabasa azvo
azvakaitirwa.
All things in their beginnings are good for something.

262 ✺ **Chimwoyodongo hachina dumbu (hachigutsi).**

VARIANT
◆   Chinya hachina dumbu (hachigutsi).

EXPLANATION AND TRANSLATION
Kana uchikumbira zvinhu zvausina, usava nehanyn'a
navanokutsiura vachikuseka. Unofanira kuva nomwoyo
murefu pazviri.
He that lives by begging must endure the delay and the mockery.
He that will be served must be patient.

263 ✺ **Chimwoyodongo hachivaki musha unopfumba.**

EXPLANATION AND TRANSLATION
Kuti musha wavakwa uve musha unoyemurwa navari kunze
kwawo, mwene wawo ngaave nomwoyo murefu achiratidza
mhuri yake nzira dzamagariro akanaka.
He that would have a good home must endure both the nagging
and the teasing from the family under him.

264   ✱   **China manenji chinononoka chichiti chigoshura**.

VARIANT
♦   China manenji hachifambisi chinomirira kuti mavara acho aonekwe.

EXPLANATION AND TRANSLATION
Nzira dzechinhu chinenge chichida kukona kubudirira dzinomonereka, kana kuti dzakamonyoroka, kuitira kuti nguva yokuitwa kwacho irebesese chigokona.
The outcome of an eagerly expected gain delays in order to meet its failure (misfortune).

265   ✱   **Chinakirwa sedamba rawa mumuti, rinoti kusiya mamwe aro huwana mugaro.**

EXPLANATION AND TRANSLATION
Mwanasikana anofunga kuti kana aroorwa asiya vabereki vake ondogarika zvakanakisisa kuvarume vake otanga kudadira vabereki, asingazivi kuti mangwana achanorambwa kuvarume akadzokera kumusha kwaakazvarwa.
Although happily married, always keep in close touch with your parents.

266   ✱   **Chinakirwa sedamba riri mumuti risingafungi kuti mangwana richawa.**

EXPLANATION AND TRANSLATION
Munhu anoti kana akawana shamwari itsva orasha dzekare asingafungi kuti ushamwari utsva uhwu hwunga-putsika hukapera, akasara asina shamwari.
He lacks humanity, he that casts (away) his true old friends in favour of new ones.

267 ● **Chindindindi sadza rine muto, risingadanirwi vamwe.**

EXPLANATION AND TRANSLATION
Munhu ari mubishi rokutsvaka chinhu chaanodisisa, kana
akazoguma nokuwana nzira yokuchiwana nayo, anoishandisa
chinyararire, vamwe vongozomuona achiwana ava nacho.
The thick porridge that is accompanied by a palatable side-dish
is speedily taken.

268 ● **Chindiro chinopfumba kunobva chimwe.**

VARIANTS
● Ndiro inoenda kunobva imwe ndiro.
● N'ombe inonanzva inoinanzvawo.
● Kandiro kanoenda kunobva kamwe.
● Muti unowira kwawakarerekera.
● Kutamba ngoma matsive.

EXPLANATION AND TRANSLATION
Munhu anofarira kubatsira uyo anomubatsirawo.
One good turn deserves another.

269 ● **Chine makoto zviyo, munhu haana makoto.**

VARIANT
● Munhu haana makoto sezviyo.

EXPLANATION AND TRANSLATION
Mukadzi akazvara mwana akashata pachiso haangamurasi
achiti akashata, nokuti hapana munhu anoshatira chiso
kurashwa, sezvinoitwa makoto ezviyo.
Even a crow does not call her young ones black.
Every child is beautiful and handsome to its own mother.
The crow thinks that her own birds are whitest (fairest).

270 • **Chine mharadze hachimiri pamwe (pasi).**

VARIANT
•   Mudano wechine mharadze, hachimiri pasi
    chinotekeshera.

EXPLANATION AND TRANSLATION
Mitambo inoparadza pfuma inodikanwa nokufarirwa
navazhinjisa, inokurumidza kupararira nokuzikanwa kose
kose, ichiteverwa navakawanda.
Dangerous and ruinous pursuits attract many and reach farthest.
Immorality bears fastest influence.
That which is moral destructive quickly spreads.

271 • **Chine munhuwi, chine munhuwi bere rakatiza**
norwauro rwemombe (rwen'ombe).

EXPLANATION AND TRANSLATION
Zvinhu zviri pasi, zvinomhurika, zvinotarisika
sezvisakafanira, kana zvichigona kushandiswa panzvimbo
yezvakafanira, ngazvishandiswewo.
Even things of the poorest value and quality are useful to life
needs.

272 • **Chine muswe (muhwe) idende, rufu haruna muswe**
(muhwe).

EXPLANATION AND TRANSLATION
Munhu kana afa, afa, haazosari bandi kana demhe kunze,
anovigwa muhwiro nomutumbi wake wose, hapana imwe
nhengo yomuviri wake inozosara kunze.
A cracked calabash can still be used, but a dead body cannot.
Death does not visit upon souls in halves but in wholes.

273 ● **Chine ukurudza rukweza, mabarwe haana ukurudza, anofusiwa.**

EXPLANATION AND TRANSLATION
Zviyo zvembeu yorukweza zvinopedza makore akaita chitsama zviri mudura zvisina kufusiwa, asi mabarwe haapedzi gore asina kufusiwa.
Millet grain forms food supply for many years, but maize grain hardly lasts a year before weevilled.

274 ● **Chingoma chiririsi ndicho chiparuki.**

VARIANT
◆ Muchero wakurumbira wakuva.

EXPLANATION AND TRANSLATION
Chinhu chava nomukurumbira mukurusa, chonyanyisisa kuitwa kana kudisiswa, chinenge chava pedyosa kuti chipere kana kuguma.
The more light a torch gives the shorter it lasts.
The drum that sounds farthest soon cracks.

275 ● **Chin'anga chomumba chisingadani shanu.**

EXPLANATION AND TRANSLATION
Vanhu vakavakidzana kazhinji vanongobatsirana panhamo vasingaripisani.
It is a family doctor who cures off diseases for no medical fees.

276 ● **Chin'ombe enda-enda (Chikuku enda-enda).**

VARIANT
◆ Chin'ombe enda chin'ombe dzoka..

EXPLANATION AND TRANSLATION
Varume vaviri vanoti mumwe aroora hanzvadzisikana

yomumwe nomumwe woroorawo hanzvadzisikana
yomumwewo. Kuita matenganagudo.
To marry from the same family that has a son married your own
sister.

277 ❂ **Chinobatsira (Chinoraramisa, Chinoyamura)**
hachizikanwi.

EXPLANATION AND TRANSLATION
Chinhu chinoshorwa, kuzvidzwa nokuninipiswa nomunhu,
ndicho chingazomuyamura muupenyu, kupfuura chaanga
achikudza nokurumbidza.
Have respect for all things, it is never known what things may
prove serviceable in life.

278 ❂ **Chinobhururuka chinomhara.**

EXPLANATION AND TRANSLATION
Zvinhu zvose zvinofema zvinofa, zvinoshandiswa
zvinosakara, zvitsva zvinokwegura.
What soars (flies) above in the sky lands down on the ground.
Every ruling power comes to an end one day.

279 ❂ **Chinochembera mukadzi, murume haakweguri.**

VARIANT
♦ Murume haakweguri, chinochembera mukadzi.

EXPLANATION AND TRANSLATION
Nyama dzomukadzi inhete zvokuti kana aguma kuzvara
haatani kuratidza kuti akwegura nokuunyana kwadzo, asi
dzomurume hadzikurumidzi kuratidza.
A man is as old as he feels, a woman is as old as she looks.

280 ✱   **Chinoda mwoyo hachikunyadzi**.

EXPLANATION AND TRANSLATION
*Munhu anodisisa chinhu anochitsvakisisa siku nesikati
asingambozvipi nguva yokuzorora kudzamara achiwana.*
Desire hath no rest.

281 ✱   **Chinodada rufu , munhu haadadi**.

EXPLANATION AND TRANSLATION
*Rufu haruna tsitsi, kana warwada runongotora nyange anga
ari mumwe chete pana mai vake, vakasara vangova voga,
asi munhu anganzwira tsitsi pane zvimwe akaregera.*
It is only death alone that rules over the world without mercy.

282 ✱   **Chinodyiwa chine murandu**.

EXPLANATION AND TRANSLATION
*Chinhu chose chagadzikwa pamberi pavanhu, ngakutaurwe
chikonzero chezvachagadzikirwa.*
Food that is shared requires a stated reason for the sharing.
A person in authority should give a reason for his absence from his
seat.

283 ✱   **Chinodyiwa hachishayi (munhu) anochidya**.

EXPLANATION AND TRANSLATION
*Chinhu chose chinodyiwa nyange chagarisa chisina
anochidya, chinozoguma chamuwana. Musikana nyange
akagarisa asati aroorwa, anozoguma aroorwa.*
Any edible will always find its consumer.
Any edible commodity lacks no consumer.
No lack to a woman to lack a husband.

284 ✱ **Chinodyiwa ndechine nzira, chisina nzira chinokudzipa wochiminya (wochimedza).**

VARIANT
- ◆ Kunodyiwa chine nzira, chisina chinokudzipa wochiminya (wochimedza).

EXPLANATION AND TRANSLATION
Pfuma inowanikwa nenzira dzokunyengedzera nedzokuba inopinza munhu mumatambudziko asati aishandisa.
Properties got in foul ways carry along no blessings with them.
A stolen bone chokes up the stealer in swallowing.
He that steals a bone is choked up at swallowing.

285 ✱ **Chinodyiwa unyoro, ukukutu haudyiwi chinhu (chiro).**

VARIANTS
- ◆ Chitumike akadya asipo.
- ◆ Chinowanisa unyoro, ukukutu hauwanisi chiro(chinhu).
- ◆ Unyoro hunowanisa.
- ◆ Muchenera womunhu unyoro.

EXPLANATION AND TRANSLATION
Munhu akanaka, akarurama ane tsika namagariro akanaka anodikanwa navamwe vanhu vachifarira kumuitira zvakanaka pane zvose zvaanoshaya.
The best bred have the best portion.
Politeness is gain.

286 ✱   **Chinofa (Chakafa) chikarova muranda, vashe (havarovi) havafi vakarova.**

VARIANT
- ◆   Kufa kwehosi inosiya imwe.

EXPLANATION AND TRANSLATION
Kana ishe akafa, kunosarudzwa mumwe wogadzwa ushe.
Zita ranga richidaidzwa naro ishe wakashayika rinoramba
richingova rimwe iroro rinodaidzwazve naro ishe mutsva
wagadzwa paushe.
It is only a commoner that dies and leaves no trace of his name,
but the king never dies with the title.

287 ✱   **Chinofunga mwoyo ndicho chinotaurwa nomuromo.**

EXPLANATION AND TRANSLATION
Munhu anotaura zvinhu zvaanogara achifunga zuva nezuva.
What the heart thinketh, the tongue speaketh.

288 ✱   **Chinoita munhu ndechinofunga mwoyo.**

EXPLANATION AND TRANSLATION
Kazhinji munhu zvaanoita nguva dzose, zvinenge zvichibva
mupfungwa dzake.
A person does what the heart thinks of.
He often kills that thinks but to hurt.

289 ✱   **Chinokanganwa idemo (isanhu) muti watemwa haukanganwi.**

EXPLANATION AND TRANSLATION
Atadzirwa haafi akakanganwa kutadzirwa kwaanenge
aitwa nowamutadzira. Mutadziri haatani kukanganwa

kutadzira kwaanenge akatadzira nako mumwe.
The offender forgets sooner than the offended.
A wound may get healed, but the scar remains.

290 ✱ **Chinokodza mugaro (rugare), nhamo inoonza.**

VARIANT
◆ Nhamo haikodzi, inoonza.

EXPLANATION AND TRANSLATION
Munhu agere mumufaro anoonekwa aine muviri uzere
unofadza, asi agere mumatambudziko nguva dzose
muviri unogara wakaondoroka, wakasakara.
He that lives in plenty shows a healthy body. But he that lives in
want is a bag of bare bones.

291 ✱ **Chinokona ndechaza choga, chaza nomudzimu**
hachikoni.

EXPLANATION AND TRANSLATION
Chinhu chakatungamirirwa naNyadenga kuti uchiwane,
nyange nzira dzokuchiwana kwako dzarema sei, anodzirerusa
kuitira kuti ubudirire, uve nacho.
That which the Almighty intends giving, the devil cannot rob us of.

292 ✱ **Chinokokerwa kudya, rufu harukokerwi.**

VARIANT
◆ Chine musumo (Chinosumiwa) kudya, rufu haruna
musumo.

EXPLANATION AND TRANSLATION
Munhu haaendi panodyiwa paanenge asina kudaidzwa, asi
panenge pafiwa haamiriri kuzoudzwa. Kana angonzwa
navamwe nezverufu anongosimuka oenda asina kudaidzwa.
Invitation is for attending a feast, but funeral requires no invitation.

293 ●   **Chinokumbirwa (Chakakumbirwa) kudya, nhamo haikumbirwi.**

VARIANT
◆ Nhamo haikumbirwi sesadza.

EXPLANATION AND TRANSLATION
Nhamo chinhu chinongouya choga pamunhu, iye asingaidi.
Hapana angashuva kuti dai yamuwira.
Tribulations come upon men without being asked for.
One can beg for food, not for misery.

294 ●   **Chinokumbirwa (Chakakumbirwa) kudya, rufu harukumbirwi.**

VARIANT
◆   Rufu harukumbirwi, chinokumbirwa kudya, rufu runongo-zviuyira.

EXPLANATION AND TRANSLATION
Hapana munhu angafamba achikumbira varoyi kuti dai vamuroya.
Death comes upon everyone unbegged for.

295 ●   **Chinokupfumisa chine zuva racho rachichasvika naro, hachikunyenyeredzi, chinoguma chasvika.**

EXPLANATION AND TRANSLATION
Munhu mumwe nomumwe ane nzira yake yaakamisirwa kuti achawana nayo zvinomubatsira muupenyu hwake.
Anongokaruka nzira yacho yava mupfungwa dzake.
Your fortune to enrich you will always drop at your doorstep.
That which was originally designed for you at last comes.

296   ●   **Chinokura (Chakakura) chichirwa ingwe, kwete munhu kuyeza.**

VARIANT
    ◆   Mwana wengwe mwana wengwe, anokura achirwa.

EXPLANATION AND TRANSLATION
Munhu haana simba rakaenzana nerezvikara. Kana okwegura simba rake rinoderera saka haafaniri kugara achiita hasha, achirwa navamwe sechikara.
It is not a quarrelsome man, but a leopard that thrives on fighting.
The leopard's cub grows up fighting.
The son of a brave man is brave from his childhood.

297   ●   **Chinokura (Chakakura) usipo imombe (in'ombe), munda unokura uripo mwene wawo.**

EXPLANATION AND TRANSLATION
Kuti basa rako rishandwe rigobudirira sezvaunoda kuti riite, iwe unofanira kusasiya vashandi vachirishanda vari voga vasina anovatarisa.
An examined enterprise goes boldly.
The master's footsteps fatten the soil.
It is the beast that grows (up) in the absence of its owner,
but the work in the lands (fields) needs his presence (supervision).

298   ●   **Chinokurerera hachikutoreri.**

EXPLANATION AND TRANSLATION
Murume nomukadzi vakarambana mukadzi vaine mwana anoyamwa, murume ngaabvumire mukadzi kumurerera mwana iyeye. Mwana anenge ari womurume kwete womukadzi.
A divorced suckling wife may be given the custody of the child, but the child legally belongs to the father.

299 ✹ **Chinokwegura chinosakara musoro wegudo worinda nyimo.**

VARIANTS
◆ Chinokwegura chinosakara musoro wegudo chava chinokoro.
◆ Chinokura chinokotama musoro wegudo chave chinokoro.

EXPLANATION AND TRANSLATION
Munhu akazvarwa akakura ari nyanzvi yokuita zvinhu kana achinge okwegura unyanzvi hwunotanga kupera, ozviona angova chinhu chisingabatsiri, chisisina maturo.
Ageing fast brings about uselessness in a man.
He that was once in manhood most useful is now in old age least useful.

300 ✹ **Chinokwegurirwa murimo (ibasa), kudya hakukwegurirwi, munhu anongofa achidya.**

VARIANT
◆ Kudya hakukwegurirwi, chinokwegurirwa murimo (ibasa).

EXPLANATION AND TRANSLATION
Nyangwe munhu akwegura sei asi simba rokunokora musuva nokuukanda mukati momuromo anaro, asi rokushanda mabasa akasiyana-siyana rinoshaikwa maari.
An old cat laps as much milk as a young kitten.
A jade eats as much as a horse.
A man is too old for working, but not for taking meals.

301   ❋   **Chinono chinengwe bere rakadya richifamba**.

EXPLANATION AND TRANSLATION
Kuverengera kutanga kuita chinhu kunoitwa nowakapfuma nokuti anenge asingatamburi, asi murombo kana paine chaaona kuti chingamubatsira anobva achiita chiriporipo nyange nguva isakafanira kuti achiite.
It is a quick play that wins the game.
In delay lies no plenty.

302   ❋   **Chinono chinoshayisa, chinogutsa hukurumidza.**

EXPLANATION AND TRANSLATION
Vanononoka kushanda basa ravanofanira kushanda nenguva yavawana kuti varishande nayo, vanoguma varishayira nguva yokuti varishande, vorasikirwa nomubairo wavanga vachawana.
Tarry long brings little home.
Late start lost a reward.

303   ❋   **Chinonyadzisa (svodesa) uroyi, urombo (uchena) haunyadzisi (hausvodesi).**

EXPLANATION AND TRANSLATION
Munhu kana ari muroyi anozikanwa navaagere navo. Haagari akasuninguka, achifara pakati pavo. Asi, kana ari murombo anogara akasuninguka achifara navanomuziva kuti murombo.
Poverty is no shame, but witchcraft is.

304   ❋   **Chinonyaradza mwana musuva uri (ndechiri) muruoko, matakadya kare haanyaradzi mwana**.

VARIANT
◆   Matakadya kare haanyaradzi mwana.

EXPLANATION AND TRANSLATION
Pfuma inobatsira munhu apinda munhamo ipfuma yaanayo.
Yakapfuura haichamubatsiri nyange yakanga yakawanda sei.
The hungry crying child is quietened by the ready cooked meal, not by mentioning the long past eaten meal.
The already used up wealth bears no relief to present needs (want).
The past cannot be lived on again.

305 ❋ **Chinonyima izuva, mvura hainyimi.**

VARIANT
◆ Hakudyiwi chokwazuva, kunodyiwa chokwamvura.

EXPLANATION AND TRANSLATION
Kana zuva rikanyanya kupisisa kubvira vanhu vachishanyura kudzamara kupere nguva yokusakura kunosvika mumasutso, hakuna chinokohwewa. Asi kana mvura ikanyanyisisa kunaya, kubvira mukushanyura kusvikira masutso kunokohwewa zvakawanda.
Long summer season spell of drought has no harvest, but too long continuous summer heavy rains have good harvest.

306 ❋ **Chinonyimwa maziso (meso), nzeve hadzinyimwi chadzanzwa dzatora chava mukati chachengetwa.**

EXPLANATION AND TRANSLATION
Maziso (meso) anovigirwa zvakawanda akasazviona, asi nzeve dzinogona kunzwa chipi nechipi chataurwa nemhere inenge yavhuriwa.
It is possible to hide anything from the eye, but impossible to hide any sound from the ear.
The ear can hear further than the eye can see.

307 ✸ **Chinonzi (Chakanzi rega/ rasa) kanda pasi ndechiri muruoko, chiri mumwoyo hachibviri kukanda pasi.**

VARIANTS
- Chinorashwa ndechiri muruoko, chiri mumwoyo unongofa unacho.
- Chinokandiwa (Chakakandiwa) pasi ndechiri muruoko, chiri mumwoyo hachibviri kukanda pasi.

EXPLANATION AND TRANSLATION
Munhu akazvarwa aine mwoyo wakashata, zvinogozha chose kuti ashandurwe ave akanaka nokurayirwa kamwe nokudziviswa kuita zvakashata navamwe vanhu.
A holy habit cleanses not a foul soul.
It is easy to cast what is in the hand, but not what is contained in the heart.
The wolf must die in his own shin.
Though you cast nature with a fork it will still return.

308 ✸ **Chinonzwana miromo mukutaura.**

EXPLANATION AND TRANSLATION
Kuti vanhu vawirirane mumagariro oupenyu, ngavadzidzise miromo yavo kutaura mashoko akanaka, anovaka rugare.
Fine words establish solid friendship.

309 ✸ **Chinoonekwa ndechauya nemberi, chauya nokugotsi hachionekwi**.

EXPLANATION AND TRANSLATION
Hakuna munhu anoziva kuwanda kwevavengi vake sokuziva kwaanoita kuwanda kwavanomuda.
No man can tell the number of his enemies, except the number of his friends.
We see not what sits on our shoulder.

310 ●   **Chinoora (Chakaora) inyama mhosva inogara iritsva.**

VARIANT
◆   Mhosva (Mhaka) haiori senyama.

EXPLANATION AND TRANSLATION
Nyange mhosva (ngava) yaparwa nomunhu yopedza makore akawanda sei isati yatongwa ikaripwa, haizonzi yagarisa haichatongwi nokuripwa, inongotongwa yoripwa sezvinongoitwa yakaparwa zuro.
An unsettled debt is always a fresh debt.
It is meat that goes bad, but not a committed crime.

311 ●   **Chinoonesa kuti zuva ririko chiedza charo.**

EXPLANATION AND TRANSLATION
Mabasa akanaka anoitwa nomunhu muupenyu achinzwikwa akakurumbira noukuru hwawo, ndiwo anopupurira munhu nokuzikanwa kuti achiriko, mupenyu uye kuti anorarama.
The sun can be seen by nothing but its own light.
Fine famous deeds indicate (reflect) the present whereabouts of a great still living man.

312 ●   **Chinopedza (Chakapedza) dura muriwo, nyama haipedzi dura.**

VARIANTS
◆   Muriwo usavi, tinoseva hatirari (hativati) nayo nzara.
◆   Nyama haipedzi dura, chinopedza (chakapedza) dura muriwo.

EXPLANATION AND TRANSLATION
Zvinhu zvinotsigira upenyu hwedu kuti tirarame hazvisati zviri zvakakwirira zvinokoshesesa zvoga asi zvinoraramisa ndezviri pasi, zvakaderera uye zvakareruka kuti tizviwane.

94

Dainties were never meant for everyday life.
Vegetables form everyday common side dish.
Simple meals form daily consumption (feeding).

313 ✱ **Chinopedza nhamo dzose dzapasi rufu.**

EXPLANATION AND TRANSLATION
*Kana munhu afa, zvose zvanga zvichimunetsa pano panyika
kwaari zvapera.*
Death ends all earthly miseries.
Death ends all life sorrows.

314 ✱ **Chinopedza (Chakapedza) nharo dzose (zvose)
hunyarara.**

VARIANT
◆ Mushonga wenharo hunyarara.

EXPLANATION AND TRANSLATION
*Kuti kukakavadzana pakati pavaviri kusaramba
kuchienderera mberi, mumwe wavaviri ngaanyarare, kuti uya
anenge achikakavara ashaye waanokakavadzana naye,
agobva onyararawo.*
Silence ends up a hot dispute.
Silence is gold, speech is silver.

315 ✱ **Chinopedza (podza) nzara musuva, kudembwa
hakupedzi (hakupodzi) nzara.**

EXPLANATION AND TRANSLATION
*Munhu afa nenzara haaziyinurwi nokuchemwa nzara
nomuromo, anoziyinurwa nokupiwa zvokudya kuti adye.*
He who gives me fair words feeds me with an empty
spoon.
Fair words without a morsel fill not the belly.

316   ✱   **Chinopemhwa (Chinopemhewa) kudya, nhamo haipemhwi (haipemhewi).**

EXPLANATION AND TRANSLATION
Hakuna munhu angafamba achitsvaka kutangana nezvinhu zvingamukwezvera nhamo.
There was never a beggar that went about begging for sorrows except for food.

317   ✱   **Chinopera hudya, kutaura hakuperi.**

EXPLANATION AND TRANSLATION
Pakutaura vanhu ngavataure vachipana nguva yokutiv mumwe ataure akateererwa nomumwe asi kana pari pakudya, vanhu vanongodya kamwe kamwe kwopera.
Great talkers should give themselves time to listen to others talk. The process of eating stops but of talking has no limit.

318   ✱   **Chinopera kudya, nhamo haiperi.**

EXPLANATION AND TRANSLATION
Muupenyu hwevanhu nhamo haiperi sekupera kunoita zvekudya.
There was never scarcity of different sorrows in man's life except in food.

319   ✱   **Chinopera pamunhu kuverengwa ihama, vatorwa havaperi kuverengwa.**

VARIANTS
- Ruchembere rwakazvarira nyika kuwanda pamunhu.
- Hapana hari yakafa isakabika, dzose hari dzakafa dzabika.
- Hapana gambe, (gangazha) rakafa risakabika, ose makambe anofa abika.

96

EXPLANATION AND TRANSLATION
Hama dzeropa ishoma pamunhu, asi vatorwa vokuti
azvinyengere musikana mavari aroore vakawandisisa
zvokuti hapana wechirume angafa asina mukadzi, vose
vanoroora.
The sea has fish for every man.
There is no lack to lack a wife.

320   ❋   **Chinoperera (Chakaperera) ibadza, mukadzi haapereri.**

EXPLANATION AND TRANSLATION
Nyange mukadzi ochembera haachemberi akasara asina
basa sebadza rinoperera rikasara risisipo, raperera
zvokurashwa kure.
It is only a hoe that completely wears away, but not a wife.

321   ❋   **Chinoponesa (Chinoraramisa) hachizivikanwi, unozochiziva chakuponesa.**

EXPLANATION AND TRANSLATION
Tisagara tichishora zvinhu zvose zvatinosangana nazvo
muupenyu, zvimwe tingashora nezvingaguma zvatibatsira.
Despite none of all that you come across in life, you will never
know what help may come from what you despise.

322   ❋   **Chinorambwa imhosva kudya hakurambwi.**

EXPLANATION AND TRANSLATION
Munhu, kana abatwa nenzara ukamupa chokudya,
anochigamuchira ochidya, asi, kana apara mhosva,
ikatambwa padare akabatwa nayo anoramba kuibvuma.
Offer food to a person, he quickly accepts, but tell him he is
guilty of an offence, he flatly denies.

323 ❋ **Chinorambwa isadza, mukadzi haarambwi.**

EXPLANATION AND TRANSLATION
Murume mumwe nomumwe anoroora vakadzi vaanoda.
Mukadzi haagutiwi sesadza, rinogutwa rikarambwa.
In getting married there is no 'No, thank you, I am enough', as
it is there in eating food.

324 ❋ **Chinoravirwa (Chakaravirwa) igapu (usavi) kufa
hakuravirwi.**

VARIANT
◆ Chinoravirwa usavi, rufu haruravirwi.

EXPLANATION AND TRANSLATION
Munhu asagara achitambisa zvinhu zvinouraya
nokukuvadza, nokuti hazvizikanwi pamwe rimwe zuva angati
achidaro okaruka azviuraya.
If you leap into the well, Providence is not bound to fetch you out.

325 ❋ **Chinorapika (Chakarapika) ukosha (igosha), upenzi
hahwurapiki.**

EXPLANATION AND TRANSLATION
Munhu akazvarwa ari benzi hakuna n'anga ingamurapa kuti
ave munhu kwaye.
No medicine for him that was born a fool.

326 ❋ **Chinorapwa (Chakarapwa) ukosha/igosha, rufu
harurapwi.**

VARIANT
◆ Rufu haruna n'anga, chine n'anga ukosha.

EXPLANATION AND TRANSLATION
Kana murwere acharwara anotsvakirwa n'anga

*dzokumurapa, asi kana afa hapachina n'anga ingadaidzwa
kuzomurapa.*
There is remedy for a disease, not for death.
You can cure disease but not death.

327　 ✹   **Chinoroodza ihanzvadzi, mai havaroodzi mwana
wavakazvara.**

VARIANT
◆   Zvikoni zvikoni, mai havaroodzi mwana wavakazvara.

EXPLANATION AND TRANSLATION
*Munhurume asina mombe dzokuroora nadzo mukadzi,
anogona kupa hanzvadzi yake murume kuti awane mombe
dzokurooresa. Haangapi mai vakamuzvara murume kuti
varoorwe agowana mombe dzokurooresa mukadzi.*
A brother can use his sister's paid lobola for paying lobola for
his wife, but not his mother's paid lobola.

328　 ✹   **Chinoroverwa (Chakaroverwa) mugaro (rugare),
nhamo hairoverwi.**

EXPLANATION AND TRANSLATION
*Munhu anenge agere panhu paanofarikana, anoshuva
kugarapo zvachose. Bva, anenge agere paanoshaya
zvakawanda, anoshuva kubvapo nokukurumidza.*
Liberal living conditions make one long for more days' stay at
that place, but sour ones shorten his stay.

329　 ✹   **Chinosarudza (Chinoshara) mugaro (rugare), nhamo
haisarudzi (haishari).**

VARIANTS
◆   Kuramba guva huona (sadza) jena.
◆   Wenzara haasarudzi (haashari).
◆   Wenhamo ndowenhamo haasarudzi (haashari).

EXPLANATION AND TRANSLATION
Munhu anotambura anokoshesa zvinhu zvose zvaanoona
sezvinobatsira muupenyu, nyange nezvisina maturo.
Those who are at ease seek dainties.
Those who are in want cannot be choosers of qualities.

330 ✺ **Chinoshaya (Chakashaya) vanhu mushumo (murimo/ ibasa), kudya hakushayi vanhu .**

VARIANT
♦ Chisina (Chakashaya) hama murimo (mushumo, ibasa) kudya kunadzo hama dzakawandisisa.

EXPLANATION AND TRANSLATION
Panenge paine zvokudya vanhu vazhinji vanofarira
kuendapo kunodya, asi panenge paine basa rinoshandwa
havasiri vazhinji vanofarira kuendapo kunoshanda.
There never was a corn grain that decayed in the granary
for want of a consumer.
He that has a piece of work to be done is friendless, but
he that has meal to be taken has many (countless) friends.

331 ✺ **Chinosiiranwa (Chakasiiranwa) ipfuma, mwoyo haisiiranwi.**

EXPLANATION AND TRANSLATION
Munhu mupfumi ane mwoyo wakanaka, kana ofa,
chaanosiyira hama dzake ipfuma, kwete mwoyo wake
wakanaka, anongofa nawo.
When a good rich man dies, he leaves his riches behind him, but
not his good character.

332 ✺ **Chinotamba pasi makumbo, muromo hautambi pasi.**

EXPLANATION AND TRANSLATION
Pakutaura kose munhu kwaanoita, ngaatange afungisisa
zvaachataura. Nokuti shoko rimwe nerimwe rine basa kune

*anorinzwa. Pakutaura hapana shoko rokutamba ose
mashoko.*
Any word spoken is taken as it is.
It is better to dance with feet than with the tongue.

333 ❀ **Chinorangwa (Chakarangwa) pana vanhu imbwa,
mwana haarangwi pana vanhu.**

EXPLANATION AND TRANSLATION
*Kana imbwa yaba, mwene wayo anoirova vamwe vanhu
vakatarisa, asi mwana kana atadza haarohwi pane vanhu,
anorohwa pakavanda ari oga nomurovi wake.*
It is the dog that can be corrected in public, but the child should
be corrected in private.

334 ❀ **Chinotaura ndechiri mumusungo, chiri muriva
chinoti gore rawa.**

VARIANT
◆　　Kukurukura hunge wapotswa.

EXPLANATION AND TRANSLATION
*Uyo anorondedzera pamusoro penjodzi yamuwira, ndowa-
pona pairi asi waurawa nayo haazonzwikwi achataurazve
pamusoro payo, zvinenge zvamuperera ava pasi peivhu.*
He that has narrowly escaped death in the accident talks about
it, but he that has been killed is never heard of.

335 ❀ **Chinotaurwa (Chinorehwa) nemiromo yavanhu
hachiwiri pasi.**

EXPLANATION AND TRANSLATION
*Chinhu chinogara chichinzi navanhu hachifaniri kuitwa
nomunhu, chinofanira kusaitwa, nokuti anenge achiita*

anoguma azviunzira matambudziko.
He that has an ill-name is half hanged.
Give a dog an ill-name, you hang him.

336   ✸   Chinotengwa (Chinoshabwa) ipfuma, munhu haatengwi (haashabwi).

VARIANT
◆   Munhu (Mwana) haatengwi (haashaviwi) chinotengwa (chinoshaviwa) ipfuma.

EXPLANATION AND TRANSLATION
Munhu chinhu chinokoshesesa, hapana nzira kana mazano aangawanikwa nawo, kune anenge asinaye, asina mwana waakazvara.
No gold is so precious enough to purchase a human being.
Although everything is obedient to money, the purchase of a human being is never.

337   ✸   Chinotsvira mwoyo hachikoni kuwanikwa.

EXPLANATION AND TRANSLATION
Kana munhu akagwinyira mwoyo wake pachinhu chaanenge achidisisisa kuti achiwane anotoguma nokuchiwana.
Desire is the mother of success.
A burning desire has always won the race.

338   ✸   Chinoudzwa ndechiri mumushunje, chiri mumusakasaka chinozvinzwira.

EXPLANATION AND TRANSLATION
Munhu anoudzwa zvinhu zvanga zvichitaurwa, ndowanga asipo zvichitaurwa, kana anga aripo zvichitaurwa azvinzwira oga omene, haazotsvaki kutaurirwazve navanga varipo pamwe chete naye.

102

The verbal speech disclosure of an important issue made in public demands no further retelling to any hearer present.

339 ✹ **Chinouraya (Chakauraya) igosha (ukosha), ngava hariurayi.**

VARIANT
◆ Ngava (mhosva) hariurayi soukosha (urwere).

EXPLANATION AND TRANSLATION
Munhu nyange akava murombo, uye aine zvikwereti zvakawanda sei muvanhu, haangafi nazvo. Urombo hwake nezvikwereti hazvingamuurayi asi kana akava neurwere ndihwo hungatomuuraya.
A person can never die of owing many debts, but he can die of a disease.

340 ✹ **Chinovanzika (Chakavanzika) ironda, mimba haivanziki.**

VARIANT
◆ Mimba churu chinotuta chomene/chimene.

EXPLANATION AND TRANSLATION
Munhu akakuvara, ronda angarivanzaidza rikadzamara rikapora risingazikanwi noruzhinji, bva, kana musikana akamera mimba isina muridzi wayo, nyange oyivanzaidza, inongozoguma yazviratidza yoga yakura.
Impossible is to hide the imperceptive growth of pregnancy. Pregnancy grows imperceptively as an antheap does.

341 ✹ **Chinowanda (Chakawanda) pamunhu inhamo, pfuma ishoma kunyanya.**

EXPLANATION AND TRANSATION
Kushaiwa zvinhu zvinobatsira munhu muupenyu

kwakawandisisa kupfuura zvaanazvo.
Nhamo pamupenyu haiperi, inongoramba iripo.
Needs to a man are more than his possessions.

342   ❋   Chinowanisa unyoro, ukukutu hahwuwanisi chinhu (chiro).

VARIANTS
*   Chinodyiwa unyoro, ukututu haudyiwi chinhu (chiro).
*   Chitumike wakadya asipo.
*   Unyoro hwunowanisa.

EXPLANATION AND TRANSLATION
Munhu akanaka akapfava anofarirwa nokudikanwa navanhu vose, uye vanomubatsira nokumupa zvakawanda zvaanoshaya muupenyu.
Politeness is gainful.
Do well and have a lot.

343   ❋   Chinoyambuka un'anga, ushe hahwuyambukiri mune dzimwe nyika.

VARIANT
*   Mwana washe muranda kumwe.

EXPLANATION AND TRANSLATION
Ukuru hwen'anga, kukudzwa kwayo nokutyiwa kwainoitwa munyika mayo, nyange yabuda kunze kune dzimwe nyika dzinotongwa namamwe madzishe inongokudzwa nokutyiwa zvakafanana nezvainoitwa munyika mayo.
The greatness of a physician (doctor) is equally observed even outside his own country.
A physician is highly honoured in his own country as well as in foreign countries.

344 ✹ **Chinozipa chinoregwa chisati chakuzvimbira.**

EXPLANATION AND TRANSLATION
Chinhu chose chinoitwa chine magumo achakatarirwa. Kana chikaramba chichiitwa kupfuura magumo achakatarirwa, chinobva chakuvadza muiti wacho.
Even sweet honey has a degree in taking (eating) it.
Excessive doing of anything that is pleasing is dangerous (to the doer).

345 ✹ **Chinozipa chose chakabva mumaoko** .

VARIANT
♦ Chinozipa chose chakabva muziya.

EXPLANATION AND TRANSLATION
Mumabasa ose munhu aanoshanda ndimo munobva pfuma yake yose yakanaka inomuraramisa muupenyu. Kushanda kukuru kunoita kuti munhu agare aine zvakanaka muupenyu
No sweet without sweat.
That which is sweet came from busy hands.
Anything sweet comes from busy hands.

346 ✹ **Chinozipa ndechaiswa mumuromo.**

EXPLANATION AND TRANSLATION
Chinhu chose kuti chizikanwe kuzipa nokusazipa kwacho chinofanira kudyiwa kana kushandiswa.
Appetite comes with eating.
Abandon a plan (a scheme) after having put it into practice (application).

105

347 ❋ **Chinoziva ivhu kuti mwana wembeva anorwara.**

EXPLANATION AND TRANSLATION
*Kutambudzika kuri mukati memwoyo womunhu
kunongozikanwa nomwene wemwoyo makuriro
akwakaita, kwete mumwe munhuwo zvake.*
The unwell health condition of the mouse underground is best
known by the soil that covers the mouse-hole.

348 ❋ **Chiororo (Chitanduro) ndimai, mugoti
unopiwa mwana anyerere.**

VARIANT
◆ Mugoti unokokotwa (unopiwa) nomwana anyerere.

EXPLANATION AND TRANSLATION
*Mai ndivo vanonyanyisisa kuziva mwana akanaka ane tsika
dzakanaka pakati pevana vose. Ndivozve vanoona
zvakanaka zvinofanira kuitirwa mwana iyeye, uye nababa
vanobvumirawo zvinenge zvanzi namai ngaaitirwe.*
Mother is the correct influence, the cooking stick is given
to the one who does not ask for it.
It is the quiet child that deserves being given the best portion by
the mother.

349 ❋ **Chipambira nyika mvura yeguti.**

EXPLANATION AND TRANSLATION
*Kune zvinhu zvisina kunaka zvinoitwa navazhinji. Kana
anenge aitawo chimwe chazvo zvinonzi ngaaregererwe,
nokuti haasiye atangidza kuchiita sezvo zvakamboitwawo
navamwe. Ndezvavazhinji, hachisiri chomumwe atangidza
kuchiita.*
It is a common weakness found ruling over all human beings.
It is a common practice everywhere in the world.

350   ❋   **Chipe murombo (muchena), kupfuma midzimu yokwake.**

EXPLANATION AND TRANSLATION
Murombo kuti apfumiswe nezvinhu zvaanobatsirwa nazvo navamwe, anenge atariritwa nerombo rake kuti zviwande, zvichawedzereka.
You cannot enrich a poor person by giving him things, if he becomes rich it is due to the influence of his ancestors.

351   ❋   **Chipfuva chakaramba mbanda (chitete, chakapinda mhepo).**

EXPLANATION AND TRANSLATION
Munhu asingagari akachengeta zvaanenge anzwa kuvamwe, mumwoyo make.
It is a leaking bosom.

352   ❋   **Chipfuva chomukadzi chitete (hachina zeteko, idende rinobvinza).**

EXPLANATION AND TRANSLATION
Vakadzi kazhinji havagari nezvinhu zvavanenge vanzwa vasina kuzviudza vamwe.
It is not given to women to keep secrets within themselves. Women will say anything.

353   ❋   **Chipfuva chowabatwa nehwahwa (nedoro) rave dangwaza razaruka roonekwa zvose zviri mukati maro.**

EXPLANATION AND TRANSLATION
Munhu adhakwa nehwahwa, kana otaura hapana chezvaanoziva chaasingatauri kuvanhu. Zvose zvaanoziva vamwe vanobva vazvizivawo.
What soberness conceals, drunkenness reveals.

354 ✱ **Chipfuva hachiremerwi nezvachakatakura.**

VARIANT
◆ Chipfuva mukadzi wehosi hachifumuri zvacho.

EXPLANATION AND TRANSLATION
Muchipfuva chomumwe nomumwe mune zvakawanda zvakavanzika zvisingazikanwi navazhinji, zvaangangofa anazvo zvisingazikanwi asi achifamba pose pose anazvo akazvivigiramo.
The bosom feels no heavy a burden (weight) of the secrets it bears.

355 ✱ **Chipfuva ibwe rinotsika charo.**

VARIANTS
◆ Chipfuva ihari yegate chinoviga zvacho.
◆ Chipfuva izeteko redura chinopfigira charo.

EXPLANATION AND TRANSLATION
Munhu anofanira kuchengeta zvake zvaanoziva zvakavanzika zviri mukati mechipfuva chake.
Try to keep all your secrets to yourself.
Tell no one all your heart secrets.

356 ✱ **Chipfuva ipfimbi zvapinda machiri chinofundikawo (chafundikawo).**

VARIANT
◆ Chiri muchipfuva chafundikwa, hachirasiki.

EXPLANATION AND TRANSLATION
Munhu akanzwa zvaanzwa anozvichengetera mumwoyo make, wozozvitaurira vamwe kana nguva yazvo yokuzikanwa noruzhinji yasvika.
The bosom is a temporary storage chamber of current happenings.

357 ◉ **Chiputire chinozikanwa nomwene wacho.**

VARIANT
◆ Chiri mumwoyo chinozikanwa nomwene wacho.

EXPLANATION AND TRANSLATION
Vanhu vose havazivani zviri muhana yomumwe nomumwe
wavo, asi mumwe nomumwe wavo anoziva zvose
zvaanofunga zviri muhana yake.
It is only he that holds his parcel who knows its contents.
What is contained in the bosom (heart) is only best known to the
owner.

358 ◉ **Chiranda chinogara pasi chanamata.**

EXPLANATION AND TRANSLATION
Kana wechiduku achisvika pagere vakuru, haatangi
nokugara pasi asati aombera.
A servant does not sit down till he has paid his respects to his
elders.

359 ◉ **Chirango chadimba (chatimba) chikuru chokuti nzou**
pinda munhumba (mumba)

EXPLANATION AND TRANSLATION
Kana vana vachiita zvinhu zvavo zvakanangana navo ivo
voga pavakuru, nyange vakuru vasinei nazvo, ivo vana
ngavavaturire vakuru kuti naivo vazivewo zvinenge
zvichiitwa, nyange vasingazvipindiri. Kungozadzisa tsika
kupa munhu sadza nyange riri nhemwa risina usavi.
Even every petty traditional cultural custom deserves formal full
observance.   .
Always be respectful to elders.

360 ✹   **Chirema ndechina mano acho, chinotamba chakazendamira pamadziro.**

VARIANT
- Mano echirema kutamba chakazendamira pamadziro.
- Injere (Njere) dzebofu kudya sadza richitanga nokunhonga usavi.

EXPLANATION AND TRANSLATION
Vanhu vasina kupiwa njere noungwaru hwakakwana hwokugona kuita zvinhu zvinoitwa navamwe muupenyu, vane nzira dzavo dzavanozvifungira dzinovagonesa kuzviitawo nomazvo.
Even a cripple is able to form devices by which he can solve his own life problems.

361 ✹   **Chirere mangwana chigokurerawo.**

EXPLANATION AND TRANSLATION
Mwana kana azvarwa, akakudziwa navabereki vake vachimuriritira kudzamara akura iye anozodzoka oriritirawo vabereki vake zvakaenzanirana nokuriritirwa kwaakaitwawo navo.
He that brings up his own child wisely is providing (hoarding) for his old age support.

362 ✹   **Chiri chii chakakonesa imbwa kuseka, kunyenama ichikugona?**

EXPLANATION AND TRANSLATION
Munhu ane hasha ndiye anofanira kugona kurwa nokuti haangaiti hasha ova dera rokusagona kurwa.
He that is soon heated must always be a great brave fighter.

363 ❋ **Chiri chii (chinyi) chingagokona kuzikanwa mvura yakana (yakanaya)?**

EXPLANATION AND TRANSLATION
Mukurumbira wemhosva huru yaparwa unokurumidza kupararira kure kure nokuti vanofamba vanenge vachingotaurira vose vose vavanosangana navo pamusoro payo.
The news of a committed great crime quickly spreads to reach the farthest ends.

364 ❋ **Chiri chii (chinyi) chisingaongwi, nhamo ikaongwa wani?**

EXPLANATION AND TRANSLATION
Kuwirwa nenhamo kunopa munhu maropafadzo, somukadzi anoti aroorwa nomurume simbe inogarira kumurova. Anoti arambana naye murume uyu, oroorwa nomumwe murume kwaye anoshanda, anoziva kuchengeta mukadzi asingagari achimurova. Mukadzi uyu anotenda nhamo yokugarira kurohwa yakamusiyisa murume wokutanga.
Misfortunes may carry blessings with them.

365 ❋ **Chiri mujinga (pedyo) chikurusa pane chinosikirwa rwendo kwachiri.**

EXPLANATION AND TRANSLATION
Pfuma yako iri pauri paunogara uchiiona inofadza mwoyo wako zvikurusa kupfuura pfuma yako iri kure newe, iri kumwe yausingagari uchiiona.
The nearest is dearest.
The nearer the better.

366 ❋ **Chiri mumwoyo chiri pamuromo, hachigari chisakataurwa.**

EXPLANATION AND TRANSLATION
Kana munhu aine chinhu chaanodisisa chaanogara

akapfigira mumwoyo make, ndicho chaanogara achitaura
pamusoro pacho kuna vamwe vanhu.
What is contained inside the heart, the tongue often speaks about
it.

367 ❋ Chiri pamurombo (pamuchena) chiri pamutenure (pamutsvedu, pamawere).

VARIANTS
- ✦ Wegudza ndewegudza kutenga gumbeze rinotsva.
- ✦ Murombo haarovi chine nguwo.

EXPLANATION AND TRANSLATION
Murombo kana atenga mombe yake, nzara huru ikauya,
anoitengesa kuti awane zvokudya zvamhuri iye osara asina
mombe zvakare.
The poor man's cow soon parts (dies) with him.
The poor man turns his cake, another comes and takes it away.

368 ❋ Chiripo chembwa musoro wayo.

VARIANTS
- ✦ Muripo wembwa musoro wayo.
- ✦ Mhosva (Mhaka) inodya mwene wayo akaipara.
- ✦ Chivi chinodya mwene wacho akachiita.
- ✦ Chirango chowauraya mumwe huurawawo.

EXPLANATION AND TRANSLATION
Kana munhu akauraya mumwe munhu nokuponda, naiye
ngaatongerwe kuurawa achiremberedzwa.
Blood will have blood.
He that murders someone deserves death penalty passed upon
him.
He that murders someone deserves hanging.

369 ● **Chiri muchipfuva (Chiri mumwoyo) chiri muninga.**

EXPLANATION AND TRANSLATION
*Zvinhu zvose zviri mumwoyo womunhu hapana mumwe
munhu anozviziva. Zvinongozozikanwa navamwe kana iye
mwene wazvo azvibudisa.*
The heart keeps the secret locked up within itself.
That which is buried within the heart is in the dark corner of the
hole.

370 ● **Chiro (Chinhu) chimwe nechimwe chakamirira basa
racho rachakarumba.**

EXPLANATION AND TRANSLATION
*Kuvapo kwezvinhu zvakasiyana-siyana muupenyu, ndiko
kunozvironga kuti zvishandiswe mumabasa azvo
azvakanangana nawo akasiyana-siyanawo. Hapana chinoita
basa risiri racho.*
The hand-saw is a good thing to saw wood, but not to shave
beard with.

371 ● **Chiro (Chinhu) chimwe nechimwe chine nguva yacho.**

EXPLANATION AND TRANSLATION
*Kushanduka-shanduka kwamagariro avanhu muupenyu
nguva nenguva kunokonzerwa nenhamo itsva pamwe chete
nemifaro mitsva zvinopinda mukati moupenyu hwavanhu.*
Living conditions bring about different life conditions (changes).

372 ● **Chiro (Chinhu) chose chakaora chinonhuwa.**

EXPLANATION AND TRANSLATION
*Zvinhu zvakashata zvinoitwa nomunhu zvinonyadzisa
nokusemesa kana zvonzwikwa navamwe vanhu kuti ndizvo*

zvaanoita.
Every decayed (rotten) matter gives off an offensive smell.
Every evil deed is detestable to the public.

373 ❋ Chiro (Chinhu) chose chatakatangidza kudzidza tichiri pwere ndicho chakadzikisisa mumwoyo.

EXPLANATION AND TRANSLATION
Zvinhu zvose zvakadzidziiwa munhu achiri mwana muduku anogara achizvirangarira nguva dzose sokudzidziswa kwaakazviitwa achikura.
What we learn first in childhood, we best can keep.

374 ❋ Chiro (Chinhu) chose chinoitwa chikapfuudza mwero chikanganiso.

EXPLANATION AND TRANSLATION
Zvinhu zvose zvine magumo azvo azvinofanira kuguma nawo, kana zvoshandiswa kudarika magumo amaitirwe azvo kunenge kwava kukanganisa. Hapana chinhu chisina muganhu pakuitwa.
Every extremity is a fault.

375 ❋ Chiro (chinhu) chokunhonga hachigari (hachipedzi nguva refu).

EXPLANATION AND TRANSLATION
Nhumbi inowanikwa yarashwa nomumwe haina nguva yakarebesesa ichishanda iri mumaoko owainhonga.
The lost property picked up has never lasted long in service.
The lost picked up property is soon (quickly) lost again.

376 ❋ **Chiro (Chinhu) chose pachinenge chichiri chitsva chakanaka pakutarisika kwacho.**

EXPLANATION AND TRANSLATION
Kusakara kwenhumbi inoshandiswa kunoita kuti itarisike yashata. Nokuchembera kwemukadzi kunoshandura mamiriro akanaka aakanga akaita, kutarisika kwechiso chake, achibva ashatawo.
Everything new is fine.

377 ❋ **Chironda chitsva pakambokuvara chinomutsa chironda chitsaru (chisharu).**

EXPLANATION AND TRANSLATION
Ukatadzira munhu rwokutanga akakuregerera, kana ukazopamha kumutadzirazve rwechipiri, kurwadziwa kwomwoyo wake kunozomufungisa kokutanga wobva arwadziwa zvikurusa.
The second new injury renews the forgotten old injury.

378 ❋ **Chirumbidza mupfura une vana.**

EXPLANATION AND TRANSLATION
Kutaura kwemunhu anenge achiwedzera zvakawandisisa zvechinhu, izvo zvachinenge chisinazvo, zvingava zviri zvakanaka kana zvakashata pamusoro pacho.
It is an overexaggerated estimation of the enormity of crime or happening.

379 ❋ **Chirume (Chikomba) chashaya mutoro wokutakura chinotakura (chinosenga) mabwe.**

EXPLANATION AND TRANSLATION
Munhu kana mwana akashaya basa kwaro rokuti ashande, anoonekwa angoita nezvisakafanira kuitwa, zvisina maturo nezvinosiringa.
He that has no work to do engages himself in carrying dust.
Idle hands play with dust.

380 ●   Chirume chirume, chinotamba chakabata uta nemiseve.

EXPLANATION AND TRANSLATION
Mwana wechikomana anotangidza kuzviratidza kuti ndowechirume achiri mucheche paanenge achitambisa zvinhu zvinoshandiswa nevarume, zvinoti: zvimasanhu, zvitsvimbo, zvipfumo, zviuta nezvimiseve.
A male child in its early childhood starts playing with a bow and arrows.

381 ●   Chirume chirume, ndicho chinotangidza kuyambuka rwizi ruzere nemvura.

EXPLANATION AND TRANSLATION
Mwana wechikomana kana achikura anokura achiratidza kuti haatyi kuuraya nyoka. Kana yapinda muruvanze ndiye anokurumidza kunoirova. Kana karwizi kazere nemvura achifamba nevechisikana ndiye anotangidza kuedza kuyambuka. Ndiko kutsunga kunoitwa nevechirume.
A male child is a male child, it starts crossing a flooded river.

382 ●   Chirungurira chitenda (chirwere) chinoda midzi yokutetena.
EXPLANATION AND TRANSLATION
Zvinokunetsa mumwoyo nyange zviri zviduku sei, zvitaure kana zvichibvira kugadzira zvigadzirwe. Kana ukazvivanza, ukanyarara kuzvitaura, zvinoguma zvakuuraya.
If you keep a grievance bottled up, it will harm you.
Even a heartburn is a fatal disease, it needs quick medical treatment.

383 ✹   **Chisakapera (Chisakaguma, Chisingagumi, Chisingaperi) chinoshura.**

VARIANT
◆   Muchero usingakuvi unoshura.

EXPLANATION AND TRANSLATION
Nguva yomufaro mukurusa nenguva yokutambudzika kukurusa inofanira kupera kuuye zvimwe. Kana isingaperi inenge iine zvimwe zvakashata zvayakatakura, zvayakamirira kuti zviitike.
No extreme will hold long, unless it is carrying an ill omen with it.
An extremity without an end is carrying disaster with it.

384 ✹   **Chisakaridzirwe tsamwa pakuita hachiridzirwi tsamwa.**

EXPLANATION AND TRANSLATION
Basa ripi neripi zvaro rakapiwa munhu kuti haarinzwi kurema kwaro kana oriita. Unongoriita akafara.
Swallowing up a morsel must be no painful labour to perform.
We must willingly and uncomplainingly respond to natural demands.

385 ✹   **Chisakadzurwa muti weminzwa wakamera mumwoyo.**

EXPLANATION AND TRANSLATION
Munhu akazvarwa aine mwoyo wakashata anongokura anawo, odzamara kukwegura nokungofa anawo.
Born a devil is always a devil.
No hoe can weed jealousy and wickedness.

386 ❋ **Chishashavira chen'ombe dzokwaMuzhinji dzinokuma nedzisina mhuru.**

EXPLANATION AND TRANSLATION
Imhuri dzinozvikudza dzinofamba dzichizvirumbidza kuti dzakapfuma dzose uye kuti pavanhu vadzo hapana asina pfuma, dzinopinza mukati navasina kupfuma vanongova varombo.
They are boastful and overbearing families who always speak of all their family members as being the richest, including the poorest ones.
The Muzhinji's milking cows bellow loudest, including the ones without (suckling) calves.

387 ❋ **Chishashavira (Chizezere-zezere, chivhindiri-vhindiri) chowadya ganda kupfuura (kukunda) wadya mupfimbi.**

EXPLANATION AND TRANSLATION
Munhu anodzidza kuti ave nepfuma shomanene, anozvikudza nokuzvirumbidza zvikurusa ari paagere navamwe kupfuura vakanguva vapfuma, vane pfuma zhinjisa.
One who has only skin in his side-dish feels urge to crow over one who has real meat.
Little riches boast loudest, while great ones are silent.
Lean riches have vanity over great ones.

388 ❋ **Chishiri chabvurwa usipo chikuru.**

EXPLANATION AND TRANSLATION
Nyaya yaitika usipo payaitikira, nyange yanga iri nyaya duku, iduku kune vanga varipo ichiitika, asi kunewe wanga usipo ihuru.
Anything that has happened in your absence is in your own opinion greater than it has been.

389 ● **Chishoma kudya, nhamo haine shoma**.

EXPLANATION AND TRANSLATION
Munhu anofara achidya zvokudya zvishoma ari oga. Bva,
kana iri nhamo duku yamuwira, nyange iri duku, anoda kuti
abatsirwe nomumwe kubuda mairi.
It is meal that is always little but want is always no little.

390 ● **Chishuwo chomutonga chiri pamhanza (pamazha)**.

EXPLANATION AND TRANSLATION
Vamwe vanhu kana vachigara vakaparadzana,
vangashuvana kuti vaonane, asi vagoti kana vaonana
kwenguva dukuduku, vagokaruka voitirana
zvakashata zvigoita sokuti vanga vagara vasingashuvani.
He who loves his friend most in absence, will bitterly hate him in
presence.
A short glance at a friend is enough to cure the burning longing to
see one another.

391 ● **Chisi chako hachikumiriri, unomirirwa nechako**
chawakarumba.

VARIANTS
● Chisi chako hachikunakiri, unonakirwa nechako
chawakamisirwa.
● Chisi chako hachikurumbi unorumbwa nechakanzi
ndechako.
● Chisi chako hausangani nacho, unochiwana chagura nzira.

EXPLANATION AND TRANSLATION
Chinhu chaunenge usina kugara wachigadzirirwa pakusikwa
kwako kuti chichava chako, kana ukachinzwa pachiri
ukachivinga, unowana chatorwa nomumwe anenge
akutangira kusvika pachiri.
What is never yours carries no good ending.

That which nature never meant for you will never fall to your lot.
The fortune that was never meant to fall to your lot, finds no open path to reach you.
The fortune that was never assigned to you never meets you.

392   ●   **Chisi chako hachirwiwi nacho, nyange ukarwa nacho chinokukona.**

EXPLANATION AND TRANSLATION
Musikana wawakanyenga akakuda, kana akakuramba usina kumutadzira chinhu usamumanikidza kuti akudezve. Nyange akubvumazve anopamha zvakare kukurambazve rwechipiri.
Forced love never did well.
Struggle no further for that does not deserve you.

393   ●   **Chisi chako rembedza, usakungire hata sechako.**

VARIANTS
- ◆   Chisi chako usakungire hata sechako.
- ◆   Chokukumbira huremberedza, usakungire hata sechako.

EXPLANATION AND TRANSLATION
Munhu anorarama nokushandisa nhumbi dzavamwe asaratidzira kuvanhu kuti nhumbi ndedzake dzaanoshandisa, nekuti vanhu vanozoona sekuti ava nazvo vomutorera osara asina zvokushandisa.
He that lives by begging for food must eat his meals hidden.
Borrowed tools must be used with strict care and reservation.

394   ●   **Chisi chako nyangochiita musoko musoko, asi chinodya chakatarisa (charinga) musuwo.**

EXPLANATION AND TRANSLATION
Hakuna mwana, nyange ogara navabereki vasiri vake

vachimubata zvakanakisisa, angasvika pakukanganwa
vabereki vake chaivo vakamuzvara.
Even liberal feeding to someone's child will never make it
forget its own parents.

395　　●　　**Chisi chako kuyevedza.**

EXPLANATION AND TRANSLATION
Vamwe varume vakaroora vanoona vakadzi
vavamwe varume vakavanakira zvikurusa kupfuura
vakadzi vavo. Kuyevedza kwechisi chako kunowiridza,
kunoti dai wachidya.
The beauty of another man's wife is most attractive to the other
man.

396　　●　　**Chisifanani mbamba nendoro.**

VARIANT
◆　　Zviuya hazvidondekani.

EXPLANATION AND TRANSLATION
Murume ane tsika dzakanaka muupenyu haawanzi kuroora
mukadzi ane tsika dzakanakawo sedzake. Uye nomukadzi
ane tsikawo dzakanaka haawanzi kuroorwa nomurume
wakadarowo.
Virtue often lands upon vice.
Goodness rarely meet one another.

397　　●　　**Chisi hachiyeri musi wacharimwa (wachabatwa).**

VARIANT
◆　　Chivi hachibudi musi wachaitwa.

EXPLANATION AND TRANSLATION
Kana munhu akaita chinhu chakaipa ari oga, nyange
chikasazikanwa navamwe vanhu nezuva raachiita naro asi

chinozoguma chabuda nerimwe zuva chikazikanwa.
What is done by night will appear by day.
Murder will be out.
Every sin brings its punishment with it upon the doer.

398 ● **Chisina hama rufu, munhu anofanira kuva nadzo.**

EXPLANATION AND TRANSLATION
Munhu anofanira kuva navanhu vaanonzwanana navo,
achidyidzana navo pakati pavatorwa.
It is only death that is friendless, but a person must have friends.

399 ● **Chisina mwongo hachina ziya.**

EXPLANATION AND TRANSLATION
Chinhu chisingagari pamunhu chichimubatsira kwenguva
refu chiine mufaro, chinowanza kuwanikwa nenzira
yakareruka zvikurusa.
Light labour has light gains.
A bone that contains no marrow is easily crushed.

400 ● **Chisine ziya hachibati.**

EXPLANATION AND TRANSLATION
Chinhu chinowanikwa nenzira yakareruka hachina rubatsiro
rwakareba, chinongopfuura nokukurumidza.
That which enriches not, has least labour to get it.

401 ● **Chisingadyiwi chinowunidza (chinowiridza) muchero**
wenhundurwa usingatanhiwi.

VARIANT
♦   Iringa namaziso muchero wenhundurwa usingatanhiwi.

EXPLANATION AND TRANSLATION
Muchero usingadyiwi kana waibva unotarisika wakanakira
kudyiwa wobva watora mwoyo wowakautarisa. Kunaka
kwechiso chehama kunopfuura kunaka kwechiso
chomutorwa kune vechirume nevechikadzi.
The inedible ripe fruit makes the mouth watery.
The beauty of a blood relative attracts most.

402 * **Chiso chembavha (cheimbwa) hachirashi zvainoita.**

EXPLANATION AND TRANSLATION
Kutarisa kwembavha inoita basa rekuba hakuna kutsiga,
kunongomhanya-mhanya, kuchingoti svore svore.
The thief is usually known by his countenance.
The face is the index of the heart.

403 * **Chiso chembavha hachivandi chinongozviratidza**
zvachiri chimene.

EXPLANATION AND TRANSLATION
Mbavha, mupengo nemhombwe, vanoonekwa
nokutarisika kwezviso zvavo zvakazengera divi
nokuremberera.
The evil contained in the heart, the face can reveal.

404 * **Chiso chomukadzi chinokoka nyaya (nhau).**

EXPLANATION AND TRANSLATION
Kutarisika kwechiso chomunhukadzi ndiko kunokwezvera
vechirume pedyo naye kuti vamutaurise vagomunyenga.
A pretty face has many courtiers.
A fair face is half a portion.
Beauty in women attracts many courtiers.

405 ✱ Chiso chomwana hachirashi pachakabva.

EXPLANATION AND TRANSLATION
Kutarisika kwezviso zvavana vose, kunotoredzera kutarisika
kwokuumbiwa kwezviso zvavabereki vavo vanovazvara.
All children much or slightly resemble their parents by facial looks.
All children inherit their parents' facial looks.

406 ✱ Chiso choune nzara ihore yemvura yamisa.

EXPLANATION AND TRANSLATION
Munhu anenge anzwa nzara yomurwadza anotaridza
kutsamwa, kumeso kwake kwasanduka oita seacharwa
nevaagere navo, kana varipo.
The empty belly fills the face with gloomy looks.

407 ✱ Chiso chowapara mhosva hachikanganikwi,
chakaremberera sedamba riri mumuti.

EXPLANATION AND TRANSLATION
Munhu apara mhosva pakavanda nyange pachena, kana
akatariswa navamwe, kutarisa kwaanoita vamwe
kunoratidza kuti akapara mhosva.
A guilty conscience is displayed by dejected facial looks.

408 ✱ Chiso ndimanika, chinonika pabani zviri mukati
memwoyo.

EXPLANATION AND TRANSLATION
Kana chinhu chichifara, chichirwara, chakatsamwa, nyange
chiri munhamo yemwoyo neyenyama, zvose izvi
zvingazikanwa nokutarisika kwechiso chechinhu ichocho.
On the forehead and the eye you can read the feelings of

the mind of any creature.
The face is the index of the heart.

409   ⁕   Chitanda chinyoro hachitsengerwi.

VARIANT
◆   Wamutsa tsuro (shuro) ndeyake.

EXPLANATION AND TRANSLATION
Kana munhu akange apara mhosva pachena,
haangainzvengi neimwe nzira, inotofanira kumubata.
He that is guilty of a crime must suffer the penalty.
The offender cannot escape the punishment.

410   ⁕   Chitaurirwa mbare dzokumusana.

VARIANTS
◆   Chitaurirwa mhanza (mhazha) yokugotsi.
◆   Kungofa munhu achiyambirwa sembare dzokushure
     (dzeshure)

EXPLANATION AND TRANSLATION
Chinhu chiri pauri chaunoshuva kuchiona namaziso ako asi
usingagoni kuchiona, uchingonzwa vamwe vanochiona
vachikutaurira mamiriro acho.
It is impossible, as it is impossible to see fire burning marks on
one`s own spinal cord region.

411   ⁕   Chitehwe kweverera.

EXPLANATION AND TRANSLATION
Vanhu vamwe vanobatsirana kuti vapfume vose zvakaenzana
kamwe kamwe, vachipfumiswa norudzi rumwe rwepfuma
rwavanenge vawana.
It is the whole family that helps one another to obtain riches
from the same source of riches.

412 ✹ **Chitema (Chivi) hachikodzi, chinoonza.**

VARIANT
◆ Imbwa yadya imwe imbwa haikori.

EXPLANATION AND TRANSLATION
Munhu anenge akaita chinhu chakashatisisa, nyange odya zvokudya zvakanakisisa haakori nokuti anenge achidya zvisingadziri, nokuti anenge asina kusunikunguka pamwoyo.
A guilty conscience is never free to enjoy happiness.

413 ✹ **Chitema (Chitadzo/Chivi) hachiziri chomunhu mumwe.**

VARIANT
◆ Kutadza (Kuchinya) ndokwavanhu vose.

EXPLANATION AND TRANSLATION
Vanhu vose pano panyika, vanongogara vakaita zvisina kunaka.
To err is human.
All human beings are liable to sin.

414 ✹ **Chitsaru (Chisharu) chomumwe chitsva chomumwewo.**

EXPLANATION AND TRANSLATION
Hapana chinhu chinopera ukuru norubatsiro rwebasa rachakasikirwa kana kuti rachakaitirwa. Nyange chava chitsaru asi pamaziso, chitsvawo kune mumwe anga asina.
What is old for one is new to another.

126

415 ❋ **Chitsiye chinyoro chinourayisa.**

VARIANT
◆ Nyakunatsa ndiye nyakubayiwa (ndiye mutsindikwi).

EXPLANATION AND TRANSLATION
Munhu angazvipinza munhamo kana njodzi ingaguma
yamuurayisa pamusana pokuitira vamwe ngoni
pakutambudzika kwavo.
Death can occur from kind deeds.
The kindest heart is soonest wronged.

416 ❋ **Chitsva chitsva, chinogadza mwoyo.**

EXPLANATION AND TRANSLATION
Kana chinhu chichiri chitsva pakutarisika kwacho,
chinotarisika sechakanakisisa kupfuura zvimwe zvose,
zvinenge zvava zvitsaru.
Everything new is fine.
New things are fair.

417 ❋ **Chitsva, chitsva, munamba wejenachena.**

VARIANT
◆ Mukadzi mutsva mukadzi mutsva, anogadza murume
mumba.

EXPLANATION AND TRANSLATION
Awana chinhu chitsva anobva aratidza kuchidisisa kwake
kupfuura zvimwe zvake zvose zvitsaru zvaanazvo.
The freshness of anything makes it highly esteemed (loved).
A newly married wife is most exceedingly loved by the husband.
New things are loved best with excitement.

418 ✸ Chitumike akadya akaguta asipo.

VARIANTS
- Chinodyiwa unyoro, ukukutu haudyiwi chinhu (chiro).
- Unyoro hwunowanisa.
- Chinowanisa unyoro, ukukutu hahwuwanisi chinhu (chiro).

EXPLANATION AND TRANSLATION
Mwana akanaka anoita zvose zvakanaka mutsika dzake dzinofadza vanhu vose, anodikanwa nokubatsirwa pane zvose zvaanoshaya muupenyu nyange aripo uye kana asipo.
The best bred have the best portion.
He that readily goes on other people's errands, gifts favour him.
A good dog deserves a good bone.

419 ✸ Chiunga chehuku vana vayo.

EXPLANATION AND TRANSLATION
Nguva dzose vana ndivo vanowanza kubatsira baba vavo nokushanda basa rose rapamusha richibudirira.
The father does his domestic works through his children.
The strength of the wolf is the pack, the strength of the pack is the wolf.

420 ✸ Chiuya hachiuyi pasina chimwe chiuya chinochidana.

VARIANT
- Pfuma inoenda pane imwe pfuma.

EXPLANATION AND TRANSLATION
Mukadzi ipfumawo inopfumisa munhu. Saka anoda kunoroorwa nomurume wakapfuma kuti awedzere kupfuma kwomurume iyeye.
Good finds good.
Wealth goes where other wealth is.

421 ● **Chiva (Uchiva) murombo (muchena), hapana vanokurangana, chiva mupfumi unogara wakadongorera mubwiro (murinda).**

EXPLANATION AND TRANSLATION
Murombo asina pfuma yakawanda haana anomuvenga nokumushuvira kuti dai afa, asi kana akava mupfumi, vazhinji vanomuvenga vachimushuv ira kuti dai afa.
Be poor, nobody plots death against you, but be rich, you then live while peeping into the grave.
Little fish slip through the net holes but great ones are taken.

422 ● **Chivesera vadzimba chakabika guni (chakapisa muto/gapu).**

EXPLANATION AND TRANSLATION
Nzira yokuita zvinhu nokumhanyirana nazvo, nebapu, nechiguregure inowanza kuzvikanganisa zvobva zvakona chose kubudirira.
The nearest and shortest way is commonly the foulest.
He that doeth most at once doeth least.
Too much blazing fire underneath the cooking-pot cooks a burnt meal.
A shortcut is often a wrong cut.

423 ● **Chivhayivhayi hachimbotonhori chaswera.**

EXPLANATION AND TRANSLATION
Kudanana kwavanhu kukapfuuridza mwero, hakutani kupera, kunongopera chiriporipo.
Soon hot, soon cold.
Haste love is soon hot and soon cold.

424 ● Chivhundumukira tsuro (shuro) yamukira mumakumbo.

EXPLANATION AND TRANSLATION
Chinhu chaitika nokukurumidza chisina wanga achichifunga kuti chingaitika.
A bolt from the blue.
It is a sudden unexpected happening.

425 ● Chivi chabuda chareruka.

EXPLANATION AND TRANSLATION
Munhu akatadza muchivande, kutadza kwake kukagara kusingazikanwi navamwe, anogara hana yake yakaremerwa ichirova, asi chikange chazikanwa akachibvuma pamberi pavanhu, anonzwa kufefeterwa muhana yake.
A fault confessed is half-redressed.

426 ● Chivi chakashata chisina waita, kana chaitwa chava chiuya.

EXPLANATION AND TRANSLATION
Mhosva yaparwa yamirira kuripwa kuti ipere asi ichigere kuparwa yakaremedza mwoyo nomweya wounoronga kuipara.
Sin is no pleasant a thing before it has been committed.
Disputes must be immediately settled up.

427 ● Chivi ndechaenda muziso, chaenda muura chinobuda chimene.

EXPLANATION AND TRANSLATION
Kana anenge adya zvokudya zvakasviba zvine tsvina hazvisvibisi ura hwake. Anozvirasira zvose kunze asi azvikuvadza ziso, richangogara richionekwa riri pamuviri wake rakaremara. Kana ataura mutauro wakashata kune

mumwe anogara achizikanwa.
He that eats a filthy meal defiles not his belly, but he that speaks filthy words defiles his character.

428 ✺ **Chokuba hachipfumisi (hachina mudzonga).**

EXPLANATION AND TRANSLATION
Pfuma inowanikwa nenzira yokuba inokurumidza kupera.
Zvokudya zvokuba zvinongodyiwa zvoperera
pakubikwa kamwe, hazvina denhe rokuchengetera zuva
ramangwana.
Ill gotten goods never prosper.
Stolen meat is never seasoned, but all eaten at one meal.
Stolen food is quickly used up.

429 ✺ **Chokuba hachiramwidzanwi, hachidyiwi nebopoto.**

EXPLANATION AND TRANSLATION
Panogovewa zvokudya zvabiwa hapapoperwi kuti ndapiwa
zvishoma kana kurega kutora mugove wawapiwa.
He that gets a share from stolen property never grumbles of its smallness.

430 ✺ **Chokukumbira hachigutsi wachipiwa.**

EXPLANATION AND TRANSLATION
Munhu anorarama nezvokudya zvokutsvaka pana vamwe
haadyi achiguta misi yose.
He that depends on begging feeds not to his fill.

431 ❀ **Chokukumbira hachina madanha, chinodyiwa nezuva rimwe chikarova.**

EXPLANATION AND TRANSLATION
Zvokudya zvokutsvaka pana vamwe, hazviwanikwi zvakawanda kuti munhu apewo vamwe vanenge vasinawo zvokudya. Zvinodyiwa kamwe zvichipera.
Begged meals do not satisfy and feed others.

432 ❀ **Chokunokorerwa hachigutsi dumbu, chinorigutsa ndechokuzvinokorera mundiro womene.**

EXPLANATION AND TRANSLATION
Mukadzi anodya zvokuvazhirwa mudura romumwe mukadzi, haabiki shambakodzi yake izere achitya kuti angapererwa nezviyo nguva yokuti avazhirwezve nayo isati yasvika.
He that eats from another's hand fills not his belly.

433 ❀ **Chokunongwa hachigari (hachibati) pamunhu.**

EXPLANATION AND TRANSLATION
Nhumbi inenge yawanikwa nokunongwa haitani kurasikawo.
Picked up property is also soon lost.

434 ❀ **Chokuzvituma hachirwadzi kuchishanda iwe mwene wacho asi chawatumwa nomumwe.**

EXPLANATION AND TRANSLATION
Munhu anenge achibata basa rake raazvisarudzira kuita, nyange rorema zvakadini haangarisiiri panzira asati aripedza.
The weight of a burden of one's own choice is not felt.

435 ● **Chokwadi hachishanduki, chinongogara chakadaro chiri chokwadi.**

EXPLANATION AND TRANSLATION
Chinhu zvachinenge chiri izvozvo pakuzikanwa kwacho navanhu vose, hachizovizve norumwe rudzi rusati ruri irwo rwachinenge chagara chiri.
The truth is always green.

436 ● **Chomumba mako hachizipi, chinozipa ndechokunze.**

VARIANT
◆ Chako hachinaki, chinonaka ndechomumwe.

EXPLANATION AND TRANSLATION
Vamwe varume vakaroora havagutsikani namadzimai avo avakaroora. Nyange namadzimaiwo aripo mamwe akadarowo asingagudzikani navarume vavo vakavaroora.
Daily similar taste blunts (lessens) appetite.

437 ● **Chomumwe chinonaka (chinozipa) kuti uchidyewo.**

EXPLANATION AND TRANSLATION
Mupfumi ane pfuma yakawanda anofarira kupiwa navamwe pfuma achiishandisawo paingamushandira.
He that has enough riches is also pleased to receive riches from others.

438 ● **Chomumwe ndechomumwe, hachibatwi, ukachibata unoripa.**

EXPLANATION AND TRANSLATION
Munhu anoshandisa nhumbi isati iri yake ngaatange abvumirwa kuti aishandise nomwene wayo kuti agorega kupiwa mhosva yokuishandisa pasina mvumo.
Never you touch someone's property without one's own consent (permission).

439   ✽   **Chomumwe ndechomumwe hachipedzi madanha, chinopedza madanha ndechako.**

EXPLANATION AND TRANSLATION
Nhumbi yaunenge wapiwa nomumwe iri yake kuti uishandise, unogona kuitorerwa nomwene wayo, usati wasvitsa basa rako pawanga uchida kurisvitsa uchishanda nayo.
He that wears a borrowed garment must part with it while he is still in need of it.
A borrowed tool has short service.

440   ✽   **Chomungozva (Chomuzvere) chinodyiwa neabata mwana wake.**

VARIANT
   ◆   Chomurimi chinodyiwa neabata badza, chomuzvere neabata mwana wake.

EXPLANATION AND TRANSLATION
Kuti munhu abatsirwe pane zvaanoshaya, anofanira kufarira kubatsiravo vamwe vaanowanikidza vari pabasa vachirishanda.
A nursing mother gives food portion to the one who holds her baby for her.
For anything that one receives one should make some contribution.

441   ✽   **Chomurombo hachiposhwi (hachibatwi), ukachiposha (ukachibata) wazviparira ngava.**

EXPLANATION AND TRANSLATION
Kana murombo (muchena) akakukweretesa chiro (chinhu) chake, nyange tsono yoga zvayo, anofamba achitaurira munhu upi noupi zvake waanosangana naye kuti azvizivewo kuti akukweretesa tsono.

Borrow even a needle from a poor man, he will go about preaching to all he meets about you.

442 * **Chomushambadzi chinozara tsvina.**

EXPLANATION AND TRANSLATION
Nhumbi inofambwa nayo ichishambadzirwa inobatwa navanhu vakawanda vanenge vachida kuionesesa kuti kana vagutsikana nayo vagoitenga.
An article for sale collects dirt from all buying hands.

443 * **Chomutiri ndechemhanza (mhazha), chomudzimu ndechawadanirwa.**

EXPLANATION AND TRANSLATION
Munhu akasvika panzvimbo akawana pachidyiwa zvokudya asazviramba nokuti anenge azvipiwa nerombo rake. Kana anga atumirwa munhu kuzomudanira izvo, anoti azvipiwa navadzimu vake.
Hesitate not to seize upon the fortune that has landed upon your hands.

444 * **Chose chinodyiwa chapfuura napasi pechirebvu charasika.**

EXPLANATION AND TRANSLATION
Zvinhu zvose zvinoshandisiwa muupenyu zvine mashandi-sirwo azvo akasiyana-siyana. Chimwe nechimwe chine nzira yacho yakasiyana nenzira inoshandiswa nayo zvimwe. Kana chinhu chikashandiswa nenzira isiri yacho chinenge chatadzika.
Any edible portion that goes (passes) below the chin is a loss to the mouth.

445 ✱   **Chousingazivi rega chipfuure, panyika hapana mazivazvose.**

EXPLANATION AND TRANSLATION
Pazvinhu, kana nyaya dzatinenge tisingazivi nezvadzo, tisazvipinza madziri tichida kuti tigonzi takangwara pazvinhu zvose muupenyu.
Do not meddle (interfere) with anything outside your knowledge capacity.

446 ✱   **Chuma chokumba kwamai vomumwe hachishongwi, chinoshongwa navakarumudzana.**

VARIANT
◆   Hove dzine mironga yadzo yakasiyana yadzinofamba nayo.

EXPLANATION AND TRANSLATION
Vanasikana vanozvarwa nababa vamwe asi vane madzimai akasiyana, havaroodzi hanzvadzikomana dzinozvarwa namai vasiri vavo. Vanasikana vanoroodza hanzvadzikomana dzomumba mamai vavo.
A half-brother has no justified claim upon (over) the lobola paid for a half-sister.

447 ✱   **Dacha (Datya/Zura) harisvibisi mwena waro.**

EXPLANATION AND TRANSLATION
Vabereki vose havabvumiri vanakomana vavo navanasikana vavo kugara vachizivana miviri yavo. Kana vanenge vazviita vanorangwa.
The toad keeps its own home clean.

448 ● **Dai ndakaziva yaitanga mberi hakuna waizofa panyika.**

VARIANTS
- Ndakaziva haitangi mberi.
- Ndakaziva haitungamiri.

EXPLANATION AND TRANSLATION
Kuti munhu agare achiziva zvichaitika pane ramangwana haisiri nzira yakamisirwa munhu muupenyu. Angazogara asingafari.
If I had known would proceed, none would perish.

449 ● **Dai nhamo yairotwa kusvika kwayo pamunhu, tingadai tose tisinayo.**

EXPLANATION AND TRANSLATION
Kana dai vanhu vakanga vakapiwa njere dzokuziva zvose zvakasiyana-siyana zvavachagara vachishaya muupenyu, vangadai vaizvigadzirira pakutanga kuti vasazvishaya kana nguva yazokuzvishaya yasvika.
If we could have dreamt what would old age meet (face), we would both get and save.

450 ● **Dai risaive dumbu (Isaive nhumbu), matura angadai achigara azere nezviyo.**

EXPLANATION AND TRANSLATION
Upfumi hwezviyo hwunogariropedzwa nokudya kwatinoita mumazuva ose oupenyu, kusina nyange zuva rimwe zvaro ratinozorora kudya.
If it were not for the belly, granaries would be always full of grain.

451 ❋   **Dai zvakaitika kuti shumba iroore mukadzi wechivanhu, yaizogumisidza yapfava sehwai.**

EXPLANATION AND TRANSLATION
Vakadzi kana varoorwa nevarume vanozikanwa nokupenga kwakapfurikidza mwero vanoguma vavapfavisa zvikurusa, vogara vachitongwa navakadzi vavo pamagiriro avo ose.
If a lion could have married a human being it would eventually get tamed into a sheep.

452 ❋   **Dai zvipfeko (zviro) zvisayisakara, zvipfeko (zviro) zvavashambadzi zvaizotengwa nani?**

EXPLANATION AND TRANSLATION
Mararamiro avanhu muupenyu anonatswa nokupfuura kwezvinhu zvose namazero azvo zvavanoshandisa, zvichisiirana nzvimbo yokushandiswa.
If articles (things) did not wear out, how would tradesmen live?

453 ❋   **Dai zvose zvinoda mwoyo zvaibvira kuitika, dai pasina mutete womumwe panyika.**

EXPLANATION AND TRANSLATION
Zvinoshuva mwoyo yavanhu vose hazvibudiriri zvose sokuzvishuva kwavanozviita. Ndizvo zvakazoita kuti vanhu vasaenzana paupfumi, vamwe vakazova vapfumi vamwe varombo.
If all our daily material wishes were favourably complied with, there would be no poor man.

454 ❋   **Danda haridariki (haripfuuri, haripuvi) rutsva kaviri.**

EXPLANATION AND TRANSLATION
Munhu haawanzi kugara achipona panjodzi hurusa dzinenge dzamuwira kanoverengeka kaviri kose muupenyu.

A log is not left unburnt by two grass-fires.
Danger cannot be escaped twice.

455   ●   **Danda (Tsiga) rakambotsva haritani kubatira mwoto.**

EXPLANATION AND TRANSLATION
Kunyenga musikana akazvara mwana ari pamusha asati aroorwa hakutori nguva refu sokunyenga musikana asina kumboroorwa.
A piece of wood half-burnt easily catches fire.

456   ●   **Dangadzi kugara munyemba konzi ndava runyembawo.**

VARIANT
  ◆   Ruzambiringa kugara munyemba konzi ndava nyembawo.

EXPLANATION AND TRANSLATION
Kana munhu asati ari weimba youshe akagara mumuzinda wamambo, anobva azvitorawo somumwe wenhengo yeimba youmambo.
A commoner that lives in the king's courtyard regards himself one of the royal family members.
The bastard brood is always proud.

457   ●   **Danza kusakara (nyangosakara) rino mwene waro.**

EXPLANATION AND TRANSLATION
Nhumbi nyange yave tsaru, mwene wayo anongoida samadiro aakanga achiyiita ichiri itsva. Nyange mukadzi achembera, murume wake anongomuda semadiro aaingomuita achangomuroora.
Even an aged wife is still much precious to her husband.
Every person sets by his personal belongings.

458 ✹ **Dare retsvimborume zipfiga (zibuda) kamwe.**

EXPLANATION AND TRANSLATION
Imba inorara jaya risati raroora kana rangobuda mairi
richienda kumwe kwarinonoswera inovharwa richibuda,
yozozururwa radzoka kwaranga ranoswera.
A bachelor's sleeping quarters in his absence spends the whole
day long closed up.
A wife is the key of the house.

459 ✹ **Daunha rinonzwikwa (rinozivikanwa) kuruma kwaro**
nomwene waro anorifuka.

EXPLANATION AND TRANSLATION
Kunetsa kwomudzimai akaroorwa kunozikanwa nomurume
wake wakamuroora.
No one knows where the shoe pinches, but he who wears it.
Whether the wife is good or bad, it is best known by her husband.

460 ✹ **Davi romuti rinowira kwarakarerekera.**

VARIANT
◆ Muti unowira kwawakarerekera.

EXPLANATION AND TRANSLATION
Munhu anoitira zvakanaka avo vanogara vachimuitirawo
zvakanaka.
One good turn deserves another.

461 ✹ **Dehwe rinoibva nokusukutwa.**

VARIANT
◆ Dehwe rinonyatavara nokubvuviwa namafuta

EXPLANATION AND TRANSLATION
Basa nyange rakakura sei, richirema kubatwa, kana

rikaramba richibatwa rinoguma rapera. Munhu anonyima
wakagozha, anopa nokunyengetedzwa navanomukumbira.
Constant braying softens the skin leather.
Soft words win hard hearts.

462   ✱   Demba (Gomba) nhamo uchibata.

VARIANTS
◆   Gomba nhamo uchishanda.
◆   Demba (Gomba) nhomba wakateya riva (une riva).

EXPLANATION AND TRANSLATION
Munhu ngaacheme kuti anotambudzika, asi iye achishanda
kuti awane mubairo wokubata kwake waachashandisa
mukupedza kutambudzika.
Use the means and the Almighty will give the blessings.
Suffer from want while trying to find means to overcome want.

463   ✱   Demo (Sanhu/banga) rinopinza nokurodzwa.

EXPLANATION AND TRANSLATION
Muviri unopiwa simba nokugara wakasimba nokuramba
munhu achidya zvokudya. Kunaka kwechiso kunonatswa
nokupfekedza muviri.
Constant grinding keeps the axe sharp.
Constant reading of books keeps the mind sharp.

464   ✱   Dende rarova nderafa nembeu.

EXPLANATION AND TRANSLATION
Munhurume afa asina mwanakomana wake kunze, zita rake
rinobva rarova, asingazozikanwi kuti aimbovapo panyika.
He that dies without any male children leaves no trace of him
behind.
A male child is the seed of a man.

465 ✹ **Dende rinobvinza mvura nderine mutswe (rusuruuri).**

EXPLANATION AND TRANSLATION
*Munhu ane chipfuva chisingagoni kuchengetera zvose
zvakavanzika zvaanonzwa, kuti zvigare zviri mukati
zvakavanzikamo.*
It is a chest open person who keeps no hidden secrets.

466 ✹ **Dende rinorema nderine mbeu mukati maro.**

EXPLANATION AND TRANSLATION
*Mukadzi anoremekedzeka pamaziso avarume vakamuroora
ndeane vabereki vapenyu uye mukadzi anoremekedzeka
pamaziso omurume nehama dzomurume ndeanozvara vana.*
The wife with both parents alive and who bears children is
highly respected within her husband's family.

467 ✹ **Dera iguru pamuromo, ndipo parinorwa napo.**

VARIANT
◆ Kurwa kwedera muromo, ndiwo warinorwa nawo.

EXPLANATION ANSD TRANSLATION
*Mashoko akaipa anonyadzisa ndiwo anoshandiswa
nedera kana ratangana nomumwe, rorwa naye. Kana rorwa
namaoko haritani kutiza.*
The coward fights more with his tongue than with his hands.

468 ✹ **Dera rikarumbidzwa pakurwa rinoba rarwa.**

VARIANT
◆ Rumbidza dera pakurwa, rinobva rarwa serasvikirwa
neshavi rokurwa.

EXPLANATION AND TRANSLATION
*Kana munhu akarumbidzwa pabasa raanoita, anobva ariita
nemwoyo wake wose nesimba rake rose, kupfuurikidza*

paanga achiriita napo.
Put a coward to his fighting mettle and he will even fight the devil.

469   ❋   Dhimba (Timba) kushaya muturu (besu) moti svanana.

VARIANTS
- Musaona dhimbo (timba) kushaya muturu (besu) moti svanana.
- Timba kushaya besu musati inyana.

EXPLANATION AND TRANSLATION
Ukuru hwomuviri womunhu handihwo hungataura nezvezera rake kubvira musi waazvarwa. Munhu ane muviri mudiki pakuumbwa angava akura zvikurusa pazera rake, saka mumhu hauyeresi zera.
A small body was never a correct age estimate.
A little body often bears full grown-up age.

470   ❋   Dhimba (Timba) anoteta hundi mwoyo uri kumakoto (kutsanga).

EXPLANATION AND TRANSLATION
Jaya rakanyenga musikana, kana richifarira hama dzomusikana warakanyenga, mwoyo waro unenge uri kumusikana zvikuru, kupfuura kuna ivavo.
Dogs wag their tails not so much in love to you as to your bread
Many kiss the child for the mother's sake.

471   ❋   Dikanwa romwana nderanyina (nderamai).

VARIANT
- Kudikanwa kwemwana ndimai.

EXPLANATION AND TRANSLATION
Mukadzi anodikanwa zvikuru nomurume wake ndiye
ane vana vanodikanwazve zvikuru nomurume.
He that wipes the child's nose kisseth the mother's cheek.
He that loves the child loves the mother.

472 ● **Dindingwe rinonaka (rinofara) richikweva rimwe, iro kana rokwehwa roti mavara aro azara ivhu.**

VARIANT
   ● Mutangi namutevereri, unorwadziwa mutangi.

EXPLANATION AND TRANSLATION
Vamwe vanhu vanofarira kugara vachireva vamwe asi ivo
kana vorehwawo vakazvinzwa, vanotsamwira vanovareva.
He that talks ill of others hates to be talked ill of.
He that backbites others resents to be backbitten.

473 ● **Diurawatiura (Idiurawatiura) zana risina mai.**

VARIANTS
   ● Nherera ihamba inoveserwa mwoto wokuibvura yakatarisa.
   ● Zana (Mwana) risina mai idiurawatiura.
   ● Nherera muti womukarati usina gavi.

EXPLANATION AND TRANSLATION
Nherera yakafirwa namai nababa, kana isina mai voga,
inongorohwa naani zvake nokuti inenge isina anoirwira.
Every mother's hand is light to land on the orphan's
face.
A motherless child (An orphan) receives blows from
every woman (everyone).

144

474 ✳ **Dondo (Sango) ranzi raipa, ranzi pamwe chete nehuni dzaro.**

EXPLANATION AND TRANSLATION
Kana munhu anzi muroyi, zvongonzi navana vakewo varoyi saiye.
The children of an evil(wrong-doer) are often viewed with suspicion.

475 ✳ **Dongo romukadzi mwana, mukadzi haana dongo somurume.**

VARIANT
◆ Mukadzi haana dongo somurume, dongo romukadzi mwana.

EXPLANATION AND TRANSLATION
*Mukadzi paakanga akaroorwa akabvapo akasiya vana,
zviso zvavana ivavo zvinenge zvakafanana nezvamai vavo
vakavazvara, zvinopupura kumunhu wose
anovaona, achiziva mai, kuti akanga akaroorwapo.*
The child is the true image of its own mother.
The mother's facial looks trace (is revealed by) the
child's facial looks.

476 ✳ **Dore nderemunhu, nyoka haina dore.**

EXPLANATION AND TRANSLATION
*Muroyi nyange achembera (akwegura) sei haanganzi
achembera (wakwegura) haachina simba rokuroya vamwe
vanhu.*
A witch was never too old and too weak to bewitch others.
A snake was never too old for biting.

477 ❋   **Doro (hwahwa) mweni rinongokaruka ranaka (razipa).**

EXPLANATION AND TRANSLATION
*Hakuna angafembera kuti nhasi achasvikirwa nomuenzi.
Anongosvika asingazikanwi, saka nomudzimai anobika
hwahwa anongoziva kuzipa nokusazipa kwahwo musi
wahwunosviniwa.*
Hard it is to guess the outcome at the start.

478 ❋   **Doro (Hwahwa) rinobudisa zvose zvakavanda.**

EXPLANATION AND TRANSLATION
*Munhu adhakwa nohwahwa, rurimi rwake haruna
charunoyera kutaura, nezvakavandika runongozvitaura.*
What soberness conceals drunkenness reveals.

479 ❋   **Doro (Hwahwa) rinokanganwisa munhu nhamo dzose dzaanadzo.**

EXPLANATION AND TRANSLATION
*Munhu achitaura akabatwa nohwahwa anongoti zvose
zvinhu nezvaasina zvaanotambudzikira anazvo zvose.*
Good ale is meat, drink and cloth.

480 ❋   **Doro (Hwahwa) rinopa utondori.**

EXPLANATION AND TRANSLATION
*Vakadzi navarume vakura vabva zera, navasikana namajaya
akura, vose ava kana vanwa hwahwa vakadhakwa havazo-
nyari kuita mabasa ezvitema.*
Wine (Beer) makes old wives wenches.
Drunkenness leads to prostitution.

481 ❋ **Dota pora imbwa ivate (irare).**

EXPLANATION AND TRANSLATION
Anenge atsamwiswa ngaarege kuramba akatsamwira uyo
wamutsamwisa. Ngaasununguke kuti wamutsamwisa
agosunungukawo vagotangidza kutaudzana.
You, the angered man, cool down to allow peace to reign the
occasion.
Forgiveness maintains sound friendship.

482 ❋ **Dumbu charapiwa harichirambi.**

EXPLANATION AND TRANSLATION
Munhu chaanenge achidya akachimedza, chikawira
mudumbu haachirutsiswi, chinogara chozobuda nezasi
chapedza basa racho.
Whatever food (meal) the belly is offered, it accepts it without
refusal.

483 ❋ **Dumbu guru nderako, (dumbu) romumwe iduku.**

VARIANT
♦ Nzara huru ndeyako (nzara) yomumwe iduku.

EXPLANATION AND TRANSLATION
Kana vanhu vachidya sadza vachirinokora mundiro imwe
chete, hapana anonokora misuva achiikanda mumuromo
momumwe. Anoinokora achiikanda mumuromo make.
We care more to feed our own bellies than others.

484 ❋ **Dumbu guru rine mharidzira kuti charadya chikuru.**

EXPLANATION AND TRANSLATION
Munhu ane dumbu rinotaridzika kuti rakakura, nyange asina
chaambodya aine nzara zvinongonzi akaguta, haana nzara.
He that has a distended belly (stomach) is always believed to be
full.

485 ✸   **Dumbu hariguti, misi yose rinoda kudya.**

EXPLANATION AND TRANSLATION
*Nyange munhu akadya nezuva rimwe akaguta haazogutiri
mazuva ose anotevera.*
The belly never in one day feeds to include its daily fill.
None says his garner is full.

486 ✸   **Dumbu igate rinoviga zvose zvarinogona
kuchengeta.**

EXPLANATION AND TRANSLATION
*Zvokudya zvose zvakashata nezvakanaka zvinodyiwa
nomunhu misi yose, zvinongochengeterwa mudumbu rimwe
chete, ndiro zigari guru.*
The belly welcomes all sorts of meals and stores them.

487 ✸   **Dumbu iguru, haridi simbe.**

EXPLANATION AND TRANSLATION
*Munhu anotya kushanda haagari akafara nokuti anenge
asina zvaangadya kuti agare akaguta.*
A lazy person is always belly sad.

488 ✸   **Dumbu iguru risina wapa.**

VARIANT
◆   Nhumbu ihuru isina apa (wapa).

EXPLANATION AND TRANSLATION
*Nyange munhu aziya nenzara anoipedza nemisuva
mishomanana yaanenge adya.*
Even a hungry belly needs not more food than that fills
up its capacity.
Great hunger is stilled by a small morsel.

148

489 ❋ **Dumbu imbavha harisiyi charinoda kuchengeta.**

EXPLANATION AND TRANSLATION
Munhu haaregi kudya rudzi rupi nerupi rwezvokudya zvose
zvinofambirana neropa rake, kwamazuva ose ose muupenyu
hwake.
The table robs more than a thief.

490 ❋ **Dumbu mukarabwa asingaguti danga reroora.**

VARIANT
◆ Dumbu ndimbuya hariguti, mbuya misi yose vakagarira
mafundo.

EXPLANATION AND TRANSLATION
Nyange munhu akadya nhasi akarara akazvimbirwa,
anomuka mangwana dumbu raserera, odazve kudya zvimwe
zvokudya. Baba vomukadzi vakaroorerwa, havazoregi
kuramba vachida kubatsirwazve nomukwasha wavo pane
zvavanoshaya.
The belly is never fed enough but always needs more.
If it were not for the belly, the back might wear gold.

491 ❋ **Dumbu ndivahosi (mukadzi mukuru) harirevi**
charadya (zviri mariri).

EXPLANATION AND TRANSLATION
Nyange munhu akadya zvokudya zvisina kufanira, dumbu
rinongotarisika kunze riri rakaguta chete sokutarisika
kwarinotarisika munhu adya zvokudya zvakanaka.
Whether fed on rich or poor diet, the belly never discloses the
type of diet.
A bellyful is a bellyful, whether it be meat or drink.

492 ❋ **Dumbu rakaguta harizivi nzara yerimwe dumbu**.

EXPLANATION TRANSLATION
Munhu kana akaguta anongofungidzira kuti vose navane
nzara vakagutawo saiye.
He whose belly is full, believes not him whose belly is empty.

493 ❋ **Dumbu rakupa (Rakupa) rine nzara, ripewo ridye**.

EXPLANATION AND TRANSLATION
Munhu haapi vamwe zvinhu, kwete nokuti iye anenge asina
zvaanoshaya. Sake ngaapiwewo zvaanoshaya navaya
vaanopawo zvaanazvo.
He that feeds you, needs to be fed by you.
He that gives you a capon, give him the leg and the wing.

494 ❋ **Dumbu rine nzara (Rine nzara) harishari charinodya**.

VARIANT
◆   Dumbu rwizi rwuzere harishari charinodya.

EXPLANATION AND TRANSLATION
Kana munhu afa nenzara haana chokudya chaanosarudza.
Anongodya zvose nezvisakafanira kudyiwa kuti apone
panzara.
Hunger finds no fault with poor cooking.

495 ❋ **Dumbu rinoonekwa mbare nderakaguta**.

EXPLANATION AND TRANSLATION
Munhu anofanira kubata basa rose raanogona kubata kuti
agowana zvokudya zvemisi yose zvinogara zvakafutura

dumbu richionekwa kukura kwaro.
A bellyful shows out blood veins.

496 ⬤ **Dumbu rowagova hariguti, kana zvapera anosara asina mugove.**

VARIANTS
- Mugovi haaguti, anongonanzva maoko.
- Mugovi anonhonga nhango duku.

EXPLANATION AND TRANSLATION
Munhu anogovera vamwe haazvifungi iye pachake pakutanga. Anopa vaya vanogoverwa migove mikuru iye ozvipa mugove muduku.
He who shares gets (has) the least (worst) share.

497 ⬤ **Dumbu rinozikanwa nomwene waro.**

EXPLANATION AND TRANSLATION
Mumwe nomumwe anofanira kuzvishandira iye pachake kuti agone kugara aine zvakaenzanirana zvokumuchengeta asina chaanoshaya.
Everyone cares for oneself.

498 ⬤ **Dumbu romufambi harina ngwino (runyanga rwemhene).**

VARIANTS
- Mufambi haapedzi dura.
- Muenzi haapedzi dura.

EXPLANATION AND TRANSLATION
Mufambi anozvipfuurira ngaasanyimwa zvokudya. Nyange akapiwa zvokudya, anongodya zvakaenzanirana nokupedza

nzara yaanonzwa obva opfuura.
Little meal satisfies the stranger's enormous hunger.
A stranger possesses a narrow belly.

499   ✳   **Dumbu ziva rako, hapana huro inomedzera (inominyira) imwe.**

VARIANT
◆   Hakuna inofuria ivete(irere)

EXPLANATION AND TRANSLATION
Munhu mumwe nomumwe anoda kuwana zvinhu zvakawanda muupenyu kupfuura zvinowanikwa navamwe.
Men are most mindful of their own bellies.

500   ✳   **Dumbu ziva romumwe, rako rigozikanwawo.**

VARIANTS
◆   Nzara ziva yomumwe, yako igozikanwawo.
◆   Nhamo ziva yomumwe, yako igozikanwawo.

EXPLANATION AND TRANSLATION
Munhu anopa vamwe zvaanazvo zvavanoshaya, naiye vanozomupawo zvavanazvo zvaanoshaya.
He that pities another remembers himself.
He that feeds others feeds himself.
He that feeds others is also fed by them.

501   ✳   **Dundundu idura rinopfigira charo.**

EXPLANATION AND TRANSLATION
Mumwe nomumwe ane zvakavanzika zvake mukati mechipfuva chake, zvinongozikanwa naiye oga, zvisingazikanwi navamwe vazhinji.
The chest is a granary that seals in all its own secrets.

502 ❋ **Dura rinopedzwa nomuriwo, nyama haipedzi dura.**

EXPLANATION AND TRANSLATION
*Muriwo ndihwo usavi hwamazuva ose kuvanhu vazhinji,
nyama inodyiwa nenguva iri kure.*
Vegetables form the daily supply of side-dish.
Daily meals accompanied by poor relish finish the whole
grain output.

503 ❋ **Durunhuru rinokura nokukupirwa (nokudirwa)
madota.**

EXPLANATION AND TRANSLATION
*Munhu anovengwa, anogodorwa, nokutsererwa anowanza
kubudirira pazvinhu zvose zvaanoita muupenyu.*
Speak much ill of a person and you make him a much lucky
person.
Threatened men thrive best.
He that is bitterly hated thrives most.
The jackal that is cursed fares best.

504 ❋ **Dutu rinowisa miuyu nemipumbu tsanga (shanga)
dzichisara dzimire.**

EXPLANATION AND TRANSLATION
*Vanhu vane zvigaro zvakakwirira pamabasa ndivo
vanowanza kurasikirwa nazvo, asi vane zvakaderera
vachisara varipo pamabasa vachishanda.*
Men of highest positions are easily sacked off while those of
lowest positions remain working.
Oaks may fall when reeds can stand the storm.

505 ❉ Dyidzana navauya (navakanaka) kuti newevo ugare uchiverengerwa kudivi ravo.

EXPLANATION AND TRANSLATION
Munhu anofambidzana navanhu vane mabasa akanaka pazviito, naiye anonzi munhu wakanakavo.
Keep good men company and you will be of the number.

506 ❉ Dzaenda (mombe) nedzamuzinda (nedzomuzinda).

EXPLANATION AND TRANSLATION
Pfuma shomanana ikavhengana nepfuma zhinji haitani kurasikiramo ikarova. Mombe imwe ikavhengana nemombe dzakawanda, inoenda zvachose ikarova.
Joined and gone with the chief's lot.
He that keeps his only beast (cow) amongst the chief's lot is likely to lose it forever.

507 ❉ Dzangova nhambutambu dzenyota, mvura yateuka haichabviri kuworerwa.

EXPLANATION AND TRANSLATION
Munhu anenge afa, nyange ochemwa sei misodzi ichiyerera sorwizi ruzere mvura, kuchema ikoko hakungamumutsi akava mupenyu zvakare.
It is useless to cry over spilt milk (water).

508 ❉ Dzangova n'ombe (mombe) nhore dzongocherera (dzongofudzirwa) pedyo nedanga (nomusha).

EXPLANATION AND TRANSLATION
Harahwa nechembere dzakwegura dzongoswera dziri mumusha muswere wose wezuva, dzisina kwadzichaenda kunoswera dziriko.

Too aged persons spend the whole day long sitting at home.
Old cattle graze nearest home.

509 ◉ **Dzangova nyaya dzemiromo, dzongoperera pamiromo, chimuko padziri chakona.**

VARIANT
◆ Kwatsva gona, kwasara munongoro.

EXPLANATION AND TRANSLATION
Nyange chinhu chatadza kubudirira pane zvachanga chakafungirwa nokushuvirwa kuti chichava, vanhu havangaregi kutaura pamusoro pacho nemhosva yokukona kwacho kubudirira.
Even a shattered hope (failure) never dies on the lips.

510 ◉ **Dzawira (Dzinenge dzawira, Iswa dzawira) mutswanda (murutsero) hadzichanetsi kuworera (kunongera).**

EXPLANATION AND TRANSLATION
Kunyenga muramu kana kunyenga musikana anogara mumusha mumwe nejaya rinomunyenga, kwakareruka nokuti vanogara vachionana nguva nenguva.
The nearer the better.
Favourable chances make easy gainings.
He that lands upon favourable chances is sure to succeed.

511 ❋ Dzedare (Nyaya) ndedzedare hadzisumirwi (shumirwi) mukadzi mumba.

EXPLANATION AND TRANSLATION
Zvitaurwa zvenyaya zvakanangana nevarume vari voga pamatare avo, hadzisiri dzokutakura dzonoudzwa madzimai mudzimba.
Men's private discussions must not be told to the kitchen.

512 ❋ Dzidzisai makwavava (makwereveshe) muagure miswe, kana asara agoziva mwena (misingwi).

VARIANTS
◆ Regai tidzidzise makwereveshe (makwavava) nokuagura miswe kana asara agoziva mwena.
◆ Makwereveshe (Makwavava) agureyi miswe, ndizvo agoziva misingwi (mwena).

EXPLANATION AND TRANSLATION
Kurangwa kukuru kunorwadza zvakanyanyisisa kumunhu atadza zvakashatisisa kunodzidzisa nokuyambira vazhinji kuti vatye kutadza.
He that chastises one amends many.
Bitter experience to one teaches many.

513 ❋ Dzidzokwira kuburuka hudana mai.

EXPLANATION AND TRANSLATION
Kutanga kuita chinhu chinoremesesa maitirwe acho, munhu chaasingagoni kuchiita oga, kudzamara abatsirwa navamwe vanochiziva maitirwe acho.
He that learns ascending a tree must descend it by the help of the mother.

514 ● **Dzidzoroya (Kudzidzoroya) kuhukurwa nembwa.**

EXPLANATION AND TRANSLATION
*Munhu anotangidza kuita chinhu chakashata haatani
kubatwa achingochiita asati abva panzvimbo yaanochiitira.*
Young thieves are caught red-handed while old ones escape.
Laws catch flies and let hornets go free.

515 ● **Dzingidzi gonyera pamwe miti ine nduva mizhinji
(haiperi).**

EXPLANATION AND TRANSLATION
*Munhu ane mesomeso, anotorwa mwoyo nezvinhu zvose
zvakanaka zvakafanana, achida kuti dai zvose zvamubvuma
azviwana zvive zvake. Munhu akadayi haawanzi kubudirira
pakuzviwana zvose.*
Although sweet flower-trees are many, stick to one sweet flower-
tree.
A rolling stone gathers no moss.

516 ● **Dzine musimbwa (mombe) ndidzo dzinopindira shure
mudanga, dzichibva dzaguta maponda.**

EXPLANATION AND TRANSLATION
*Vanosaririra shure kuita zvinhu zvinoitirwa pamwe chete
noruzhinji, ndivo vanozozviita mumashure vobatanidza
nokurangwa pamusoro.*
The late-payers pay double.
The heaviest hoofed cattle are last to enter the cattle kraal and
they get much flogging.

517 ❂   **Dzinobva kune uswa dzinoonekwa nokubwinya miviri (nokukora).**

VARIANT

◆   N'ombe dzinobva kusina uswa dzinoswera dzakatsinatira dzichifura

EXPLANATION AND TRANSLATION
Mhuri dzavapfumi dzinotarisika dzine miviri yakasimba nezviso zvizere mufaro.
Fat-looking beasts are a good testimony of good pastures.
Well cared-for families have healthy pleasant bodily looks.
Good pastures are reflected by animals' health conditions.
Cattle from barren pastures graze the whole day long without rest.

518 ❂   **Dzinotsva hadyana (hari) dzousavi dzakavandikana dziri pamwoto mumwe.**

VARIANT

◆   Kunotsva hari dzousavi dzakavandikana dziri pamwoto mumwe.

EXPLANATION AND TRANSLATION
Vanakomana navanasikana vavavakidzani ndivo vanowanza kuroorana nokuti vanenge vachigaroonana.
Close neighbours' children often marry one another.

519 ❂   **Dzose hadzisiri mbavha dzinohukurwa nembwa usiku, nyange navaroyi vanohukurwawo.**

EXPLANATION AND TRANSLATION
Kushata kwokupomba kwakangofanana, nokushata kwokuba. Vanhu vanoita mabasa akashata amarudzi

akasiyana-siyana, vose vanongonzi vaiti vezvakashata.
All are not thieves that dogs bark at in the night, but even
witches and wizards, dogs can bark at.

**520 ❋ Dzose mombe dzakakora nedzakaonda
ndedzedanga rimwe, ngadzitenherwe mudanga radzo dziri
pamwe chete.**

EXPLANATION AND TRANSLATION
*Vana vomunhu mumwe vakashata mwoyo navakanaka
mwoyo havadaidzwi namadzibaba maviri, asi vose vakashata
navakanaka vanodaidzwa nababa mumwe.*
You must take the fat with the lean as beasts of the same kraal.

**521 ❋ Dzvinyu kuzambira zuva (kushanira mushana) huone
bako (mwena).**

EXPLANATION AND TRANSLATION
*Dera riri pakati pavanhu vazhinji rinoita hasha richivimba
kurwirwa kana rorohwa.*
A lizard suns itself within easy reach of its hiding place.
In the presence of a protector one is not afraid to be provocative.

522 ❋ Fira chaunoziva mwoyo uchene.

VARIANTS
◆ Kureverwa chawadya kunozipa.
◆ Zviri nani kufira gavhu pakufira shamba.

EXPLANATION AND TRANSLATION
*Munhu haarwadziwi zvikuru kana achirangirwa chitadzo
chaanoziva kuti akachiita.*
It is better to suffer for a true wrong deed than for a false
accusation.

523 ❋ **Fukidza musina (Ifukidza musina) kuvakirwa imba wafa.**

. VARIANTS
- ◆ Fukidza musina (Ifukidza musina) misodzi yomuroyi.
- ◆ Manomano misodzi yomuroyi.
- ◆ Mabata kumeso misodzi yengwena (yomuroyi).

EXPLANATION AND TRANSLATION
Munhu anokuchemera nhamo yakuwira asi asingakuchemeri nomwoyo wake wose, achitokuhomera zvake kuti zvakuwana.
To cry with one eye and laugh with the other.
The cat and the dog may kiss yet are none the better friends.

524 ❋ **Fundikire yomwoyo haibvi pamuromo.**

EXPLANATION AND TRANSLATION
Chinhu chinodisiswa nomunhu chinogara chichingotaurwa nguva dzose.
That which the heart treasures most, the tongue often speaks about it.
Nearest the heart, nearest the mouth.

525 ❋ **Fupira n'anga gosha risati rasvika.**

EXPLANATION AND TRANSLATION
Munhu ngaagare akanatsira uyo waanoziva kuti anogara achimubatsira nguva dzose kuitira kuti kana ava munhamo, zvinoita kuti abatsirwe naye nokukurumidza nguva dzose panhamo yaanenge asangana nayo.
Honour the physician before you are in need of him.

526 ● **Gadzi (Zigadzi) java (dzvuku) harishayi anorida.**

VARIANT
◆ Mukadzi mushava (mutsvuku) haashayi anomuda.

EXPLANATION AND TRANSLATION
Varume vazhinji vanofarira kunyenga mukadzi mutsvuku,
saka kana mukadzi akava mutsvuku anonyengwa
navakawanda.
A fair face looking woman always finds many lovers.

527 ● **Gadzi (Zigadzi) java (dzvuku) kana rikakona kuba, rinoroya.**

EXPLANATION AND TRANSLATION
Mukadzi mushava anowanza kufananidzirwa kuti angangova
ane mwoyo wakashatazvokuti anogona kuita tsika dzakaipa
dzakaita sokuroya nokuba.
A light skin complexion pretty woman is either a thief or a witch.

528 ● **Gadzi (Zigadzi) java (shava) rine murwise.**

VARIANTS
◆ Mukadzi mushava ane murwise.
◆ Gadzi (Zigadzi) java (dzvuku) nderavamwe varume.
◆ Mukadzi mushava (mutsvuku) ndowavamwe varume.

EXPLANATION AND TRANSLATION
Mukadzi mutsvuku haagari asakanyengwa navamwe varume,
saka murume wake anongogara akavengana navarume avo
vanomunyenga.
He that marries a fair wife must always quarrel with other men.
A fair wife breeds quarrels.

529 ❋   **Gakava (Nharo) ndidzo hasha.**

VARIANTS
- Matukano akabva munyaya.
- Mhararano dzakabva munzira.

EXPLANATION AND TRANSLATION
Munhu anogara akakavadzana navamwe anowanza
kukurumidza kushatirwa, zvakare haatani kurwa navamwe.
Hot arguments are often a source of anger (harshness).

530 ❋   **Gama benyu haripfumisi, rinopfumisa nderafa.**

VARIANT
- Hama mhenyu haipfumisi, inopfumisa ndeyafa.

EXPLANATION AND TRANSLATION
Pfuma yowafa inogoverwa hama dzorapa. Imwe hama
inopiwa mugove wayo yobva yapfumawo.
A dead relative enriches a living relative.

531 ❋   **Gama (Igama) ndakaringa nzira mombe (n'ombe)**
yokuronzerwa.

VARIANTS
- Mombe (N'ombe) yokuronzerwa igama wakaringa nzira.
  Mombe yokuronzerwa kama wakaringa nzira.

EXPLANATION AND TRANSLATION
Kana munhu apiwa chinhu nomuridzi wacho kuti
amuchengetere, ngaasarivara achifunga kuti chatove chake.
Mwene wacho anongokaruka auya kuzochitora uya
akazosara asisina. saka ngaavewo nezvake pachake.
He that is lent a milking cow will have it taken from him without
notice.

Keep your eye on the path when you milk the beast, it was given to you only to look after.

He that hires a horse must ride before it is taken.

532 ✱ **Gambe haritani kunzwira moto.**

EXPLANATION AND TRANSLATION

Nhumbi yarovera kushandiswa pabasa rayo, yareruka kuishandisa basa richibva rakurumidza kubudirira, nguva yokuriita ichichengeteka.

Old cooking pots soon catch heat and soon boil.

533 ✱ **Gambe ndiro rinokurunga masvusvu anozipa.**

EXPLANATION AND TRANSLATION

Mudzimai akura, abva zera, ndiye ava noruzivo rukuru rwokubata imba nomutoo unofadza murume wake navose, achigona kubika zvakanakisisa zvose zvinodyiwa.

Old pots cook an unburnt meal.

An old wife manages the house better than a young one.

534 ✱ **Gamuchira unyerere, chawapiwa nomudzimu hachina chiduku.**

VARIANT

◆ Chawapiwa nomudzimu hachina chiduku, chigamuchire unyerere.

EXPLANATION AND TRANSLATION

Munhu anofanira kutenda zvakafanana vose vanomupa zvipo zviduku nezvikuru nokuti zvose zvipo zvaapiwa zvakakosha.

Small and great gifts are but all gifts.

Even small gifts also must be thanked for.

535   ✱   **Gangaidza (Igangaidza) mukwenyi mhezi yavavira mudumbu.**

EXPLANATION AND TRANSLATION
Chinhu chinoitika nenzira inorema yachinoitika nayo, isingagoni kuwanirwa mazano angashandiswa kuti chigadzirike.
It sets a difficult problem to scratch the inside stomach itching scab wound.

536   ✱   **Gangazha (Gangazha) mukombe hazvienzani nokunwa nedemhe.**

VARIANT
   ◆   Gengezha mukombe mvura ndinongonwa.

EXPLANATION AND TRANSLATION
Nyange nhumbi yokushandisa yave tsaru, inogona kubatsira mwene wayo hazvizofanani nokushaya zvachose..
A cracked ladle is still a ladle and better for drinking than a piece of a broken gourd.
A cracked ladle is not the same as drinking from a piece of a broken gourd.
The little you have is better than nothing at all.

537   ✱   **Gapa rakapedza ndima mukusakura.**

EXPLANATION AND TRANSLATION
Nzira pfupi dzokuita chinhu, dzinoita kuti chikurumidze kupera nokubudirira, pane zvinenge zvakanangwa pachiri.
Short methods produce quick (immediate) results.

538   ✱   **Gara hako usina shamwari, shamwari nhubu dzinopa chimomo.**

EXPLANATION AND TRANSLATION
Munhu anofambidzana navanoita zvakashata anoguma

apinda munzira dzakashata dzinosvibisa zita rake.
Better be alone than in ill-company.

539 ✺ **Gara mumuzinda uwane shamwari ichakuruma nzeve kana yanzwa paunorehwa.**

VARIANT
◆ Gara nzanga uwane shamwari ichakunyeurira kana yanzwa paunorehwa.

EXPLANATION AND TRANSLATION
Munhu, muupenyu haafaniri kugara asina shamwari yake yapamwoyo yaanovimba nayo, ichagara iri nzeve dzake pane zvinomuwira.
He that has a bosom friend in a city knows all the secrets.
Life without a friend, death without a witness.

540 ✺ **Gara nejenjebvu, makunguwo akafa mangani?**

VARIANTS
◆ Bere zvarakatya, mapapata aro akava mangani?
◆ Makunguwo zvaakatya, akafa mangani?

EXPLANATION AND TRANSLATION
Munhu ngaagare akangwarira zvinhu zvinokuvadza muupenyu, aedze kuzvinzvenga nenzira dzose dzaanoziva. Asazvipinza mudambudziko achiziva.
Good watch prevents misfortune.
Look before you leap.

541 ✺ **Gara wakapfiga musuwo, nyoka haipindi pakapfigwa.**

EXPLANATION AND TRANSLATION
Chinhu chinobatsira kudzivirira nhamo isati yakupindira muupenyu nokuti kana ukairegera ichikupindira

kuzoibudisa yambogara yakupindira zvinozokuremera.
Prevention is better than cure.

542 ❋ **Gava (Imbwa) rinoruma muburiri anoriburira sadza.**

VARIANT
  ◆ Mwene wamapudzi anotsindikwa.

EXPLANATION AND TRANSLATION
Munhu anofa achiurayiwa kana kuurawa navake vaaka-
riritira akavachengeta achivapa zvokudya nezvokupfeka.
Hounds devour their masters.
A son may kill his own father.

543 ❋ **Gavhu rendye igavhu rendye.**

EXPLANATION AND TRANSLATION
Munhu akashata mwoyo, kazhinji anowanza kuzvara vana
vane mwoyo yakashatawo.
No sweet from a sour stalk.
A thief breeds a thief.

544 ❋ **Gavhu rendye rakabwinya ruvara kunze.**

VARIANTS
  ◆ Gavhu rendye rinoyevedza (kuyevedza).
  ◆ Gavhu rendye rakatora mwoyo nokuyevedza.
  ◆ Matende mashava mavazva doro (hwahwa).

EXPLANATION AND TRANSLATION
Mukadzi ane mabasa akashata anoonekwa akanaka chimiro
chokuumbwa kwomuviri wake aine chiso chinogara chaka-
shambidzika.

A fair face and a foul heart.
The wicked women are commonly the fairest.
All that glitters is not gold.

545 ❋ Gavhu (Igavhu) rorumhunzi rwendye rakaramba kuzipa.

EXPLANATION AND TRANSLATION
Munhu akapindwa nomweya wokuita mabasa akashata aigaroitwa navabereki vake, akaramba kuarega , nyange akagara achirangwa nokurangwa zvakaomarara namatare avatongi haambofa akaregera.
He that inherited wickedness vowed to die wicked despite deterrent punishment inflicted.

546 ❋ Gavi rakabva kumasvuuriro.

VARIANT
◆ Mbudzi kudya mufenje hufana nyina.

EXPLANATION AND TRANSLATION
Mwana anotodza vabereki pazviito uye rushambwa rwavabereki rwunoramba ruchitevera vana vavana ruchivawira muupenyu hwavo.
The bark corresponds to the place it was peeled from.
If the staff be crooked, the shadow cannot be straight.
Misfortunes follow generations.
Like father like son.

547 ❋ Godo (Ruchiva, Ruchochoro) haripfumisi munhu.

EXPLANATION AND TRANSLATION
Munhu asingafariri kupfuma kwomumwe, naiye haawanzi kupfumawo.
Envy never enriches any man.

167

All covet all lose.
He that covets hardly becomes rich.

548 ✹ **Godo (shanje) idenda risingarapiki.**

EXPLANATION AND TRANSLATION
Munhu ane shanje mumwoyo make yokusada kuti vamwe
vanhu vawanewo zvinhu zvakanaka, anongofa anayo
mumwoyo, haiperi.
Jealousy is seldom cured.

549 ✹ **Godo rakauraya (rinouraya) mwenechiro.**

EXPLANATION AND TRANSLATION
Munhu asingadi kuti vamwe vabudirire muupenyu anowanza
kufunga mazano akashata okuparadza budiriro yavamwe,
awo anozogumisidza amudzokera iye oparadzawo budiriro
yake.
Malice hurts itself most.

550 ✹ **Godo raVaMuchadiwa rinopisa imba ikarota.**

EXPLANATION AND TRANSLATION
Munhu anodisisiwa zvikuru ndiye asingadi kuti vamwe
vadisiswe saiye. Anoda kuti iye arambe achidisiswa
zvakanyanyisisa.
There is no love without jealousy.

551 ✹ **Goko romunhu mwana, munhu haana goko**
sebvunde.

VARIANT
♦   Munhu haana goko sebvunde, goko romunhu mwana.

EXPLANATION AND TRANSLATION

*Kana munhu asingazvari mwana, apo paanofa zita rake
rinorova nokuti kana munhu afa, haabukiri seshanga
rebvunde rinobuka mvura yonaya.*

A child is the seed of man.

He that dies leaving a child behind will continue living.

552 ● **Gomba harina mwana.**

EXPLANATION AND TRANSLATION

*Mudzimai ane murume wake akamuroora kana akange
apiwa pamuviri nomurume asiri wake, akazvara mwana
wapamuviri ipapo, mwana haatorwi nomurume wakamupa
pamuviri, anotorwa nomurume wake uyo wakamuroora
nokuti ndiye akabvisa pfuma.*

The child born of adultery belongs not to the adulterer but to the
owner of the wife

553 ● **Gombarume gudzasoro, chinokutevera chikuzeze.**

EXPLANATION AND TRANSLATION

*Munhu zvaari pakuonekwa kokuumbiwa kwomuviri wake,
kunobva kwaratidza noukuru hwesimba riri maari ogara
akazezewa.*

He that appears bodily massive reads a very feared strong
fighter.

A man viewed wisest is never openly challenged.

554 ● **Gombarume harityi zarima.**

EXPLANATION AND TRANSLATION

*Murume azvipira kuita chinhu chake nyange chine nzira
dzakagozhesesa, dzine njodzi mukati madzo, haambodzokeri
shure, anongoramba akashinga kudzamara abudirira pane
zvaakanangana nazvo.*

Hakuna murume wakakona kufamba rwendo rwake nokutya zarima.
Men fear not to travel in the dark.

555 ✸ **Gombo munhu harirwirwi.**

VARIANTS
- ◆ Munhu igombo haarwirwi.
- ◆ Pasi haparwirwi.

EXPLANATION AND TRANSLATION
Vanhu havafaniri kutorerana minda, vachirwa pamusoro payo, sezvo munhu afa achichengeterwa muivhu. Munda ivhu ngauremekedzwe.
Make no disputes over arable lands, it is a taboo.

556 ✸ **Gomo rinokwirwa nokuedza.**

EXPLANATION AND TRANSLATION
Munhu anotyira zvinhu kure asingaedzi kuzviita, haangafi akabudirira nokukundazve.
He that tries to climb a mountain, at the end gets on top of it.
You never know what you can do till you have tried.

557 ✸ **Gona kufunda (Igona kufunda) mukwambo weimbwa.**

VARIANTS
- ◆ Honya (Ihonya) muburiri mukwambo wembwa.
- ◆ Nyadza (Inyadza) muburiri mukwambo wembwa.

EXPLANATION AND TRANSLATION
Munhu anoti akachengetwa navakamuchengeta, vachimupa zvose zvinosanganisira zvokudya achiguta nezvimwewo asi odzoka onobira vaya vaakavakidzana navo

*navanomuchengeta. Imbwa yomukwasha ashanyira
tezvara, ingadya sadza ichiguta, ichirisiya asi igoonekwa
yonozurura mikova yavanhu yoba zvirimo.*
A glutton has never had enough meals.
They need much whom nothing will content.

558   ❋   Gona (Igona) mutsinho mwana asinganzwi.

EXPLANATION AND TRANSLATION
*Mwana asingateereri haana nyange mukuru waangateerera
kana achimuraira kuti aite zvinhu zvakanakawo muupenyu.*
It is a bad cloth that will take no colour.
Lack will take no other hue.

559   ❋   Gone anogonera gone wakewo.

EXPLANATION AND TRANSLATION

*Munhu anokurirwa navamwe pakurwa achirohwa,
anomhanyira kunorova wakewo waanokurira pakurwa.*
No bully without a bully also.
A bully has his own bully.

**560   ❋   Gonzo chimhini gara muchipako kuti chomudzimu
chigokuwaniramo.**

VARIANT
   ◆   Gonzo guru gara mumhango, chinoza chikuwane urimo.

EXPLANATION AND TRANSLATION
*Munhu asava norufambo rwamazuva ose, ngaaedze
kugara panzvimbo imwe chete kuti asawirwa nenjodzi dzose
dzose, nedzimwe dzanga dzichamunyenyeredzawo dzikamu-
pfuura.*
Keep at one same place and you avoid getting into many dangers.

561 ● **Gonzo rakapona norukungiso rwomweni.**

EXPLANATION AND TRANSLATION
Mufambi anozvipfuurira angasiya akupedzera nhamo
yechinhu chawanga usina, iwe mwene womusha, nokuda
kwechinhu chaanenge auya nacho.
Strangers (visitors) bring blessings (gifts) with them.

562 ● **Gonzo rakarwira shumba munjodzi.**

EXPLANATION AND TRANSLATION
Vashe vangaponeswa munjodzi yorufu nomuranda uyo
anogona kunzwa vashe vachiranganwa kuurawa akanova-
udza kuti vagare vakangwarira.
A rat (mouse) saved a lion.
A great man may be saved by a small man.

563 ● **Gonzo riri pamusoro pechayenga rinosvikirwa**
(rinorohwa) norutanda rurefu.

EXPLANATION AND TRANSLATION
Mukadzi tsvungu ane murume wake, anonyengwa nomurume
ane mombe dzakawanda dzaanozoroorwa nadzo dzikaringa-
na, dzikapedza roora retsvungu. Mhindu dzinoda mari zhinji
yokudziita. Asina mari haangadziiti.
He must have a lot of cattle, he that elopes with another man's
wife.
A great business concern requires a large starting capital.

564 ● **Gore haripi rimwe gore nyaya dzaro.**

VARIANTS
♦ Makore haafanani, akasiyana munyaya dzawo.
♦ Gore harizi, rakaza (rakadya) rimwe.

EXPLANATION AND TRANSLATION
Nhamo nemufaro nenyaya zvakaitika mugore ranhaka,
handizvo zvichazoitika mugore ramangwana. Zvakaguma
negore razvo.
The years carry not the same events.

565 ❋ Gore ivuya risina wako wafa mukati maro.

EXPLANATION AND TRANSLATION
Gore raunorumbidza kunaka kwaro nderakapfuura uchifara,
usina kumbowirwa nenhamo kubvira richitanga kudzamara
richipera uchifara.
He that has never lost a relative thoghout the current year calls
it a good year.

566 ❋ Gore mushandu, rinoshanduka.

EXPLANATION AND TRANSLATION
Rimwe gore ringatanga riri renhamo zhinji dzakasiyana-
siyana rigopera nadzo asi rigoteverwa negore rinotanga
nokuguma nemifaro yamarudzi namarudzi gore rosewo.
Each year brings its own different happenings.

567 ❋ Gore rakarima simbe mvura haizakanaya.

EXPLANATION AND TRANSLATION
Munhu agara ari wenhamo, nomusi waanenge awana zano
rokuti apfumewo, zano iroro rinobva rasvikirwa
nechibingamupinyi chorikanganisa, rotadza kumushandira,
budiriro yobva yakundikana.
The year in which the sluggard sowed, the rains never fell (came).

568 ✹ **Gore rorugare maguta.**

EXPLANATION AND TRANSLATION
*Mugore iro vanhu ravanenge vagere zvakanaka, vanobu-
dirira zvikurusa pakuita zvakawanda zvinobatsira upenyu
hwavo.*
Peace makes plenty.
Where there is peace, there is progress.

569 ✹ **Gosha guru haritori.**

EXPLANATION AND TRANSLATION
*Urwere ukuru hauwanzi kuuraya, asi anenge abatwa nahwo
anoguma apora.*
Great illness spares life.
Great pains quickly find ease.

570 ✹ **Gosha guru rinopinza urombo (uchena) mumba.**

VARIANT
◆ Gosha guru rinopurura pfuma yose pamunhu.

EXPLANATION AND TRANSLATION
*Kana munhu akarwarisa kwenguva refu, anopedzera pfuma
yakawanda mukuripa dzin'anga dzaanenge achidaidza kuti
dzizomurapa.*
Great long illness brings poverty to the family.
Desperate cuts must have desperate cures.

571 ✹ **Gosha harina chako chakanaka rinopfuura nacho.**

EXPLANATION AND TRANSLATION
*Munhu akange awirwa nourwere ukuru, nyange anga aine
pfuma yakawanda anozvipira kuiparadza yose achipa
dzin'anga dzaanodaidza kuzomurapa.*
Illness soaks the purse.

572 ✸ **Gosha harirerewi mumuviri, rinoguma raenda (ratorana) newe.**

EXPLANATION AND TRANSLATION
Kana munhu atangidza kurwara ngaakurumidze kutsvaka n'anga (chiremba) dzokumurapa kuti anaye. Zvichida, akano-noka kuzvitsvakira n'anga, zvingangokonzera kuti afe.
He that rears disease in his body recovers late or dies.

573 ✸ **Gosha harizi chokudya chinonzi ndechangu ndoga.**

EXPLANATION AND TRANSLATION
Kana munhu akarwarirwa nowake, ngaakurumidze kuzivisa vaagere navo kuti vamubatsire namazano okutsvaka n'anga dzokurapa wake anorwara.
Illness is not a meal that you can keep to yourself alone.

574 ✸ **Gosha rasvika rati ngandirapwe.**

EXPLANATION AND TRANSLATION
Chipingamupinyi chinenge chawira vanhu chinoda kukurumi-dzirwa kugadzirwa chisati chaenderera mberi pane zvachaka-nanga kukanganisa.
Arising life problems need speedy (immediate) attention.

575 ✸ **Gotsi harichengeti pfuma.**

EXPLANATION AND TRANSLATION
Chinhu chako chaunenge wabva pachiri, wachifuratira, chinogona kuparara chose nenzira dzakasiyana-siyana.
The property behind your back is not secure (safe).
The property left behind your back is easily stolen by anyone.

576 ❋ **Gotsi harinenerwi kurasikirwa necharo.**

EXPLANATION AND TRANSLATION
Kana munhu abva panzvimbo akasiya zviripo zvose kana
zvikasara zvoparara iye asisipo panzvimbo iyoyo hapana
angamumhura pamusana pokuparara kwazvo.
No one has means to protect the property he has left behind him.

577 ❋ **Gotsi hariramwirwi.**

VARIANTS
◆   Gotsi rutsito.
◆   Gotsi harikuzivisi zvinoitika shure kwaro.
◆   Gotsi rutsito rwakadzivirira zviri shure.

EXPLANATION AND TRANSLATION
Munhu apiwa chinhu akachiramba nezvaasingachidiri, kana
akabva panzvimbo paachipirwa akachiramwirapo chinosara
chotorwa asisipo. Akazoti oenda kunochitora, anowanika
chisisipo, chatorwa nowachitora.
He that peevishly refuses to accept what has been offered to
him will have it stolen in his absence.

578 ❋ **Gudo harizvioni mahobi (madziki) aro.**

VARIANT
◆   Gudo harizvioni guma raro.

EXPLANATION AND TRANSLATION
Munhu ane mabasa akashata mumagariro ake navamwe
vanhu, anonzwikwa achizvirumbidza pakati pavamwe achiti
akarurama, haana chimomo.
The baboon does not see his deep eye sockets.
A sinful person paints oneself an angel.
No one is completely awre of his own personal defects.

579 ● **Gudzadungwe kuverenga mombe dzose nedzinokamhina dzichasvika dzoraurwa.**

VARIANT
◆ Igudza dungwe kungoverenga mombe dzose nedzinokamhina dzichasvika dzoraurwa.

EXPLANATION AND TRANSLATION
Kungoverenga vabati vose vapiwa basa kuti vose vanobata pachiverengwa pamwe chete nesimbe dzichazonoonekwa kuti isimbe kana koshandwa basa ravapiwa.
It is counting all beasts bodily fit, including the lame ones.

580 ● **Guhu rakanaka haritani kuguma pamunhu, kana risina kuramba rakatsigirwa nezvakanaka zvaanoita.**

EXPLANATION AND TRANSLATION
Munhu, kuti arambe achizikanwa kuti munhu wakanaka, anofanira kugara achiita zvakanaka misi yose.
Old praise dies unless you feed it.

581 ● **Gumbira (Igumbira) umire mota rokumusana (romumusoro).**

VARIANT
◆ Gungura umire mota rokumusana (romumusoro).

EXPLANATION AND TRANSLATION
Inhamo hurusa iyo munhu yakamukomba yaari mukati mayo, inomunetsa zvakanyanyisa yaasina nzira dzaangawana dzokushandisa kuti aikunde nadzo.
It is the acute pains from a boil settled in the spinal cord that allows no free forward bending of the whole body.
He that is in desperate need (want) observes no goodmanners (no law).

582 ● **Gumbo guru rinowanisa zviri kure.**

EXPLANATION AND TRANSLATION
Munhu anogaroshanyira nyika (nzvimbo) dzokure anozogu-
misidza awana chinhu chikurusa chaanga asingambozowani
muupenyu hwake hwose.
He that travels far abroad returns home with large gainings.

583 ● **Gumbo mutsvairo unotsvaira imba yose.**

EXPLANATION AND TRANSLATION
Munhu asagara achidadira vanhu vanosvika pamusha
pake nokuti naiye mangwana kana afambawo kunze
angangokaruka asvikawo pamisha yevaakadadira.
The foot, like a broom, sweeps, treads on many different soils.

584 ● **Gunere ratangira ose makunere kuperekwa kudare**
harikokotwi nomucheche.

EXPLANATION AND TRANSLATION
Nyaya yatangira dzose padare kutaurwa, ndiyo inotaurwa
ikapera yose, haisiyirwi panzira senyaya yokupedzisira,
inenge yapererwa nenguva.
The first dish (meal) pleaseth all and eaten all at once.

585 ● **Gunguru penyu manomano hope dzembavha.**

EXPLANATION AND TRANSLATION
Munhu anoita chinhu chisati chiri icho chaanoda kuita, asi
achichiitira kuti arasise pfungwa dzavanhu, kuti kana oda
kuita zvaakananga kuita chaizvo, agosazikanwa.
A thief pretends being fast asleep when waiting to steal.
A thief on the waiting thieving chance sleeps with eyes half-
opened.

586 ✴ **Gunguwo rakapona nehwakumukwaku.**

VARIANTS
- ◆ Chembwa ndechokuyinayina, haigari mutumba seine chayo.
- ◆ Uposhera-poshera hwune nyama.

EXPLANATION AND TRANSLATION
Munhu anopona nokuti aedza ichi nechichi, icho nechocho, chiya nechiya. Kana chimwe chakona kubudirira, chimwe chichabudirira.
He that sets on many traps may find one with a carcase on.
Many ventures carry fortune with them.
A crew hops here and there for its meal.

587 ✴ **Gunwe rimwe haritswanyi inda.**

VARIANTS
- ◆ Chara chimwe hachitswanyi inda.
- ◆ Ruoko rumwe harune ndima.
- ◆ Rume rimwe harikombi churu (tsuro).

EXPLANATION AND TRANSLATION
Simba romunhu mumwe harienzaniri kushanda basa guru.
One swallow does not make a summer.
One hunter cannot alone encircle a hare sleeping in its hiding place.
One thumb cannot crush a louse.

588 ✴ **Gura nduma usati watanga imwe itsva.**

EXPLANATION AND TRANSLATION
Jaya rinongonyenga vasikana pose pose, risina waratanga ramboramba, risati ranyenga vamwe, rinogumisidza rasvibisa zita raro, roidzwa munyengeri wakashata.
It is better to be off first with old love, before you are on with the new one.

589 ❊   **Gura rawakambosakura haurikanganwi.**

EXPLANATION AND TRANSLATION
*Vanhu vakambodanana nyange kwapfuura nguva yakareba
sei havakanganwani.*
Old love is long remembered.

590 ❊   **Guyo rinobvira nokuvangwa.**

EXPLANATION AND TRANSLATION
*Utsva hwomunhu hahwuperi kana achigara akashamba
mazuva ose, achidya achiguta misi yose, achishonga,
achipfeka, uye misi yose achishanda.*
Constant body washing, proper feeding, dressing and
working, retains youth appearance into far old age.
Constant grindstone teeth sharpening and renewal, keeps the
grindstone teeth sharp.

591 ❊   **Gwavava kupfumbidza nzira mubundo (musango)
rawane mhango.**

VARIANT
◆   Kuona gwavava rinopfumbidza nzira mubundo (musango)
rawane mhango.

EXPLANATION AND TRANSLATION
*Kujairira kwemunhu kugara achienda panzvimbo yaanga
asina kugara achiendapo, zvinoreva kuti pava nechinhu
chaanodisisa chaawana ipapo.*
Newly made love begets frequent visits from the male lover.
Bachelors commonly tarry at maids' homes.

592 ❊   **Gwedzahaya inowanisa.**

EXPLANATION AND TRANSLATION
Munhu ane mwoyo murefu, anotsungirira asinganeti pane

zvinonetsa muupenyu, ndiye anobudirira.
Patience wins the day.

593 ● Gwenzi rapotera tsuro (shuro) rinosara rapuruka mashizha.

EXPLANATION AND TRANSLATION
Mumusha manovanda munhu achitandaniswa nowaanorwa naye, munogona kukuvadzwa munhu wemo, achikuvadzwa nomutandanisi anorwa neanenge ahwandamo.
The bush in which the hare is hiding gets shattered.
The protector gets beaten up.
Those who keep refugees are often attacked (invaded).

594 ● Gwenzi rinotyiwa nderine nyoka.

EXPLANATION AND TRANSLATION
Musikana ana mai (ane vabereki) vanoroya, majaya anozeza kumunyenga pamusana pouroyi hwamai vake.
It is the bush in which the snake hides that people fear to go near.
Bachelors dread to make love to a witch's daughter.

595 ● Gwezvo renyoka imbeva.

EXPLANATION AND TRANSLATION
Pamusha pana vasikana, vakomana namajaya havashaikwipo. Vanogara vachiuya kuzonyenga vasikana.
The presence of maids invites frequent visits from bachelors.
Rats and mice attract snakes.
Maids draw bachelors into their homes.
Where maids are, bachelors are commonly seen about.

596 ● **Hachizikanwi (Hachizibwi) chakakodza nguruve.**

VARIANT
♦ Hakuzikanwi (Hakuzibwi) chakakodza nguruve.

EXPLANATION AND TRANSLATION
Zviito namabasa zvinoitwa muupenyu, zvikuru nezviduku,
zvinorumbidzwa nezvinosetsa, zvinobatsirana kuvaka guhu
rakanaka munhu rinozozivikanwa naro munhu.
It is exactly not known what kind of food that to much fattened
the pig.
There are many ways to fame.

597 ● **Hachinzi chanonoka kusvika, chaanozoguma**
achifumbatira muruoko.

EXPLANATION AND TRANSLATION
Pazvinhu zvose munhu zvaanowana muupenyu, haazviwani
nguva yazvo yokuti azviwane nayo isati yakwana. Chimwe
nechimwe chine nguva yacho yaanochiwana nayo.
It is never waited for, for a long time that at last comes.

598 ● **Haibvunzwi muturu kana yava mugapu.**

VARIANT
♦ Nyama yava mugapu haibvunzwi muturu.

EXPLANATION AND TRANSLATION
Ukuru hwechinhu hwuri pabasa rachinoshanda kwete
pakumira kwekuumbwa kwacho. Chingava nokumira kukuru
kana kuduku, kana chichigona kuita basa racho nomazvo,
ndizvo zvinodiwa chete.
All meat is eaten without inquiring how big the carcass was.
In the dark, all persons measure the same height.

599 ❋ **Haichina gapu mhuka inoteyewa yapfuura.**

VARIANT
◆ Mhuka inoteyewa yapfuura haichina gapu.

EXPLANATION AND TRANSLATION
Kuzvigadzirira kuwana chinhu nguva yacho yachaifanira kuwanikwa nayo yakanguva yapfuura hazvizobatsiri zvachose.
It is getting no meat to set a trap to trap the past game.
Traps are never set for past games.

600 ❋ **Haidziyi (shezhu) pasina muzinda wenyuchi, shezhu inodziya nyuchi padzakavakira.**

VARIANT
◆ Shezhu haidziyi pasina muzinda wenyuchi, shezhu inodziya nyuchi padzakavakira

EXPLANATION AND TRANSLATION
Munhu haabatwi nemhosva yaanopomerwa, iye asina kuipara. Uchapupu hwenhema hahwuumbi mhosva ikadya munhu.
He who is innocent can never be guilty.
False accusation has no weight to form the guilty judgement.

601 ❋ **Haidyi chebamba chayo chinoza neronga.**

VARIANT
◆ Ngwena haidyi chebamba chayo chinoza neronga.

EXPLANATION AND TRANSLATION
Munhu ane mhanza yokuwana zvinhu zvaanoda zvinouya nyore, haazvibvutiri vamwe nesimba.
A crocodile does not eat what it works for, its food is washed down to it.
A crocodile eats what is brought down to it by water.

602 ● **Haifiri munyayi wauya nayo, inofira akaipara.**

VARIANT

◆ Mutumwa mutumwa, haana mbonje yezvaatumirwa.

EXPLANATION AND TRANSLATION
Watumwa nomumwe kunomusvitsira mhosva kune
waiparirwa, haafaniri kunetswa nokurangwa.
Mhosva haisiri yake, ine mwene wayo wakaipara.
Messengers should neither be beheaded nor hanged.
Mediators are no culprits.

603 ● **Hairiri ngoma ichiti pomumwe pomumwe, asi inoti pangu pangu.**

VARIANT

◆ Ngoma inorira ichiti pangu pangu kwete pomumwe pomumwe.

EXPLANATION AND TRANSLATION
Munhu mumwe nomumwe anogara akwangwarira kuti
upenyu hwake hwugare hwakamunakira nguva dzose. Zvose
zvakanaka anoda kuti dai zvangova zvake oga.
Every man draweth towards himself.
Every man cares to feed his own belly than for others.

604 ● **Hakuberekwi (Hakuzvarwi) mwoyo, kunoberekwa nyama.**

EXPLANATION AND TRANSLATION
Mwana angatodza kuumbiwa kwezviso zvavabereki vake asi
zviito zvake zvigopesana nezvavabereki. Mwana angava
akashata mwoyo asi yavabereki yakanaka.
Out of good parents a bad child may be born.
Nature produces sameness in characters.

605 ● **Hakudyiwi chisina ziya.**

EXPLANATION AND TRANSLATION
Chinhu chose chinobatsira kuti upenyu hwunakire vanhu
chinotobatirwa kuti chiwanike.
He that would eat the fruit must climb the tree.
He that would eat must sweat.

606 ● **Hakuna akapfumwa (akasonwa) norudzingo**
rwebere kuti asafa.

EXPLANATION AND TRANSLATION
Bere ihama yomuroyi saka pfungwa dzavanhu pamusoro
pebere dzinoti harina chine simba rokuriuraya. Saka
vasingafi, vanorarama nguva refu zvinonzi vakasonewa
norudzingo rwebere kuti vasafa.
There was none born never to die.
All men are mortal.

607 ● **Hakuna ane musoro usingameri bvudzi.**

EXPLANATION AND TRANSLATION
Vanhu vose muupenyu havakoni kuwirwa nenhamo,
dzakagara dziri nhamo dzinowira vanhu vose uye
havangakoni kutadzira vamwe vanhu, saka hakuna
angambofa asina kuzviona.
Everyone must eat a pack of dirt before he dies.
Growing of hair is natural, all men have hair.

608 ● **Hakuna angangofa anyerere segwai (sehwayi).**

VARIANT
♦ Hakuna angapfavire nhamo kuti imuuraye akaitarisa.

EXPLANATION AND TRANSLATION
Munhu akombwa nenhamo ichimunetsa, anonzwikwa

achiridzira mhere vari kure kuti vasvike vazomununura.
There was never a polite person who could not fight whenever danger threatened him.
Nobody can die silent as a lamb.
The shouting of a dying person is heard farthest.

609 ✳ **Hakuna angapira (anopira) mudzimu wemumwe.**

VARIANT
◆ Midzimu haipiriranwi.

EXPLANATION AND TRANSLATION
Vanasikana kana vakura voroorwa, vanorooreswa namadzibaba avo akavazvara. Navanakomanawo kana vakura voroora, vanorongerwa nyaya dzokuroora kwavo namadzibaba avo akavazvara.
No man can appease another man's ancestral spirits.
No man can marry off another man's daughter.

610 ✳ **Hakuna angazvifukura (anozvifukura) hapwa.**

EXPLANATION AND TRANSLATION
Munhu haafariri kutaura kuvanhu pamusoro pezvinhu zvisina kufanira kuitwa, kana zvichiitwa nevemhuri yake.
All men are shy to publicise their families' weaknesses.
No person delights to disclose one's personal defects.

611 ✳ **Hakuna anofarira kubereka (kuzvara) kwomumwe.**

EXPLANATION AND TRANSLATION
Vamwe vanhu havafariri kuti mumwe munhu ave navana vakanaka vanomuita kuti abudirire pazvinhu zvose zvinowanikwa nokushandwa.
Nobody is thoroughly pleased with another's progress in children.

612   ✱   **Hakuna anofarira kukura kwomumwe.**

EXPLANATION AND TRANSLATION
Vamwe vanhu havadi kuti vamwe vawane zvinhu zvinokwi-
ridzira mazita avo munyaya dzokupfuma.
Nobody is pleased with someone's rising fame.

613   ✱   **Hakuna anoshaiwa wake wakamufanira**
waangawana.

EXPLANATION AND TRANSLATION
Kana nguva yokuroora yasvika murume haashayi
mukadzi, nomukadziwo haashayi murume anomuroora.
Every man will certainly find a mate to mate with.

614   ✱   **Hakuna anoziva nhamo yomumwe, nhamo**
inozikanwa nomwene wayo.

VARIANTS
- Nhamo yomumwe haiburirwi pasi tsambakodzi yanga
  yobikwa.
- Nhamo yomumwe hairambirwi sadza, wainzwa,
  wokonewa kudya.
- Ukuru hwenhamo yomumwe hauzivikanwi nomumwe, asi
  mwene wayo.

EXPLANATION AND TRANSLATION
Matambudziko omumwe, nyange ari makuru anongoonekwa
samaduku duku, navamwe nokuti anenge asingavarwadzi
mwoyo kusvikira pachipimo chomuridzi wawo.
No man can feel another man's burden.
None knows the weight of another man's burden.

187

615 ✳ **Hakuna asinganzi ibenzi pano panyika.**

EXPLANATION AND TRANSLATION
*Mitovo yavanhu yokugara vachingomhurana inongova iripo
pakati pavo. Hapana anoti vamwe vakangwarawo saiye, asi
kuti vamwe mapenzi iye ndiye oga akangwara chete.*
Every one of us is never believed to be wise, but foolish.
It is a common human weakness to label one another a fool.

616 ✳ **Hakuna benzi rinobvuma upenzi hwaro.**

EXPLANATION AND TRANSLATION
*Munhu pane zvaanokonewa kuzviita nokushaya njere
dzokuzviita, haabvumi kuti anokonewa kuzviita.*
No fool can openly admit that he is a fool.

617 ✳ **Hakuna benzi risingaramwi sadza.**

VARIANT
♦ Hakuna benzi risingatsamwi kana ratadzirwa.

EXPLANATION AND TRANSLATION
*Zviri muropa romunhu wose kuti kana achiitirwa zvakashata
nomumwe munhu azvione nechomukati memwoyo wake kuti
anoitirwa zvisakarurama zvigomutsa mweya wokusazvida.
Nyange nebenzi harifariwo nokusaitirwa zvakanaka,
rinoratidzawo kutsamwa.*
Even a fool is sensitive to maltreatment (to ridicule).
Maltreatment (mockery) makes even a fool to resent eating food.
Wrong a fool and get it easily offended.

618 ✳ **Hakuna bindu risingameri sora (bundo).**

EXPLANATION AND TRANSLATION
*Vanhu vose, nyange vakanaka vanazvowo zvakashata
zvavangawanikwa vanazvo mumagariro avo. Hapana*

chakanaka chisina chakaipa mukati macho.
There is no garden without weeds.
There is no good woman without some character defects.

619 ❋ **Hakuna chakagara (chinogara) kusiri kwacho.**

VARIANT
◆ Hakuna chakarovera (chinorovera) kusi kwacho.

EXPLANATION AND TRANSLATION
Chinhu chakaipa nyange chikaitirwa muchivande chinoguma chabuda pachena chikazikanwa navose.
Every hidden ill-deed will one day be known to all.
Secret murder is bound to come out to the public some day.
Every hidden dangerous secret will be known to the public.

620 ❋ **Hakuna chakangouya choga mumusha chisina mufambiri.**

EXPLANATION AND TRANSLATION
Pfuma yose yatinayo mumisha nezvinhu zvose zvatinoshandisa, nyange vakadzi vakaroorwa, hazvina kungozvipinza zvoga mumisha, zvakapinzwa nokushanda nenzira dzazvakawanikwa nadzo.
Whatever wealth comes to you has someone to bring it.

621 ❋ **Hakuna chakashata (chakaipa) chisina musha wacho.**

EXPLANATION AND TRANSLATION
Zvinhu zvose zvakaita sehasha, usimbe, nhema, umbavha, uroyi, upengo, kuzvikudza, upombwe nezvimwe zvakashata zvine vene vazvo vanongozikanwa kuti vanogara vanazvo, zvakavafanira, vanongodzamara vakangofa vanazvo.
Every bad habit has its agent.

622 ● **Hakuna gomo rakaipa mativi ose.**

EXPLANATION AND TRANSLATION
Nyange munhu onzi akashata mwoyo, haangangoshatiri
pazvinhu zvose. Pane zvimwe angashata mwoyo asi pane
zvimwe akanakawo.
Every person has both virtues and vices.
There is no mountain without surmountable precipice.
Even a hard man is flexible at other issues (things).

623 ● **Hakuna hanga isina manyerekete (mavara)**
anoyevedza.

EXPLANATION AND TRANSLATION
Kuumbwa kwemiviri nezviso zvevakadzi kunongotora
mwoyo yevarume zvakaenzana. Hakuna ziso rowechirume
risingayeverwi nokuyemura chiso chomukadzi achiri muzero
rapakati napakati.
Every guineafowl wears attractive spotted feathers.
All women's bodily structures attract men the same.

624 ● **Hakuna imbwa kwayo pavanhu, dzose imbwa**
dzinoba.

EXPLANATION AND TRANSLATION
Vana neimbwa hapana anonzi haisiri nhubu. Kana imbwa
haizvitoreri yoga chinodyiwa isina kuchipiwa. Vana vose
inhubu, neimbwa dzose imbavha.
There is no dog without some ill deeds.
Every child is naughty.

625 ✳ **Hakuna manenji asina kumusha.**

VARIANT
◆ Hakuna shura risina musha waro.

EXPLANATION AND TRANSLATION
Zviitiko zvose zvakatakura nhamo namatambudziko
zvinowira vanhu muupenyu zvinapo pazvinofungidzirwa kuti
ndipo pazvinobva, pazvatumwa zvichibva.
Every ill happening is always attached to some responsible source.
Any ill omen has its attached responsible source.

626 ✳ **Hakuna mhou isinganzwi hwema hwemhuru yayo.**

EXPLANATION AND TRANSLATION
Vakadzi vose vanozvara, kana vana vachiri vaduku
vakachema madzimai ari pedyo zvokunzwa manzwi avana
vanochema, mumwe nomumwe anogona kuziva nokunzwa
inzwi kuti nderomwana wake anochema.
Every milking cow can scent its own calf.
Every suckling mother knows the loud crying of her own child.

627 ✳ **Hakuna muchero usina masvisvinwa.**

EXPLANATION AND TRANSLATION
Chinhu chakaipa chinoitwa nomunhu achiti ari kumaniki-
dzwa kana kufadzwa nacho chine mugumo wacho
unorwadza.
Every indulgence has its bitter consequence.
Every sin brings its punishment with it.

628 ✳ **Hakuna muchero usingakuvi.**

VARIANT
◆ Mufaro mwena unoguma

EXPLANATION AND TRANSLATION
Mifaro yose yose inoitika pavanhu ine zuva rayo rokuti nhasi mifaro iya yagumira pano, haichapfuuriri mberi.
Every enjoyable pleasure has its ending day.
Every type of fruit has its ending season.

629 ● **Hakuna muchero usingaodzi.**

EXPLANATION AND TRANSLATION
Kufara kwomunhu nokuita chinhu chakaipa chizere mufaro chinoguma nokumusuwisa, mufaro uya washanduka kuchema.
Every pleasure has its pain in the end.
Every pleasure ruins.

630 ● **Hakuna mukadzi anoziva kupfumba kwemimba yomumwe mukadzi**.

EXPLANATION AND TRANSLATION
Mukadzi mumwe nomumwe anodisisa vana vake vaanozvara kupfuura kuda kwaanoita vana vanozvarwa navamwe vakadzi. Nyoka inochenera chayo chayakazvara.
Every woman loves her children most.

631 ● **Hakuna mukadzi asina godo nomurume wake**.

EXPLANATION AND TRANSLATION
Vakadzi vose havafadzwi nokufamba kwavarume vavo navamwe vakadzi ivo vachisiiwa. Izvi zvinovaita kuti vagare vachipopotedzana navarume pavanenge vazviona zvichiitika.
All women treasure their husbands with jealousy.
There is no love without jealousy.

632   ❋   **Hakuna mungwaru asingapwisiki.**

EXPLANATION AND TRANSLATION
Munhu akangwara kupfuura vangwaru vose munyika
haawanikwi. Navanoti vakangwara kupfuura varipo, vane
vanovapfuurawo. Somuenzaniso, hamba yakabata tsuro
namano ayo okunamirwa namo muviri wayo wose, tsuro
ikabatwa nenamo iyoyo.
Every wise person is a fool sometime.

633   ❋   **Hakuna mupfumi wakapfumira (unopfumira)**
kusapiwa zvavamwe.

EXPLANATION AND TRANSLATION
Munhu ane pfuma yakawanda, anofarirawo kuti vamwe
vamupewo pfuma achiwedzera pane yake kuti iwandewo
kupfuura yaanayo.
None is ever so rich who does not deserve being given by others
too.

634   ❋   **Hakuna muroyi angadya (anodya) uroyi hwomumwe.**

EXPLANATION AND TRANSLATION
Varoyi vanotyanana vanozezanawo. Pakuti muroyi mumwe
nomumwe anoroya nemishonga yake yaanongoziva iye oga,
isingazikanwi navamwe varoyi. Naivo vachiziva yavovo
yavanoroya nayo iye yaasingazivi.
Witches and wizards fear one another.

635   ❋   **Hakuna mutunhu usina mago (nyoka).**

VARIANTS
  ◆   Hapana mutunhu usina rinda.
  ◆   Hapana mvura isina datya.

EXPLANATION AND TRANSLATION
Pose pose pane vanhu hapashaikwi vanhu vane mwoyo
yakashata vakaita savaroyi.
In every country there are wicked persons.
Wasp's nests inhabited by wasps are found everywhere.

636 ✸ Hakuna mwana akakura asingarwarirwari.

EXPLANATION AND TRANSLATION
Pfuma yose yakawanda ine vanhu, haina kungotanga
nokuwanda isingamboti pamwe yoderera-derera. Zvinhu
zvose zvinokura nokumbova zvichiderera-derera.
No business ever flourished without some depressions
sometimes.
No child ever grew up without timely ailments.

637 ✸ Hakuna nyika isina imbwa dzinoruma.

EXPLANATION AND TRANSLATION
Maitiro evechikadzi vose pakusazvibata, anongofanana
munyika dzose. Nyika dzose dzine vapengo nembavha,
varume uye vakadzi vasingachengeti miviri yavo.
In every country dogs bite.
The behaviour of womenfolk is alike everywhere.

638 ✸ Hakuna nyika isina muchero wayo.

EXPLANATION AND TRANSLATION
Nzvimbo imwe neimwe ine zvayo zvakanaka zvingadiwa
navanhu uye zvinovayamura panhamo dzavo dzavanadzo.
There are women to marry in every country.
In every country there are benefits to benefit from.

194

639 ❋ **Hakuna shura risakapfuka (risingapfuki).**

VARIANT
◆ Nhamo duku yakatanga mberi, huru ichizotevera.

EXPLANATION AND TRANSLATION
Kana rufu rusati rwasvika pavanhu, kunotanga kuonekwa zviratidzo zviduku zvinofambirana nokuparara kwemunhu.
Great disasters cast their shadows before them.

640 ❋ **Hakuna zhezha namasutso zvisina chirimo.**

EXPLANATION AND TRANSLATION
Nyange kukava nemifaro pavanhu, mifaro iyoyo inofanira kuteverwa nokupera kwayo, kozoteverazve mimwe mifaro mitsva pashure peyokutanga.
Summer and autumn always precede winter.
After summer comes winter.
There is no summer without its winter.

641 ❋ **Hakusumiwi mhenyu, kunosumiwa yafa.**

EXPLANATION AND TRANSLATION
Basa richigere kupera kubatwa, ngarirege kutorwa sebasa rapera kushandwa. Chausati wawana usachitaura sowachiwana.
Until you have killed a buck, do not say I have meat.
Speak not of the results before you have achieved them.

642 ❋ **Hama dzavarombo dzinovarasa zuva risati raswera (radoka).**

EXPLANATION AND TRANSLATION
Munhu asina kupfuma haapedzi nguva refu aine shamwari

dzaanenge atanga kushamwaridzana nadzo pane zvakanaka.
Dzinokurumidza kumusiya nokuti anenge asina zvaanogara
achidzipa.
Poor folk's friends soon forsake them.

643 ✹   **Hama dzinodaidzwa (dzinodanwa) nokudya.**

VARIANT
◆   Kudiwa nehama hudiwa nezvako zvadzinovinga.

EXPLANATION AND TRANSLATION
Ane zvokudya zvakawanda paanogara, anoshanyirwa
nehama dzakawandawo.
Food wins friends for a man.
He that has food lacks no friends.
He that has a full purse never wanted a friend.

644 ✹   **Hama dzomupfumi hadziverengwi, izhinji.**

VARIANT
◆   Hama pamupfumi hadziperi, mavuvu azere pamuviri
kuwanda.

EXPLANATION AND TRANSLATION
Munhu akapfuma anodikanwa navanhu vose vose, nokuti
hapana nomumwe asingadi kuzviswededza pedyo naye.
Everyone is a kin to the rich man.

645 ✹   **Hama haidyiwi yafa, inodyiwa iri mhenyu.**

EXPLANATION AND TRANSLATION
Kurarama kwehama yomunhu kunomubatsira zvikuru
nokuti kana apindwa nokushaya anogona kunochema. Bva,
kana iri hama yafa haingamubatsiri.
A living relative is useful but not a dead one.

196

646 ✸ **Hama haigovewi sokudya kunopiwa mumwe**.

EXPLANATION AND TRANSLATION
*Kuwanda kwehama dzeropa pamunhu hakungamuiti kuti
asadziona kukosha kwadzo dzose paari akatanga kusava
nehanyn'a neimwe yadzo.*
No person has ever had too many blood relatives.
Blood relatives are always very precious and treasured the same.

647 ✸ **Hama haigutiwi sesadza rinodyiwa rikasara**.

EXPLANATION AND TRANSLATION
*Vanhu vamwe muropa vanogara vakashuvana kuti vaonane.
Nyange vaonanazve vanongoramba vachishuvana.*
Relatives have never had enough of one another in life.
Relatives have timely longing for one another.

648 ✸ **Hama haikumbirwi pane mumwe sepfuma**.

EXPLANATION AND TRANSLATION
*Munhu angagona kufamba achikumbira pfuma asi hama
haangaipiwi nomumwe, inongozviisa kwaari nokumuitira
zvakanaka.*
Love from (blood) relatives is bestowed upon us unasked for.
It is a natural instinct for relatives to love one another.

649 ✸ **Hama haipiwi mumwe sokudya**.

EXPLANATION AND TRANSLATION
*Nyange munhu azikanwa nokuti anopa vamwe vanhu zvinhu
zvavanoshaya muupenyu, hakuna akambozikanwa nokupa
vana vake kune vasina vana.*
It is against the rules of nature to give away your child to
someone else.

650 ✸ **Hama haipunyutswi, ramba wakainamatira.**

EXPLANATION AND TRANSLATION
Zvinobatsira kugara munhu akabatana nehama dzake kuti dzigomuyamura mune zvose zvaanoshaya. Munhu asagara ari kure nehama.
Make not your relative (friend) too cheap to you.
He that sticks to his relatives builds up his stronghold.

651 ✸ **Hama haivengwi, unozvimutsira midzimu ikatsamwa nazvo.**

EXPLANATION AND TRANSLATION
Munhu anozvipira kusada hama dzake dzomumba, haawani makomborero.
Nature permits no one to harbour bitter hatred against relatives.

652 ✸ **Hama huru inoonekwa panhamo (parufu).**

EXPLANATION AND TRANSLATION
Uyo anokununura paunenge wawira mukutambudzika, ndiye aratidza kuti ndiyo hama yako huru.
A true friend is never known till a man has need.
He that stands by you through thick and thin proves your true friend.

653 ✸ **Hama huru ndeyakuziva dumbu.**

VARIANT
♦ Ukama igasva hwunozadziswa nokudya.

EXPLANATION AND TRANSLATION
Munhu anokupa zvokudya, anokupa raramo yakasimba

198

nokuti zvokudya zvinopa simba kumuviri. Kana asingadyi, anofa.

He is the greatest relative he that feeds you to your fill.

He that gives you food makes you live.

He that gives you food would not have you die.

654 ✹ **Hama huru yomurume mukadzi wake waakawana (waakaroora).**

EXPLANATION AND TRANSLATION

Murume nomukadzi mumba vanodanana, vanochengetana. Mukadzi anobatsira murume wake kuchengeta pfuma kuti isaparara. Ukama hwavo hahwuperi zvachose.

The never failing friend to a man is his wife.

655 ✹ **Hama ihuru, usairasa wava panhamo inokurwira.**

EXPLANATION AND TRANSLATION

Vanhu voukama, panofarwa nyange pasingafarwi, vasarasana, ngavachengetane, zvingogara zvakadaro.

Relatives must always continue their relationship ties.

656 ✹ **Hama izhinji pane wafa, pamupenyu ishoma.**

EXPLANATION AND TRANSLATION

Kana munhu achiri mupenyu, achararama, haana hama dzakawanda nokuti anenge aine mabasa akawanda avanozeza kuzoshanda kana vazomuona. Asi paanenge afa vanouyapo vawanda vachivinga nhaka yepfuma neyavakadzi.

The dead has more friends (relatives) than the living.

657   ●   **Hama izhinji tarira pasi kana uchadya.**

EXPLANATION AND TRANSLATION
Kana wabata zvokudya navasiri hama dzako vanozviswede-
dzawo pedyo newe kuitira kuti ugovapawo zvokudya zvawa-
kabata.
A man cannot bear all his kin on his back.
The heart cannot accommodate a thousand friends.

658   ●   **Hama maoko atinoshanda nawo.**

EXPLANATION AND TRANSLATION
Kana maoko asina kuita kwazvo, nyange toda sei kuyamura
mumwe pabasa rake raanoshanda, richida kubatsiranwa,
hatingambogoni kumuyamura tisina maoko akaita kwazvo.
Hands render valuable service to us.

659   ●   **Hama minhenga dzinonamatira.**

EXPLANATION AND TRANSLATION
Nyange munhu akasada hama kuti dzigare dzichisvika
paagere dzinongoramba dzichiuya nokuti dzinenge
dzichikwezvewa neropa rimwe, radzo nerako.
Like feathers, relatives stick fast on one another.

660   ●   **Hama nehama dzagara ndidzo dzinowanana**
(dzinoroorana, dzinochengetana).

EXPLANATION AND TRANSLATION
Vanhu vane ukama hweropa hwuri kure nakure vanobvumi-
rwa netsika kuroorana kuti vave mukadzi nomurume.
Marriages between cousins usually thrive happily well and longest.
There is no traditional custom barrier against marriages between
distant cousins.

661 ✳ **Hama nehama dzinonhuwirana.**

EXPLANATION AND TRANSLATION
Vanhu veropa rimwe chete vakasangana panzvimbo vasingazivani, havangadzamari vakaparadzana vasati vazivana. Vanhu vamwe vanonhuwirana.
When kinsmen meet one another accidentally, they eventually get to know each other.

662 ✳ **Hama nehama dzinoshurirana.**

VARIANTS
♦ Vanhu vamwe vanoshurirana.
♦ Shura rehama nehama iguru.

EXPLANATION AND TRANSLATION
Kutukana nokupesana kwehama nehama dzeropa kunenge kuchitaura nhamo kana kusuwa zvichawira nokunzwikwa nomumwe wavo nenguva iri pedyo.
Quarrel breakings amongst relatives carry sadness and awful news with them.

663 ✳ **Hama nehama hazvionani, padzasangana dzotosvorana (dzoteterana).**

EXPLANATION AND TRANSLATION
Kuvengana kwavanhu vari vanhu vamwe kunogara kwakangovapo pane mumwe nomumwe wavo nguva dzose.
Bitterest is the hatred amongst relatives.

664 ✳ **Hama nehama panhamo dzinoyamurana, nhamo ndeyake asina hama.**

EXPLANATION AND TRANSLATION
Vane ukama, pavakawanda kana mumwe wavo akapinda

*mumatambudziko, vanoyamurana kuti abude maari asi uyo
asina hama haana angamuyamura kana apindawo mumata-
mbudziko.*
Kinsman helps kinsman but woe to him that hath no kinsman.

665 ✱ **Hama pakudya izhinji, asi pabasa ishoma.**

VARIANT
◆ Hama yangu pagunere haikoni kuswedera.

EXPLANATION AND TRANSLATION
*Akabata zvokudya anounganirwa nehama dzakawanda asi
akava nebasa raanoshanda hapana nyange nomumwe zvake
anouya kuzomubatsira.*
He that holds food gets many friends, but he that has a piece
of work to do, not even one comes to help him.

666 ✱ **Hama pakusakura, ihama inondida.**

EXPLANATION AND TRANSLATION
*Anokushanyira panguva yaunenge uine basa guru,
serokusakura muminda achida kukubatsira mukuita basa
iroro, anokuda chaizvo.*
A friend in need is a friend indeed.

667 ✱ **Hama pane anodya hadzishayikwi.**

EXPLANATION AND TRANSLATION
*Munhu aonekwa achinokora musuva mundiro, achiukanda
mumuromo, anoswedererwa pedyo navakawanda vachida
kudya pamwe chete naye.*
At dinner many friends appear.

668 ✱ **Hama ruzhowa, vanodzivirira nhamo.**

EXPLANATION AND TRANSLATION
Munhu anenge awirwa nenhamo yemhosva yaapara, asi
asina pfuma yaangaripa nayo, anobatsirwa nehama dzake
kuripa mhosva iyoyo yopera.
A kinsman helps a kinsman.
A friend will help at a dead lift.

669 ✱ **Hama yako yawadya nayo kwamakore, hairegi**
kukutsiura pane zvakakombama (zvakatsveyama/
zvakaminama) zvaunoita.

EXPLANATION AND TRANSLATION
Uyo anokuda anonzwanana newe zvakanyanyisa, kana
achiona mumafambiro namaitiro ako usingazvibati nokuita
zvakanaka, anokurumidza kukutaurira kuti zvose izvozvo
usazviita.
The best mirror you can ever get is an old friend.
True love has great courage to reveal the truth.

670 ✱ **Hama yako yomene haikupfuuri ichikusiya**
wakabatwa rutsoka mumatope.

EXPLANATION AND TRANSLATION
Uyo anokuda anokuyamura nomwoyo wake wose munhamo
dzose dzakasiyana-siyana dzinenge dzakuwira, nyange
dzakakura dzichirema zvakadii.
True love shows itself in time of need.

671 ✱ **Hama yorufu muroyi.**

EXPLANATION AND TRANSLATION
Muroyi kana aroya munhu achishandisa uroyi hwake, munhu

203

aroyiwa anorwara opedzisira afa, otorwa norufu rwakonze-
rwa nomuroyi.
She that bewitches others to cause death befriends herself with
death.

672 ❋ **Hamba yakabata tsuro namano ayo okunamwa**
namo.

EXPLANATION AND TRANSLATION
Munhu anotarisika seasina kungwara, akanyarara, anowanza
kubudirira pabasa rakafanira kuitwa navangwaru, raanenge
azvipira kuriita nomwoyo wake wose.
A wax-covered tortoise shell trick trap caught the trespassing
hare.

673 ❋ **Hana dzakadzikama dzinoshuva zvakanyorovera.**

EXPLANATION AND TRANSLATION
Vanhu vakapfava vanogara vaine pfungwa dzokuvaka zvinhu
zvine rugare mukati zvisina bishi nokurwa mukati.
Humble hearts have humble desires.

674 ❋ **Hana haizivi kupfumba (kurwadza) kwemimba.**

EXPLANATION AND TRANSLATION
Munhukadzi asingazvari muupenyu hwake hwose ane mwoyo
mukukutu pavana vose nokuti haazivi kuti kana mwana
ozvarwa kurwadza kwemimba kunonzwikwa zvakadini
pamuviri napamwoyo.
A woman that has never had any children knows not what love
(mercy) upon children is.

675 ❋ Handingavi muvambi ndikava mubvumiri.

EXPLANATION AND TRANSLATION
Munhu haangapari mhosva akanzi azvitonge. Jaya harinyengi musikana, rikava ndirozve rinogura gumisidzo yokunyenga kwaro. Musikana ndiye anogura sokufunga kwake.
A man has a choice to begin love but not to end it.
No man can justify himself.

676 ❋ Hando inobaya (Kunobaya hando) ndeyemunyepi.

EXPLANATION AND TRANSLATION
Munhu anorumbidza wake kuti anogona kuita zvakanaka pane zvose zvaanoita. Uyo anenge achigara achirumbidzwa, anogumawo aita zvose nomazvo zvichibva zvanakawo samarumbidzirwe aanoitwa.
He who publicly over-praises his bull in fighting other bulls will always have it win every fight.
Over-praising in public sends a person to do more good.

677 ❋ Hando inoramba yakakurumbira ndeinoramba (ndeinogara) ichirwa nedzimwe hando.

EXPLANATION AND TRANSLATION
Munhu anogara akazikanwa nguva dzose pamusoro pezvaakamboita aine guhu razvo, ndiyewo anogara achiwedzera nokuita zvakanaka pamusoro pamabasa akanaka aanozikanwa nawo.
Old praise dies unless you keep on feeding it by doing noble deeds.
The bull that keeps on holding its best fighting titles is the one that always fights other bulls.

678 ● **Hando mbiri hadzigari (hadzitenherwi) mudanga rimwe.**

VARIANT
◆ Machongwe maviri haariri pamutanda mumwe.

EXPLANATION AND TRANSLATION
Varume vaviri vanenge vapiwa zvigaro zvoukuru, zvakafa-nana, havangaiswi kubata nzvimbo imwe chete nenguva imweyo. Vangarwa vachirwira ukuru.
Two bulls cannot be kraaled in the same kraal.

679 ● **Hanganwa hadzina mwene wadzo.**

EXPLANATION AND TRANSLATION
Munhu wose wose pane rino pasi, nyange naiye akapiwa pfungwa dzokuchengeta zvaanoona nezvaanonzwa, ane chimwe chinhu chidukuduku chaakambokanganwa pashure pokunge achiona, kana achinzwa.
Everyone of us is liable to forgetfulness.
Every human being is a slave to forgetfulness.

680 ● **Hanyn'a nani, kuchonya ari murima.**

VARIANTS
◆ Kurasa simba kuchonya ari murima.
◆ Manyadza tsiye kudzvokora ari murima.

EXPLANATION AND TRANSLATION
Munhu wawanzwa kuti anofamba achikutaura kuvanhu, mubvunze nezvazvo, kuti azvizive kuti wakazvinzwa. Usangomuona ukangomutsamwira nekuti haangazive kuti unomutsamwira pamusoro peyi. Kuti anenge ari murimo nyazvu.
He gets no eye response he that winks at the one in the dark.
You cannot reform someone if you criticise him in his absence.

681 ❋ **Hapana akakurira kuziva zvose.**

EXPLANATION AND TRANSLATION
Munhu abva zera, ane zvakawanda zvaasingazivi, zvaanofa-
nira kudzidza kune vamwe maitirwo azvo.
Even the oldest person knoweth not all things.

682 ❋ **Hapana ane zvose, vahosi vakakumbira surudzo**
(munyu) kumurongo.

VARIANT
◆ Vahosi vakakumbira surudzo (munyu) kumurongo.

EXPLANATION AND TRANSLATION
Nyange munhu akapfuma sei, ane zvimwewo zvidukuduku
zvaangashaya muupenyu, zvine vamwewo vaangakumbira
kuti vamupe.
Nobody is too rich without small needs.
A senior wife asked for salt from a junior wife.

683 ❋ **Hapana angangofa nenzara aine tsvina yake**
yaangapawo mumwe.

EXPLANATION AND TRANSLATION
Uyo anenge akurirwa nenzara ashayisisa zviyo zvokubatsira
nazvo mhuri yake kuti isaparara nenzara, anogona kupa
mwanasikana wake asina murume kuti aroorerwe nepfuma
yaangashambadzira kuti itengwe agotenga zvokudya nayo
zvokuraramisa mhuri.
Faced with dire need (want) of food, daughters can be married to
raise money for buying food.

684 ● **Hapana angangoshambira maoko esadza raasati adanirwa.**

EXPLANATION AND TRANSLATION
Jaya haringatumi sadombo kunorikumbirira musikana warisina kumbogara ranyenga rikadiwa. Chinhu chaunota-ndavadzira ruoko kugamuchira ndechaunenge watanga wapiwa.
Nobody washes hands for the meal (food) not been offered (called for).

685 ● **Hapana anoguta avete(arere).**

VARIANT
◆ Hapana chakawanikwa munhu avete(arere) sehope.

EXPLANATION AND TRANSLATION
Kuti munhu adye achiguta misi yose, anofanira kushandawo misi yose.
He that would cat the fruit must climb the tree.
He that will eat the kernel must crack the nut.

686 ● **Hapana anopfavira (anyorovera) kutorwa nemvura.**

EXPLANATION AND TRANSLATION
Munhu anonzi munyoro mumagariro ake kana akawirwa nenjodzi inogona kuparadza upenyu anoonekwa ava mupengo, ozvirwira kuti asafa.
Nobody gets drowned without struggling to escape.

687 ● **Hapana anoraramira kupiwa zvaakachengeterwa nevake.**

EXPLANATION AND TRANSLATION
Kana chaunoda kupa hama yako iko chiipa, zvichida

mangwana kana woda kuipa inenge isisipo, yatofa, chikasara chisisina wauchachipa.
Death does not reckon upon time of what we are to be given.

688 ❋ **Hapana anoshayiwa wake waakamisirwa.**

EXPLANATION AND TRANSLATION
Nyange munhurume akagara nguva refu refu asina kuroora, nomunhukadziwo asinawo kuroorwa, vose pauviri hwavo mumwe anozoguma aroora, nomumwe aroorwa.
No celibate or maid who overlived marriageable age who died without being mated.

689 ❋ **Hapana anozvigura kunorira achisiya kusingariri.**

EXPLANATION AND TRANSLATION
Munhu haangazvitsereri achizvikanganisira nzira dzokuwana nadzo chinhu chaanodisisa kuwana.
No man fouls his hands in his own business.
No man blocks up his gains.

690 **Hapana anozviona urema hwake.**

EXPLANATION AND TRANSLATION
Munhu mumwe nomumwe haabvumi kuti anoita zvakashata asi kuti vamwe ndivo voga vanoita zvakashata.
Everyone is blind to one's own weakness.

691 ❋ **Hapana asina mhanza (ruso) yokudikanwa nepfuma.**

EXPLANATION AND TRANSLATION
Munhurume ane mwoyo wakashata anodikanwa nomukadzi ane mwoyo wakanaka. Nomunhukadziwo ane mwoyo

wakashata anoroorwa nomurume ane mwoyo wakanaka.
There is no one without luck.

692 ✱ **Hapana asina nhamo yake panyika.**

VARIANT
◆ Nhamo ndeyavanhu vose panyika.

EXPLANATION AND TRANSLATION
*Ani nani zvake, nyange neanyerere asingatauriri vamwe kuti
ane nhamo, anenge achizvizivira nechomumwoyo make
dambudziko rake.*
Every heart has its own ache.
Each and every one of us has much needs.

693 ✱ **Hapana asingachererwi rinda.**

EXPLANATION AND TRANSLATION
*Munhu wose ari panyika, nyange orarama nguva refu sei
anoguma nokufa chete.*
Six feet of earth make all men equal.

694 ✱ **Hapana asingadi kuzvichekera pakakora kuti adye.**

EXPLANATION AND TRANSLATION
*Nomunhu anorarama nokuita namabasa akashata
ounyangadzi, kana ozvitaura pakati pavamwe vanhu
anonzwikwa achizvirumbidza kuti akanaka chose kupfuura
vamwe vanhu vose.*
Even a wicked person speaks of himself an angel.
Everyone likes to cut off a fat piece of meat for himself.

695 ❋   **Hapana asinganeti nezvake.**

EXPLANATION AND TRANSLATION
Kushaya nokuwana, zvinhu zvine basa gukukutu rinonetsa.
Every one is weary, the poor in seeking, the rich in keeping.

696 ❋   **Hapana benzi rakashaya (risina) mano aro.**

EXPLANATION AND TRANSLATION
Munhu anonzi ibenzi, asina njere, angabatsira mungwaru
akamuponesa munjodzi yanga ichamuparadza.
Even a fool is able to save a wise man from danger.
A fool may give a wise man a wise counsel.

697 ❋   **Hapana chakagara chiripo, chichagara chakadaro
chiripo pasi pedenga**.

EXPLANATION AND TRANSLATION
Zvinhu zvose zvinoonekwa namaziso avanhu,
zvinonzwikwa nenzeve nezvakarongwa nemiromo yavanhu,
hazvizogari zvisina kushanduka mamiriro azvinoonekwa
nokuzikanwa nawo.
Nothing will ever remain the same pattern under the sky.

698 ❋   **Hapana chakarerukira simbe kuchiita asi kudya
koga.**

EXPLANATION AND TRANSLATION
Simbe haina rimwe basa rainofarira asi kudya koga
nokurara.
There is nothing easy to do to a sluggard except eating.
There is no easy job for a sluggard except eating.

699 ✻   **Hapana chakashata (chakaipa) chakavanda pasi pedenga chisingazobudi pachena (pabani).**

EXPLANATION AND TRANSLATION
Zvinhu zvose zvakaipa zvinoitwa navanhu paruvande, zvine zuva razvo razvichabuda pachena zvikazikanwa noruzhinji.
There is nothing hidden under the sun that will never be discovered.

700 ✻   **Hapana chakazipa chisakafinha, mukaka nouchi zvakafinhawo.**

EXPLANATION AND TRANSLATION
Nyange chinhu chakanaka, ukaramba uchingochidzokorora kuchiita kana kuchidya zvinoita kuti mwoyo womunhu ufuratire kuchiitakana kuchidya.
Too much of one good thing breeds loathing.
Too much of eating one type of sweet food breeds much dislike.

701 ✻   **Hapana chakazipira (chinozipira) chimwe, mukaka hauzakarungwa munyu.**

VARIANTS
♦   Hapana chakanakira (chinonakira) chimwe, mukaka hauzakarungwa munyu.
♦   Chakanaka chakanaka mukaka haurungwi munyu.

EXPLANATION AND TRANSLATION
Chinhu chimwe nechimwe chinobatsira chine ukuru hwacho hwachinodikanwirwa hwusingagoni kuwanikwa mune zvimwe zvinhu.
Everthing has its unsurpassed value.
Everything has its nice taste, sour milk is never salted.

702 ❋ **Hapana chakauya choga pamunhu, pfuma inovingwa kwairi.**

EXPLANATION AND TRANSLATION
Kuti vanhu vapfume, vanofanira kushanda vagopiwa mibairo navavanoshandira kuti vashave pfuma nayo, vagova vakapfumawo.
Nothing comes to a person unlaboured for, as death does.
No pains, no gains.

703 ❋ **Hapana chakavinga munhu agere pasi.**

VARIANTS
◆ Chembwa ndechokuyinayina, haigari mutumba seine chayo.
◆ Chitsva chiri murutsoka.
◆ Mudzimba ndounofamba-famba.

EXPLANATION AND TRANSLATION
Kana munhu achifamba-famba, anoita kuti asangane nechinhu chingaguma chamubatsira muupenyu.
Nothing comes to a seated man.

704 ❋ **Hapana chembwa vatenzi varaira mutakura.**

EXPLANATION AND TRANSLATION
Munhu akasanganidzana navamwe vanhu vachidya rudzi rwechokudya chaasingadyi iye, anozogara asina chaadya, oshaya mufaro, orumwa nenzara.
He that has his supper meal of boiled mealies has denied his dog supper meal.

705 ❋ **Hapana chikwari chinotetera (chinoparira) chimwe chikwari.**

VARIANTS
- Hapana huro inomedzera (inominyira) imwe huro.
- Hapana horwe inoparira imwe horwe.
- Hapana jongwe rinokwezvera rimwe jongwe mhambo.

EXPLANATION AND TRANSLATION
Munhu mumwe nomumwe pane zvaanoshanda, anoshanda kuti zvimubatsire iye pachake, kwete kuti zvibatsire mumwewo.
Every pheasant scratches for itself, not for another pheasant.

706 ❋ **Hapana chimbo chisina nyanzvi yacho yokuchigona kuchitamba.**

VARIANTS
- Hora mukoko, hapana chisina nyanzvi, kutaura (kuzuwa) kuna vene vako vanokugonawo.
- Hapana chisina nyanzvi pasi pedenga.

EXPLANATION AND TRANSLATION
Zvinhu zvose zvinoitwa navanhu, varipo vanozviita nokuzvigonesesa zvikurusa kupfuura vamwevo vanhu vanenge vachizviitavo.
Every art (trade) has a distinguished expert.
Everything ill or good deed has its own expert.

707 ❋ **Hapana chinodya chakashaya chacho chinochidyawo.**

VARIANTS
- Mukadzi haazakashaya wakewo anomuroora (anomuwana).
- Hapana muchero wakashaya chawo chakaudya.

EXPLANATION AND TRANSLATION
Mukadzi nyange oshoorwa sei pamagariro ake muupenyu,
haazoshayi murume angazvipira kumuroora.
Anything edible must draw near its consumer.
Every woman was born designed for her own husband.

708   ❀   **Hapana chinoipira kugadzirwa nemiromo yavanhu chikasanaka**.

VARIANT
   ◆   Chakaipa chinogadzirwa nemiromo yavanhu chikanaka.

EXPLANATION AND TRANSLATION
Mashoko oga anotaurwa navanhu ndiwo ane simba chete
rinogona kururamisa nokupedza mhosva dzose dzakarema
dzakashata dzinopariranwa navanhu.
There is no wrong without remedy.
Wise words settle up disputes amongst men.

709   ❀   **Hapana chinorasikira anonatsira vamwe,**
vaanonatsira vanomunatsirawo zvikava matsive.

VARIANT
   ◆   Chindiro chinopfumba kunobva chimwe.

EXPLANATION AND TRANSLATION
Kuitira vamwe vanhu zvakanaka mumagariro oupenyu,
kunobatsira nokuti vaanenge aitira zvakanaka
vanomuongawo (vanomutendawo) nokumuitira zvakanaka.
One never loses by doing a good turn to others.

710   ❀   **Hapana chisakaguma (chisingagumi) panyika.**

VARIANTS
   ◆   Chinobhururuka chinomhara
   ◆   Chisingaperi chinoshura

EXPLANATION AND TRANSLATION
*Upfumi, rugare, nhamo, mufaro, zvose izvi zvine nguva yazvo
yazvinopera nayo pavanhu, vachisara vasinazvo.*
Everything hath an end.

**711 ● Hapana chisakapa chimomo, kusada tsvina pamuviri
kwakapawo chimomo.**

EXPLANATION AND TRANSLATION
*Chinhu, nyange chakanaka hachinakiri vanhu vose.
Nezvinonzi zvakanaka vamwe havazvidi. Munhu anoda
kugara akashambidzika nezvose zvake vamwe havamudi.*
Everything has its own disadvantages.

712 ● Hapana chisakaora pasi pedenga.

EXPLANATION AND TRANSLATION
*Zvinhu zvose zvakasikwa zvine unyoro, mvura, neropa
mumiviri yazvo. Kana zvabudwa nounyoro, mvura neropa,
zvinoora nokuti zvinenge zvafa.*
Every living matter is worse for getting decay.

**713 ● Hapana chisakapa gumo, nokunana (kupfava)
kwakapawo gumo.**

EXPLANATION AND TRANSLATION
*Kunakisisa kwomunhu mumagariro ake, kungaita kuti
vamwe vamutore somunhu ane pfungwa dzivete, vomuona
somunhu asingabatsiri mukurarama.*
Every virtue has its own disadvantage.
Even in virtue, there is loss.

714 ✳ **Hapana chisakapera panyika, pfuma noushe zvakaperawo.**

EXPLANATION AND TRANSLATION
*Zvinhu zvose zvakaunganidzwa nomunhu muupenyu
nezvakarongwa nomunhu muupenyu, zvine nguva yazvo
yokuramba zviripo, zvichionekwa, zvozova nenguva yazvo
yokupera zvachose.*
The term of wealth and reign will eventually expire.

715 ✳ **Hapana chisakaurayisa, noungwaru(uyero) hwakaurayisawo mwene wahwo.**

EXPLANATION AND TRANSLATION
*Chakashata nechakanaka, munhu chaanacho chinoguma
chamuurayisa. Ungwaru hwunogodorwa, noushati
hwunovengwa navanhu.*
Even wisdom can be the cause and the source of death to one
who has it.

716 ✳ **Hapana chisakazororwa, nyange nokudya kwakazororwavo.**

VARIANT
  ◆ Hapana chinozipa chisakazvimbira.

EXPLANATION AND TRANSLATION
*Kana chinhu choramba choitwa zvisina zororo chinoguma
chakuvadza anenge achichiita.*
Even in a good thing much overdoing begets loathing.
Every sin has bitter end.
Every pleasure has pains.

717 ● **Hapana chisina chinongo, nyimo ine ziso dema pakati.**

EXPLANATION AND TRANSLATION
Mumwe nomumwe mumagariro ake, anazvo zvisina kunaka zvaanozikanwa nazvo nevaagere navo.
There is none without defects, every bean has its black eye.

718 ● **Hapana chisina muzewe, kushaya kuno muzewevo.**

EXPLANATION AND TRANSLATION
Vanhu vasina pfuma yakawanda, pane dzimwe nguva vanogara vakatonhorerwa mupfungwa, vachirara vakazorodza pfungwa, vachimuka vakasimba pamiviri.
Nothing is good for something.

719 ● **Hapana chisina nhamo, noukuru hwune nhamo yahwo inorarisa munhu agere.**

EXPLANATION AND TRANSLATION
Munhu ane ukuru hwokubata vanhu anogara akamhurwa zuva nezuva nevaakabata. Pamwe vachiti haavabati kwazvo, pamwe vachigara vachipara mhosva dzakawanda, dzaanotonga misi nemisi.
Unease lies in the head that wears a wig.

720 ● **Hapana chisina rinda, mugaro (rugare) nenhamo zvose zvinaro.**

VARIANT
◆ Mugaro nenhamo zvose zvinaro rindawo.

EXPLANATION AND TRANSLATION
Munhu angafa achiurayiswa nepfuma yake yaanenge azvishandira. Zvakare munhu angaurawa achiurayirwa

218

munhu waanenge aponda, achimupondera mari yake yaanga ashaya.
Abundance, like want, may bring death with them.
Both abundance and want are the source of death and misery.

721   ✹   **Hapana chisina simbe, nokudya kune simbewo.**

EXPLANATION AND TRANSLATION
Varipo vamwe vanhu vanoda kungoita zvinhu zvose nezvine basa guru rakapfuura rezvimwe, nenzira yokunonozeka inongoratidza kusada kuita vozopedza kuzviita vanguvi vaparadza nguva yokuti vaite zvimwe mairi.
No occupation was ever done actively by everyone.

722   ✹   **Hapana chisina ziya mukuitwa, nokuponda (nokuuraya) munhu kunoda simba.**

EXPLANATION AND TRANSLATION
Chinhu chipi nechipi munhu chaanoshanda, nyange chichibatsira nyange chakashata chichiparadza, chinoda simba rizere rokuchishanda kuti chibudirire.
Every occupation requires energy to carry it through.

723   ✹   **Hapana chisiri nhamo, nokuzvimbirwa inhamowo.**

EXPLANATION AND TRANSLATION
Mufaro mukurusa ungashanduka ukava kuchema kukurusa pamunhu.
He that overfeeds himself greatly suffers from constipation.

724   ✹   **Hapana danda risakaora.**

VARIANTS
-   Hapana muti unokona gonye.
-   Chigere ibwe kana uri muti unowa.
-   Hapana asingachererwi rinda.

EXPLANATION AND TRANSLATION
Vanhu vose panyika vanofa vachivigwa muvhu, vachiora.
He that was once born must once die.
Even they that live longest must at last die.
All men are mortal.

725 ✳ **Hapana danga risina mombe (n'ombe) inorura.**

EXPLANATION AND TRANSLATION
Mukati memhuri imwe neimwe munozvarwa vana vanonetsa
pamagariro avo, vanorarama nokuita zvakashata.
There is a crook in a lot of every one.
Every herd has a sharp beast.

726 ✳ **Hapana dengu ringazvidengura.**

VARIANTS
- ◆ Hapana n'anga ingazvirapa.
- ◆ N'anga haizvirapi.

EXPLANATION AND TRANSLATION
Munhu haazvipupuriri kuti wakarurama, asi anopupurirwa
navamwe.
No man ought to be a judge of his own cause.
No lawyer can employ himself to defend his own case.
No man justifies himself.

727 ✳ **Hapana dziva risakapwa.**

EXPLANATION AND TRANSLATION
Nyange munhu akava mupfumi akapfuma zvikurusa,
zvichida angafa ava murombo, pfuma yake yose yaparara.
Even the deepest pool must at last dry up.

220

728 ❋   **Hapana gwangwadza risina zvinyavada.**

VARIANT
- Kusi kwamabwe ose kune zvinyavada.

EXPLANATION AND TRANSLATION
Munhu mumwe nomumwe ane zvakaipa zvaanogaroita
zvaanonenerwa, zvaanenge anazvo.
Under every stone there is a scorpion.
In every stone crack dwells a scorpion.

729 ❋   **Hapana gwavava risina mhango (mwena) yaro**
marinovanda mvura nechando.

EXPLANATION AND TRANSLATION
Chinhu chose chinofema chinofanira kuva nenzvimbo
yokurara nokugara, machinovanda mhandu, njodzi
nenhamo dzingachiwira.
There is no lizard without a hole of its own.
Every lizard has a free hole to live in and protect itself from rain
and cold.

730 ❋   **Hapana ibvi hapana mupimbira.**

VARIANT
- Wapfura mbira, wapfura bako.

EXPLANATION AND TRANSLATION
Mwana nababa ndivo vanhu vamwe, avenga mwana avenga
nababawo. Anoba zvinhu nowagamuchira zvabiwa, vose
vari vaviri imbavha.
He who ill-treats (wrongs) my son, ill-treats (wrongs) me.
He who hates the parent, hates the child.
The receiver is as bad as the thief.

221

731　✱　　**Hapana imbwa inoramba nyama.**

EXPLANATION AND TRANSLATION
Hazviwanzoitika mumagariro avanhu kuti murume arambe
mukadzi waapiwa kana mukadzi wacho asina chimomo
mukadzi chaanacho.
All male folk adore women.
There is no dog that has ever declined eating meat.

732　✱　　**Hapana muchenjeri (mungwaru) akananzva**
musana(gotsi)wake.

EXPLANATION AND TRANSLATION
Zviripo zvimwe zvinhu munhu zvaakapiwa kusagona kuzviita
nyange achizviti mungwaru anopfuura vose panyika. Chimwe
chazvo husagona kunanzva musana negotsi.
No clever man has ever licked his own back.

733　✱　　**Hapana muchero unoshaya chawo chinoudya.**

VARIANTS
*　◆　　Mukadzi haashayi wake anomuroora (anomuwana).
*　◆　　Hapana chinodyiwa chacho chinochidya.

EXPLANATION AND TRANSLATION
Wechikadzi nyange akashata pachiso, haangamboshayi
anomuroora muupenyu hwake hwose.
No fruit without its own consumer.
Every female was born with its lover.
To a woman there is no lack to lack a husband.

734 ❋ **Hapana muchero usingaponesi.**

EXPLANATION AND TRANSLATION
Rubatsiro rwezvinhu zvakasiyana-siyana zvatinowana
muupenyu, nyange rwuri ruduku sei rwune kapandi karwo
karunotibatsirawo mune zvatinoshaya.
Every source of income keeps life going on smoothly.

735 ❋ **Hapana muchero unozipira mumwe muchero.**

EXPLANATION AND TRANSLATION
Chinhu chimwe nechimwe chine kunaka kworudzi rwacho,
kwakasiyana nokunaka kwezvinhu zvamamwe marudzi.
Chinogara chinako kunaka kwacho, noukuru hwacho
hwakangofanana noukuru hwezvimwe.
Every type of fruit has its different nice taste.

736 ❋ **Hapana mudzimba anotya mumwe mudzimba.**

VARIANTS
◆ Hapana muvhimi anotya (anozeza) mumwe muvhimi.
◆ Mudzimba haatyi mumwe mudzimba.

EXPLANATION AND TRANSLATION
Pakunyenga vasikana haripo jaya ringazeza kunyenga
musikana anonyengwa nerimwe jaya. Rinongomunyengawo
nyange achinyengwa navamwe.
No hunter fear another hunter.
Two wolves may worry one sheep.

737 ✱ **Hapana mukuru akafa asina kuripa.**

VARIANTS
- Machenjera mhosva wakazoguma abatwa nayo.
- Machenjera mhosva haazakazvarwa, haazozvarwizve.

EXPLANATION AND TRANSLATION
Munhu upi noupi achakararama achiri munyika nyange asina kumbopara mhosva akaripiswa zvingaitika kuti aipare aripiswe kana kuti aipomerwe asina kuipara, imubate aripiswe.
Every man must eat a pack of dirt before he dies.
Every man is bound to fall into sins before he dies.

738 ✱ **Hapana munda usingameri rumhunzi rwegavhu rendye.**

VARIANT
- Nyoka inozvara mbavha nevaroyi.

EXPLANATION AND TRANSLATION
Mumhuri munozvarwa vana vakanaka vane magariro akanaka, munogona kuzvarwa mwana akashata ane magariro akashata.
In every flock, there is a black sheep.

739 ✱ **Hapana munhu angazviwisira kumawere achiona.**

EXPLANATION AND TRANSLATION
Munhu apara mhosva, painotongwa padare nyange achiiziva nechomukati memwoyo kuti ndiye akaipara, anoedza kuinzvenga, achipupura nenzira ingaguma yabvumwa nedare kuti haana kuipara.
No person can roll oneself down a mountain precipice.
No man is bound to incriminate himself.

740 ❋ **Hapana munhu asina nechidukuduku chiri panzeve chinomuraramisa.**

EXPLANATION AND TRANSLATION
Nomurombowo ane pfuma shomanana inomubatsira muupenyu hwake.
No man lives as poor as he was born.
Even the poorest person has small properties.

741 ❋ **Hapana musha usina gonzo.**

EXPLANATION AND TRANSLATION
Mumisha yose inogarwa navanhu mune zvayo zvidukuduku zvinonetsa vagari vayo, zvingavaita kuti vasagara vakafaramo.
In every village there are rats.

742 ❋ **Hapana musikana wakakona vanhu, akafa asina wamuroora (kuroorwa).**

EXPLANATION AND TRANSLATION
Nyange musikana ozvida sei, otsenga nemvura yose, achidadira majaya anomunyenga, riripo jaya richazomupwisa kudada kwake, akaguma arida rikamuroora.
Every maid is undone.
Even the most selective maid is convinced to marry.

743 ❋ **Hapana muti unobata pasina ronda.**

VARIANT
◆   Muti haubati pasina ronda.

EXPLANATION AND TRANSLATION
Nyange munhu opomerwa mhosva yaasina kupara,
uchapupu hwekusaipara kwake ndihwo hwunomusunungura
pairi, dare romupembedza.
Powdered medicine does not stick where there is no fresh
wound.
False evidence has not enough bearing on the case

744   ❋   **Hapana mwoto usina mbare.**

EXPLANATION AND TRANSLATION
Chinhu chipi nechipi chakaipa munhu chaanoitira mukufara,
chine mufaro mukuru kwaari. Kana chomushandukira,
chinomupinza mumatambudziko nomunhamo.
No joy without annoy.
Every sin brings its punishment with it.
Every fire sat close by leaves shin fire marks on the shin.

745   ❋   **Hapana nhamo isingashari.**

EXPLANATION AND TRANSLATION
Nyange mukadzi ashayisisa murume kwaye angamuroora,
haangazvipiri kuroorwa nesimbe kana mbavha, kana
mupengo, achiti chero ari murumewo savamwe varume.
Anotoedzawo kuzvisarudzira murume ari naniwo.
Even she that is pressed by great lack of a husband has a choice
of her own (to make).

746   ❋   **Hapana pasina nhamo.**

EXPLANATION AND TRANSLATION
Munhu pose paanenge agere panofanira kuva nezvepo
zvinomunetsa, zvingava zviri zvikuru kana zviduku.
Wherever a man dwells, he shall be sure to have a thorn-bush
near his door.

747 ❋ **Hapana pasina rinda.**

VARIANT
♦ Hapana pasina rufu

EXPLANATION AND TRANSLATION
Papi napapi munhu paangagara pana vavengi vangaita kuti
afe, achererwe rinda ipapo avigwe.
There is no place without a grave.
All soils refuse no corpse for burial.

748 ❋ **Hapana pasina upenyu.**

EXPLANATION AND TRANSLATION
Pose pose munhu paanenge agara anogona kuwana zvinhu
zvose zvinomubatsira kuti ararame zvakanaka misi yose.
Everywhere life flourishes.

749 ❋ **Hapana shanga (tsanga) yezviyo isina guva.**

EXPLANATION AND TRANSLATION
Mumufaro wose munhu waanowana muupenyu, munofanira
kuva nezvimwewo zvinomunetsa nokumurwadzisa
zvakavhengana nomufaro iwoyo.
There is no joy without some pains.

750 ❋ **Hapana un'anga hwunopfumba hwusina mishonga**
yokurapa nayo.

EXPLANATION AND TRANSLATION
Basa ripi neripi munhu raanobata kuti ribudirire rinofanira
kuva nenhumbi dzaro dzinorishanda. Mhindu haingabudiriri
kana isina mari.
No healing art can be successful without necessary healing herbs.
No business can flourish without money.

751 ✶ **Hapana zuva risina zvaro zvarakatakura.**

VARIANT
◆   Zuva rimwe nerimwe rine nhamo dzaro dzarakatakura.

EXPLANATION AND TRANSLATION
Mumuswere wezuva rimwe nerimwe munoitika zviitiko zvine
marudzi akasiyana-siyana, angava ari omufaro kana
okuchema nokusuwa.
No day passeth without some grief.
No day without its own different news.

752 ✶ **Hapana zviro (zvinhu) zvingangoti chechetere zvose**
samazino (meno) emhandara.

EXPLANATION AND TRANSLATION
Kutangidzwa kuitwa kwechinhu chinoraramisa munhu
muupenyu kunofanira kuva nezvinodzosera-dzosera budiriro
yacho mumashure kudzamara chabudirira. Hachingango-
tangi nokunaka chobva chabudirira chisina kumbonetsa
pakati.
Between the beginning and the ending of any undertaking there
must be some inconveniences.
There are never all as perfect as both full sets of teeth are in a
virgin's mouth.

753 ✶ **Hapana zviyo zvisina makoto.**

EXPLANATION AND TRANSLATION
Mukati mavana vakawanda vanozvarwa nomunhu
munowanikwa vakarurama navakashata. Havangorurami
vose.
In every industrious family there are sluggards.
Every corn has chaff.

754 ❋ **Hari (tsambakodzi) inovira ndeine mukuchidziri.**

EXPLANATION AND TRANSLATION
Jaya rinonyenga musikana, kana rine rumidziri (ndumidzi)
pedyo haritori nguva yakareba richinyenga musikana.
Rinodikanwa nguva isati yareba kubvira musi waratangidza
kunyenga.
He that is backed up in a cause quickly succeeds.

755 ❋ **Harisi benzi roga rakatsva nomwoto warakadziya.**

EXPLANATION AND TRANSLATION
Benzi rikapara mhosva rinobatwa nayo, nyange
nowakachenjerawo kana akaiparawo, nokuchenjera kwake
inomubatawo.
If the wise erred not it would go hard with the fools.
The law is equally harsh to both the wise and the fool.

756 ❋ **Hasha dzakaparira mwenechiro akarara (akavata)**
adumbirwa.

EXPLANATION AND TRANSLATION
Munhu anogara akada kurwa navamwe asina chaatadzirwa,
ndiye anowanza kukuvadzwa paanenge atangana nomumwe.
Anger punished itself.

757 ❋ **Hasha dzomuvengi wako hadzikuvandiri.**

EXPLANATION AND TRANSLATION
Munhu anokuvenga nyange namatarisiro ake aanokuita
anobva akuudzavo kuti munhu uyu muvengi wako.
The bitter hatred of an enemy is always noticeable.

758 ❋ **Hasha hadzirimi munda (hadzipedzi ndima, hadzipedzi nhoro) ukapera.**

EXPLANATION AND TRANSLATION
Munhu ane hasha anowanza kuva nemwoyo mupfupi kana achiita zvinhu. Anoti kana atsamwa, ozvisiyira panzira asati asvika pazvinogumira kuti awane budiriro pazviri.
Anger hinders a good counsel.

759 ❋ **Hatichizivi chichabuda nembwa muguru (mumwena).**

EXPLANATION AND TRANSLATION
Nzira dzose dzatinoshandisa kuti tiwane upfumi dzakasiyana-siyana. Hatizivi chaiyo nzira pakati padzo dzose yatichawana nayo upfumi. Tinongozoiona yatishandira zvakanaka, tawana upfumi nayo.
It is never known in which means your fortune is embraced.

760 ❋ **Haungazvifananidzi nguwo nedzaTarubva dzakati mafuta nyavanyava.**

VARIANTS
  ◆ Usazvifananidza nguwo nedzaTarubva dzakati mafuta nyavanyava.
  ◆ Kuzvifananidza nguwo nedzaTarubva dzakati mafuta nyavanyava.

EXPLANATION AND TRANSLATION
Mukadzi asingadikanwi nomurume anochemera kuti dai adikanwa zvakaenzana nomukadzi anodikanwa, uye navana vake kuti dai vadikanwa nababa vavo zvakaenzana navana vemukadzi anodikanwa.
The wife that is loved most always gets the best share.
Most loved, best treated.

761   ❋   **Havasiri vose vana vanorangwa vakateerera (vakanzwa).**

VARIANT
◆   Kuranga (Kuraira) mwana akakuteerera (akakunzwa) midzimu yokwako yakubatsira.

EXPLANATION AND TRANSLATION
Kuwanda kwavana vanorarama nokuita zvakashata asi vanenge vakamborayirwa navabereki vavo kubvira vachitanga kuva nemano, asi vabereki vavo vakavatadza.
They that are admonished are not always ready to obey.
They that are booted are not ready to reform.

762   ❋   **Havazati vari vose vakasikirwa kupfuma, vamwe urombo ndohwavo.**

EXPLANATION AND TRANSLATION
Vamwe vanhu vanongowana pfuma nenzira dzakareruka. Vamwewo nyange voshanda zvikuru sei kuti vapfumewo, zvinongogumira mukushanda, pfuma voishaya vongogara vakadaro vari varombo.
Not all were created to become rich.
Some were meant for wealth but some for poverty.
It is not given to all to go to Corinth.

763   ❋   **Hazvibatsiri murombo kunzi anzi mupfumi iye pfuma asina.**

EXPLANATION AND TRANSLATION
Munhu kunamatidzwa nokutaura nomuromo zvakanaka zvinoyamura, zvaasina kuchinzi anazvo hakungamuiti kuti agare akafara pamwoyo nokuti nhamo anenge ainayo.
Lip praise is no relief to a needy person.
What good can it do to a poor person though he be called rich.
It is meaningless to a poor person though he be called rich.

764 ✳ **Hazvitangi neni ndoga, varipo vakatanga nazvo.**

VARIANT
◆ Hachizi chomumwe, ndechavazhinji vakatanga nacho.

EXPLANATION AND TRANSLATION
Munhu awanika akatadza chinhu nenzira yakambotadzawo vamwe nayo, zvinhu zvakadaro uye haasiri wokupedzisira kukundikana kuchiita.
I am not the first to err and shall not be the last either.

765 ✳ **Hondo hairwiwi namarume matye anoitiza ichiri mukati mokurwiwa.**

EXPLANATION AND TRANSLATION
Wechirume anenge azvipira kunorwa nowaadenhana naye ngaatsunge mwoyo arwe, kuti agovawo mumwe wavanoga-roverengwa kunzi havasiri matera havatyi kurwa.
Cowards were never good fighters.
It is only the brave who must enlist in the army.

766 ✳ **Hondo yako nomuvengi wako imhenyu kana muvengi wako achiri mupenyu.**

EXPLANATION AND TRANSLATION
Ruvengo rwomunhu anogara akakuvenga haruperi kana achiri mupenyu, anongoramba akarumutsidzira, achikuvenga.
The war is not over as long as your enemy lives.

767 ✳ **Honya muburiri mukwambo wembwa.**

VARIANTS
◆ Gona (Igona) kufunda mukwambo wembwa.

- Nyadza (Inyadza) muburiri mukwambo wembwa.

EXPLANATION AND TRANSLATION
Munhu anoti paanenge akachengetwa achipiwa zvose
zvaanoshaya, achidya achiguta, odzoka onobira zvokudya
vakavakidzana navaagere navo, zvoratidza sokuti havamupi
zvokudya achiguta, anosara ane nzara.
A glutton has never had enough.
They need much whom nothing will content.

768 ❋ **Hope dzesimbe hadziperi.**

EXPLANATION AND TRANSLATION
Munhu ane usimbe haakurumidzi kumuka mangwanani,
nokuti anonorara asina zvaarongera ramangwana.
Oversleeping oneself is a habit of a sluggard.
A sluggard never rises in the morning till flies settle on his face.

769 ❋ **Hope dzinodada, dzinorota wadzakaramba.**

VARIANT
- Rushavashava rwehope dzinorota wadzakaramba.

EXPLANATION AND TRANSLATION
Kana munhu arara (avata) akabatirwa nehope, pfungwa
dzake dzinoshanduka ofunga namamwe mafungiro ake,
zvaanofunga usiku arere, zvosiyana nezvaanofunga masikati
akasvinura.
Dreams love all that we hate when awake.
In dreams one shares love with everyone, including those he
bitterly hates.
Dreams make enemies friends.

770   ❋   **Hope dzinodya mano, warara (wavata) wokonewa kufunga.**

EXPLANATION AND TRANSLATION
Munhu arara (avata) akabatirwa nehope, haachazivi mafambiro ezvinenge zvichiitika nenguva yaanenge avete.
When a man sleeps his head is in his stomach.
He that has fallen asleep has become weak-minded.

771   ❋   **Hope dzinorotwa nevohwo dzinowirirana.**

EXPLANATION AND TRANSLATION
Vapengo nyange vanga vasingazivani, pavanongotangidza kusangana, ropa romumwe nomumwe wavo rinomunyevera kuti uyu waasangana naye nhasi mupengowo saiye vobva vatangidza kuzezana.
Mad persons often dream of one another.
Strong brave fighters often dream defeating one another in fierce fighting.

772   ❋   **Hope hadzidyiwi (hadzina dumbu) chine dumbu kudya.**

VARIANT
◆   Swerere hope akasharuka asina kudya sadza arishaya.

EXPLANATION AND TRANSLATION
Munhu anoda kuswera arere asingashandi, anogara asina kuguta dumbu rake rakaserera, asina chaadya achifa nenzara.
He that values sleeping hungers his belly.
The sleeping fox catches no poultry.

773   ✹   **Hope hadzirindi, chiri padziri chava mumaoko avamwe chatoenda.**

VARIANT
◆   Avata (arara) avigwa wava muhwiro afa.

EXPLANATION AND TRANSLATION
Zvinhu zvose zvinobiwa zvinobiwa usiku vanhu varere (vavete) pasina anoona zvinenge zvichiitika.
He that is asleep cannot be a sentry.
He that has fallen asleep knows nothing (not) of what is happening to him.

774   ✹   **Hope hwahwa (idoro) hwunobata munhu asina kuhunwa.**

EXPLANATION AND TRANSLATION
Munhu abatwa nehope anotarisika somunhu adhakwa nehwahwa nokuti pfungwa dzake dzinenge dzisati dzichashanda nomazvo pakutaura.
Like drunkenness, sleepiness stupifies brains' thinking power.

775   ✹   **Hope mumvuri worufu, avata akabatwa nadzo haachagoni kutaura.**

EXPLANATION AND TRANSLATION
Izvo munhu anoonekwa ari avete, akabatwa nehope, ndizvo zvaachaonekwa akaita apo achinge afa.
Sleepness is the true shadow of death.
He that is asleep is unable to speak.

776   ✹   **Hora mukoko, hapana chisina nyanzvi, kutaura (kuzuwa) kune vene vako.**

EXPLANATION AND TRANSLATION
Kutaura kune vanokugonesesa, vanoti kana votaura, vamwe

voteeresesa, vakafara, vachiseka vachifadzwa nezvinotau-
rwa. Hapana chimbo chisina nyanzvi yacho yokuchigonesesa
kuchitamba.
Even talking itself, like other arts, has its own experts.

777   ❋   **Hove dzine mironga yadzo yakasiyana.**

EXPLANATION AND TRANSLATION
Mutupo mumwe nomumwe une dzimba nedzimba dzakasi-
yana dzisingagarirani nhaka, nyange mutupo wadzo uri
mumwe chete.
The families observing the same totem have specific different
groups.

778   ❋   **Hove dzinodyira nokukandirwa misoro namakumbo**
ezvidodo nezvipashumaranga.

VARIANT
◆   Hove dzinodyira pachiredzo pane hwazvo
hwunodzikwezva.

EXPLANATION AND TRANSLATION
Munhu anozviwanira shamwari nokukurumidza kuva
nemutsa kune ivavo vaanoda kuti dzive shamwari dzake.
Anogara nguva nenguva achivapa zvipo zviduku zvokuumba
nazvo ushamwari utsva.
He that is materially liberal wins many friends.
Fish follow the bait.

779   ❋   **Hove haina mutambe, chine mutambe imhuka huru.**

EXPLANATION AND TRANSLATION
Nyama yehove imwe inongobikwa yose kamwe,
yongoseveswa sadza kamwe chete saka gapu renyama

yehove nderimwe. Nyama yehove haivedzengwi ikaitwa midzonga senyama yemhuka huru.
Small estates never last long.

780 ❄ **Hove huru dzinodya duku.**

EXPLANATION AND TRANSLATION
Varombo ndivo vanosimudzira vapfumi vachivashandira, vachipiwa mibairo miduku isingavapfumisi.
Great fish eat up the small ones.

781 ❄ **Hove inoyeverwa nokuona dziva, yotamba yakapapamara pamusoro pemvura.**

EXPLANATION AND TRANSLATION
Dera kana riine anorirwira pedyo, rinongodenha, nyange neanorikurira, kuitira kuti kana rorwa naye, rigorwirwa neanorirwira.
In the presence of the protector, the coward attacks his opponent trusting to be protected.
When the fish is in water it becomes silly.

782 ❄ **Hudziradzira kurwa kwedera.**

VARIANT
◆ Kurwa kwedera hudziradzira.

EXPLANATION AND TRANSLATION
Dera kana rorwa, harimiri pamwe, rinongouruka-uruka richitya kurohwa rikawira pasi.
The coward fights with several hops (jumps).

783 ◉ **Huku haingarinhongi gonye kana isati yateta (yatsvara) pasi.**

EXPLANATION AND TRANSLATION
*Kana munhu achida kuwana zvingamubatsira, anofanira
kushanda mabasa anomuwanisa zvinhu izvozvo.*
Unless the fowl scratches the soil it cannot pick up the grub.
For anything that a person gets, he must work for it.

784 ◉ **Huku haishamwaridzani negondo nyange zvose zvine manhenga.**

EXPLANATION AND TRANSLATION
*Munhu haafaniri kufambidzana nemhandu yake, nyange vose
vari vanhu vakafanana nokuumbiwa* nokutaridzika kwavo.
Although both are of a wing and a feather family, a fowl can never
form friendship with an eagle.
No matter your enemy looks facially much the same as you look,
never you befriend yourself to him.

785 ◉ **Huku inoonekwa muturu yataurwa (yaundurwa) manhenga.**

EXPLANATION AND TRANSLATION
*Mhosva inoonekwa musoro wayo kana yapedzwa kutongwa
(kutambwa).*
Until all the necessary evidence in a case has been given, the
final judgement cannot be given out.

786 ◉ **Huku njeni haitati (haitandi) yohwo.**

EXPLANATION AND TRANSLATION
*Mukadzi muduku murongo, nyange akanaka sei pachiso,
achibika zvinozipa sei, haangaiti kuti vahosi vakanguri*

vazvisimbisa pamagariro avo vatandwe nomurume, asare ava oga pamurume.
The junior wife with all her bloom of youth will always be subordinate to the senior wife.
The junior wife can never move away (control) the senior wife.

787   ●   **Huku yakandirira mazai padare yati ndivakirwe dendere.**

EXPLANATION AND TRANSLATION
Nyaya ikange yaturirwa varume padare, vanofanira kuitaura vachiigadzira painoda kugadzirwa napo, yogadzirika, yopera.
Any family dispute brought before the headman's court must be immediately settled up accordingly.

788   ●   **Huku yemhambo haikonewi kutetera hukwana dzayo mujuru.**

EXPLANATION AND TRANSLATION
Hakuna mubereki angakundikana kurera vana vake akavayarutsa, nyange angava ari murombo sei.
No hen that can ever fail to scratch grubs for its chicks.
It is a poor hen that cannot scratch grubs for its one chick.

789   ●   **Hukumbira mavanga kugofa chiri mumwena wacho.**

EXPLANATION AND TRANSLATION
Munhu anotukana navanhu vasina kumudenha neanogunha-gunha imbwa anongokaruka akuvadzwa pasina chikonzero.
He that is provocative without cause is asking for fresh wounds.

790   ✱   **Hukwabura mwana kumuregerera asingatsiurwi.**

EXPLANATION AND TRANSLATION
Vana vasingarairwi nokukaidzwa pamisikanzwa yavanenge
vachitangidza kuita, vanozoguma vasati vacharangika,
vashatisisa.
Woe to the house where there is no chiding.
It is a merciless parent that never corrects the naughty child.

791   ✱   **Humwe yakanaka ine mukurudziri (makurumidziri).**

EXPLANATION AND TRANSLATION
Munhu atanga kuita chinhu, kuti abudirire pakuchiita
anofanira kuva nevanomubatsira namazano vachimuudza
mashandirwe acho nenhumbi dzokushandisa pachiri.
He that undertakes a great business needs much backing up
materially.

792   ✱   **Hurudza dzinozivana ukurudza.**

EXPLANATION AND TRANSLATION
Ane pfuma anofarira kubatsirawo mumwe ane pfuma, kuti
kana mangwana ozodawo rubatsiro rwepfuma aruwane
nokukurumidza.
One barber shaves another barber gratis.
Wealthy people favour one another in wealth needs.

793   ✱   **Hurudza haina hama yainogara yakanamatirana**
nayo.

EXPLANATION AND TRANSLATION
Munhu akapfuma zvakanyanyisisa anoguma apindwa
nokudada kukuru kunoguma kwamurasisa nehama dzaanga
akanamatirana nadzo.
A wealthy man was never a good friend.

794 ❋ **Hurudza inodawo zvavamwe.**

EXPLANATION AND TRANSLATION
*Nomunhu akapfuma anofarirawo kuti apiwewo zvipo
zvepfuma navamwe.*
Even the wealthiest person jumps at being given gifts by others.

795 ❋ **Hurudza inofa ichinzi inodya.**

EXPLANATION AND TRANSLATION
*Munhu ane zviyo zvakawanda, negore renzara, nyange zvake
zvapera, kunongonzi anazvo, haadi zvake kupa vamwe.*
In the year of great famine, the richest in grain output dies of
starvation without being believed he is short of food supply.

796 ❋ **Hurudza ipa mumwe dura harifambi, unoguma
washaya.**

EXPLANATION AND TRANSLATION
*Munhu akapfuma zvikuru angangowandirwa nepfuma kana
ari pamusha pake, bva, kana afamba angakaruka
ava mukushaya kwakakura, kwaasingagoni kuzvipedzera,
kwaanoguma akumbira vamwe kuti vamubatsire.*
He that is never free of his own, may get no one to give him when
he is in need.

797 ❋ **Hurudza ndivashe, hapana asingasviki pamusha
wake.**

EXPLANATION AND TRANSLATION
*Pamusha pomunhu ane zviyo zvakawanda panongogara
pazere vanhu sapamusha pavashe, vachizotenga zviyopo.*
Everyone is a kin to the rich man.
Rich folks have many friends.

798 ✶ **Hushaya basa (murimo) kutsengera imbwa maputi.**

VARIANT

◆ Hurasha simba kutsengera imbwa maputi, iyo ine mazino okutsenga nawo.

EXPLANATION AND TRANSLATION
Kuzvipira kubata basa romunhu ane vashandi vake vazhinji vanorishanda nesimba kupfuura simba rake iye ari munhu mumwe. Hapana anozomutenda nokuti anenge asina kukumbirwa nomwene webasa kuti aribate.
He that offers to gnaw the bone for the dog gets no thanks.

799 ✶ **Hutsatsarika (Hutatarika) kudzana kwebenzi.**

EXPLANATION AND TRANSLATION
Kuita chinhu nenzira isina kuti tasa, asi yakamonyoroka, zvichibva pakukonewa kuchiita.
He works with jerks he that is not used to working.

800 ✶ **Hututsira zvobwo kurwa nebenzi (nomupengo).**

VARIANT

◆ Hutuvidza bvuvo pane rimwe bvuvo kurwa nomupengo.

EXPLANATION AND TRANSLATION
Munhu asati agara ari munhu kwaye, kana akatsamwiswa anobva atsamwa zvakanyanyisisa. Orwa nenzira yakashati-sisa nokuti anenge awedzerwa ushati hwokurwa nokutsamwi-swa kwaaitwa.
He that provokes a fool will get a fool to act the worst.
He that pours oil on high fire flames should expect highest fire flames to shoot up.

801 ⁕ **Hutsvaka mavanga matsva kupotsera (kurova) imbwa yakarara zvayo.**

EXPLANATION AND TRANSLATION
Munhu anongotanga kutuka mumwe akazvinyararira zvake asina kumutadzira, anozopedzisira ari iye arohwa akakuvadzwa.
He that seeks trouble never misses it.
Throw not a stone at a sleeping dog lest it bites you.

802 ⁕ **Hutsvaka (Kutsvaka) mufambiri kutuma mwana mai varipo.**

EXPLANATION AND TRANSLATION
Murume anoda kuti mukadzi wake amushandire basa risingagonekanwi kushandwa nomwana, anotuma mwana kuriita, asi iri nzira yokutuma amai vomwana.
The father asks the child in the presence of its mother to do some job for him as an indirect way of approaching the mother herself to do it for him.

803 ⁕ **Hutsvaka murovero kurova imbwa uchiti yanyurura usavi hwenyama hwuri mugapu pamwoto.**

EXPLANATION AND TRANSLATION
Kutaura nhema munhu achida kuita chinhu chakaipa akavanda mumanyepo.
If you want a pretence to whip (beat) a dog, it is enough to say it has licked a fryingn pan.
He that would hang his dog gives out first that it is mad.

804 ✸ **Huvimba nedanga, kunyenga nokutizisa mukumbo tsvingu (tsvungu) mbiri musi mumwe.**

EXPLANATION AND TRANSLATION
Munhu anozvipira kushanda mabasa makuru maviri nenguva imwe chete anoda mari yakawandisisa. Murume anotora vakadzi vaviri musi mumwe chete achivatorera varume vavo anenge ane mombe dzakawanda dzokuvaroora nadzo.
He must have a lot of cattle he that elopes with two other men's married women at one time.

805 ✸ **Huyo yakapera nokukuya.**

EXPLANATION AND TRANSLATION
Nhumbi imwe inenge ichingoshandiswa inosakara nokuramba ichishandiswa.
Constant dropping wears the stone.
Constant corn grinding wears the grinding stone.

806 ✸ **Hwunongova usiku utema (uviri).**

EXPLANATION AND TRANSLATION
Munhu anorwa nokuita chinhu chaasina ruzivo rwokuchiita narwo uye chaasingazivi kuti chingangoguma nokumukuvadza kana nokusamukuvadza.
He is totally blind to perceive the dangerous result of the action upon which he is busily engaged.
It is a completely complicated situation.

807   ✸   **Ibura radyiwa napongwe rangova mwena.**

EXPLANATION AND TRANSLATION
Ibasa ranga richiitwa nomunhu achivimba kuwana mubairo pariri ratadzika oda kubudirira, rikasara rangoratidza kutadzika kwaraita.
It is the bright expectation (hope) that resulted in disappointment.

808   ✸   **Ibvonyongera kudzana kwebenzi, rinodzana richikanyanisa mitovo yokudzana.**

EXPLANATION AND TRANSLATION
Munhu anobata basa raasingagoni kuriita nemazvo, ruzivo rwokurishanda. Anongoti kana orishanda neiyi nzira isati iri iyo yokurishanda nayo oiregera, oedzazve imwe nzira, oregerazve, zvichingodaro.
An unskilled worker breaks many working tools in one job.

809   ✸   **Ibwe guru tseduka, duku riwane ugaro.**

VARIANT
◆   Pabva gondo pogara zizi.

EXPLANATION AND TRANSLATION
Panzvimbo yebasa pabviwa nowanga ari mukuru, panopindwa nowanga achimutevedzera ari pasi pake.
The removal of senior gives room to the junior to succeed him.

810   ✸   **Ichava shana shavira rwiti.**

VARIANT
◆   Mboko (Manga) chena inoparira pavete (parere) nhema.

EXPLANATION AND TRANSLATION
*Kubuda pachena kwemhosva yakaparwa nomunhu
kunowanza kubudisisa dzimwe mhosva huru dzanga
dzakavanda, dzinozobudiswa nokuferefetwa kweyabuda
pakutanga.*
The investigation of a small committed crime discovers other
hidden committed crimes.

811 ❋ **Ichiri mubundo (musango) haina gapu (muto).**

EXPLANATION AND TRANSLATION
*Chinhu chauchiri kutsvaka, usati wachiwana, kuvimba
kwako kuti uchachiwana hakungakuyamuri munhamo
yawaveri.*
The buck not as yet killed provides no side-dish.
Expectations form no concrete material relief.

812 ❋ **Ida wawakavakidzana naye, ihama.**

EXPLANATION AND TRANSLATION
*Mutorwa nomutorwa vakavakidzana, ngavatorane sehama
nehama dzeropa, vagarisane zvakanaka vachibatsirana.*
Love your neighbour, he is your kinsman.

813 ❋ **Idevera vashuzhi (Devera vashuzhi) imbwa isina
mwene.**

VARIANTS
- ◆ Chimbwa chowada wasunga wondovhimisawo.
- ◆ Chimbwa choruwa chisingashari wachatevera.

EXPLANATION AND TRANSLATION
*Munhu wechikadzi anongoti anyengwa nouyu murume,
amuda omuramba oda mumwe, omurambazve, otevera
mumwe.*

It is an everybodys dog that whistles to it.
She is free of her body with every man.

814   **❋**   **Idiurawatiura zana risina mai.**

VARIANTS
- Nherera ihamba inoveserwa moto wokuibvura yakatarisa.
- Mwana asina mai idiurawatiura.

EXPLANATION AND TRANSLATION
Mwana akafirwa nomubereki kana kuti vabereki vose vari
vaviri anongorohwa nani nani zvake asina anomurwira.
Every mother's hand is light to land on the orphan's face.
A motherless child (an orphan) receives blows from every
woman.
An orphan receives blows from everyone.

815   **❋**   **Idya chakatibikira.**

VARIANT
- Kudya ziya ndiko kuuya.

EXPLANATION AND TRANSLATION
Munhu anofanira kuraramiswa nezvaanozvibatira iye
pachake. Asararamiswa nezvinobatirwa navamwe.
Eat from the sweat of your brow.
Live on the sweat of your brow.
Eat what you have worked for.

816   ●   **Ifukidza (Fukidza) musina kuvakirwa imba wafa.**

VARIANTS
- Ifukidza (Fukidza) musina misodzi yomuroyi.
- Manomano (Mabatakumeso) misodzi yomuroyi (yengwena).

EXPLANATION AND TRANSLATION
Munhu anokuchemera pamusoro penhamo yako yakuwira achibudisa misodzi mumaziso, asi achikunyengedzera, asingakuchemeri nomwoyo wake wose.
Cry with one eye and laugh with the other.
The cat and the dog may kiss, yet are none the better friends.

817   ●   **Igavhu (Gavhu) rorumhunzi rwendye runodzvarwa kumucheto kwomunda kwarunodyiwa nemakudo.**

EXPLANATION AND TRANSLATION
Rudzi rwavanhu vakashata pamagariro avo navamwe, vanoshuvirwa kunzi dai vangofa vose kamwe chete nezuva rimwe vakarova.
Of evil grain no good seed can come.
It is an ill-seed that is desired of its complete extermination.
There is no sweet fruit on sour stalk.

818   ●   **Igundamusaira huku iri mumakwari.**

EXPLANATION AND TRANSLATION
Munhu anongobvumawo asingazivi zvaanobvumira pamusoro pechinhu chabvumiwa navazhinji vanoziva mamiriro acho.
He agrees with majority's opinion on a move about which he knows nothing.

819 ❋ **Ihari yofanzirofa yonzwikwa naari panze kufazha kwayo.**

VARIANT
◆ Yave hari yofanzirofa yonzwikwa neari panze kufazha kwayo.

EXPLANATION AND TRANSLATION
Munhu akwegurisa ave kufungirwa kuti ava pedyo nokufa ongogaronzwikwa achipopotera vari vaagere navo pazvinhu zvisakafanira.
Too aged persons live by timely scoldings and much grumbling.

820 ❋ **Ijinyu rengomwa inosemburwa nokutarisa chiso chomukadzi wayakaroora (wayakawana).**

EXPLANATION AND TRANSLATION
Murume asingazvari haana dandaro nomukadzi wake. Anongogara akatsamwa asina amutsamwisa aine hasha noutsinye.
A barren (an impotent) husband has a constant rough tongue to his wife.

821 ❋ **Ijinyu (Jinyu) resimbe kupindura nehasha kuri kuvanzaidza usimbe hwainahwo.**

EXPLANATION AND TRANSLATION
Munhu ane usimbe kana akaudzwa kuti ngaashande, anotanga kutsamwa nokurwa, izvo kuri kudzivirira usimbe hwake.
Too lazy and too rough a tongue are both twins in a sluggard.

822 ❋ **Ijurimuchuri (Jurimuchuri) kuvhima kwembwanana kusina shumo.**

VARIANT
◆ Ibvonyongera kudzana kwebenzi, rinodzana richingo-kanyanisa mitovo yokudzana.

EXPLANATION AND TRANSLATION
Munhu anodzidza kuita basa raasina ruzivo rwokuriita,
haarishandi nenzira dzakati tasa aine hana yakawa pariri,
anongoita zvokungopaparika.
A learner is noticeably seen by non-methodical ways of working.

823 ✳ Imba ine tsikidzi haivatwi hope dzinoorera.

EXPLANATION AND TRANSLATION
Mukadzi ane pamuromo haagari nomurume zvakanaka.
Murume anongogara akasuwa nokuti panenge pasina
kanguva kokumbosekawo.
A bug-infested sleeping room (quarters) has no comfortable sleep
in it.
A nagging wife always has a sorrowful husband.

**824 ✳ Imbuva yemaziso (meso/yechipfuva) muromo
zvinyarare**

EXPLANATION AND TRANSLATION
Chinhu munhu chaaona chichiitwa, kana kuti chichiitika asi
chisingafaniri kuti chizivikanwe navamwe nokuti nguva
yacho yokuti chizivikanwe navo inenge isati yasvika.
A confidential affair should never be published.

825 ✳ Imbwa chikara ingaruma mwenechiro.

VARIANT
◆ Mukadzi chikara angauraya akamushava.

EXPLANATION AND TRANSLATION
Imbwa yakapfuyiwa inoruma mwene wayo akafa. Zvakadaro
nomukadziwo akaroorwa angaurayawo murume akamubvi-
sira mombe achimuroora.
The dog is a beast and can devour its master.

826 ❋ **Imbwa duku ndidzo dzinomutsira imbwa huru mhuka kuti dzibate.**

EXPLANATION AND TRANSLATION
Vana vaduku vanowanza kurwisanisa vakuru, vari ivo vatangana, vakuru vodzoka vopindira mukurwa kwavana.
The little dogs start the hare, the great get it.

827 ❋ **Imbwa dzinohukura samazvarirwo namarererwo adzo.**

EXPLANATION AND TRANSLATION
Vana vanofamba nenzira dzavakadzidziswa kubvira vachizvarwa kudzamara vayaruka vachingodzidziswa.
Children brought up goodly later behave themselves accordingly.
The dogs bark as they were bred.

828 ❋ **Imbwa haidzokeri marutsi ayo.**

EXPLANATION AND TRANSLATION
Murume nomukadzi vamborambana padare rokutonga mhosva dzokurambana kwavarume navakadzi, havazodzokeranizve vakava murume nomukadzi pamwe chete.
The dog cannot return to its vomit.

829 ❋ **Imbwa haina njeni inohukurawo kana pane chayaona.**

EXPLANATION AND TRANSLATION
Mweni kana paasvikira akawana paine basa rinoshandwa haangoregereri vohwo vachishanda voga, anovabatsirawo achishanda navo.
Visitors and strangers should take part in the jobs they find being

251

done by their hosts.
No matter dogs be newcomers, they will always bark.

830 ✸ **Imbwa haipfuuri bvupa (fupa) rayaona.**

EXPLANATION AND TRANSLATION
Murume akasangana nomunhu wechikadzi asina ukama
hweropa naye anobva ada kumunyenga.
A dog will never pass a bone within its sight.
Wooing is a habit that clings on to man.

831 ✸ **Imbwa hairandurirwi kuti haingabi.**

VARIANT
◆　　Mwana imbwa haarandurirwi kuti haangabi.

EXPLANATION AND TRANSLATION
Kutadza kweimbwa kunobva mukati memwoyo wayo, saka
ingangoba mwene wayo asingazvivi.
Never say my dog does not steal.

832 ✸ **Imbwa hairondi gwara remhuka raisina kutanda (kudzinga).**

EXPLANATION AND TRANSLATION
Munhu haatsvaki mubairo pabasa raasina kushanda.
Anopiwa mubairo webasa raashanda akaribudira ziya.
A person is never after receiving a reward for a piece of work he
has never done.
A dog follows not the scent track of the animal it has
never chased after.

833   ✦   **Imbwa haitandi (haidzingi) tsuro mbiri**.

EXPLANATION AND TRANSLATION
Munhu akada kutangidza kushanda mabasa makuru maviri
anoenzana ukuru hwawo nenguva imwe chete,
haangabudiriri ose ari maviri.
Dogs that chase up many hares at once will kill none.

834   ✦   **Imbwa hairoveri pasina kurovera mwene wayo**.

EXPLANATION AND TRANSLATION
Pfungwa dzeimbwa dzinogona kuparadzanisa pane rudo
napasina rudo saka panofarirwa navatenzi ndipo
painofarirawo kuenda.
A dog is never familiar with anyone never familiar with its master.
Dogs are commonly seen roaming about homes where their
masters often visit.

835   ✦   **Imbwa ikapirwa mudemhe mangwana inozofuma**
yoda kudyira mundiro yaunodyira.

EXPLANATION AND TRANSLATION
Mutorwa akabatwa somwana anozvarwa panhu,
anozoonekwa oda kuitirwa zvose somwana wakazvarwa
ipapo.
If you feed a dog from your frying pan, it will feed itself from
your plate.
Treat an outsider kindly, finally, he makes himself your heir.

836   ✳   **Imbwa ine hona (ine godo) mumuromo haigoni kuhukura.**

EXPLANATION AND TRANSLATION
Munhu anenge apiwa mugove unomugutsa panogoverwa zvinhu kana zvokudya, haazotauri pamusoro pomugove wake achiti muduku.
He that has a full share is contented.

837   ✳   **Imbwa ine makaro inodzipwa nebvupa (negodo).**

EXPLANATION AND TRANSLATION
Munhu anokarira kupfuma anofa achiurayiswa nokutsvaka pfuma. Nomurume anokarira vakadzi, anofa achiurayiswa nomukadzi, zvakare nomukadzi anodisisawo varume, anofa nenhau dzavarume.
The dog that greedily feeds is choked up with a bone.
The avaricious dies of avarice.

838   ✳   **Imbwa inoba haikori.**

EXPLANATION AND TRANSLATION
Munhu wembavha anogara akasungwa ari mujere asina mufaro, zvakare, navamwe vanhu havamufariri kuti agare achivashanyira.
It is a dog that lives on stealing that does not get fattened.
A thief is never rich.

839   ✳   **Imbwa inobirawo mwenechiro.**

VARIANTS
◆   Mwene wamapudzi anotsindikwa.
◆   Imbwa inoruma anoyiburira sadza.

254

EXPLANATION AND TRANSLATION
Munhu akachengetwa achiitirwa zvose, anobirazve uya
akamuchengeta, achiba pfuma yaakachengetwa nayo.
A stealing dog robs of its master.
A servant may steal his master's property.
Hounds devour their masters.
A son may kill his own father.

840 ✵ **Imbwa inocheuka ndeyakabata godo (bvupa)**
yakabata nhindi haicheuki.

EXPLANATION AND TRANSLATION
Jaya kana richinge richifamba rakatungamidzana
nomusikana waro, harizovi nehanyn'a navamwe vasikana
vavanosongana navo.
While the dog gnaws the bone it will have no companions.
He that is company of a fair maid takes no notice of others.
The largest gain shuns friends.

841 ✵ **Imbwa inohukura hairumi.**

EXPLANATION AND TRANSLATION
Baba kana amai vanowanza kupopotera vana vavo kana
vavatadzira havawanzi kuzoguma nokuvarova asi
vasingatangi vapopotera vana ndivo vanorova.
The dog that barks at a distance bites not.
A barking dog seldom bites.

842 ✵ **Imbwa inohukura hairumi.**

VARIANT
◆ Mvura inotinhirisa hainayi zvinogutsa ivhu.

EXPLANATION AND TRANSLATION
Munhu anogara achingopopota, nyange akatsamwiswa
haarovi munhu nyange iye amutsamwisazve anongoperera
mukupopota.
Dogs that bark at a distance bite not at hand.
Barking dogs seldom bite.
Great barkers are no biters.

843　　●　　**Imbwa inohukura isati yaruma.**

EXPLANATION AND TRANSLATION
Kana mwana aine misikanzwa achigaronetsa vabereki,
vabereki vanombomuyambira kuti vachamurova. Kozoti
kana aramba asinganzwi, orohwa hake.
Parents should warn children before beating them.
A dog barks before it bites.

844　　●　　**Imbwa inokwezvewa nokupiwa zvokudya.**

EXPLANATION AND TRANSLATION
Kana uchida kuti mwana womumwe awirirane newe, gara
uchifara naye uchimupa chipi chaunenge uchidya. Haazoregi
kuuya kumba kwako.
If you wish the dog to follow you, feed it.

845　　●　　**Imbwa inonyara ndeine vara rainozikanwa naro,**
kana isinaro, nyangotadza haivhunduki nazvo.

EXPLANATION AND TRANSLATION
Mwana anonyara kuita zvinhu zvinorerusa chimiro chake,
mwana anozvarwa navabereki vane magariro akanaka
mukati mavamwe.
It is the children of mannerful parents who shame to misbehave
themselves.

846 ● **Imbwa inoruma nokuona dzimwe imbwa dzichirumawo.**

EXPLANATION AND TRANSLATION
Munhu akanaka ane chimiro chakanaka, kana akaroverana navamwe vanogara vachiita zvinhu zvakashata, naiye anoonekwa ozviitawo.
Evil communications corrupt good manners.
Bad influence spoils good character.

847 ● **Imbwa inoruma yakavamba kuruma ichiri mbwanana.**

VARIANT
◆　Mwana wengwe mwana wengwe akazvarwa ane nzara dzokurwa nadzo.

EXPLANATION AND TRANSLATION
Munhu ane mabasa akashata, akatangidza kuaita kubvira achiri muduku.
It early pricks that will be a thorn.
A biting dog started biting at its early puppyhood.
A thief began thieving at early youth.

848 ● **Imbwa inosemerwa mabasa ayo.**

EXPLANATION AND TRANSLATION
Munhu anovengwa nokusadikanwa pamusana pamabasa ake namagariro ake akashata.
A dog is disliked for its ill deeds.
It is an ill dog that does not deserve a crust.
A person is disliked for his wicked doings.

849 ❋   **Imbwa inosungirwa ndeinorura.**

EXPLANATION AND TRANSLATION
*Vana vanogara vakachengetwa, vasingabvumidzwi kuenda
kupi nokupi kwavanoda, vana vanofarira kufamba nenzira
dzezvitema.*
It is a stealing dog that needs chains.
Weak moral children live under strict parental control.

850 ❋   **Imbwa inotanda ndeyomunyebi.**

VARIANTS
◆   Hando inobaya ndeyomunyebi.
◆   Kunobaya hando yomunyebi.

EXPLANATION AND TRANSLATION
*Munhu anogara achirumbidza pachena mabasa akanaka
emhuri yake pavanhu, anokurudzira mhuri yake kuita
zvakanaka iyo yobva yazviitawo.*
He that over-praises the fast speed of his hunting dog will in the
end have it excel others.

851 ❋   **Imbwa inotevera chipwa chomwana.**

EXPLANATION AND TRANSLATION
*Munhu paanopiwa zvinhu zvinomuraramisa muupenyu ndipo
paanongoramba akanamatira achida kugarapo.*
Men are familiar with those who feed them.
The dog follows the person who always feeds it.

852 ❋   **Imbwa isingabi haigarwi namaponda pamusana.**

EXPLANATION AND TRANSLATION
*Mwana anoteerera vabereki vake asina unhubu haagari
achingorohwa-rohwa. Anogara akafefeterwa pamuviri nguva
dzose.*

Innocent actions carry their warrant with them.
A dog that steals not receives no stick beatings.

853 ✸ Imbwa inoruma chayaposherwa nacho.

EXPLANATION AND TRANSLATION
Munhu akatumwa nomumwe kunoba zvinhu, akabvuma,
akaenda kunozviba, mhosva yokuba zvinhu
izvozvo inopiwa iye azviba kwete uyo akamutuma kunozviba.
The dog bites a stone, not him that throws it.

854 ✸ Imbwa inozikanwa kumhanya kwayo neanovhima nayo.

EXPLANATION AND TRANSLATION
Simba romunhu pakubata basa rinozikanwa nouyo anogara
naye.
How most hardworking a person is, is best known by those who
stay with him.
A dog's speed in hunting is known by its master.

855 ✸ Imbwa mbengo inoruma mwenechiro.

EXPLANATION AND TRANSLATION
Mukadzi anoroya anogona kuroya murume wake akafa.
A witch bewitches her husband.
A mad dog bites its master.

856 ✸ Imbwa nyoro itsengi dzamatovo.

VARIANT
♦ Imbwa nyoro mupedzi wezvitovo.

EXPLANATION AND TRANSLATION
Munhu anogara akanyararisa ndiye anowanza kuita mabasa

asina kunaka akawandisisa.
A quiet dog eats stolen skins.
Too quiet persons are sometimes morally weak.

857   ✹   Imbwa payadyira yorovera kugara iripo.

EXPLANATION AND TRANSLATION
Munhu anowanza kuenda pamusha paanosvika achipiwa
sadza achidya achiguta.
A dog frequently visits where it is often fed.
Where men are well cared for, they will be frequent there.

858   ✹   Imbwa yadya imwe imbwa haikori.

EXPLANATION AND TRANSLATION
Munhu aponda mumwe munhu muchivande, nyange asati
akazivikanwa pachena kuti ndiye akamuponda, anogara
asina mufaro nguva dzose, achingopera muviri nokuonda.
He that has secretly committed murder, fear always follows him.
He that lives ill is ever lean.
The dog that has devoured another is never fat.

859   ✹   Imbwa yajaira kuba inorura.

EXPLANATION AND TRANSLATION
Munhu wechirume azvirovedza kugara akazivana
navechikadzi nguva nenguva, zvinobva zvamupinda muropa
akabva oda kugara akafamba pose achizviita.
A man who always indulges in women is never at rest.

860   ✹   Imbwa yakwegura haihukuri nhema.

EXPLANATION AND TRANSLATION
Munhu akura ava namano nepfungwa dzakakwana

haachangopopoteri munhu asina kutadza.
An old dog barks not in vain.

861 ❋ **Imbwa yarovera (yajairira) kuba haipfidzi kuba.**

EXPLANATION AND TRANSLATION
Munhu azvirovedza kugara achirarama nekutorera
vamwe zvinhu asina kubvumirwa navo nyange orangiwa
kakawanda sei pakuvatorera kwaanoita, haazviregi
zvokuvatorera. Anongoramba achirarama nokuvatorera.
Beating up never stopped a dog bred stealing from stealing.
It is hard to deviate a man of ill custom (nature).

862 ❋ **Imhara (Yave mhara) yadyiwa neingwe yose ikarova.**

EXPLANATION AND TRANSLATION
Chinhu chikuru chinodyiwa chikapera chose, kukasara
kusisina nyange nechidukuduku zvacho chinoratidza rudzi
rwacho zvarwanga rwakaita.
It is an entire destruction that leaves no trace behind of what has
been destroyed.
It is a carcase of an impala completely devoured by a
hungry leopard.

863 ❋ **Imhashu yabuda muhari ikawira muchoto.**

EXPLANATION AND TRANSLATION
Munhu akapona munjodzi duku, akabva opindazve mune
imwe njodzi hurusa kupfuura yokutanga.
To escape from the frying-pan into the fire.

864 ● **Imhashu (Yave mhashu) yabuda muhari (mugango) yongogara yakatya mwoto kutsva.**

VARIANTS
- Mhashu yabuda muhari (mugango) inongogara ichitya mwoto.
- Imhembwe (Mhembwe) yadambura mumbure yongogara ine rumhepo rwokutya kubatwazve nomumbure.

EXPLANATION AND TRANSLATION
Njodzi yakambowira munhu akapona mairi, anongogara akairangarira nguva dzose, haaikanganwi.
It is the locust that has narrowly escaped from the frying pan that dreads fire.
Bitter experience breeds most care afterwards.

865 ● **Imhashu yenzara inogochwa norutanda yakabatwa gumbo kuchityiwa kunzi ingatsva isati yaburwa.**

VARIANT
- Imhashu yomurwere yogochwa yakabatwa gumbo, kuti isatsva.

EXPLANATION AND TRANSLATION
Kana vanhu vava munzara, zvokudya zvavanowana vanozvidya vachizvichengetedza kuti zvisapfachuka-pfachuka, zvikapera chiriporipo.
Those who are most starving handle their food with most care.
Most starving, most economising.

866 ● **Imhashu (Mhashu) yomutana (yeharahwa) inogochwa yakabatwa gumbo.**

EXPLANATION AND TRANSLATION
Munhu akwegura anobata nhumbi nepfuma yake nokuchengeta kuti zvisamuperera akatambudzika nokuti

haachina nguva yokushava zvimwe nokuti akwegura.
Too aged persons have most care in handling their personal
properties.

867   ❃   **Imhedza (Mhedza) madanha n'ombe yemhou
yomurombo (yomuchena).**

EXPLANATION AND TRANSLATION
*Pfuma shomanana yomurombo yaanayo inomugutsa mwoyo
zvakazara.*
The poor man's only cow forms the centre part of his wealth
pride.
He that is poor his only cow contents him to his entire fill.

868   ❃   **Imhinda (Mbinda) makombo esimbe
(engomwa) inobatira makombo akawanda neayisingazorimi.**

EXPLANATION AND TRANSLATION
*Munhu ane mwoyo namakaro nezvinhu zvose nezvaasina
basa nazvo, anongozviunganidza achidzivirira vamwe vane
basa nazvo kuti vasazvishandisa.*
He is a dog in the manger.
A barren husband (man) has a coveting sharp eye for women.

869   ❃   **Imhindanomo kunyimwa nomunda hakuenzani
nokunyimwa nomunhu.**

VARIANT
    ◆   Kunyimwa nemunda hakuenzani nokunyimwa nomunhu.

EXPLANATION AND TRANSLATION
*Kana mbeu dzikagara dzadzvarwa dzikamera, nyange zuva
rozopisisa kwemwedzi yakawanda mvura isinganayi asi
ikazonaya, zvokudya zvishomanana hazvo izvozvo
zvinokohwewa, vanhu vakadya vakararama.*

Even if it be a year of poorest summer rainfall, the ploughed
seed sowed land will not refuse a family a little harvest.

870 ✱ **Imhindupindu nguwo yenyoka isingatasamuki.**

EXPLANATION AND TRANSLATION
*Inyaya yaitika isingagoni kuonekwa musoro wayo kana
yotaurwa isina nzira dzakati tasa dzingaita kuti itaurwe
igadzirisike.*
It is a too difficult problem that affords no straight solving
method.

871 ✱ **Iminya (Imedza) wadzora nhango yegodo (bvupa).**

EXPLANATION AND TRANSLATION
*Inzira dzine njodzi mukati dzaunoshandisa kuti uwane nadzo
chinhu chaunodisisa. Inzira dzaunofanira kushandisa
noungwaru kuti usazvikuvadza nadzo.*
He that swallows up bony meat must first of all make a thorough
chewing.
Chew before you swallow.

872 ✱ **Imvinga dzomuromo (Indima dzomuromo) dzinopedza
munda kurima nezuva rimwe.**

EXPLANATION AND TRANSLATION
*Munhu anotaura nomuromo koga zvakawandisisa
zvaangaita, namaoko ake, kupfuura zvaanobva azoita
namaoko ake kana zvoenzaniswa.*
Great talkers are least (little) doers.

873   ●   **In'ombe dzinobva kusina uswa dzinongoswera dzimire dzakatsinatira dzichifura sora (bundo).**

EXPLANATION AND TRANSLATION
Vanhu vanobva kusina zvokudya vanongoswerera kudya vasingazorori.
Beasts from barren pastures graze the whole day long without rest.

874   ●   **In'ombe iri mubumudza inoonekwa nokubwinya muviri.**

EXPLANATION AND TRANSLATION
Munhu anodya misi yose achiguta, achigara akapfeka zvakanaka, muviri wake unotarisika wakanaka uchifadza maziso.
She that feeds daily on rich diet wears a shiny smooth merry face.
The joy of the heart makes merry face.

875   ●   **Inekaneka kushava pfuma kwavaedzerwa vasati vaiwana.**

EXPLANATION AND TRANSLATION
Munhu akanonoka kutsvaka pfuma kuti apfumewo, kana oona vamwe vava nayo, anobva aitsvaka nenzira dzinoratidza kunge seava kupenga mumatsvakiro ake.
He that is too late to start seeking wealth will always trot about day and night seeking.

876   ●   **Inekaneka kushava pfuma kwavana makaro nayo.**

EXPLANATION AND TRANSLATION
Munhu anokarira zvikurusa kuwana chinhu anochitsvaka nenzira dzakawanda. Dzimwe dzakakombama dzine

*nyengedzo mukati achitserera vamwe vanochidawo,
achingovatira kufamba siku nesikati achichitsvaka.*
The misers seek wealth impetuously and greedily.

877   **✸**   **Ingwe inofa ichidyirwa nyama yemhuka dzainouraya navana vayo.**

EXPLANATION AND TRANSLATION
*Munhu akamuka ari muvhimi nomudzimba, nyange
akwegura zvakadii kana achagona kufamba nokuteya
misungo, nezvidzingi, anongofa achiteya, achibatira vana
vake tsuro, zvikwari, nhire neshiri, vachisevesa, nyange iye
achinge asisina mazino, akadonha nokukwegura kwake.*
In its far old age the leopard preys game for its cubs.

878   **✸**   **Ingwe yakafa ine ukasha hwayo hwayakamuka nahwo ichingorwa.**

EXPLANATION AND TRANSLATION
*Munhu akagara azvarwa aine mwoyo wakashata,
akangokura anawo achingoita mabasa akashata,
anodzamara akangofa anawo achingomaita.*
A leopard dies still possessed with its harsh nature.
He that was born wicked will always die being wicked.

879   **✸**   **Ingwe yakanatsiwa namanyerekete ainawo.**

EXPLANATION AND TRANSLATION
*Upenyu hwomukadzi nomurume vakaroorana hwakanatsiwa
navana vavanozvara.*
It is the spots that make the leopard look beautiful.
It is children who decorate married life of the two.

880   ❋   **Inhamburo dzowafirwa wongofananidzira neasati ari muroyi kuti muroyi**.

EXPLANATION AND TRANSLATION
Munhu awirwa nenhamo yorufu anongofungidzira munhu upi noupi waagere naye kuti ndiye akamuurayira hama yake.
The suspicion of the bereft may even be directed upon the innocent as the causer of death.

881   ❋   **Inhambutambu dzechishiri chebani chashaya pachinomhara, chongoti napachivhuru chomhara.**

EXPLANATION AND TRANSLATION
Munhu ava munhamo hurusa, wongoti nyange napamurombowo asina chaangamubatsira nacho, woenda kundokumbira rubatsiro kwaari rwaasingawani.
He that is in great need of a thing has no choice of means to obtain it.
Finding no tree to perch on, the open-plain little bird perches on the anthill.

882   ❋   **Inhambutambu dzenyota, mvura yateuka haikokotwi pasi payateukira**.

VARIANT
   ◆   Wafa wafa, kurema kworufu kongotakurwa pamwoyo.

EXPLANATION AND TRANSLATION
Kuchema wafa nenzira dzakawanda dzokubudisa misodzi ichiyerera sorwizi rwazara nokuridza mhere ichinzwikwa kure kure hazvizomutsi wafa akadzoka kuva mupenyu.
It is no use crying over spilt milk.
Worrying over spilt milk will never quench the thirst.

883   •   **Inhambutambu dzowotorwa nemvura (norwizi) wongobata noruswa achiti rutsanga (rushanga).**

EXPLANATION AND TRANSLATION
Munhu anenge akombwa namatambudziko, haana nzira yakanaka yaachasarudza kuti aishandise abude maari. Anenge ongoti chero nzira ipi neipi zvayo yaanenge awana oishandisa.
The drowning man will catch at every straw, even grass.

884   •   **Inhamo dzakasongana dzisina inoseka imwe.**

EXPLANATION AND TRANSLATION
Vana vavarombo vakaroorana hapana anozvikudza achiti kune mumwe wake akazvarwa nomurombo.
It is the son of a poor man that marries the daughter of a poor man.

885   •   **Inhamo dzinokumbirana upfu.**

EXPLANATION AND TRANSLATION
Munhu anoshaya anonochemawo kune anoshayawo kuti amubatsire nezvaasina zvaanoshaya, asingazoruwani rubatsiro rwezvaanoda.
It is misery that begs bread from another misery.

886   •   **Inhamo dzinosekana, bofu kuseka chirema chakaremara makumbo.**

EXPLANATION AND TRANSLATION
Vamwe vanhu vanoda kutaura pamusoro pezvakashata zvinoitwa navamwe, asi ivo vane zvavowo zvakashata zvavanoita, zvinotaurwawo naivavo vavanotaura nezvavowo.
The blind must never mock one with a crippled leg.

887 ● **Inhamo hayo mukuru kushaya gudza rake rokufamba akafukawo.**

EXPLANATION AND TRANSLATION
Chinhu chinosuwisa kuti munhu wechirume asvika pazera rokuti angadai aroora, agogara asina mudzimai wakewo anomubikira.
It is a sad situation for a fully grown-up man to live a single life without a wife.

888 ● **Inhamo inodovaira sehuku inotsvaka mujuru.**

EXPLANATION AND TRANSLATION
Munhu ane kushaya kuri pachena, kunoonekwa nomunhu waagere naye kuti anoshaya, saka pose paanenge achifamba anenge achikumbira zvingamubatsira.
He is in desperate noticeable needs to all.

889 ● **Inhamo (Yave nhamo) neshiri bvunde kufa riri gava.**

EXPLANATION AND TRANSLATION
Kurasikirwa nechinhu chikurusa chakabata upenyu chawanga wavimba nacho kukubatsira pakushaya kwamangwana, asi chikatadziswa nezvachiparadza chichiri munzira chichiuya kwauri kuzokubatsira.
When crops die of drought before maturity, birds must starve. When a newly married young man loses his wife by death, he is left alone sorrowfully.

890 ● **Inhamo yakavinga imwe nhamo kuti nhamo mbiri dzigobatana dzikure.**

EXPLANATION AND TRANSLATION
Murume akafirwa nomukadzi akasiyirwa vana, anondoroora mukadzi akafirwa nomurume akasiyirwa vana vaakachengetawo, vaacharamba akangochengeta, vasina

kwavangaenda kunochengetwa.
Where two big flooded rivers meet, the tide (flood) becomes highest.

891   ❋   **Inhengeni yatsvukira panhundu yamago isina angaitanha.**

EXPLANATION AND TRANSLATION
Imhandara ine vabereki vanopengesa vasingabvumidzi majaya anonyenga kupinda mumusha mavo mairi mhandara iyi kuzoinyenga.
It is the prettiest maid born by too strict parents to allow young men to approach her for courtship.

892   ❋   **Inhunzi (Yave nhunzi) yotambira pamupfuta inozoguma yahaturwa mapapiro.**

EXPLANATION AND TRANSLATION
Munhu kana akanyanyisisa kuita mabasa akashata, anopedzisira azvipinza mumatambudziko nawo.
It is a fly that plays near fire flame that will soon get scorched.
A man far from his good is near his doom (harm).

893   ❋   **Inodziya pane muzinda wenyuchi.**

VARIANT
♦   Shezhu inodziya pane muzinda wenyuchi.

EXPLANATION AND TRANSLATION
Mhosva inobata mupari wayo, haibati asina kuipara.
He that has committed a crime suffers the penalty.
It is the given evidence that determines the judgement.

894   ✴   **Inofira munyayi wayo anoinyaira.**

VARIANT
- ◆   Mhosva haisiyi munyayi wayo anoinyaira.

EXPLANATION AND TRANSLATION
Munhu abvuma kushandira mumwe basa ringamupinza
mumatambudziko pamusoro pokubvuma kwake kurishanda,
kana basa iroro razopinda panhano yokusashandika kwazvo
nenzira yakati tasa iyewo anopinda mudambudziko.
The messenger may pay the price of death for being sent.

895   ✴   **Inokara (N'ombe yemhou inokara) ndiyo ine**
mukaka.

EXPLANATION AND TRANSLATION
Mombe yemhou inokumira mhuru yayo zvikurusa ndiyo
inosisa zvikuru. Basa guru rinoremesesa ndiro rinobudisa
rubatsiro rukurusa pamunhu.
The milking cow that lows loudest for its calf has plenty of milk.

896   ✴   **Inokura (Yakakura) nokukora kwayo n'ombe,**
kwayakabva nako pasi.

EXPLANATION AND TRANSLATION
Munhu akanaka nezviito zvake anogara akura nazvo achibva
paucheche.
Born good children grow up with their goodness.

897   ✴   **Inoonekwa kununa (kukora) kwayo yatumburwa ura.**

VARIANT
- ◆   Itumbureyi ura yamavhiya tiione kununa kwayo.

EXPLANATION AND TRANSLATION
*Mhosva inozozikanwa ukuru nouduku hwayo kana yataurwa
uchapupu hwose hwunodikanwa hwukanzwikwa.*
The verdict is pronounced after the trial.
It is the necessary evidence in a case that ends the trial.

898 ● Inyama yokugochwa isingan'un'unwi mapfupa.

EXPLANATION AND TRANSLATION
*Mufaro mudukuduku unowanikwa pachinhu chikuru changa
chakatarisirwa kuti chichabudisa mufaro mukuru
wakaenzana noukuru hwacho.*
It is a lean pleasure that cannot be fully thoroughly enjoyed.
Lean pleasure has no thorough enjoyment.

899 ● Inyere (Nyere) itsva inozvimbisa muromo.

VARIANT
♦ Kudzidza kuwana gonye kwavahuku rongofamba
   rakaiswa pamuromo parinoonekwa.

EXPLANATION AND TRANSLATION
*Munhu atangidzawo kuwana chinhu chakanaka muupenyu
anoongofamba achichiratidza vose vose, achitaurazve
zvakanyanya pamusoro pacho kuti vanhu vagobva vazivawo
kuti ava nacho.*
He that has never had fortune sings ceaselessly of his first landing
upon wealth or fortune.

**900 ● Inyira (Yave nyira/nyire) yowafa inongonenerwa
neasati ari muroyi.**

EXPLANATION AND TRANSLATION
*Panenge pafiwa, hapana nomumwe wavanogara pedyo napo
asingafungidzirwi kuti ndiye akakonzera kuti rufu irworwo
rwuitikepo.*

Whenever death occurs, everyone, even the innocent, is suspected to be at the root of it.

901 ● **Inyuchi dzegonera dzisina umoreko.**

EXPLANATION AND TRANSLATION
Munhu anogozha nezvinhu zvaanokumbirwa navamwe kuti avabatsire nazvo asi asina nzira yaangakumbirwa nayo kuti asununguke ape vanomukumbira.
He is an unapproachable person, no one has free access to him.

902 ● **Inzara kwakanaya.**

EXPLANATION AND TRANSLATION
Kana mvura ikanayisisa kubvira pakudzvarwa kwembeu kudzamara kuvavarira nguva yokuibva kwazvo, zviyo zvinofa zvabitirirwa nemvura.
Too much summer rains breed starvation.
No summer rains, no crops. Too much summer rains, no crops as well.

903 ● **Inzara rukari, vane zvishoma vanofa vachidya.**

EXPLANATION AND TRANSLATION
Nyange zuva rikapisisa sei kubvira pakuturuka kusvikira mukati mezhizha, hakushayiki zvishomanana zvinokohwewa, vanhu vakambobatsirika.
Although it is a year of grain scarcity but there is always a little food available.

904 ● **Inzeve dzenzara dzinogara dziri kunzira dzakateerera.**

EXPLANATION AND TRANSLATION
Munhu afa nenzara, kana achidanwa kuti azodya sadza,

haanonoki kunzwa nokudavira.
A hungry belly always has the sharpest hearing.

905 ● Inzwira pamuviri (pamusana) tsvimbo yarova dapi.

VARIANT
◆ Makarukandawa tsvimbo yokugotsi.

EXPLANATION AND TRANSLATION
Kurohwa kwomunhu nokunyangirwa kwaanongovhundutswa nokurwadza kwapinda munyama yomuviri wake.
It is a sudden bitter experience from which one learns a lesson.

906 ● Ipa mufambi haapedzi dura.

EXPLANATION AND TRANSLATION
Munhu anozvipfuurira anongodya, kana aguta oenda zvake. Haatori zviyo zvako zvawakazvichengetera, unosara unazvo.
The meal given to a traveller on a journey can never exhaust your granary output.

907 ● Ipwa hurusa haina muto unozipa.

EXPLANATION AND TRANSLATION
Mhuka dzine mituru mikurusa hadziwanzi kuva nenyama inonaka pakugocha kana pakubikwa.
The greatest calf is not the tastiest veal.

908 ● Iringa namaziso (nameso) muchero wenhundurwa.

VARIANT
◆ Chisingadyiwi chinowiridza (chinowunidza) muchero wenhundurwa haudyiwi.

EXPLANATION AND TRANSLATION
Kunaka kwechiso chehanzvadzisikana hakupindi mukati memwoyo wehanzvanzikomana, kunongoperera mukutarisa namaziso chete.
The beauty of a female relative exerts not much attraction upon the mind of a male relative.

909   ✹   **Irombo rokusaguta, nherera kudya ikarutsa.**

EXPLANATION AND TRANSLATION
Agara ari wenhamo nyange akawana chidukuduku chinga-muyamura muupenyu hachitani kumurasikira nokuti chinenge chichida kuti atamburezve.
Pity for the orphan to eat and vomit when no one should cook for it again.

910   ✹   **Irwa kutsvaka chine vato, chisina vato hachizivikanwi gwara rachakafanira kuwanika.**

EXPLANATION AND TRANSLATION
Munhu ngaatsvake rudzi rwepfuma yakamufanira pamamiriro namagariro ake, uye yaanoziva kwaangaiwana namazano aangashandisa kuti aiwane nawo. Iripo pfuma yakakurisa pamunhu.
Seek wealth that suits your standing height.

911   ✹   **Isenda-senda kukwira gomo humonereka (huvandurira).**

VARIANT
   ◆   Kukwira gomo huvandurira (humonereka/hupotereka*).*

EXPLANATION AND TRANSLATION
Mwana kana achikumbira baba vake kuti vamuitire chinhu anokumbira amai vake kuti vamuendere kunomukumbirira kuna baba.

The farthest round-about way is the nearest way home.
The zig-zag climb gets you on top (summit) of the mountain.
Climbing a mountain means a long way round.
A chief has to be approached through his entourage.

912   ✸   **Ishana (Yave shana) yapinda muibwe isisina macherero.**

EXPLANATION AND TRANSLATION
*Inyaya yakakanganisika, yakunda vanga vakaiunganira
vachiigadzira, isisakwanisiki kugadzirwa, yongosiiwa
yakadaro, yapedza mazano ose avanga vachiedza kuigadzira.*
It is the mouse that has entered the stony hole.

913   ✸   **Ishandukuminya kurwa kwamapofu.**

EXPLANATION AND TRANSLATION
*Vanhu vaviri vanorwa vakabatana, vanoti mumwe owisirwa
pasi iye ogara mumwe pamusoro. Kozoti uya agara mumwe
pamusoro, okundwawo ovawo pasi, ogarwa pamusorowo.
Voramba vachingodaro.*
It is a half-won scuffle for both grappling opponents.

914   ✸   **Ishavi renhamo rinokutuma kurwa
nowakakuchengeta.**

EXPLANATION AND TRANSLATION
*Munhu abatwa nokusaziva zvaanoita anoonekwa orwisana
nomunhu waagere mumusha make achipiwa zvokudya naye.*
He that is meant to starve quarrels with his feeding sources.

915 ✻ **Ishavi rourombo rinoti furatira chawakomborerwa.**

EXPLANATION AND TRANSLATION
Munhu anoti chinhu chaanga achidisisa chine batsiro
muupenyu hwake chozviratidzira nezviito pachena kuti chava
pedyo naye, haacharatidzi hanyn'a nacho, obva azviswede-
dzera kure nacho nezviito zvake, ochirega chopfuura.
He that fortune was never meant to bless repulses gifts.

916 ✻ **Ishawishawi yechadyiwa nehama.**

VARIANT
◆ Rega kuita (Usaita) shawishawi chadyiwa nehama.

EXPLANATION AND TRANSLATION
Munhu anofamba achifumura zvinhu zvakavanzika zvinoitwa
nehama dzake asingafaniri kutaura kune vamwe vanhu.
Let not the cat out of the bag.
Disclose not the secrets of your relative to the public.

917 ✻ **Ishayisano dongo raparuware (roruware)**
risingakavirwi (risingadzvarwi) mhunzi.

VARIANT
◆ Matanyadzana (Mahatinyadzane) dongo raparuware
risingakavirwi (risingadzvarwi) mhunzi.

EXPLANATION AND TRANSLATION
Munhu anoti kana akoniwa chinhu chaanga achidisisa
zvikurusa, asi chikange chawanikwa nomumwe iye wono-
tserera uya wabudirira kuchiwana kuti vagofanana
pakusachiwana vose vari vaviri.
He that has failed to get a thing he badly wanted, deliberately
spoils the possible chances for him that is to succeed in getting it.

918 ❋   **Ishe haakambi guhwa.**

VARIANT
♦   Vashe havakambi guhwa.

EXPLANATION AND TRANSLATION
Munhu mukuru akabata vamwe vanhu asabvuma
zvaanoudzwa navamwe vanhu pamusoro pavamwe vanhu
asati atanga azviongorora akazviona kuti ndezvechokwadi,
agobva ozvigamuchira.
Believe not in what is brought to you by hearsay.

919 ❋   **Ishe ndishe navaranda vari pasi pake.**

VARIANT
♦   Nyika inyika navaranda vari mukati mayo.

EXPLANATION AND TRANSLATION
Munhu akasarudzwa navanhu, kana akasarudzwa nomutemo
wetsika, anofanira kubata vari pasi pake netsitsi,
asingavanetsi.
If there were no subjects, there never would be a ruler.
There would be no great ones if there were no little ones.
It is the subjects that make a king.

920 ❋   **Ishindi (Yava shindi) yawana urungiro.**

VARIANTS
♦   Wava mwedzi wagarira muguti, usina anouziva musi
       wawakagara.
♦   Wava munzwa wabayira mundove.

EXPLANATION AND TRANSLATION
Munhu agara asangadi chinhu anotsvaka nzira dzokuchi-
ramba nadzo asi dzisina simba rakakwana rokutsigira
kuchiramba kwake.
Faults are thick where love is thin.
Where love fails we espy all faults.

278

921 ❋ Ishungu dzokushaya muturu (dzokusasamhuka) dzinoumba ukasha hwenyoka.

EXPLANATION AND TRANSLATION
Munhu akapfupikisa kana achitukana nomumwe anokurumidza kupindwa nokutsamwa, nokuti zvimwe anoti anozvidzwa navamwe pamusana pokuti vanomuona akapfupika.
A little pot on fire soon boils (is soon hot).
Little stature soon gets angered.

922 ❋ Ishwa dzawira mutswanda hadzichanetsi kuworera.

EXPLANATION AND TRANSLATION
Kunyenga muramu nokunyenga musikana anogara mumusha maunogara hakunetsi nokuti vose vari pedyo newe, unovaona nguva dzose.
Favourable chances make easy gainings.
He that lands upon favourable chances is sure to succeed.
The nearer the better.

923 ❋ Ishwa haibatwi nomusoro, inodzokera makare mumwena.

EXPLANATION AND TRANSLATION
Munhu akataurirwa pamusoro pembavha inomubira, asataura nayo pamusoro paizvozvo achangoudzwa, asi amirire kusvika aibata.
He who holds his peace and gathers stones will find time to throw them.
Silence catches the mouse.

924 ❋ Isimba kaviri kurwa nomukadzi wousipo.

EXPLANATION AND TRANSLATION
Munhu anorwisana nomunhu akachengetwa nomumwe iye muchengeti wake asipo kana adzoka kwaanga aenda, anosvikorwisa munhu uya asara orwisana,

nowaakachengeta iye asipo.
He needs double strength he who quarrels with the wife whose
husband is absent.

925   ❋   **Isu tongoti zvose mafuta tinozora, kuzvireva**
hungonyadza muromo.

VARIANT
◆   Machena ose mazai haana zai dema.

EXPLANATION AND TRANSLATION
Munhu akanyanyopomerwa zvakashata zvaasingaiti
anozoguma asisina hanyn'a nokupomerwa ikoko hana
yake yasununguka, ongozvifarirawo savamwe vanofara.
Small griefs speak but great ones are dumb.

926   ❋   **Iswerera (Yave swerera) kuvhiya mbudzi yebofu.**

VARIANTS
◆   Iswererovhiya nyama yomusoro.
◆   Iswerere ndinde yamakonzo isina anofa akaipedza.

EXPLANATION AND TRANSLATION
Inyaya kana mhosva inotaurwa isingakurumidzi kupera
kusvikira vanoitaura vaneta nokuitaura isingaperi.
It is the trial of a case that never ends soon.
It is the skinning of a blind man's goat that takes more time than it
should.

927   ❋   **Itsuro (Tsuro) yabva (yapona) murutsva**
mayambotandaniswa yogara ine rumhepu.

VARIANT
◆   Imhashu yabuda muhari isati ichada kuona mwoto.

EXPLANATION AND TRANSLATION
Munhu akambopona mutsaona anogara akaifunga achitya,
He that once escaped danger ever thinks danger is near him.

928 ❋ Itsvaka tsotso matsiga haabatidzi mwoto ukapfuta.

EXPLANATION AND TRANSLATION
Munhu anoda kurwa nomumwe achishaya nzira
yaangamutanga nayo anoedza kumudenha nokumutsamwisa
nenzira duku, kuti kana kutsamwa kwakura agowana nzira
yokurwa naye.
Little sticks kindle fire but great ones put it out.
Petty insults beget fierce fighting.

929 ❋ Itya zvavamwe zvako zvigotyiwawo.

EXPLANATION AND TRANSLATION
Munhu anokudza vamwe vanhu nokuvanyara, naiye
anokudziwawo achinyarwa navo.
He that respects other people is in turn also respected.
He that consorts with other men's wives will have his consorted
with also.

930 ❋ Ivhu (Pasi) hariguti.

EXPLANATION AND TRANSLATION
Nyange zvitunha zvavanofa zvowanda sei, zvose
zvinoiwana nzvimbo yokuvigwa mumakuva.
There was never a shortage of ground to sink a grave.

931 ❋ Ivhu harirwirwi, rinoyera.

EXPLANATION AND TRANSLATION
Tsika dzamagariro echisikirwo chavanhu hadzibvumidzi

vanhu kuti varwire munda kuda kuurima, nokuti munhu kana afa anovigwa muivhu, saka ivhu musha mukuru unoyera.
Quarrelling over arable land is traditionally prohibited.

932 ● **Ivhu (Pasi) ndimaminye, rakaminya zvikomba zvefodya yokuzipa.**

EXPLANATION AND TRANSLATION
Munhu wose nyange akakurumbira zvakadii, kana zuva rake rokufa rasvika anongofa ofutsirwa muvhu, zvoperera ipapo.
The soil swallows (covers) up even the greatest ones and gentlemen.

933 ● **Iwada wazvipa nhaka yowafa.**

EXPLANATION AND TRANSLATION
Pfuma yenhaka kana isati yagoverwa kune vose vanofanira kuigoverwa, ani nani anongoti ndeyakewo, achaigarawo.
To a deceased estate there are many claiming heirs to inherit.
He was never without many relatives he that dies rich.

934 ● **Izhanguzhangu shizha romushuku rinongogara rakapepereka.**

EXPLANATION AND TRANSLATION
Munhu asina kutsiga pamagariro ake anongoita zvinhu zvose nebapu achingopaparika.
He is a very unsteady person who always does things impetuously.

935 ● **Iziva nomwoyo rwendo rwembwa.**

EXPLANATION AND TRANSLATION
Munhu anongobva panzvimbo achienda kwaanoda kuenda

asina waamboudza kwaanoenda.
To take French leave.
He makes mention to no one where he is going.

936   ✸   **Iziya (Idikita) rembwa rinoperera mumambava.**

EXPLANATION AND TRANSLATION
Ibasa gukutu rinorema rinoshandwa nomunhu ane vimbo yokuwana zvichamubatsira pariri, ozotadza kuwana nyange nechiduku duku zvacho pariri apedza kurishanda.
It is a hard and much sweating gainless business.

937   ✸   **Jemanowadya rukunga rwomuroyi.**

VARIANT
◆   Ijemanowadya rukunga rwomuroyi.

EXPLANATION AND TRANSLATION
Munhu anokuchemera nhamo yaakuparira iwe usingazivi kuti ndiye akuparira anobva akuratidza tsitsi dzakadzika asi dziri dzenhema.
He pretends feeling sympathy for you, yet he is happy.

938   ✸   **Kakara kununa kudya kamwe.**

EXPLANATION AND TRANSLATION
Munhu akapfuma, akapfumiswa navamwe vakamupa pfuma kuti apfume, naiye anopawo vamwe pfuma vasina kuti vapfumewo.
Great and little are in need of one another.
If a little animal is fat, it is because it eats other little animals.

939 ✱ **Kana kwanzi nokora chipwa chomwana, hakuna kunzi chikokota.**

EXPLANATION AND TRANSLATION
Atenderwa kubikirwa sadza nomwanasikana womumwe, haana kumupiwa kuti achimuroora.
Liberty is not licence.

940 ✱ **Kana tichaseva nomuriwo ngatirege nyama.**

EXPLANATION AND TRANSLATION
Upenyu hwukange hwatipa kurarama nezvishoma, ngati-gutsikane nazvo. Tisazvinetsa nokushuva kurarama nezvakawanda.
In want of great comfort, the little (lean) comfort must satisfy us.

941 ✱ **Kana uchida (wada) kuziva zvomuzinda, bvunza vanogaramo.**

EXPLANATION AND TRANSLATION
Nzvimbo imwe neimwe inozikanwa zvayo zvakanaka nezvakashata navene vayo vageremo mairi.
It is only those who live in the courtyard who can truly describe how the king is like.
If you want to know all of Rome, ask from the Romans.

942 ✱ **Kana uchinyenga (Kunyenga) musikana tanga wabvunza zvaakaita.**

EXPLANATION AND TRANSLATION
Jaya risati ratangidza kunyenga musikana ngaribvunze kuna vamwe vanoziva magariro ake kuti akadii.
Before you marry be sure of the house where you tarry.
Before you court a girl, enquire of her character.
Marry the daughter of a good mother.

284

943 ✹ **Kana uchipa mumwe cheuka shure kwauri kuti usasara wopemha.**

VARIANT
- Kupa kwebenzi risina mano kunoputsa imba.

EXPLANATION AND TRANSLATION
Anopa mumwe ngaamupe zvaanomupa, iye achizvisiira zvakaenzanira kumuraramisa, asingagumi oshaiwa, agoonekwa okumbira kune vanazvo.
Give not to turn yourself into a beggar.

944 ✹ **Kana ukadya (Kudya) nyemba navauya dzinowana wadzinozvimbira.**

VARIANT
- Kudya nyemba navauya mangwana dzinofuma dzakuzvi-mbira.

EXPLANATION AND TRANSLATION
Munhu akanyengerwa navamwe kuita zvakashata, akazviitawo anozoguma apinda mumatambudziko vaya vamunyengera vabuda.
Great thieves hang little ones.
Little thieves are hanged while great ones escape.

945 ✹ **Kana ukarovedza imbwa sadza haizobvi mujinga mako.**

EXPLANATION AND TRANSLATION
Munhu anobatwa zvakanaka nomumwe munhu, anoramba akanamatirana naiyeye anomubata zvakanaka.
If you treat a person goodly he must cling on to you.
He that feeds a dog always has it near him.

946 ✱   **Kana wadye imbwa, idya gonho.**

VARIANT
◆   Kudye gava, idya guru, usadye dukwane.

EXPLANATION AND TRANSLATION
Murume anozviti anogona kurwa ngaarwe navamwe varume
vakagwinya, asasvosva vakadzi navaduku kwaari.
Angagozvirumbidza sei kuti anogona kurwa?
When you mean fighting, fight not a woman but a man.

947 ✱   **Kana warambwa (Kurambwa) ngura mabori mumwe achakuonawo.**

EXPLANATION AND TRANSLATION
Kana mukomana arambwa nemusikana waanga achipfimba
ngaagadzirise mhosho yaarambirwa kuti kana opfimba
mumwe agodikanwa.
Personal cleanliness finds many lovers.
Personal cleanliness lacks no lover.

948 ✱   **Kana watevera shezhu guma wasvika pane mukoko.**

VARIANT
◆   Shana inobatirwa panoguma mwena wayo.

EXPLANATION AND TRANSLATION
Basa raunenge watangidza kuita, ramba uchiriita
dzamara ripere kuti ugowana mubairo waro. Kana
ukarisiira panzira hapana mubairo waunowana..
Seek till you find and you will not lose your labour.
He that follows a honey-bird must follow it till he reaches the
bees' nest.

949 ✸ **Kana yava mugapu haichabvunzwi muturu.**

VARIANT
◆ Haichabvunzwi muturu kana yava mugapu.

EXPLANATION AND TRANSLATION
Nyama kana hwava usavi, haichabvunzwi kuti hwabva
paukuru hwakadii hwemhuka kana chipfuwo.
All meat is eaten without enquiring how big the carcass was.
In the dark, all persons measure the same height.

950 ✸ **Kana zvose zvainzi ndezvechiriporipo, mwana**
aisayamwiswa kusvikira zero rokurumurwa kwake.

EXPLANATION AND TRANSLATION
Kukurumidza-kurumidza haisiri iyo nzira yoga yokuita nayo
zvinhu zvose muupenyu. Chimwe nechimwe chine urefu
hwenguva yacho yachinoitwa nayo.
If all would be done in a quick limit, a baby would never
suckle till weaning age is reached.
Quickness is not the rule applicable in doing all things.

951 ✸ **Kare haagari ari kare.**

EXPLANATION AND TRANSLATION
Muupenyu zvinhu zvinofanira kupinduka. Masimba aripo
anofanira kuderera kuuye matsva, magariro avanhu
ashanduke, atsihwe namatsva.
Old life conditions must be replaced by new ones.
The old order changeth yielding place to new.

952 ✸ **Kazhinji (Ruzhinji) mhembwe inonofira kumakura**
kwayakamuka.

VARIANTS
◆ Kufa hufa, mudzimu haukanganwi kwawakabva.
◆ Mhembwe inonofira kumakura, kwayakamuka.

EXPLANATION AND TRANSLATION
Nyange munhu akambotama achibva paakazvarirwa
achinogara kumwe kwamakore akawanda asi rimwe zuva
anongonzwa mumwoyo kuti adzokere kwaakabva, okaruka
atama adzokerako.
He that quits his country of birth for another, may one day return
to live in it.
He that quits his old job for a new one, may one day return to it.
A duiker may change its living-place, but may return to die living
there.

---

954   ❋   Ko, kutsvuka pachiso ndiko kunaka mwoyo?

VARIANTS
- ◆   Matende mashava kuvazva hwahwa (doro).
- ◆   Mukadzi mushava ndiye muroyi.

EXPLANATION AND TRANSLATION
Mukadzi akanakisisa pachiso, ane ganda dzvuku romuviri,
anowanza kuva akashata pamwoyo namabasa ake
mumagariro ake muupenyu.
A ripe fig shows smooth red outer part but with filthy rotten inner
part.

---

955   ❋   Kuangarara kwomukadzi kunanzve guyo.

EXPLANATION AND TRANSLATION
Vakadzi vane mabasa avo avanofanira kushanda
vakasununguka vachirumbidzwa akaita sokubika zvokudya
nokukuya. Bva, aripo mabasa echirume akaita sokukwira
mumiti munhu achitema. Kana vanhukadzi vachiashanda
vanomhurwa nokuti haasiri echisikirwo chavo.
It is no breach of traditional custom if a woman cleans off a
porridge cooking-stick, but to climb up a tree with an axe is not
expected of them.

956 ✽ **Kuangararai kwomuranda kunyenga mukadzi washe?**

EXPLANATION AND TRANSLATION
Munhu asingatyi zvinhu zvavakuru vaagere navo,
anodzamara akafunga zvokunyenga mudzimai womunhu
mukuru anomuchengeta.
It is a bold mouse that breeds in the cat's ear.
He is too bold a subject that makes love to the king's wife.

957 ✽ **Kuba hakutumwi munhu.**

EXPLANATION AND TRANSLATION
Mwoyo womunhu ndiwo unomutuma kuita mabasa akashata.
Theft propensities are weeds that germinate in a man's heart
without being sown.
No one is sent to steal.

958 ✽ **Kuba kwomwana muduku kwakatanga nokunyurura gapu.**

EXPLANATION AND TRANSLATION
Mbavha yakatangidza nokutora zvinhu zvidukuduku mumba
mamai vayo ikazoguma yotorera vamwe vanhu zvinhu zvavo
zvikuru isina kubvumirwa navo kuti izvitore.
A child started stealing by stealing boiled meat for side dish.
He that will steal a pin will steal a better thing tomorrow.

959 ✽ **Kubata (Kushanda) huzviwanira zvaunoda.**

EXPLANATION AND TRANSLATION
Munhu anoshanda basa rake mazuva ose, ndiye anopfuma
muupenyu.
He that labours gains.

960 ✸ **Kubata (Kushanda) kwesimbe muromo.**

VARIANTS
- Simbe ihuru pamuromo.
- Simba resimbe riri pamuromo.
- Simbe kuredzva muromo.

EXPLANATION AND TRANSLATION
Munhu ane usimbe kana achitumwa kushanda anotsamwa
odzivirira usimbe nokupopota.
A long tongue is a sign of short hands.
Idle folks lack no excuses.

961 ✸ **Kubata tsuro hukomberana.**

EXPLANATION AND TRANSLATION
Kushandira pamwe chete pabasa kunoita kuti vanhu
vabudirire nyange iro basa ranga richigozha sei
pakushandwa kwaro.
Co-operation achieves success.
One beats the bush and another catches the hare.

962 ✸ **Kubatira (Kushandira) vasingatendi kunoodza**
mwoyo.

VARIANT
- Kurasa simba (Kutamba nesimba) kubatira (kushandira)
  vasingatendi.

EXPLANATION AND TRANSLATION
Munhu anoshandirwa mabasa ake asingatendi
vanomushandira, anopedza rudo rwavanomushandira
mumwoyo yavo.
Ungratefulness hinders further progress on work.
It is a lost service that is bestowed upon an ungrateful person.

963 ✸ **Kubatirana nhumbi hunzwana pamagariro.**

EXPLANATION AND TRANSLATION
Vavakidzani vagere zvakanaka vachiwirirana vanoonekwa
nokukumbirana nhumbi dzokushandisa vachipana nomufaro.
Neighbours who live together in harmony use their working tools
in common.

964 ✸ **Kubatirwa iropa.**

EXPLANATION AND TRANSLATION
Varipo vamwe vanhu vanoti kana vaine basa rinoshandwa
vanhu vanomhanyira kunovabatsira kurishanda nemwoyo
yavo yose.
Everyone is serviceable to a born lucky person.

965 ✸ **Kubaya tange hama, mutorwa agotevera.**

EXPLANATION AND TRANSLATION
Kana ishe achipa zvirango kuvanhu vaanotonga, anonyanya
kuomesera veukama kupfuura vatorwa.
An impartial ruler is always more strict on his own blood
relatives than he is on any other persons.

966 ✸ **Kubereka (Kuzvara) hakugutwi sesadza.**

EXPLANATION AND TRANSLATION
Hapana munhu nokuda kwekusararama zvakanaka
kwenyama kana nyoka yake yokuzvara ichagamuchira,
angati vana vaazvara vamuwandira haachadi kuzvara
vamwe.

The desire for bearing many more children in every parent is infinite.

No parents ever have more children than they wish to bear.

967 ❋ Kubereka (Kuzvara) huzorodza makumbo (tsoka).

EXPLANATION AND TRANSLATION
Munhu ane vana anokwanisa kuvatuma papi napapi, voenda iye achisara agere zvake.
He that has children has messengers to send on his errands.

968 ❋ Kubereka (Kuzvara) ibasa rakareruka, hakuna simbe inokuzeza.

EXPLANATION AND TRANSLATION
Nyange nesimbe yosewo isingadi kurima nokushanda mamwe mabasa inowanika ine vana vayo mumba vayakazvizvarira ikazvichengetera.
Even the sluggard can have children.
If there is any easiest job for sluggards to do, it is to bear children.

969 ❋ Kubereka (Kuzvara) inhamo, vana vanongogara vakakuparira mangava.

EXPLANATION AND TRANSLATION
Kupara mhosva kwavana kunopedzera vabereki pfuma, yavanodziripa nayo vachisara vava munhamo yourombo.
He that has children dwells in sorrow.

970 ❋   **Kubereka (Kuzvara) kunorwadza, mwana ishongamwoyo.**

EXPLANATION AND TRANSLATION
Vabereki vose vanofara kana vachiona vana vavo vachiitirwa zvakanaka navamwe vanhu vavanosangana navo mumagariro avo.
I may see him need, but I will not see him bleed.
Child-birth pains breed most care for the child to keep.

971 ❋   **Kubereka (Kuzvara) kunozipa souchi, hakuna asingakudi.**

EXPLANATION AND TRANSLATION
Vanhu vose vanofadzwa zvikurusa nokutarisa vana vavakazvara kana vachifamba. Vanobva vada kuramba vachingozvara vamwe vana.
Sweet it is to bear children, nobody is without love for it.

972 ❋   **Kubereka (Kuzvara) mutakura wenyimo unozipa nokunwisa mvura.**

EXPLANATION AND TRANSLATION
Kana mwana achiita mabasa akanaka namagariro akanaka anoyemurwa navazhinji, vabereki vanofara zvakanyanyisisa zvine manyawi.
A well-behaving child is glory to the parents.

973 ❋   **Kubereka (Kuzvara) rwendo rwamusiiranwa rusinganyadzi (rusinganetsi) munhu.**

EXPLANATION AND TRANSLATION
Kubereka kunosiiranwa, kana nhasi uri mwana mangwana uchazovawo baba kana amai vane vana vavo. Vana ivavo vozovawo vabereki nokufamba kwenguva.

Bearing children to a wife and husband has never been a tiresome journey.

The baby boy is the father of tomorrow and the baby girl is the mother of tomorrow.

974 ❋ **Kubereka ushe kune vaya vane nyoka kwadzo.**

EXPLANATION AND TRANSLATION
Vabereki vane vana vanofamba zvakanaka mumagariro avo emisi yose, vanogara vakafara nguva dzose. Bva, avo vane vana vanogarira kuita zvakashata misi yose, vanogara vakarwadziwa mumwoyo yavo misi yose.
Children are a blessing to them that have good ones, but a curse to them that have bad ones.

975 ❋ **Kuberekwa (Kuzvarwa) kukuru, kutambura kwomwana kunorwadza mai**.

EXPLANATION AND TRANSLATION
Mubereki anozvipira kuti atambure panzvimbo yomwana wake, kana iye mwana achinge apinda panhamo dzinoremera simba rake kudzitakura.
Parental love has the deepest sympathy for the children.

976 ❋ **Kuberekwa (Kuzvarwa) ndokumwe.**

VARIANT
♦ Mifiro yavanhu pano panyika mizhinji.

EXPLANATION AND TRANSLATION
Kuzvarwa kwavanhu panyika kunozikanwa nenzira imwe chete. Asi kufa kwavanhu kunouya kwavari nenzira dzakasiyana-siyana.
There is one way to enter this life, but the gates of death are without number.

977 ❋ **Kubudisa (Kubvisa) mhumhi muhwizha mangwana inofuma yokuruma.**

EXPLANATION AND TRANSLATION
Ukanunura munhu akashata murufu anga oda kupondwa achirwa navamwe. Kunozoti kana apona munjodzi yokupondwa anokumukira iwe mununuri wake oda kukuuraya.
He that pulls the wolf out of the well will be the first to be attacked by it.

978 ❋ **Kubva (Kuenda) kwehosi inosiya imwe.**

EXPLANATION AND TRANSLATION
Mukuru akabata musha, nzvimbo nenyika, kana akange asipo ambofamba kwamazuva, anosiya aisa anomutevedzera paukuru hwake kumubatira nesimba rose rizere.
In the absence of a senior wife, the junior wife is made a temporary senior wife.

979 ❋ **Kubva muchinanga wowira musosoori.**

EXPLANATION AND TRANSLATION
Kupona munjodzi hurusa, wowirwazve mune imwe yakangofanana neyokutanga asi iri duku zvayo.
To escape the worst danger and fall into a worse one.

980 ❋ **Kubvaruka kwengoma tinokaka imwe.**

EXPLANATION AND TRANSLATION
Murume akafirwa nomukadzi anoroora mumwe. Mukadziwo akafirwa nomurume anoroorwa nomumwe. Murume nomukadzi vakafirwa nomwana ari mucheche vanozvara mumwe mwana.
The loss of one important thing in life must be replaced by another. The loss of a life partner must be replaced.

981 ● **Kubvongodzeka kwemvura inogadzikana ikachena.**

VARIANTS
- Mvura bvongodzeki ndiyo gadzikani (garani).
- Varwi ndivo vayanani.

EXPLANATION AND TRANSLATION
*Zvinhu zvingakanganisika hazvo mamiriro azvo azvanga
zviri asi zvinogona kugadzikana zvikava pamamiriro azvo
azvakanga zvakaita pakutanga.*
Stirred waters become clean.
Rough beginning carries smooth ending.

982 ● **Kubvuma chawatadza hakurwirwi, chinorwirwa
huramba kubvuma.**

VARIANT
- Anodikanwa ndeanotenda chaanenge akanganisa.

EXPLANATION AND TRANSLATION
*Mwana anovengwa navabereki, ndeanoti kana akanganisa
chinhu, paanenge obvunzwa pamusoro pacho oramba.*
A fault confessed is half dressed.
He that readily admits his mistake is soon forgiven.

983 ● **Kubvuma chawatadza hugura nyaya kuti ipfupike.**

VARIANT
- Kubvuma chawatadza hupedza nyaya kuti isatandavara.

EXPLANATION AND TRANSLATION
*Munhu anokurumidza kutenda kukanganisa kwake
kwaanenge aita anoregerwa chiriporipo.*
He that quickly admits his wrongdoing, effects an immediate
settlement of it.

984 ● **Kubvuma (Kutenda) mhosva hubvuma kuiripa.**

EXPLANATION AND TRANSLATION
Munhu anenge akatadzira mumwe anoratidza kutadza
kwake nokuda kuripira waakatadzira.
To agree to pay for the debt is one way of admitting the owing.
To accept the punishment for a crime is an open confession.

985 ● **Kubvuma mhosva yako huzvipembedza kuti ugare**
wakafefeterwa pahana.

EXPLANATION AND TRANSLATION
Abvuma zvaatadzira mumwe wake anokurumidza kunzwa
mwoyo wake wasununguka, achibva anzwa asisina chakaipa
chaamboita.
Open confession is good for the soul.

986 ● **Kubvuma (Kutenda) rwendo kwomwana muduku**
rwakewo rwendo rwuri mukati.

EXPLANATION AND TRANSLATION
Munhu anenge aine zvakewo zvaanoda mberi kwekwaanenge
atumwa, anobvumira pamusoro kuendako.
He that readily accepts to go on someone's errand has his own
private business to achieve ahead.

987 ● **Kubvuma (Kutenda) zvomukadzi, zvibvume (bvuma)**
wakafuratira.

EXPLANATION AND TRANSLATION
Kashoma kuti zvinhu zvose zvinotaurwa nevechikadzi
panyaya dzoupenyu zviwanikwe zviri zvechokwadi. Panguva
zhinji zvimwe zvacho zvinenge zviri zvenhema .
Until you can sort out, believe not all that a woman tells you.
Women's counsel is cold.

988 ❋ **Kubvunza hudzidza, asingabvunzi haangadzidzi chinhu.**

VARIANT
◆ Kubvunza huziva, asingabvunzi haana chinhu chaangaziva.

EXPLANATION AND TRANSLATION
Kuti munhu ave noruzivo pamusoro pezvinhu zvose zvakamukomba, anofanira kubvunza kuna vamwe vanoziva mamiriro azvo.
He that asketh learneth.
In asking, we learn.

989 ❋ **Kubvunza zvomuzinda (zvenyika) bvunza kuna vanogarapo.**

VARIANTS
◆ Kana uchida kuziva zvomuzinda, bvunza vanogarapo.
◆ Kuziva zvomuzinda huudzwa nevepo.

EXPLANATION AND TRANSLATION
Kana munhu achida kuziva magarirwo anoitwa mumusha mumwe nomumwe, anoudzwa navene vemisha vanogara mairi.
They that live in the king's court know much about the king's rules and his life.

990 ❋ **Kubvuwira mweni (muenzi) humutanda (humudzinga) pamusha pako.**

VARIANTS
◆ Wabvuwira mweni wamuratidza nzira (wati ngaafambe).
◆ Kubvuwira mweni humuratidza nzira yokubuda nayo

EXPLANATION AND TRANSLATION
Kuti mweni arara pamusha akurumidze kubva, aende, mubikire nokukasika mangwanani achangomuka.

Serving breakfast to the stranger is to tell him to quit.
He that feeds a stranger in the early morning shows him the path
to follow on leaving.

991 ❋ **Kuchaedza tikatunga matama avanoti vachenjeri
havaudzwi navasiri vangwaru.**

EXPLANATION AND TRANSLATION
*Munhu anoitira vamwe zvakashata asingaonekwi navene
vazvo, asi vake vomumba vachizviona achizviita,
vachimuyambira, asingavateereri, musi waanenge abatwa
nevene vezvinhu achiita zvakashata izvozvo, vanomuudza
kuti vaisimboyambira asingadi kuvaterera.*
He that takes delight in stealing, despite warnings by his relatives,
will one day be dumb when caught red-handed stealing.

992 ❋ **Kuchafa mupenyu anorarama.**

EXPLANATION AND TRANSLATION
*Chinhu chichaitika nenzira inoshamisa, chichipfuura
zvimwe zvinhu zvose zvakafanana naichocho
zvakamboitika pamazuva akapfuura.*
The performance of the game will be exceedingly charming.

993 ❋ **Kuchena mwoyo kwavanazvo, vanongogara mufaro
wakazadza mwoyo.**

EXPLANATION AND TRANSLATION
*Munhu asina chaanoshaya mumagariro ake ose, anogara
ane mwoyo wakagadzikana, azere mufaro.*
Plenty makes the heart merry.

994 ❋ **Kuchengeta hama hudzichengeta nokudzipa kudya.**

EXPLANATION AND TRANSLATION
Munhu akasununguka nokupa vose vaanoidza hama zvinhu zvinovabatsirawo muupenyu ndiye anonzi anoziva kuchengeta hama dzake.
It is giving food that makes your friends stick on to you.
He that has breams in his pond is able to bid his friend welcome.

995 ❋ **Kuchengetedza zvawawana huvigira mberi kuti usazotambudzika.**

EXPLANATION AND TRANSLATION
Zvinhu zvose zvinotibatsira muupenyu, ngatizvibate zvakanaka, tisazviparadza-paradza, asi tizvichengetedze zvigotibatsira, kana toshaya.
Thrift is great revenue.
He that economically looks after his food storage will never want.

996 ❋ **Kuchengeteka kwomukadzi huroorwa, murume akamuroora anomushavira zvaanoshaya.**

VARIANT
◆ Murume mumvuri womusha.

EXPLANATION AND TRANSLATION
Mukadzi asina kuroorwa haangazviriritiri zvakaenzana nokuti kushaya kuzhinji komukadzi kunopedzwa nomurume akapiwa mano makuru okuziva kupambarira mhuri.
Marriage is security to a woman.

300

997 ● **Kuchengetesa mhandire kwavasina mazino (meno).**

VARIANT
◆ Ruchengera rwengomwa isingabviwi nomukadzi
   mumaziso.
EXPLANATION AND TRANSLATION
Murume asingazvari anongoswera akarisana nomukadzi pose
pose paanoenda akamuchengeta achitya kutorerwa.
A sterile husband always has his wife within eyesight distance.
A barren husband never parts with his wife.

998 ● **Kuchenjedza nyamukuta kuzvara uchada.**

VARIANT
◆ Kutuka n'anga gosha richipo (usati wanaya).

EXPLANATION AND TRANSLATION
Mudzimai achaenderera mberi nokupona vana anofanira
kuitira vamuchembere vanomugamuchira vana pakubatsi-
rwa zvakanaka nguva dzose .
A child-bearing stage woman never should illtreat her midwife.
Quarrel not with your family doctor.

999 ● **Kuchenjera kunoparira mangava.**

EXPLANATION AND TRANSLATION
Munhu anoti akangwara nguva dzose, ndiye anoguma
azvipinza mumhosva dzisinei naye, nokufamba achipindira
zvavamwe vanhu zvinoitika achiti achazvigona iye nokuti
akangwara.
He is wise that knoweth how to use his wisdom.
A clever man may be the causer of his own death.

1000 ✸ Kuchenjera kwaida n'anga, hakuzaida murapwa.

EXPLANATION AND TRANSLATION
Kana murwere arapwa nen'anga ikamuponesa, asava ndiye
anogurira n'anga shanu(muripo) yayo yokumurapa, asi
n'anga ndiyo inomuudza ukuru hweshanu.
It is the healer who fixes treatment fees, not the patient.

1001 ✸ Kuchera (Kuteka) mvura nomukombe une buri kumugonyo unozviteurira mvura.

EXPLANATION AND TRANSLATION
Munhu anoba nhumbi odzigovera wakwewo ane chipfuva,
uyo anozofamba achiudza vamwe vanhu kuti ndedzokubiwa,
ivo vozvibudisa kuvene venhumbi vozoguma vabatwa
vose, votongerwa mhosva yokuba vava vaviri.
He that carries water in a calabash with a hole underneath will
have water run out and wet his skin.

1002 ✸ Kuchimbidza (Kukurumidza) kuminya (kumedza) kutsenga kuchada.

EXPLANATION AND TRANSLATION
Mukomana achiri kukura, achiri pasi pezera rokuroora,
nomusikana achiri pasi pezera rokuroorwa, kana
vamhanyirira kuroorana, vanozopedzisira vorambana,
mukomana oti mudzimai achembera ave kuda musikana
achiri mutsva.
He that makes a hasty choice of a girl to marry marries an ugly
wife.

1003 ❋ **Kuda kushonga kwavasinazvo zvavangashonga.**

EXPLANATION AND TRANSLATION
Chinhu chinonyanyodiwa nomunhu ndicho chaanoshaya.
They that have no clothing to wear have sharp taste for wearing.

1004 ❋ **Kudada kwavahosi somupunga uri mudengu, unoti ndakachengeteka.**

EXPLANATION AND TRANSLATION
Watanga kupiwa nzvimbo youkuru, anobva azvida nokuzvi-
kudza, achifunga kuti hakuchina angamutorera ukuru
ihwohwozve, ndohwake chose.
He that is in highest power thinks is ever greatest and most secure.
The senior wife scornfully despises the junior, thinking she is ever
senior.

1005 ❋ **Kudada kwavahosi vakati handikumbiri surudzo kumurongo.**

EXPLANATION AND TRANSLATION
Uyo ane nzvimbo iri pamusorosoro pane dzavamwe
anozvikudza zvakanyanyisisa achiti haana chaangashaya
chokuti angakumbira kune vari pasi pake.
The senior wife never thinks she can one day ask for salt from the
junior wife.
Seniority makes he who has it boastful.

1006 ❋ **Kudada kwavakazvarwa, kukungura nhamo dzenhema.**

EXPLANATION AND TRANSLATION
Munhu ane anomuchengeta anowana zvakaenzanirana
namashayiro ake muupenyu, ndiye anozviitisa achiratidza
kuvanhu seanonetseka.
They that have parents to depend on pretend neglected.

1007 ❋ **Kudada kwavari mugomo kukumbira mapfihwa kuna vari pasi.**

EXPLANATION AND TRANSLATION
Munhu ane zvinhu zvizhinji zvinodikanwa nevamwe anokumbira vasina kuti vamupewo, iye ari anofanira kuvapa.
With their abundance of hearth-stones those who live in the hills scornfully ask for hearth-stones from those who live in the valley where there are none.
It is a jeering request when the rich man asks for material help from the poorest.

1008 ❋ **Kudada (Usadada, Usavimba, Rega kudada) nenduma yausati watizisa.**

VARIANT
◆ Usadada (Kuvimba, Rega kudada) nenduma yausati watizisa.

EXPLANATION AND TRANSLATION
Munhu asatungamidza nokutaura kuti chinhu chaasati awana achiwana, ava nacho otanga kusava nehanyn'a.
Unfulfilled promises must never be relied upon.

1009 ❋ **Kudada sehove iri mumvura isingafungi kuti mvura ichapwa.**

EXPLANATION AND TRANSLATION
Munhu anenge agere zvakanaka muupenyu, haabvumi mupfungwa dzake kuti nerimwe ramazuva angawirwawo namatambudziko angamusuwisa.
He that is securely protected never believes he can one day be exposed to suffering.

1010 ❋   Kudada seinda inoruma akaitakura.

EXPLANATION AND TRANSLATION
Munhu anotadzira uyo akamuchengeta pakudya nokupfeka.
He returns evil for good.
Like a louse that bites the one who is carrying it.

1011 ❋   Kudada tochirega chidoorere tongozivodya.

EXPLANATION AND TRANSLATION
Munhu akanga ane pfuma yakawanda, akabva apererwa
nayo yose yaparara, akasara ava murombo haazosarudzi
rudzi rwezvokudya nezvipfeko.
They that used to live on plenty, when faced with poverty, have no
choice of clothing and food to eat.
The once rich, but now poor, welcome even the poorest meals
(diet).

1012 ❋   Kudada uroyi hakusiyani nokuroya.

EXPLANATION AND TRANSLATION
Munhu anozvida, anozvikudza, anozvidza nokusema vamwe
vanhu, anowanza kuva nomwoyo wakashata, wokusafarira
kubatsira vanotambudzika.
The heart in which pride and cruelty dwell, malice reigns.

1013 ❋   Kudadira dura raunovazha, urema.

VARIANT
◆   Urema kudadira dura raunovazha.

EXPLANATION AND TRANSLATION
Kusakudza nokusava nehanyn'a nowakutakura pakudya

nokupfeka upenzi.
It is double stupid to undermine and treat with contempt and
scorn the person who looks after you.

1014   **✻**   **Kudanwa (Kudaidzwa) kumuzinda usanonoka
unowana dzamira nemhuru.**

VARIANT
◆   Wadanwa (Wadaidzwa) haanonoki anowana dzaparadza.

EXPLANATION AND TRANSLATION
*Kana madaidzirwa chirevo kwamambo mukasasvika
nenguva yakatarwa namambo, mukasvika yapfuura,
munowana chirevo chataurwa.*
Calls from the chief must immediately be responded to.
Who arrives late, returns with no news.
Who cometh late, lodgeth ill.

1015   **✻**   **Kudanwa (Kudaidzwa) nashe hurangarirwa.**

VARIANT
◆   Wadanwa (daidzwa) naShe warangarirwa.

EXPLANATION AND TRANSLATION
*Uyo ashevedzwa namambo kuti anodya naye, ndiye
anenge agere ari mumwoyo mamambo achimukudza
mupfungwa dzake.*
He whom the king entertains should call himself blessed.
As precious as the king's love that is bestowed upon the luckiest.

1016   **✻**   **Kudemba dumba wanayiwa (waniwa).**

VARIANTS
◆   Kuyeuka dete gobvu rapinda kare.
◆   Kuyeuka bako mvura yanaya.
◆   Kuyeuka nhava kwatsva.

306

EXPLANATION AND TRANSLATION
Kutsvaka mazano okugadzira chinhu asi icho chatokanga-nisika.
After landing himself upon troubles he seeks advice.
He sends for the doctor when the patient is already dead.

1017 ◉ **Kudembwa hakuna dumbu, chine dumbu musuva wakandiwamo.**

VARIANTS
◆ Kudembwa hakugutsi dumbu, chinogutsa musuva wakandiwamo.
◆ Kudembwa hakupedzi (hakupodzi) nzara, chinopedza (chinopodza) nzara musuva wakandiwamo.

EXPLANATION AND TRANSLATION
Kuchemera munhu ane nzara kuti afa nenzara, asi asina chokudya chaapiwa, handiyo nzira ingamubatsira kuti nzara yomuuraya iende.
Fair words to a hungry person fill not the belly.
He that sympathises with me without giving me food
starves me most.
He who gives fair words feeds me with an empty spoon.

1018 ◉ **Kudembwa huzibwe dumbu, kudembwa kwomuromo hakuziyinuri nzara.**

EXPLANATION AND TRANSLATION
Uyo anokuchema nhamo yako nomuromo koga asingakupi chaungaipedza nacho, hapana chaakubatsira nacho.
Chinobatsira kukupa chaungaipedza nacho.
Sympathy without material relief is like mustard without beef.
He that truly sympathises with the hungry person is the one who gives him food, fair words do not relieve hunger.

1019 ✱   **Kudiwa nehama hudiwa nezvako zvaunenge uchidzipa.**

VARIANTS
- Kudiwa nowako hudiwa nezvako zvaunowana.
- Ukama igasva hwunozadziswa nokudya.

EXPLANATION AND TRANSLATION
Munhu anodikanwa nehama ndiye anenge achidzipa zvinhu zvadzinoshaya, zvinodzibatsira muupenyu.
He that has things to give to his relatives wins their love.
Relatives stick on to a relative who has things to give.

1020 ✱   **Kudiwa nenyika hugare nhaka yowafa.**

EXPLANATION AND TRANSLATION
Munhu anodikanwa navamwe vanhu anowana rubatsiro ruchibva kuvanhu vazhinji rusingagumi munguva dzose dzokushaya kwake kwakawandisisa.
A good name blesses the owner.
He inherits earthly estate, he that is loved by all.

1021 ✱   **Kudikanwa iropa (irombo).**

EXPLANATION AND TRANSLATION
Vamwe vanhu vakagara vazvarwa vakangogadzirirwa kudikanwa navamwe vanhu.
He was born lucky whom the world loves.

1022 ✱ **Kudira (Kuirika, Kutuvidza) nhamo pumusoro peimwe yagara iripo.**

VARIANT
◆ Kutuvidza bvuwo pamusoro perimwe bvuwo ragara riripo.

EXPLANATION AND TRANSLATION
Munhu agara ari bofu anokuvara gumbo richibva raremara, ragurika, akabva agara chava chirema chenhamo mbiri maziso negumbo.
To pour cold water on a drowned mouse.
To add more sufferings to a suffering person.

1023 ✱ **Kudya chowafa kudya chirove, hachitani kurova.**

EXPLANATION AND TRANSLATION
Pfuma yowafa ikapiwa mupenyu, nyange yanga yakawanda sei, haimbotori nguva refu isati yapera yose.
Inherited property will soon get dissolved.
Inherited estate lasts not long.

1024 ✱ **Kudya hakukwegurirwi sebasa.**

EXPLANATION AND TRANSLATION
Nyange munhu achembera, asisina simba rokushanda mamwe mabasa, asi basa rokudya kwaari rinenge rakangoreruka kurishanda, sezvaairishanda achiri mutsva.
None is too old as not able to feed oneself.

1025 ❋   **Kudya hakuna muduku.**

EXPLANATION AND TRANSLATION
Basa rokudya hariremeri mwana muduku. Somukuru
asingaremerwi nebasa rokudya, vose havaremerwi nokudya,
kwakareruka zvakafanana kwavari.
Food is meant for both young and old.
A little house has a wide door.

1026 ❋   **Kudya hakuna dera.**

EXPLANATION AND TRANSLATION
Munhu angatya kurwa achitiza kana atangana nomumwe
amutsana naye. Asi kana tava panyaya yokudya hakuna
anozeza kuminya (kumedza) musuva achitya kudzipwa nawo.
No one is too weak bodily as not to be able to help oneself eat-
ing.

1027 ❋   **Kudya hakuna mafemo somutoro (somusengwa).**

EXPLANATION AND TRANSLATION
Munhu kana achidya haaremerwi nako, sezvinoita kana
akatakura zvinomuremera.
Eating is never too heavy a burden.

1028 ❋   **Kudya hakuna simbe.**

EXPLANATION AND TRANSLATION
Nesimbe hainzwi usimbe hwokudya sezvainonzwa usimbe
hwokushanda basa.
Even a sluggard is very industrious at eating.
Never there was a sluggard who found eating a hard working job.

1029 ✱ **Kudya koga ndiko kunogonekanwa navose, kana kuri kusara kwezvizhinji vamwe havazvigoni.**

EXPLANATION AND TRANSLATION
Vanhu vose vakapiwa simba rokugona kudya asi simba namano okugona kuita zvimwe havana.
All persons have ability for eating, but as for doing other things, some have none.

1030 ✱ **Kudya kwamaziso (kwameso) hakusiri kwomuromo.**

EXPLANATION AND TRANSLATION
Somuromo uchizipirwa nezvinotapira zvakandwa mauri, namazisowo anoyeverwa nezvakanaka zvaanoonawo.
Food feeds the belly but beauty feeds the eyes.

1031 ✱ **Kudya kwen'ombe inobva kusina uswa, inofura zuva rose isingazorori.**

EXPLANATION AND TRANSLATION
Vanhu vanoshaya zvokudya zvavangadya misi yose vachiguta kana musi wavanenge vazviwana pazviri, vanongoswerera kudya vaine makaro okudya vasingambo-zorori.
Need makes greedy.
Those that do not have enough food, when given plenty of it to, they eat greedily.

1032 ✱ **Kudya muriwo huuda, asingaudi anourambira kure.**

EXPLANATION AND TRANSLATION
Munhu anosarudza kuita chinhu chinenge chichimufadza mumwoyo make. Chisingamufadzi haasarudzi kuchiita.
A man's choice is guided by his personal likings.

1033 ❋   **Kudya mutupo hudya mano.**

EXPLANATION AND TRANSLATION
Hama yeropa, yomutupo mumwe, hairoorwi. Chinonaka
kuroorwa muzukuru nambuya vanozvara mai nababa.
Never should blood relations by patrimony marry one another.

1034 ❋   **Kudya nebere unozoguma watetenwa.**

EXPLANATION AND TRANSLATION
Anoshamwaridzana nomunhu akaipa, novengwa noruzhinji
anoguma aitirwawo zvakaipa, nemunhu iyeye.
Nothing worse than a familiar enemy.
If you share meals with a wolf, you end by being eaten up by it.

1035 ❋   **Kudya cheziya (ziya) ndiko kuuya, unochidya**
wakasununguka.

EXPLANATION AND TRANSLATION
Munhu anofanira kurarama nezvaanozvishandira namaoko
ake, ndizvo zvinofadza.
Eat that comes from sweat of thy brow.

1036 ❋   **Kudya mhesa kwakaswedza basa rimire.**

EXPLANATION AND TRANSLATION
Vanhu vaviri kana vanokona kunosangana panzvimbo
yavakanga vasarudza kunosanganapo, mumwe akasvika
nenguva yake akasaona mumwe akadzokera, nomumwezve
akadarowo zvavange vakananga kuita hazvibudiriri.
Missing meeting one another at an agreed meeting place never
worked success.

1037 ✳ **Kudza (Kukudza) mukuru umukudze (humukudza) nezvake zvose zvaanazvo.**

VARIANT
◆ Kutya mukuru, humutya nezvake zvose zvaanazvo.

EXPLANATION AND TRANSLATION
Munhu anokudza mumwe anomukudza nokuratidza rukudzo kumhuri yake, kupfuma yake yose nokunhumbi dzake dzose.
He that honours a man honours him with his lot.
He that has respect for a man also has respect for all that he possesses.

1038 ✳ **Kudzidzowana kwavakagara vasina, nhasi zvavava vazvo ava mazana.**

EXPLANATION AND TRANSLATION
Munhu akazvarwa ari murombo, kana zvikangoitika kuti atangidze kupfuma, ongofamba achizvirumbidza pose pose kuti akapfuma zvikurusa.
He that was never rich before is too showy and boastful to own some property.

1039 ✳ **Kudzimba hakunzi zuva ravira.**

EXPLANATION AND TRANSLATION
Zvimwe zvinhu zvingangoitwa zvikabudirira nyange nguva yazvo yokunzi zviitwe nayo yanga yonzi yapfuura, hazvichagoni kuitwa zvikabudirira.
It is never too late to mend.
Things are never so late that they cannot be done at the end of time.

1040 ● **Kudzimba hudzimba kuchiri mangwanani mhuka dzichafamba-famba.**

EXPLANATION AND TRANSLATION
Chinhu chimwe nechimwe chinoitwa muupenyu kuti chibudirire chine nguva yacho yachakarongerwa namabviro namagariro kuti chiitwe nayo. Kana chikasaitwa nenguva yacho uye nemazvo, hachibudiriri.
The morning hour carries meat with it for a hunter.

1041 ● **Kudzimba kwavasingasidzimbi, mbeva yongoorera yakasungirirwa muchiuno.**

VARIANTS
◆ Kudzidza kuwana gonye kwavahuku gonye rongofamba rakaiswa pamuromo parinoonekwa.
◆ Inyere (Nyere) itsva inozvimbisa muromo.

EXPLANATION AND TRANSLATION
Munhu anotangidzawo kuwana chinhu chinokosha chaanga asina anongofamba achichiratidzira kumunhu wose kuti agozikanwawo kuti wava nacho.
The first gain (fortune) in a man's life makes him talk much about it to whoever he meets.

1042 ● **Kudzimba kune zuva rako.**

VARIANTS
◆ Mudzimba haadzimbi mazuva ose mamwe mazuva anomboshayawo chaanodzimba.
◆ Mazuva haanaki ose muupenyu.

EXPLANATION AND TRANSLATION
Kubudirira muupenyu mumabasa ose atinoshanda nguva dzose hakungavi kwenguva dzose. Pane dzimwe nguva hatibudiriri.

We do not hunt to kill every day.
A man has his hour and a dog his day.
Every dog has his own day.

1043 ✸ **Kudzimba kwomurume hufamba-famba kuti
asangane nechaanotsvaka.**

VARIANT
◆ Murume ndeanofamba-famba kuti asangane
nechaanotsvaka.

EXPLANATION AND TRANSLATION
*Kumbova munhu achibva paanogara achienda-enda
kumwe kunokaruka kwamuwanisa chinhu chitsva chaanga
asina muupenyu.*
The man that wanders about brings meat home.

1044 ✸ **Kudzimura mwoto unopfuta dzimura nemvura,
kuudzimura nouswa hwakaoma kuututsira kupfuta.**

VARIANTS
◆ Mwoto unopfuta haudzimurwi nouswa hwakaoma.
◆ Mwoto inopfuta yose haidzimurani.
◆ Kudzimura rutsva nouswa hurutuma kuparadza bundo
(sora).

EXPLANATION AND TRANSLATION
*Munhu kana atsamwa oda kurwa, kuti arege kurwa
anofanira kudziviwa achinyengetedzwa namashoko akapfava
asina hasha mukati. Kana akadziviwa namashoko okutuka,
anobva amutsamwisisa, oguma orwa.*
Pouring water over blazing fire is the only way to put it out,
stocking it with dry grass makes it blaze more.
Soft words turneth away anger, insulting words aggravate it.

1045 • Kudzinganisa (Kutandanisa) bere kwasviba huti ripinde mumwena waro.

EXPLANATION AND TRANSLATION
Munhu anotaura pamusoro pamabasa akashata anoitwa nomunhu wakashata, nokuronga kuti andobatwa, iye muiti wamabasa acho achizvinzwa, zvinobva zvamupa nguva yokutiza, otiza asati abatwa.
He that talks of arresting a thief in its presence, gives (him) it chance to escape before being arrested.

1046 • Kudziya (Ukadziya) mwoto wembavha newewo wava mbavha.

EXPLANATION AND TRANSLATION
Munhu akanaka akagara adyidzana nomunhu ane mabasa akashata, naiye anozogumisidza aitawo mabasa akashata anoitwa nomudyidzani wake.
He that associates himself with a thief will also become a thief.

1047 • Kudzvokorana namaziso matsvuku kwavakadzi vaviri vakaparikana (vakapwerekana) kusingavanziki nokumweni zvake anozvipfuurira.

EXPLANATION AND TRANSLATION
Madzimai maviri akaroorwa pamurume mumwe chete haagarisani zvakanaka akafaranuka misi yose. Anongogara akaridzirana tsamwa.
Two wives in one house never agree on one thing.
Bigamy has double independent homeowners.

1048 ❋ **Kuenda kutsime nechirongo chinobvinza, hudzoka chisina mvura .**

EXPLANATION AND TRANSLATION
Kuudza munhu asina chipfuva chokuvanza chinhu chikuru chaitika anoswera audza vamwe vazhinji pamusoro pacho, chatozikanwa.
To fetch water with a cracked calabash you come back from the well empty.

1049 ❋ **Kuenda (Kwava kuenda) kworukuru runongonyangarika semhute.**

EXPLANATION AND TRANSLATION
Zvinhu zvikuru, zvakakurumbira pakuwanda, kana zvopera hazvingoperi zvose nezuva rimwe. Zvinozoti tsvai zvose zvatora nguva zvichiita zvishoma nezvishoma.
Great bodies disappear slowly.
The disappearance of great bodies have slow movement paces.

1050 ❋ **Kuenzanisa nhamo nomutumbu wenzou.**

EXPLANATION AND TRANSLATION
Kutaura munhu achiwedzera kukura kwedambudziko munhu raari mariri, asi riri dukuduku zvikurusa kupfuura zvariri.
He changes a fly into an elephant.
Building a mountain out of a mole-hill.

1051 ❋ **Kufa chakamwe (chikamwe) zviri nani pakugara munhu ane muzewe wokufa mumwoyo.**

EXPLANATION AND TRANSLATION
Nhamo yakunanga kana waiziviswa kuti iri munzira inouya ichakuwira, zvakanaka kuti ichigara yasvika, yakuwira,

pakuramba wakairindira nokutya, usingadyi sadza richidzika muura.
Better pass a danger once than always awaiting it in fear.

1052 ◉ Kufa chisikirwe, hakuna asingafi.

EXPLANATION AND TRANSLATION
Munhu wose wose akazvarwa akava panyika, kana nguva yake yokuti afe nayo yasvika, anofa.
It is natural to die as to be born.

1053 ◉ Kufa hakunanirwi.

EXPLANATION AND TRANSLATION
Kuyambira kwenjodzi ine rufu kunomutsa munhu paagere, ogara akangwarira kuuya kwayo, kuti arwisane nayo kuti isamuwira.
It you tread on a worm, it will wriggle.
Nobody can stand a threat of death.

1054 ◉ Kufa hakuravirwi, chinoravirwa usavi (igapu).

VARIANT
◆ Chinoravirwa (Chakaravirwa) igapu (usavi) kufa hakuravirwi.

EXPLANATION AND TRANSLATION
Munhu asagara achitambisa zvinhu zvinokuvadza nokuuraya. Zvingangoitika kuti pakutambisa-tambisa kwake zvimuuraye.
If you leap into the well, Providence is not bound to fetch you out.

318

1055 ✳ **Kufa hakuvingwi , chinovingwa ipfuma.**

EXPLANATION AND TRANSLATION
*Hakuna munhu angaenda kunzvimbo yaanonzwa kuti kune
chinhu chinoda kumuuraya.*
Nobody can head for a place where death threat awaits him.

1056 ✳ **Kufa hufa hako, mudzimu haukanganwi
kwawakabva.**

VARIANT
◆   Makudo haakanganwi pachiro chawo.

EXPLANATION AND TRANSLATION
*Nyange wechirume akanoroora kure nenyika yake, iye
akabva otamirawo ikoko, pashure pamakore mazhinji,
vana vake vakarwara, kunozowanikwa kuti midzimu yake
inoti ngaadzokere kwaakabva. Iye anobva otama nemhuri
yose odzokera.*
The place of birth is the place of death.
He that brings up a stepchild must never reckon upon it as his heir.

1057 ✳ **Kufa huvata.**

EXPLANATION AND TRANSLATION
*Sezvo munhu achizorodza muviri nokuvata kana aneta
nebasa, zvakadaro nokufawo, hakuna kusiyana nomunhu
avete akazorora.*
Sleep is the image of death.

1058 ✸   **Kufa (Kwava kufa) kwehamba yawanikwa neanedemo (sanhu).**

EXPLANATION AND TRANSLATION
Chinhu chine basa guru muupenyu, chisina mwene,
chazowanikwa naanochida, akangwara, ozochitora chive
chake namazano oungwaru.
A tortoise found by an axe-armed man falls his prey.
A maid met by a needy witty bachelor is soon undone.

1059 ✸   **Kufa kwehanga mazai anoparara.**

EXPLANATION AND TRANSLATION
Kana mudzimai ane vana akashaika pamurume wake,
kazhinji vana vaanenge asiya vachiri vapenyu vanobva
vaparadzirwa muhama dzomukadzi nedzomurume
kunogarako vachichengetwa nokurerwa.
Upon mother's death her children are separately adopted.

1060 ✸   **Kufa kwemucheche hudikanwa norufu, asi kwavakuru hudziurira vaduku nzvimbo yokugara.**

EXPLANATION AND TRANSLATION
Kana kuchifa mwana muduku, kurwadza kwemwoyo
kwavakuru kunonyanyisisa asi, kana kwafa anga
akwegurisa, kurwadza kwemwoyo kwakaderera.
Young men die but old men must die.

1061 ✸   **Kufa kwezeteko unoumba rimwe zeteko.**

EXPLANATION AND TRANSLATION
Kana murume nomukadzi wake vakafirwa nomwana,
vanokwanisa kuzvarazve mumwe mwana.
The death of a child does not put an end to further
increase of children in the same family.
When one child is dead, you can produce another.

320

1062 ❊ **Kufa kwomukuru ihari yegate inofa ikarova.**

EXPLANATION AND TRANSLATION
Mhuri inenge yafirwa nababa inosurukirwa zvikurusa
kupfuura mhuri yafirwa nowanga achiri mutsva. Kufa
kwababa kuparara kwomusha, sokufa kwehari huru mumba.
The death of the head of the family is an irreparable loss.

1063 ❊ **Kufa kwomurume hubuda ura.**

VARIANT
◆ Kufa kwamakono, anongofa akabata mapfumo achirwa.

EXPLANATION AND TRANSLATION
Murume kana azvipira kuita chinhu, nyange chorema
sei pakuitwa kwacho, haachiregi. Anochirega apererwa
nemazano ake ose aanoziva.
A man never gives up his aim in view, unless his thinking spring
has been completely dried up.
A man is never completely dead till his bowls are out of his stomach.

1064 ❊ **Kufa kwomurume hudzira-dzira ari munhanga yokurwa.**

EXPLANATION AND TRANSLATION
Murume haatyiri kure kumboedza kuita chinhu, chinotomu-
kona ari mukati mokurwa nacho achichiita, agoziva mako-
nere acho.
A man dies while engaged in the battlefield fighting.

1065 ❊ **Kufa nayo nzara, kuziya wakatakura tsapo yomunyu.**

EXPLANATION AND TRANSLATION
Chinhu chisina kukosha, chine vanhu vose vose, nyange

ukava nacho, hakuna angachitenga kuti chikubatsire nokuti
vose havachidi, havachitsvaki,sezvo vanacho.
It is no safety in life for a person to own a least valuable thing,
owned by all others.

1066 ✸ **Kufa ndikamwe, kuora mazuva maviri.**

EXPLANATION AND TRANSLATION
Munhu asingatyi kufa anotaura achidaro achizvisimbisa
kana akombwa nenjodzi yaanoona yakatakura rufu,
ozvitsungisa mwoyo.
He that is brave, to him death (to die) is nothing but falling asleep.
It takes but a minute to die and two days to rot.

1067 ✸ **Kufa ndiNyadenga anenge ada.**

EXPLANATION AND TRANSLATION
Nyange munhu ovengwa zvikuru sei, kana Nyadenga
asingadi kuti anovengwa aurawe navanomuvenga,
kuvengwa ikoko hakungamuurayi.
It is the Will of the Above that a person should die.
The Above alone locks up and unlocks the doors of heaven.

1068 ✸ **Kufa nenyota makumbo akatsika mumvura.**

EXPLANATION AND TRANSLATION
Munhu anotambura nokushaya chinhu chaanongogara
achiona asi asina mazano aangashandisa kuti achiwane
chive chake agochishandisa.
A sailor aboard dies from thirst while surrounded by water.

1069 ✸ **Kufa uri mupenyu kugara usina hama (usina wako).**

EXPLANATION AND TRANSLATION
Munhu akagara panzvimbo anofanira kuva navamwe vari

pamwoyo pake vaanowirirana navo, vanenge vachimuudza zvose zvakashata nezvakanaka zvavanenge vanzwa zvichitaurwa pamusoro pake navanomuda kana vanomuvenga.

He is dead to the world he that lives without friends.

1070 ❋ **Kufamba hufamba masikati, usiku hahwuna hama (shamwari).**

EXPLANATION AND TRANSLATION
Mabasa ose akanaka anoitwa nomunhu, anofanira kubatwa masikati kwakachena. Mabasa anoshandwa usiku haabudiriri, maziso haaoni.
It is a safe journey by day, by night wolves are many.
The day sees far but the night is blind.

1071 ❋ **Kufamba huona zvakawanda.**

EXPLANATION AND TRANSLATION
Munhu anogara achifamba anosangana nezvinhu zvakawanda zvinoshamisa nezvine ruzivo rwakawanda.
In travelling, one comes across a series of wonders.
Travelling broadens the mind.

1072 ❋ **Kufamba hushava, kwaunoenda unodzokako wabange zvitsva zvawanga usina.**

EXPLANATION AND TRANSLATION
Munhu anogara achishanyira nzvimbo dzakasiyana-siyana anowana zvinhu zvakawanda zvinomubatsira muupenyu.
He that moves about out of his home brings wealth into his home.

1073 ✱   **Kufamba (Kwava kufamba) kwowaedzerwa wofamba achingogumburwa.**

EXPLANATION AND TRANSLATION
Munhu akanonoka kuwana pfuma, kana oitsvaka, anobva aitsvaka nebapu pamwe achizvipinza mukutambudzika, achingopaparika, achivhenganisa nzira dzakanaka nedzakashata.
He that delayed in getting wealth employs foul means.
He that riseth late must trot all day.

1074 ✱   **Kufamba mangwanani hamba dzichakambaira.**

VARIANT
◆   Kufamba rungwanani mhembwe dzichafura unopfura imwe nomuseve.

EXPLANATION AND TRANSLATION
Munhu anomukira basa rake kunorishanda ndiye anoripedza zvakanaka.
It is the early bird that catches the worm.
He that rises early does a good day's work.

1075 ✱   **Kufamba (Ukafamba) nembavha, unodzidzawo kuba.**

EXPLANATION AND TRANSLATION
Munhu akarurama ane mafambiro akanaka akafambidzana nomunhu anorarama namabasa akashata, anoguma ashata, oitawo zvakashata.
He that associates himself with a thief will soon learn to steal.
Evil communications corrupt good manners.

1076 ✸ **Kufamba nomudzimba unobva wacherawo.**

VARIANTS
- Kutevera mudzimba unouya nebapu.
- Wabatsira muvezi anodzidzawo kuveza.

EXPLANATION AND TRANSLATION
Munhu anoperekedza mumwe wake anenge achienda
kunotenga zvinhu naiye anodzoka atengawo zvake.
He that accompanies a hunter on hunting expedition returns
handling a lung piece of meat.
He that assists a carpenter learns carpentry.

1077 ✸ **Kufamba rwendo ruuya kubva nechapo.**

EXPLANATION AND TRANSLATION
Munhu azvipira kushanda basa, akabva arishanda namazvo,
anowana mubairo wake pariri. Anozofara nokuti anenge
ashandira chiripo.
It is a gainful journey that brings wealth home.
He dances well to whom fortune pipes.

1078 ✸ **Kufamba uchingodongorera mumwena yose yose**
unozoguma wapfirwa nenyoka.

EXPLANATION AND TRANSLATION
Munhu anoda kugara akaziva zvose zvose zvamagariro
avamwe vanhu anoguma audzwa zvisingamufadzi, zvinga-
mupinza munhamo.
He that peeps into every hole will end up getting a spit from the
snake.
He that likes to hear all that other people do will hear what will
vex him.

325

1079 ✻   **Kufamba usiku huzvipereka kumakara kuti uparadzwe.**

EXPLANATION AND TRANSLATION
Munhu anozvipira kurarama namabasa erima anoguma azvipinza munhamo dzingaguma dzamuurayisa.
He that lives by stealing eventually finds himself arrested.
He that travels by night delivers himself to death.

1080 ✻   **Kufamba vaviri, kufamba uri woga unoparara.**

EXPLANATION AND TRANSLATION
Munhu anochengetedza upenyu hwake, munhu anofarira kuperekedzwa nomumwe kana achinge achifamba-famba hake kwaanoda.
It is always safe to travel in company.
The lone sheep is in danger of the wolf.

1081 ✻   **Kufamba-famba huzive nzira padzinobuda nepa-dzinopinda.**

EXPLANATION AND TRANSLATION
Munhu anoti paasvika akawana pachitaurwa nyaya oipindira, ngaave munhu anoziva magariro avanhu vanenge vachitaurwa munyaya idzodzo, uye ave munhu ane njere pakutaura nyaya.
He that joins any discussions must know how to go about them.

1082 ✻   **Kufambiramo sebofu rinongovuvurika muzarima.**

VARIANT
◆   Kungofambiramo sezongororo.

EXPLANATION AND TRANSLATION
Munhu anongopindira nyaya dzaasingazivi mukutaura nyaya dzinozikanwa navamwe vaanotaura navo anobva agumisira

326

adzikanganisa, oguma omhurwa navanodziziva mafambiro nemamiriro adzo.
To do a job without skill for it.

1083 ❋ **Kufara kwemhuru hutamba mutambamhuru.**

EXPLANATION AND TRANSLATION
Vana vaduku kana vachigara vachimhanya vachisvetuka-svetuka paruvanze, vanenge vakafara vakasunununguka. Ndiyo nzira yavanoratidza kufara kwavo nayo.
Young colts (calves) will canter.
Happy kids show happiness by hopping about in the yard.

1084 ❋ **Kufara saIshe anongova agere achiti zvose ndezvake.**

EXPLANATION AND TRANSLATION
Munhu ari mumufaro mukuru wakanyanyisisa, wakaenzana nowamambo anongoti akatarisa shure nyika ndeyake, mberi ndeyake, nekumativi ose maviri ndekwake.
To be in the highest degree of happiness similar to that of a king.

1085 ❋ **Kufarira kuvhiya gava ndiko kuda muswe waro.**

EXPLANATION AND TRANSLATION
Munhu anofarira kushanda basa rinomhurwa, riri pasi pamamwe mabasa, asi aine chinangwa chomubairo waane-nge avimbiswa kupiwa, usingazivikanwi navanomuseka.
He that happily assists skinning a jackal is after being given its tail.
She that industriously stokes the fire is after being given a morsel.

1086 ❋ Kufira (Kuvengerwa) chawadya (chaunoziva) hakurwadzi.

EXPLANATION AND TRANSLATION
Munhu anotamburira mhosva yaakapara, yaanopomerwa haanyanyi kurwadziwa mwoyo. Pane dzimwe nguva mwoyo wako unochena.
The kick of the dame hurts not the calf.
He is at ease he that suffers for the wrong he did.

1087 ❋ Kufira chisina mudzonga sehove.

EXPLANATION AND TRANSLATION
Kushanda basa rinoremesesa, rinoti kana waripedza kurishanda mubairo waro wova mudukuduku zvakanyanyisisa, usingaenzani nokurema kwebasa.
Sweating for a least rewarding piece of job.

1088 ❋ Kufira godo (bvupa) risina mwongo mukati.

EXPLANATION AND TRANSLATION
Ibasa rinorema raunoshanda zvakasimbarara, wozoti waripedza rotadza nokukupa kamubairo kadukuduku zvako.
He that laboured hardest but for no reward.
He sweated crushing a shin bone without marrow in it.

1089 ❋ Kufira gavhu kuri nani pakufira shamba.

EXPLANATION AND TRANSLATION
Zvinochenesa mwoyo kupedza nguva refu uchishanda basa rokuwana chinhu chitsva, pakupedzera nguva pachinhu chitsaru.
Better waste much time working for gaining a new thing than for an old one.

1090 ✻ **Kufira mafufu segonzo, rinoteyiwa namafufu, nzungu dzadyiwa navene.**

EXPLANATION AND TRANSLATION
Munhu anopiwa mhosva yokunzi waba sadza, asi awana angova makoko mundiro sadza radyiwa navene varo.
It is to suffer for nothing to face accusation of stealing monkey nut shells.

1091 ✻ **Kufira mhosva mbiri yake neyavahosi (yavashe).**

EXPLANATION AND TRANSLATION
Munhu muduku anorangirwa kutadza komukuru kwaakatadza anaye vari vose. Mukuru akabva onyariwa oregererwa, iye orangwa.
To suffer for the faults of the great one.
To be made a scapegoat.

1092 ✻ **Kufirwa nomurume, huteurirwa rugare (mugaro).**

EXPLANATION AND TRANSLATION
Mukadzi arasikirwa nomurume wake nokufirwa, arasikirwa nokugara kwakanaka kwaanga achiwana pamurume wake achiri mupenyu.
She has lost all in life, she that has had her husband dead.

1093 ✻ **Kufuka jira idzva rinotsva.**

EXPLANATION AND TRANSLATION
Munhu anoti kana akawana nhumbi itsva yongofamba ichiratidzwa munhu wose wose, yobva yakurumidza kubva utsva hwayo, zvimwe yowana chinoikuvadza isati yambopedza nguva refu ichishandiswa.
He that covers himself with a newly bought blanket will soon have it burnt by burning fire.

It is much damaging its excellent quality to move about much talking of a newly made valuable article.

1094 ✹ Kufunda mbavha kubuda mumba ukasiya musuwo wakashama.

EXPLANATION AND TRANSLATION
Munhu asingachengetedzi nhumbi dzake zvakasimba asina hanyn'a nokuchengeteka kwadzo, dzinoparara, dzichitorwa navanhu asingazivi.
He that goes out of his house leaving the door open behind provides the thief with a feast.
An open door invites the thief.

1095 ✹ Kufura kwen'ombe dzisingariswi, dzinongotekeshera pose padzinoda.

EXPLANATION AND TRANSLATION
Vanasikana navanakomana, navakadzi vakaroorwa, vane vabereki navarume vasina hanyn'a nokuvachengeta, vanongoita madiro pamagariro avo, vachifamba kunosvika kwavanoda, vachingoita zvavanoda.
Maids least controlled mostly get out of hand.
When he is loose, an ox licks himself at pleasure.
Uncontrolled liberty is ruinous.

1096 ✹ Kugadza nhaka huona dzavamwe.

VARIANT
♦ Kudzidza huona, kuona hudzidza.

EXPLANATION AND TRANSLATION
Munhu anodzidza maitiro avamwe zvinhu zvavo zvaakanangana nazvo, kazhinji ndiye anozogonawo kuita zvake samaitiro avo.

330

No man can be a good ruler unless he hath first been ruled.
Copying from what others do enables one to do his own similar thing.
One must be a servant before he can be a master.

1097 ❈ Kugara funga vanhu vaunavo vagokuidza munhu.

EXPLANATION AND TRANSLATION
Kuti munhu ave nomufaro uzere mumwoyo make anofanira kuva ane rubatsiro kuna vamwe vaagere navo, achivaitira zvavanoda.
One should live for others not for himself alone.

1098 ❈ Kugara hunzwana.

EXPLANATION AND TRANSLATION
Vanhu vakavaka misha yavo panzvimbo imwe chete vanofanira kugara vachidanana kuti zvose zvavanoita muupenyu hwavo pamwe chete zvibudirire.
Neighbours must learn to live together in harmony.
You must ask your neighbour if you shall live in peace.
Good words bind men together.

1099 ❈ Kugara kunorwadzawo sokushanda (sokubata).

EXPLANATION AND TRANSLATION
Nyange munhu akasarudza kungoswera agere, asingaiti chinhu hazvimuwanisi mufaro uzere unomugadza mwoyo wakafefeterwa.
It is equally painful to sit down and do nothing, as it is also painful to stand up and do something.

1100 ✹ **Kugara kwomwana muduku panhu hunakirwa.**

VARIANT
◆ Mwana muduku kugara panhu hunakirwa.

EXPLANATION AND TRANSLATION
*Kuti mwana muduku anamatirane navabereki vasiri vake,
vanenge vachimubata somwana wavo wavakazvara
pamagariro ose avo naye.*
It is through good treatment that makes someone else's child
remain long, sticking to you.
Treat someone else's child goodly, you make it forget its
own parents.

1101 ✹ **Kugara mamana ane ruzhowa dzinodzivirirana
marara.**

EXPLANATION AND TRANSLATION
*Kuti vanhu vakavakidzana vagare wachiwirirana vanofanira
kugara vakaparadzana. Mumwe nomumwe aine dzimba
dzake dzoga, aine munhanga wake waanotsvaira marara ake
oga.*
A hedge between homesteads keeps friendship green.
Love your neighbour, yet pull not down your hedge.
Friends agree best at a distance.

1102 ✹ **Kugara tanga nhamo, rugare rugotevera.**

VARIANT
◆ Mugaro tanga nhamo.

EXPLANATION AND TRANSLATION
*Upenyu hwakanaka pamunhu ndohwokutanga nokushaya
zvinotsigira upenyu, ozoguma ava mukuwana zvinotsigira
magarirwo oupenyu.*
To be at peace, start with adversity, peace will follow.

1103 ✹ **Kugara wakabata nhamo pamuromo, nhamo haizobvi mumba.**

VARIANT
◆ Kugara wakabata nhamo pamuromo huyikumbira kuti ikuvinge yose navana vayo.

EXPLANATION AND TRANSLATION
Murombo akagara akangotaura nezvourombo hwake nguva dzose, haazoshandisi pfungwa kuti ashande mabasa awane mibairo yepfuma ichapedza urombo akasara apfumawo.
He that always talks of being very poor will ever be poor. Hardly can he become rich, he that always talks of his being very poor.

1104 ✹ **Kugarotamba nomuswe wavakuru unoswera wasuwa.**

VARIANT
◆ Kutamba nomuswe wavakuru unoswera wasurukirwa.

EXPLANATION AND TRANSLATION
Wechirume anogara akada kunyenga vakadzi vavamwe varume, haagari asina kuripiswa padare achitongwa nemhosva dzokutora vakadzi vavamwe varume.
He that goes about meddling and consorting with other men's wives will be sorry before sunset.

1105 ✹ **Kugarwa nhaka kwemukadzi huwirirana neano-mugara nhaka.**

VARIANT
◆ Nhaka ndeinonyengwa kuti ikude.

EXPLANATION AND TRANSLATION
Mukadzi wenhaka anotanga anyengwa naiyeye anenge akafanira nomutemo wenhaka yomufi kumugara nhaka. Kazhinji izvi ndizvo zvinowanzoitika.
He that should inherit a wife must first begin with love-making to her.

1106 ✱ **Kugocha kunoda kuri kwaamai kwemwana kunodzima mwoto.**

VARIANT
◆ Kugocha kwakanaka ndokwaamai, kwemwana kunodzima mwoto.

EXPLANATION AND TRANSLATION
Mumwe munhu anofarira kana achiitirwa zvinhu zvakanaka asi kana zvoitirwa vamwe otsutsumwa, achimhura vaiti vazvo kune ivavo vanoitirwa.
He that goes about talking ill of others when also being talked ill of, flares up.
Elders think better things should go to them instead of being given to children.
Roasting calls for a mother's experience, a child just puts the fire out.

1107 ✱ **Kugofa nyoka iri mumwena wayo huipa ukasha.**

EXPLANATION AND TRANSLATION
Kutsamwisa mupengo ane hasha nokumutuka asina chaakutadzira anorwa newe akakurovawo.
Stab not a lying hiding snake in its hiding place.
He that without cause provokes a bully soon finds himself bleeding.
Do not stir up silent troubles.

334

1108 ✸ **Kugomba nhamo isati yakuwira (yasvika) huzvipa utera pamwoyo.**

EXPLANATION AND TRANSLATION
Munhu anozvidya mwoyo nokuzvinetsa pamusoro pamatambudziko akatarisirwa kuti angawira vanhu, asi achiri munzira achiuya.
It is nursing cowardice within to start worrying over anticipated calamity.

1109 ✸ **Kugombera mhuru huda mutuvi uchabuda mumukaka.**

EXPLANATION AND TRANSLATION
Munhu anobatsira mumwe pabasa raanoshanda, ane tariro yokuwanawo rubatsiro rwunobva mubasa iri raanobatsira.
He that keeps the suckling calf away from the udder is after being given whey.

1110 ✸ **Kugona benzi hurirongera.**

EXPLANATION AND TRANSLATION
Mushandi anoswera achishanda ndeanenge agadzirirwa basa rezuva rose nomazvo nowaanoshandira.
The master of a fool is the one whose labour organisation controls its daily movement.

1111 ✸ **Kugona kupa (Kugova) chomumwe, chako wakafundika.**

EXPLANATION AND TRANSLATION
Munhu chin'ogoro, anonyima zvikurusa, anoti kana akakumbirwa chinhu nomumwe, onochikumbira kune mumwe kuti kana achipiwa, onochipawo uya amukumbira.

He is a true miser, he that when asked by someone for a thing he has, goes to ask for the same from someone else, so that if given, he can also then give.

1112 ✸ **Kugona (Kubvidza) kupa zvavamwe kwousina zvake zvaangapa vanomukumbira.**

EXPLANATION AND TRANSLATION
Munhu anoshaya zvaangapa vanomukumbira anoti kana otaura pamusoro pokupa vamwe, waizovapa zvakawanda kupfuura vamwe vaanosimboona vachipa vavakumbira zvishomanana.
She gives much that has none to give.
He is free of fruits that wants an orchard.
She who has none to give knows how to give well.

1113 ✸ **Kugona mbavha yaunogara nayo huivigisa zvaunowana.**

EXPLANATION AND TRANSLATION
Nyange mbavha yakurumbira sei nokuziva nzira dzokubira vamwe vanhu, haingabiri vanenge vaipa zvinhu kuti ivachengetere nokuti inenge ichidawo kutendwa kuti inogona kuchengeta zvayapiwa kuti izvichengete.
To stop a thief from stealing, make him your treasurer.

1114 ✸ **Kugona ngozi huiripa.**

EXPLANATION AND TRANSLATION
Mhosva dzinoparwa navabereki vakafa vakasiya vasati vakadziripa,vana vavanosiya vazvarwa ngavadziripe. Kana vakasadziripa, vacharamba vachingotambudzika pamusoro padzo.

It is children's burden to settle up debts left by their deceased parents.

1115 ✸ **Kugonera kudya zvavamwe zvenyu makafundika.**

EXPLANATION AND TRANSLATION
Munhu anoda kurarama nokushandisa zvavamwe zvake akazvichengetera mazuva anouya kuti agoti ozozvishandisa.
Men cut large thongs of other men's leather.
He stores up his and feeds on others instead.

1116 ✸ **Kugova chomumwe hakuremi.**

EXPLANATION AND TRANSLATION
Vapfumi navanhu vazhinji vanofarira kuti pfuma yavamwe igare iri shoma, asi yavo yakawanda.
Men are free of others' properties while hard to part with their own.

1117 ✸ **Kugova chomumwe urema, unenge usina ranga naye.**

EXPLANATION AND TRANSLATION
Munhu anopa vamwe zvinhu zvisati zviri zvake, vene vazvo vanozomunyadzisa, kana vonozvitorera vaya vanenge vazvipiwa.
He that gives away what is not his own may live to give twice.
It is no wisdom to give away what is not yours.

1118 ✸ **Kugova (Kupa) hunge unazvo zvaungapa.**

EXPLANATION AND TRANSLATION
Uyo ane zvinhu zvakawanda ndiye anofanira kupa vamwe

kuti avabatsire nazvo, asi uyo asina, nyange ari mupi
hapana zvaangapa.
He that has plenty can as well give much.
Plenty begets generosity.

1119 ✱ **Kugumburwa hututse nhambwe, pawawuruka**
haupamhi ukapatsika.

EXPLANATION AND TRANSLATION
Munhu akaita basa ranga richitora mazuva maviri richiitwa,
rikapera nezuva rimwe, nyange mwene webasa akati harina
kushandwa zvakanakisisa nokuti rakurumidzwa kupedzwa,
asi rinenge ratopera.
He that stumbles over a stone and falls not, doubles his pace.

1120 ✱ **Kuguta hakuziri kwemisi yose, kune zuva rakovo**
(musi wakovo).

EXPLANATION AND TRANSLATION
Munhu muupenyu haangashandisi zvinhu zvakanakisisa zviri
pamusorosoro zvoga nguva dzose. Dziripo nguva dzokusha-
ndisa zviri pasiwo, dzinova ndidzo nguva dzakawandisisa.
Life is not a bed of roses.
We do not feed to our entire fill every day.
Fat enjoyment crowns few days in life.

1121 ✱ **Kuguta kwenherera musi wafa mai vayo.**

VARIANTS
◆ Nherera yakaguta (inoguta) musi wafa mai vayo.
◆ Nherera (inozvimbirwa) yakazvimbirwa musi wafa mai
vayo.

♦ Kuzvimbirwa kwenherera musi wafa mai vayo,
kwainovata yakatsamhirawo sadza.

EXPLANATION AND TRANSLATION
Munhu musi waanotangidza kuwirwa nenhamo hurusa,
vazhinji vose vanomuchema zvakanyanyisisa, vachimupa
rubatsiro rukuru zvakare asi kana mazuva awanda zvaitika,
rubatsiro runoderera rwoguma rwapera.
An orphan receives most public care on the day of its mother's
death.

1122 ✸ **Kuipa (Kushata/hushata) haro gudo (bveni)**
haridyi chakafa choga.

EXPLANATION AND TRANSLATION
Kuti munhu anzi indere netsanana, hazvibvi pakunaka
kwokuumbwa kwechiso chake. Undere noutsanana zvinobva
pamarererwe omunhu aakaitwa achikura.
Although the baboon is the ugliest creature, it does not touch or
eat any creature carcass that died on its own.
He that is ugly keeps himself smart and tidy.

1123 ✸ **Kuipa (Kushata) kwezvinhu, ndiko kunaka kwazvo.**

VARIANT
♦ Mvura bvongodzeki, ndiyo garani.

EXPLANATION AND TRANSLATION
Sokuti panyaya dzokuroora panofanira kumbowanikwa
kutaurisana kusimo mugwara rounhu nokupesana-pesana,
asi zvose izvi kana zvoguma zvine budiriro yakanaka
inofadza.
Stirred waters usually become clean and drinkable.

1124 ● **Kukambaira kwomucheche akananga kuchoto, kunotyirwa kutsva.**

EXPLANATION AND TRANSLATION
Munhu anorarama nokuita mabasa akashata ane njodzi yokufa, ongoramba achiaita achibva ashatisisa zvobva zvozezewa kuti zvichaguma zvamupinza murufu.
A man far from his good is near his harm.
It is the crawling child that crawls towards the fireplace.

1125 ● **Kukambura usavi mugapu hudzidziswa navamwe vaaona vachikambura.**

EXPLANATION AND TRANSLATION
Kana munhu akanaka akawirirana navanhu vakashata vanorarama namabasa ounhubu, naiye anogumisidza aitawo mabasa ounhubu iwawo.
Evil communications corrupt good manners.

1126 ● **Kukanganisa huteya ngoma kuti ipinde mugwara rayo.**

EXPLANATION AND TRANSLATION
Kana chinhu chichitadzika pakuitwa, chinokurumidza kuwanirwa nzira yacho yachingaitwa nayo kwazvo, chigobudirira pane zvakanangwa nokuitwa kwacho.
From our own mistakes in doing a thing, we learn to do it correctly.
Without making mistakes we cannot learn to do good.

1127 ● **Kukanga nyimo huvimba mazino kusimba (meno).**

EXPLANATION AND TRANSLATION
Murume asina mombe dzakawanda haazvipiri kunyenga mukadzi womumwe murume kuti amutore ave mukadzi wake, amuroore.

He must have a lot of cattle, the man that elopes with another man's wife.

1128 ✸ **Kukangira maputi padare unoadyirwa ose navaugere navo.**

VARIANT
◆ Kushaya mano kukangira maputi padare paunoadyirwa ose nevaunavo.

EXPLANATION AND TRANSLATION
Munhu anotaura nyaya yezvinhu zvake zvakavanzika pakaungana vanhu vazhinji, vanobva vangozvinzwa zvose vose navasakafanira kuti vazvinzwewo vagozvizivawo.
He that discusses his private affairs in public gets them spread near and far.

1129 ✸ **Kukanya sadza hurangana nevaunodya navo.**

VARIANTS
◆ Ranga navamwe rakanaka harina gakava mberi.
◆ Kukanya hurangana.

EXPLANATION AND TRANSLATION
Kana munhu anoita chinhu navamwe vazhinji nenzira inozikanwa navose vachichiita nayo vose, kana oda kutsaudzira kuti vose vaitevere nzira iyoyo anofanira kubvumirana pakutanga navamwe vake, vobva vochiita nayo.
He that introduces a new change in a common holding should do so with all members' approval.

1130 ● **Kukonewa kufunga sembudzi yabereka (yazvara) inotunga akaibatira mbudzana yayo.**

EXPLANATION AND TRANSLATION
Munhu asingaoni zvakanaka zvaanoitirwa navamwe, kuti avatende pakubatsirwa kwake navo ndiye anoonekwa opesana navo, ovengana navo.
A person without constructive sense of reasoning is like a beast that knows not its helper.

1131 ● **Kukosha kwepfuma kunozikanwa navashavi vayo.**

EXPLANATION AND TRANSLATION
Murume agere nomukadzi waasina kuroora nepfuma, ari mukadzi wake ane vana naye, zvakareruka kuti amutandanise kana azvidira zvake. Asi kana akamubvisira pfuma yokumuroora, anowana zvichimuremera kuita.
The importance of wealth is felt by them that have laboured much in getting it accumulated.

1132 ● **Kukudzwa hakudyiwi sesadza.**

EXPLANATION AND TRANSLATION
Nyange namambo akabata vanhu, haararamiswi nokuomberwa navaranda, anoraramiswa nokudya.
Honour buys no beef in the market.
He is most highly respected, the father that is regularly well remembered in meals.

1133 ● **Kukumbira chomurombo kuzvitsvakira kufamba uchirehwa kune vamwe vanhu.**

EXPLANATION AND TRANSLATION
Kana ukakumbira chinhu kumurombo akakupa, anozoti poonokumbirawo zvaanoshaya, otanga ataurira vepo kuti newe wakanokumbiravo kwaari akakupa.

He that begs from a poor man will soon find himself spoken of as a beggar.

1134 ❋ Kukumbira maponda vahosi kunotukira murume padare agere navamwe varume.

VARIANTS
- Kuvaviwa nemisodzi vahosi kunotukana nomurume padare.
- Makumbira kuona shavi ravahosi, risingatyi murume agere padare.

EXPLANATION AND TRANSLATION
Munhu anoita chinhu chakashata achichiziva kuti chakashata, asi achivimba nezvaari pakukosha kwaari iko kune waanoitira zvakashata, ndiye anogumisidza azvinyadzisa oroverwa ipapo, kukosha kwake kwakanganikwa, nowaavinga kunotuka.
The senior wife that purposely attacks her husband in public is asking for severe public beatings (strokes).
She that seeks trouble never misses but finds it.

1135 ❋ Kukumbira murombo huzvikumbira.

EXPLANATION AND TRANSLATION
Uyo anokumbira chinhu kumurombo asina chaangamupa zvakangofanana nokunge wazvikumbira nokuti murombo haana chaangamupa.
He that begs from a poor man begs from himself.
To look for a needle in a haystack.

1136 ❋   **Kukumbira mvura, ikumbire muchirongo muchine mabvondwe.**

EXPLANATION AND TRANSLATION
Usamirira kuti chinhu chinoshandiswa misi yose muupenyu kana chopera chibve chapera kuti tsvai, usati watangidza kutsvaka kune vanacho kuti vakupe. Chitsvake uchine zvishomanana zvacho mune zvaunoshandisa.
Ask for some more while you still have some,though little, in your store to live on.

1137 ❋   **Kukumbira nhamo nomuromo kunozvara nhamo.**

EXPLANATION AND TRANSLATION
Kungogara munhu akataura achizvifananidzira nhamo zhinji dzakasiyana-siyana dzinowira vamwe kuti dzichamuwira kunozoguma dzimwe dzacho dzamuwira iye, dzichibva mune kumwe kutaura kwake.
He that ceaselessly talks of coming troubles may at last find himself being in some of those similar troubles.

1138 ❋   **Kukunda hosha hupire n'anga.**

EXPLANATION AND TRANSLATION
Munhu anonatsirwa nomumwe, ndiye anoitira uyo anomubatsira zvakanaka pane zvaanenge achida kuitirwa naye.
A well-paid servant is a good servant.

1139 ❋   **Kukunda nzara huirimira kuti zviyo zviitande.**

VARIANT
◆   Nzara pamurimi ivato, haigaripo, inovata yomuka yopfuura.

344

EXPLANATION AND TRANSLATION
Munhu anorima makore ose ndiye anowana zviyo
zvinoriritira mhuri yake, ichidya ichiguta, isingashuzhi zviyo
mune vamwe vanhu.
He that should have enough food yearly also should plant his
lands early.

1140 ❋ **Kukungura kwomurombo hakuna une hany'a nako.**

EXPLANATION AND TRANSLATION
Nyange varombo vochema sei kuvakuru vakavabata
nokuvapfumi vavanoshandira kuti ngavavabatsire nokuvaga-
dzirira mazano akareruka okuwana pfuma nawo, kashoma
kuti vanzwikwe zvavanokumbira, kunongonyararwa
kogarwa kwakadaro.
A poor man's tale (request) cannot be heard and attended.

1141 ❋ **Kukura hubva munjodzi.**

EXPLANATION AND TRANSLATION
Mwana achiri mucheche angangodya zvinhu zvose
nezvinouraya, nokuti anenge asingazvizivi kuti zvingamuu-
muuraya. Uye angangofamba aine mabori, maziso azere
namaranga achisemesa kuatarisa kana kuti angangofamba
asina kusimira.
He that has grown can tide oneself.
Providence is the chief caretaker of the earliest childhood.

1142 ❋ **Kukura hukura nokudya.**

EXPLANATION AND TRANSLATION
Pakurerwa kwomwana, chinhu chikuru chinokudza muviri
kupiwa zvokudya zvakaenzana mazuva ose.
Daily enough feeding speeds up growth.

1143 ● **Kukura hukurira kutakura nhamo dzose dzakananga munhu.**

EXPLANATION AND TRANSLATION
Kana munhu ava pazera rokugona kushanda mabasa ose anoshandwa muupenyu, otogara akaashanda kuti agone kuzviririra.
He that is fully grown bears all life hardships.

1144 ● **Kukura huona zvitsva zvisina kugara zvaonekwa.**

EXPLANATION AND TRANSLATION
Munhu haakuri achiona zvinhu zvakafanana misi yose. Mumagariro avanhu mune nzira nemitowo yakasiyana uye zvinhu zvakasiyana-siyana zvavanorarama nazvo.
He that grows up sees new many life changes.

1145 ● **Kukura kwemunhu haabudi nyanga.**

EXPLANATION AND TRANSLATION
Mumaitiro omunhu mumagariro ake emisi yose, ndimo munoonekwa kuti akura here.
Budding of horns is in animals' age assessment, while sensible behaviour actions is in human beings.

1146 ● **Kukura kwemunhu hushanda, kunovaka guhu.**

EXPLANATION AND TRANSLATION
Kukura kwomunhu kunoonekwa kuti akura nokushanda achiunganidza pfuma inoita kuti akurumbire kuvanhu.
Diligence and hard work build up honour and fame.
He that works hard builds up himself a great man.

1147 ✻   **Kukura kwemurume (kwemunhu) mukadzi anoremeredza imba.**

EXPLANATION AND TRANSLATION
Murume akaroora, anoonekwa navamwe ari munhu akaremedzeka, zvichibva pamagariro omukadzi wake anenge achigutsa vanoaona.
Marriage makes a fully respected man.
He that is married conducts himself as a dignified man.

1148 ✻   **Kukura kwezita kunoparira mwene waro.**

VARIANT
◆   Zita guru imburayisi, rinoparira.

EXPLANATION AND TRANSLATION
Mabasa makuru anoita kuti munhu akudziwe achimufumisa.
Kana apiwa munhu, anogumisidza oavengerwa,
akamuurayisa.
He that holds a responsible position is always in danger.

1149 ✻   **Kukura kwomunhu hakunzwikwi mumuviri, kunoratidzwa nemano aanawo.**

EXPLANATION AND TRANSLATION
Kuti kuonekwe kuti munhu akura, kunoonekwa pazviito zvomunhu zvichiratidza kuita kwake zvinhu zvose zvaanoita nomwero kwawo, unogutsa.
Even a fully grown person thinks he is still young.
Daily actions decide age maturity in a person.

1150 ✻   **Kukurukura hunge wapotswa.**

VARIANT
◆   Chinotaura ndechiri mumusungo, chiri muriva chinoti gore rawa.

Uyo anorondedzera pamusoro penjodzi yamuwira ndowapona mairi, asi aurawa nayo haazonzwikwi achitaurazve pamusoro payo. Zvinenge zvamuperera ava pasi peivhu.
He that has narrowly escaped death in the accident talks about it, but he that has been killed is never heard of.

1151 ❉ **Kukurukura ukama hurambwa, unenge woshaya rokutaura.**

EXPLANATION AND TRANSLATION
Jaya ranyenga musikana rikarambwa, kuti ripodze mwoyo waro nokuvanzaidza nyadzi dzokurambwa, rinogumisidza roti musikana ihama yaro yeropa.
He that has failed to win the maid finally says she is by blood related to him.

1152 ❉ **Kukuya mutunhu woupfu murima musina mwenje unopfuta.**

VARIANT
◆　Muri (Tiri) kumatutu amapanya vamwe vari kuzvide.

EXPLANATION AND TRANSLATION
Munhu anotaura nhau navamwe vakamuvandira, vachimubvumira kuti zvaanotaura pamusoro pazvo ndizvo, asi zvisiri izvo. Ivo vanenge vachiziva zvavo musoro wenhau yose, usingazikanwi naye.
He ignorantly joins the discussion of which other participants in it know the bottom truth.

348

1153 ✱ Kukwabura mwana kumuregerera achikanganisika wakamutarisa.

EXPLANATION AND TRANSLATION
Mwana anongobvumidzwa kuita madiro kubvira paucheche anokura asingazivi zvakanaka nezvakashata, achingoti zvose zvaanoita zvakanaka chero zvakashata.
Too lenient parents bear up mannerless children.
The gentle housemaid mars the household.
The mother that dances upon her child, spoils its character.

1154 ✱ Kukwegura hakunzwikwi mudumbu senzara inotembedza dumbu.

EXPLANATION AND TRANSLATION
Kana simba routsva hwomunhu ropera, hariratidzi zvarine-nge rava.
The transition of adulthood to old age passes unfelt.

1155 ✱ Kukwegura kuvamba kwenhamo yokusagona kuzviitira zvaunoda.

EXPLANATION AND TRANSLATION
Kana munhu otangidza kupera simba roudiki, anotangidza kukonewa kuzviitira zvose zvaaikwanisa kuzviitira simba roudiki richakakwana maari mumuviri.
Old age is a needy age, demanding domestic periodical care and attention.

1156 ✱ Kukwegura kwakagura shumba makumbo, ikafa yogara pamwe.

EXPLANATION AND TRANSLATION
Munhu aimbopenga achiri pazera rechidiki, kana okwegura anotanga kupfava hasha dzichienda dzichipera, ozofa ava munhu kwaye.
Old age tames man and beast.

1157 ❋ **Kukwegura kwatange shaya kushaya nyama nokuputana.**

EXPLANATION AND TRANSLATION
Kana munhu otanga kukwegura, nyama dzechiso dzinotanga kuunyana nokuremberera.
He that approaches old age is bodily noticeable by wrinkled jaws.
In old age, prettiness dies first.

1158 ❋ **Kukwegura mutoro unorema kune akautakura.**

EXPLANATION AND TRANSLATION
Munhu akwegura haana chinhu chaanozviitira chakamure-rukira kuita. Nyange nokunokora musuva kuuisa kumuromo kunomuremera.
Old age is a heavy burden to move carrying.

1159 ❋ **Kukwezvera gonzo mudura mune zviyo kuti rizvidye.**

EXPLANATION AND TRANSLATION
Kuita basa raunofunga kuti richawedzera pfuma yaunayo, richipinza imwe itsva asi kozoti pakurishanda kwako rokudyira nokukupedzera pfuma yose yawakaritangidza kurishanda.
To bore a hole for the rat to enter the granary.
To embark upon a task that leaves you in the lowest depths of poverty.

1160 ❋ **Kukwizira mariva murutsva unosvibisa mhapa yawakasimira.**

EXPLANATION AND TRANSLATION
Murume aroora mukadzi anoroya, naiye murume onotaurwawo navanhu achinzi akaroora muroyi saka naiye oroyawo.
He that marries a witch is also termed a wizard.

1161   ❂   **Kumakura hakuna ipwa.**

VARIANT
◆   Takabva neko kumhunga hakuna ipwa.

EXPLANATION AND TRANSLATION
Mukadzi kana agara achembera, aguma kuzvara, nyoka yake
yokuzvara yafuratira, nyange oroorwa noupi murume,
haazotori pamuviri akazvarazve.
A past child-bearing stage woman can never bear children.
In too old poor lands, grow not sweet-reeds.
Out of season, out of use.

1162   ❂   **Kumeso kwendau kunorohwa namatsikarara.**

VARIANT
◆   Masuka mukanwa shumba hairairi chipashumaranga.

EXPLANATION AND TRANSLATION
Kana munhu akabvurirwa neshumba asina miseve neuta
nepfumo, kana aine tsvimbo, nyange chikuni chine mwoto,
anongoiposherawo nacho achiedza kuibvundutsira koga,
zvimwe ingavhunduka ikatiza.
Little meal taken stills the pangs of hunger.
A minor weapon can be used in fighting a great enemy.
Small rain lays great dust.

1163   ❂   **Kumeso kwewaziya nenzara ihore yemvura yamisa.**

EXPLANATION AND TRANSLATION
Munhu afa nenzara anotarisika akasurukirwa, asina mufaro,
akaneta-neta.
A pitiful look asks for being given meal.
He that is hungry looks sad and face-withered.

1164 ● **Kumhanyira patete, pakobvu hapaendwi panozezesa.**

VARIANT
◆ Kusarura mutete, mukobvu aripo.

EXPLANATION AND TRANSLATION
Munhu anoti kana akatadzirwa navanhu vaviri nenguva imwe, mukuru nomuduku otora mhosva yavo vose vari vaviri oisundira kumuduku oga, mukuru omurega, achimunyara.
The young that jointly commits the crime with the great suffers the double penalty punishment alone.

1165 ● **Kumhura nokumhurwa ndokwavanhu, bva, havazi vangani vanatsi vanonatsira vamwe.**

EXPLANATION AND TRANSLATION
Nyange navanogara vachiita mabasa akashata anozikanwa navazhinji, kana vakanzwa mabasa avamwe akashatawo, vanonzwikwa votaura vachiamhura, asi ivo vachizviziva kuti vakashatawo.
Everyone can find faults but few can do better.

1166 ● **Kuminya (Kumedza) svugwe (mhodzi) yechakata huvimba huro nengwino dzayo.**

VARIANTS
◆ Chiminya mutengeni chakapangana (chakarangana) nembudyo.
◆ Kuminya (Kumedza) bvupa huvimba huro nengwino dzayo.

EXPLANATION AND TRANSLATION
Murume anozvipira kunyenga mukadzi womumwe murume, kuti amuroore ave mukadzi wake, anenge achitarisira uzhinji hwemombe hwaanahwo kuti hwungapedza rooro romukadzi womunhu.
He must have iron nails he that scratches the bear.
He must have a wide rectum he that swallows a fruit stone.

352

1167 ❋ **Kumuganhu kunogara mhangami.**

VARIANT
◆ Kumucheto kunomirwa navane masimba.

EXPLANATION AND TRANSLATION
Munda uri kumucheto kwemimwe minda unofanira kurimwa
nomunhu ane simba rokudzivirira udyi hwezviyo, ane simba
rokushosha ruzhowa runodzivirira mhuka dzesango.
He must be a brave strong, soldier that fights the front line battle in
the battlefield.

1168 ❋ **Kumuka mangwanani ndiko kune ndima huru mumunda.**

EXPLANATION AND TRANSLATION
Munhu anobata mabasa ake ose mumagariro ake,
achitangidza kuashanda nenguva yaanofanira kutangidzwa
kushandwa nayo, anobudirira kuapedza kuashanda
zvakanaka misi yose.
An early start does a good day's work.
He that rises up early has the longest busy day.

1169 ❋ **Kumuka norunyanhiriri ndokwehurudza, kwavana-**
nzarandeyedu ndokwezuva ramuka.

EXPLANATION AND TRANSLATION
Uyo ane zviyo zvisingaperi mumatura misi yose anomukira
kubasa asi uyo anongogara achisunza zviyo muvamwe
mangwanani ose anomuka nguva yokufamba kwebasa
yapera.
The ever grain plentiful at dawn wakes up, but the ever grain nil, at
long after sunrise.

1170 ✱   **Kumuzinda (Muzinda) hakuna wako (wobwo/mwene wako).**

EXPLANATION AND TRANSLATION
Kutonga mhosva kunogutsa hakusarudzi mhosva dzehama nedzavatorwa nokugura mhosva zvakafanana, kupembedzwa nokuripiswa kunowanikwa kuripo pamhosva dzehama nedzavatorwa.
At the judgement seat, there is no one who claims preferential treatment on grounds of relationship.
At the judgement seat, relationship bears no proportion to the extenuation circumstances.
The court of law has no favour(s).

1171 ✱   **Kumuzinda (Muzinda) ndiko kunokamwa mombe dzinosisa.**

EXPLANATION AND TRANSLATION
Mumisha yamadzimambo, nomumisha yavapfumi, nomumisha yavanhu vakakwirira, mugerwe nomufaro. Varimo vanodya zvakawanda, vanopfeka, zvose zvomo zvizere mufaro.
The royal families have the prettiest living conditions.
They that have the highest employment positions enjoy fattest salaries.

1172 ✱   **Kumwe kumwe unowana zvawabva usina ukadzokera wava nazvo.**

VARIANT
   ◆   Mariva masengudzirwa.

EXPLANATION AND TRANSLATION
Kana munhu achitsvaka chinhu chine rubatsiro muupenyu, asagutsikana kuti achishaya kana angosvika panzvimbo imwe chete akachishaya. Ngaarambe achiedza kutsvaka

panzvimbo zhinji dzakasiyana-siyana, anozoguma achiwana.
What one place cannot give, another can.
Change of places may reward.

1173 ✳   **Kunaka hunaka mwoyo, kwechiso haufi nako.**

EXPLANATION AND TRANSLATION
Kana munhu akanaka mwoyo anongofa akadaro akanaka mwoyo wake. Asi kana akanaka chiso, paanenge ochembera, kunaka kwose kunopera, chiso chotarisika chashanduka, chashata pakutarisika.
He is pretty enough that possesses a good heart, facial prettiness withers before death.

1174 ✳   **Kunaka hunaka tsika dzinoyemurwa, ndidzo dzakavaka unhu.**

EXPLANATION AND TRANSLATION
Munhu anonzi akanaka, ndeane magariro akanaka nevaagere navo, vachimurumbidza mumaitiro amazuva ake ose muupenyu.
Manners maketh a man.
Good human qualities are made up from good manners.

1175 ✳   **Kunaka kwechiso hakudyiwi sesadza.**

EXPLANATION AND TRANSLATION
Panyaya dzokuroora nokuroorana, kunaka kwechiso hakufaniri kutungamidzwa nejaya pakusarudza musikana, zvakadarowo nomusikana pakusarudza jaya.
Beauty is not a full dish of meal that relieves hunger.
Facial prettiness makes no meal.

1176   ✲   **Kunaka kwemwoyo womukadzi kunozivikanwa nomurume wake.**

EXPLANATION AND TRANSLATION
Mukadzi womumwe nyange ane magariro akaipa, kazhinji haawanzi kuaratidzira kumurume asiri wake. Bva, murume wake oga ndiye anoziva zvose izvo mudzimai wake zvaari.
If you wish to know the goodness of a married woman, ask from her husband.
It is only the husband who knows all about his wife.

1177   ✲   **Kunaka kwemukadzi achifamba hushonga (hushongedzwa).**

VARIANTS
◆   Mukadzi anonaka muviri nokushongedzwa.
◆   Mukadzi inhumbi uye anoshongedzwa.
◆   Mukadzi isanhu (idemo) rinovandudzwa nokurodzewa.

EXPLANATION AND TRANSLATION
Mukadzi anogara achitengerwa nhumbi dzokupfeka dzakanaka dzinowedzerera kunaka kwechimiro chomuviri wake nokwechiso chake.
Dressing beautifies a woman.
Fine feathers make fine birds.

1178   ✲   **Kunaka kwemukadzi ndokwezviviri zvinoti chiso nokuzvara vana.**

EXPLANATION AND TRANSLATION
Mukadzi anozvara akanakira vose murume nehama dzake pakutarisika kwechiso chake, chinenge chichiratidzika kuzviso zvavana vaanozvara nomurume.
In women, beauty is looked for in both producing children and facial looks.

356

1179 ✸ **Kunaka kwemukadzi murume, mukadzi asina murume ishizha.**

EXPLANATION AND TRANSLATION
Mukadzi akaroorwa anotarisika akaremera maziso anomuona uyezve mukadzi akaroorwa pamagariro ake anozvitsigisa achivaka hunhu hwake.
A married woman commands respectful dignity.

1180 ✸ **Kunaka kwemurume mukadzi, murume asina mukadzi haazadzi maziso.**

EXPLANATION AND TRANSLATION
Murume akaroora anotarisika akarema pazviso zvavanhu. Anonyarika, anotorwa sababa navose vaanosangana navo paanofamba.
A married man commands full fatherly dignity wherever he is.

1181 ✸ **Kunaka kwemwoyo womunhu kunozivikanwa nevazhe, kana vari vomumba havazvifukuri hapwa.**

EXPLANATION AND TRANSLATION
Munhu anozikanwa kuti akanaka mwoyo navatorwa. Kana dziri hama dzake, dzimwe nguva dzinonyara dzovanza kutaurira vamwe vanhu kushata kwomwoyo wake.
The good deeds of a person are best known by the outsiders, not by his family members.
It is not as thy mother says but as thy neighbours say.

1182 ✸ **Kunaka ndokwemwoyo, kwechiso inyengedzi kune zviri mukati.**

EXPLANATION AND TRANSLATION
Munhu akanaka pachiso kazhinji hakushayiki mamwe mabasa ezvakashata aanorarama nawo uye aanoita.
Facial beauty is deception.
A fair face and a foul heart.

357

1183   ✳   **Kunaka kwechiso inyengedzi, hakuratidzi zviri mukati.**

EXPLANATION AND TRANSLATION
Munhu akanaka pachiso, anogona kuva nomwoyo wakashata, usingaratidziki pachiso kana akatariswa.
Facial beauty exists not in the heart.
The bait hides the hook.

1184   ✳   **Kunaka kwechizvere igasva, kuzere ndokwe-kuzvigadzira.**

EXPLANATION AND TRANSLATION
Chiso chomunhu hachinatswi nokugara azvarwa chakanaka. Chinonatswa nokugara munhu achichishamba misi yose, achizvibvisa tsvina.
Infancy beauty is mostly beautified by daily bodily washing.

1185   ✳   **Kunaka kwegavi rakabva nako kumasvuuriro.**

EXPLANATION AND TRANSLATION
Mwana anokura akanaka mwoyo kubvira achiri mucheche odzamara ova munhu akura akangodaro nokunaka mwoyo wake.
Rule youth well and age will rule itself.

1186   ✳   **Kunaka kweonde kunze kwakavanza honye dziri mukati.**

EXPLANATION AND TRANSLATION
Mukadzi akanakisisa zvikuru pachiso asi mwoyo wake wakashata uye anowanza kuita mabasa mazhinji akashata.
An inside rotten fig shows an outer smooth red colour.

1187 ✸ **Kunakira kunze sesusu mukati ari mabvivi-mabvivi.**

EXPLANATION AND TRANSLATION
Munhu anoratidza pachiso chake akanaka, asi mumwoyo make mune pfungwa dzakashata.
Handsomeness covers an ugly heart.

1188 ✸ **Kunanzva minwe kukuru, hakuenzani nokurara nenzara.**

EXPLANATION AND TRANSLATION
Kuti munhu awane rubatsiro rudukuduku harwo, rwokupedza rutivi ruduku rwokushaya kukuru kwaanako, zviri nani, pachinhambo pokusawana rubatsiro zvarwo ruduku.
Taking an egg for supper is a better apology than going to bed supperless.

1189 ✸ **Kune anorwara midzi yemiti yose mishonga inorapa.**

EXPLANATION AND TRANSLATION
Munhu asina zvipfeko, nesaki rose kwaari chipfeko chaanopfeka chikanakira muviri. Kune anopanga nyama chisikwa chose chinobuda ropa inyama.
A drowning man will catch at every straw.
He that is ill thinks every rootlet has power to heal diseases.

1190 ✸ **Kune chinotsvira mwoyo hakuna mukwidza.**

EXPLANATION AND TRANSLATION
Kurema kwebasa rokuwana chinhu, munhu chaanodisisa, nyange kwakura zvikurusa, munhu anongokuona kwakareruka kwaari.
Gain ahead makes the steep road steepless.
The weight of a gainful task is always slightest.

1191 ✽ **Kune vakangwara (vakachenjera) nhamo ivato (ipfupi).**

EXPLANATION AND TRANSLATION
Vanhu vakapiwa mano nokufunga kwakakwana
vanokurumidza kufunga mazano okupedza nawo kushaya
kunouya kumunhu mumararamiro ake emisi yose.
To the wise, arising life needs have one night stay at their quarters.

1192 ✽ **Kune vakangwara (vakachenjera) vane masimba avo nhamo rushiye.**

EXPLANATION AND TRANSLATION
Vanhu vane mano akasangana, nyange vava mukushaya
kukuru sei, vanokurumidza kukukurira, kusati kwakura.
To the wise all arising life needs, even great ones, are small
(infant).

1193 ✽ **Kune wako kuna mai, haubvi usina chawadyako.**

VARIANT
  ◆ Kune wako kune nzou, haubvi usina chawadyako.

EXPLANATION AND TRANSLATION
Munhu akashanyira hama yake yeropa, inomubata mwene
sokuti ndimai vake pakumupa zvokudya nezvimwe
zvakanaka zvaanenge achishaya.
The feeding you get from a kinsman is much of a feast.
One kinsman is most generous to the other kinsman.

1194 ✽ **Kunhonga badza rakapisirwa mumupinyi waro raunongosvikorimisa.**

EXPLANATION AND TRANSLATION
Munhu wechirume aroora chirikadzi ichamubikira sadza,

uye ine mwana wechikomana waachashandisa kumurisisa mombe asati azvara wakewo wechikomana angadzirisa saka mabasa apamusha echinhukadzi neechikomana haazomunetsi.

It is picking up a handle-fixed hoe.

To come across a double-gain chance.

1195 ❀ **Kunhonga nhango yegodo (yebvupa) huvimba mazino (meno).**

EXPLANATION AND TRANSLATION
Murume anosiya kunyenga vasikana achinonyenga mukadzi womumwe murume anenge achiona aine mombe dzakawanda dzokuroora tsvungu.

He that picks up a piece of bone meat trusts the strength of his teeth.

He must possess a good number of cattle he that chooses to marry another man's wife.

1196 ❀ **Kunhuwa kwetsikidzi ndikokumwe.**

VARIANT
◆ Vakadzi ndivo vamwe, havasiyani pane zvavari.

EXPLANATION AND TRANSLATION
Maitiro evechikadzi vamarudzi ose ndiwo mamwe, uye nezvavari vose ndizvo zvimwe, havana mitsauko inovasiyanisa.

All women in every country behave the same.

Bugs in every country when crushed smell the same.

1197 ✸   **Kunhuwira kwechawarovera kudya kunozipa.**

EXPLANATION AND TRANSLATION
Chinhu chinokuraramisa mazuva ose, nyange chisingakoshi
pane zvachiri kuvamwe vazhinji, asi kune wachinoraramisa
anochiona chakakosha.
A type of diet you are used to eating has nicest flavour.

1198 ✸   **Kunhuwira kwechisiri chako kunowiridza**
(kunowunidza).

VARIANT
    ◆   Chisi chako chinoyevedza (Kuyevedza kwechisi chako).

EXPLANATION AND TRANSLATION
Varume vakaroora vanoona kunaka kwetsika nezviso
zvavakadzi vavamwe varume kwakapfuura kwavakadzi vavo
vavakaroora.
The beauty of another man's wife attracts most.

1199 ✸   **Kunochemwa rufu vanhu vachidya.**

VARIANT
    ◆   Wafa wafa nomuromo wake, vasara kunze vane yavowo
miromo inoda kudya.

EXPLANATION AND TRANSLATION
Nyange napafiwa, panobikwa sadza kuchidyiwa. Pafiwa
hapayeri kudyiwa sadza.
All griefs with bread are less grieving.
Mourning death is not fasting.

1200 ❋ **Kunoda mwoyo kusimudza kwareruka.**

EXPLANATION AND TRANSLATION
Kune chinhu, munhu chaanodisisa haazenguriri kuendako.
Anongoendako achimhanya, nyange kuri kure zvakadii.
It is an easy walk to where there is gain.
Where your will is, ready your feet are light.

1201 ❋ **Kunodya mwana anorira, asingariri anofa (anoziya)**
nenzara ari mumbereko.

EXPLANATION AND TRANSLATION
Munhu anokumbira vamwe kuti vamubatsire pakushaya
kwake zvinomubatsira, ndiye anowana rubatsiro.
The child that does not cry dies on its mother's back (in
the cradle).
The child that cries gets a morsel.
He that does not ask cannot have.

1202 ❋ **Kunodyiwa chine nzira, chisina nzira chinokudzipa**
wochiminya (wochimedza).

EXPLANATION AND TRANSLATION
Zvinhu zvinotsvakwa nenzira dzisina kunaka zvichiwanikwa
nenzira idzodzo, zvinowanza kupinza mumatambudziko kana
zvoshandiswa.
Properties got in foul ways carry no blessings with them.
He that feeds himself on ill-gotten meals, gets choked at
swallowing.

1203 ❋ **Kunodyiwa zvakarimwa, hakudyiwi zvisakarimwa.**

EXPLANATION AND TRANSLATION
Kushanda nguva dzose ndiko kunounza upfumi pavanhu.
Vanhu vanorarama nepfuma yavanoshandira kuiwana,

havararami neyavasingashandiri.
Pluck not where you never planted.
Anything serviceable in life is worked for.

1204 ✸ Kunoenda (Koenda) nhete, hobvu dzinokorwa nemanda.

EXPLANATION AND TRANSLATION
Varombo vanorarama nguva yakarebesesa, vanofa vakwegurisa. Vapfumi vazhinji vavo vanofa vachiri mumazera oudiki hwavo. Vanofa vachiurayiswa nepfuma yavanayo yakawanda.
Little fish escape through net holes but great ones are caught.
Lean beasts fare farther than fat ones.
Poor folks have longer lives than rich ones.

1205 ✸ Kunofa hari dzembiya dzichakasimba kuchisara makangazha ane mitswe.

EXPLANATION AND TRANSLATION
Vanhu varombo, vanorarama nokukumbira, vanorara mudzimba dzinenge matangwaza vanogara dziri ndonda. Vamwe vavo vanenge vakwegurisa vanorarama semhuka dzesango, havawanzi kurwara uye havawanzizve kufa. Asi vakapfuma vari mumazera oudiki achakatarisirwa kurarama kurefu vanowana zvose, vanofa nguva imwe neimwe.
Cracked doors hang longest on their hinges.

1206 ✸ Kunonoka kupa hunyima, anopa haaswedzi asina kupa.

EXPLANATION AND TRANSLATION
Munhu anofarira kubatsira vamwe vanomukumbira zvavanoshaya haatori nguva yakareba asati avapa zvavakumbira. Anovapa nokukurumidza.

He that delays in giving is not willing to give.
A gift much waited for is paid not given.
He that is long in giving knows not how to give.

1207 ● **Kunonoka kuroora huvizhura, kunozoroorwa anenge nzou.**

EXPLANATION AND TRANSLATION
Jaya rinoti kana rasvika pazera rokuroora mukadzi,
rombozvirera richinatsotarisisa musikana akarifanira,
rinoguma nokuroora mukadzi kwaye ane chimiro chounhu
chinogutsa.
Late marrying chose a good wife.
In delay, lies plenty.

1208 ● **Kunonoka kuroora (kuwana) kunopa gumo (chinzvi).**

EXPLANATION AND TRANSLATION
Jaya rinononoka kuroora pasina chikonzero chokunonoka
kwaro rinozoguma risati richadikanwa navasikana,
rorambwa parinonyenga.
A bachelor that delays too long to marry may end without a wife.
Long single life shame at length.

1209 ● **Kunonozeka kwesimbe inobata seisingadi kuti igonzi yaneta.**

EXPLANATION AND TRANSLATION
Munhu ane usimbe anowanza kuzivikanwa nenzira
yokushanda achiita zvishoma zvishoma asina kufara,
seanorwara.
The sluggard, while working, drags himself slowly.

1210 ❋   **Kunonzi baravara (Baravara) ndiwo mugaro kutuka mwene wechisvo.**

EXPLANATION AND TRANSLATION
Usapesana nomunhu anogara achikubatsira panhamo, nyange nhamo dzako dzapera. Mangwana unozoshaya anokubatsira wava mune dzimwe dzakafanana nedzokutanga.
Although your hair is still freshly cut, do not quarrel with the barber on whose hair-clipper you depend for cutting your hair.

1211 ❋   **Kunoudzwa rine nzeve, kana risina rinofa.**

EXPLANATION AND TRANSLATION
Munhu asina hanyn'a nokuteerera mazano akanaka muu-penyu aanorairwa navamwe anongopinda mumatambudziko akawanda, aaifanira kusapinda maari dai ainge akateerera kurairwa navamwe.
You can take the horse to the river but you cannot make it drink.
We can give advice but we cannot give conduct.
We can advise a person but we cannot force him to accept that advice.

1212 ❋   **Kunozvarwa nyama hakuzvarwi mwoyo.**

VARIANT
◆   Munhu haazvizvari mumwoyo, anozvizvara munyama.

EXPLANATION AND TRANSLATION
Vana vangatarisika zviso zvavo zvakafanana pakuumbwa kwazvo nezvavabereki vakavazvara bva, zviito zvavo zvinobva mumwoyo zvakapesana.
Children may resemble their parents in facial looks but have different behaviour and deeds.

366

1213 ✸   **Kunyadza mbuya huita runhoro mumunda.**

VARIANTS
- Kunyadza mudzimu kuutevedzera kuita zvose zvaunoda.
- Kunyadza n'anga huipfupira nokuitevedzera.

EXPLANATION AND TRANSLATION
Munhu mukuru akakuriritira, kuti agare akakuvimbisisa, uye agokuitira zvose zvaunoda nomwero wakakwana, unofanira kumuteerera, nokushanda zvose nomwoyo wako wose, zvaanoda kuti umushandire.
He that in action immediately responds to mother-in-law's demands satisfies her.
He is a good son-in-law that never fails to satisfy his mother-in-law.

1214 ✸   **Kunyadza muromo kukumbira kune akagara akazvarwa asingapi.**

EXPLANATION AND TRANSLATION
Uyo anokumbira kumunhu anonyima haana chaanowana, anongozvipedzera nguva.
It is tiring out the tongue to beg from a stingy person.
He that seeks grace from a graceless face never gets anything.

1215 ✸   **Kunyadza mwoyo kushumba chausingawani**

VARIANT
- Kushumba chausingawani hunyadza mwoyo.

EXPLANATION AND TRANSLATION
Murombo haafaniri kuzvifananidzira kuti dai apfekawo nhumbi dzinokosha pakudzitenga nokuti haambozofi adzitenga. Uku kunongova kurwadzisa mwoyo wake kuti azvifananidzire.
He must always live in sorrow, the poor man that self-crowns himself the richest.

1216 ❋   **Kunyange adana zita raambuya anenge atorei chavo?**

VARIANT
- ◆   Mazamu aambuya anobatwa (Vambuya vanobatwa mazamu) pakuyambuka rwizi ruzere.

EXPLANATION AND TRANSLATION
Kana zvinhu zvasvika pakuremesesa, hapana nzira yokuzvigadzirisa inonzi haichafaniri kushandiswa, dzose dzinoshandiswa kuti zvireruke.
Circumstances alter a case, the mother-in-law's name is named.
When crossing a flooded river the mother-in-law is held by the hand by the son-in-law.

1217 ❋   **Kunyange ndiri mutema handidyi afa.**

EXPLANATION AND TRANSLATION
Ruvara rutema rweganda pamunhu, harufaniri kutorwa sechinhu chakashandura mwoyo womunhu kuti uve wakashata sowechikara chinodya munhu.
The dark skin changes no human being into a devouring beast.
Though I am dark, I am not a devil.

1218 ❋   **Kunyara kunokunda kufa.**

EXPLANATION AND TRANSLATION
Kana munhu akaita chinhu chakashata chinomusvibisa unhu hwake nokumubvisa chimiro kuti afambe pavanhu, anonzwa oda kuputsikira pasi nenyadzi.
Shame is more humiliating than death.

368

1219 ❋ **Kunyaradza mwana humufumbatidza musuva.**

VARIANT
◆ Chinonyaradza mwana ndechiri muruoko, matakadya kare haanyaradzi mwana.

EXPLANATION AND TRANSLATION
Zvokudya ndizvo zvinogadza mwoyo yavaduku navakuru yakagadzikana, yakareruka ichifara.
The already used up wealth has no relief to present needs.
A morsel in the hand quietens a crying hungry child.

1220 ❋ **Kunyarara ndiko kupedza nyaya.**

VARIANT
◆ Mushonga wenharo hunyarara.
EXPLANATION AND TRANSLATION
Kana pakati pavaviri vanenge vachitaura vachikakavadzana, mumwe wavo akarega kuenderera mberi achitaura, kutaura kunobva kwaguma.
Silence ends a heated argument.
Speech is silver, silence is gold.

1221 ❋ **Kunyemwerera (Kumwekurira) kweradzimba, rongogara rakamwekurira.**

EXPLANATION AND TRANSLATION
Chiso chomunhu abudirira kuwana chinhu chaanodisisa chinoonekwa nokugara chakazara mufaro.
He that has won is noticed by wearing beaming broad smiles.

1222 ❋ **Kunyenga muramu hakuna ziya.**

VARIANT
◆ Muramu inzungu yakateya gonzo.

EXPLANATION AND TRANSLATION
Kutaura nomunun'una womukadzi wako kuti akude hakuna
basa guru nokuti anenge achingova pedyo newe nguva
dzose uchigara uchitaura naye.
The sister-in-law's love is won without prolonged love courting
labour.

1223 ●   **Kunyenga musikana huedza ropa rokudikanwa.**

EXPLANATION AND TRANSLATION
Kazhinji vakomana vanonyenga vasikana vasina chinangwa
chokuroora, asi vachida kuti vazvione kana vachigona
kunyenga vasikana vakavada.
Some of the many love courtships are not meant for marriage but
for love winning test.
Wooing is nothing else but testing one's own love luck.

1224 ●   **Kunyenga (Wanyenga) musikana nomusi wechisi**
hunyenga simbe.

EXPLANATION AND TRANSLATION
Jaya rinogona kuona kuti musikana mushandi kana
ramushanyira, uri musi vanhu vari kuminda vachirima.
Vanhu vose nomusi wechisi kusingabatwi vanenge vagere
mumisha vasingashandi.
The bachelor that courts a maid on Sunday is never sure how
much industrious at work she is.
Sunday's wooing draws to ruin.

1225 ●   **Kunyenga musikana tanga wabvunza.**

EXPLANATION AND TRANSLATION
Kuti uzive nezvomusikana waunoda kuti akadii patsika,
usati wambomutaurisa nezvorudo, imbobvunza kune
vanogara naye kuti munhu akadii.

Before you marry, be sure of a house where to tarry.
Marry the daughter of a good mother.
Before you start courting a girl enquire of her character.

1226 ✳️ **Kunyengerwa hakuna akura.**

EXPLANATION AND TRANSLATION
*Nyange munhu akura ava mukuru achinge oziva zvakawa-
nda, haagoni kuziva zvinofungwa nomumwe nyange mwana
muduku saka ivava vangangomunyengera vachishandisa
pfungwa dzavo dzaasingazivi mamiriro adzo.*
Fair words and foul play cheat both young and old.
No man is old and wise that a fool cannot trick (decive) him.

1227 ✳️ **Kunyengetera kunoshayisa.**

EXPLANATION AND TRANSLATION
*Kukumbira kwomunhu akapfava, kwakanyorova, hakuwanzi
kunzwikwa kuchiwana mubairo. Kunonzwikwa mibairo
yapera.*
A faint request is never heard far.

1228 ✳️ **Kunyima kune tsere.**

VARIANT
♦ Kunyima huzvitserera

EXPLANATION AND TRANSLATION
*Munhu asingapi vamwe zvaanazvo, naivo havazomupiwo
zvavo zvavanazvo.*
He that does not give, loses the world at large.
A closed hand can never win friends.

1229 ✱ **Kunyima hakuwanzi pfuma.**

EXPLANATION AND TRANSLATION
Munhu anopa vamwe zvake zvaanazvo, kana vomupawo
zvavo vanomupa zvawanda kupfuura zvaakambovapa.
Giving is increasing wealth, refusing is decreasing wealth.

1230 ✱ **Kunyima uroyi.**

EXPLANATION AND TRANSLATION
Munhu anonyima akafanana nomunhu anoroya nokuti kana
akanyima munhu sadza, anoziya nenzara, oshaya simba
mumuviri obva ofa.
He that refuses a starving person food, wishes him to die.
Give a starving person food and have him live, but refuse him food
and have him die.

1231 ✱ **Kunyimwa (Imhindanomo kunyimwa) nomunda**
hakuenzani nokunyimwa nomunhu.

EXPLANATION AND TRANSLATION
Nyange zuva rikapisisa zvokubvira pakuturuka kwemvura
kudzamara masutso uye nyange ikanayisa ikava ndove,
vanhu vanokwanisa kukohwa zvishomanana zvokumbova-
batsira kwenguva shoma.
Drought as well as too much rains has little harvest to hold on
eating for some months.

1232 ✱ **Kunyumwa bere rarira kumunda, wasiyeyiko?**

VARIANTS
♦ Kunyumwa bere rarira kunze kwomusha hunge
wakasungira rakowo mbereko.
♦ Kunyumwa kweune bundu kumusana kuona anoseka
oti ndiye anosekwa.

- Munyumwi webaro (webaravara) ndiye mwene waro.

EXPLANATION AND TRANSLATION
Munhu akapara mhosva ari oga muchivande, anogara akabatwa nokutya achingovhunduka-vhunduka kana, akanzwa vanotaura nezvakarerekera kune zvokuparwa kwedzimhosva.
He that has committed a hidden crime is ever haunted with fear.
A guilty conscience needs no accuser.
The truest jests sound worst in guilty ears.

1233 ✹ **Kunzi musikana mushava (mukomana) ari papa hudya.**

VARIANT
- Kutsvuka kutsvuka nokudya.

EXPLANATION AND TRANSLATION
Kunaka kweganda romuviri nokusimba kwomuviri pakutarisika zvinovapo kana munhu achidya zvakanaka misi yose.
Food builds up strong shiny healthy body.
Lips, although rosy, must be fed.
Often and much eating makes a man fat.

1234 ✹ **Kunzvenga dungo rapamukova kuti risakubaya hukotama.**

EXPLANATION AND TRANSLATION
Kuti usawirwa nenjodzi iri mberi kwaunoenda, hunyenyeredza panzvimbo iyoyo yaunoziva kuti ndipo pauchasangana nenjodzi yacho.
To avoid a stab from the door-overhanging rafter is to bend head down.

1235 ❋ **Kunzwanana kwomutorwa nomutorwa kunoshura ukama mberi.**

EXPLANATION AND TRANSLATION
Kuitirana zvakanaka norudo rukuru kwavanhu vasina ukama hweropa mukati, kunozoguma kwasunganidzwa noukama hwokuroorerana.
Mutual understandings existing between unrelated families originate matrimonial relationship ahead.

1236 ❋ **Kuona gwavava ropfumbidza nzira mubundo (musango) rawana mhango.**

VARIANT
◆ Gwereveshe kupfumbidza gwara mubundo (musango) rawana mhango.

EXPLANATION AND TRANSLATION
Munhu kuti ashingirire kuenda panzvimbo paanga asingagari achiendapo, panenge pava nechinhu chaawanapo chaanoda chomukwezverapo.
Newly made love begets frequent visits.
Bachelors commonly tarry at maids' homes.

1237 ❋ **Kuona nhamo uchidya zvinochenesa mwoyo.**

VARIANT
◆ Zvinochenesa mwoyo munhu kuona nhamo achidya.

EXPLANATION AND TRANSLATION
Kana munhu waugere naye akakuchengeta achikunetsa nezvimwe zvakawanda, asi achikupa zvokudya zvakawanda misi yose, zvinoita kuti mwoyo wako usanyanya kurwadza pakukunetsa kwaanokuita.
Fat sorrow is better than lean sorrow.
Sorrow with bread is less grieving.

374

1238 ✱ **Kuonana manhamba pakuyambuka rwizi ruzere.**

EXPLANATION AND TRANSLATION
Munhu kana ari parugare haana hanyn'a nehama asi kana ava panhamo, rugare rwapera ozviswededza kwavari kuti ayamurwe. Vanobva vamuudza kuvadadira kwaakanga achiita achine rugare.
In time of common danger, enemies unite to form a strong defence.
Adversity unites enemies.

1239 ✱ **Kupa huda kupa, vazhinji vanazvo vasingadi kupa havapi.**

EXPLANATION AND TRANSLATION
Mwoyo womunhu ndiwo unomutungamirira kuita zvakanaka saka vanopa ndivo vane mwoyo yakanaka inoda kubatsira vasina, ichivapa zvavanoshaya.
He that gives others has a generous heart to give.
He that is kind can give.

1240 ✱ **Kupa hurutsa, hakutumwi munhu.**

EXPLANATION AND TRANSLATION
Munhu haangatumi mumwe munhu kuti amupe zvinhu zvaanoshaya. Anopa anongopa asina kutumwa kuti ngaape.
Like vomiting, giving others happens on its own.

1241 ✱ **Kupa huturika mumuti, mangwana uchatururawo.**

EXPLANATION AND TRANSLATION
Munhu anopa mumwe chinhu nhasi, iye mangwana uchafumopiwawo chinhu chaanoshaya nomumwe.
He hangs food up a tree for himself, he that gives another, food.
It is not lost that is given to a neighbour.

1242 ✹   **Kupa kwebenzi risina mano kunoputsa imba yaro.**

EXPLANATION AND TRANSLATION
Munhu asina kungwara anongozipirwa nokuvongwa
nevaanopa zvinhu odzamara ovapa zvose zvaanazvo
vachingomuvonga, osara asisina zvakaenzanira kumubatsira.
Kana uchipa mumwe, cheuka shure kwauri kuti usasara
wopemha.
Be just before you are generous.
Fools give away to turn themselves into beggars.

1243 ✹   **Kupa kwerisina charingapa, rinozadza dengu**
nemuromo.

EXPLANATION AND TRANSLATION
Munhu asina zvinhu zvaangakupa, anokuvimbisa kukupa
zvakawanda kupfuura zvaanga achakupa, kana anga
ainazvo.
He that has none to give gives most by his tongue.

1244 ✹   **Kupa madzoro kunoravanwa.**

EXPLANATION AND TRANSLATION
Vanhu vakavakidzana vanopanana zvinhu vachiti mumwe
apa mumwem, mumwe apa mumwe, vachidaro mukuvaki-
dzana kwavo kwose.
Giving one another in turns is an enjoyable game to play.
It is good living that is done in turns.
Give to enjoy return giving.

1245 ✻   **Kupa mumwe hukusha (hudzvara), mangwana unofuma wokohwavo.**

EXPLANATION AND TRANSLATION
Zvinhu zvinopiwa munhu navamwe, mibairo yaanowana inotsiva zvinhu zvakewo zvaanopawo vamwe.
The same hand scatters and then gathers.
He that sows in giving harvests in receiving.

1246 ✻   **Kupa mumwe huunganidza, mangwana unopiwawo zvakaungana.**

VARIANTS
◆   Kupa mumwe huzvivigira mberi, mangwana uchamuwana akakuchengeterawo.
◆   Kupa mufambi huzvivigira mbuva, mangwana uchadya zvakewo wava parwendo.
◆   Kupa mumwe huvigisa mudura, mangwana unofuma wovazha.
◆   Kupa mumwe huzvipa, mangwana uchakupawo kana wamuwana anazvo.

EXPLANATION AND TRANSLATION
Munhu anopa vamwe, vanomupawo samapiro aanovaita.
The hand that gives gathers.
He that gives others stores up for his future relief. He that feeds a stranger is storing food provision for his next journey feeding provision.

1247 ✻   **Kupa mumwe huwana (hunge unazvo).**

EXPLANATION AND TRANSLATION
Munhu asina chaangapa mumwe, nyange oshuva kupa, hapana zvaangaita.
He gives, he that has something to give.

1248   ✱   **Kupakurirwa huguta.**

EXPLANATION AND TRANSLATION
Munhu anenge apiwa mugove wake panogovewa chinhu,
nyange mugove waapiwa uri muduku, anofanira kugutsikana
nawo nokuti wakangoenzana neyavamwe vapiwapo.
He that gets a share must be content with it.
He that is given a morsel fills his belly.

1249   ✱   **Kupanda gombo huvimba nesimba raunaro**
rokuriunda nokutema miti.

VARIANT
  ◆   Wapanda gombo ane masimba okuriunda nokutema miti.

EXPLANATION AND TRANSLATION
Kana murume achisiya mvana isinawo murume
achinonyenga musikana mutsva asati aroorwa, anenge aine
roora riri pamusoro kupfuura roora rinoroora mvana. Saka
murume iyeye anenge achivimba nemombe zhinji dzokuroora
musikana dzaanadzo.
He must be a strong hardworking man, he that clears new
virgin land.

1250   ✱   **Kuparuka kwengoma kunokakwa imwe.**

VARIANT
  ◆   Ngoma kuparuka kunokakwa imwe.

EXPLANATION AND TRANSLATION
Murume akafirwa nomudzimai anoroora mumwe mudzimai.
Murume nomukadzi vakafirwa nomwana mucheche
vanozvara mumwe mwana.
In the event of the death of the wife, a husband marries another
woman.

1251 ❋ **Kupedza nguva kukumbira mbewu kuhurudza, ineyi nomurombo?**

EXPLANATION AND TRANSLATION
Munhu akapfuma zvikuru haawanzi kuva nehanyn'a yokubatsira vanoshaya navarombo.
The rich has no care for the poor.
He that asks from the rich may live to ask twice before he is given.

1252 ❋ **Kupemberera dutu riri kuuya mai vakanika upfu.**

EXPLANATION AND TRANSLATION
Munhu anofarira kuuya nokunaya kwemvura usiku, asi imba yaanorara, denga rayo risina kupfirirwa zvakasimba richidonha. Kana mvura yanaya usiku, haacharari, orara agere. Kufarira kuuya kwamapurisa anobata vasina kutera, asi iye baba vake vasinawo kutera.
He joyfully welcomes the approach of whirlwind when his mother has mealie-meal spread outside in the sun.
He that happily welcomes a heavy downpour must be sure his hut does not leak.

1253 ❋ **Kupemberera n'anga ichabata mai.**

EXPLANATION AND TRANSLATION
Munhu anofarira kuti mhosva yakaparwa neshamwari yake vari vose iende kudare ramambo kunotongwako asingazivi kuti naiye achasvika obudiswawo neshamwari yake kuti vaiva vose vachiipara, akazopedzisira otongwawo.
He that happily dances on the arrival of a witch-doctor will be sorry when his mother has been indicated a witch.
The thief that delights on the arrest of another thief will have himself arrested too by the same policeman.
Never be sure before the end if you are also guilty.

1254 ● **Kuperera kwebadza kumuromo hunge rarima zvakanyanyisisa.**

VARIANT
◆ Kusakara kwegudza ndiwe mwene waro wairifuka.

EXPLANATION AND TRANSLATION
Kutarisika kwechembere yasakara, shaya dzayo dzaunyana, izvi zvairi zvose zvinenge zvakakonzerwa nenguva refurefu yayaishanda nesimba nouwandu hwavana vayakazvara.
The used hoe wears out its blade.
Even a wrinkled old wife was once an attractive maid.

1255 ● **Kupfachuranya zviyo hakuna ukurudza kunozvara nzara mumba.**

EXPLANATION AND TRANSLATION
Kushandisa zvinhu zvinoshandiswa muupenyu munhu asina hanyn'a pamashandisiro ake aanozviita achingozvirasa-rasa hakuzvigadzi zvakachengeteka, kunozvishomekesa zvikurusa.
Waste makes want.
Careless handling of food supplies causes starvation.

1256 ● **Kupfuma hakuenzanwi.**

EXPLANATION AND TRANSLATION
Muenzaniso wokupfuma kwavanhu, Nyadenga haana kuuronga zvakafanana. Vamwe vakapiwa kupfuma zvikurusa, vamwe zviri pakati, vamwewo kuti vawane zvakaenzanirana kuti vararame chete.
Not all men were born to be equally rich.

380

1257 ✳   **Kupfuma hakugutiwi.**

EXPLANATION AND TRANSLATION
Munhu ane pfuma yakawanda ndiye anotoda kuramba achingoshanda siku nesikati achiwedzera imwe pfuma pamusoro peyaanayo.
All richest men are never rich enough.
Why should a rich man steal?

1258 ✳   **Kupfuma (Upfumi) hakumhanyirirwi.**

EXPLANATION AND TRANSLATION
Munhu ngaatsvake pfuma aine hana yakawa, aregopaparika, uye asashandisa nzira dzokuwana pfuma nadzo dzisina kuti tasa, dzine nyengedzo mukati.
Robbing, cheating and deceiving in transaction is not the correct method of accumulating wealth.

1259 ✳   **Kupfuma (hakuziri kwavose) hakuna kusikirwa vose.**

EXPLANATION AND TRANSLATION
Havazati vari vose vanhu vakazvarwa vaine rombo rokuwana pfuma.
Not all men were born to become rich, many are poor.

1260 ✳   **Kupfuma hakunanirwi.**

EXPLANATION AND TRANSLATION
Nyange neakasikwa akapfava, kana asvika pane chaanoda, kupfava kwose kunobva kwashanduka munhu akaita mungwaru.
He that will thrive must seek wakefully.
He that is shy to speak can hardly become rich.

1261 ✴ **Kupfuma ishungu dzomwoyo unoda kupfuma.**

EXPLANATION AND TRANSLATION
*Munhu anozvishuvira kuti dai apfuma agogara zvakanaka
asingashayi savamwe vane pfuma yavo inovararamisa, ndiye
anoguma apfuma.*
He that burns most, shines best.
Hearty burning desire and diligence build up a wealthy man.
No pains, no gains.

1262 ✴ **Kupfuma isimba rokushanda.**

EXPLANATION AND TRANSLATION
*Uyo anoshanda nomwoyo wake wose mabasa ose maduku
namakuru ndiye anokurumidza kupfuma.*
Through labouring hardest, a man becomes richest.
Labour hardest and get all you need.

1263 ✴ **Kupfuma (Upfumi) kukuru ndokwokugutsa dumbu.**

EXPLANATION AND TRANSLATION
*Chokudya ndicho chinhu chikuru muupenyu hwomunhu, saka
munhu ane chokudya chake anogona kurarama zvakareruka.*
He is rich enough who lacks not bread.
He that feeds himself to his full every day is the richest.

1264 ✴ **Kupfuma (Upfumi) kune dzimba dzako.**

EXPLANATION AND TRANSLATION
*Kune dzimwe mhuri dzinorerukirwa nokuunganidza pfuma,
kubvira kuvana nokuvana vavana.*
Luck follows generations and generations.

382

1265 ✳ **Kupfuma kusina chinoza mumba, kurindira nhaka yomupenyu.**

EXPLANATION AND TRANSLATION
Uyo asingabati basa kuti awane pfuma, anotarisira kuwana pfuma kana hama dzake dzakapfuma dzafa, anongofa ari murombo.
He goes long barefooted he that waits to wear a dead man's shoes.

1266 ✳ **Kupfuma kwomurume, mukadzi ane mano okuchengetedza zvaanowana.**

EXPLANATION AND TRANSLATION
Mudzimai akangwara, ane mazano okuchengetedza pfuma, anobatsira kuti pfuma iwande.
He that should quickly thrive let him marry a thrifty and industrious wife.

1267 ✳ **Kupfuma (Upfumi) ndokwavo avo vakakusikirwa.**

EXPLANATION AND TRANSLATION
Varipo vamwe vanhu, vane zvipfuwo zvinokurumidza kubereka zvichiwanda, vane minda inomera zviyo nemwero yakafanana makore ose, vanopiwa zvipo zvepfuma zvakawanda. Ava vanonzi ndivo vakadikanwa nepfuma.
Those who were created for wealth become rich young.

1268 ✳ **Kupfumba kwemimba ihore yemvura inomisa isingazikanwi nguva.**

VARIANTS
◆ Kurwadza kwemimba ihore yemvura inongonzwikwa yotinhira.

383

- Kupfumba kwemimba imbavha inoba isingazikanwi kuti ichaba.

EXPLANATION AND TRANSLATION
Muupenyu pane zvinhu zvisingazivikanwi kuti zvichaitika riini asi zvichingozoitika rimwe zuva. Savazhinji vasingazivi kuti mudzimai akazvitakura achabatsirwa rini. Zvakadaro naiye akazvitakura haazviziviwo.
Like rain clouds which gather themselves unexpectedly, so is the arrival of the child's birth.
Unknown to all concerned is the day and date on which the expectant mother delivers a child.

1269   **Kupfumba kwengoma hubvumirwa zvine simba.**

VARIANT
- Ngoma inopfumba navabvumiri.

EXPLANATION AND TRANSLATION
Basa guru kuti rishandwe ribudirire, rienderere mberi, rinofanira kuwana vabatsiri vanobatsira mwene waro anorishanda.
The cheering of bystanders make the play warm and successful.
He that is backed up succeeds.

1270   **Kupfupika hahusiri utenda.**

EXPLANATION AND TRANSLATION
Munhu ane muturu muduku anogona kuve nepfungwa dzakapinza nesimba romuviri zvinopfuura zvavane mituru mikuru.
He that was born short has healthy body and sound mind.
Being short in stature was never due to illness.

1271 ✹ **Kupfupira mudzimu usingatendi.**

EXPLANATION AND TRANSLATION
Kuitira munhu zvakanaka zvizhinji, asingakutendi iwe
wamuitira.
It is sheer waste of time and energy to render your service to an
ungrateful person.

1272 ✹ **Kupfupire n'anga hurapa.**

VARIANTS
◆ Kurapa kwen'anga hufupirwa.
◆ Mudzimu unopfupirwa ndiwo unotaririra.

EXPLANATION AND TRANSLATION
Mushandi anopiwa mubairo wokushanda kwake nguva dzose
ndiye anoshanda basa rake nguva dzose nesimba nokuvi-
mbika.
He who pays the physician does the cure.
A well paid servant works hardest.

1273 ✹ **Kupfura kweyotandadza yopfura namakumbo mana.**

VARIANT
◆ Yave hari (Rave zigari) yofazhirofa, yonzwikwa kufazha.

EXPLANATION AND TRANSLATION
Munhu kana achinge akwegurisa, ava pedyo norufu anenge
onetsa zvakanyanyisisa mumagariro ake. Kana mukadzi
orambwa nomurume, anobva apengesesa.
The kick of a dying beast is worst.

1274 ✹ **Kupinza udyi mumba kurera mwana asiri wako.**

EXPLANATION AND TRANSLATION
Mwana asati ari wababa ivavo akakudzwa achiitirwa zvose
zvakanaka anoguma ovapandukira ozviidza mwana wepo,

otorera vana vepo upfumi.
To allow a weevil to dwell in your house, is like rearing a child
who is not your own.

1275 ❋ **Kupiwa zvose panyika hushurirwa kusararama.**

EXPLANATION AND TRANSLATION
Munhu akapiwa ungwaru hwokugona kuita zvose agova
nepfuma yakawanda haararami nguva refu.
He that has wisdom and skills in all things has a short term of life.

1276 ❋ **Kupona (Kurarama) kwehamba yasangana naishe.**

EXPLANATION AND TRANSLATION
Chinhu chisina maturo kumupfumi, chine basa guru
kumurombo chaasingasiyi kana achiona, asi kumupfumi
hachitauri chinhu kwaari, nyange akachiona haachitori,
haana hanyn'a nacho.
Poor meals are not meant for rich people.
Small things arrest not the attention of great men.
It is below the chief's dignity to feed on tortoise's meat.

1277 ❋ **Kuponesa, ponesa wepfumo, kana ari wenzara anoti**
ndakapona namano angu.

EXPLANATION AND TRANSLATION
Munhu anobvuma kuti wamurwira ndowanga achirwa
nomumwe munhu, kana ari wanga abvurirwa nenzara
ukamupa zviyo, anoti akararamiswa nezviyo zvaakanotenga
kumwe.
He that rescues a person from danger is acknowledged, but he
that saves a person from starvation is not acknowledged.
Save a person from his battle enemy you are credited, but save
him from great want you are discredited.

1278 ❋   **Kupora kwesadza kunozikanwa newambotsva naro.**

EXPLANATION AND TRANSLATION
Kunaka nokurarama kwomunhu akanga akashata achigarira kunetsa vanhu, kunozikanwa nevakanga vagere naye achivanetsa.
No man better knows what good is than he who hath endured evil.
The change of a difficult situation into an easy one is best known by him who has endured it.
None than he that has suffered from a danger can best tell how much great that danger was.

1279 ❋   **Kupora kweronda hutsvakirwa mishonga.**

EXPLANATION AND TRANSLATION
Kuti murombo apedze nhamo yokushaya muupenyu hwake, anofanira kushanda mabasa akasiyana-siyana achamupa mibairo inoumba upfumi.
The bad wound is healed up by application of different medicines.
He that should overcome poverty must labour hardest.

1280 ❋   **Kupora kweronda vanga harirovi.**

EXPLANATION AND TRANSLATION
Nyange munhu akapara mhosva yake kune mumwe munhu akairipa ikapera yose, kuparwa kwemhosva iyoyo hakuzodzimi mumwoyo yavanhu nouya akaiparirwa, kunongoramba kuchiyeukwa.
The wound may heal up yet the scar remains seen.
He that once committed a crime is always remembered.

1281 ◉   **Kuposha (Kukwereta) chomumwe huzviparira nokudya mangava.**

EXPLANATION AND TRANSLATION
Munhu anorarama nokugara achikwereta pfuma dzavamwe, anogara akatongwa pamatare nguva dzose kana okonewa kuripa zvikwereti zvaakakwereta.
He that borrows from others soon finds himself in sorrow.
He that goes a-borrowing goes a-sorrowing.

1282 ◉   **Kuposha ndokwavanhu vose, hakuna akakurira kunatsa koga.**

EXPLANATION AND TRANSLATION
Munhu upi noupi zvake asagara aine pfungwa dzokuti anogona kuita zvakanaka zvoga nenguva dzose. Munhu anorarama nokunatsa nokutadza.
All men are liable to do wrong.
Old people sometimes go wrong.
He that makes no mistakes makes nothing.

1283 ◉   **Kupotsa kwegondo rinonhonga marara.**

EXPLANATION AND TRANSLATION
Munhu akashanda basa, nyange rikasamupa mubairo mukuru, asi anowana kamubairo kadukuduku zvako.
A failure in an attempt may contribute a little success.

1284 ◉   **Kupukunyuka (Kutsvedza) muruoko kwedemo (sanhu) risina mutemi ane simba rokutema naro, rinongogara rakaremberera.**

EXPLATION AND TRANSLATION
Mukadzi akaroorwa nomurume asina zvibereko, anongofamba achipomba navarume vose, nyange nepwere dzose papi napapi paari.

388

The wife of a barren husband turns herself into a bitch.
She that is married to a barren husband is a public prostitute.

1285 ✦ **Kupura nyemba nomusana vamwe vachidzipura namaoko.**

VARIANT
◆ Ndiri pakati porunyemba, vamwe vari pakati peminzwa.

EXPLANATION AND TRANSLATION
Munhu agere murugare rukurusa, anongowana zvose zvinoti: sadza nenyama nezvipfeko asingashayi chimwe chezvose chinoumba mufaro.
He that sufficiently eats, drinks and clothes daily is in paradise.

1286 ✦ **Kupururudza kunzi zvinzwe mitsipa.**

VARIANT
◆ Kututsa (Motutsa) benzi nemhururu.

EXPLANATION AND TRANSLATION
Munhu anorumbidza benzi achishandisa mashoko anorikurudzira kuti riite zvarinorumbidzirwa nenzira yakapfuuridza mwero wazvinogaroitwa nawo.
He that applauds the fool when dancing sets him to dance most.
He that praises an evil-doer sends him to do more evil deeds.
Praise a man when he is in the wrong and make him the worst wrong-doer.
The more you rub a cat on the rump, the higher she sets up her tail.

1287 ✦ **Kuputsa chipfuko chizere mvura wosvika pamusha.**

EXPLANATION AND TRANSLATION
Munhu anga achishanda chinhu chake nenzira yacho yachinoshandwa nayo, chigoti chava pedyo nokupera chobva

chakanganisika, chotadza kubudirira.
He that is running a race may tumble down before reaching the winning point.

1288 ✳ Kura uine mano kuti ugozikanwa kuti wakura.

EXPLANATION AND TRANSLATION
Munhu anokura kuti agonzi akura, anofanira kuratidza mumagariro ake pane zvaanoshanda namaoko uye mukutaura kunonzwikwa zvakwakananga.
Growth in a person is determined by a fully developed mind in actions.

1289 ✳ Kuradza mwoyo kunze kunoparira mangava.

VARIANT
♦ Kuregerera mwoyo kunoparira mangava.

EXPLANATION AND TRANSLATION
Murume asingagutsikani nomukadzi mumba, anomusiya achinonyenga mukadzi womumwe murume, kana akabatwa anaye, anopiwa mhosva uye otongwa oripiswa.
He that controls not his carnal desires, lives not a clean life.
He that gives way to his carnal desires, lives a dirty life.

1290 ✳ Kuradza maoko kunze kunoyamura (kune chimuko).

EXPLANATION AND TRANSLATION
Munhu anoshaya zvinomubatsira muupenyu kuti abatsirike anofanira kugara achishanda kune vane mabasa anoda kushandwa ane mibairo.
He that makes the best use of his hands lacks no bread.
Needs with hard work is soon overcome.
He that sets his own snares every evening soon catches.

1291 ✱ **Kuradza mwana kumwoto mumba humukwabura.**

EXPLANATION AND TRANSLATION
*Kubvumira mwana anokura kuti akure achingoita zvose
zvaanoda pamadiro, nyange zvakashata anongozviita
sokushata kwazvo, asingadziviwi.*
He that brings up a child allowing it to behave on its own, spoils it.

1292 ✱ **Kuraira benzi hunyadza muromo wako.**

VARIANTS
◆ Kuraira benzi hutambisa muromo wako.
◆ Kuraira benzi hutambisa mano ako.
◆ Kuraira benzi huzviraira, nokuti hapana nechimwe
   charinonzwa.
◆ Kuraira benzi tanga warirapa upenzi hwarinahwo, kuti
   rikunzwe.

EXPLANATION AND TRANSLATION
*Kuti uudze munhu akazvarwa asina pfungwa dzakarongwa
kwazvo kuti dzishande zvakanaka hazviyamuri nokuti
kusikwa kwomunhu hakuna angakushandura.*
He overtires his tongue for nothing, he that gives advice to a fool.
Fools have ears for all things but not for good and bad things.

1293 ✱ **Kuraira (Kuranga) kuraira anonzwa, kuraira
asinganzwi kuudza ibwe.**

EXPLANATION AND TRANSLATION
*Munhu asina hanyn'a nokutevera zvakanaka zvaanoudzwa
navamwe vanomushuvira kuita zvakanaka, anongoramba
achingoita zvakashata, achinge seibwe rakangogara
rakaoma.*
Giving advice means speaking to someone who listens, giving
advice to a person who does not listen is like telling a stone to
obey instruction.

1294 ✷   **Kuraira (Kuranga) kuuya ndokwomuromo,
kweshamhu kwakapa musimbwa.**

EXPLANATION AND TRANSLATION
*Kupa mwana mazano akanaka amagariro muupenyu nenzira
yehasha nokumurova hakuwanzi kumuvaka chimiro chine
unhu chakanaka, kunozvara hasha maari.*
They that always beat are least obeyed.
They that are booted are not always ready to obey.

1295 ✷   **Kuraira kwakashayisa mbira muswe.**

EXPLANATION AND TRANSLATION
*Kuti uwane chinhu chaunoda chaune basa guru nacho
mumagariro oupenyu hwako, chichiwanikwa nokufambirwa,
zvifambire iwe woga mwene wacho, ugochiwana. Ukatumira
kunotorerwa unoshayiswa.*
The rock-rabbit that sent for a tail never had one.
If you want a thing done, do it for yourself.

1296 ✷   **Kuraira (Kuranga) mwana akateerera, midzimu
yokwako yati akunzwe.**

VARIANT
◆   Kuudza mwana akateerera midzimu yokwako yati
akunzwe.

EXPLANATION AND TRANSLATION
*Vana vazhinji havarangwi vachitevera kuranga kwavabereki
vavo. Vashoma vanoteerera vanenge vari vana vanoteerera
nyange kuranga kusati kuri kwavabereki vavo voga.*
They are the most fortunate, the parents who get their children to
follow parental advice.
We may give advice, but we cannot give conduct.

1297 ✻ **Kuraira (Kuranga) mwana muduku muraire odzoka kwaanga aenda.**

VARIANT
◆ Kuudza mwana muduku muudze odzoka kwaanga aenda.

EXPLANATION AND TRANSLATION
Kuti munhu akuteerere pakumudzivisa kwako kuti arege kuramba achiita chinhu chakashata, chine njodzi, chinokuvadza, muudze pashure pokunge achiita chamukuvadza.
He that should advise a child and gets himself followed up, let him do it after the child had fallen itself into danger.
Bitter experience is the remedy to avoid danger.

1298 ✻ **Kurairwa hakuna mukuru.**

VARIANT
◆ Kurairwa hakuna wakura.

EXPLANATION AND TRANSLATION
Neakura, ava nebvudzi rachena, ane zvizhinji zvaasingazivi zvaanofanira kudzidziswa navamwe vanenge vachizviziva.
We go on learning new things as long as we live.
No man is old enough to always advise himself.
Grey hair possesses not all man's wisdom.

1299 ✻ **Kuramba butu hunge une mukonya.**

VARIANTS
◆ Kuramba guva huona sadza jena.
◆ Kusema chivi huona chiuya.

EXPLANATION AND TRANSLATION
Munhu anoramba kuseva nomuriwo anenge achiona pane usavi hwenyama.
The one who refuses bran has something better which makes him arrogant.

They that have no other food, are glad to eat chaff.
He that is at ease seeks dainties.

1300 ❋ **Kuramba (Kurega) chawagadzikirwa nendiro urema.**

VARIANT
◆ Utununu kuramba chawagadzikirwa nendiro.

EXPLANATION AND TRANSLATION
Kana chinhu chine rubatsiro rukuru, chinotorera vamwe
nguva yakareba kuti vachiwane, ukangoona chosvika kwauri
nenzira pfupi yakareruka, usanonoka kuchigamuchira,
kurumidza uchitore.
It is foolishness to decline accepting a good offer.
He is not wise who is not wise for himself.
The cat is out of kind that sweet milk will not lap.
Gnaw the bone that has fallen to thy lot.
Fortune should be welcomed not repulsed.

1301 ❋ **Kuramba chawapiwa mangwana uchazochichema.**

VARIANTS
◆ Kuramba mutuvi huramba namage (Waramba mutuvi
waramba namage)
◆ Nzombe huru yakabva mukurerwa.

EXPLANATION AND TRANSLATION
Murume anopiwa mwana wechisikana achiri muduku
akaramba kumuroora, kana akagara akazokura,
anozorwadziwa mwoyo omuona akura akwanira kuva
mukadzi waangaroora, akamushandira mumba.
He that declines to accept a small gift will never receive great
ones.
Small gifts bring great ones with them.

394

1302 ✳ **Kuramba nyama yechidembo hunge uine yetsuro.**

EXPLANATION AND TRANSLATION
*Munhu anenge asingadi kushandisa zvinhu zviri pasi, zvisina
maturo anenge aine zvinhu zvakakoshesesa.*
He that takes polecat's meat inferior has hare's meat ready.
He that refuses to use brown sugar has white sugar.

1303 ✳ **Kuramba uchitokonya imbwa inogumisidza
yakuruma.**

EXPLANATION AND TRANSLATION
*Ukaramba uchinetsa-netsa munhu anokukurira mumasimba
okurwa, anozopedzisira akurova.*
He that constantly teases a dog ends with a bite.
He that persistently jeers at a violent man gets a fresh wound.

1304 ✳ **Kurambwa huvizhura unonowana pakakombodza.**

VARIANT
♦ Kurasikirwa huwana, zvakanakisisa zviri mberi.
EXPLANATION AND TRANSLATION
*Murume kana akarambwa nomukadzi waanga akaroora.
Pakundoroorazve mumwe anondogumisidza aroora mukadzi
anopfuura uya akamuramba pamabasa makurusa akanaka.*
Love rejection carries enormous gain ahead with it.

1305 ✳ **Kurambwa nepfuma mbudzi kusvodza yava nezamu.**

VARIANT
♦ Ndiko kukona kwechomunda barwe kufa rava nerebvu.

EXPLANATION AND TRANSLATION
*Munhu anongogara akakanganisirwa mazano aanenge
awana okumuwanisa pfuma nawo asati amboashandisa*

zvinoenda kure.
He that misfortune always follows has been denied happiness in life.
He that wealth denies is always unlucky.

1306 ✱ **Kurambwa nomunhu hakurwadzi sokurambwa nesadza.**

EXPLANATION AND TRANSLATION
Murume arambwa nomukadzi, nomukadzi nemurume, nejaya nomusikana, nomusikana nejaya pakati pavo vose ava hapana anozoshaya angamuda.
He that is today rejected will tomorrow win another new lover.
All griefs with bread are less.

1307 ✱ **Kurambwa nomunhu hakutyisi sokurambwa noupenyu.**

EXPLANATION AND TRANSLATION
Kurasikirwa nomurume, nomukadzi, nejaya nomusikana hakuzezesi sokunzwa kuti uchafa mangwana kuchiedza.
He is not at loss, he that is refused love offer, except him that is refused long life.

1308 ✱ **Kurambwa nomusikana shamba mabori, mumwe achakuonawo.**

EXPLANATION AND TRANSLATION
Munhu anozvigadzira muviri wake, achigara akashambidzika asina tsvina angava wechirume kana wechikadzi haatani kuwana waangaroora, kana kuti neangamuroora.
Personal cleanliness finds itself many lovers.
Personal cleanliness lacks no lover.

396

1309 ❋ Kuramwira donga, kuramwira rimwe donga rinodya.

EXPLANATION AND TRANSLATION
Musikana anonyengwa nejaya oriramba manomano iye
achirida, anozonyara kana ramurega rikanonyenga mumwe
musikana akabva angorida chiriporipo.
The maid that purposely refuses to accept love offer, will
without her knowledge, find it transferred to another maid.

1310 ❋ Kuramwirwa musikana wawatizisa mukumbo zvanzi
chimuwana, warambirwa kumuwana (ndowamutorerwa).

EXPLANATION AND TRANSLATION
Musikana akatiziswa mukumbo nejaya, akasateverwa
kunotorwa navabereki vake, anenge atobvumidzwa
kuroorwa nomukomana iyeye amutizisa mukumbo.
He that elopes with a maid and is never soon followed by her
parents to fetch her, is permitted to marry.

1311 ❋ Kurarama (Kwava kurarama) kwehamba yawanikwa
nousina demo (sanhu).

EXPLANATION AND TRANSLATION
Chipfuwo kana nhumbi inotengeswa ikasangana neasina
mari, anobva akonewa kuitenga, yopona, yosara ichiri
pamwene wayo.
The tortoise found by a man without an axe is let to go unhurt.
A beast sold to a moneyless butcher loses not its life.

1312 ❋ Kurarama kwomunhu hudya.

EXPLANATION AND TRANSLATION
Vanhu vanogara mumusha munodyiwa vanhu vachiguta,
vanogara vakafara nguva dzose.
Bread is the staff of life.

1313 ❋ **Kurarama kwomunhu panyika huraramira nhamo.**

EXPLANATION AND TRANSLATION
Kutambudzika kwomunhu muupenyu kunofanira kugara
kuripo, sokufarawo kunofanira kugara kuripowo.
He that lives longest suffers most.
He that lives longest must fetch his food farthest.

1314 ❋ **Kurarama kwomunhu panyika hurehwa.**

VARIANTS
◆ Kurehwa navanhu hukura (Kukura hurehwa).
◆ Warehwa panyika wakura.

EXPLANATION AND TRANSLATION
Munhu muupenyu anogara akataurwa navanomuda pane
zvakanaka navanomuvenga pane zvakashata zvaanenge
achiita.
He that is still above ground must have other people gossiping
about him.

1315 ❋ **Kurarama (Kwava/ Ndiko kurarama) kwomuranda**
kusvika ishe agere pakudya.

EXPLANATION AND TRANSLATION
Panofara vakuru vaduku vanofarawo, napavanoguta
vakuru vaduku vanogutawo. Asvika pamusha akawana
vepo vachidya naiye anodyawo.
The subject that arrives and finds the king at the table also feeds
on the king's meal remains.

1316 ❋ **Kuraramira kutambudza vanhu kweimbwa inoruma,**
inozofa vanhu vakanganwa.

EXPLANATION AND TRANSLATION
Munhu anogara akanetsa vamwe nechipfuwo chinonetsa

hachikurumidzi chasvikirwa norufu. Chinorarama nguva refu chichingonetsa vanhu.
An ill frequent biting dog lives longest causing sufferings.

1317 ✸ Kurapa muroyi kwen'anga hakuchinyiri un'anga hwayo.

EXPLANATION AND TRANSLATION
Kubatsira munhu akashata ari panhamo, hakukanganisi chimiro nounhu zvomunhu wamubatsira.
Helping a wicked person affects not our good character.
The sun is never the worse for shining on a dunghill.

1318 ✸ Kurasa maoko (Kupa mumwe) huunganidza pane zvauchapiwawo.

EXPLANATION AND TRANSLATION
Munhu anofarira kupa vamwe vanhu zvinhu zvake, naivo vanomupawo zvavo.
The hand that gives gathers.

1319 ✸ Kurasa simba (Kutamba nesimba) kubatira vasingavongi (vasingatendi).

EXPLANATION AND TRANSLATION
Munhu anoti kana aitirwa basa zvakanaka nomumwe, pachinzvimbo chokuti atende kuitirwa basa zvakanaka, otenda achimhura kuti haana kuitirwa basa iroro zvakanaka.
It is a lost service that is rendered to an ungrateful person.

1320 ✹   **Kurasa simba kuchonya ari murima.**

VARIANT
◆   Hanyn'a nani kuchonya ari murima.

EXPLANATION AND TRANSLATION
Munhu anonzwikwa opopotera mumwe asina kumuudza
chaanomupopoterera, haana chaanobatsira
waanopopoterera nokuti anenge asingachizivi chaanomhuri-
rwa naiyeye anomupopotera.
It is a sheer waste of time to reprimand a person for the wrong
done about which he knows nothing.
He that winks at someone in the dark winks at himself.

1321 ✹   **Kurasa simba kunochera mvura kutsime**
nechirongo chinobvinza.

EXPLANATION AND TRANSLATION
Munhu anopedza nguva yake achiudza munhu kuti arege
kuita zvakashata zvaanenge achiita, asi uya waanoudza
achingoramba achizviita asingadi kurega.
In vain, he gives advice to him that will not follow.
Giving advice to a person who will not follow is like going to fetch
water in a cracked leaking calabash.

1322 ✹   **Kurasa simba (Kutambisa simba) kupa asingavongi.**

EXPLANATION AND TRANSLATION
Munhu anopiwa nomumwe zvaanenge achishaya, asi
agosaratidza nokutaura nomuromo wake kuti zvaapiwa
zvamufadza, anotenda zvikuru kune amupa.
He must learn to thank himself, he that feeds an ungrateful
person.

1323 ● **Kurasa simba kutsengera imbwa maputi iyo ine mazino makuru kune ako.**

VARIANT
◆ Kutamba nesimba (Kushaya mano) kutsengere imbwa maputi iyo ine mazino makuru kune ako.

EXPLANATION AND TRANSLATION
Munhu anoti ane ruzivo ruduku rwokuita chinhu oenda kuno-dzidzisa mumwe ane ruzivo rukuru kupfuura rwake kunoita chinhu chakare ichocho chaanenge achiita.

He is shallow-minded he that pounds the bone for the dog to gnaw it.

1324 ● **Kurasa simba sesimbe inosakura zviyo zvotumbuka.**

EXPLANATION AND TRANSLATION
Munhu anoshanda basa raaifanira kushanda nenguva yaro, asi agozorishanda nguva yapfuura anozorasikirwa nomubairo waanga achifanira kuwana pakurishanda nenguva yaro.

It pays nothing to weed the land when crops are nearing harvest . Things must be done at the time they need being done.

1325 ● **Kuravira kwakapedzera gapu pamwoto.**

VARIANT
◆ Matidonzwa akapedzera gapu pamwoto.

EXPLANATION AND TRANSLATION
Chinhu chinoshandiswa nguva yacho yokuti chishandiswe isati yasvika, chinowanza kupedzwa nguva yokushandisa kwacho isati yasvika zvozonetsa chodikanwa, chisati chichawanikwa.

Sampling ate and finished all the meat relish (sidedish) before meal-serving time was ready.

Sampling ate all the meat in the cooking-pot.

1326 ❋ **Kurawo uzvione, zvakakurindira.**

EXPLANATION AND TRANSLATION
Mwana mucheche asati ava nemano okuparadzanisa zvinhu zvinonetsa nezvinhu zvisinganetsi, haambozivi kuti munyika maagere mune nhamo asi kana akura akasvika pazera rokuziva nhamo, ndipo paanonzwikwa yomuchemedza, akombewa nayo nhamo.
The happiest stage in a man's life is the earliest childhood.
When I was being born, I felt I was entering into paradise, but as I grew up, I wished I had never been born.

1327 ❋ **Kurazva sechakata iri mumuti inoti handimbofi ndakatanhiwa.**

EXPLANATION NAD TRANSLATION
Munhu anoti kana agere murugare anodada, achidadira vaagere navo varombo, sokuti rugare rwaagere marwuri haruzoperi, ruchangogara rwakadaro.
Plentifulness begets arrogance.

1328 ❋ **Kure kwamaziso nzeve dzinonzwa.**

EXPLANATION AND TRANSLATION
Maziso anogona kuona zvinhu zviri pedyo nawo, asi nzeve dzinogona kunzwa zvinhu zviri kure nadzo zvichitaurwa.
Ears hear farther than eyes can see.
Ears hear more things than the eyes can see.
He may be heard of when he is not seen.

1329 ❋ **Kure kwegava ndokusina mukubvu (mutsubvu).**

EXPLANATION AND TRANSLATION
Kunzvimbo munhu kwaane chinhu chikuru chakanangana naye, nyange kwava kure anongokuona kuri pedyo, kusina nhambwe.
Gain feels (fears) no long distance.

1330 ❋   **Kure ndokuna amai kune mukadzi ndinofa (ndinorara) ndasvika.**

VARIANT
◆   Kure (Kurefu) kusina chaunoda (chako) kune chaunoda kupfupi.

EXPLANATION AND TRANSLATION
Kukosha kwomukadzi kune wechirume kukuru kupfuura kukosha kwamai vakamuzvara.
Distance is felt if the journey is to one's mother, but distance means nothing if one is returning to one's wife.

1331 ❋   **Kureba huredzva makumbo, mukuru ndeane chake.**

EXPLANATION AND TRANSLATION
Urefu hwokuumbiwa kwomunhu hahwukudzwi nokuyemurwa navanhu nyange hwuri pamunhu akura. Munhu anokudzwa nokuyemurwa kana akapfuma ane zvake.
He that is rich, though short in stature, his name is known farthest.

1332 ❋   **Kuredzwa kwehove hunge dzichidyirawo.**

EXPLANATION AND TRANSLATION
Vasikana vanogamuchira nomufaro majaya anovanyenga, ndivo vanonyengwa namajaya iwawo.
When petticoats woo, breeks may come speed.
When maids court young men, young men come running.

1333 ❋   **Kurehwa hakuna mbonje yakunotema.**

EXPLANATION AND TRANSLATION
Kutaura zvakashata pamusoro pomunhu hakumukuvadzi setsvimbo inokuvadza wayaroveswa nayo.
Ill gossiping cuts no fresh wounds on a man's head.

1334 ✸   Kurehwa hakuurayi.

EXPLANATION AND TRANSLATION
Nyange munhu otaurwa navamwe zvakashata asipo
kakawanda sei, hazvingaiti kuti arware adzamare afe.
They that always go about ill gossiping about me will never
have me dead.

1335 ✸   Kurehwa navamwe vanhu hukura (Kurarama
kwomunhu hurehwa).

EXPLANATION AND TRANSLATION
Munhu muduku kana mukuru anavo vamwe vanhu
vangataura nezvake asipo pavari. Kuita kwomunhu ndiko
kunotaurwa navamwe iye asipo pavari.
A full grown-up man must, in his absence, be talked about.

1336 ✸   Kuremara noupenzi chipambira nyika.

EXPLANATION AND TRANSLATION
Munyika dzose munowanikwa mune mapenzi navakaremara
vagere navamwe vanhu.
Crippled persons and fools are found everywhere in the world.
No country in the world that can publicly boast of possessing no
cripples and fools.

1337 ✸   Kuremberera kwedamba hakuziiko kumbwera
(kuwa) kwaro.

EXPLANATION AND TRANSLATION
Kukanganisika kukurusa kwemunhu hakungaiti kuti atadze
kurangika akapfidza zvakashata zvaanogaroita akazova
munhu kwayewo.
A person is never so bad that he cannot reform.

1338 ● **Kurera imbwa hurera ingwe.**

EXPLANATION AND TRANSLATION
Munhu angarera mwana wake, akazofa aurawa nomwana iyeye.
A man may bring up his son to die of its hand.

1339 ● **Kurera mazai enyoka mumba, mangwanana inofuma yokuruma.**

VARIANTS
◆ Kurera (ukarera) mbwanana (imbwa) nomukaka mangwana inofuma yokuruma.
◆ Kurerera nhiriri mumurara mangwana inofuma yokuruma.

EXPLANATION AND TRANSLATION
Kurera nherera ine vabereki vakanga vane magariro akashata, vaiva vapengo, inozoti kana yakura yomutsa nzira dzoupengo dzavabereki vayo yokunetsa nadzo.
He that adopts an orphan of a sour stem may die of its hand.
Mercy to the criminal is cruelty to the people.

1340 ● **Kurera nherera huipakurira zvokudya.**

EXPLANATION AND TRANSLATION
Kuchengeta munhu ari mumaoko ako humupa zvipfeko nezvokudya.
He that feeds an orphan brings it up.

1341 ● **Kureva asipo hutambisa muromo.**

EXPLANATION AND TRANSLATION
Munhu anotaura zvakaipa pamusoro pomunhu asipo paanenge achitaura, anenge achingotamba nenguva yake, nokuti hapana anenge achizomuudza kuti kwanga kuchita-urwa pamusoro pake.
He that backbites another in his absence misuses his tongue.

1342 ● **Kureva donga risipo, rimwe raro riripo rinonyumwa.''**

EXPLANATION AND TRANSLATION
Munhu asataura pamusoro peimwe mbavha imwe mbavha iripo. Iya iripo inobva yafunga kuti kunotaurwa pamusoro payo, kwete kweisipo.
Talk not of one thief in the presence of another thief, lest it becomes conscious of itself.

1343 ● **Kureva-reva (Kutaura-taura) kunozvara (kunopa) nhema.**

EXPLANATION AND TRANSLATION
Munhu anoti chino achibata achitaura, icho achibata achitaura, anozoguma otaura nezvisati zviri zvinhu zvechokwadi.
Great talkers must have good memory of what they are to talk about, otherwise lies may be their subject.

1344 ● **Kurevei (Kuri kurevei) kuti handina muromo iwe muromo unawo?**

EXPLANATION AND TRANSLATION
Munhu anoti haana muromo anenge achitaurei nokuti hakuna munhu asina kumbogara atukana navamwe vanhu achivatsamwisa. Munhu nyange ava akanyarara, zviripo zvaangataurawo somunhu.
Every dog that has teeth sometimes bite.
No man has full control over (of) his tongue.

1345 ● **Kurevera (Kutaurira) masasa kudambuka, kunika zvose pachena.**

EXPLANATION AND TRANSLATION
Munhu anotaura chokwadi pane zvaanoziva asingatyi,

406

achibudisa zvose pachena, nezvinonzi zvisabudiswa pachena.
Hitting upon the naked truth with strong emphasis.

1346 ✸ **Kurevera nhema akafa (asisipo) uchiti ndaidya naye makwavava.**

EXPLANATION AND TRANSLATION
Munhu anotaura nhema achivanda nomunhu akafa, kuti asati asafa akaita naye chinhu ichi asi asina kugara ambochi-ita naye.
The most shameful lie of all the lies ever told is the one told against the dead.
Speak well of the dead.

1347 ✸ **Kureverwa chawadya kunozipa.**

EXPLANATION AND TRANSLATION
Munhu haanyanyi kurwadziwa mwoyo kana achinetserwa chitadzo chake chaakaita.
It is sweet pain to bear the blame for the wrong you have done.

1348 ✸ **Kurerera nhiriri mumurara mangwana inofuma yokuruma.**

EXPLANATION AND TRANSLATION
Munhu anobata zvakanaka munhu waanoziva kuti ane mabasa akashata uye ane mwoyo wakashatawo, anozoguma apandukirwa zvimwe kuurawa naye chaiko.
He that is merciful to the criminal is cruel to himself.
Mercy to the criminal is cruelty to the people.

1349 ✸ **Kurezva musikana (mukadzi) hunyenga.**

EXPLANATION AND TRANSLATION
Kazhinji kana munhu wechirume achida kunyenga munhu-

*kadzi, anotangidza kumutaurisa nenzira inongoita sokuti
kuseka nokutamba-tamba zvake.*
Many a love affair is begun in jest.

**1350 ✹ Kuri (Zviri) nani kutedzemuka negumbo
pakutedzemuka nororimi.**

EXPLANATION AND TRANSLATION
*Urwere hwunotora nguva refu munhu achiurapwa akazonaya
hwakanaka, paurwere hwunongorwadza murwere nguva
pfupi, hwomutora ofa.*
He that stumbles over a stone and hurts his toe is better than he
that stumbles over a stone and breaks his neck.
A great danger that spares life is better than one that flies away
with life.

**1351 ✹ Kurima ndokwamuzvinamimba, kwomuzvere
hakufambi.**

VARIANT
♦ Ndima yomuzvere haifambi inofamba ndeya muzvina-
mimba.

EXPLANATION AND TRANSLATION
*Mudzimai ane pamuviri angashanda zvake zvishomashoma
achimbozvizorodza, asi basa raanoita richienderera mberi.
Muzvere ane rushiye runobva rwamukonesa kushanda,
ogara pasi zvachose akarubatira mumaoko.*
The expectant mother does her full portion work, while the
nursing mother does half a portion.

1352 ✹ Kurima piriva, piriva, kudya jekete.

EXPLANATION AND TRANSLATION
*Vanhu vazhinji vanofarira kupiwa zvokudya zvokuti vadye
vagere vasingashandi. Kushanda kunofarirwa navashoma.*

When there is work to be done, few turn up, but for food they all swarm.
The sluggard frowns at being given some work to do but smiles at being given food to eat.

1353 ❊ Kurima ushe.

EXPLANATION AND TRANSLATION
Murimi anokohwa zvakawanda makore ose, zita rake rinozikanwa kunzvimbo dziri kure sokuzikanwa kwezita ramambo ane nyika.
Many hungry bellies worship a full granary owner.
He that has a full granary draws many.

1354 ❊ Kurimirana kumuganhu kunobiranwa minda.

EXPLANATION AND TRANSLATION
Vanhu vanogara panhupamwe vanovengana zvakanyanyisisa, vanogara vakavengana savanhu vakaganhurana minda, vakatorerana minda kumuganhu.
Harbouring bitter unceasing dislike of each other because of living close to one another.

1355 ❊ Kuripa ngava hubvisa (hubudisa) udyi mumba.

EXPLANATION AND TRANSLATION
Munhu atora chikwereti kune mumwe ngaachiripe kuti asagara aine mhosva isina kuripwa, inozoti kana yoripwa pfuma yake yoderera.
He that pays off his debts drives the devouring wolf out of his hut.

1356 ❋   **Kuripa ngava huridzinga.**

EXPLANATION AND TRANSLATION
Munhu atora chikwereti pamumwe ngaaripe kuti asaramba
aine chikwereti, iri mhosva yakamirira kuripwa.
He that pays off his debts is out of the wood.

1357 ❋   **Kurira (Kuunga) kwedende risina mvura mukati,**
rinonzwikwa ruzha neari kunze kwomusha.

EXPLANATION AND TRANSLATION
Munhu asina kutsiga muhana anongogara akapopota-popota
achinzwikwa navanopfuura nokunze kwomusha wake.
An empty vessel makes the most sound.

1358 ❋   **Kurohwa nehana kwowakapara mhosva muchivande,**
anongovhundutswa neakosora ari kunze kwomusha.

EXPLANATION AND TRANSLATION
Munhu akapara mhosva ari oga anongogara akateya nzeve
kumitauro yose yavamwe. Mimwe yayo yaanenge asina
kunatsoiteeresesa inobva yamuswededza pedyo nemhosva
yaakapara, ogara akatya kubatwa.
A guilty conscience fears where there is no fear.

1359 ❋   **Kuronza huku ronza nedende romunyu.**

EXPLANATION AND TRANSLATION
Munhu akachengeta huku dzomumwe, anongogara
achidziuraya nokuti kubata huku nokuigura mutsipa
zvakareruka, zvinongoitirwa mumba makavanda.
He that gives his fowls to someone to look after should include a
salt tin as well.
Fowls looked after by someone have a slow increase.

1360 ❋ **Kuroora (Kuwana) mukadzi kunopfavisa kune vakazvarwa noupengo.**

EXPLANATION AND TRANSLATION
Nomunhu akazvarwa aine hasha, achida kugara akarwa navamwe, kana akaera aroora mukadzi anotanga kuzviitawo munhu kwaye.
Marriages soften harsh characters.
He that is married is controlled by wife's peaceful influence.

1361 ❋ **Kuroorera mukarahwa (Kuwanira) mupfumi kugara, nhaka yowafa.**

EXPLANATION AND TRANSLATION
Munhu aroora mwanasikana womupfumi, anowana rubatsiro rwakakwana nguva dzose nokuti mupfumi anenge achida kubatsira mwanasikana wake nevazukuru vake.
Marrying a rich man's daughter is also inheriting his wealth.

1362 ❋ **Kuroorera mukarahwa murombo (muchena) hupinza udyi mumba.**

VARIANTS
◆ Kuroorera mukarahwa murombo (muchena) hupinza bere (mhumhi) mumba.
◆ Kuwanira murombo (muchena) huzvimutsire bere mundara.

EXPLANATION AND TRANSLATION
Munhu aroora mwanasikana ana baba vasina pfuma, vanoshaya muupenyu hwavo, anobva ava ndiye atakura nokuriritira mhuri yatezvara achivapa zvose zvavanoshaya.
He that marries from a poor family has two families to look after.
He that marries from a poor family will have his estate diminished.

411

1363 ◆ **Kurova mwana pamusha pane mweni hudzinga (hutanda) mweni.**

VARIANT
◆ Rufusha vaenzi kurova mwana (mukadzi) vaenzi varipo.

EXPLANATION AND TRANSLATION
Kana pamusha pakashanyirwa navamwe vanhu, vepo pamusha ipapo havafaniri kutukana kana kurwa. Kuita kwakadai kungakonzera kuti vashanyi vawoneke chiriporipo vaende kwavo.
He that beats children in the presence of his visitors chases them away from his home.
Fighting in the presence of visitors is a polite way of telling them to leave.

1364 ◆ **Kurovedza (Ukarovedza) bere mukaka, mangwana richakudyira mwana.**

VARIANTS
◆ Muroyi haana ndanatsa (munatsi).
◆ Kurovedza (Ukarovedza) bere mukaka mangwana richavata kumisoro mumba.

EXPLANATION AND TRANSLATION
Munhu ane vana akawirirana zvikuru nomunhu ane mabasa akashata anozokaruka akangunisirwa mumwe wavana vake nomunhu akashata iyeye.
He that closely associates himself with a witch will have his children bewitched.

1365 ◆ **Kurovedza (Ukarovedza) mwana kutamba nembavha naiye achava mbavhawo.**

EXPLANATION AND TRANSLATION
Munhu akawirirana navanhu vakashata achifamba navo pose pose pavanoenda, naiye anozogumisidza oitawo mabasa

akashata.
Evil communications corrupt good manners.
Youth takes any impression.

1366 ✳ **Kurovedza mwoyo makaro huzvichinya.**

EXPLANATION AND TRANSLATION
Munhu anongogara achiita zvose zvisakafanira zvaanonzwa zvichidikwa nomwoyo wake asingazvidzori, anotadzira chimiro chake.
He is greedy he that acts according to all that his heart desires.
He that allows greediness to grow (foster) in his heart spoils his character.

1367 ✳ **Kurukura ukama wawana (waroora) nokuti vanhu makore vanosenana.**

EXPLANATION AND TRANSLATION
Varume navakadzi vose vakaroorana, hapana asiri hama yomumwe nokusungana kweropa. Ukama hweropa huviri pavarume navakadzi, kunoti ukama hwapedyo noukama hwokure.
Dig out blood relationship between your wife and yourself after marriage.

1368 ✳ **Kurumbidza mukadzi, rumbidza uine vamwe iye asipo.**

EXPLANATION AND TRANSLATION
Munhu kana achizvinzwira nenzeve dzake kutaurwa pakuita zvakanaka kwaanenge achiita, hazviwanzi kumukurudzira pakuramba achiita zvakanaka. Zvichida, angazvikudza zvikuru nako akabva akonewa kuita zvakanaka.
Tell a woman she is fair and she will turn a fool.

1369 ❋   **Kurumbidza unaku hwetsika dzambuya, rumbidza wambogara nomwana wavo.**

EXPLANATION AND TRANSLATION
Mukadzi wausati wambogara naye makore mazhinji, zvake zvose haungazvizivi. Unozozviziva wambopedza makore akawanda unaye.
It is self-deceiving to praise your mother-in-law before you are married to her daughter.
Do not praise the grape before you taste the wine.

1370 ❋   **Kurumwa netsikidzi rambira mumba.**

VARIANTS
◆   Kana warumwa netsikidzi rambira mumba.
◆   Mukadzi kuona nhamo pamurume, ramba uripo.

EXPLANATION AND TRANSLATION
Hakuna murume asina netso kumukadzi wake saka mukadzi asaparadzana nomurume achiti anomunetsa. Varume vose vanonetsa.
A wife should bravely bear all naggings from her husband.
Deserting (Retreating) from a fierce battle is not to conquer it.

1371 ❋   **Kururama kwemwoyo hakusiiranwi sepfuma.**

EXPLANATION AND TRANSLATION
Munhu akanaka mwoyo kana achifa anosiira vana nehama dzake pfuma yose yaanenge anayo, kwete kunaka kwetsika dzake kwaanako.
When a good man dies, he leaves all his property behind to his relatives, but not his good character.

1372 ❋ **Kururama kweshavi hugadzirwa.**

VARIANT
◆ Kutaririra kwemudzimu hupirwa (hupfupirwa).

EXPLANATION AND TRANSLATION
*Kuti mumwe munhu akuitire zvakanaka achikugutsa nguva
dzose, newe muitirewo zvakanaka uchimugutsa nguva dzose.*
A well-paid servant, is a hard worker.
He that well pays his servant gets his work always done well.

1373 ❋ **Kurwa hakupedzi mhosva.**

EXPLANATION AND TRANSLATION
*Kana vaviri vakatadzirana, kuti vawiriranezve, vanofanira
kugara pasi voenzanisa kutadzirana kwavo nemiromo,
voguma vawirirana.*
Fighting is not the correct method to settle a dispute (quarrel).

1374 ❋ **Kurwa hakupedzi ukama.**

VARIANT
◆ Varwi ndivo vayanani.

EXPLANATION AND TRANSLATION
*Nyange pangava nokupesana nokutukana kana kurwa
chaiko, pakati pehama nehama, hapana anozosiyana
nomumwe. Vachagara pasi vakataurirana, vakabatana.*
Fall out not with a friend for a quarrel or a trifle.

1375 ❋ **Kurwa kwedera muromo warinotuka nawo.**

VARIANT
◆ Dera iguru pamuromo, haritangwi.

Munhu asina simba rokurwa namaoko anowanza kupopota zvikuru achityityidzira, achishandisa mashoko akasviba anotsamwisa, asi zvongogumira ipapo.
The coward fights more with his tongue than with his hands.
He vulgarly bellows like a bull, but is as cowardly as a hare.

1376 ✹ **Kurwa kwemukadzi muromo, tsvimbo ndeyemurume.**

EXPLANATION AND TRANSLATION
Mukadzi anoshandisa mashoko akarema anotsamwisa okutuka kunovhundutsa. Mashoko awa ndiyo tsvimbo yaanorova nayo anenge amutadzira.
A woman fights more with her tongue than she does with her hands.

1377 ✹ **Kurwa kwemurume hubuda ura.**

EXPLANATION AND TRANSLATION
Munhu wechirume, kana ananga kuita chinhu, nyange chomuremera sei haafaniri kuchifuratira. Kufuratira handiko kukunda kwomurume.
He that fights and runs away may live to fight another day.

1378 ✹ **Kurwa ndiko kuvaka, murume nomukadzi vanorwa vachibikirana.**

EXPLANATION AND TRANSLATION
Kupesana mumiromo kwomurume nomukadzi hakugari kwavarambanisa. Vanongoramba vari murume nomukadzi sokuroorana kwavo.
Domestic frictions (quarrels) strengthen domestic living.

1379 ❋ **Kurwa ndokwavaviri, wetatu ndimurandutsi.**

EXPLANATION AND TRANSLATION
*Kana munhu awana vaviri vachirwa, asasvikopinda
mukurwa somumwe anorwawo asi ngaapinde somunhu
anoparadzanisa vaviri vanorwa .*
It takes two to make a quarrel and the third to end it.

1380 ❋ **Kurwa (Warwa) nebenzi hubatana nacho chenzira huru.**

EXPLANATION AND TRANSLATION
*Munhu akagara arwa nebenzi nyange akarikunda, nyange
rikamukunda, rinongozoti papi napapi parasangana naye
roda kurwa naye.*
He that fights (quarrels) with a fool will live to fight always.

1381 ❋ **Kurwadza kwekupfumba kwemimba hakuzorodzanwi.**

EXPLANATION AND TRANSLATION
*Muupenyu dziripo dzimwe nhamo dzakamisirwa nenzira
yokusikwa kwavanhu kuti munhu apinde madziri ari oga,
arwe nadzo ari oga adzamare adzikunde azvibudise madziri
ari oga.*
A woman in labour must suffer the child-birth pains alone.
In child-birth pains there is no relief from another.

1382 ❋ **Kurwadza kwemimba ndiko kumwe.**

VARIANTS
◆ Kuzvara kwavakadzi ndiko kumwe hakusiyani.
◆ Nyoka dzavakadzi ndidzo dzimwe.

EXPLANATION AND TRANSLATION
Munhukadzi upi noupi zvake anozvara ane rudo kuvana

vose, nyange navana vanozvarwa navamwe vakadzi ane rudo kwavari.
Child-birth pains are a common experience to every childbearing woman.

1383 ● **Kurwadza kwomusoro kunoparira muviri wose.**

EXPLANATION AND TRANSLATION
Kana nhamo ikawira vabereki navana yavawirawo nokuti kana baba vakasungwa vakabatwa nemhosva yavapara, mudzimai navana havazofari.
When the head acheth all the body is worse.

1384 ● **Kurwadzirwa mwoyo chaunoda kunogadza mwoyo.**

EXPLANATION AND TRANSLATION
Kurara munhu asina kukotsira aine pfungwa dzokufunga chinhu chaanodisisa kunofadza. Kunenge kuchiratidza rudo rukuru munhu rwaanarwo pachinhu ichocho.
Love is a sweet torment.
What one loves most is sweet to remember.

1385 ● **Kusakara (Kushakara)(Kwava kusakara) kwedovo serisakambodyiwa nyama.**

VARIANT
◆ Kusakara (Kushakara) kwegudza (kwejira) ndiwe mwene waro wakarifuka.

EXPLANATION AND TRANSLATION
Mukadzi achembera haachaiti sokuti akambenge ari musikanawo anoyevedza, achidikanwa zvikuru pakuroorwa kwake nomurume wake.
When old folks grow very old, they are not so much set by.
The worn-out appearance of an old hide would never give one the idea it once clothed the flesh of an animal.
You never believe that the old were young.

1386 ✻ Kusara huona zvakawandisisa zvisina kuonekwa nevakatanga mberi.

EXPLANATION AND TRANSLATION
Munhu anorarama nguva refusa panyika ndiye anoona nhamo dzakawandisisa nezvinhu zvizhinjisa zvinoshamisa nezvisingashamisi.
Longest life has bitterest experience.

1387 ✻ Kusara kunze huona zvizhinji.

EXPLANATION AND TRANSLATION
Munhu anosara ari mupenyu kwenguva refu vamwe vafa, anozofa aona zvisingaverengeki nokuwanda kwazvo.
He that dies latest sees a series of wonders.
The longest we live the most wonders we see.

1388 ✻ Kusarura mutete mukobvu aripo.

VARIANT
◆ Kumhanyira patete, pakobvu hapaendwi.

EXPLANATION AND TRANSLATION
Munhu anotyika neanonyarika kana apara mhosva pamwe neanozvidzika pakutongwa mhosva yose yotorwa yosundirwa kune anozvidzika, anotyika onzi haana mhosva, oregedzwa.
Easier to criticise the faults of an ordinary person than of a great one.
He that jointly commits a crime with the great man suffers the whole double punishment alone.

1389 ❋ **Kusaurawa (Kuti ukasaurawa) nenzvaro, ndoora inourayawo.**

EXPLANATION AND TRANSLATION
Munhu angafa achiurayiswa namabasa akashata anoitwa nomwana waakazvara. Zvakare, munhu angaurayiswa nomudzimai waakaroora.
The daughter may be the central causer of her father's or mother's death.
Both the daughter and the wife are good for the worse to a man.

1390 ❋ **Kusavonga (Kusatenda) uroyi.**

EXPLANATION AND TRANSLATION
Munhu asingaratidzi kufarira zvakanaka zvaanoitirwa navamwe vanhu ane mwoyo wakashata somwoyo womuroyi.
He that is as wicked-hearted as a witch is, he that knows not to give thanks.
He that is devoid of the sense of gratitude is no different from a witch.

1391 ❋ **Kusaziva ihumbe imwe nokufa.**

EXPLANATION AND TRANSLATION
Munhu angachengeta mbavha inomubira mumusha make asingazivi kuti ndizvo zvaakaita, kusvikira amuparadza.
He that is in the dark of a plot against him feeds his hangman.
He that is ignorant of his enemy shares the same bedroom with a lion (a wolf).

1392 ❋ **Kuseka benzi newe ucharizvarawo.**

VARIANT
◆ Kuseka chirema newe uchachizvarawo.

420

EXPLANATION AND TRANSLATION
Munhu ava nenzira yokugara achisetswa nokuona zviito zvavasina pfungwa dzakakwana, zvinopa rushambwa rwokuzozvara akadarowo.
A woman that mocks a feeble-minded person must have passed childbearing stage otherwise she could bear one.

1393   ❋   **Kuseka kwebenzi kunonzwikwa neari kunze kwemusha.**

EXPLANATION AND TRANSLATION
Munhu asina hana yakawa kana achitaura, kuseka nokuimba, zvose izvi zvinoitwa neinzwi riri pamusorosoro rinoenda kure kure.
The fool makes the loudest laughter.

1394   ❋   **Kusekerera imbwa ichaza nedovo.**

EXPLANATION AND TRANSLATION
Vabereki vakagara varega kuranga mwana wavo anoba zvinhu zvidukuduku zvomumba anozoguma ovaparira mhosva huru, obira vanhu zvinhu zvikuru zvine miripo mikuru.
Spare the rod and spoil the child.
It is good to nip the briar in the bud.

1395   ❋   **Kusekerera kweradzimba, rinoshama muromo rikaonekwa rudikwadikwa.**

EXPLANATION AND TRANSLATION
Munhu anga achitsvaka chinhu chaanodisisa, kana achiwana, anobva agara azere mufaro, ongogarira kuseka-seka kunoonekwa nomunhu wose.
They that win, laugh loudest to be heard farthest.

1396 ✹ Kusekerera nyangadzi hutadza.

EXPLANATION AND TRANSLATION
Muiti wezvakashata haafaniri kuti kana abatwa achiita basa rounyangadzi oregererwa. Anofanira kurangwa kuti asazotadzira vamwezve.
He that lets the evil-doer go unpunished does harm to the public.

1397 ✹ Kusekererana kwavavengani hakupedzi kuvengana kwavo.

VARIANTS
◆ Zino irema rinonyenamira warakaramba.
◆ Zino irema rinosekerera warisingadi.

EXPLANATION AND TRANSLATION
Nyange vanhu vatsamwirana havakoni kukwazisana nokumwekurira kune mumwe pavanosangana.
The cat and the dog may kiss yet are none the better friends.
A person may smile at you yet his teeth are cold and dry.

1398 ✹ Kusema chivi huona chiuya.

VARIANT
◆ Kuramba guva huona sadza jena.

EXPLANATION AND TRANSLATION
Munhu asingashayi muupenyu ndiye anosarudza kushandisa zvinhu zvakakwirira zvoga zvoga, achiramba zviri pasi.
He that declines to use a thing of a lower quality must have things of higher quality in stock.

1399 ✸ **Kuseva mugapu kunomiriranwa.**

EXPLANATION AND TRANSLATION
Kana uchida rudzi rwechinhu chinodikanwa navamwewo,
chichiwanikwa panzvimbo imwe nenguva imweyo, iwe kana
wava nacho, chimbopawo vamwe nguva yokuti vachiwane,
ugozopamha kunochitsvakazve.
Be good for others and never be monopolic in life dealings.

1400 ✸ **Kuseva mugapu rimwe (munhu mumwe) nebenzi**
unodya mate aro.

EXPLANATION AND TRANSLATION
Ukagara uchishamwaridzana nomunhu ane magariro
akashata, newe unozogumisidza washatawo.
He that always plays with a fool will have his mind changed to a
fool's.
He that lies down with dogs must rise up with fleas.

1401 ✸ **Kushata kwechiso hausiri uroyi.**

EXPLANATION AND TRANSLATION
Kana munhu achitarisika akashata kumeso, hazvitauri kuti
nomwoyo wake wakashatawo. Munhu ane chiso chakashata
anogona kuve aine mwoyo wakanaka.
An ugly face covers a fair (good) heart.
Facial ugliness does not represent heart wickedness.

1402 ✸ **Kushata kwezvinhu ndiko kunaka kwazvo.**

EXPLANATION AND TRANSLATION
Kuti zvinhu zvinake, ngazvimbotanga nokusanaka,
zvigozonaka zvobva mukusanaka.
Bitter pills have blessed effects.

1403 ❋ **Kushaya anyevera kuti kugotsi kune bundu.**

VARIANT
◆ Kushaya anyevera kuti kushure (kumusana) kune mbare.

EXPLANATION AND TRANSLATION
*Munhu anofamba achitaura mabasa akashata anoitwa
navamwe, asi iye aine akewo akashata aanoita. Vanhu
voshaya zano rokumuudza akewo mabasa akashata aanoita.*
He is so blind to his own faults that he also needs someone else
to disclose them to him.

1404 ❋ **Kushaya chako wave gava.**

EXPLANATION AND TRANSLATION
*Kana munhu akava murombo asina zvinomuyamura
mumagariro, anobva angogara upenyu hwakafanana
nohweimbwa isina ane hanyn'a nayo.*
He that does not have his own property lives a needy life.
He that owns no property lives a much despised dog-life.

1405 ❋ **Kushaya dzamurimo kutsengera imbwa matohwe.**

EXPLANATION AND TRANSLATION
*Munhu anoti ane ruzivo ruduku rwokuita chinhu ozvipira
kudzidzisa munhu ane ruzivo rwakadzama kune rwake
rwokuchiita chinhu ichocho.*
He lacks an occupation he that offers himself to help an elephant
to fell a tree.

1406 ❋ **Kushaya mano kukangira maputi padare pauno-
apedzerwa navamwe.**

EXPLANATION AND TRANSLATION
Munhu anotaura zvinhu zvakavanzika zvoupenyu pazere

vanhu, avo vanozoti vazvinzwa vobva nazvo vozviparadzira kuruzhinji.
It is no wisdom to discuss your own private secrets in public.

1407 ❋ **Kushaya mano kwedatya kurwa nen'ombe.**

EXPLANATION AND TRANSLATION
Munhu asina simba rokurwa anotangana nomunhu ane masimba makuru kune ake, anomukurira nokure kure nyange, vakati varwe.
It is a lack of healthy reasoning for a wife to first start attacking her husband.
The earthen pot must keep off the brass kettle.

1408 ❋ **Kushaya mano (Utununu) mwene sendiro inopakurirwa sadza ikasaridya.**

EXPLANATION AND TRANSLATION
Munhu anorega kutora chinhu chauya chakamunanga nenzira yakareruka.
He was never born to be rich, he that repulses free gifts.

1409 ❋ **Kushaya mano seimbwa inoruma anoipakurira sadza.**

EXPLANATION AND TRANSLATION
Munhu anopesana nomunhu akamuchengeta achimupa zvokudya nezvipfeko.
He is foolish to no degree, he that quarrels with his master.

1410 ✱ **Kushaya murimo seimbwa inohukura tenzi wayo anoichengeta.**

EXPLANATION AND TRANSLATION
Munhu anoti kana asina basa rokushanda ongobata-bata basa nerisina maturo, risakafanira, rinoratidza munhu pfungwa dzokusaziva basa chairo romene rinofanira kubatwa.
He that has nothing to do plays with dust, as an idle dog that barks at its master.

1411 ✱ **Kushaya watokonya (agumha) ndiwane mafambiro.**

EXPLANATION AND TRANSLATION
Munhu asati achada kugara panzvimbo yaanga agere, asi achishaya chikonzero chingamubvisa, angomirira kupesana nomumwe wevaagere navo, kuti agowana chikonzero chingaita kuti aende kana kuti atame.
Where love fails, trivial misunderstandings warrant separation.

1412 ✱ **Kushayiwa mhembwe kweshumba inodya hamba.**

VARIANTS
◆ Kushayiwa nyama kweshumba inodya uswa.
◆ Kutambudzika kweshumba inodya uswa.

EXPLANATION AND TRANSLATION
Pakukona kuwana zvinhu zvine kukosha kuri pamusorosa, zvinopa mufaro mukuru uzere pakuzvishandisa, kunosaru-dzwa kushandiswa zvinhu zvisina maturo, zvisingapi mufaro wakazara pakuzvishandisa.
In desperate need of dainties, chaff is delicious food.
In want of a buck, the lion preys on the tortoise.

1413 ● **Kushayiwa tsika kwemunhu, kutamba nechinoyera.**

EXPLANATION AND TRANSLATION
Zviripo zvinhu zvetsika dzamabviro dzinoyera, munhu
dzaanofanira kuchengeta, kuti asadzidarika. Izvi ndizvo
zvinovaka chimiro nounhu zvomunhu.
A man without traditional customs mindfulness is like a horse
without bridle.

1414 ● **Kushama nyayi (n'ayi) ndokwomucheche**
kwomukuru kunoreva kudya.

EXPLANATION AND TRANSLATION
Rushiye parwunenge rwoshama nyayi rwunenge rwaneta
nokutamba rwoda kurara, asi munhu akura kana oshama
nyayi anenge afa nenzara oda zvokudya.
Sighing and yawning send a baby to sleep but send an adult to
look for food.

1415 ● **Kushumba chausingawani hunyadza mwoyo.**

VARIANT
◆ Kunyadza mwoyo kushumba chausingawani.

EXPLANATION AND TRANSLATION
Murombo asina mari yokuzvitengera nhumbi nezvipfeko
zvepamusoro haafaniri kugara achizvifananidzira kuti dai
azviwana. Uku kunenge kuchingova kuzvinetsa mumwoyo
chete nokuti haazviwani.
He must always live in perpetual sorrow, the poor man that self
crowns the richest.

1416 ● **Kushumba (Usashumba) ishwa haina gapu.**

EXPLANATION AND TRANSLATION
Kazhinji vasikana vakanakisisa pazviso zvavo, vanova ndivo
vanomhanyirirwa namajaya ose achida kuvaroora,

havawanzi kuva vakadzi vakanaka pamagariro avo netsika muupenyu.
The prettiest women make the worst wives.

1417 ● Kushuva gotsi rako raunofa usakariona.

EXPLANATION AND TRANSLATION
Chinhu icho munhu chaanoda chaari pedyo nacho asi chaasina mazano okuti angachiwana sei.
Haambochiwani, nyange oedza zvakaita sei kuchiwana.
Wishes are wishes, never can they fill the sack.

1418 ● Kusimudza (Kumurudza) danda guru hubatirana.

EXPLANATION AND TRANSLATION
Kana vanhu vachishandira pamwe vanokwanisa kubudirira pachinangwa chechinhu chikuru chavanenge vananga kuita.
Co-operation achieves great success.

1419 ● Kurumbidza kunovaka munhu kwaye.

EXPLANATION AND TRANSLATION
Munhu ane mabasa akanaka kana akawana vanotaura kuti anogona kuzviita zvakanaka zvaanenge achiita anobva azviwedzera kunaka kwazvo. Asi ari akanaka akarumbidzwa anobva azvinakisisa zvopfuuridza.
Praise makes good men better and bad men worse.

1420 ● Kusi (Kuseri) kwamabwe ose kune zvinyavada namakunguudza.

VARIANT
♦   Hapana gwangwadza risina zvinyavada namakunguudza.

EXPLANATION AND TRANSLATION
Nyange nomunhu anorumbidzwa pakuita zvakanaka
mumagariro ake, anazvo zvidukuduku zvaanonzi haana
kunaka pazviri.
Under every stone, there are scorpions.
No person is throughly good.

1421 ❋ Kusina chako gumbo rinorema kurisimudza wakaringako.

EXPLANATION AND TRANSLATION
Kunzvimbo munhu yaasina chinofadza mumwoyo nenyama
yake anonzwa aine usimbe hwokufamba achiendako.
Where there is nothing of your own, your feet are heavy to walk
towards there.
Where there is no gain, feet are heavy.

1422 ❋ Kusviba huorera, mboko yakatsvukira mukati.

VARIANT
♦ Musikana mushava (mutsvuku) ndiye anei, mutema ndada.

EXPLANATION AND TRANSLATION
Rukanda rwakasviba rwokunze kweganda romuviri
womunhu harurevi kuti nomwoyo wake mukati mawo
makasviba.
Spice is black but it has a sweet smack.
Even a black pumpkin has the red colour inside.
A black man is a pearl on a fair woman's eye.
The skin colour does not make evil thoughts.

1423 ❋ Kutadza hakuna mukuru.

EXPLANATION AND TRANSLATION
Mazera ose avanhu vakuru navaduku anokonewa kuita

zvakanaka nguva dzose saka kunatsa nokusanatsa
kunowanikwa mukati mavanhu vose.
Nobody is old enough as not to err.

1424 ❋ Kutadza (Kuchinya) ndokwavanhu vose.

EXPLANATION AND TRANSLATION
Mumwe nomumwe ane zvakashata zvaanoita
zvaanozivikanwa nazvo.
All men are sinful.

1425 ❋ Kutakura rukuni rune chinyavada mumakwati arwo.

EXPLANATION AND TRANSLATION
Kuroora mukadzi anoroya, kana ane kumwe kunetsa
mumagariro ake.
It is carrying firewood home with a scorpion in its bark.

1426 ❋ Kutamba namaisva, manatsa aripo.

EXPLANATION AND TRANSLATION
Munhu anogarira kungoita zvinhu zvakashata zvoga,
pachinzvimbo chokuedzawo kuita zvakanaka, izvo zvaanenge
achiona vamwe vachizviita.
It is harmful to health to indulge in non-nourishing alcohol drinks.
It is dangerous to play with edged tools.

1427 ❋ Kutamba (Ukagarotamba) nebenzi uri pamusha,
mangwana richatamba newe pahumwe.

EXPLANATION AND TRANSLATION
Munhu akazvirovedza kuita zvinhu zvinonyadzisa ari oga,
nokutaura mashoko akasviba kunozoti nomusi waanenge ari

pakati pavamwe vanhu okaruka ataura kana kuita zvinhu izvozvo zvinonyadzisa.
If you play with a fool at home, he will play with you at the market.
He that when alone uses filthy words will one day use them in public.
A bad habit sticks on the owner.

1428 ❋ **Kutamba neimbwa pavanhu inokuzadza ivhu.**

EXPLANATION AND TRANSLATION
Munhu kana agere pakati pavamwe ngaagare aine hana yakawa nokuti angangokaruka aita zvinonyadzisa nezviito kana mashoko, akaguma amhurwa uye azvinyadzisira.
He that plays with a dog in public gets his clothes soiled.
He that misbehaves in public ends in bringing shame upon himself.

1429 ❋ **Kutamba nesimba (Kurasha simba) kubatira vasingavongi (vasingatendi).**

EXPLANATION AND TRANSLATION
Munhu anoti kana akabatsirwa nomumwe, pachinzvimbo chokuvonga amubatsira, omumhura achiti haana kumubatsira sapamadiro ake.
He plays with his energy he that serves an ungrateful person.
Service without being followed by gratitude is punishment.

1430 ❋ **Kutamba netsvimbo kupotsera (ndichipotsera) makunguwo hanga dziripo.**

EXPLANATION AND TRANSLATION
Ijaya risingadi kupedza nguva yaro namashoko aro, richinyenga mvana dzave navana ivo vasikana vakura nemhandara varipo.
It is a sheer waste of energy to engage oneself doing unprofitable business.

It is a sheer loss (waste) of bullets to shoot at crows when guinea-fowls are available.

1431 ❋ **Kutamba nhamo sorugare.**

EXPLANATION AND TRANSLATION
Munhu anoti kana nhamo dzamarudzi akasiyana-siyana, dzamuwandira dzisati dzichamuperera, obva odzijaira kuita sorugare dzisati dzichamuvhundusa kana kumuonza.
Nature adapts itself to heaviest weight of endless want.

1432 ❋ **Kutamba nomuswe wavasekuru unoswera wasuwa.**

EXPLANATION AND TRANSLATION
Munhu anogara achingoita zvakashata nguva dzose haatani kuzviparira mhosva inomushayisa mufaro.
It is not safe to indulge in harmful pleasures.
He that indulges in sins will be sad before sunset.

1433 ❋ **Kutamba nomuswe weshumba unozviparira rufu.**

EXPLANATION AND TRANSLATION
Munhu wechirume asingatyi anofamba achinyenga vakadzi vevamwe varume anoguma azviurayisa.
He that plays with a lion's tail will be mauled.
He that delights in sinning ends in sorrow.

1434 ❋ **Kutambisa muromo kutaura nezvapfuura.**

EXPLANATION AND TRANSLATION
Chinhu chaitika nenzira iyo vanhu yavanga vasingadi, vasina kutarisira kuti chiitike nayo, hazvichabatsiri kuramba vachimhura maitikiro achaita nawo.
The past failure, though much talked of, can never become a success.

1435 ✸ **Kutambisa simba (Kurasha simba) kupa zvinhu kumunhu asingavongi.**

EXPLANATION AND TRANSLATION
Munhu anoti kana apiwa chinhu chaanga achishaya, haachatendi uyo anenge amupa, asi ototi apiwa zvishoma pane zvaanga akumbira.
He that receives no return thanks for giving out his, blocks his further generosity.

1436 ✸ **Kutambudza matemo (masanhu) nyoka haisoserwi ruzhowa.**

EXPLANATION AND TRANSLATION
Inhamo yawira vanhu isina mazano anozikanwa angashandiswa kuikunda nawo. Ivo vanhu vanongotambudzika vachingoti rino zano edzei kurishandisa vorirega, voedza rimwezve, asi isingaperi nhamo yacho.
Impossibilities are impossibilities and shall never one day become possibilities.
He uses his axe for no useful purpose, he that makes a tree-branch fence to prevent a snake from getting through.

1437 ✸ **Kutambudzika kwemukuru kukuru, kwakakunda kwemucheche.**

EXPLANATION AND TRANSLATION
Munhu akura ane matambudziko akawanda muupenyu, mazhinji acho haawiri vaduku vachiri kukura.
The pine wishes herself a shrub when the axe is at her root.

1438 ✸ **Kutambudzika kweshumba inodya uswa.**

EXPLANATION AND TRANSLATION
Pakushaikwa kukuru kwezvinhu izvo vanhu zvavakajairira kurarama nazvo muupenyu, havazosarudzi rudzi rwezvinhu

433

zvingavabatsira kuti vararame.
In great shortage of its usual food, the lion feeds on straw.
He that lacks dainties feeds on chaff.

1439 ❋ Kutanda mhuka inokamhina hakucharemi.

EXPLANATION AND TRANSLATION
Kunyengwa kwomukadzi akambozvara ari pamusha,
hakutoreri murume anomunyenga nguva refu asati adikanwa.
A dog that chases after a lame duck does less running.
He that makes love to a suckling maid wins her soon.

1440 ❋ Kutaura (Kureva) asipo huchacha mashanga.

EXPLANATION AND TRANSLATION
Munhu anofamba achitaura zvakashata pamusoro pomunhu
asipo haana mubairo waanowana. Akafanana nomunhu
anonotema mashanga mumunda wakachekwa hura
achiaunganidza.
He that back-bites me in my absence fouls his tongue.

1441 ❋ Kutaura (Kureva) asipo kunyadza muromo wako.

EXPLANATION AND TRANSLATION
Uyo anotamba achitaura zvisiri izvo pamusoro pomumwe
asipo haana chaanopiwa nevaanotaurira.
He that backbites another person in his absence wearies his own
tongue.

1442 ❋ Kutaura huparura mhanje.

EXPLANATION AND TRANSLATION
Munhu anogona kuvimbisa vamwe vanhu zvinhu
zvakawanda nomuromo, asi zvaasingazogoni kuvaitira

samavimbisiro ake.
The tongue promises more than it can give.

1443 ✸ **Kutaura kwakazvara mharadze dzemizinda.**

EXPLANATION AND TRANSLATION
Kupopotedzana nguva nenguva hakudikanwi pakati
pevavakidzani, kunoputsa misha.
Daily quarrelling destroyed villages.

1444 ✸ **Kutaura (Kureva) kwegadzi risina debwe rengwe**
anoti rinoruma.

EXPLANATION AND TRANSLATION
Munhu asina chinhu chakanaka chine vamwe vake anotaura
achichishora achiita seasingachide izvo achichida.
He that has no wife speaks ill of women.
The unfortunate gives ill comment to the fortunate.
The woman that has no leopard skin kaross speaks ill of
possessing one.

1445 ✸ **Kutaura kwerakaguta rinoti sadza maonde**
rinosvota.

EXPLANATION AND TRANSLATION
Munhu asina nhamo yechinhu chinotamburwa navamwe
kana achichipiwa anochiramba, achichinyomba, kuti
vanochida vachirambe.
He that is full speaks of thick porridge as causing heart-burn.

1446 ✸ **Kutaura (Kureva) mavi hutsvaka mashoko mauya.**

VARIANT
◆ Atadza kutaura (kureva) ati ngandiiswe munzira.

435

EXPLANATION AND TRANSLATION
Mukutaura mashoko asina kunaka asati ari munzira,
kungabuda mashoko akanaka ari munzira obva pamashoko
aya asina kunaka ataurwa.
He that speaketh ill words asketh for good words.
Wrong words hunt for right ones.
Right words correct wrong words.
He that will catch eels must disturb the floods.

1447 ❋ **Kutaurirwa nomumwe hunyimwa.**

VARIANT
◆ Muto wokupungurirwa haupedzi sadza.

EXPLANATION AND TRANSLATION
Kuzvionera chinhu chichiitika namaziso ako kukuru
kupfuura zvauchaudzwa nomumwe pamusoro pacho
chatopfuura, chaitika.
Eye-witnessing produces fuller account of an event than hear-saying.

1448 ❋ **Kuteketera hupfumbidza (hukanya) ngoma.**

EXPLANATION AND TRANSLATION
Mitoo yakasiyana-siyana inoitwa navaimbi navatambi pano-
imbwa pachidzanwa ndiyo inoita kuti kutamba kufadze.
Different dancing styles in singing make dancing entertainment interesting.

1449 ❋ **Kutenda (Kubvuma) chaunoudzwa nomukadzi (bvuma) wazvionera womene.**

VARIANTS
◆ Kutenda (Kubvuma) chomukadzi tenda (bvuma) waona.
◆ Kubvuma (Kutenda) zvomukadzi zvibvume (bvuma) wakafuratira.

436

Pakati pouzhinji hwezvinhu vakadzi zvavanotaurira varume vavo navamwe vanhu, zvimwe zvazvo hazvisiri zvechokwadi, zvine manyepo mukati.
Before you can prove for yourself believe not a woman's story.

1450 ✸ Kutenda (Kuvonga) cherima tenda (vonga) auya nacho.

EXPLANATION AND TRANSLATION
Munhu anenge anokutorera chinhu chawapiwa kumwe, ndiye aita basa gurusa pane akupa, saka anofanira kutendwa zvikurusa.
He must be a brave man that goes on your errand in the dark night.

1451 ✸ Kutenda (Kuvonga) kunopa manyawi nokufadza wapa.

EXPLANATION AND TRANSLATION
Munhu anoratidza pachena kutenda amupa, anozoona opiwazve zvimwe zvakawanda pamusoro pezvaanenge agara apiwa.
Thanks-giving sets one on pride and encourages the giver to give more.

1452 ✸ Kutenda (Kuvonga) kwekiti kuri mumwoyo.

EXPLANATION AND TRANSLATION
Kutenda zvawapiwa kana zvawaitirwa nomumwe uchikuratidza namashoko anonzwikwa, nokutenda zvikurusa nomwoyo wose munhu anyerere, kwose kukuru, kwakangofanana.
Even silent thanks have the same weight upon the mind as loud ones.

1453 ● **Kutenda (Kuvonga) munhu mutende (muvonge) afa.**

EXPLANATION AND TRANSLATION
Munhu waunoitira zvakanaka nhasi, mangwana
ungangoonekwa womuitira zvakashata, mukaguma
movengana, asi anenge afa kana mukaguma nezvakanaka,
zvinenge zvangova zvakanaka, hazvizosanduki.
True everlasting thanks are those given to the dead.

1454 ● **Kutengerana imbwa chiverevere, mangwana**
munofumorwira changadzo.

EXPLANATION AND TRANSLATION
Pamunenge muchitengeserana chinhu, daidzai mumwe
wetatu ave chapupu chezvamunoita kuti mangwana kana
pane zvashata apupure.
If you buy a dog privately, tomorrow you will be fighting about its
colour.
Have business witnesses for business transactions.

1455 ● **Kutevera mvura yamakuvi isingatani kupwa.**

EXPLANATION AND TRANSLATION
Munhu anonyengereka achikwezvewa nechinhu chine mufaro
mupfupi usina maturo unongopera chiriporipo.
It is being deceived following a short-lived lean comfort.

1456 ● **Kutevera vadzimba unouya nebapu wariremberedza.**

EXPLANATION AND TRANSLATION
Kana munhu akafamba navanoshava, naiyewo anowana
chakewo chinomubatsira sokuti ukaperekedza munhu
anonotenga nhumbi kumwe, newe unonodzokako watengawo
zvinhumbi zvako zvishomanana wazviwana ikoko.
He that goes out with a hunter returns home handling a   piece of
lung meat.
He who assists a builder learns building.

1457 ✱   **Kuteya mariva murutsva unosviba maoko (mhapa).**

VARIANT
◆   Kukwizira mariva murutsva unosvibisa mhapa.
EXPLANATION AND TRANSLATION
Murume aroora mwanasikana anozvarwa navaroyi, anoguma odaidzwa kuti muroyiwo, nezita rake ronzi nderomuroyi.
He that marries the daughter of a witch shares witchcraft blame with mother-in-law.

1458 ✱   **Kuteya mbavha, iteye nezvayarovera (nezvawajaira) kuba.**

EXPLANATION AND TRANSLATION
Kuti ubate munhu ane mabasa akashata aanoita, mukwezvere kunzvimbo dzinoitirwa mabasa iwawo, anoguma asvika kwedziri ugomubata achiita mabasa iwayo..
He that undertakes to trap a thief must know what type of bait to use.

1459 ✱   **Kuteya mbavha, teya mbavha duku, mbavha huru haibatiki.**

EXPLANATION AND TRANSLATION
Munhu akakura achingoita mabasa akashata, anongogara achiaita, wangwara zvakanyanya. Asi uya achangodzidza kuaita, haasati anyanyisa kungwarisa, ndiye akarerukira kubatwa.
An old bird is not to be easily caught by chaff.
Little thieves are caught while great ones escape.
Laws catch flies and let hornets go.

1460 ❋ **Kuteya mhuka yapfuura hakuchina gapu.**

EXPLANATION AND TRANSLATION
Munhu anoti nguva yokubatira chinhu chine rubatsiro
muupenyu hwake yapfuura, iye ndipo pootanga kuenda
kunochibatira, chatobatirwa nomumwe akachitora,
haachazochiwanizve.
He that buys an already sold-out article buys no article.
He that sets a trap on a track of a walked-past buck catches no
buck.

1461 ❋ **Kuti udye nzungu iri mukati medeko hutanga
warimenya.**
EXPLANATION AND TRANSLATION
Mufaro upi noupi unouya kumunhu atanga amboushandira.
Hakuna chakanaka munhu chaasingatangi ambotamburira.
First peel off the hard outside cover (shell) and then eat the
inside nut.

1462 ❋ **Kutizisa tsvungu (tsvingu)mukumbo huvimba
nedanga kana usina unobva wazeza.**

VARIANT
♦   Kutora tsvungu huvimba n'ombe.

EXPLANATION AND TRANALTION
Munhu asina mari yakawanda haangavavariri kutangidza
kuita basa guru guru rinenge richida mari yakawanda iye
asinayo.
He must have a lot of cattle (beasts) he that makes love to a
married woman, intending to marry her.

1463 ✻ **Kutosvorana ndokwavaviri, wetatu wava murandutsi.**

EXPLANATION AND TRANSLATION
Kuti pave nekurwa, kutukana nokupesana zvinobva pakusawirirana pakati pavaviri chete. Kana wetatu avapowo, anenge ava muyananisi wavaviri vatadza kuwirirana.
It takes two men to make a quarrel and the third man to end it.

1464 ✻ **Kutsamwa ndokwomurume, kwomukadzi kunodzima mwoto.**

EXPLANATION AND TRANSLATION
Hasha dzomurume hadzina kushata sedzomukadzi, anoti kana akatsamwiswa anopedza mazuva akawanda akangotsamwa.
Women are like wasps in their anger.

1465 ✻ **Kutsva kwegapu riri pamwoto kunoshura kuguta kwembwa.**

EXPLANATION AND TRANSLATION
Vamwe vanhu, pavanorasikirwa nezvinovararamisa panowanikwa rubatsiro ruzere navamwewo rwuchibva mune zvarasikira vamwe.
Burnt relish makes supper for dogs.

1466 ✻ **Kutsva kwegapu riri pamwoto kuwanda kwomwoto waveserwa muzasi maro.**

EXPLANATION AND TRANSLATION
Kushata kwomunhu kunokura nokufamba kwenguva, kubva zuva rakwakatanga maari uye nouzhinji hwavamwe vakashata vaakasangana navo vachimukurudzira kuita

zvakashata.
It is the length of time and number of evil assocites which worsen the evil doer's deeds.
No man ever became thoroughly bad all at once.

1467 ✳ **Kutsvaka huwana.**

EXPLANATION AND TRANSLATION
Kuti munhu awane chinhu chaanodisisa, anofanira kuita mazano akawanda okuchiwana nawo.
Nothing seek, nothing have.
It is he who diligently seeks who finds.

1468 ✳ **Kutsvedza muruoko kwedemo (kwesanhu) risina mutemi ane simba.**

VARIANT
◆ Kupukunyuka muruoko kwedemo (kwesanhu) risina mutemi ane simba.

EXPLANATION AND TRANSLATION
Mukadzi akaroorwa nomurume asingazvari anongofamba achipomba navarume vose vose nyange nepwere dzose, asina murume waanoramba kana anyengwa naye.
The wife of a barren husband turns herself into a bitch.
The wife of a barren husband is a public prostitute.

1469 ✳ **Kutsvukuruka kwechakata iri mumuti huti nditanhiwe.**

EXPLANATION AND TRANSLATION
Musikana akazvarirwa pamurume agere pamusha pababa vake kana asati achada murume waakazvarirwa, anogara akashamba akazvigadzira aine rukanda rwomuviri wake runobwinya, kuri kukwezva majaya kuti amunyenge. Uyewo, musikana anoda kunyengwa anokwezva varume nokuita

kwake.
A husband pledged maid often washes cleanest to attract wooers.

1470 ❋ **Kutuka asipo hunyadza (hutsverusa) muromo wako.**

EXPLANATION AND TRANSLATION
Munhu anotaura mashoko okutuka kune mumwe asipo
panotaurwa, anongopedza nguva yake. Uyo asipo anenge
achazonzwa nani kuti kwataurwa zvakashata pamusoro
pake?
He that swears at the one who is absent abuses his tongue for
nothing.

1471 ❋ **Kutuka benzi huzvituka iwe mbune.**

EXPLANATION AND TRANSLATION
Kana munhu ari benzi haaparadzanisi mashoko anotsamwisa
neasingatsamwisi saka munhu anotaura mashoko akashata
kubenzi anenge achiataura kwaari nokuti kubenzi haashandi,
haritsamwiswi nawo.
He that scolds (swears at) a fool, scolds himself.

1472 ❋ **Kutuka simbe, iratidze badza igoziva**
chaunoitukira.

EXPLANATION AND TRANSLATION
Kana uchida kuti munhu arege chinhu chakashata chaanoita,
muudze uchimududzira pachena chinhu ichocho chaunoda
kuti arege kuchiita.
He that tells a sluggard to labour hard should also show him the
hoe used.

1473 ❋   **Kutuma benzi huzvituma, charatumwa rinodzoka risina.**

VARIANTS
- ◆   Kutuma (Watuma) benzi huzvivambira rwendo, charatumwa rinodzoka risina.
- ◆   Kutuma benzi hutoritevera kwaraenda haridzoki.

EXPLANATION AND TRANSLATION
Munhu anokumbira benzi kuti rimuitire chinhu, chinhu ichocho hachibudiriri pakuitwa kwacho. Chinobva chapamhidzwa kuitwa rwepiri.
He that sends a fool to go on his errand will at the end send himself.

1474 ❋   **Kutuma (Ukatuma) bete kumukaka haridzoki.**

EXPLANATION AND TRANSLATION
Munhu anenge atumwa kudivi renzvimbo ine zvakewo zvaanodisisa haazozvifungi zvokudzokera kwaabva.
Send a cockroach to fetch milk, it will never return.
If you send a person to where he has private dealings, he will never return.

1475 ❋   **Kutuma mucheche karwendo huzvituma.**

EXPLANATION AND TRANSLATION
Mwana muduku asati ava nemano okuita zvinhu nenzira kwayo, haafaniri kuiswa pachinzvimbo chokuita zvinhu zvikuru zvinoda njere dzizere dzokuzviita.
Sending a little child with a message means you will have to do it yourself.

1476 ❋ **Kuturura mukombe huusvikira pawakaturikwa.**

EXPLANATION AND TRANSLATION
Kuti munhu agone kutangidza kuita basa gurusa rinoda
pfuma yakawanda, anofanira kuva nepfuma zhinji
inomugonesa kurishanda kuti ribudirire.
Great undertakings require great fertile resources.
He that has a good capital must open a great business.

1477 ❋ **Kutuvidza bvuvo pane rimwe bvuvo.**

VARIANT
◆ Kudurika nhamo pane imwe nhamo.

EXPLANATION AND TRANSLATION
Munhu agara akawirwa nenhamo hurusa yokushaya
zvokudya, owedzera nokutsvirwa neimba yaanogara, osara
asisina paangagara.
He that robs a blind man his only garment doubles his misery.

1478 ❋ **Kutya kune mbonje zhinji kupfuura dzowarwa**
(dzokurwa).

VARIANT
◆ Mavanga mazhinji edera ndeekuzvipa.

EXPLANATION AND TRANSLATION
Kukonewa kubudirira muupenyu kukurusa kwemunhu
anongozezera kuita zvinhu ari kure. Mumwe anokuvara
zvikurusa pakutiza achitya kurwa.
A failure in stagnance gains nothing, but a failure in attempt gains
little.

1479 ❋ **Kutya mudzimu hutya svikiro.**

EXPLANATION AND TRANSLATION
Munhu anokudza mwana achimunyara nokumuda, ndiye

anokudzazve baba vemwana, achivanyara, achivada.
He that has respect for the father, the same also has respect for
his son.

1480 ✳ Kutya mukuru kumutya nezvake zvose.

VARIANTS
- Kudza mukuru, umukudze nezvake zvose.
- Kukudza mukuru kumukudza nezvake zvose.

EXPLANATION AND TRANSLATION
*Pfuma, vakadzi, navana vose vomunhu mukuru
anonyarika, zvinobatwa norukudzo nokunyarika navose
vaagere navo.*
He that honours a man, honours him with all his lot.

1481 ✳ Kutya rufu (kufa) kugara uine bundu renhamo mumwoyo.

EXPLANATION AND TRANSLATION
*Uyo anogara akafunga zvokuti mangwana angangofa kana
nguva ipi neipi anogara akatakura nhamo isingamupereri
mumwoyo inomushaisa mufaro misi yose.*
He that fears death lives a daily sorrowful life.
He that fears to die, carries a heavy lump of sorrow in his heart.

1482 ✳ Kutya zarima risina bere rinofamba mariri.

EXPLANATION AND TRANSLATION
*Munhu anongotambudzika pamusoro penhamo yaanonzwira
kure kuti inouya iine zvakawanda mairi, zvinonetsa, izvo
zvaisati inazvo mukati mayo nyange nechimwe chazvo.*
It is fearing to walk in the dark night in which there is no wolf
roaming through.
It is fearing an imminent dreadful non-perilous situation.

446

1483 ✳ **Kutyira kure usati waedza kunoshaisa nepawanga uchawana.**

EXPLANATION AND TRANSLATION
Munhu anozeza kuzvipira kuita chinhu chinoda simba romuviri nenjere haabudiriri kuwana zvingamuraramisa. Anodzamara akafa achingova murombo.
He that is frightened by his shadow never fights to win a battle.
A faint heart never won a lady.

1484 ✳ **Kuudza mwana hupedzisira.**

EXPLANATION AND TRANSLATION
Mwana anoteerera zvaanorairwa kana orairwa pashure pokunge ambozvipinza mumatambudziko pamusana pokusateerera kwake.
The child that has once fallen into troubles readily obeys its adviser.

1485 ✳ **Kuudzwa kamwe kuudzwa kaviri kune akangwara (ane nzeve).**

EXPLANATION AND TRANSLATION
Munhu akachenjera, zvose zvaanonzwa pose pose paanofamba anozvichengeta zvogara muchipfuva, zvomubatsira pakunzvenga nhamo pane zvaainzwa zvine yambiro mukati yenjodzi dzaanosongana nadzo.
A wise warning word is enough if given to a wise person.

1486 ✳ **Kuushika bere maranga kumeso kwaro huti riwane madyire omutumbu wako.**

EXPLANATION AND TRANSLATION
Kufambidzana nomuvengi wako misi yose, unomupa nguva yakanaka yokukuswededza pedyo naye kuti akukuvadze.
It is not safe to closely associate yourself with your enemy.

He that washes the face of the wolf will have himself soon devoured.

1487 ❈   **Kuva mukuru kura uine njere.**

EXPLANATION AND TRANSLATION
Maitiro omunhu akura, abva zera, ngaave ane unhu noungwaru pazvinhu zvose zvaanoita kune vamwe vanhu.
Be old and be wise.

1488 ❈   **Kuva murombo (muchena) huvengwa nowakakusika.**

EXPLANATION AND TRANSLATION
Munhu asina zvinhu zvingamubatsira mumagariro ake agere somunhu asina anomuda, asina mufaro.
He that is poor, the world hates him.
He that is poor, his Creator denied him material happiness.

1489 ❈   **Kuvaka kune muswere, kutama hakuna gore (musi).**

EXPLANATION AND TRANSLATION
Kuvakwa kwezvinhu zvose zvinofema nezvisingafemi kunotora nguva yakareba asi kana zvoparara nokufa, zvinongotora chinguva chidukuduku kuti zvife nokuparara.
It is easier to pull down than to build.
Marriage preparations take longer time than divorce preparations.

1490 ❈   **Kuvakidzana huwirirana.**

EXPLANATION AND TRANSLATION
Vanhu vanovaka misha panzvimbo imwe, vanhu vanonzwanana pamagariro ose, vanokudzana navanodanana nguva dzose.
Harmony should bind neighbours together.

1491 ❀ **Kuvanda seri kwegwenzi rakashashamuka mashizha.**

EXPLANATION AND TRANSLATION
Munhu anoedza kuramba mhosva yaakapara paanotongwa,
achinzvenga nokutaura zvikonzero zvisingabvumiwi
nevanotonga uye zviri kure nechokwadi chizere chavanoona
kuti ndiye akaipara mhosva yaanotiza.
It is hiding behind a leaves withered bush.
It is taking refuge in non-truth providing defending statement.

1492 ❀ **Kuvangararayi kwenjiva kunovakira dendere rayo mujinga mereruvangu?**

EXPLANATION AND TRANSLATION
Munhu ane mhuri yakakura anosarudza kufambidzana
nomuroyi anozivikanwa navanhu vose kuti anoroya, asi iye
agosatya kufambidzana, naye aine vana vakawanda,
vaangangokaruka aroyerwa.
It is a bold dove that builds its nest near the hawk's nest.
It is a bold mouse that builds its nest in the cat's ear.

1493 ❀ **Kuvata (Kurara) hushava, mangwana unomuka wofunga zvitsva.**

EXPLANATION AND TRANSLATION
Munhu kana arara anenge ava oga, ogona kushandisa
pfungwa dzake kuronga zvitsva zvakanangana noupenyu
hwake, pasisina angamukanganisa. Anozomuka mangwana
azvironga zvitsva zvacho.
Each night a man spends asleep, he breeds new different thoughts.
He that goes to bed without any new different thoughts (ideas)
may the next morning rise up with many new.
Night is mother of counsel.

1494 ✸ **Kuvenga mumwe huzvipa rushambwa (rushavashava).**

EXPLANATION AND TRANSLATION
Munhu anogara akapesana nevamwe mumagariro ake, asingadi vamwe vanhu nekuda kwezvikonzero zvokusavada kwake, naiyewo anowana vamwe vasingamudi nokuda kwezvikonzero zvokusamuda kwavo.
He that hates his neighbour without a cause gives himself a bad name.
He that hates another is heaping curses upon himself.

1495 ✸ **Kuvengana hushurirana.**

EXPLANATION AND TRANSLATION
Vanhu vanoti vagere pamwe chete vari hama nehama, nyange mutorwa nomutorwa, vogara vasingadanani, vanowanza kuguma vazvidanira rufu pakati pavo.
Hatred is the source of death.
Hatred breeds destruction of souls.

1496 ✸ **Kuvengana kwehama huchererana marinda.**

EXPLANATION AND TRANSLATION
Hama, kana ichida kuuraya imwe hama yayo, haisweri isati yabudirira kuwana zano rokuiuraya naro nokuti kudyidzana kwehama nehama kunogara kuripo.
There is nothing worse than a relative as enemy.
He is already buried, he that his own blood relation hates.

1497 ❋   **Kuverenga mbeva namakwiti (namudune) uchingoti dzose imbeva.**

EXPLANATION AND TRANSLATION
Kutora uzhinji hwose hwavabati vari pabasa ravanobata, uchingoverenga nesimbe dzosewo dziri mukati mavabati.
All are not hunters that blow the horn.
It is taking hares with foxes.
It is taking the industrious labourers and the sluggards as all hard workers.

1498 ❋   **Kuvhima kweshumba kunopedzwa nokufa kwayo.**

VARIANT
◆   Shumba inoguma kuvhima yafa.

EXPLANATION AND TRANSLATION
Munhu wechirume anotanga kunyenga vasikana (vakadzi) achitangidza kuva jaya. Anongoenderera mberi nokunyenga vakadzi kudzamara akwegura, kusvikira pakufa kwake, achingonyenga.
The lion preys upon animals in all its lifetime unto death.

1499 ❋   **Kuvhiya ngwena uroyi.**

EXPLANATION AND TRANSLATION
Vanhu hama nehama dzeropa vakabvumirana kuita chitema chokuzivana miviri yavo, vanonzi varoyi.
It is consorting of male and female blood relatives.
Skinning a crocodile is associated with witchcraft. Anyone who skins it is regarded a witch.

1500 ❋   **Kuvhunika ndokwebadza kana kuri kwemupinyi tinoveza mumwe.**

EXPLANATION AND TRANSLATION
Rufu rwakashatisisa ndorwamai nababa kamwe kamwe.
Kana rwuri rwomwana, runochemeka nokuti baba namai
vanogona kuzvara vamwe vana pashure pokufa kwemumwe
mwana.
The death that ends family increase is that of father and mother.
But if it be of a child, other children can be born afterwards.

1501 ❋   **Kuvimba nomumwe munhu huzvinyengera.**

EXPLANATION AND TRANSLATION
Munhu anoshandura pfungwa dzake pane zvaanoda
nezvaasingadi. Chaanoda nhasi, mangwana angafuma
asisachidi, oda chimwe.
In trusting others, we often deceive ourselves.
Trust is the mother of deceit.

1502 ❋   **Kuvonga chawapiwa huwedzera zvimwe.**

EXPLANATION AND TRANSLATION
Kana munhu akubatsira pane zvawanga usina, ukamutenda
nenzira inomugutsa kuti wamutenda nomwoyo
wako wose, anobva akupazve zvimwe pamusoro
pezvaambenge akupa.
He that gives sincere thanks for what he has received from some-
one, receives more.
Sincere deep hearty thanks doubles gifts.

1503 ❋   **Kuvonga (Kutenda) cherima, vonga wauya nacho.**

EXPLANATION AND TRANSLATION
Munhu anonokutorera chinhu chaunenge wapiwa kumwe
nenguva dzousiku, ndiye aita basa guru kupfuura uya akupa

452

saka ndiye anofanira kuvongwa zvikurusa.
He must be a brave man that goes on your errand in the dark
night.

1504 ✸ **Kuvonga (Kutenda) kwakiti kuri mumwoyo, asi
kuvonga (kutenda) kweimbwa kunoonekwa nokutsvikidza
muswe.**

EXPLANATION AND TRANSLATION
*Mumwe anovonga wamubatsira nokushandisa mashoko
akanaka anoratidza kuti kuvonga kwake kunobva mumwoyo
wake womukati. Mumwe anoratidzawo kuvonga nokupa
waanovonga zvipo zvokumuvonga nazvo asi kwese kuvonga
uku kunoenzana ukuru hwako.*
Even silent thanks have the same weight upon the mind as loud
thanks.

1505 ✸ **Kuvonga vonga afa, kuvonga mupenyu hutambisa
muromo, mangwana angakutadzira zvikaipazve.**

EXPLANATION AND TRANSLATION
*Munhu muupenyu ane mazuva okuita zvakanaka, uyezve
namazuva okuita zvisakafanira saka kana uchimurumbidza
pane zvakanaka zvaanokuitira usabva wanyanyisa nokuti
angazoita zvisiri izvo mangwana akakunyadzisa.*
Praise no man till he is dead.
Thanks given to a living person should never paint him an angel.

1506 ✸ **Kuvongwa iropa.**

EXPLANATION AND TRANSLATION
*Munhu anopa vamwe zvinhu zvavanoshaya, asagara
akatarisira kuvongwa navose vaanopa. Varipo vamwe vasina
kupiwa mweya wokuvonga vanovapa zvinhu. Vakadai kana
avapa havamuvongiwo nokuti kusavonga masikirwo avo.*
Few get thanks in return for good service they render to others.

1507 ✸ **Kuwa kwomuti mukuru une matavi vanoda huni vanodzira-dzira vakabata masanhu (matemo).**

EXPLANATION AND TRANSLATION
Kukafa munhu mukuru akapfuma, akaroora vakadzi vazhinji, hama dzake dzinoda pfuma navakadzi dzinobva dzaonekwa dzojairira kugara dzichiendapo dzichiti dzinonoona vana izvo dzinoda upfumi hwasiiwa.
When a tree with many branches has fallen, everyone runs to it with his axe.

1508 ✸ **Kuwa kwomuti mukuru unochepfuka matavi achisiya achera makomba pasi.**

EXPLANATION AND TRANSLATION
Mambo anotonga vanhu munyika make kana akasavimbika muumambo hwake, akava mbavha pakutonga mhosva achiripisa zvakadarika mwero, anodzidzisa machinda ake kubira vanhu pfuma yavo pamatare edzimhosva, vanhu vakarasikirwa nepfuma yakawandisisa.
The corruption of the best and the greatest becomes the worst. The corruption of the chief robs of his subjects enormous hoards of wealth.

1509 ✸ **Kuwana (Ukawana) chakanaka idya nehama vatorwa vane hanganwa.**

VARIANTS
♦ Chawawana idya (nehama, nowako) vatorwa vanokukanganwa (mutorwa ane hanganwa).
♦ Hama ihama usainyima chawawana.

EXPLANATION AND TRANSLATION
Munhu anoda hama dzake achidzibatsira nezvadzinoshaya, naiye kana mangwana oshayawo dzingamubatsira dzichimupawo zvadzinazvo.
He that feeds his relatives is in turn also fed by them.

454

1510 ✱   **Kuwana dzarwa, usavhuna uta, mangwana dzicharwa uripo.**

VARIANT
◆   Ukawana dzarwa usavhuna uta, mangwana uchadzoka ukawana dzicharwa.

EXPLANATION AND TRANSLATION
Kana ukasvika panzvimbo ukawana chinhu chawanga wavinga chatorwa nomumwe, usaora mwoyo, ramba uchingouya, unozoguma wawana chako chaunoda chavapo ukachiwana.
When you reach the well to find it dry, break not your waterpot.
Keep your gunpowder dry.

1511 ✱   **Kuwana (Kuroora) mukadzi hakuna dera (benzi).**

EXPLANATION AND TRANSLATION
Nyange mukadzi akava nehasha dzinotyisa achinyengwa, hapana murume angatya kumunyenga achiti ane hasha. Nomurume anonzi idera, anotsungawo akamunyenga akadikanwa.
In making love to women, all men, even the coward, are brave enough to speak to a woman on love affairs.
Every man is witty for his own purpose (gain).

1512 ✱   **Kuwana (Kuroora) mukadzi hugara pamusoro peminzwa namasoso.**

EXPLANATION AND TRANSLATION
Upenyu hwomurume akaroora hwuzere kushaya kwakawanda kwakasiyana-siyana kunogara kwakamuchemedza uye kutambudzika nokuda kwezvinhu zvakawandawanda.
Getting married is sitting on thorns and pricks.
It needles and pins when a man marries.

455

1513 ✹ Kuwana (Kuroora) mukadzi hurota, unoroora wawanga usingafungidziri kuroora.

EXPLANATION AND TRANSLATION
Vechirume vose kana vachikura vasati vakaroora, havanga-zivi mukadzi wavachazoroora, kana nguva yavo yokuroora yasvika.
A bachelor can never tell whether he will marry a good wife or a bad one.

1514 ✹ Kuwana (Kuroora) mukadzi husika rudzi.

EXPLANATION AND TRANSLATION
Kana murume nemukadzi vakasabvumirana kuroorana mbeu yavanhu inorova nokuti vanhu vanofa havamukizve, sembeu yezviyo inomera, yokura, yobereka zvimwe zviyo.
Marriage survives generations of mankind.

1515 ✹ Kuwana (Kuroora) mukadzi huzvigokera mwoto wamazimbe anopfuta mumusoro, unongogara wakatsva.

VARIANT
♦ Kuwana (Kuroora) mukadzi, huzviwanira pfumo richagara rakakubaya.

EXPLANATION AND TRANSLATION
Mukadzi aroorwa anogaromhura-mhura murume namamwe maitiro ake anenge achingova okunetsa-netsa kwake kusina zvikonzero zvine musoro.
When a man marries then trouble begins.
Marrying a wife is heaping burning coals on one's own head.

1516 ❋   **Kuwana (Kuroora) mukadzi huzviparira mangava anogara akaripwa.**

EXPLANATION AND TRANSLATION
Tsika namagariro anoita mukadzi pakati pavamwe vaagere navo vokumurume, angangova nokunetsana mukati, kungangoita kuti vanhu vagare vakangotongesana pamatare omusha.
He that marries puts himself into endless series of bitter life experiences.

1517 ❋   **Kuwana (Kuroora) mukadzi igombo, haripandwi rikapera nezuva rimwe.**

EXPLANATION AND TRANSLATION
Kupedza kuronga kwokutorwa kwomusikana achizopinzwa mumusha momurume, nokubviswa kwepfuma ichipiwa vabereki vomusikana zvinotora nguva yakareba zvichishandwa. Hazvishandwi muzuva rimwe chete.
It takes not one day to clear up new virgin land, so it is too for new marriage preparations.

1518 ❋   **Kuwana (Kuroora) mukadzi imota rinongomera naparisakafanira.**

EXPLANATION AND TRANSLATION
Murume upi noupi kana achiroora mukadzi, angangoroora mukadzi asina tsika, neasina kumufanira mumagariro ake.
Like a boil that settles on any part of the body, the same is in getting married, any woman can be married.

1519 ❋   Kuwana (Kuroora) mukadzi kunopfumisa.

EXPLANATION AND TRANSLATION
Murume kana aroora, mukadzi anogona kushandisa pfuma
yavanowana achishanda nesimba uye achichengetesesa
zvaanopiwa nomurume. Anopa murume mazano
okuchengetedza, murume achizonoguma ava mupfumi.
He that marries in poverty may die rich.

1520 ❋   Kuwana (Kuroora) mukadzi ndimbuya.

EXPLANATION AND TRANSLATION
Panyaya yokuroora, mai vanozvara musikana kana vachida
mukomana, musikana haangamurambi. Vanomuratidza
kunaka kwechimiro chake netsika dzake. Mai vomusikana
indumidzi huru.
He that would want to win the daughter must win the mother first.

1521 ❋   Kuwana (Ukawana) pfumo richirwa panzira, newe
mutorwa rirwewo.

EXPLANATION AND TRANSLATION
Kana mufambi nenzira akati paanopfuura napo owana vepo
vari pabasa vachishanda, naiye anofanira kubatsirawo
pabasa achishandawo navo.
A passer-by that finds other people busy working must also join
them.

1522 ❋   Kuwanana (Kuroorana) mashanga.

EXPLANATION AND TRANSLATION
Kuroorana kwomurume nomukadzi kunobva pakuwirirana
kwepfungwa dzavo dzichifambirana pane zvavanoda
nezvavanoshuva.
Similar characters often have deep love for each other.
Birds of the same feather flock together.

1523 ✱ **Kuwanda huuya museve wakapotera pamuzukuru.**

EXPLANATION AND TRANSLATION
Kana munhu aine hama dzakawanda, dzimwe nhamo dzake
dzinomunetsa anodzidzivirirwa nehama dzake dzobva
dzopera dzisati dzasvika kwaari kuzomuparadza.
He that has many nearest relations has help at hand.
A grandson may pay for the death of a grandfather.

1524 ✱ **Kuwanda huwana zvose.**

EXPLANATION AND TRANSLATION
Munhu akawandirwa nezvinhu, zvimwe zvacho zvinomupa
mufaro, zvimwe zvacho zvichimupa kuchema
namatambudziko.
Many children much help and much want.
Great fortune brings with it great misfortune.
Uneasy lies the head that wears a wig.

1525 ✱ **Kuwanda kwavanasikana kuwanda kwepwere**
munyika.

EXPLANATION AND TRANSLATION
Kana kuchizvarwa vana vechikadzi vazhinji, zvinoreva kuti
kuchava nouzhinji hwepwere dzichazvarwa, sezvo mudzimai
mumwe achizvara vana vakawanda.
Plenty of ladybirds, plenty of hops.

1526 ✱ **Kuwanikwa (Kuroorwa) hurasika, nokuti anoroorwa**
haazivi kwaanoenda.

EXPLANATION AND TRANSLATION
Dzimwe nguva mukadzi anganoroorwa kure kure,
kwaakakura asingazivi. Ndiko kwaachagara asingaoni

vabereki vake, nehama dzake dzeropa. Anoita seakarasika.
A woman that marries a husband living far away is as lost.

1527 ❋ **Kuwanikwa (Kuroorwa) inhamo, varume vose vanoshusha.**

EXPLANATION AND TRANSLATION
Pauzhinji hwavakadzi vakaroorwa varume vavo vanovanetsa nenzira dzakasiyana-siyana.
Many a woman marries to live in different sorrows.
An ill marriage is the one full of want and sorrow.

1528 ❋ **Kuwanikwa (Kuroorwa) nomupfumi (hurudza) hugara nemisodzi padama.**

EXPLANATION AND TRANSLATION
Murume akapfuma anoti vakadzi vose vakamuda vachiona kuti mupfumi ane zvose, saka ndizvo zvavakavinga nokudaro vanogara vakashungurudzika.
A woman that marries a rich man lives in fat sorrow.
The highest branch is not the safest to roost.

1529 ❋ **Kuwanikwa (Kuroorwa) nomurume asina mai hugara nhaka yowafa.**

EXPLANATION AND TRANSLATION
Mukadzi akaroorwa nomurume ana mai vakafa anozvitonga pamadiro papfuma yose yomurume.
Happy is she who marries the son of a dead mother!
She is well-married who has neither mother-in-law nor sister-in-law by her husband.

1530 ❀   **Kuwanikwa wanikwa (Kuroorwa, roorwa) nowabva zera, ndiye anochengeta.**

EXPLANATION AND TRANSLATION
Murume akura kana akaroora mukadzi muduku pakuzvarwa anomubata norudo rwomubereki, anenge ava sababa vakamuzvara.
She is well-secured, a woman that marries a husband of an advanced age.
It is good sheltering under an old hedge.

1531 ❀   **Kuwanira (Kuroorera) mupfumi huzviwanira pfumo rinobaya.**

EXPLANATION AND TRANSLATION
Mukadzi anozvarwa nomunhu akapfuma anongogara achimhura upenyu hwake nomurume wake achiti hwuri pasi, akaroorwa nomurombo.
He that marries a daughter of a rich father marries sorrow.
Go up the ladder when you choose a friend, but go down the ladder when you choose a wife to marry.

1532 ❀   **Kuyemura mukadzi, yemura mwoyo wake.**

EXPLANATION AND TRANSLATION
Murume kana achinyenga mukadzi kuti amuroore, ngaarege kungotarisa runako rwechiso chete asati anzwa kuti tsika dzake dzakadii.
When you admire a woman, admire her inward goodness, facial beauty is deceptive.

1533 ●   **Kuyera nyoka negavi iyo iripo.**

EXPLANATIION AND TRANSLATION
*Kutaura chinhu chiripo pauri uchichifananidzira
nechawangouya nacho chakada kufanana nacho, uchiita
sokuti icho chaunotaura pamusoro pacho hachipo, saka
wochifananidzira.*
You go far about seeking the thing lying nearest to you.

1534 ●   **Kuzadza dengu pakutaura hakusiri kwavose
(kwavangani).**

VARIANT
◆   Hakusiri kwavose (kwavangani)kuzadza dengu pakutaura.

EXPLANATION AND TRANSLATION
*Vamwe vanhu havarondedzeri zvose zvechinhu chavaona
chichiitika vakatarisa. Kana varamba kugamuchira
chinhu havatauri zvaita kuti varambe.*
It is not given to all to give full account of any happenings.

1535 ●   **Kuzipa kwefodya kunozivikanwa nowaisvuta.**

EXPLANATION AND TRANSLATION
*Kushata kwemwoyo womukadzi nokunaka kwawo
kunozivikanwa nomurume wake. Nokushata nokunaka
kwemwoyo womurume kunozivikanwa nomukadzi wake.*
It is only one of the couple who best knows each other's bosom.

1536 ●   **Kuziva benzi hunge wamboswera naro.**

EXPLANATION AND TRANSLATION
*Kuti uzive chimiro chomunhu pamagariro ake, unenge
wambopedza mazuva akawanda ugere pamwe chete naye
uchitarisisa maitiro ake ose.*

462

Unless one has stayed with a person for some time, one cannot know his character.

1537 ✹ **Kuziva mbuya huudzwa.**

EXPLANATION AND TRANSLATION
Chinhu chausati waudzwa, ukasatsanangurirwa nezvacho, haungachizivi zvachiri.
Things are known by their formal introduction.
Unless one is told he can never know a thing.

1538 ✹ **Kuziva pfungwa dzomunhu hunge wanzwa zvaanobudisa mumuromo.**

EXPLANATION AND TRANSLATION
Kutaura kwomunhu aine vamwe kunodudzira zviri mukati momwoyo wake kuti zvakadii kuvanhu.
Speech is the picture of the mind, words reveal thoughts.
Until a man says what is in his mind, you can never know it.

1539 ✹ **Kuziva zvenyika nezvomuzinda bvunza kune vanogara mumuzinda.**

EXPLANATION AND TRANSLATION
Tsika namagariro avanhu padunhu rimwe nerimwe nemitemo yavanotevedzera namaitirwo ezvinhu zvose zvaimomo kuti uzvizive bvunza kuna vamatunhu iwayo.
The laws governing any country are best known by the country owners.
If you want to know all of Rome, ask from the Romans.

1540 ✹ **Kuzivana kwakabva parwendo rwavakafamba vose.**

EXPLANATION AND TRANSLATION
Mukomana nomusikana vakasangana parwendo, vakafamba vose, pakutaura kwavo kwose vachifamba kungavaswededza

463

pedyo napedyo vakagumisidza vanyengana vakadanana, vakaroorana.
A bachelor and a maid travelling on the same journey may fall in love to become a married couple.

1541 ❋ **Kuzvara hadzi ndiko kuzvara ndume.**

VARIANT
◆ Kuzvara ndume ndiko kuzvara hadzi.

EXPLANATION AND TRANSLATION
Mubereki ane mwanasikana anozowana mwanakomana mushure mekunge mwanasikana wake aroorwa. Mukwasha iyeye ndiye anozovawo mwanakomana wake. Ndizvo zvimwe chetewo nemubereki akazvara mwanakomana.
He that today has only daughters will tomorrow have sons-in-law as his sons.
It is all blessings to bear girls and boys.

1542 ❋ **Kuzvara (Kubereka) hunya ndove.**

EXPLANATION AND TRANSLATION
Vana vashoma vanozvarwa vakakura vaine mabasa anofadza vabereki. Ruzhinji rwavana vanozvarwa vanokura vaine mabasa akashata anenge ndove.
Out of a good man may come a wicked child.
Food is eaten with nice flavour but comes out in dung form with offensive smell.

1543 ❋ **Kuzvara (Kubereka) huzviparira mabasa (mangava).**

EXPLANATION AND TRANSLATION
Munhu paanotangidza kubereka vana, ndipo paanotangidza kushanda nesimba misi yose kuti awane pfuma yokurera vana vake nayo.

Bearing children doubles a man's want, and sets him to labour hardest.

1544 ❋ **Kuzvara (Kubereka) kwehama ndiko kuzvara kwako.**

EXPLANATION AND TRANSLATION
Mwana wehama yako nomwana wako, vose vane rubatsiro rwakafanana kwauri saka unofara vose kuvada nokuvachengeta zvakafanana.
He that pities another's child remembers himself.
Be it another's firewood, you get the same warmth from its fire.

1545 ❋ **Kuzvara kwavakadzi ndiko kumwe.**

EXPLANATION AND TRANSLATION
Vakadzi vose vanoda vana vose, vavo navasiri vavo, nenzira yakafanana, norudo rwakafanana, netsitsi dzakafanana.
All women have common love feeling for any children.
Every woman that has a child of her own knows what sympathy and kindness upon a child is.

1546 ❋ **Kuzvarira mwanasikana hudya mangava aunofuma woripa.**

EXPLANATION AND TRANSLATION
Baba vanopa mwanasikana wavo murume waasingadi, waasina kuzvisarudzira iye pachake, kana mangwana omuramba, baba vanopiwa mhosva nomurume wavakadyira mombe. Voendeswa padare, votongwa, voripa.
He that marries (pledges) his daughter without her will, heaps a debt upon himself.

1547 ● **Kuzvicherera rinda uchiri mupenyu kutamba nechakabanga rufu.**

EXPLANATION AND TRANSLATION
Kuita chinhu chine mafaro akanyanyisisa, mafaro iwayo akazara njodzi nokutambudzika mukati zvingagumisidza zvakonzera kufa kwomunhu ari maari.
It is digging a grave for oneself, indulging in perilous pursuits.
It is driving a nail into one's coffin, swimming in death-carrying pleasures.

1548 ● **Kuzvidya chiropa (mwoyo) sehamba chikasara chava bandi.**

EXPLANATION AND TRANSLATION
Munhu anonetseka zvikurusa mukati memwoyo, asingarari usiku hwose achifungisisa pamusoro penhamo yamuwira kuti ichapera here kana kuti ichasiya yamuparadza.
It is worrying over an anticipation for the end of a critical surrounding situation.
It is eating one's heart out.

1549 ● **Kuzvigokera (Kuzvikanda mumwoto une mazimbe anopfuta) chitsiga chine utsi hwunotosvora.**

EXPLANATION AND TRANSLATION
Munhu anozviunzira chinhu chakaputira kunetsa muupenyu hwake, sokuroora mukadzi ane pamuromo anongogara akamirisana nomurume wake navavakidzani.
It is engaging oneself in troublesome business.

1550 ● **Kuzvigumhira chikukwa chine unye unovaviwa nacho usati waswera.**

VARIANT
♦ Kuzvigumhira rutanda rune mhundu yamago achibva akuruma.

EXPLANATION AND TRANSLATION
Kutsamwisa munhu ane hasha dzakanyanyisisa, anobva ada kurwa newe chiriporipo, achibva akukuvadza zvakare.
It is rubbing yourself against a stinging hair plant and getting stung.
It is provoking a violent-natured person and getting hurt.

1551 ● Kuzviita mucheche nepawakura, ratidzawo mano oukuru.

EXPLANATION AND TRANSLATION
Munhu akura, abva zera, ava namano echikuru, anongoita zvinhu zvinoratidza pfungwa dzoupwere pakati pavamwe, asi ava namano echikuru.
Behave yourself according to your ripe age demands.
Childish behaviour contributes no honour to full grown-up age.

1552 ● Kuzvikudza nokuzvirumbidza kunoshura nhamo mberi.

EXPLANATION AND TRANSLATION
Munhu anogarira kuzviisa panzvimbo dzapamusorosoro, dzaasiri, iye ari pasi pasi, anoguma azviwisira murushambwa rwenhamo dzaanga asingafungiri kuti angawira madziri.
Pride and self-praise precede ruin.
Pride comes before fall.

1553 ● Kuzvipa huzvinyima.

EXPLANATION AND TRANSLATION
Munhu anzi agovere vamwe migove paanowanawo mugove wake, nyange migove ikapera kugovewa asati asvika pane wake, anongozogutsikana nokusawana mugove zvoperera ipapo.
He that shares gets the least share or no share.

1554 ✸   **Kuzvipembedza huzvipe ngava.**

EXPLANATION AND TRANSLATION
Munhu akazvikudza pazvinhu zvose zvaanoita,
anozvitadzira. Munhu ngaanatswe navamwe kwete kuti iye
pachake azvinatse.
He who praises himself condemns himself.
He who excuses himself accuses himself.

1555 ✸   **Kuzviroodza mukadzi kunhonga runyanga rwenzou**
murenje.

EXPLANATION AND TRANSLATION
Kuita rombo rakanaka rokuwana chinhu chinokupa upfumi
hwakakurisisa nenguva imweyo.
He that has picked up an elephant's tusk is able to pay lobola
for his new wife.

1556 ✸   **Kuzvishurira kuvata nayo nenzara, tsvimborume**
kuramwa sadza padare.

EXPLANATION AND TRANSLATION
Munhu anenge asina chinhu chingamubatsira, achirarama
nokupiwa navamwe vanazvo, nyange akanzwa achisekwa
navo kuti haana zvinhu, asaita mwoyo mupfupi wokuti kana
azvipiwa oramba iye asina chingamubatsira asi achizova
munhamo.
He that has none to help himself should endure the jeering and
mockery.
He that has none to support himself must never deliberately refuse
to accept the little he is offered.

1557 ❋   **Kuzvitsirivadza (Kwangova kutsirivadza) kuseka kwowatsva nhoverwa.**

EXPLANATION AND TRANSLATION
Munhu akakombwa nenhamo inopisa, anoedza kuivanziridza kuvanhu, nokusada kutaura zvakawanda pamusoro payo akasuwa achichema.
He silently bears all the hardships in which he is.
He that has been defeated, coldly smiles at his enemy.
Despite all the difficulties upon him, he is happy.

1558 ❋   **Kuzvitsvaira-tsvaira kwomukadzi hukwezva makono kuti amuone zvaakaita.**

EXPLANATION AND TRANSLATION
Kugara kwomukadzi akashambidzika nguva dzose kunoita kuti agare akanyengwa-nyengwa navarume vanenge vachitorwa mwoyo nokushambidzika kwake.
Being ever smart attracts most men.

1559 ❋   **Kuzvivanza mutupo uroyi.**

EXPLANATION AND TRANSLATION
Munhu anogara akavanza mutupo wake, anozopedzisira anoroorana nehama yeropa. Kuti vanhu veropa rimwe varoorane vanonzi vanoroya. Kuroorana kwavo kunenge kwava makunakuna, asingabvumidzwi mutsika dzavanhu.
They that hide their totems from one another, end by falling into incest marriage.

1560 ❋   **Kuzvivanza urema kwengomwa kunyenga musikana ava nemimba (nenhumbu).**

EXPLANATION AND TRANSLATION
Munhu anoziva urema hwake pakuita zvinhu zvinoitwa nevazhinji anomirira kuti vanogona vaite iye ozozvikambira

kuita sezvake, kuri kuvanza urema hwake
To a barren bachelor, a pregnant maid fits best for marriage union.

1561 ✸ **Kuzvivanza urema kwengomwa kuroora han'a isingazvariwo.**

EXPLANATION AND TRANSLATION
Murume asingazvari, kuti asazivikanwa navazhinji kuti haazvari, anozvipirawo kuroora mukadzi asingazvari kuti kusava nomumwe pakati pavo anozotamba achimhura mumwe achiti haazvari.
An unproductive wife is the only wife that fits a barren husband.
A barren bachelor detests marriage union with a productive maid.

1562 ✸ **Kuzviziva simba rako pane chomumwe.**

VARIANT
◆   Pane chomumwe masimba matete.

EXPLANATION AND TRANSLATION
Kana munhu achishanda basa risiri rake anoriita zvishoma nezvishoma kuti asapedza simba rake.
He that labours for another is least industrious.

1563 ✸ **Kwakaenda imbwa ndiko kwakaenda tsuro.**

EXPLANATION AND TRANSLATION
Munhu anotsvaka chinhu chaanodisisa, nyange chomutorera nguva yakareba sei asati achiwana, haaregeri kuchitsvaka, kudzamara achiwana.
He that seeks wealth does not give up till he finds it.
He goes far and never returns.
He has gone away on further hunt, not to return.

1564 ❋ **Kwafa muroyi murevi weguhwa wasarirei?**

EXPLANATION AND TRANSLATION
Vanhu vaviri vane mabasa akashata avanoita, kana mumwe wavo orangwa, mumwe osara asingapiwi mhosva. Asi vose vari vaviri vatadzi.
A witch and a liar are both ill dwellers and should be treated alike.

1565 ❋ **Kwagara kuchifa vanhu, hakufi matanda.**

EXPLANATION AND TRANSLATION
Zvinhu zvinonetsa nezvinorema, nyange zvodana kurasikirwa navamwe vanhu, ngazvirwisanwe nazvo zvikundwe chete, zvisatyiwa.
Men should die struggling toward off difficulties.

1566 ❋ **Kwagweya kugara kwomweni paakavata ndiye hake wazvidira.**

EXPLANATION AND TRANSLATION
Mweni anga akadzivirirwa nemvura yafuma ichinaya paakarara. Kana ikange yadzimuka, anofanira kufunga zvokupfuurira mberi, obuda owoneka oenda.
The ceasing of morning rains bids the travellers to continue with their journeys.

1567 ❋ **Kwakabviwa kwava kure, koendwa kwava pedyo.**

EXPLANATION AND TRANSLATION
Munhu akwegura ofungirwa kuti mazuva oupenyu hwake panyika ava mashoma.
He that is aged has fewer years to live.

1568 ✳   **Kwangova kutambudzika kwemhembwe yabatwa nomusungo.**

EXPLANATION AND TRANSLATION
Munhu apara mhosva iri pachena, anoedza kunhonga nhema dzokuzvisunungura nadzo pairi, asi dzisingakwanisi kumusunungura.
It is a mere futile struggle for a fast trapped duiker.

1569 ✳   **Kwangova kuzvitsirivadza, kuseka kwowatsva nhoverwa.**

VARIANT
◆   Kuzvitsirivadza kuseka kowatsva nhoverwa.

EXPLANATION AND TRANSLATION
Munhu akundwa kana akonekanwa nechinhu chaanga achiita ane vimbo yokuti chichabudirira anongobva azvisimbaradza pakati pavamwe, asi mumwoyo make zvichimurwadza chaizvo.
He that has been conquered, coldly smiles to cover shame.

1570 ✳   **Kwatsva gona, kwasara munongoro.**

EXPLANATION AND TRANSLATION
Kwafa vabereki kukasara vana. Kwafa munhu mukuru anga akachengetedza mhuri, kukasara vaduku vasina mano okuchengeta musha.
Heavier is the loss of parents than of the children.

1571 ❀　Kwaunobva siya huyo, kwaunoenda senga huyo mangwana uchadzokazve.

VARIANTS
- Natsa kwawabva kwaunoenda irima (usiku).
- Kwaunoenda senga huyo, kwaunobva siya huyo, mangwana uchadzokazve.

EXPLANATION AND TRANSLATION
Munhu ngaatame achinzwanana nevaanga agere navo panzvimbo agonogarazve zvakanaka navanhu veikoko kwaanotamira.
He quits his place well, he who leaves his friend there.
Value old friends you leave behind the same as the new friends you go to.

1572 ❀　KwaVaChirema kunoendwa, hakuenzani nokwaVa-Kushaya.

VARIANT
- Ndiro yechirema hairovi, inongoramba iripo chichipakurirwamo.

EXPLANATION AND TRANSLATION
Munhu ane chinhu chiri pasi pezvavamwe, chiine rubatsiro rudukuduku kwaari, haaverengerwi kudivi ravasina zvinhu asi uyo asina nyange chidukuduku anoverengerwa kudivi ravasina zvinhu.
The mother that has a cripple has a child to feed.

1573 ❀　Kwava kushambidza imbwa makumbo inopamha kutsika matope.

EXPLANATION AND TRANSLATION
Munhu anorarama nokuita mabasa akashata muupenyu hwake, panonzi ngaarege kuramba achimaita, anombo-teerera kwenguva duku, opamha zvekare kumaita.

473

If you correct a habitual wrongdoer you make him worse.
Advice given to a habitual wrongdoer sets him to do worse.

1574　●　**Kwava kuzipa kwechopera chozipira kurova.**

EXPLANATION AND TRANSLATION
Chinhu chakanaka changa chichipa mufaro mukurusa
pakubatiswa, chichidikanwa zvikurukuru, kana chava pedyo
nokupera chinobva chanakisisa zvinoita kuti chinzi dai
charega kupera, changoramba chakadaro chiripo.
The last honey juice sip tastes sweetest.

1575　●　**Kwawakavigira hakuna kure.**

EXPLANATION AND TRANSLATION
Kunzvimbo ine chinhu chinodisiswa nomunhu nyange yava
kure zvakadii, munhu anongoona iri pedyo pedyo.
Where there is one's gain, is never too far to reach.

1576　●　**Mabasa kuwanda tsvimborume kutenga duri
munzanga.**

EXPLANATION AND TRANSLATION
Munhu anotanga kuita basa rake raasina ruzivo naro
rwokuriita achiitira kuti agobatsirwa kuriita nevanorigona
kuriita, vobva vazviwedzera rimwe basa pamusoro peavo.
It is adding extra domestic work to the housewives when a
bachelor buys a mortar and a stamping pole in the village.

1577　●　**Mabata kumeso kurumbidza aripo akakuteerera.**

EXPLANATION AND TRANSLATION
Munhu haapupurirwi kuti akanaka namabasa ake aripo
achizvinzwira. Kupupurirwa kwakadaro kunenge kuri

kokungorinyengedzera munhu kusina chokwadi mukati.
Praise to the face is open disgrace.

1578 ❋ **Mabatabata anourayisa.**

VARIANT
- ◆ Mawira-mawira anourayisa,

EXPLANATION AND TRANSLATION
Munhu anongoti chipi nechipi chaaona dai chava chake,
nechisina kumufanira uye kunyange chine njodzi ingaguma
yamukuvadza anongoita. Anoti basa rino aita obva arirega
oita rimwe asina kunyatsogadzikana oguma azvipinza
munjodzi.
He that lays his hand upon everything he comes across, ends in
bringing sorrow upon himself.
He that bites on every weed may get poisoned.
The fish will soon be caught that nibbles at every bait.

1579 ❋ **Mabatabata kuvhiya nyama kwounoyida.**

EXPLANATION AND TRANSLATION
Munhu anenge achidisisa chinhu achichitsvaka achingopa-
parika.
He is exceedingly impetuous he that desires to gain more.
Too eager is the person after gain.

1580 ❋ **Machena ose mazai haana dema.**

VARIANTS
- ◆ Ranga rakanaka zai harina gofa pamutumbu.
- ◆ Zvose tinongoti mafuta, tinozora.

EXPLANATION AND TRANSLATION
Kutora zvose zvakashata zvinopomedzerwa munhu
sezvinhu zvakanaka, asina hanyn'a nokupomedzerwa
kwaanoitwa pamusoro pazvo.
False accusations must be silently borne.

1581 ✸ Machenjera mhosva akazoguma abatwa nayo.

EXPLANATION AND TRANSLATION
Nyange muiti wezvakashata akangwara sei pakuzviita,
asingabatwi, asi pakugumisidza anowanikidzwa kuti ndiye
muiti wazvo.
Even the most cunning wrongdoer is lastly caught.

1582 ✸ Machenjera mhosva haana kugara azvarwa.

EXPLANATION AND TRANSLATION
Hakuna munhu anorarama kudzamara afa asina nyange
nechinhu chidukuduku zvacho chaatadzira mumwe.
He that never did any wrong was never born.

1583 ✸ Mada kuzvionera akauraya chikiti.

EXPLANATION AND TRANSLATION
Munhu asingambodi kupfuurwa nechinhu chose chose
chezvinoitika muupenyu hwake, anoguma azvipinza
murushambwa.
Curiosity killed the cat.

1584 ✸ Madanasetswa mavende emhandara.

EXPLANATION AND TRANSLATION
Chinhu chitsva chinosakara chiri chitsva, chisati chasharuka.
It is laughable watching a maid with missing front upper teeth.

476

1585 ❋ **Madanha (Madongo) avasinazvo makuru.**

VARIANT
◆ Vane madanha havazviwani, zvinowanikwa navasinawo.

EXPLANATION AND TRANSLATION
*Munhu anoshuvisisa zvinhu zvakanakisisa muupenyu haafi
akazviwana.*
Eaters of nice food seldom meet with good dinner.

1586 ❋ **Madanha (Madongo) esimbe kudya yawaridza
nhovo.**

EXPLANATION AND TRANSLATION
*Munhu asingadi kushanda anoti kana odya haadi
kukanganiswa-kanganiswa nechimwe chinhu zvacho.*
Idle folks favour quiet meal times to enjoy meal most.
Idle folks have (take) most labour in eating.

1587 ❋ **Madyiwadyiwa etsvimborume dzinongofamba
dzichipururwa pfuma padzinonyenga.**

EXPLANATION AND TRANSLATION
*Munhu anotsvaka zvaanodisisa, anorasikirwa nepfuma
mukutsvaka zvinotsvira mwoyo wake. Somuenzaniso,
murume asati aroora anorasikirwa nepfuma yakawandisisa
pose paanenge achinyenga vasikana.*
Bachelors lose a lot of property in courtship.
Bachelors are often robbed of their wealth in courtship.

1588 ❋ **Madziva makuru ndiwo ane(ndimo mune)hove huru.**

VARIANT
◆ Madziva (Mumadziva) makuru akadzika ndiwo ane mvura
inotonhorera.

EXPLANATION AND TRANSLATION
Vanhu vakura, vabva zera, ndivo vava noungwaru hukuru muzvinhu zvikuru zvoupenyu.
In the deepest waters is the best fish.
Large deepest pools keep largest fish.
Elderly men are fit to give wise counsel.

1589 ✴ **Mafaro akabva muziya.**

EXPLANATION AND TRANSLATION
Kuti munhu ararame asina chaanoshaya mumagariro ake ose, anofanira kutanga ashanda zvikurusa nguva dzose kuti agowana pfuma zhinji.
Sweat before pleasure.

1590 ✴ **Mafiramberi embwa inotanda mhuka.**

EXPLANATION AND TRANSLATION
Kutsungirira kukurusa pakurwa nokuwana chinhu chinodisiswa, munhu asinganeti .
Man employs long patience in getting things that build up life.

1591 ✴ **Mafumiramumwoyo ebenzi kuti mangwana zvose ndezvaro.**

EXPLANATION AND TRANSLATION
Munhu anozviunganidzira pfuma yaasina mumwoyo, achifungira kuti achava nayo nerimwe ramazuva anouya.
It is building castles in the air.

1592 ✸ **Magagashira akaputsa chirongo (dende) kobviwa kutsime.**

EXPLANATION AND TRANSLATION
Munhu anoda kushanda basa gurusa raasingakwanisi kurishanda nesimba raanaro, rinomukurira, otadza kuripedza, rosara rakadaro.
He that bites more than he can swallow (chew) gets choked.

1593 ✸ **Magora haayengereri pasina mhonde (mutumbu).**

EXPLANATION AND TRANSLATION
Munhu asina kupara mhosva, haimubati pakutongwa kwayo.
Vultures soar not where there is no carcass.

1594 ✸ **Magora panyama anoirikana.**

EXPLANATION AND TRANSLATION
Majaya anonyenga anogara ari panzvimbo ine musikana anonyengwa.
Where there are maids, bachelors frequently visit.
Bachelors flock to a place where maids are.

1595 ✸ **Magovere echimbo chimwe anorumbidzana matambiro aanoita.**

VARIANT
♦ Magovere echimbo chimwe anowirirana.

EXPLANATION AND TRANSLATION
Vanhu vanofarira zvinhu zvakafanana muupenyu, vanofamba vose nguva dzose, havasiyani. Vanhu vanorarama nenzira dzakafanana mumaitiro avo ose vanonzwanana mumagariro

479

avo ose.
Thieves praise one another.
Birds of a feather flock together.
Persons of similar character are usually found together.

1596 ✸ Magovere echimbo vene (vagoni) vechimbo vasipo.

EXPLANATION AND TRANSLATION
*Munhu anogonesesa kuita chinhu akange asipo
pachinoitwa, kunotorwa asingachigonesesi kuti achiite.*
For want of a wise man a fool is sat on the chair.

**1597 ✸ Mahatinyadzane (Mahatifanane) kutaura (kutonga)
kwerisina pfuma mudanga.**

EXPLANATION AND TRANSLATION
*Murombo akapiwa kutonga mhosva yaparwa nomupfumi,
anotonga achikudziridza mhosva kuitira kuti muripo wayo
ukurisise igoripwa nepfuma yakawandisisa.*
The poor man, when judging cases, imposes heaviest fine on the
rich convicted man.
The fox that had lost its tail would persuade others out of theirs.

1598 ✸ Mahatihati sadza rine nyama nerine muriwo.

EXPLANATION AND TRANSLATION
*Munhu ane makaro nepfuma dzamarudzi ose anoedza
kudziviridza vamwe kuti vasawane nguva dzakanaka
dzokuwanawo pfuma iyoyo yaanenge achikwikwidza kuti
aiwane.*
He that loves wealth labours hardest day and night at spoiling
favourable chances for others.

1599 ✸ **Mai vedera havagarirochema, asi vanogariroseka dera ravo ratandaniswa.**

EXPLANATION AND TRANSLATION
Munhu anotya kugara achirwisana navamwe anogara muviri wake usina pakakuvadzwa, pasina anochemedzwa kana kurwadziwa sezvo achigara asina mbonje.
The mother of a coward sheds no tears, but bears merry face.

1600 ✸ **Mai vomumwe havanzi ndovangu.**

EXPLANATION AND TRANSLATION
Nyange munhukadzi akanaka mwoyo sei pakubata mwana waasina kuzvara, angangoratidza pazvinhu zvidukuduku pakumubata kwake kuti mwana haasiri wake.
The love of stepmothers upon stepchildren is never always deep enough to show no difference.

1601 ✸ **Mainini havanzi ndimai vangu.**

EXPLANATION AND TRANSLATION
Rudo rwamainini kumwana asiri wavo, runoratidza kamutsauko kadukuduku kwokusamudisisa.
Take heed of the aunt's love upon the children of a different mother.
A stepmother never was the same as your own mother.

1602 ✸ **Makambe matsaru anoraswa kana hari itsva dzafururwa.**

EXPLANATION AND TRANSLATION
Paunenge usati wawana chinhu chitsva chaunofanira kushandisa panzvimbo yechitsaru, ramba wakachengetedza chitsaru chaunacho.
Cast not away old cooking pots until new ones have been seasoned.

481

1603 ✱ **Makambe ndiwo anobika doro rinozipa.**

VARIANT
◆ Makambe ndiwo anokurunga masvusvu anozipa.

EXPLANATION AND TRANSLATION
Munhu akura, abva zera, ndiye ava nenjere nomwoyo murefu pakuita zvinhu zvichibudirira nomazvo. Uyewo vanhu vakura, vabva zera, ndivo vanogona kurongera vaduku magariro akanaka anoumba runyararo norugare muupenyu.
Good broth may be made in an old pot.
Old people have learned smooth ways of doing things.

1604 ✱ **Makonzo anotamba chikatsi chisipo.**

EXPLANATION AND TRANSLATION
Vana namai vavo, kana baba vomusha vasimo mumusha, vanoita zvose zvavanoita pamadiro. Vanoenda kwose kwose kwavanoda, kure kana pedyo.
When the cat's away mice play.

1605 ✱ **Makore haafanani.**

EXPLANATION AND TRANSLATION
Gore rimwe nerimwe rine nyaya dzaro dzakasiyana nedzamamwe makore.
Years carry their different events with them.

1606 ✱ **Makudo (Mapfeni) anorwira mhani, bva kana ava panhamo ose anorwirana.**

EXPLANATION AND TRANSLATION
Kutukana nokurevana pakati pehama nehama dzeropa rimwe hakufaniri kudzikamura napakati asi kana dzawirwa

nenhamo ngadzibatane dziyamurane.
Although baboons usually quarrel over centipedes, but when attacked by an enemy, they protect one another.

1607 ✱ **Makudo (Mapfeni) anosekana makuma (mahobi).**

EXPLANATION AND TRANSLATION
Vaiti vezvakashata, zvinonyadzisa, vanogara vachimhurana.
Baboons laugh at one another's protruding forehead.

1608 ✱ **Makudo ndiwo mamwe.**
EXPLANATION AND TRANSLATION
Vanhu veropa rimwe nyange vogara kunyika dziri kure nakure, zviito zvavo zvinobva muropa rakafanana zvinofambirana.
People of the same race have similar characteristics.
In every country, baboons have similar appearance. All have deep eye sockets.

1609 ✱ **Makumbiradongo muranda kurwa nomwana washe (mambo).**

EXPLANATION AND TRANSLATION
Munhu muduku akabatwa nokuchengetwa navakuru vaagere navo ngaavatye nokuvakudza. Kana asingatyi nokukudza vakuru nezvavo zvose zvavanazvo, anoguma atandwa navo.
The subject that quarrels with the chief's son is soon expelled out of the country.
He that seeks trouble, it were pity he should miss it.

1610 ❋ **Makumbiramisodzi mukadzi kutuka murume waaswedza nenzara.**

EXPLANATION AND TRANSLATION
Munhu akachengetwa nomumwe waanofanira kuteerera nokuita zvose zvaanonzi aite, kana akarega kuita basa raakachengetererwa kuti agare achiita misi yose, agodzoka oitazve musikanzwa nenguva imweyo, zvinokonzera kuti arangwe chiriporipo.
The wife that attacks her husband, whom she has never cooked lunch for, is asking for shedding tears.

1611 ❋ **Makuni (Matsiga) manyoro haana mwoto.**

EXPLANATION AND TRANSLATION
Kana munhu achishanda kuti awane chinhu chaanoda haana mufaro mumwoyo make nokuti anenge asingazivi zvaachawana pakushanda kwake asi kana azowana mubairo webasa, ndipo paanozofara zvakanyanyisa.
Green logs have no fire.
In sweat, there is no joy as there is in sweet.

1612 ❋ **Manatsa kureveka (kutonga) zimhosva romumwe.**

VARIANTS
◆ Zireveka zimhosva romumwe.
◆ Zinatsa kureveka (kutonga) zimhosva romumwe.

EXPLANATION AND TRANSLATION
Munhu kana achitaura pamusoro pokutadza kwomumwe anobva akutaura achikujekesa kwose pachena, pasina chaanodarikira zvacho.
Light is the tongue that talks about another's faults.
The humpback does not see his own hump, but sees his companion's.
Easier is to see the faults of others than yours.

484

1613 ❋ **Manatsa (Manyautsa) mukanwa nherera kurota ichiyamwa.**

EXPLANATION AND TRANSLATION
Munhu ari munhamo yokushaya kukurusa nguva dzose anongoerekana ongosvikirwa nepfungwa dzokuti zvaanazvo mukushaya kwake, zvakawanda. Anobva anzwa mumwoyo make sokuti kushaya kwapera, asi iko kuchiripo.
It is a vain hope to an orphan to dream suckling on its mother's breast.

1614 ❋ **Mandakanzwa ane murwise.**

VARIANT
◆ Ndanzwandanzwa ine murwise.

EXPLANATION AND TRANSLATION
Zvizhinji zvezvatinotaurirwa navamwe vachiti vanzwa zvakashata zvichitaurwa pamusoro pedu navamwe, ndezvenhema, saka zvisatendwa.
Hearsayings carry frictions and quarrels with them.

1615 ❋ **Mandikasike akakurirwa namandinonoke.**

VARIANT
◆ Mandikurumidze akazvara mandinonoke.

EXPLANATION AND TRANSLATION
Munhu anoda kuita zvose zvaanoda kuti zviitwe asi nguva yazvo yokuti azviite isati yasvika, kazhinji haabudiriri kuwana mubairo pazviri.
More haste less speed.

1616 ❋   **Mandikasike akaroora (akawana) mukadzi akashata pachiso.**

EXPLANATION AND TRANSLATION
Mukomana anoti nguva yake yokuti aroore isati yasvika omhanyira kunyenga, odikanwa, oroora, anowanza kuroora mukadzi asina kumufanira nezvikonzero zvakawanda.
Hasty choice of a wife married an ugly wife.

1617 ❋   **Manenji kusangana seri kwedura,**

EXPLANATION AND TRANSLATION
Vanhu vanobatana vachitadza vari panzvimbo dzavanenge vachitadza vari padziri.
It is an ill omen when thieves catch one another red-handed stealing.

1618 ❋   **Mangadza haana mutumbu, chine mutumbu imbuu.**

VARIANT
◆   Chawawana idya unyerere, kusarudza (kushara) hakuna dumbu.

EXPLANATION AND TRANSLATION
Munhu anosarudza zvokudya, achingodya zvakabikwa noutsanana zvoga, achagara akangofa nenzara nokuti havasiri vose vakadzi ndere.
A choice of only well-prepared meals fills not the belly. Fastidiousness does not fill your stomach, but strong is the man who eats anything.

1619 ❋   **Mangava haaripani (ngava hariripi rimwe ngava).**

VARIANT
◆   Mhosva hadziripani (Mhosva hairipi imwe mhosva).

EXPLANATION AND TRANSLATION
Munhu akakwereta chinhu chomumwe, nyange iye akakwere-
twawo nomumwe, ngaarege kuvimba kuti acharipa chikwe-
reti chake nezvaacharipisawo pane chake.
A payment of a debt cannot pay off another owed debt.

1620 ◆ **Mangezvongezvo kugadzira mudzimu nenguruve.**

VARIANT
◆ Murwira njodzi kutsvusa mwenga maoko negwai
(nehwayi).

EXPLANATION AND TRANSLATION
Zvinhu pazvinenge zvaremesesa, kwashayika chose nzira
yokuzvigadzira nayo, zvingangogadzirwawo chero nenzira
inenge yatenderanwa.
Circumstances alter cases.

1621 ◆ **Mangwana izuva idzva rine zvaro zvitsvawo.**

VARIANT
◆ Rafuke jena sikati harina dema rinoza nezvaro.

EXPLANATION AND TRANSLATION
Zvinhu zvinoitika mukati mezuva rimwe nerimwe zvakasiya-
na pakunaka, pakushata, pakufadza napakuchemedza
kwazvo.
Tomorrow is a new day with its own new different happenings
and news.

1622 ◆ **Manhanga (Mapudzi) anowira vasina hari.**

EXPLANATION AND TRANSLATION
Munhu asina hanyn'a nezvakanaka, nyange akaita rombo

rokuwana chakanaka, anongochifuratira zvake achisiya chakadaro nokunaka kwacho norubatsiro rwaanga awana pachiri.

Fortune favours fools.

Squashes are prolific where there is no pot to cook them.

1623 ✸ **Manhenda dzanwa n'ombe (mombe) dzokuna makore.**

VARIANTS
- Totenda dzanwa n'ombe (mombe) dzokuna makore.
- Totenda yavira shambakodzi yedende.
- Totenda maruva tadya chakata.
- Totenda nyemba tadzinwira muto.

EXPLANATION AND TRANSLATION
Chinhu munhu chaasina chokwadi pamusoro pacho kuti chichaitika nenzira yacho yachinogaroitika nayo.
He is not certain whether the outcome will be as expected.

1624 ✸ **Mano (Mazano) marayiranwa, zano ndoga akasiya jira richitsva.**

VARIANTS
- Zano vaviri, zano ndoga akasiya jira richitsva.
- Ranganwa navamwe rakanaka.

EXPLANATION AND TRANSLATION
Munhu asingadi kuudzwa navamwe nzira dzokuita zvinhu, anokonewa kuzviita zvichibva zvatadza kubudirira.
He that does things without first consulting others usually fails to succeed.

Two heads are better than one.

1625 ❋   **Manomano echakata kutsvukira mumuti hunzi ndipotserwe.**

EXPLANATION AND TRANSLATION
Musikana akura ava pazera rokunyengwa anodisisa kufamba achipfuura-pfuura nepanenge pagere majaya kuti amuone agobva atanga kumunyenga.
A maid that displays herself to bachelors is soon caught.
A maid, after being made love to, frequently tarries with bachelors.

1626 ❋   **Manyadzatsiye kudzvokora ari murima.**
VARIANTS
◆   Hanyn'anani kuchonya ari murima, anozviona?
◆   Kurasha simba kuchonya ari murima.

EXPLANATION AND TRANSLATION
Munhu anotaura pamusoro pomumwe munhu anogara achiita zvakashata iye muiti wazvo asipo, haana chaanenge amubatsira nacho nokuti anenge asipo kuti achizvinzwira.
He that criticises another person in his absence does him no good.

1627 ❋   **Manzwira kure akapa nhema (akazvara nhema).**

EXPLANATION AND TRANSLATION
Zvimwe zvezvinhu zvinoudzwa munhu navamwe, kana ozviudzawo vamwe zvinogumisidza zvisisina chokwadi chizere mukati. Chokuudzwa nomumwe chinogona kuva chokwadi kana nhema.
Far collected hearsayings usually contain (breed) falsehood.

1628 ❋   **Manzwira kure anochinya nyaya.**

EXPLANATION AND TRANSLATION
Munhu anopindira nyaya yaasina kunyatsonzwisisa, angaitora senyaya yakashata, izvo nyamba isina kudaro.
He who understands ill, answers ill.

489

1629　✺　**Maoko maviri haatsvi nenyimo.**

EXPLANATION AND TRANSLATION
Munhu anogona kushanda mabasa mazhinji amarudzi
akasiyana-siyana, haagari asiri pabasa, Kana rudzi rwerimwe
basa rwapera, anoshanda rimwezve.
He that has learned two different trades finds no difficulty in
getting employment.
To have two strings to one bow.

1630　✺　**Maoko mazhinji akanakira pabasa asi akashatira**
pakudya.

EXPLANATION AND TRANSLATION
Munhu ane vana vazhinji anofadzwa nokuyamurwa
kwaanoitwa navo pamishando mizhinji, asi vanomuchemedza
pakuvariritira nokuti panodiwa zvakawanda.
Many hands make light work but heavy meal.

1631　✺　**Maoko omumwe haana dumbu.**

EXPLANATION AND TRANSLATION
Munhu anodya achiita zvokupiwa nomumwe misi yose haadyi
achiguta.
He that feeds himself from another's hand fills not his belly.

1632　✺　**Maombera mbonje chirume chadziradzira**
ndecharwa.

EXPLANATION AND TRANSLATION
Munhu akatangana nomumwe aine chinangwa chokurwa
asaramba achingopopota agere pasi, anozogumisidza arohwa
nouya amire, akakuvadzwa.
Bellowing while seated down and unarmed, never protects one
from being injured by the attacker.

490

1633 ❋ **Maombera mbonje mwoyo mifunu.**

EXPLANATION AND TRANSLATION
*Munhu akakuvadzwa nomumwe waanga atanga
kutuka nokutsamwisa, nyange onzwirwa tsitsi, asi vanoguma
vomutsiura kuti azvikuvadzisa.*
Although he is much sympathised with, but he is still held guilty of
being a square trouble-causer.

1634 ❋ **Maonye kurwa kwedera pana vanhu hunzi ndibatwe.**

EXPLANATION AND TRANSLATION
*Munhu anotya kurwa anotangana nomumwe pazere vanhu
kuitira kuti kana odziviwa navamwe onoramba kuvateerera,
kuitira kuti agobatwawo achiregeswa kurwa.*
The coward pretends to be a brave fighter when he fights some
one before the public.

1635 ❋ **Maonye pavamwe kuramba kugamuchira chawapiwa
chausina mumba mako.**

EXPLANATION AND TRANSLATION
*Munhu anoti kana achishaya oda kuvanza kushaya kwake
nokuramba kutora zvaanobatsirwa nazvo navamwe,
achizviita seanazvo mumba.*
Like wealth, poverty also is full of vanity and snobbery in
declining to accept gifts.

1636 ❋ **Mapango anosungwa nembariro kuti chidziro
chibate.**

VARIANT
◆ Nhungo dzinosungwa nembariro kuti denga rigosimba.

EXPLANATION AND TRANSLATION
*Madzishe akabata nyika kuti ushe hwavo hwusimbe
anotsigirwa namachinda, masamisha navaranda.*

491

Great poles without small purlins make a bad wall.
There would be no great ones if there were no little ones.

1637 ✸ **Mapenzi ane nyaya dzawo dzaanovaraidzana nadzo.**

EXPLANATION AND TRANSLATION
Nyange navanhu vane pfungwa dzakakotsira, havashayi zvavowo zvavanofarira kugara vachiita mumagariro avo emisi yose.
Even fools have wit to keep themselves warm and merry.

1638 ✸ **Mapenzi anorumbidzana mumagariro oupenzi hwawo.**

EXPLANATION AND TRANSLATION
Benzi kana richiona zviito zverimwe rinozvirumbidza richiti zvizere noungwaru.
One fool calls another fool a clever man.
Fools praise one another.

1639 ✸ **Mapenzi akasongana mumba pasina anodziva rimwe.**

EXPLANATION AND TRANSLATION
Murume asina musoro akaroora mukadzi asina musoro, vanongogara vachiitirana zvinosiririsa mumagariro avo emisi yose.Vapengo vakasongana mumba vasina anozeza mumwe.
A violent couple turns its home into a battlefield.

1640 ✹ **Mapenzi haaperi panyika.**

EXPLANATION AND TRANSLATION
*Zviito zvomunhu mumwe nomumwe zvinotsoropodzwa
zvichinzi zvine ungwaru noupenzi. Hapana zviito
zvomunhu zvinonzi hazvina upenzi mukati mazvo.*
Fools are many in the world.

1641 ✹ **Mapenzi mazhinji azere panyika ndiwo akasimira
nguwo.**

EXPLANATION AND TRANSLATION
*Upenzi pakuita zvinhu zvose panyika hwunowanikwa huzere
muzviito zvomunhu wose.*
Every one of us is a fool to oneself.

1642 ✹ **Mapfumbidzangoma vadzani.**

EXPLANATION AND TRANSLATION
*Vaduku navasingagonesesi kutamba mutambo ndivo
vanouvamba nokutamba. Vakuru vanogonesesa vanozota-
mbira mumashure kana mutambo wozipa, wapfumba.*
The beginners (learners) must always open any playing game.

1643 ✹ **Mapofu haatungamirirani nzira.**

EXPLANATION AND TRANSLATION
Benzi risina mano haringarairi rimwe benziwo.
If the blind lead another blind, both shall fall into the ditch.

1644 ✱ **Maramwa-maramwa akaradza dumbu.**

EXPLANATION AND TRANSLATION
Munhu ane mwoyo mupfupi wokungotsamwa-tsamwa, anoti
kana apiwa zvinhu aine vamwe anozviramba pasina
chikonzero chokuti azvirambe. Anozogara achizvitambura
vamwe vanazvo zvichingovayamura.
He that without a valid cause refuses supper meal goes to bed
supperless.

1645 ✱ **Maramwa-maramwa, imbwa dzinodya dzikarara**
dzaguta.

VARIANT
◆ Chaguta chikaramba, chakomborera vane nzara kuti
vagutewo.

EXPLANATION AND TRANSLATION
Munhu anoramba namaune chinhu chaapiwa achida
kunyengererwa kuti achitore, anozogara achitambura
chatorwa chikapiwa vamwe zvichinzi achiramba.
He that peevishly refuses to accept an offer will without delay
have it taken away from him.
He that groundlessly refuses to take meals given to him will soon
have it given to dogs.

1646 ✱ **Maranga ida ako.**

VARIANT
◆ Nyoka inochenera (chenera) chayo.

EXPLANATION AND TRANSLATION
Mubereki mumwe nomumwe anoda vana vake vaakazvara
zvikurusa kupfuura kuda kwaanoita vana vavamwe.
Blood is thicker than water.

1647 ✸   **Marengure marema anodya muti waagere pasi pawo.**

EXPLANATION AND TRANSLATION
Munhu wembavha ibenzi, anobira munhu akamuchengeta achimupa zvokudya nenzvimbo yokugara, asi obva omuparadza papfuma yake.
Vagabonds are improvident, they eat the tree which shelters them.

1648 ✸   **Mari haina chisingaibvumi kuti ichiite.**

EXPLANATION AND TRANSLATION
Mari inogona kushandiswa pamabasa akanaka anobatsira napamabasa akashata anoparadza.
Money agrees to purchase every commodity, even poison.
Money will do anything.

1649 ✸   **Mari haina musuwo waisingapindi.**

EXPLANATION AND TRANSLATION
Mukati medzimba dzose dzinogarwa navanhu vamarudzi ose, hapana imba isingachengeterwi mari mukati mayo navene vayo vanogaramo.
Money goes at any house door, except heaven's.

1650 ✸   **Mari haina waisingadi.**

EXPLANATION AND TRANSLATION
Munhu wose wose, mukuru nyange muduku, akambopfumba-tirawo mari muruoko rwake achiri mupenyu.
Money wants no follower, all men are its followers.
Money knows no colour bar.

1651 ❋ Mari haina waisingatori mwoyo.

EXPLANATION AND TRANSLATION
Vanhu vose, vakuru navaduku, kana vakaona mari namaziso
avo, vanotsvaka nzira dzokuitora kuti ive yavo, vagare nayo.
Money is exceedingly influencial upon all human minds.
Money tries all men.

1652 ❋ Mari haina zera.

EXPLANATION AND TRANSLATION
Kuonekwa kwemari mumaziso munhu akaitarisa, hairatidzi
kuti yave tsaru zvokuti haichina basa raichagona kuita igonzi
irasirwe kure zvayo.
Money has no age limit assessment, it is ever new.
Money's dearness is never out of season.

1653 ❋ Mari ine mapapiro.

EXPLANATION AND TRANSLATION
Mari haina muridzi anogara nayo zvachose. Kana anenge
aibata anoipfuudza ichitenderera nenyika yose zvinobva
zvopa vanhu pfungwa dzokuti mari yakafanana neshiri dzine
mapapiro.
Money has wings to fly with, to reach everywhere.

1654 ❋ Mari nyangozodzwe ndove, hairaswi.

EXPLANATION AND TRANSLATION
Kusviba kwemari izere netsvina hakuiti kuti vanhu
vaiseme uye kuti vasaichengeta vairasire kure. Kukosha
kwemari hakuderedzwi netsvina yainenge inayo.
Money is welcome though it comes in a clout.
Dirty silver and gold were never cast away in want of being clean.

1655 ✱ **Mari yakangwara misi yose.**

EXPLANATION AND TRANSLATION
Nguva dzose mari haiparadzirwi mune zvimwe asi
mukutenga nokupfupira vabatsira nesimba ravo
panoshandwa uye nokutenda munhu zvaaitirwa nomumwe.
Money is never out of its route of being spent on commercial
purposes and thanksgiving.

1656 ✱ **Mariva masengudzirwa kumwe.**

VARIANT
◆   Ugaro ushandidzirwa, ugaro humwe haupfumisi.

EXPLANATION AND TRANSLATION
Munhu kana asingawani chinhu chaanotsvaka achichida
panzvimbo yaanenge agere, ngaabvepo aende kune dzimwe
nzvimbo kwaanofungira kuti angachiwanako.
He that seeks wealth which he cannot get at one place must move
to another place.

1657 ✱ **Mashoko manyoro idonhodzo.**

EXPLANATION AND TRANSLATION
Kutaura kwakapfava kunodzora munhu ava pakurwisana
nomumwe akabva akanda zvombo zvokurwa pasi.
Good polite words cool more than icy cold water.

1658 ✱ **Mashoko mapirwa akapa nhema.**

VARIANT
◆   Mashoko maturirwa akavhengana nenhema mukati.

EXPLANATION AND TRANSLATION
Zvinhu zvaunotaurirwa neazviona zvichiitika hazviwanzi
kuva nechokwadi choga choga mukati mazvo zvose. Kana
oudza mumwe panenge popamhidzirwa nhema.
Relayed news may sometimes contain lies.

1659 ✷ **Mashura akatanga nokumunda asati apinda**
mumusha.

VARIANT
◆ Pawarumwa norusvosve, tiza, nyoka iri mumashure.

EXPLANATION AND TRANSLATION
Kuuya kwenhamo huru pamunhu kunotanga nokure kure,
koramba kuchiswedera, kudzamara kwazosvika korwisana
naye.
Small troubles precede a great destructive disaster.
Ill omens carrying wiping out disaster with them begin by
showing slight unpleasant signs.

1660 ✷ **Mashura kutsva kwebadza ndokusara mupinyi.**

EXPLANATION AND TRANSLATION
Kufa kwemunhu anga achiri mudiki asingambofungirwi
kuti angafa kuchisara munhu akwegurisa ongogara ari
ndonda, asina basa raangaita pamusha, angomirira kufa
naiyewo.
It is a miracle to get a health young person die instead of an invalid
old person.

1661 ❋   **Mashura madyiwa, muroyi anorohwawo zvikasapfuka.**

EXPLANATION AND TRANSLATION
Munhu ane mabasa akashata aanoitira vanhu, kuti aapfidze ngaarangwe pamberi pavanhu, kuti abve atya kuita mabasa akaipa
A wicked person is put right by public flogging.
Flogging measure defies even the open threats of a most feared witch.

1662 ❋   **Masikirwe echiro haarasi gwara racho rachakasikwa naro.**

EXPLANATION AND TRANSLATION
Zvinhu zvose panyika zvinorarama nenzira dzazvinofanira kurarama nadzo.
Nature is the true law of formation design.
Every creature and object obeys its given natural living laws.

1663 ❋   **Masimba makuru haadzvi.**

EXPLANATION AND TRANSLATION
Basa rinoshandwa nesimba misi yose, kazhinji rinowanza kupa mushandi waro mubairo wake wakamuringana, nyange ungava muduku zvawo.
Great labour, although may not pay fullest, but will little do.

1664 ❋   **Masimba makuru pane chako, pane chomumwe matete.**

EXPLANATION AND TRANSLATION
Mumwe nomumwe anoshanda zvikurusa pamabasa anosimudzira magariro oupenyu hwake, zvaasingaiti pamabasa omumwe.
Everyone is a lion in one's own cause.
Everyone is most industrious after one's own gain.

1665 * **Masimba okurasha kurima gura rachembera.**

VARIANT
* Kupedzera simba mumakura musina chaunomuka nacho.

EXPLANATION AND TRANSLATION
Murume anozvipira kuroora mukadzi akurisa, asati achiri
pazera rokubata pamuviri kuti azvare vana.
It is a sheer waste of energy to plant in the infertile evacuated
land.
He that marries a past child-bearing stage woman lives to have no
children with her.
Too old lands give no crops.

1667 * **Masiyandaita kubika sadza mbodza inozvimbira.**

EXPLANATION AND TRANSLATION
Munhu anobata basa raapiwa kuti abate asi asina hanyn'a
nokuribata nemazvo. Anongoribatira kuti azvibvise nyiyo
yokunzi aramba kurishanda.
It is performing detailed task and unwillingly, without exercising
caution.

1668 * **Masukamukanwa, shumba hairairi**
chipashumatanga.

EXPLANATION AND TRANSLATION
Munhu anenge achingove nechokudya chishomashoma
chisingagutsi chaanodyira kusukurudza mumuromo koga.
It is a very little meal taken for an apology for supper.

500

1670 ❋   **Masungirapamwe husha dzambuya.**

EXPLANATION AND TRANSLATION
Vanhu vanoshanda basa guru rinorema vari pamwe chete,
vakasanganisa masimba kuti varishande varipedze.
It is combining labour energy in order to achieve the desired
success.

1671 ❋   **Masvikumbwandara kurwa kwamapofu.**

EXPLANATION AND TRANSLATION
Munhu anoita chinhu chake nenzira isina ungwaru mukati
inosetsa kune vakamutarisa achichiita.
It is an unskilful performance as the fighting between blinds.

1672 ❋   **Matadzakunzwa anopa nhema kumurondedzeri.**

EXPLANATION AND TRANSLATION
Kuudza mumwe chawaudzwa nomumwewo, ungangokaruka
wawedzera nezvimwe zvawanga usina kuudzwa,
zvikagumisidza zvava nhema.
Ill-hearing makes ill-rehearsing.

1673 ❋   **Matanda makuru mazungunuswa, zvimwe**
ungangotya neakaora.

EXPLANATION AND TRANSLATION
Kungotyira chinhu kure usati wambochiedza uchiona
sechine simba rinopfuura rako. Pamwe ungangorega
nechinhu chaunokurirawo.
The test of energy is felt in wrestling with one another.

1674 ❈ **Matanda ose anoora.**

VARIANTS
- ◆ Hapana muti unokone gonye.
- ◆ Chigere ibwe muti unowa.

EXPLANATION AND TRANSLATION
Pano panyika hapana asingagumisidzi nokufa, vanhu vose vanogumisidza nokufa.
All men are mortal.
Even they that live longest must die at last.

1675 ❈ **Matatanyadzi edera (dera) kurwa namazino tsvimbo riinadzo.**

EXPLANATION AND TRANSLATION
Munhu asina njere kana kuti dununu anoshandisa zvombo zvisina kukodzera uye zine njodzi mukati pakuita basa raanenge achiita asi zvombo zvakakodzera zviripo.
A coward uses his teeth as fighting weapon in retaliation.

1676 ❈ **Mate matsva mate matsva, haaenzani nematsaru (nemasharu).**

VARIANT
- ◆ Ashama muromo ararama.

EXPLANATION AND TRANSLATION
Munhu ofa nenzara, nyange akapiwa chokudya chiduku sei, anovonga nokuti chinenge chamubatsira zvikuru.
Where there is nothing, a little thing doth ease.
Small piece of new meat begets new appetite.

1677   ✱   **Matidonzwa akapedzera gapu pamwoto.**

VARIANT
◆   Kuravira kwakapedzera gapu pamwoto.

EXPLANATION AND TRANSLATION
*Kushandisa chinhu nguva yacho yokuti chishandiswe isati
yasvika kunozoti kana nguva yokuchishandisa yasvika
chowanikwa chapera kana kuti chasakara zvokusashanda.*
Sampling finished the meat relish being cooked in the relish
cooking-pot.
Sampling ate all the cooked meat relish.

1678   ✱   **Matsvaka kudziviwa mweni kuwoneka vohwo
shambakodzi yosikwa.**

EXPLANATION AND TRANSLATION
*Munhu anoda chinhu chine varidzi vacho, asi iye asina
kusunumguka pakuchida kwake, kuti aone kuti vanoda kuti
achishandise zvechokwadi, anozviitisa kuita seasingachidi
kuitira kuti vagomugombedzera kuti achishandise.*
He that bids farewell when meal is being prepared is asking to
be stopped from leaving.

1679   ✱   **Matsvaka kuseka, musikana haakumbirwi mbeva.**

EXPLANATION AND TRANSLATION
*Munhu anoda kutaura nomumwe munhu waasina nzira
yaangatanga kumupinda nayo kuti agotaura zvaanoda
kwaari, anongoedza kumubvunza mibvunzo yezvinhu
zvisinei naye, ozogumisidza otaura zvaanga akananga
kutaura kwaari.*
An important conversation is preceded (opened) by indirect
petty meaningless talks.

1680 ❋ Matsvakanzira dzokurova nadzo imbwa, kurova imbwa uchiti yaba chipwa chomwana.

EXPLANATION AND TRANSLATION
Munhu anoshaya nzira dzokurwadzisa munhu asina kumutadzira, anotsvaka zvikonzero zvenhema zvokuti agonzi atadzirwa naye, obva amurwadzisa.
He that would hang his dog, gives out first that it is mad.

1681 ❋ Matsvakavato kunyenga musikana wausingadi kuroora.

EXPLANATION AND TRANSLATION
Munhu anotsvaka kunzwanana nomumwe munhu waasingadi achiitira kuti agowana nzira yokumukumbira zvinhu zvaasina. Anenge achinyepera kunzwanana naye.
He woos a maid for a cake and pudding.

1682 ❋ Matukano akabva munyaya.

EXPLANATION AND TRANSLATION
Kupesana nokutsamwisana kazhinji kunovamba kuri kungotaura-taura, kozosvika pakusawirirana, vanhu vobva vatiburana.
Cursing and scolding one another follow gossip.

1683 ❋ Matumba anorira pane rugare.

VARIANT
♦ Ngoma dzinorira pane rugare.

EXPLANATION AND TRANSLATION
Pamusha panogara pachinzwikwa vanhu vachiimba, vachiseka nokutambwa mitambo inonzwikwa ngoma, panenge pachifarwa paine runyararo.
Where drum-beating sounds are constantly heard, there is peace.

1684 ✸ Mavara ehanga anoonekera.

EXPLANATION AND TRANSLATION
Upfumi hwomunhu hwunoonekerwa pakusimba kwavana vake, nomukadzi wake nokuti vanenge vachidya vachiguta nokupfeka zvipfeko zvakanaka.
The wealth that a man possesses is seen by his healthy- looking children and wife and their dressing.
They are pretty that have pretty living conditions.

1685 ✸ Mavara engwe haakuvandiri.

EXPLANATION AND TRANSLATION
Mabasa omunhu akashata, nyange usina kuaudzwa nomumwe agara achimaziva kuti akashata, iwe uri woga unobva wangozvionerawo kuti akashata pakuona kwako maitiro omunhu akadaro.
Foul deeds always disclose their true nature.
In a leopard, the spots are easily observed.

1686 ✸ Mawakwaedza dende rechando risingatani kuputana.

EXPLANATION AND TRANSLATION
Munhu asina chipfuva chakatsiga anongofamba achitaurira vamwe vanhu zvinhu zvake zvakavanzika.
He is a chest-open person that keeps no secrets.

1687 ✸ Mawira-mawira anourayisa.

EXPLANATION AND TRANSLATION
Munhu anongofamba achingozvipinza pazvinhu zvose zvaanenge awana zvichiitika, asingazvizivi matangiro azvo, anozogumisidza azvipinza mune zvine njodzi inoguma nenhamo hurusa.

505

He that hastily joins any unknown source discussion may live to regret the joining.

1688 ✹ **Mazambuko haangatedzi ose, mamwe anoyambukika.**

EXPLANATION AND TRANSLATION
Nzira dzose dzinoshandiswa navanhu kuwana nadzo pfuma, kana kuita mabasa, hadzingangogozhi nokushata dzose.
All river crossings cannot be slippery, some are fordable.

1689 ✹ **Mazano anodzidzwa kune vakatanga kuzvarwa.**

EXPLANATION AND TRANSLATION
Njere namano okuita zvinhu anodzidzwa kuvakuru vava nenguva refu panyika.
Learn wisdom from old age.
It is good to follow the old fox.

1690 ✹ **Mazano mavaki mapiwa navabve zera.**

EXPLANATION AND TRANSLATION
Vanhu vakuru vanorayira zvinopa munhu mano okuzvizivira kuita zvakanaka muupenyu hwake kuti agobudirira pakuita zvinomubatsira.
If you wish good advice, consult an old man, young men will mislead you.

1691 ✹ **Mazano omungwaru ngaanzvengese benzi panjodzi.**

EXPLANATION AND TRANSLATION
Munhu akachenjera namano ake aanopa vasina kuchenjera sezvaakaita iye, anovayamura kuti vasangogara vachiwirwa netsaona napasakafanira kuti vawirwe nayo.

The wise man must advise the feeble-minded person to avoid danger.

1692 ❊ **Mazino (Meno) marema anosekerera waakaramba.**

VARIANT
◆ Zino irema rinonyenamira (rinosekerera) warakaramba.

EXPLANATION AND TRANSLATION
Munhu anogona kuita seanofarira mumwe munhu waakave-
nga nekumusekerera kana kunyemwerera asi mukati
memwoyo asingamufariri zvachose.
Although you smile at your friend or non-friend, your teeth always show the same white colour.
A person may smile at you, yet he may not really mean it.

1693 ❊ **Mazino (Meno) mupare wakanikwa, anodyiweyi chawo?**

VARIANT
◆ Nyima ifadzi dzengera setsa.

EXPLANATION AND TRANSLATION
Kusekererwa kweune nzara achiratidzwa kufarirwa zvikuru
asi asina kupiwa chokudya chinopedza nzara, hakumuyamuri
chinhu, hakumugutsi.
Showing a hungry person bare teeth in laughter is no food generosity bestowed upon him.
Laughter entertainment is no meal to feed on.

1694 ✱ **Mazivazvose haana kugara azvarwa (aberekwa).**

EXPLANATION AND TRANSLATION
*Hakuna munhu ane ruzivo rwokuita zvinhu zvose
zvinozivikanwa uye zvinoshandiswa navanhu munyika. Pane
zvakawanda zvinozikanwa navamwe zvaasingaziviwo.*
A know-all man was never born and never shall he be.

1695 ✱ **Mazuva haaenzani ose.**

VARIANT
  ◆ Mazuva haafanani ose.
EXPLANATION AND TRANSLATION
*Upenyu hwezuva rimwe nerimwe hwune mutsauko. Rimwe
zuva tinowana zvinofadza. Mune rimwe towana zvinosuwisa.
Mune rimwe tinoseka, mune rimwe tinochema.*
Days do not give us in the same full dish.
Days are not the same in their generosity.
Days are not the same in what they have for us.

1696 ✱ **Mazuva owakanaka mwoyo mashoma panyika.**

EXPLANATION AND TRANSLATION
*Vanhu vane mwoyo yakanaka panyika kazhinji havararami
nguva refu.*
A good-hearted person has few days to live.

1697 ✱ **Mazviranga akadzamara akangofa riri benzi.**

EXPLANATION AND TRANSLATION
*Munhu asingadi kurairwa nokudzidziswa navamwe vanoziva
kuita zvinhu zvaasingazivi, anongogara akadaro asina ruzivo*

kusvika narini.
He that teaches himself has a fool for his master.
Very few men are wise by their own counsel.

1698 ✸ **Mazvokuda mavanga enyora.**

VARIANT
♦ Azvidira haachemwi.

EXPLANATION AND TRANSLATION
Munhu anoita chinhu chinoti kunaka chikati kushata
asi achiziva kuti zvimwe chingaguma chomurwadzisa, asi
achichisarudza achiona kumunakira kwacho haangadembwi
kana kana zvichinge zvomuisa munjodzi.
He is worth sorrow that buys it with his silver.

1699 ✸ **Mbavarira inoda vane dare.**

EXPLANATION AND TRANSLATION
Munhu anonorwa mhosva yake yepfuma yaakadyirwa
nomumwe, kuti kuireva kwake kuve nesimba anofanira
kuperekedzwa nehama dzake kune akaidya.
Combined efforts in demanding a cattle debt will always achieve
success.
Unity is strength.

1700 ✸ **Mbavha dzapesana hadzichatungamirani kunoba,**
nhumbi dzachengeteka.

EXPLANATION AND TRANSLATION
Vanhu vanga vachishanda basa pamwe chete, kana vakarwa
vakaparadzana, havachazoshandiri pamwezve, basa romira.
When thieves fall out, no robbery plans will be carried out.

1701 ❋ **Mbavha haibatwi norutsoka.**

EXPLANATION AND TRANSLATION
Mbavha payanzi yaba, haibatwi nepayatsika netsoka
dzayo nokuti patsika tsoka dzavanhu hapana mutsauko,
pakangofanana.
Footprints cannot be used as true identity means to catch (arrest)
a thief.

1702 ❋ **Mbavha huru inobatwa musi wainenge yaba mazai.**

VARIANT
◆ Mboko (Manga) chena inoparira parere nhema.

EXPLANATION AND TRANSLATION
Munhu ajaira kugara achibira vanhu zvinhu zvavo
asingabatwi, anozobatwa nezuva raanenge aba
chinhu chidukuduku.
A habitual thief is caught on the day it has stolen a fowl.

1703 ❋ **Mbavha huru yakavamba kuba nokunyurura gapu**
pamwoto.

EXPLANATION AND TRANSLATION
Munhu akakurumbira pazvinhu zvakashata zvounhubu,
akatanga nokuita zvinhu zvounhubu zvidukuduku, akazova
akashata zvikuru.
He that will steal a pin will end by stealing a bigger thing.

1704 ❋ **Mbavha inofa yakaruma chakata pamuromo.**

EXPLANATION AND TRANSLATION
Munhu anorarama nokuita mabasa akashata anowanza kufa
nenzira inonyadzisa zvikuru.
A thief usually dies a shameful death.
As well worth it, as a thief is with a rope.

1705 ❋   **Mbavha inotsindika mwene wezvinhu zvayaba.**

EXPLANATION AND TRANSLATION
Munhu abatwa achitora zvinhu zvaasina kubvumirwa
nomwene wazvo, anodzoka opandukira mwene wazvo
omurova.
The thief caught red-handed stealing, assaults the owner of the
stolen property.

1706 ❋   **Mbavha ndiyo nyepi, yakaba nenhema.**

EXPLANATION AND TRANSLATION
Munhu anorarama nemabasa okuba, ndiye murevi
wenhema zvakare kuitira kuti agowana nzira dzenhema
dzaangaba nadzo.
He that will lie will steal.
Show me a liar and I will show you a thief.

1707 ❋   **Mbavha padzakaungana dzinorumbidzana mano**
okuba.

EXPLANATION AND TRANSLATION
Vanhu vose vanorarama namabasa ounhubu vanokurudzi-
rana, vachikorokotedzana pabasa rose rounhubu ravanoita.
There is honour among thieves.
Thieves praise one another in knowing how to steal.

1708 ❋   **Mbavha padzakaungana dzinosekana.**

EXPLANATION AND TRANSLATION
Munhu anorarama nokuita mabasa akashata, kana akanzwa
nezvomumwe anenge abatwawo achiita zvakaipa,
anomusekawo kana aine vamwe.
Thieves jeer at one another.

1709 ✸   **Mberengera yakavidza zuva basa richipo.**

EXPLANATION AND TRANSLATION
Kana basa rafungwa kuitwa, ngarichitanga kushandwa
kuti rigokurumidza kupera nguva yaro yokuti ripere
kushandwa ichiripo, isazopera richipo.
Postponement never finished a piece of work.
Late beginning achieved no full success.
Postponement delayed the expected results.

1710 ✸   **Mberevere yakapisa matanda makuru mberi.**

EXPLANATION AND TRANSLATION
Kuvengana kwavanhu kukaramba kusingagumi,
kunozoguma kwazvara kufa kwavanhu kukuru.
Little slow-burning fire burns up a great deal of corn.
Slow-burning fire ends up by consuming great logs.
Perpetual hatred without reconciliation ends in bloodshed.

1711 ✸   **Mbeva iri pachayenga inorohwa neane rutanda rurefu.**

EXPLANATION AND TRANSLATION
Tsvungu inotiziswa mukumbo nomurume ane mombe
dzakawanda. Chinhu chinokoshesesa chinotengwa neane
pfuma yakawanda inokwanisa kuchitenga.
It is only the rich who can afford buying very expensive articles.
The rat resting on the frying-pan on the cup-shelf is reached by the
one with a long beating-stick.

1712 ✸   **Mbeva zhinji hadzicheri mwena unoenda kure.**

VARIANTS
◆   Mbeva zhinji hadzina marishe(marisa).
◆   Mukarirano (Mukarano) wakauraya mbuya munzara.
◆   Mwana waberekerwa pavazhinji haakuri.

EXPLANATION AND TRANSLATION
Basa rikapiwa vanhu vazhinji kuti varishande, havarishandi
rikabudirira nomazvo nokuti vanenge vachikarirana,
vasingadi kubata zvakaenzana vose.
Many mice cannot dig a far-reaching deep hole.
Too many cooks spoil the broth.

1713 ❋ **Mbinda makombo (Imbinda makombo) esimbe**
inobatira makombo akawanda neayisingarimi.

EXPLANATION AND TRANSLATION
Munhu ane makaro anozviunganidzira zvinhu zvakawanda
achizviita zvake oga nezvaasina basa nazvo, zvinofanira
kushandiswawo navamwe.
Like a gardener's dog that neither eats cabbages himself
nor lets anybody else.
A dog in the manger.
A barren husband has monopolic attitude to women.

1714 ❋ **Mbudzi inogarirorove chirugu usiku inodyiwa**
nengwe namapere.

VARIANT
◆ N'ombe inorova danga usiku inobatwa neshumba.

EXPLANATION AND TRANSLATION
Mwanasikana akura, ave mhandara, kana akagara achida
kungofamba pose pose pamadiro ake anogumisidza abata
pamuviri pasina baba.
The lone sheep (goat) is in danger of the wolf.

1715 ✱ **Mbuya vakabatwa zamu nomukwambo (mukwasha) pakurwa napakuyambuka rwizi ruzere.**

VARIANT
◆   Zamu rambuya rakabatwa nomukwambo (mukwasha) pakurwa napakuyambuka rwizi ruzere.

EXPLANATION AND TRANSLATION
Zvinhu zvinoyera kuitwa patsika dzamagariro, kana vanhu vamanikidzika zvikurusa, zvinobva zvaitwa zvisati zvichayera.
Hardship pressure has no observation of traditional custom barriers.
In fighting and river crossing, the son-in-law rubs his body against the breast of his mother-in-law.
Circumstances alter cases.

1716 ✱ **Meso (Maziso) akamboonana haashayani.**

EXPLANATION AND TRANSLATION
Kana vanhu vakambova pamwe chete, nyange vakaparadzana kwenguva, vanoguma vakasanganazve.
They that once met, though parted, will meet again.

1717 ✱ **Meso (Maziso) anotorei chavashe?**

EXPLANATION AND TRANSLATION
Nyange munhu akanaka pachiso, nyange akabata chinhu chinokosha muruoko, nyange ari mukuru ane nzvimbo iri pamusoro, asatya kutariswa nomurombo, hapana chaangatorerwa naye.
Even a cat may look at the king.
Mere looking at a person does not rob him of anything of what he is.

514

1718 ✺ **Meso (Maziso) chaarovera kuona chadukupa.**

VARIANT
◆ Ziso chararovera kuona chadukupa.

EXPLANATION AND TRANSLATION
Kana munhu akaramba achingoona chinhu chimwe kwemisi
yose nyange changa chakanakisisa kupfuura zvimwe,
kwaari chinobva chapera kunaka kwacho kwose.
Daily seeing the same thing decreases its precious value.
The longer you look at it the less you will like it.
A maid often seen and a gown often worn are disesteemed and
held in scorn.

1719 ✺ **Meso (Maziso) embwa yaba mutuvi haashaikwi**
(haatsvakwi) anogara akanjeva-njeva.

EXPLANATION AND TRANSLATION
Kutarisa kwomunhu apara mhosva muchivande hakuna
kutsiga, kunogara kwakazara mativi ose epaagere.
It is a sad look of the dog that has stolen whey.
Heart's letter is read in the eyes.

1720 ✺ **Meso (Maziso) emhombwe anozvirevera**
namatarisiro awo.

EXPLANATION AND TRANSLATION
Munhu anorarama nokuzivana nevechikadzi vasiri
vakadzi vake, kutarisa kwake vechikadzi kunobva
kwaratidza kuti anovadisisa.
Facial looks can tell the evil thoughts the heart possesses.

1721 ❋ **Meso (Maziso) enzara anoona nechakavigwa muzarima.**

EXPLANATION AND TRANSLATION
Kana munhu akaramba akatarisa chinhu chaanodisisa, nyange chava kure naye, anobva achionesesa, obva achiziva muchinguva chidukuduku.
Hungry eyes see meat afar off.
Hunger has sharp sight.

1722 ❋ **Meso (Maziso) haaguti zvaanoona sedumbu.**

VARIANT
◆ Meso (Maziso) haakodzwi nezvaanoona.

EXPLANATION AND TRANSLATION
Maziso nyange achigara akatarisa zvinhu zvose zvaanoona pose paanofamba munhu, asi anodisisazve kugara akangotarisa zvose zvaanoona.
Eyes never feed to their fill.
Eyes are never enough of all that they always see.

1723 ❋ **Meso (Maziso) inhumbi, chengetai muone pazvinogumira.**

VARIANT
◆ Chawaona chiise mumwoyo uzvinyararire.

EXPLANATION AND TRANSLATION
Zvinhu zvizhinji zvinogara zvichionekwa nemunhu, hazvifaniri kungotaurirwa vamwe zvichangoonekwa, ngazviiswe mumwoyo kudzamara nguva yokuti zvitaurwe yasvika.
Watch, wait and see how the end will be like.

1724 ⚹ **Meso (Maziso) makuru anoparira.**

EXPLANATION AND TRANSLATION
Wechirume anongofamba achiroora vakadzi vamarudzi
akasiyana-siyana anogumisidza aroora mukadzi
ane tsika dzisingawirirani nedzake, dzinozomutadzisa kugara
zvakanaka nomukadzi wake.
He that covets all that he sees has ill gains.

1725 ⚹ **Meso (Maziso) okuzivana anotamba tsoro**
yechizivano.

EXPLANATION AND TRANSLATION
Panogoverwa vanhu zvokudya vachibva kunzvimbo
dzakasiyana, munhu anogova anowanza kutangidza
nokugovera vokwake achivagovera zviri nani, kuti vagovane
zvakawanda kupfuura vamwe.
Friends favour one another.

1726 ⚹ **Meso (Maziso) omufudzi ndiwo anokodza zvipfuwo.**

EXPLANATION AND TRANSLATION
Murisi wezvipfuwo ndiye anoziva mafuro ane sora
rakawanda zvipfuwo pazvinofura zvichiguta nguva dzose.
Ndiye anoita kuti zvipfuwo zvisimbe.
It is the eye of the herdboy that fattens the beasts (herd).
A wise generous housewife brings up a healthy family.

1727 ⚹ **Mesomeso ane tsere (anoshayisa).**

EXPLANATION AND TRANSLATION
Murume anongoti uno musikana anyenga, uyo anyenga
anogumisidza azivikanwa navasikana vazhinji kuti
munyengedzi, vose vobva vomuramba.

A bachelor that courts many maids wins none.
Dogs that put up many hares kill none.
He that covets all loses all.

1728 ✱ **Mesomeso anourayisa.**

EXPLANATION AND TRANSLATION
Jaya rinofamba richinyengedzera vasikana, richivanyenga,
robva ravaramba rinozopedzisira rasangana norufu
zvichibva mukunyenga kwaro.
Many love promises at a time are sometimes dangerous.

1729 ✱ **Mhandara muchero waibva wokwezva shiri.**

EXPLANATION AND TRANSLATION
Musikana kana akura, ava pazera rokupfimbwa, majaya
anoenda paanogara kuti amupfimbe.
A maiden is a ripe fruit that attracts consumers.

1730 ✱ **Mhanza dzinosiyana.**

EXPLANATION AND TRANSLATION
Ropa ravanhu pakuwana pfuma harifanani. Panorambwa
mumwe, mumwe anodikanwa.
No barber shaves so close but another one finds work.
Where one loses, the other gains.

1731 ✱ **Mhanza mumbure naparuware unodzikirwa.**

VARIANT
◆ Musikana chihambakwe, wapfuura napo pachiri
anokanda chibwe.

EXPLANATION AND TRANSLATION
*Nyange munhu asina vimbo yokubudirira kuwana chinhu
chaanenge achishuvira kuwana, anofanira kuedza kuti
achiwane, agorega kana zvamukona, asangotyira kure.*
Nothing venture, nothing win.

1732 ❋ **Mhanza yakatanga neshosha.**

VARIANTS
- Mviromviro dzemhanza mapfeka.
- Ndidzo ndambira dzemhanza inotanga neshosha.
- Rwizi rukuru rwakatanga rwuri rukova.

EXPLANATION AND TRANSLATION
*Zvinhu zvikuru muupenyu zvakavamba nenzira dukuduku,
ndokungoramba zvichikura, kudzamara zvava zvikuru.*
The beginning of baldness is the thinning of the hair above the
temple.
Big things have little beginnings.

1733 ❋ **Mhedza madanha (Imhedza madanha) n'ombe
yomurombo (yomuchena).**

EXPLANATION AND TRANSLATION
*Munhu asina pfuma yakawanda, anoona pfuma shomanana
yaanayo iri chinhu chikurusa chaanogutsikana nokuzvida
nacho muupenyu.*
The poor man's only cow forms the centre part of his wealth
pride.
He that is poor, his only cow contents him to his fill.

1734 ❋ **Mhembwe inoroverwa panzvimbo yayo yaivete.**

VARIANT
- Tsuro (Shuro) inoroverwa panzvimbo yayo paivete.

EXPLANATION AND TRANSLATION
Kana munhu akaona mbavha ichiba, ngaakurumidze
kuibata isati yabva panzvimbo painoba kuitira kuti
isazoramba mhosva.
The thief that is caught red-handed stealing, admits the crime.
Hit to kill the duiker while still lying in the hiding-place.

1735 ❋ Mhembwe pamweni ndipo painomhanyira.

VARIANTS
- ◆ Mweni anonofira kwaanomutsa.
- ◆ Mweni iroro anodyiwa nenyangariro.

EXPLANATION AND TRANSLATION
Munhu kana asati ari panzvimbo yake paanogara, haatani
kuwirwa netsaona. Zvinenge zvichiitira kuti vene venzvimbo
yaanga achigara vatambure.
The stranger is in danger of the wolf.
Danger quickly befalls a stranger.

1736 ❋ Mhere (Muromo) inodana chine nzara kuti chiuye chiparadze.

VARIANTS
- ◆ Kutaura kunodana chine nzara kuti chiuye chiparadze.
- ◆ Mhere ine mharidzira kune vanahwo uroyi kuti vagowana mapindiro.

EXPLANATION AND TRANSLATION
Kugara vanhu vamwe vachitukana, kunoita kuti vanhu
vawirwe nenhamo isingazikanwi kwainobva nako.
Constant quarrelling amongst relatives invites harmful happenings.

1737 ❋ Mhinda (Imhinda) nechomo kupembera kwomupengo.

EXPLANATION AND TRANSLATION
Munhu anoti kana achiita chinhu chakanaka chakaita

520

sokudzana, achingopaparika, chozogumisidza chava chinhu chashata, chisisina kufadza kwacho kwachatanga nako.
Unsteady performing of a game spoils its nicety.

1738 ❋ Mhindo haivhundusi dera.

EXPLANATION AND TRANSLATION
Munhu chinhu chaakazvarwa chiripo achichiona, nyange chichityisa sei pamasikirwo acho kwaari hachityisi, akagara achichiona.
Even a coward boldly and gladly welcomes the falling on of darkness.

1739 ❋ Mhiri kworwizi hakuna ucherero (uvigiro) unozarirwa ukasharuka wavako.

EXPLANATION AND TRANSLATION
Munhu asagara achivimba norubatsiro runobva mhiri kworwizi kana kumwewo. Kurushaya kwake kungavapo muzhezha mvura yonaya nzizi dzozara, rukadzivirirwako.
Rely not on help obtained across (over) the river.
Far shooting over the river never killed a bird.
A river is an ill-neighbour.

1740 ❋ Mhosva (Mhaka) haibvumwi.

EXPLANATION AND TRANSLATION
Munhu nyange mumwoyo achiziva zvake kuti ndiye akapara mhosva asi anombotanga aedza kusatenda kuti anoiziva.
No one can readily admit having committed an offence.

1741   ✹   **Mhosva (Mhaka) haikambudzwi (hairuvirwi sezviyo) sehwahwa (sedoro) hunokambudzwa.**

EXPLANATION AND TRANSLATION
Mufambi anopfuura nepaanenge anzwa kuti panonwiwa hwahwa, kwete paanzwa kuti papondwa munhu kana kuti papazwa mukova wemba pakabiwa zvinhu.
A scene of a crime receives no visitors as a scene of beer drinking.

1742   ✹   **Mhosva (Mhaka) haikumbirwi sesadza.**

EXPLANATION AND TRANSLATION
Hapana angashuva kuti apiwe chinhu chinogumisidza chamupinza munhamo asi anoshuva chinhu chinopedza nhamo yake sezvokudya.
We wish to live for blessings not for curses.

1743   ✹   **Mhosva (Mhaka) hairavirwi sousavi.**

EXPLANATION AND TRANSLATION
Munhu kuti apare mhosva, haayipari achida kuipara, asi anomanikidzwa nezvikonzero zvinenge zvakomba mwoyo wake kuti aipare.
Hidden mind intentions are a driving force to committing crimes.

1744   ✹   **Mhosva (Mhaka) hairovi.**

VARIANT
  ◆   Mhosva haiori senyama nyoro.

EXPLANATION AND TRANSLATION
Nyange chikwereti chikagara nguva kana makore chisati charipwa, hazvitauri kuti chinenge charova zvachose,

chinozogumisidza rimwe ramazuva charipwa nomutori wacho.
A debt payment may be successfully demanded after many years owing.
A debt is never too old to have outlived its full payment.

1745   ✳   **Mhosva (Mhaka) haitandwi (haidzingwi) netsvimbo seimbwa.**

EXPLANATION AND TRANSLATION
Chikwereti hachipedzwi nokurova muridzi wacho auya kuzochireva, chinongopera chete nokuchiripa.
A debt can never be settled by fighting the debtor.
A debt never can be driven out of door by a beating stick.

1746   ✳   **Mhosva (Mhaka) inobata rurimi rwowakaipara.**

EXPLANATION AND TRANSLATION
Munhu anenge apara mhosva kana achinge obvunzwa pamusoro pokuipara kwake, anobva atadza nokupindura kwose.
The guilty tongue gets stiffened.
He that has committed a crime, when asked, becomes tongue-tied.

1747   ✳   **Mhosva mubereki wakazvara mupari wayo, naiye inomudyawo.**

VARIANT
  ◆   Mwana muduku kupara mhosva waparira makurukota.

EXPLANATION AND TRANSLATION
Mwana kana apara mhosva, mubereki wake anopinzwawo mukati mayo. Kana ane pfuma yokuripa nayo angangoiripa,

achimuripira mwana wake mupari wayo.
Parents get punished for the wrongs done by their children.

1748 ❋ **Mhosva (Mhaka) munyayi haisiyi munyayi wayo.**

EXPLANATION AND TRANSLATION
Munhu anofambira nyaya yaitika pavaviri kuti vayanane,
ndiye anotakura kurema kwayo kwose kwokuigadzirisa.
It is the go-between who sometimes has to suffer when two
parties disagree on an issue.

1749 ❋ **Mhosva (Mhaka) mututu unongokaruka wasvika.**

VARIANTS
◆   Mhosva (mhaka) pamunhu usiku hwaunongokaruka
     kwasviba.
◆   Mhosva (Mhaka) pamupenyu haikoni kusenerera
     ikapinda, senyoka inopinda mumba.

EXPLANATION AND TRANSLATION
Munhu anogona kupara mhosva nenzira yaanenge
asingafungiri kuti ichamuita kuti ave nemhosva.
A person may be hanged through mistakened facial identity.

1750 ❋ **Mhosva (Mhaka) mweni anongokaruka asvika.**

EXPLANATION AND TRANSLATION
Apo munhu zvake agere, angaerekana ava mumhosva yaanga
asingaitarisiri kuti ingaitika muupenyu hwake,
asingafungidziri.
Unaware is the arrival of a stranger, and so it is with the crime
committed by accident.

1751 ❋ Mhosva (Mhaka) nyangoipara wakanwa (wakabatwa nohwahwa) haukoni kuiripa.

EXPLANATION AND TRANSLATION
Munhu apara mhosva akadhakwa nedoro, haaregererwi nokuti aipara akadhakwa, anongoiripa nomuripo wayo uzere wainenge yanzi iripwe nawo.
He that killed a man when he is drunk shall be hanged when he is sober.
What you do when you are drunk you must pay for it when you are sober.

1752 ❋ Mhosva (Mhaka) pamupenyu hadziperi, dzinogara dzakawanda.

EXPLANATION AND TRANSLATION
Munhu achiri mupenyu kukanganisirwa kwaanogara achiitirwa nevanhu kwakawanda, nezvaanogaropomedzerwa zvisiri chokwadi zvakawandazve.
Misfortunes follow a man in all his lifetime.

1753 ❋ Mhosva (Mhaka) pamupenyu hairadzi, kunze kunoyedza yasvika.

EXPLANATION AND TRANSLATION
Kunyange kumunhu ane mafambiro kwawo anogutsa vanhu, angangovingwa nokureverwa nhema dzikabata, akaripiswa dzave mhosva yaapara.
Every man is bound to do wrong sometimes.
There is no life without faults.

1754 ✹ **Mhosva (Mhaka) pamupenyu ivato, ingavata yasvika ikafuma yoenda.**

EXPLANATION AND TRANSLATION
Muupenyu nhamo dzinosvikira munhu dzichipfuura dzakawanda asi kana munhu akakanganisa, akaripa, mhosva inenge yapera, asununguka.
In a man's life faults lodge with and go.

1755 ✹ **Mhosva (Mhaka) rushambwa (mashavashava).**

EXPLANATION AND TRANSLATION
Munhu akawirwa nemhosva anorasikirwa nepfuma yakawanda yaanoiripa nayo, osara ava murombozve.
Committing a crime is being befallen by misfortune.

1756 ✹ **Mhosva (Mhaka) yomwana haisiyi mubereki wake.**

VARIANT
♦ Mwana kupara mhosva, waparira makurukota.

EXPLANATION AND TRANSLATION
Vabereki vanotakura kurema kwemhosva dzinoparwa navana vavo.
Parents get punished for (suffer for) the wrongs done by their children.

1757 ✹ **Mhou haikumiri mhuru isiri yayo.**

EXPLANATION AND TRANSLATION
Mwana anoyamwa, kunyange anzwa nenzara sei mai vake vasipo, hakuna vamwe mai vangamuyamwisa.
A suckling mother does not suckle the baby that is not hers.
The cow does not low for the calf that is not its own.

1758 ✳ **Mhou inofira pane mhuru yayo.**

VARIANT
♦ Nyuchi dzinofira pachin'o.

EXPLANATION AND TRANSLATION
Mudzimai nyange anetswa sei nomurume waakazvara naye,
anongotakura kunetswa akatsunga, anotendera kufirapo.
In danger, the cow dies being near its calf.
Mothers risk their own lives for the sake of their own children.

1759 ✳ **Mhou inosisa hairarami.**

EXPLANATION AND TRANSLATION
Munhu ane tsitsi anofarira kuyamura vanoshaya
pane zvavanoshaya muupenyu haararami nguva refu.
The cow that gives much milk lives not longest.
A good serviceable person has a short lifetime.

1760 ✳ **Mhunga ichine mukume haivimbwi nayo.**

EXPLANATION AND TRANSLATION
Usavimba nechinhu chawangovimbiswa koga, usati
wachipiwa. Zvimwe ungangokona kuchipiwa ukangozogara
usinacho sezvawakagara wakaita.
Never you rely much on the promise not carried out.
Expectations are expectations, they are not real gains.

1761 ✳ **Mhunga yaibva yadane shiri kuti dziidye.**

VARIANTS
♦ Mhunga yatumbuka yadane shiri kuti dziidye.
♦ Muchero waibva wadane shiri kuti dziudye.

527

EXPLANATION AND TRANSLATION
Mwanasikana kana akura, yave mhandara, wokoka majaya
pamusha pake kuti amushanyire nguva imwe neimwe ane
chinangwa chokumunyenga mukati.
Ripened grain invites birds to visit it.
A fully grown-up maid invites bachelors to visit her for courtship.
Bachelors frequently visit where maids are.

1762 ✸ Mhuru kana dzanwa dzinoita mutambamhuru.

EXPLANATION AND TRANSLATION
Vacheche kana vapedza kudya, vakaguta, vanotamba
vachimhanyirana pachivanze. Navakuruwo kana vanwa
hwahwa vakaguta vanoimba zvigwagwa vachidzana,
madzimai achipururudza.
Children play after meals.
Calves gambit after suckling.

1763 ✸ Midzimu haipiriranwi.

EXPLANATION AND TRANSLATION
Hapana baba vangaroodza mwanasikana asiri wavo uyezve
hapana baba vangagadzira nyaya yokuroora kwomwanako-
mana asiri wavo. Hakuna angapira mudzimu womumwe,
anenge achipira mudzimu anopira mudzimu wake.
No man can appease another man's ancestral spirits.
No man can marry off another man's daughter.

1764 ✸ Mimba churu chinotuta choga kusvikira pachinoda.

VARIANT
◆ Mimba haiparidzirwi, inozviparidzira iyo yoga yomene
nokukura kwayo.

528

EXPLANATION AND TRANSLATION
Kana mukadzi atora pamuviri, panongoonekwa
pachingozvikurira poga kudzamara pazviratidza poga
kuruzhinji. Pamuviri hapavanziki.
Pregnancy is an antheap that grow high on its own.
Hard it is to suppress the expansion of pregnancy.

1765 ✸ Mimba haibvi nechikosoro.

EXPLANATION AND TRANSLATION
Nzira yokusikwa kwechinhu namashandiro acho,
haishandurwi nesimba rachisina kugadzirirwa, nesimba
risingabviri kuti richishandure. Simba rimwe nerimwe
rinoshanda pane zvarakarongerwa kushanda.
Coughing will never cause abortion (miscarriage) in a pregnant
woman.
What is impossible is impossible, a foetus is not killed by coughing.
Do not ascribe impossible effects to simple causes.

1766 ✸ Mimba haizorodzanwi somutoro wakatakurwa.

VARIANT
♦ Kurwadza kwokupfumba kwemimba hakuzorodzanwi
somutoro.

EXPLANATION AND TRANSLATION
Muupenyu dziripo nhamo dzinofanira kutakurwa kurema
kwadzo nomunhu ari oga dzisingabviri kubatsiranwa vanhu
vachiravana kana kubatsirana.
A woman in labour must suffer the childbirth pains alone.
In childbirth pains, there is no relief.

**1767 ✸ Mimba yomumwe mukadzi hainzwikwi kurwadza
kwayo nomumwe mukadzi.**

VARIANT
♦ Nyoka yomukadzi inochenera chayo chayakazvara.

EXPLANATION AND TRANSLATION
Mudzimai mumwe nomumwe anoda vana vake vaakazvara
norudo rukuru runopfuura rudo rwaanoda narwo vana
vasiri vake, vanozvarwa navamwe vakadzi.
Each mother loves and feels pity for her own children most.

1768 ✹ **Miromo (Vanhu) mapadza anogudurana**
(anogumana) mukusakura ari mundima imwe.

EXPLANATION AND TRANSLATION
Chisikirwe kuti vanhu vanogara pamwe chete, pane dzimwe
nguva vapesane-pesane pakutaura, asi izvozvo hazvivaiti kuti
vagare vakaparadzana. N'ombe mudanga dzinorwa, asi
dzinenge dzichingovata mudanga rimwe.
It is natural for people staying together to pick up occasional
quarrels.

1769 ✹ **Miromo yavanhu inowedzeredza kana yotaura**
chinhu.

EXPLANATION AND TRANSLATION
Vanhu kana votaura pamusoro pezvinhu zvakashata
zvinoitwa nomunhu vanobva vazviwanzisisa kupfuura
zvazviri.
The devil is not as black as he is painted.

1770 ✹ **Miromo yavanhu ndiNyadenga chavanoti rega, ibva**
waregera kuchiitawo.

EXPLANATION AND TRANSLATION
Kana munhu achiita chinhu chakashata iye achiti chakanaka
akanzwa achitsiurwa navamwe, ngaabve avateerera,
vanenge vafemerwa naNyadenga kuti vamutsiure.
The voice of people is the voice of God.

1771 ◆   Misi yegore hairahwi, ungazorava nezuva rauchafa naro.

VARIANT
◆   Misi yegore ivato, hapana musi munhu waasingafi nawo.
EXPLANATION AND TRANSLATION
Chawafunga kushanda iye nhasi chishande, ukachifungidzira kuchishanda mangwana, zvichida ungamuka usisipo, chikasara chisina achishanda.
You may not live to see the next year.

1772 ◆   Misi (Mazuva) hainaki yose.

EXPLANATION AND TRANSLATION
Hazvigoni kuti munhu angobva agara akafara nokuwana zvakangonaka mazuva ose.
We do not feed ourselves on pudding every day.

1773 ◆   Misi (Mazuva) inotsererana (inosererana).

EXPLANATION AND TRANSLATION
Munhu angawana chinhu chakanakisisa mune rimwe zuva, chodzoka chomurasikira mune rimwezve zuva.
What a day gives, a day takes away.

1774 ◆   Misi mirimwa kusimbe zvisi.

EXPLANATION AND TRANSLATION
Nyange riri zuva rokushanda, simbe ingangoswera irere zvayo vamwe vachishanda.
To a sluggard every working day is a holiday.

1775 ✱ **Misi mizhinji ndiyo miuya, musi wechivi (wenyatwa) ndomumwe.**

EXPLANATION AND TRANSLATION
Munhu muupenyu mazuva akawanda anoita mabasa akanaka asi zuva rokutadza rova rimwe chete. Mazuva akawanda pamunhu ndeemufaro, rokusafara rova rimwe chete.
Life has less days of sorrow and more days of happiness.
In life, many days are of happiness and few are of sorrow.

1776 ✱ **Misodzi imvura inonaya ichiwira pamusoro poruware.**

EXPLANATION AND TRANSLATION
Nyange misodzi ichiratidza kurwadza kwomwoyo kukuru panhamo yaitika asi hairatidzi zvakawanda sokusuwa kwechiso nokuti haitani kuoma pamatama painowira kana yabuda.
Our sorrows (griefs) are better shown by countenance than tears.
Nothing dries sooner than tears.

1777 ✱ **Mitovo yavanodzana chimbo inoonekwa nevabvumiri.**

EXPLANATION AND TRANSLATION
Vanhu vanotarisa kuitwa kwechinhu navamwe, ndivo vanoona zvakawanda zvacho kupfuura vanochiita.
Lookers-on see more than players.

1778 ✱ **Mizinda haifanani.**

EXPLANATION AND TRANSLATION
Nyika imwe neimwe ine mitemo nenzira dzamagarirwo ayo,

navanhu vayo vakasiyana nedzimwe nyika.
In every country laws differ.

1779 ✾   **Mota raputika rapora.**

EXPLANATION AND TRANSLATION
Chinhu chakashata chinoitwa nomunhu muchivande, kana chisati chikazivikanwa navamwe chinogara chakamuremera muhana, asi kana chazivikanwa navamwe anobva afefeterwa muhana yake.
An ill-deed open to the public no longer has great bearing of shame upon the doer.

1780 ✾   **Motsi haarwirwi.**

VARIANT
◆   Potsi (Poshi) haarwirwi.

EXPLANATION AND TRANSLATION
Kana munhu akatadza kamwe kari kokutanga, anofanira kuregererwa zvichida anenge asina kutadza namaune.
Hate not at the first harm.
One mad action is not enough to prove a man mad.

1781 ✾   **Motutsa benzi nemhururu kuti ridzane rivhunike makumbo.**

EXPLANATION AND TRANSLATION
Kurumbidza munhu ane mabasa akashata, anobva aenderera mberi nokuwedzera kuita akashatisisa.
He that praises an evil-doer sends him to do more evil deeds.
Praise a bad man and turn him into a worse man.

1782 ❋ **Muberekiuya ndimai, baba ndimuzvaravanji.**

VARIANT
◆ Zamu guru nderokwamai rokwababa ndimuzvaravanji.

EXPLANATION AND TRANSLATION
Mai vomwana navose vorutivi rwokwavo, ndivo vanoda
mwana anozvarwa namai ava zvakanyanyisisa kupfuura
baba navose vorutivi rwokwavo.
The mother's side is the surest.
Parental love in children is deeper on the mother's side than it is
on the father's side.

1783 ❋ **Mubereki womwanasikana imbavha (indyire).**

EXPLANATION AND TRANSLATION
Madzibaba namadzimai anopiwa zvinhu zvakawanda
namajaya anonyenga vanasikana vavo vasati varoorwa.
Nyange nezvamajaya asingazobudiriri kuroora zvinongodyi-
wawo zvikarova.
The parents of unmarried daughters rob off many bachelors.
The parent that has an unmarried daughter robs off bachelors.

1784 ❋ **Mucheche wenyoka anotizwa navane makona.**

EXPLANATION AND TRANSLATION
Mwana womuroyi nyange ari muduku sei pazera rake,
anozezwa navanhu vose vaduku navakuru, nen'anga dzose
dzine mishonga yokurapa.
A young snake terrifies even witch doctors.
Even a young snake is held in great fear by witch doctors.
A man-killer is not young that he should be less feared.
No viper so little but hath its venom.

1785 ❋ **Muchecheni wakazvara munhanzva.**

EXPLANATION AND TRANSLATION
Vabereki vakashata pamagariro avo, vangangozvarawo vana vane hunhu hwakanaka hunogutsa, hunoyemurwa navamwe vanhu.
Wicked parents may bear good children.

1786 ❋ **Muchechetere guru neduku.**

VARIANT
◆ Muchechetere mvura yeguvi

EXPLANATION AND TRANSLATION
Zvinhu zvose zvose zvinenge zvigere zvakanaka. Vakuru navaduku vanenge vagere murugare.
All things are in a good condition.
All old and young are at peace.

1787 ❋ **Muchechetere mazino (meno) emhandara.**

EXPLANATION AND TRANSLATION
Zvinhu zvose zvakaringana panzvimbo yazvo, hapana nyange nechimwe chazvo chinoshayikwa panzvimbo yacho.
Things are in a perfect condition.

1788 ❋ **Muchemwa neshiri akazoguma achemwa norufu.**

EXPLANATION AND TRANSLATION
Ijaya raidikanwa nevasikana vakawanda, mumwe nomumwe musikana achidisisa kuroorwa naro.
Rakazopedzisira raroyiwa rikafa nomumwe wavasikana vairirwirana.
Being very lucky for women's love is often dangerous.
He that commands the whole world in women love affairs dies from women's love anger (wrath).

1789 ◉ **Muchenera womunhu unyoro.**

EXPLANATION AND TRANSLATION
Munhu akanyorova mumagariro ake anodikanwa navanhu.
Kazhinji vanhu vanoda kumuyamura nezvaanoshaya
muupenyu.
Virtue carries fortune (good luck) with it.
He that has virtues all good things go to him.

1790 ◉ **Mucheri weshana mutevedzeri, mudimbidziri**
akarasha vhenya (vheka).

VARIANT
◆ Chiguregure (Chidimbudimbu) chakarasa gwara.

EXPLANATION AND TRANSLATION
Munhu anoita chinhu nenzira isati iri iyo yachinofanira
kuitwa nayo, haabudiriri kuchiita nomazvo.
Success is achieved by employing the correct working method.

1791 ◉ **Muchero ibamba harigadzi pasi.**

EXPLANATION AND TRANSLATION
Kuti munhu abudirire muupenyu anofanira kushanda
nesimba siku nesikati aine vimbo yokuti achabudirira
kuwana zvaanoshandira.
Hope for a reward should be a driving force to labour hardest.

1792 ◉ **Muchero unoponesa hauzivikanwi, unozouziva**
wakuponesa.

EXPLANATION AND TRANSLATION
Mazano ose anofungidzirwa nomunhu kuti angamuwanisa
muupenyu ngaashandiswe nokuti hakuzivikanwi zano chairo
ringaunza pfuma kumunhu kana kuti ringamuponesa
pamatambudziko.

It is never known which means can bring bread home with it. Work hard at every project you come by because the profitable one is never known.

1793 ❋ **Muchero usingakuvi unoshura.**

VARIANT
◆ Chisingaperi (Chisakapera) chinoshura.

EXPLANATION AND TRANSLATION
Zvinhu zvose zvakanaka nezvisakanaka muupenyu zvine mugumo. Zvisina mugumo hazviwanikwi muupenyu.
Every enjoyment (pleasure/suffering) hath an end.

1794 ❋ **Muchero usingaponesi hauvimbiwi nawo.**

EXPLANATION AND TRANSLATION
Basa rinoshandwa nomunhu risingamupi mubairo, harisiri basa raangaenderera mberi achirishanda.
Poor sources of wealth cannot be relied upon.

1795 ❋ **Muchero waibva wakuva.**

EXPLANATION AND TRANSLATION
Kana mwanasikana, akura ava mhandara, haazogari ari mhandara, anoroorwa ozova mudzimai, umhandara hwobva hwapera.
Ripened fruits will soon be used up.
A fully grown-up maid soon becomes a mother.
The going on pleasure will soon be over.

1796 ✱ **Muchero wakurumbira wakuva.**

EXPLANATION AND TRANSLATION
Mutambo wabuda guhu rokunyanyisa kutambwa haungapfuuri nguva yakareba usati wasvika kumagumo awo. Paunenge wonyanya kunakidza ndikowo kuenda kwawo kumagumo.
That which proves too popular is nearing its end.
A too frequently visited maid will soon enter into marriage (matrimony).

1797 ✱ **Muchero webundo (wesango) hauvimbwi nawo kuti ndowangu ndoga.**

VARIANT
◆　Muchero wesango (webundo) ndowavose.

EXPLANATION AND TRANSLATION
Kudya kunomera musango kusingameri mumunda mako ndokwemunhu wose. Kana ukatanga kukuona ukasakutora, unenge wakupa kune achatevera.
Wild fruit-trees have no rightful owner.
Wild fruits are ready for everybody to pluck them off.
The bush stores food for no particular person.

1798 ✱ **Mudano wechine mharadze hachimiri pasi, chinotekeshera.**

EXPLANATION AND TRANSLATION
Mitambo yakashata inopedzera vanhu pfuma, inofarirwa nokudikanwa zvakanyanyisa navose, ichikurumidza kuzivikanwa kwose kwose.
Dangerous and ruinous persuits attract many and quickly spread to farthest ends.

538

1799 ❋ Muchetura muchetura, nyange munhu akaupirwa mumbiya inoyevedza unongochetura ura.

EXPLANATION AND TRANSLATION
Chokudya chinokuvadza nyange ukachipiwa chiri mumudziyo wakanakisisa sei ukachidya, chinongokukuvadza zvakadaro.
Poison is poison though it comes in a golden cup.

1800 ❋ Mudye nyama mapfupa muchiachengeta.

EXPLANATION AND TRANSLATION
Mombe dzeroora romwanasikana hadzifaniri kuparadzwa dzose mwanasikana asati achembera ari pamurume wake nokuti angangokaruka arambana nomurume achiri mutsva, kukazoshayikwa mombe dzokudzosera murume.
He that uses lobola property paid for his married sister (daughter) must not use it all up at one time.

1801 ❋ Mudzimba ane rukota rwokusabuda mumba anowana mhuka yadambura musungo.

EXPLANATION AND TRANSLATION
Munhu anoshanda basa rake achirizengurira, haakurumidzi kuripedza, angangorisiya risati rapera, nguva yokuripedza kushanda nayo yamuperera.
He that leaves too late daily for his work, works not to finish it off daily.

1802 ❋ Mudzimba anoremerwa nemhuka yaakatakura osvika ava pamukova (pamusuwo).

VARIANT
◆ Nzara inorwadza munhu kana shambakodzi yosikwa.

EXPLANATION AND TRANSLATION
Basa guru nyange richabatwa harinzwikwi kurema, asi kana
rava pedyo nokupera ndipo parinonzwikwa kuremesa kwaro.
Chinhu chinoitwa chinonetsa zvikuru kana chopera.
The darkest hour is that before dawn.

1803 ❋ **Mudzimba haaradzwi nenzara.**

EXPLANATION AND TRANSLATION
Munhu anochengeta mhuri sababa pazvipfeko nezvokudya,
nezvimwe zvinoshayikwa mumagariro muupenyu, ngaabatwe
nemhuri yose norukudzo achiitirwa zvose zvaanoda.
The head of the family must never go to bed supperless.
He that bears the upkeep of the family is fed regularly.

1804 ❋ **Mudzimba haatyi mumwe mudzimba.**

EXPLANATION AND TRANSLATION
Jaya rinenge richinyenga musikana anonyengwawo
namamwe majaya, harizezi kumunyenga richiti anonyengwa
namamwe majaya. Hapana muvhimi anozeza mumwe
muvhimi, vanongopesana vachivhima musango.
No hunter fears another hunter.
When two bachelors court the same maid, one thinks he is better
than the other.

1805 ❋ **Mudzimba haatyi sango kukura kwaro.**

EXPLANATION AND TRANSLATION
Munhu anoda kuwana chinhu haazezi kutakura kana kurema
kwebasa rokuchiwana naro, nyange rotarisika kuti rakarema
zvinotyisa sei.
The hunter fears no thicket, he penetrates through it hunting.

1806 ❋   **Mudzimu chawakupa hachikoni kusvika pawakaduka.**

VARIANT

◆   Chawapiwa nomudzimu hachikoni kusvika pawakaduka.

EXPLANATION AND TRANSLATION

Munhu, chinhu chaakamisirwa nerombo rake kuti achiwane anogumisidza achiwana.
That which the Almighty will give, the devil cannot rob us of.

1807 ❋   **Mudzimu unobatsira amire, haupi akapeta makumbo namaoko.**

EXPLANATION AND TRANSLATION

Mubasa rinoshandwa nomunhu ndimo mune rombo rake rokuwana zvinhu zvingamubatsira. Kana achiswera agere asingashandi, haawani chinhu.
Providence is always on the side of the strongest battalions.
We must not lie down and cry to God to help us.
God blesses busy hands.
Use means and God will give you blessings.

1808 ❋   **Mudzimu unofungatidza musuva muruoko rwoanenge arutandavadza.**

EXPLANATION AND TRANSLATION

Munhu anenge ashanda ndiye anowana zvinhu zvinomubatsira muupenyu, zvichibva mumibairo yebasa raanenge ashanda.
Providence giveth the cow, but not by the horn.
The one that stretches the hand receives the morsel.

1809 ❋ **Mudzimu unopfukira usimbe (nhamo).**

EXPLANATION AND TRANSLATION
Munhu ane usimbe ndiye akarambwa nepfuma nokuti
asingabati anongofa ari murombo achitambura.
He that was born a sluggard, fortune denies him.

1810 ❋ **Mudzimu unozikanwa zvaunoda nomwene wawo**
anoupira.

EXPLANATION AND TRANSLATION
Nzira dzamagariro omurume nezvaanoda muupenyu
dzinozivikanwa nomukadzi wake waakaroora.
The habits of a husband are best known by his wife.

1811 ❋ **Mudzimu usati uri wedzinza rako hautaririri.**

EXPLANATIONN AND TRANSLATION
Nzira dzamagariro emhuri dzavanhu vasati vari vemhuri
yako nyangodzitevedzera hadzina zvadzinokuyamura nazvo
nokuti hadzifambirani nedzekwenyu.
The ancestral spirits which do not belong to your clan circle can
never look after your personal interests.

1812 ❋ **Mudzimu wadambura mbereko (nguwo).**

EXPLANATION AND TRANSLATION
Munhu akanganisikirwa nechinhu chaanga awana ovimba
nacho kuti chozopedza nhamo yokushaya kwake kwaanako.
Misfortune has upset the gainful chances for relief sources.
Fortune has denied life.

1813 ✱ **Mudzimu wakombora.**

EXPLANATION AND TRANSLATION
Munhu anenge awana chinhu chikuru chaanga asina, uyezve
asina kutarisira kuchiwana. Chinhu ichochi chine rubatsiro
rukuru muupenyu.
Fortune has smiled upon one.
It is a good wind that blows a man to fortune.

1814 ✱ **Mudzimu wakupa chironda wati nhunzi dzikudye.**

EXPLANATION AND TRANSLATION
Dambudziko rawira munhu rinomuparadzira pfuma
yakawanda yaanoshandisa kuti aripedze.
Misfortune that has befallen cannot pass without causing suffering
upon the victim.

1815 ✱ **Mudzimu wapfuka.**

EXPLANATION AND TRANSLATION
Munhu anenge abudisirwa pachena chinhu chakashata
chaakanga achiita ari oga achifunga kuti chichagara
chakadaro chakavanda.
The secret has leaked out.

1816 ✱ **Mudzimu wapfukire nhamo kuti iwande.**

EXPLANATION AND TRANSLATION
Munhu akasikirwa kutambudzika anongorega zvinhu
zvine rubatsiro muupenyu zvichipfuura asina hanyn'a nazvo,
asi iye achingova mukati menhamo yokushaya achitambura.
He that was born to suffer despises fortune givings.

1817   ✸   Mudzimu weimbwa uri pasi.

EXPLANATION AND TRANSLATION
Kusakara kwezvipfeko zvomupfumi irombo rakanaka
kumurombo anoshaya zvipfeko nokuti azokandirwa
masakadzwa achikururirwa nomupfumi, obva awanawo
zvipfeko zvaanga asina.
The luck of a dog is on the morsel that drops on the ground at
meal-time.

1818   ✸   Mudzimu wengomwa kuwana (kuroora) mukadzi ava
nemimba yoti mwana ndowayo.

EXPLANATION AND TRANSLATION
Murume asingazvari kana akaroora mukadzi ava nenhumbu,
anofara zvikuru kuti azovawo nemwana.
Lucky is the barren husband that marries a woman already preg-
nant.

1819   ✸   Mudzimu wenhamo nherera kudya ikarutsa.

EXPLANATION AND TRANSLATION
Munhu wamatambudziko anorasikirwa nezvaanga
atowana izvo zvange zvatotanga kumuyamura, uye zvave
kutopa chitarisiro chokuti ruyamuro rwacho rwave
kuzobudirira.
It is unlucky for an orphan to vomit after meal-taking.

1820   ✸   Mudzimu weshiri uri mudendere.

EXPLANATION AND TRANSLATION
Munhu paakazvarirwa ndipo pane chengeteko yake
namakomborero ake.
The place of birth is the place of life blessings.

1821 ❋   **Mudzimu wokufa unozvipereka pane chinoruma.**

EXPLANATION AND TRANSLATION
*Munhu anenge abatwa norufu, anongogara asingadi
kuteerera, achiita zvinhu zvinogumisidza zvamupinza
munjodzi dzingazvara rufu.*
Whom God ruins, He first deprives him of reason.

1822 ❋   **Mufambi chengeta (Chengeta) mukavo, chirimo
hachina guti.**

EXPLANATION AND TRANSLATION
*Munhu ane zvekushandisa zvanoona sezvisina basa panguva
yaanenge achiita rimwe basa, ngaazvichengetedze nekuti
basa rinokodzerana nezvombo izvozvo rinozowanikwa
nekufamba kwenguva.*
He that travels on a cloudy spring day must carry drinking-water.

1823 ❋   **Mufambi anotsaukira panopfunga utsi.**

EXPLANATION AND TRANSLATION
*Vanhu vanenge vari murwendo vanogura napamisha
yavanenge vanzwa kuti vanhu vepo vanogara vaine
zvokudya zvokupa asvikapo.*
The smoke rising invites a hungry traveller to touch at the spot.

1824 ❋   **Mufambi haatakuri dura.**

EXPLANATION AND TRANSLATION
*Munhu ari parwendo asanyimwa zvokudya paanenge asvika
akawana zvokudya zvichidyiwa nokuti anotoraramiswa
navanhu vaasvikira.*
He that is on a journey carries no food supply with him.

1825 ❋ **Mufirapamumwe unenge weinda inoruma akaitakura.**

EXPLANATION AND TRANSLATION
Munhu asina simba rokurwa anogara achitsamwisa vanomukurira pakurwa, vagodzoka vomukuvadza, kana vachinge vada kumukuvadza.
The weakest must never be provocative to the strongest.

1826 ❋ **Mufiro wavanhu ndiwo mumwe.**

EXPLANATION AND TRANSLATION
Rufu harunyari munhu, haruna ruregerero, haruna tsvete, haruna warunozeza, haruna anozvikudza, harushanduri gwara rarwo rarwunotora narwo vanhu, haruna warunoda nowarunovenga.
He that is dead is dead, and he will never come to live again.
We shall lie all alike in our graves.
Death has no favourite.

1827 ❋ **Mufute unokura nokusakurirwa.**

EXPLANATION AND TRANSLATION
Mwana anokura nokupiwa zvokudya achipfekedzwa.
A castor-oil plant grows by weeding grass under it.

1828 ❋ **Mugaro mugaro hawo, kurwa pakati pavanhu hakuperi.**

EXPLANATION AND TRANSLATION
Nyange vanhu vakagara vachinzwanana, asi rinozosvika zuva rokuti vapesane, vagozoguma vorwa vourayana.
In time of peace, prepare for war.
Both peace and war are common features in man's life.

1829 ❀ **Mugaro haupfuuri (haukundi, haukuriri) hama.**

EXPLANATION AND TRANSLATION
*Nyange munhu ava pane rugare sei, asaonera hama dzake
dzeropa kure achidzidadira.*
He that lives in plenty must never neglect his relatives.

1830 ❀ **Mugaro unoshamaidza.**

VARIANT
◆ Mugaro unososona (unovava) segwenya.

EXPLANATION AND TRANSLATION
*Munhu agere murugare anopindwa nokudada, manyawi
kuyema nokuzvikudza, achiratidzika asina hanyn'a
nomumwe munhu.*
Plenty breeds pride and vanity.

1831 ❀ **Mugaro (rugare) tange nhamo.**

EXPLANATION AND TRANSLATION
*Kuwana zvinhu zvakawanda muupenyu kunotanga
nokusava nazvo kozova nokuwana zvishoma-zvishoma,
zvozoguma zvawanda.*
Want first, plenty last.
He that eats the shall eat the ripe.
Hardship first, comfort (peace) last.

1832 ❀ **Mugapu rebofu nhunzi namapete usavi.**

VARIANT
◆ Muusavi hwebofu nhunzi namapete inyama.

EXPLANATION AND TRANSLATION
Munhu asingaoni zvose zvaanorarama nazvo muupenyu,
nyange zvokudya zvake hazvibatwi noutsanana (undere).
The blind eats many a fly and cockroach.

1833 ＊ Mugofo (Munyofo) ibva negushe.

EXPLANATION AND TRANSLATION
Munhu anotaura mashoko anotsamwisa kumunhu asina
kutsamwa, achida kuti amutsamwise vagoguma vorwa.
It is a direct insult that stirs up anger (wrath).
Speak ill words to someone and get anger stirred up.

1834 ＊ Mugomberi wemhuru anodya mutuvi.

EXPLANATION AND TRANSLATION
Munhu anozvipira kubatsira basa raawana richibatwa
navene varo anopiwawo zvinobva pamubairo webasa iroro.
The one who helps to keep the calf from the udder is given
some whey to drink.

1835 ＊ Mugoni weimbwa ndeanogara akapfiga musuwo
(mukova) zvakasimba.

EXPLANATION AND TRANSLATION
Kuti munhu asapararirwa nezvinodyiwa zvinogara
zvakachengeterwa mumba, ngaave nomukova unogara
nguva dzose wakapfigwa zvakasimba.
The door kept securely fastened keeps dogs out of the kitchen.

1836   ✻   **Mugoni wembavha ndeaimbova mbavha.**

EXPLANATION AND TRANSLATION
Munhu anonyanyogona kuteya mbavha akaibata munhu
akamboita basa roumbavhawo asati ava munhu kwaye.
An old poacher makes the best poacher.

1837   ✻   **Mugoni wepwere ndeasinayo.**

EXPLANATION AND TRANSLATION
Munhu asina kuzvara, kana achiona vana vavamwe vachiita
zvinhu zvisina maturo, anoshora vabereki vavo achifunga
kuti kana vanga vari vake havaizviita.
He that hath no wife beateth her often.
The child expert is the one who is childless.
Bachelors' wives and maids' children are well taught.
He that hath no children feedeth them fat.

1838   ✻   **Muitirwa haakanganwi mununuri.**

EXPLANATION AND TRANSLATION
Munhu abatsirwa panhamo huru muupenyu, haawanzi
kukanganwa uyo anenge akamubatsira achimubudisa
munhamo.
He that exonerates one from a perilous grip, must never be forgot
ten.

1839   ✻   **Mukadzi anoenda pane dura rezviyo.**

EXPLANATION AND TRANSLATION
Pane zvokudya vanhu vanofarira kunogarapo uye
nomukadzi anoda kunoroorwa pane zvokudya.
Women go to marry where food is plentiful.
Food makes easy marriage.

1840 ✱   Mukadzi anonakira mwenechiro.

EXPLANATION AND TRANSLATION
Murume kana achisarudza mukadzi wokuroora, anosarudza anogutsa mwoyo wake pane zvaanoda, nyange vamwe vasingazvidi.
A man chooses a woman for marriage according to his likings, not according to others'.

1841 ✱   Mukadzi anovaka akatanga nokubika sadza mbodza (bure).

EXPLANATION AND TRANSLATION
Zvinhu zvinotanga zvichimhurika ndizvo zvinowanza kubudirira.
A bad start may predict good ending.

1842 ✱   Mukadzi asina mwana anotuma ibvi rake.

EXPLANATION AND TRANSLATION
Munhu asina kuzvara vana, zvinhu zvake zvose ndezvokuzviitira nokuti anenge asina vana vangambomuzorodzawo achivatuma.
A woman that has never had any children goes on her own errands.
A childless woman sends no one but herself.

1843 ✱   Mukadzi asingazvari haazivi kurwadza kwokupfumba kwemimba.

EXPLANATION AND TRANSLATION
Mukadzi asina kugara amboita mwana muupenyu hwake hwose haana rudo nevana vevamwe vakadzi.
It is a childless woman that bears no love (sympathy) upon children.

1844 ❀ **Mukadzi haachembereri murume wake.**

EXPLANATION AND TRANSLATION
Murume kana achiona mukadzi wake, nyange achembera,
kwaari anenge ari mutsva achingova musikana.
Even an old wife is young to her husband.

1845 ❀ **Mukadzi haagovanwi sepfuma.**

EXPLANATION AND TRANSLATION
Murume anenge aroora mukadzi haamuroori kuti agozova
wehama dzake iye achiri mupenyu.
Even a generous man can never let his wife with another man.

1846 ❀ **Mukadzi haagutwi sesadza.**

EXPLANATION AND TRANSLATION
Murume nyange akaroora vakadzi vakawanda sei,
anongoramba achiroora nokuroora vamwe vakadzizve.
A man is always never enough with one wife.

1847 ❀ **Mukadzi haarayirwi padare pana vamwe varume.**

EXPLANATION AND TRANSLATION
Murume anodzidzisa mukadzi magariro akanaka oupenyu,
asamudzidzisira ari pamberi pavanhu. Ngaamudzidzisire
mugota ravo vorara madekwana.
Correct your wife neither in front of the public nor in the kitchen,
but in the private bedroom.

1848 ❀ **Mukadzi igwande, rinokwaturwa pamurume wake.**

VARIANT
◆ Mukadzi ihwati asvika anokwatura.

EXPLANATION AND TRANSLATION
Pane zvimwe zvinhu zvinodiwa navanhu zvinowanikwa
nechisimba, zvichitorerwa varidzi vazvo. Somuenzaniso,
mukadzi ane murume, anganyengwa nomumwe murume,
akamutora pamurume wake.
A married woman is a piece of green bark and can be peeled off
her husband by another man.

1849 ● **Mukadzi igwenzi rokupotera kune vanouya**
vakananga murume wake.

EXPLANATION AND TRANSLATION
Murume anokudza, kunyara, nokuteerera mukadzi wake.
Vanenge vachida zvinhu kana kuitirwa zvinhu nomurume,
vanotanga vapinza zvichemo zvavo kumukadzi, iye
ozvipfuudzira achizvisvitsa kumurume wake.
A wife is a possible medium through whom to approach her
husband for urgent requests and reports.

1850 ● **Mukadzi ihuku inongoswera ichiteta.**

VARIANT
♦   Mukadzi haana ndamugona.

EXPLANATION AND TRANSLATION
Mukadzi nyange obatwa nomurume wake nenzira
yakanakisisa sei, achiitirwa zvose zvaanoda, haagari
agutsikana zvakakwana.
A wife, like chickens, always wants more.

1851 ● **Mukadzi in'ombe inorova danga usiku ichienda**
kuminda.

EXPLANATION AND TRANSLATION
Mukadzi ane nzira dzokufamba-famba zvakashata, nyange

murume omurisa sei, anongomunzvenga achienda kuvamwe
varume, achinoita zvakashata navo.
A woman given to indulge in immorality will always escape from
the sight of her husband and consort with other men.

1852 ● **Mukadzi in'ombe inotunga (inopfura) wakaishava.**

VARIANTS
- Mukadzi imbwa inoruma mwenechiro wakaipfuya.
- N'ombe inotsvika (inopfura) mwene wakayishava.

EXPLANATION AND TRANSLATION
Mukadzi angauraya murume akamunyenga, akamubvisira
mombe dzokumuroora.
A wife is sometimes responsible for the death of her own husband.
A husband may die from the hand of his own wife.
A man may receive a kick from the beast he bought for himself.

1853 ● **Mukadzi inhumbiuya, anoshongedzwa.**

VARIANTS
- Kunaka kwomukadzi hushonga.
- Mukadzi idemo (isanhu) rinovandudzwa nokurodzwa.

EXPLANATION AND TRANSLATION
Kuti mukadzi atarisike akatsvinda, anofanira kutengerwa
zvipfeko zvakamufanira, ndizvo zvinomunatsa.
A wife is a precious brass vessel that needs constant cleaning.
Dressing beautifies a woman.
A woman is ever repairing.

1854 ● **Mukadzi ipfuma inoshaviwa kure.**

EXPLANATION AND TRANSLATION
Murume anganoroora mukadzi wake kune dzimwe nyika
dziri kure neyake asi anenge ari mukadziwo akangoenzana
navakadzi vose vomunyika yokumurume.

A wife can be married from any farthest country, the same as wealth.
A wife is wealth that can be fetched from afar.

1855 ❋ **Mukadzi ishizha (ishazhu) rinopepereswa nomututu (nemhepo).**

EXPLANATION AND TRANSLATION
Pfungwa dzomunhu wechikadzi hadzitani kushanduka-shanduka nguva nenguva.
Women change their minds as often as wind.
Women have leave to change their minds.
A woman's mind is a weather-cock.

1856 ❋ **Mukadzi kuzvara mwana nomurume masanga.**

VARIANT
◆ Mwana masanga.

EXPLANATION AND TRANSLATION
Murume nomukadzi pavanotangidza kuroorana havangazivi kuti zvimwe vachaita mwana kana kuti havangaiti. Kuti murume nomukadzi vaite mwana kuwirirana kweropa ravo.
A man and a woman enter upon marriage totally unaware of bearing children.

1857 ❋ **Mukadzi mukadzi haatungamiriri murume mberi panyaya dzomumba.**

VARIANT
◆ Mukadzi muswe anotevera murume.

EXPLANATION AND TRANSLATION
Nyange mukadzi angava akangwara, aine njere namano okuita zvinhu haafaniri, kuva pamusoro pomurume pazvinhu zvomumba, ngaave pasi pomurume.
It is a sad house where the woman commands.

554

It is a silly flock where the ewe bears the bell.
A woman is a woman and cannot lead the husband in domestic affairs.

1858 ❋ **Mukadzi mukuru wagare nguwo yembudzi.**

VARIANT
◆ Ndava mukadzi mukuru wagare chivendera.

EXPLANATION AND TRANSLATION
Munhu wechikadzi apera zera anofanira kubatwa norukudzo nevaagere navo.
She is an elderly woman that deserves given respect.

1859 ❋ **Mukadzi mushava igara ndakaringa nzira.**

VARIANTS
◆ Zigadzi java igara wakaringa nzira.
◆ Zigadzi java nderavose varume.
◆ Zigadzi java rine murwise.

EXPLANATION AND TRANSLATION
Mukadzi mutsvuku, kana kuti munaku pachiso, anoshumbiwa navarume vakawanda vanotorwa mwoyo yavo naye, vachida kumuroora saka murume anogara aine matyira okutorerwa.
He who has a fair wife needs more than two eyes.
He that has a fair wife must live being on the sharp look-out.
A fair wife attracts most men.

1860 ❋ **Mukadzi mushava ionde raibva rinotsvukira ziso riri kure.**

EXPLANATION AND TRANSLATION
Mukadzi mutsvuku kana ari mukati mavamwe vakadzi ndiye anotanga kuonekwa namaziso omunhu, nyange ari kure.

A fair wife is like a ripe fig that attracts everyone at a respectful distance.

1861 ● **Mukadzi musvinu anoshandirwa zvose nomurume.**

EXPLANATION AND TRANSLATION
Mukadzi asina hunhu anobata murume wake somuranda, achimushandisa pamabasa asina kusikirwa murume kuashanda.
A cunning wife makes her husband the apron.

1862 ● **Mukadzi mwana, anorairwa.**

EXPLANATION AND TRANSLATION
Mukadzi akaroorwa akangofanana nomwana, ngaadzidziswe tsika namagariro akanaka nomurume wake navabereki vake, kuti agoitawo zvakanaka.
As children are taught to do good by parents, so the same is the wife by her husband.

1863 ● **Mukadzi ngaaredzve nguwo dzokusimira, arege kuredzva muromo.**

EXPLANATION AND TRANSLATION
Mukadzi akaroorwa nyange asina kuroorwa, ngaarege kuzivikanwa noruzhinji kuti anogara achida kutaura zvisina maturo.
Silence is the best ornament for a woman to wear.
A woman should wear long dresses not to have a long tongue.

1864 ● **Mukadzi nomurume vakawirirana mumba pfuma yavo inowanda.**

EXPLANATION AND TRANSLATION
Kutenderana kwomurume nomukadzi wake pane zvakanaka

pamagariro avo, kunovapa mazano okuchengetedza zvose zvavanowana.
He that will thrive must ask leave of his wife.

1865 ❋ **Mukadzi nomurume mumba varumudzani.**

EXPLANATION AND TRANSLATION
Magariro omukadzi nomurume anova nokumbotsamwa-tsamwa mukati kwenguva nenguva sezvinoitwa navana vamai vamwe vakazvarwa vakatevedzana.
Frequent petty quarrels are a common feature between a wife and a husband.

1866 ❋ **Mukadzi svatu imburaisi.**

EXPLANATION AND TRANSLATION
Mukadzi akashata anorarama nokuita mabasa akashata, anogumisidza aita mamwe mabasa akashatisisa angakonzera kufa kwomurume akamuroora.
A cunning woman is worse and dangerous in married life.

1867 ❋ **Mukadzi wangwara ndowahwandira nhere agere.**

EXPLANATION AND TRANSLATION
Zvipfeko zvomukadzi ngazvirebe, zvigume zasi kwamabvi.
Kutaura kwemisi yose kwomukadzi navarume kusavhenganisa mashoko akasviba anokwevera kuzvitema.
To avoid falling into sexual sin, disassociate yourself from immoral dirty tongues.
It is wisdom for a woman to always wear long dresses.
She knows enough that can live and hold her tongue from dirty sayings.

557

1868 ❋ **Mukadzi (Murume) wawazvara (wawabereka) naye haumukanganwi.**

EXPLANATION AND TRANSLATION
Vaviri, murume nomukadzi, vakazvara mwana, nyange vakakona kuroorana, vanogara vachingorangarirana nguva dzose muupenyu hwavo hwose.
The woman that once had a child with a man will never have him disappear in her mind.

1869 ❋ **Mukadzi womuranda haachemeri kufuka dehwe rengwe asi rembudzi.**

EXPLANATION AND TRANSLATION
Mukadzi akaroorwa nomurombo haashuvi kupfeka hanzu dziri pamusoro dzinokosha, dzinotengwa nemitengo yakakwirira. Anoshuva nyange dziri pasi dzine mitengo yakaderera.
Things that are above us are nothing to us.
The poor are content with chaff.
The subject's wife asks not for a leopard's hide to cover herself with, but is asking for a goat's skin.

1870 ❋ **Mukaka haubiwi, unokuparidzira woga.**

EXPLANATION AND TRANSLATION
Munhu akaita mabasa akashata muchivande anogona kukanganisa padiki obva abatwa kuti ndiye azviita.
He that steals sour thick milk may eat it to reveal himself a thief.
He that steals sour thick milk is soon discovered by some curd fallen on the chin.

1871 ● **Mukambudzi (Mweni wakambudza) asina kukokwa haagovi.**

EXPLANATION AND TRANSLATION
Munhu angozviendera panodyiwa zvokudya asina
kudaidzwa haana tendero yokupa zvokudya vadaidzwa.
He that uninvited attends a feast has no right to share.

1872 ● **Mukambudzi asina kukokwa haana mugove.**

EXPLANATION AND TRANSLATION
Munhu angozviendera panodyiwa asina kudaidzwa haapiwi
chirango chezvinodyiwapo. Anongodyawo zvisiri pamugove
zvaanenge apiwa.
He who comes to the feast uncalled has no share.

1873 ● **Mukambudzi asina kukokwa haapoperi chaapiwa.**

EXPLANATION AND TRANSLATION
Uyo angozviendera asina kudaidzwa panodyiwa zvokudya,
nyange akapiwa zvishoma sei, haanyunyuti kuti apiwa
zvishoma, anogutsikana nazvo.
He that goes to a feast uncalled must be content with the least
share.

1874 ● **Mukarirano (Mukarano) wakauraya mbuya**
nenzara.

EXPLANATION AND TRANSLATION
Vanhu vakawanda havaiti basa rinobudirira nenguva
rarinofanira kubudirira vanenge vachingokarana.
He that resents helping his grandmother in finding her food supply
will get her starved to death.

1875 ❀ **Mukombe nechirongo zvinongogara zvakatsamirana.**

EXPLANATION AND TRANSLATION
Ishamwari mbiri dzinonzwanana nokuwirirana pane zvose zvadzinoita nguva dzose. Vane ushamwari hwusingagoni kuparadzwa nomunhu.
Two inseparable friends.

1876 ❀ **Mukuku injiva une nyama inosevesa.**

VARIANT
◆ Mutakura wenyemba zviyovo, unodyiwa ukapedza nzara.

EXPLANATION AND TRANSLATION
Kana panodikanwa chinhu chikuru chinokosha, chikashaikwa, asi pakawanikwa chiduku chiri pasi pacho pakukosha, ngachigamuchirwe chishandiswe.
In want of dainties, chaff is also dainties.

1877 ❀ **Mukunda washe anoroorwa (anowanikwa) nomurombo.**

EXPLANATION AND TRANSLATION
Ukuru hwezita rababa kana rudzi, hazvidziviriri kuti mwanasikana wavo asawanikwa nomurume asina pfuma yakawanda muupenyu.
A chief's daughter marries a poor man's son.
A woman of gold marries a man of straw.

1878 ❀ **Mukuru anoroverwa pakugombera mhuru.**

EXPLANATION AND TRANSLATION
Baba vangangobatanidzirwa vakarohwa vakatungamirira nzombe dzinorima negejo.
When milking, a father may receive a stick beating that is used to keep the calf away from its mother being milked.

1879 ✱ Mukuru anoroverwa pakutanda (pakudzinga) imbwa.

EXPLANATION AND TRANSLATION
Baba vangarohwa nomunhu anenge achirwa nomwana wavo kana vachivarandutsira.
A father may get a kick from a person fighting his son.

1880 ✱ Mukuru haapwiswi pamukwidza, anovandurira oguma ava paunhengenya.

EXPLANATION AND TRANSLATION
Munhu akura, ane mano akawanda okugona kutaura nokuita zvinhu, kana paanenge okonewa anopatsvakira mamwe mazano, akaguma apakunda.
Hard it is to convince an old man.
In handling an affair, old persons are tactful.
An old fox is not easily snared.

1881 ✱ Mukuru haatadzi (haaposhi) pane zvaanoita.

EXPLANATION AND TRANSLATION
Zvinhu zvinenge zvakanganisika, kuti zvinakezve, zvinofanira kugadzirwa navakuru vava namazano akakwana pakugadzira zvinhu zvakanganisika.
An old ox makes a straight furrow.

1882 ✱ Mukuru itya muduku, muduku agokutyawo.

VARIANT
◆ Rusvosve rwakatuma nzou.

EXPLANATION AND TRANSLATION
Nzira yakanaka inofadza muupenyu ndeyokukudzana kwavakuru navaduku.
He that respects others respects himself.
He that respects the young, the young in turn respect him.

561

1883 ● **Mukuru mukuru hanga haigari (haimhari) bvunde.**

EXPLANATION AND TRANSLATION
Nyange munhu abva zera achitarisika seasina kungwara,
usamuzvidza, pangava nezvakawanda zvausingazivi,
zvaungamubvunza akakuudza ukayamurika.
Despise not an elderly man, he may know something which you
 do not know.
Old dogs bite sores.

1884 ● **Mukuru mumvuri womusha.**

EXPLANATION AND TRANSLATION
Pamusha pana baba panokudzikana, panotyika. Panosvikwa
navanhu hana dzavo dzakawa.
An old man in a house is a good sign.
The presence of an old man in a home dignifies it.

1885 ● **Mukuru ndeane chake.**
VARIANT
   ◆   Nhonongora ndeinodya twayo.

EXPLANATION AND TRANSLATION
Kana munhu akava nepfuma, nyange ari pazera revechiduku,
anokudzwa nokunyarwa navaduku pamwe navakuru paari.
Riches build up respect for a man.
He that has his own is respected.

1886 ● **Mukwambo (Mukuwasha) mudzimu nyange atadza**
haatandwi (haadzingwi) mumusha wavakarahwa.

VARIANT
   ◆   Yomukwambo mhosva (Yomukwasha) wakadyiwa danga
       haitambwi netsvimbo.

562

EXPLANATION AND TRANSLATION
Kukudzwa kunoitwa mudzimu ndiko kunoitwa mukwasha akaroora mumusha. Nyange atadzira mukadzi wake nyange vabereki haadziviswi kupinda mumusha wavakarahwa, kutadzirana nyange kusati kwataurwa pamusoro pako kukapera.
A son-in-law deserves all family respect despite his misunder standings with his wife.

1887 ⬤ **Mukwambo (Mukuwasha) muonde waibva usingakuvi.**

VARIANT
◆ Mukwambo (Mukwasha) imhou inomwisa isingarumuri.

EXPLANATION AND TRANSLATION
Ruyamuro rwomukuwasha kuvabereki vomukadzi wake ndorwenguva dzose muupenyu panhamo dzinenge dzavawira.
A son-in-law is a ripe fig tree fruit of all seasons.

1888 ⬤ **Mukwati haasarudzi (haashari) chaapiwa.**

EXPLANATION AND TRANSLATION
Munhu asina chinhu , kana akafamba achikumbira kune vanazvo, nyange akapiwa chimwe chingamubatsira, anongochigamuchira ochishandisa zvakadaro.
The cadger has no choice of the offered meal.

1889 ⬤ **Mumadziva makuru akadzika ndimo mune (ndiwo ane) mvura inotonhorera.**

VARIANT
◆ Mumadziva makuru akadzika ndimo mune (ndiwo ane) hove huru.

EXPLANATION AND TRANSLATION
Vanhu vakura, vabva zera, ndivo vava noungwaru namazano
okugadziridza zvose zvinoremera budiriro yamagariro
akasiyana-siyana muupenyu.
Elderly folks are fit to give wise counsel.
The deepest pools contain the coolest water.

1890 ❋ Mumaziso (Mumeso) edera makwenzi ose usiku ishumba.

EXPLANATION AND TRANSLATION
Munhu anogara achitya zvinhu kana ofamba kunze
kwasviba, zvose zvaanenge achiona mujinga menzira
achipfuura anozvifananidzira kuzvikara zvikuru zvinoruma.
In the sight of a coward, all bushes at night appear lions.
Cowardice makes much work for the heels.

1891 ❋ Mumba menyoka hamuna anopinda.

EXPLANATION AND TRANSLATION
Varume vanotya kuroora wechikadzi anozvarwa namai
vanoroya.
Bachelors shun to marry witches' daughters.

1892 ❋ Mumba mesimbe nzara ndimo mamai vayo.

EXPLANATION AND TRANSLATION
Munhu asingadi kuzvishandira ndiye ane kushaya
kwakanyanyisisa kusingaperi muupenyu hwake hwose.
In the house of a sluggard, lack of food never ceases.
In the world, who knows not to swim goes to the bottom.

1893 ❋ Mumhuri yowakafa achizvisungirira, gavi inyoka, rinotizwa.

EXPLANATION AND TRANSLATION
Zita romunhu akambokuvadzisa kana kuurayisa mumwe munhu namaitiro ake, varidzi vomunhu iyeye anenge akakuvadziswa kana kuurayisa havadi kurinzwa richidaidzwa.
Name not a rope in his house that hanged himself.

1894 ❋ Mumuromo mumba munogara makatsvairwa.

EXPLANATION AND TRANSLATION
Munhu anogara akafara nguva dzose, munhu anogara achidya zvokudya achiguta misi yose.
The rolling of morsels in the mouth keeps the inside of the mouth clean.
Lips, however, rosy must be fed.

1895 ❋ Mumuzinda (Munzanga) yamapofu VaZisorimwe ndivo ishe.

EXPLANATION AND TRANSLATION
Pakati pavanhu vasina ruzivo, uyo anenge aine ruzivo rushomashoma asi akakurira vamwe vose, ndiye anotoitwa mukuru wavo.
In the kingdom of the blind, the one-eyed is made a king.

1896 ❋ Mumwe nomumwe ane mudzimu wake unomutaririra.

EXPLANATION AND TRANSLATION
Munhu upi noupi anowirwa nenhamo dzakakura

dzakasiyana-siyana, asi agobuda nenzira inorema, madziri dzichimusiya ari mupenyu.
Heaven takes care of children, sailors and drunken men.

1897 ❋ **Munda mukadzi haabatwi zamu nomurume asiri wake.**

EXPLANATION AND TRANSLATION
Munda womumwe haupinzwi zvipfuwo nomumwe munhuwo kana uine zviyo mukati, wazvipinza anopiwa mhosva.
No man can kiss another man's wife in the presence of her husband.

1898 ❋ **Munda une zviyo unochengetwa.**

EXPLANATION AND TRANSLATION
Murume aberekesa mukadzi asiri wake apo asati atora mwana wake, anofanira kubatsira mukadzi iyeye kurera mwana iyeye kudzamara akura, ayarukawo.
The field that is teeming with crops is to be properly looked after.

1899 ❋ **Munda unotya nzira.**

EXPLANATION AND TRANSLATION
Kana murimi, mwene womunda, achiuya kuzousakura mazuva ose, haungavatiri, anoupedza wose kusakura.
He that never misses a full day's work gets all his work completely done.
Punctuality is the soul of business.

1900 ❋ **Munda wesimbe kumera kuitira kuti ushaye musakuri.**

EXPLANATION AND TRANSLATION
Munhu asina hanyn'a nezvinhu zvakanaka ndiye anovingwa nezvakanaka. Jaya risina hanyn'a nokuroora ndiro rinodika-nwa navasikana richivaramba.
The sluggard always plants his field to get good crop germination.
A bachelor with love for marriage has many lovers.

1901 ❋ **Munda woune chimwango chokusakura haumeri zviyo.**

VARIANT
◆ Vane madanha havazviwani, vanozviwana ndavasinawo.

EXPLANATION AND TRANSLATION
Vanhu vanogona kuchengeta zvinhu nenzira yakanaka yokuchengetwa kwazvo panyika havazviwani asi vasingagoni kuzvichengeta ndivo vanozviwana.
He that has a hoe to weed never had a land with good crop germination.

1902 ❋ **Munemo itsere, unofumura zvakavanzika.**

EXPLANATION AND TRANSLATION
Kungotaura zvinhu uchizviita zvechokwadi uchishora munhu nenzira yaunongoita sounongozvitambira, ungaguma wamukonesa kuwana chaakanga ava pedyo kuwana pane ivavo vanokunzwa uchitaura uchimushora.
False joking carries misfortune with it.
Playful talk endangers good luck.

567

1903 ❋   **Munemo (Musere) une nguva yawo yawakafanira.**

EXPLANATION AND TRANSLATION
*Kungotaura mashoko ekuseka vamwe hakufaniri kungogara
kuchiitwa-itwa, kunozoguma nokutsamwisana, vanosekana
vakarwa.*
Frequent playful talk (joking) begs serious collision.
Long jesting is never good.

1904 ❋   **Munhu asina mazino (meno) haazivi muzipiro
wenyama yamapfupa (magodo).**

EXPLANATION AND TRANSLATION
*Munhu akaremara anongogara panzvimbo imwe chete haana
mufaro, uyo unogara uine munhu anofamba-famba pose pose
achiona zvinhu zvinofadza maziso.*
The toothless knows not how tasty bone meat is.

1905 ❋   **Munhu chaanodzvara ndicho chaanokohwa
(chaanocheka)**

EXPLANATION AND TRANSLATION
*Uyo anoitira vamwe vanhu zvakanaka vanomuitirawo
zvakanaka, anovaitirawo zvakashata anoitirwawo
zvakashata.*
As you sow, so shall you reap.

1906 ❋   **Munhu chikara kune mumwe munhu.**

EXPLANATION AND TRANSLATION
*Munhu muparadzi womumwe munhu papfungwa dzake
dzegodo nokusafarira kwake kugara zvakanaka kwomumwe.*
A man to a man is a wolf.
The sight of a man is a lion.

568

1907 ✶   **Munhu haabiwi akarova sen'ombe.**

EXPLANATION AND TRANSLATION
*Mwana nyange akanogara nababa vakaroora amai vake
kwenguva yakareba akarasana neverudzi rwake, zvingango-
itika kuti akaruke azivanazve neverudzi rwake akafa
ogara navo.*
A human being never can disappear from his clan for good.
A beast can stray from its owner forever, but not a human being.

1908 ✶   **Munhu haafi nokurehwa.**

EXPLANATION AND TRANSLATION
*Kugara munhu achitaurwa maitiro ake pane zvakanaka
nezvakashata zvaanoita hakumuiti kuti arware.*
Backbiting will never send a person into the grave.

1909 ✶   **Munhu haakanganwi dongo rake.**

VARIANT
◆   Pawakambovaka hapatyisi kudzokera.

EXPLANATION AND TRANSLATION
*Mukadzi nomurume vakanga vakamboroorana varambana,
vangaonekwa vodzokeranazve rwechipiri vakagarisana.*
The couple that once parted may reunite.
Old love always has green memory.
He that once dwelt at a place long remembers it.

1910 ✶   **Munhu haana goko, goko romunhu mwana.**

EXPLANATION AND TRANSLATION
*Munhu kana asingazvari mwana, apo achingofa zita rake
rinorova asi kana aine mwana, zita rake rinogara
richirangarirwa. Munhu haabukiri seshanga rebvunde.*
A child is the seed of man.
He that dies leaving his children behind lives on.

1911 ✳ **Munhu haana (chakanaka) kwake.**

EXPLANATION AND TRANSLATION
Munhu angaitirwa zvinhu zvaanosifarira kugara achizviiti-
rwa agozvitora sezvinhu zvisina maturo, agoonekwa asati
achazvifarira zvokuti munhu unobva washaya shumo yazvo.
The human mind is fickle.

1912 ✳ **Munhu haana makoto.**

VARIANT
◆   Nyoka (yomukadzi) chenere chayo.

EXPLANATION AND TRANSLATION
Hakuna mwana akazvarwa akashatisa pachiso kana pazviito
akaraswa namai vamuzvara zvichinzi akashatisisa. Nyange
akashatisisa sei anochengetwa.
Every child to its own mother is fair. Even a crow does not call her
own young ones black.

1913 ✳ **Munhu haana mavara sen'ombe.**

EXPLANATION AND TRANSLATION
Munhu anozikanwa kuti munhu akanaka kana akashata
kubva pamashoko aanogara achitaura kwete pachimiro
chake.
Speech shows what a man is.

1914 ✳ **Munhu haarohwi negondo sehuku.**

VARIANT
◆   Svanana svehuku, svomunhu hasvirohwi negondo.

EXPLANATION AND TRANSLATION
Nyange mwana akarumurwa ari muduku zvakadini,
haangafi nokuti arumurwa ari mudukuduku. Anongokura

570

akangorarama kunyange zvakadaro.
Too early weaning off a suckling child hinders not its bodily growth.

1915 ❋ **Munhu haaroveri paafira.**

EXPLANATION AND TRANSLATION
Nyange munhu akaponderwa muchivande, pashure pamakore apondwa zvinozobuda pachena kuti akapondwa akafa.
The blood of a secretly murdered person discloses his death to the public.

1916 ❋ **Munhu inzou, haafi.**

EXPLANATION AND TRANSLATION
Munhu chisikwa chikurusa pakurongwa kwezvisikwa, nyange afira pakavanda sei anokurumidza kuonekwa.
A dead person is quickly discovered.

1917 ❋ **Munhukadzi hwowa hwunomera hwukakura nousiku.**

EXPLANATION AND TRANSLATION
Kukura kwomwana wechisikana kunokurumidzisa. Kana angozvarwa hakutori makore mazhinji asati ayaruka.
The growth of a female child is like the growth of mushroom.

1918 ❋ **Munhu hwowa hwunoora nezuva rimwe.**

EXPLANATION AND TRANSLATION
Munhu akagara afa watofa, muviri wake wotangidza kuora.
The flesh of a man is mushroom that decays all within one day.

1919 ✱   **Munhu ibango nyoro, paakakombama anotabvurwa.**

EXPLANATION AND TRANSLATION
*Munhu anofanira kugara achirangwa nguva nenguva kuti
akure akaumbika patsika dzake.*
Be critical to an errant person to get him straightened up.

1920 ✱   **Munhu mukuru anokura nevake.**

VARIANT
◆   Ishe ndishe navaranda vakamukomba.

EXPLANATION AND TRANSLATION
*Munhu ane hama dzake dzeropa zhinji anotyiwa nokukudzwa
navanhu vokunze.*
He that has a good name among his family also has a good name
among the public.
He that has many followers commands great respect.

1921 ✱   **Munhu ndimunakira kure, gomo riri kure.**

VARIANT
◆   Zviuya zviri kure, kana zvava pedyo zvabvonyongoka.

EXPLANATION AND TRANSLATION
*Munhu waunoonera kure usati wagara naye, zviito zvake
zvose kunewe zvinowanza kuva zvizhinji zvakanaka. Asi
wozoona zvikanganiso zvake zvakawanda kana azogara
newe pedyo, zvose zvake wozviona zvakushatira.*
Distance lends enchantment to the view.
Hills that are afar all look blue.
A man is an angel at a distance.

572

1922 ✸ **Munhu ndiye anoparura, Nyadenga anotsivira.**

EXPLANATION AND TRANSLATION
Munhu ndiye anozvifungira zvaanoda kushanda muupenyu hwake, agozvishanda. Nyadenga ndiye anobatsira kuti zvibudirire.
Man progresses, God blesses.

1923 ✸ **Munhu pane chake masimba makuru.**

VARIANT
◆ Masimba makuru pane chako, pane chomumwe matete.

EXPLANATION AND TRANSLATION
Pamabasa ose anosimudzira budiriro youpenyu hwomunhu, munhu anoshanda neshungu dzakakurisisa.
Every person is most industrious after his gain.

1924 ✸ **Munhu wose pane chaasina ruzivo nacho ibenzi.**

EXPLANATION AND TRANSLATION
Nyange navanhu vanoti vangwaru, kana vasvika pazvinhu zvavasina kumbogara vaita muupenyu, vanongoonekwawo vachizvikonewa.
Every person is ignorant in unfamiliar circumstances.

1925 ✸ **Munonoki wabva nechinhu muchimbidzi akabva asina.**

VARIANT
◆ Nyamunonoki akabva nechinhu, nyamuchimbidziki akabva asina.

EXPLANATION AND TRANSLATION
Munhu anoti achitsvaka kana kuita chinhu, ochitsvaka kana

kuchiita nebapu achingopaparika anowanza kukonewa
kuchiwana kana kukundikana kuchiita.
Everything comes to a person who waits.

1926 ✸ **Munonzi hamuna chinhu muhari kwete musango.**

EXPLANATION AND TRANSLATION
Munhu haangazivi zvinogara musango kana kuti zviri kure
naye zvinokuvadza, asi zviri pedyo naye angazviziva zvose.
There is no true safety in the bush.

1927 ✸ **Munyumwi webere ndiye mwene waro.**

VARIANTS
◆ Kunyumwa koune bundo.
◆ Anyumwa bere nderake.

EXPLANATION AND TRANSLATION
Munhu aita chinhu chakashata muchivande, kana akanzwa
chotaurwa pamusoro pacho pakati pevanhu anoonekwa
asuwa.
He that has committed a hidden crime is always nervous.

1928 ✸ **Munzwa (Wava munzwa) wabayira mundove,**
watsikwa usingaonekwi.

VARIANTS
◆ Mwedzi (Wava mwedzi) wagarira muguti,
usingazivikanwi musi wawagara.
◆ Ishindi (Yava shindi) yawana urungiro.

EXPLANATION AND TRANSLATION
Chinhu chakashata chinorwadzisa munhu, chamuwira
chakavanda mune chimwe chakashata changa chagara

574

chamuwira chikamurwadzisawo.
Faults are thick where love is thin.

1929 ❊ **Muonde hauvingiri shiri.**

EXPLANATION AND TRANSLATION
*Jaya kana richida musikana wokuroora, ndiro rinoenda
kumusha kwomusikana kunomunyenga.*
The fig-tree does not go in search of birds.
If you want to marry, you must go courting.

1930 ❊ **Mupazino akasvusvudza mufambi (mweni) wake
mazino.**

VARIANT
◆ Mazino (Meno) mupare wakanikwa.

EXPLANATION AND TRANSLATION
*Munhu anonyima akasvikirwa nomufambi anenge
achipfuura, haamubikiri, anongotaura naye nyaya dzakawa-
nda achimuvaraidza, zvoguma ipapo.*
It is a stingy host that feeds his guests on laughter.

1931 ❊ **Mupenyu haashayi, sango iguru.**

EXPLANATION AND TRANSLATION
*Jaya kana musikana ane rushambwa rwokusadikanwa, asi
pakuguma jaya rinozodikanwa kure, nemusikana anozopfi-
mbwa neanobva kure.*
To living persons there is no shortage of spouses.
The world has fortune for everyone living in it.

1932 ❋ **Mupenyu nhamo dzakamuwandira samakumbo ezongororo.**

EXPLANATION AND TRANSLATION
Munhu kana achararama ane zvizhinji zvinonetsa zvinogara zvakamunetsa nguva dzose.
A living person always has problems.

1933 ❋ **Mupfumi anogara aine rumhepo rwokurasikirwa nezvaanazvo.**

EXPLANATION AND TRANSLATION
Munhu akapfuma haagari akasun8unguka papfungwa achifunga kuti pfuma yaanayo ingangokaruka yaparara, akasara ava murombo.
When we have gold (wealth) we are in fear to lose it.

1934 ❋ **Mupfumi haana chisiri chake.**

EXPLANATION AND TRANSLATION
Munhu akapfuma anowana zvinhu zvakawanda nyore nyore, nyange zvichikosha iye anokwanisa kuzvitenga nokuti anenge aine pfuma yokuzvitenga nayo.
All things are obedient to a rich man.
A rich man gets everything.

1935 ❋ **Mupfumi haana hama yapamwoyo.**

EXPLANATION AND TRANSLATION
Munhu ane pfuma anodikanwa navanhu vakawandisisa saka naiye haagoni kuratidza kuti waanodisisa zvikuru ndoupi.
The rich knows not who is his bosom friend.

576

1936 ❋ **Mupfumi ndishe anoomberwa (anokudziwa).**

EXPLANATION AND TRANSLATION
Munhu akapfuma anokudzwa mwene sashe akabata nyika.
A rich man is a king without a crown.

1937 ❋ **Mupfumi haasemwi (haavengwi).**

EXPLANATION AND TRANSLATION
Vanhu vakawanda vanoda kuzviswededza pedyo nomunhu akapfuma. Vanogara vachimuda nguva dzose nokuda kweupfumi hwaainahwo.
All sit closest to the rich man.
Everyone is akin to the rich man.

1938 ❋ **Mupururu padura, kuminda kune minzwa.**

EXPLANATION AND TRANSLATION
Simbe inofara kana ichinokora zviyo pazvakachengeterwa kuti izvishandise. Asi kana ichinzi ngaiende kumunda kunoshanda inotsamwa.
The sluggard is cheerful at taking meals but sulky at work.

1939 ❋ **Muramu inzungu yakateya gonzo.**

EXPLANATION AND TRANSLATION
Muupenyu pane zvinhu zvatinogara nazvo kana kuti zvatakachengeteswa zvinotikwezva mwoyo, zvokuti tinogona kuzvitora nyore nyore asi zvichitiparira mhosva. Somuenzaniso, munun'una womukadzi anodikanwa nomurume wavakoma vake nguva nenguva.
The presence of a sister-in-law is a temptation to a brother-in law.

1940 ✸   **Muranda nyangonaka sei haatongerwi (haatambirwi) mhosva yake asipo.**

EXPLANATION AND TRANSLATION
Munhu haashandisirwi zvinhu zvake asipo, kunyange ari muduku, vakuru havangatori zvinhu zvake asipo.
The hearing of a dispute at the chief's court requires the presence of both disputants.
Both parties present in a case open the hearing.
Even the trial of the innocent never can be held in his absence.

1941 ✸   **Mureri womwana anokokota chipwa chomwana.**

VARIANTS
◆   Mugomberi wemhuru anodya mutuvi.
◆   Mutatiri wehuku anodya makumbo.

EXPLANATION AND TRANSLATION
Munhu anobatsira panenge pachishandwa basa anopiwawo mubairo muduku wokubatsira kwake.
Nurses put one bit in the child's mouth and two in their own.
The nurse deserves a share from the child's meal.

1942 ✸   **Muridzo wembavha ndiwo mumwe.**

EXPLANATION AND TRANSLATION
Vanhu vose pavanenge vanzwa kuti pane zvokudya zvakawanda zvagadzirwa kuti zvipiwe vanhu, vanongoenda voga vasina kukokwa.
Thieves call one another through one whistling.

1943 ⚫   **Muripo wembwa musoro wayo.**

EXPLANATION AND TRANSLATION
Munhu akauraya mumwe munhu nekuponda iye nyakuponda anotongerwawo kufa.
He that murders someone deserves a death penalty.

1944 ⚫   **Muriwo ndiwo wakapedza dura.**

VARIANT
◆   Nyama haipedzi dura, chinopedza dura muriwo.

EXPLANATION AND TRANSLATION
Zvinhu zvinokosha, zvakanakisa, hazvisiri izvo zvakabata upenyu hwavanhu misi yose. Zvakabata upenyu zvinhu zvakaderera pakukosha zvinowanikwa nenzira dzakareruka.
Dainties were never meant for everyday life.
Vegetables form daily dish.

1945 ⚫   **Muriwo unodyiwa neanouda.**

VARIANT
◆   Munhu kudya muriwo kuuda.

EXPLANATION AND TRANSLATION
Munhu anosarudza kuita zvinhu zvinobvumirana nokushuva kwake.
He that feeds on green vegetables has liking for it.

1946 ⚫   **Muriwo usavi, tinoseva, hativati nayo nzara.**

EXPLANATION AND TRANSLATION
Pachinzvimbo chokushandisa zvinhu zvinokosha, kana zvakaderera zvichinge zviripo, zvinoshandiswawo vanhu vachigutsikana nazvo.
Meat or vegetables fill the same space (room) in a man's belly.
If thou hast not a capon, feed on an onion.

579

1947 ❋   **Muriwo wechembere usaona kusviba, ramba waravira.**

EXPLANATION AND TRANSLATION
Chinhu chaunoda kushandisa, nyange chichitarisika chiri pasi pasi sechisakafanira, usachirega usati washandisa.
In despised offers, there are fullest gains.
Despised offers are the gainfullest.

1948 ❋   **Murombo haahukurwi nembwa, dzichimuhukurira urombo hwaanahwo.**

EXPLANATION AND TRANSLATION
Nyange munhu akava anoshayisisa pfuma, haangafambi imbwa dzichihukurira kushaya pfuma kwaanenge anako.
A poor man, although he be poor, dogs cannot bark at his poverty.

1949 ❋   **Murombo (Muchena) haarovi chine nguwo.**

EXPLANATION AND TRANSLATION
Munhu wenhamo kana akawana zvinoita kuti nhamo yake ireruke anosangana nerimwe dambudziko rinomutorera zvaanga awana iye obva asara achingotambura.
The poor man always comes across lean gainings.

1950 ❋   **Murombo kupiwa (kubikirwa) guva anoti vadzimu vakombora.**

EXPLANATION AND TRANSLATION
Munhu anoshaya nyange akapiwa chinhu chisakafanira kupiwa munhu, anongochigamuchira nomufaro uzere, achitenda.
The poor is wholly contented with chaff.

580

1951 ✱ **Murombo (Muchena) munhuwo, haasemwi.**

EXPLANATION AND TRANSLATION
*Nyange munhu asina pfuma, ngaadikanwe atorwewo
somunhu akaenzana navamwe.*
Poor folks deserve as much respect as the rich ones.

1952 ✱ **Muromo hauna mukwidza.**

VARIANTS
◆   Muromo hauzarirwi norwizi.

EXPLANATION AND TRANSLATION
*Munhu anogona kutaura chinhu chipi nechipi nyange
chakarema sei achichitora sechinhu chisingambotambudzi
kuchiita.*
There is no river on which a voice cannot ascend.

1953 ✱ **Muromo haupedzi gosha.**

EXPLANATION AND TRANSLATION
*Kudemba murwere nenzira inoratidza tsitsi dzinotendeka
hakungapodzi murwere. Kutsvakira murwere varapi
vanorapa ndiko kungapedza urwere.*
Mere talk about the disease does not help cure it.

1954 ✱ **Muromo haurasiki nzira yokwaunoenda.**

EXPLANATION AND TRANSLATION
*Munhu kana paine zvinhu zvaasingazivisisi nokunzwisisa,
kana akazvibvunzisisa maitirwo azvo, anozoguma azviziva.*
He that has a tongue to speak always walks on the right path.
He that has a mouth never goes astray.

1955   ❉   **Muromo ibako unozvidzivirira.**

EXPLANATION AND TRANSLATION
Munhu, pachinhu chaanoziva chaizvo izvo kuti ndiye
akachitadza anomboedza kuramba achiedza kuzvisunungura.
The mouth is a stronghold, it protects itself.
People struggle to justify themselves.

1956   ❉   **Muromo (Rurimi) unoparira mwene wawo.**

EXPLANATION AND TRANSLATION
Mashoko omunhu akashata anomuvengesa.
Speech breeds many enemies.

1957   ❉   **Muromo warovera (wajaira) kudya mabura**
ukaona chivamba unongosekerera.

EXPLANATION AND TRANSLATION
Munhu anogarira kungodya rudzi rwechokudya chaanodisisa,
kana achangochiona pachakachengetwa, anotanga kufara
achifungidzira mazipiro acho.
He that is used to feeding on dainties, smiles at every dish laid on
the table.
The sight (appearance) of good things pleases the mind.

1958   ❉   **Muromo imbezo, unouzvira zvaunotaura.**

VARIANTS
◆   Ungati ndiwo mupinyi waro sanhu (demo) nokutema
zvakanakisisa.
◆   Muromo womunhu mafuta, hauna dehwe rausingapfavisi
(nyorovesi).
◆   Muroyi anozvara munhu, haazvari muroyi.

582

EXPLANATION AND TRANSLATION
Munhu atadza chinhu zvakashatisisa anotaura mashoko okuti
vanomunzwa vabvume kuti haasiye atadza.
Kushata kwomwoyo hakuna nhodzera.
Character resemblance is not a common experience amongst mankind.
A black cow produces a white calf.

1959 ✸ **Muroyi anosekererawo newaanoroya.**

EXPLANATION AND TRANSLATION
Munhu ane mwoyo wakashata anofara navanhu
vaanokuvadza achivaitira mutsa, nyamba achiguma
avakuvadza.
A witch may smile at the person she wishes to bewitch.

1960 ✸ **Muroyi haafi.**

EXPLANATION AND TRANSLATION
Munhu akashata ane upenyu hwakarebesesa kuitira kuti
azofa ambonetsa vamwe kakawandisisa asati afa.
The death of the witch never comes.

1961 ✸ **Muroyi haana ndanatsa (munatsi).**

EXPLANATION AND TRANSLATION
Munhu ane mwoyo wakashata wokuda kugara akakangani-
sira vamwe, nyange aitirwa zvinhu zvakanaka sei nomumwe,
haaregi kumutadzira.
No kind deeds can tame a witch's evil intention.
A witch can do wrong even to her never-failing helper.

1962 ✹ **Muroyi munhu kubaiwa anovovorawo.**

VARIANT
◆ Kurapa muroyi kwen'anga hakuchinyi un'anga hwayo.

EXPLANATION AND TRANSLATION
Nomunhu akashata anogarira kukuvadza vamwe kana akange awirwa nenhamo ngaabatsirwewo, asafuratirwa.
A man-slaughterer sheds tears when led to gallows.
A witch is also a human being, when stabbed he can also roar (groan) aloud with pain.

1963 ✹ **Muroyi ndishe.**

EXPLANATION AND TRANSLATION
Vanhu vose vanotya muroyi kupfuura kutya kwavanoita Ishe wenyika yavagere.
A witch does as she likes like a chief.

1964 ✹ **Muroyi ndiye akuroyera, achigere kukuroyera haazi muroyi.**

VARIANT
◆ Bere rarumbira nderamuka, richigere kumuka harizivikanwi munharaunda.

EXPLANATION AND TRANSLATION
Munhu anogara akatadzira vamwe voruzhinji, kana asati akutadzira iwe, haubvumi kuti akashata.
He that has not wronged you, you always hood him innocent.

1965 ✹ **Muroyi royera vazhe, vako vomumba vagokurwira.**

EXPLANATION AND TRANSLATION
Munhu asagara achijaira kutadzira vehama, ngaatadzire vatorwa kuti hama dzigomumiririra kana vokunze vomumukira.

584

The wrong-doer should attack the outsiders so that when he is brought forward for trial, his family members defend him.

1966 ✸ **Murume haadzimiri nzira yokwaanoenda.**

EXPLANATION AND TRANSLATION
Munhu wechirume ane kutsunga kukuru, haatyi kana kuzeza kubvunza zvaasingazivi.
Whenever a man is confronted with any problems, he always asks someone for a solution (clue).

1967 ✸ **Murume haafi netsvimbo imwe.**

VARIANT
♦ Nzombe haifi nepfumo rimwe.

EXPLANATION AND TRANSLATION
Munhu haazvipiri kukundwa nechinhu kwokutanga chaanenge azvipira kuchiita.
It takes more than one blow to kill a man.

1968 ✸ **Murume haana nhomba nokwaanoenda nyama iriko.**

EXPLANATION AND TRANSLATION
Pose pose munhu wechirume paanofamba, nyange asingazivikanwi, haatani kuwirirana nevepo.
Men find meat easily.
Men are easily welcomed everywhere.

1969 ✹ **Murume igumbo, anoparukira kwaanomutsa.**

EXPLANATION AND TRANSLATION
*Munhu haasarudzi paanofira, anganofira kune imwe nyika
isiri yake. Homwe yakapakwa zviyo zvokunoshuzhwa,
inganobvarurwa nezviyo kwayanoshuzhirwa.*
A man meets with his fate anywhere.

1970 ✹ **Murume imbwa, haipfuuri bvupa.**

EXPLANATION AND TRANSLATION
*Murume anowanzonyenga chero mukadzi waasanganidzana
naye asina kuroorwa.*
Men find many women lovable.

1971 ✹ **Murume imvumba, anofa achidzaravanda.**

VARIANT
◆ Murume anofa akabata ura muruoko achikanda miseve.

EXPLANATION AND TRANSLATION
*Munhu wechirume, pachinhu chaanenge ashingirira kukunda
nyange chingamukurira, angangodzamara akasvika
pakukundwa zvachosekana kufa chaiko, achingochirwisa
nesimba rake rose.*
A man dies fiercely struggling for victory.

1972 ✹ **Murume imvura inoyeredza, haasiyi chaaona.**

EXPLANATION AND TRANSLATION
*Kana murume akagara angosanganidzana nechinhu
chaanoona kuti chine ruyamuro muupenyu hwake, haachisiyi.*
A man is like flowing water, he never leaves behind him whatever
has fallen within his eye-sight.

1973 ❋ **Murume isanhu (idemo) kuvata neanoshereketa.**

EXPLANATION AND TRANSLATION
Murume pane zvaanoda nezvaanoziva kuti zvikuru muupenyu hwake anoedza nesimba rake rose kuti ashande zvakasimbisisa.
A man in life pursuits which crown life with most happiness is a sword that cuts with double blades.

1974 ❋ **Murume mumvuri womusha, apiswa nezuva anovandamo.**

EXPLANATION AND TRANSLATION
Kana baba vomusha varimo mumusha munenge muine chiremerera. Murume mudzimu anotyiwa, mumba munonaka.
A man in the home is a shed, anyone scorched by sun's heat seeks refuge.

1975 ❋ **Murume rumhunzi runowisa, anofa ava nedare ravana.**

EXPLANATION AND TRANSLATION
Munhu wechirume nyange akazvarwa ari mumwe oga pana mai vake, kana akaroora anogona kuzvara vanakomana vakawanda akaumba dzinza.
A single male child in the family multiplies itself into a male clan.

1976 ❋ **Murume (Mukadzi) simbe akabva pauduku hwake.**

VARIANT
◆ Chembere benzi yakabva pauduku hwayo

EXPLANATION AND TRANSLATION
Munhu azvarwa anokura akanamatirwa nezvinhu zvakanaka nezvakashata zvaanongozodzamara akangofa nazvo.
A lazy adult was lazy even in his youth.

1977 ✸   Murwiranjodzi tsvimbo yokumombe inongokondako-
ndewa kana yovezwa.

EXPLANATION AND TRANSLATION
*Chinhu chisina maturo, chisina kukosha, chinongofana
kubatsira kwechinguva chiduku panzvimbo yechinhu
chakafanira kushandiswa chichakamirirwa.*
A stick used to drive cattle is often roughly made.

1978 ✸   Musarwire (Regayi) gangayi chanana chiripo kuti
musikana kana mukomana.

EXPLANATION AND TRANSLATION
*Kuti muzive chinhu chiri pamuri kuti chakamira sei
pamasikirwo acho, chitorei muchitarise muri pedyo nacho
kana kuti makachibata.*
A close eye-examination discloses the true nature of an object.
When a child is present, argue not of what sex it is.

1979 ✸   Museve (Wava museve) wade nyama,unodauka
pauta.

EXPLANATION AND TRANSLATION
*Injodzi yokurwara munhu yakananga kumuuraya, inoti
nyange vanhu voedza kumurapisa, zvobva zvakundikana
kuti anaye.*
He that death has aimed at taking will never escape it.

1980 ✸   Musadziva mwana mucheche banga, richamudziva
roga romene.

EXPLANATION AND TRANSLATION
*Munhu anoita chinhu chine njodzi yokukuvadza, kana
akaramba achingochiita achiziva kuti chine nhamo mukati,
regai kumutsiura kudzamara azvipinza munhamo, agobva
apfidza oga.*
Bitter experience breeds care.

1981 ❋   **Musha mukadzi.**

EXPLANATION AND TRANSLATION
*Vakadzi ndivo vanoita kuti misha ipfumbe, varume vade
kugara mairi. Kana murume asina mukadzi haangavaki
musha unopfumba.*
Men build houses, women build homes.

1982 ❋   **Musha usingaparwi makoko mushambakodzi
haupfuyiwi imbwa.**

EXPLANATION AND TRANSLATION
*Musha usina zvokudya zvakawanda makore ose ose, hauna
vanhu vane miviri yakasimba.*
A starving home has lean dogs.

1983 ❋   **Mushambadzi irema, napamadota anogara
achishambadzira.**

EXPLANATION AND TRANSLATION
*Munhu anofamba achitengesa zvinhu, pose paanosvika,
haazvisarudziri nzvimbo yokugara. Anongogara papi napapi.*
He that moves about selling articles for his living, sits on any spot.

1984 ❋   **Mushonga wenharo kunyarara.**

VARIANTS
◆   Mushonga wokurapa nhamo (ibasa) hushanda.
◆   Mushonga wenhamo hushanda.

EXPLANATION AND TRANSLATION
*Kana panenge pachitaurwa nezvemakundano okugona
kutaura, ukange uri mukati mawo, kuti kutaura ikoku*

kusaenderera mberi, iwe nyarara.
Pfuma inowanikwa nemunhu ichibva mubasa raanobata misi
yose ndiyo inoshandiswa kupedza kushaya kwake kwose.
He that works hard all the time overcomes daily want.

1985 ✹ Mushonga wepfuma hurarama, mupenyu haashayi pfuma.

EXPLANATION AND TRANSLATION
Murombo asina pfuma kana akararama nguva refurefu
anozonofa ava mupfumi.
Where there is life, there is a possibility of becoming rich.

1986 ✹ Musikana chihambakwe apfuura napo anokanda chibwe.

VARIANT
◆ Mhanza mambure naparuware anodzikirwa.

EXPLANATION AND TRANSLATION
Musikana anonyengwa navarume vaanosanganidzana navo
zvisinei nokuti achavada kana kusavada.
A maid is wooed by many.

1987 ✹ Musikana kutsvuka hutsvuka nokudya.

EXPLANATION AND TRANSLATION
Munhu haangavi nomuviri unobwinya wakasimba unoyemu-
rwa kana asingadyi.
It is food that builds up an admirable healthy-looking lady.
Well-fed is healthy-looking.

1988 ❋ **Musi wechako haurevi, unongokaruka chasvika.**

EXPLANATION AND TRANSLATION
Zuva raunowana chipo muupenyu haugari wakariziva.
Unoyeuka wangochibata mumaoko wanga usingazivi.
Fortune lands upon your hands without notice.

1989 ❋ **Musungusungu mukundamowa (murivo) muzukuru akakunda mwana wokubereka.**

EXPLANATION AND TRANSLATION
Munhu anoda mwana womwana wake zvikurusa kupfuura
mwana wake waakazvara.
Black nightshade tastes sweeter than spinach. A grandson is
treated more familiarly than a son.

1990 ❋ **Mutakura wenyemba nyange uchizipa unofinha.**

EXPLANATION AND TRANSLATION
Nezvinhu zvakashata, kana munhu akazvipi*ra kurarama*
nokuzviita nguva dzose nenzira yakapfurikidza, zvinoguma
zvamunetesa.
Even the most enjoyable pursuits eventually become tiresome.

1991 ❋ **Mutakura wenyemba (Nyemba) zviyowo tinodya.**

EXPLANATION AND TRANSLATION
Chinhu chose chinoyamura munhamo dzoupenyu, nyange
chingava chisingakoshi, ruyamuro rwacho harurambwi.
In want of corn, beans do as well.
In want of dainties, chaff is corn.

1992 ❋ **Mutambira zvose homwe yerombe.**

EXPLANATION AND TRANSLATION
*Munhu anongoti zvose zvaanoudzwa nevamwe zvakashata
nezvakanaka, zvose zvakamunakira, asina nyange chimwe
chazvo chaanoramba.*
It is a beggar's sack (bag) that receives all that is thrown into it.

1993 ❋ **Mutendareve wakarasa vazhinji.**

EXPLANATION AND TRANSLATION
*Munhu anongobvumira zvose zvose zvaanoudzwa navanhu
vose vose anowanza kuzorasika.*
He that allows the public to dominate his personal opinions
possesses no sound judgment.

1994 ❋ **Muti (Mushonga) haubati pasina ronda.**

VARIANTS
◆ Chikwambo hachirwi pachisakapiwa danga (mombe).
◆ Mvura haisvingi pasina guvi (gangwa).

EXPLANATION AND TRANSLATION
*Kunyange munhu akapomerwa mhosva yaasina kupara,
mhosva iyoyo haizomudyi nokuti anenge asina kuipara.*
Where there are no faults, no blames can stick.
Powdered medicine sticks not where there is no fresh wound.

1995 ❋ **Muti haumeri ukakura nezuva rimwe.**

EXPLANATION AND TRANSLATION
*Zvinhu zvikuru zvinobatsira hazvingotangwi nokuitwa
zvikabudirira mukati menguva pfupipfupi yazvinenge
zvatanga kuitwa.*
A great endeavour does not materialise there and then.
Great things normally take time to come to fruition.

1996 ❋ **Muti mukuru wakatanga uri (chiri) chikwenzi.**

EXPLANATION AND TRANSLATION
*Ukuru hwakakurumbira nhasi pasi rose hwakatanga
kuvakwa nepfungwa dzomunhu mumwe chete,
dzikazogamuchirwa nevazhinji.*
Great things have humble beginnings.

1997 ❋ **Muti unokura namatavi awo akatandavara.**

EXPLANATION AND TRANSLATION
*Zita guru rine mukurumbira rakabva muuzhinji
hwavana vakazvarwa.*
Spreading tree branches make a great tree.
Children make a man great .

1998 ❋ **Muto hautsengerwi mvura.**

EXPLANATION AND TRANSLATION
*Kana munhu akagara abatwa nemhosva yatongwa padare
akanzi aripe anotoripa chete hapana pokunzvenga napo.*
He that has been eaten up by a case at the trial cannot reject
judgement.

1999 ❋ **Muto watsva guni hauchaseveki.**

EXPLANATION AND TRANSLATION
*Kana mukadzi akabatwa achipomba, nyange murume,
akamuregerera, havazogoni kugarisana zvakanaka
sepakutanga uye havazogoni kuvimbana.*
If the soup is burnt out, it won't be appetising as it would have
been.

2000 ✳ **Muto wokupungurirwa haupedzi sadza.**

VARIANT
◆ Kutaurirwa nomumwe hunyimwa, zvakawanda zvinosara zvakavanda.

EXPLANATION AND TRANSLATION
Uchapupu hwechinhu chaitika usipo hwaunopiwa nowanga aripo, hahwukupi nyaya yose semaitikiro ayo.
He that is retold a story never gets the whole of it.

2001 ✳ **Mutombo (Mushonga) wepfuma hurarama.**

EXPLANATION AND TRANSLATION
Murombo asina nyange nepfuma shomanana, kana akararama kwenguva refu, anozofa ava mupfumiwo sevamwe.
Where there is life, there is hope.
A poor living man may become a rich living man.

2002 ✳ **Mutorwa furatira (Furatira) vohwo vasare vava nezvavo.**

VARIANT
◆ Shiri ine rugaririre (Rugaririre) inovetsa nhau.

EXPLANATION AND TRANSLATION
Munhu asagara achingopindira munyaya dzevechizvarira dzavasingadi kuti dzinzwikwe navasina kudzipirwa.
Take no part in any discussion you are non-concerned with.

2003 ✳ **Mutorwa mutorwa, nyangonzwanana naye sei haugari nhaka yake.**

EXPLANATION AND TRANSLATION
Munhu asati ari weropa rako, ukanzwanana naye sei kana

afa haungapiwi mugove papfuma yake.
Unrelated persons, though be bosom friends, never can inherit
one another's estate.

2004 ❋ **Mutorwa mutorwa nyangovakidzana naye,
haangapiri mudzimu wako.**

EXPLANATION AND TRANSLATION
*Munhu asiri hama yako yeropa, kunyange uchimuda
zvikurusa uyewo naiye achikudawo, haangaroodzi vana vako.*
An outsider, though be your nearest neighbour, cannot be the
executor to your internal affairs.

2005 ❋ **Mutovo wewabaya anoti chiropa hachisevesi sadza.**

VARIANT
◆ Kutaura (Ndiko kutaura) kwowabaya anoti chiropa
hachisevesi sadza.

EXPLANATION AND TRANSLATION
*Kana munhu awandirwa nepfuma, anosarudza inokosha
yaanoda kushandisa achisiya imwe isingakoshi achiti
haifaniri kushandiswa sezvo iri pasi pasi.*
That is the way a man speaks who has killed a beast that a liver is
not used as a side-dish but is eaten by itself.
He that is in plenty chooses quality.

2006 ❋ **Mutukwa haapinduri mutuki.**

EXPLANATION AND TRANSLATION
*Munhu anenge achipopotera mumwe, kana akapopoterwawo,
anobva anyanyisisa kupopota.*
A noble plant suits not a stubborn ground.
A just man is never happy when staying among corrupt
community.

2007 ❂ Muumbi wehari anosevera muchayenga (anobikira mugangazha).

EXPLANATION AND TRANSLATION
Munhu akapfumisisa asi achidisisa pfuma asingadi kuti iparare, anorarama upenyu hweurombo achizvinyima zvose zvinonatsa upenyu.
The potter cooks in a broken pot.

2008 ❂ Muvhimi haagari panzvimbo imwe.

EXPLANATION AND TRANSLATION
Kana munhu achida kuwana zvinhu zvinobatsira muupenyu anofanira kuzvitsvaka-tsvaka, kwete kungomirira kuti angangokaruka azviwana. Somuenzaniso uyo anorarama nokuvhima anofanira kugara ari musango achifamba-famba kuti agosanganidzana nemhuka dzichifamba-fambawo.
A hunter wanders about the bush.

2009 ❂ Muvhimi wenzou anofa achiurawa nenzou.

EXPLANATION AND TRANSLATION
Munhu anogara achiita chinhu chinokuvadza anofa achiurawa nacho.
Whatever dangerous pursuits a person indulges in, will ultimately end his life.

2010 ❂ Muviri haubvunzi pakukutu.

VARIANT
◆ Pakukutu panogogonera, hapaurayi.

EXPLANATION AND TRANSLATION
Munhu anenge ari murwendo haasarudzi kunyorovera

kwenzvimbo yaanorara. Nyange napasina chaanowarira anongorara hope dzikauya.
He that has no choice should be content with using rough floor as bedding.

2011 ✸ **Muviri unochengetwa nomwene wawo.**

EXPLANATION AND TRANSLATION
Mumwe nomumwe ndiye anoshambidza muviri wake, kuupfekedza, kuupa zvokudya, kuuradza pakanaka, kuuzorodza nokuutavirira.
The body is best looked after by the owner.

2012 ✸ **Muviri unonzwika nomwene wawo.**

EXPLANATION AND TRANSLATION
Pane zvimwe zvakavandika zvingangozivikanwa nomuridzi wazvo. Somuenzaniso, munhu anotaura chokwadi chokuti muviri hausiri kuita kwazvo muridzi wawo.
The body condition is felt by the self.

2013 ✸ **Muviri womumwe hauvimbwi nawo.**

EXPLANATION AND TRANSLATION
Vana vavapfumi ngavazvidzidziswe kushanda kuti vave nepfuma yavowo, vasatarisira kurarama nepfuma yavabereki vavo. Vabereki vavo pavanofira vanosara votambudzika.
If you lie upon roses when young, you will lie upon thorns when old.

2014 ✸ **Muyambutsi werwizi akafa achiyeredzwa nemvura.**

EXPLANATION AND TRANSLATION
Munhu anogona kuurawa nokushanda basa raanga agara

misi yose achirizivisisa.
Good swimmers at length drown.

2015 ✦ **Muzakwayedza akazadza nzizi nokunze.**

EXPLANATION AND TRANSLATION
*Mbavha inobatwa yoba, mumashureshure yakanguri
yatanga kubira vanhu zvinhu isingabatwi.*
It is the last straw that breaks the camel's back.

2016 ✦ **Muzinda hauna woko (wobwo/mwene wawo).**

VARIANT
♦ Kumuzinda hakuna woko (wobwo/mwene wako).

EXPLANATION AND TRANSLATION
*Nzira yokutongwa kwedzimhosva padare rashe, yomutorwa
neyehama yashe, ndiyo imweyo.*
At court seat, there is no one who claims preferential treatment on
grounds of relationship.
The chief's court knows no kinsman.

2017 ✦ **Muzipiro wenyama ndiwo mumwe.**

VARIANT
♦ Tainzwa nyama, muzipiro wayo ndomumwe.

EXPLANATION AND TRANSLATION
*Kusikwa kwezvinhu zvorudzi rumwe kwakangofanana
nyange zvingasiyana pamituru yazvo zvichiti zvimwe zvikuru
zvimwe zvidiki.*
All meat tastes the same.
All women and men are alike.

598

2018 ❋ **Muzivi womushwaira ndiye mwene wawo.**

EXPLANATION AND TRANSLATION
Munhu anoti anoziva nzira isina kupfumba isingafambwi
navanhu ndiye akajaira kufamba nayo.
The one who knows a faint path is the one who uses it.

2019 ❋ **Muzukuru akakunda mwana wokubereka.**

VARIANT
◆   Musungusungu mukundamowa (muriwo), muzukuru
      akakunda mwana wokubereka

EXPLANATION AND TRANSLATION
Rudo rwomunhu kumwana womwana wake rukurusa
kupfuura rudo rwaanarwo kune wake mwana waanozvara.
A grandson is treated more familiarly than a son.

2020 ❋ **Muzvimbirwi ndiye muzariri womusuwo.**

EXPLANATION AND TRANSLATION
Kupinda mumafaro zvakapfurikidza chipimo zvinozoguma
zvapinza munhu mumatambudziko anonetsa kuti amakurire
kana kumagadzirisa.
Excessive feeding oneself ends in getting constipated.

2021 ❋ **Muzvinaguhwa (VaMuzvinaguhwa) tore hwenga,**
kutora rwande rinotsva rikabooka.

EXPLANATION AND TRANSLATION
Mutauri wamakuhwa akanogokera mwoto wamazimbe
mugwande anozononoka kudzokera kumba kwake achataura
makuhwa, gwande rotsva asina kubuda mumba maagoka
mwoto.
A gossiping housewife always cooks burnt raw food.

2022 ✳ **Mvumbi haitsikwi rumhinda.**

EXPLANATION AND TRANSLATION
*Munhu munyoro akatsamwisisa anogumisidza apindwa
nomweya wokurwa.*
Trample (Tread) on the puffadder's tail tip and it will turn to bite
you.
He that over-insults a polite person sets him on to fight.

2023 ✳ **Mvura bvongodzeki ndiyo gadzikani (garani).**

VARIANTS
◆ Kubvongodzeka kwemvura inogadzikana.
◆ Varwi ndivo vayanani.
◆ Kushata kwezvinhu ndiko kunaka kwazvo.

EXPLANATION AND TRANSLATION
*Zvinhu zvinotangidza zvakashata zvinowanzogumisidza
zvanaka.*
Stirred water eventually becomes clean.
Rough beginning carries smooth ending.

2024 ✳ **Mvura haina n'anga.**

EXPLANATION AND TRANSLATION
Mvura kana yasviba ingangonwiwa kana kuraswa.
There are no herbs to cure dirty water.

2025 ✳ **Mvura haingazengeri mativi ose.**

EXPLANATION AND TRANSLATION
Munhu muupenyu haangafadzi vanhu vose.
It is hard to please all people.

600

2026 ✹ **Mvura haipfuuri mwena isati yauzadza.**

EXPLANATION AND TRANSLATION
Munhu azvipira kushanda kuti awane chinhu chaanodisisa,
nyange basa rorema sei ari panzira asati achiwana
anongoshingirira.
The resolved mind hath no cares.

2027 ✹ **Mvura inotinhirisa hainayi.**

EXPLANATION AND TRANSLATION
Munhu anoti kana akatanga apopota zvikurusa haarwi,
shungu dzake dzinongoperera mukupopota.
The rain that thunders most, falls not.
Barking dogs seldom bite.
A threatening danger never happens.

2028 ✹ **Mvura yateuka haibviri kuorerwa (haichina**
muworeri).

EXPLANATION AND TRANSLATION
Pane zviitiko zvokuti kana zvaitika hazvizogoneki kugadzi-
rika sezvazvainge zvakaita. Somuenzaniso, kana munhu
achinge agara afa, haachagoni kumutswazve akafema.
It is impossible to gather up spilt water.
It is no use crying over spilt milk.

2029 ✹ **Mvura yeshure inozadza rwizi.**

EXPLANATION AND TRANSLATION
Jaya rinonyengera musikana mumashure mamamwe majaya
ose ambomunyenga ndiro rinobudirira kudikanwa.
The last suitor wins the maid.

2030　◉　**Mvura yetsime rakadzika inozipa.**

TRANSLATION AND TRANSLATION
Mazano anopiwa nomunhu ane ungwaru hwakakurisisa,
mazano anobudirira pane zvaanenge akanangiswa kuti
ashande.
The deeper the well, the cooler and sweeter the water.

2031　◉　**Mvura zhinji yakaonekwa nokuronga mvumi.**

EXPLANATION AND TRANSLATION
Kuuya kwechinhu chikurusa kuvanhu nomukurumbira
kunoonekwa nokukura kwegadziriro.
Great events cast their shadows before them.

2032　◉　**Mvura zhinji yakatuma kuba, payanaya yodzima**
tsoka.

EXPLANATION AND TRANSLATION
Kusununguka kukurusa pamagariro amazuva ose kunoita
kuti munhu anyangadze zvakakurisisa.
The imminence of heavy torrential rains immediately sends a thief
to go stealing.
Abundance of freedom makes a person indulge in mischief.

2033　◉　**Mwana anodikanwa ndiye anorangwa.**

EXPLANATION AND TRANSLATION
Munhu waune chido chokuti agare ane magariro anofadza
muupenyu paanenge atsauka munzira yokuita zvakanaka
unobva wamuomesera kuti aone kuipa kwokutsauka kwake.
Most loved is corrected.

602

2034 ❋   **Mwana anodya ndeanorira.**

EXPLANATION AND TRANSLATION
Munhu anoudza vamwe nhamo dzake dzaanadzo, ndiye
anowana ruyamuro.
The child that cries is quickly attended to.

2035 ❋   **Mwana anokoma anodya chesanhu (chedemo),**
chebanga haachidyi.

EXPLANATION AND TRANSLATION
Mwana asingadi kutumwa navakuru anodya chaawana
vakuru vachidya.
The child that refuses to go on errands when being sent by
elderly men deserves no favour potion.

2036 ❋   **Mwana asina kumbofamba rwendo anoti mai vake**
ndivo vanogona kukurunga dovi.

EXPLANATION AND TRANSLATION
Munhu asati amboenda kune dzimwe nzvimbo
anongofunga kuti zvinhu zvakanakisisa hazviwaniki kune
dzimwe nzvimbo kunze kweyake chete.
He that has never travelled far and abroad thinks his country is the
best.
The child that has never been out of its own mother's house thinks
its mother's cooking is the best.

2037 ❋   **Mwana ipfuma yomurombo (yomuchena).**

EXPLANATION AND TRANSLATION
Munhu asingagoni kuva nemano okuzviunganidzira pfuma
muupenyu asi kana aine mwana waakazvara anogona
kuwana pfuma zvichipfurikidza nomumwana.
Children are poor man's riches.

2038 ❋ **Mwana muduku chitanda, hachirambi kunowira kwachapotserwa.**

EXPLANATION AND TRANSLATION
Mwana kana achitumwa navakuru kuita chinhu chipi nechipi chavanoda haafaniri kuramba.
Children must serve any elderly person without fusses.

2039 ❋ **Mwana muduku haanyepi.**

EXPLANATION AND TRANSLATION
Kazhinji umbowo hwemwana muduku pamusoro pechinhu chaakaona namaziso ake ndohwechokwadi.
Children cannot lie.

2040 ❋ **Mwana muduku kuchemera nyere yomufute mangwana uchairega yasvava.**

VARIANT
◆ Mwana muduku kuridza nyere yomufute, uchairega azvimba muromo.

EXPLANATION AND TRANSLATION
Munhu asingadi kuteerera vanomutsiura pane zvakashata zvaanenge achigaroita, anozokaruka azvipinza mumatambu-dziko.
He that plays in the mud will soil himself.

2041 ❋ **Mwana mumwe izai regondo, tinotenda rachochonywa.**

VARIANT
◆ Ziso rimwe harina ukomba.

EXPLANATION AND TRANSLATION
Mwana akangozvarwa ari oga mumba, mwoyo yavabereki

inogara yakanetsekana nguva dzose vachifunga kuti angavafira.
One is no number.

2042 ✳ **Mwana munyoro anodya chakavanda.**

VARIANT
◆ Chitumike akadya akaguta asipo.

EXPLANATION AND TRANSLATION
Munhu akapfava anodikanwa navanhu vose zvokuti anopiwa zvipo zvakawanda nguva dzose.
The best behaved have the best portion.

2043 ✳ **Mwana murase, vana vengwena vanokura vave mhararira.**

EXPLANATION AND TRANSLATION
Zvinhu zvorudzi rumwe zvinogona kutanga zviri pamwe asi nokufamba kwenguva zvozoparadzana zvongongoita rumwe rumwe zvisati zvichazivana kune chimwe nechimwe.
It is far apart separately dwelling of kinsmen.

2044 ✳ **Mwana ndowako achiri munhumbu (mudumbu) ava kunze wava wavose.**

EXPLANATION AND TRANSLATION
Mwana azvarwa anogona kubatsira ani nani anenge achida rubatsiro rwake. Haachasarudzirwi nomumwe waanoda kubatsira kana kushamwaridzana naye.
The child is born for everyone.

2045 ✱ **Mwanarume ihona yamatare.**

EXPLANATION AND TRANSLATION
Mwana wechirume anozvarwa akasimba muviri wake
kupfuura wechikadzi.
A male child is an iron bone.

2046 ✱ **Mwanasikana ibvumbidzakumwe.**

EXPLANATION AND TRANSLATION
Mwana wechisikana kana akura anovakisa nokuwedzera
rudzi rwomurume kwaanenge aroorwa.
Daughters secure their husbands' clans.

2047 ✱ **Mwanasikana ngaroorwe neane dongo (neane gura)**
raanoziva.

EXPLANATION AND TRANSLATION
Kuroorana ngakuve pakati pavanhu vakagara vachizivana.
Marry among known clans.

2048 ✱ **Mwana waMufandaedza anorega chaambobudira**
ziya.

EXPLANATION AND TRANSLATION
Munhu asingatyiri zvinhu zvinorema kure anomboedza
kuzviita ozokundikana aziva kuti zvinhu zvinogozha kuti
azviite chero nenzira yakadini.
He gives up after making an attempt.

2049 ❋ **Mwana waMukumbazvikara anoti zvose chirayiro.**

EXPLANATION AND TRANSLATION
*Munhu asingasarudzi kuita zvakanaka nokudya zvakanaka
anongoti kuita zvakanaka nokuita zvakashata, kudya
zvakanaka nezvakashata, zvose zvinomunakira.*
All that comes to his net is fish.

2050 ❋ **Mwana waMusarakufa huona zvakawandisisa.**

EXPLANATION AND TRANSLATION
*Munhu anorarama nguva refu anosanganidzana
nezvakanyanyisisa kuwanda zvinotyisa nezvinoshamisa.*
They that live longest undergo different bitter life experience.

2051 ❋ **Mwana washe muranda kumwe.**

EXPLANATION AND TRANSLATION
*Kana mwana anozvarwa navashe ari kune imwe nyika isiri
yababa vake anongobatwa sokubatwa kwavazhinji.*
A prince in a foreign country has no honour.

2052 ❋ **Mwana washe anopata (anopomba).**

EXPLANATION AND TRANSLATION
*Mwana womunhu mukuru anonyarika anongona kuve nhubu
inoita mabasa ounhubu.*
Great men's sons seldom do well.

2053 ❋   **Mwana wazvarirwa pavazhinji haakuri.**

EXPLANATION AND TRANSLATION
Chinhu chikuru chinoyamura muupenyu chikaitirwa pakati pavanhu vakawanda hachiwanzi kubudirira.
The house built by the wayside is either too high or too low.

2054 ❋   **Mwana wedangwe anozivikanwa baba namai vake.**

EXPLANATION AND TRANSLATION
Panozvarwa mwana wekutanga, mai vake ndivo vanenge vachinyatsoziva baba vemwana iyeye.
The first born's father is known by the mother.

2055 ❋   **Mwana wehuku anodya nokuteta.**

EXPLANATION AND TRANSLATION
Munhu akazvarwa navarombo anobva araramawo upenyu hwokushaya-shaya achingowana zvishomanana nenguva dziri kure kudzamara afa.
One that comes of a hen must scratch the ground.

2056 ❋   **Mwana weshumba mwana weshumba, anokura achiziva kuruma mhuru.**

EXPLANATION AND TRANSLATION
Mwana anozvarwa nomuparadzi anongoparadza achiri pazera roupwere risingafungirwi kuti ringakwanisa kuparadza.
A lioness cub is a lioness cub, it grows up preying on calves.

2057 ✱ Mwana womumwe haanzi ndowangu.

EXPLANATION AND TRANSLATION
*Nyange ukabata mwana asiri wako zvakanakisisa sei,
achiwana zvose muupenyu, haangazombofi akakanganwa
vabereki vake.*
Put another man's child in your armpit and he will creep out at
your elbow.

2058 ✱ Mwana womunhu ngaarumbidzwe pakurima, kwete
pamuromo.

EXPLANATION AND TRANSLATION
*Chinhu chinonatsa zita romunhu pamiromo yavanhu,
kuzivikanwa kuti munhu anofarira kushanda.*
He has a good name, he that is spoken of as a hard worker.

2059 ✱ Mwedzi haudyirwi ngava, unopera usati wawana
pfuma.

EXPLANATION AND TRANSLATION
*Mazuva anokwanisa mwedzi wose tingaona samazuva
akawanda, nyamba mashoma zvokuti anogona kupera tisati
tapedza kushanda basa rakatangidzwa kushandwa mwedzi
uchitanga.*
It is not safe to promise your creditor to pay off the debt you owe
him within a month.

2060 ✱ Mwedzi muroyi hautyi kuhukura kweimbwa nokurira
kwemhungubwe.

EXPLANATION AND TRANSLATION
*Zviripo zvimwe zvinhu zvakasikwa zvisingafemi, asi
zvinoshanda nenzira dzinofambirana nokushanda kwezvinhu*

609

zvinofema.
The moon does not heed the barking of dogs and the yelling of jackals.

2061 ★ **Mwedzi wagarira muguti unoonekwa wakura.**

EXPLANATION AND TRANSLATION
Munhu anoita chinhu chakashata akavanda mumaitiro echimwe chakanaka, zvozobuda pachena nekufamba kwenguva kuti anga achiita zvakaipa.
It is an ill happening that overshadows a good happening.

2062 ★ **Mwena usingaendi kure hauna shana.**

EXPLANATION AND TRANSLATION
Pfuma yakawanda yaunganidzwa nenzira pfupipfupi inokasira kupera nokuparara pamunhu.
The hole that does not go far deep into the soil has no mouse in it.
Easy come, easy go.

2063 ★ **Mweni anofira kwaanomutsa.**

EXPLANATION AND TRANSLATION
Kana munhu akange ashanyira vamwe, ngaafambe akangwara pose pose paanenge achifamba achiona zvepo.
A visitor may die while on a visit.

2064 ✹   Mweni (Mukambudzi/ Wakambudza) haagoveri vohwo.

EXPLANATION AND TRANSLATION
Munhu achiri mutsva panzvimbo, asati anzwisisa mamiriro ezvepo, haangatungamiriri vagari vepo pane zvinoitwapo.
A newcomer has no right to lead the inhabitants of the place in their home affairs.

2065 ✹   Mweni kumuona achinokoresa anenge achiona vohwo vachiita gapa.

EXPLANATION AND TRANSLATION
Kana munhu achangosvika panzvimbo akaonekwa oita zvakashata zvakanyanyisisa, anenge awana vepo vachiitawo zvakashata zvacho.
Visitors do things they copy from their hosts.

2066 ✹   Mweni iroro rinonhuhwirira, rinodyiwa nenyangariro.

EXPLANATION AND TRANSLATION
Munhu ashanyira panzvimbo asangofamba pose pose pamadiro ake nokuti tsaona hainonoki kumuwira ari ipapo paanofamba-famba pamadiro.
Danger quickly befalls a stranger who is easily noticeable.

2067 ✹   Mweni ndowehuku, weimbwa anohukurawo.

EXPLANATION AND TRANSLATION
Munhu paanenge ashanyira achipedza mazuva agerepo, asangoapedza agere koga, achingopiwa kudya asingashandi.
Even a visitor should perform some light duties during his stay where he has visited.

611

2068 ❈   Mweni usavi hwenhomba, navose vanousevesa.

EXPLANATION AND TRANSLATION
Munhu kana achangoshanyira vanhu, vose vaashanyira
vanoratidza kumufarira zvikurusa.
A visitor is most loved by all (them) he visited.

2069 ❈   Mwise (Muswe) usina pfunha hauyevedzi
(hauyemurwi).

EXPLANATION AND TRANSLATION
Mukadzi akaroorwa, kana asingazvari, haafarirwi nehama
dzomurume.
A tail without long hair (tuft) is not attractive.
A married barren wife is less esteemed.

2070 ❈   Mwoto inopfuta haidzimurani.

EXPLANATION AND TRANSLATION
Kana munhu atsamwa achitukana nomumwe oda kurwa,
haangadziviwi namashoko okutuka anotsamwisa.
Insulting words never can calm an angry man.
Bitter scolding words drive away not anger.

2071 ❈   Mwoto unopfuta uri mugomo unoonekwa navari
kure.

EXPLANATION AND TRANSLATION
Munhu mukuru akabata nzvimbo, kana akatadza achiri
panzvimbo yake, kutadza kwake kunokurumidza kuzivikanwa
kopararira kwose kwose.
The faults of great men quickly spread afar.

2072 ✹ **Mwoyo chausina kurovera kudya hauchishuvi.**

EXPLANATION AND TRANSLATION
Murombo haana hanyn'a nezvinhu zvakanaka zvinorarama
navapfumi. Kunakisisa kwazvo kwaari hakutauri chinhu.
He that is not used to eating pudding never craves for it.

2073 ✹ **Mwoyo chawada chakura (chikuru).**

EXPLANATION AND TRANSLATION
Munhu, kana ada chinhu, chinoonekwa navamwe chiri
chiduku, asi kwaari chinenge chiri chikuru.
Anything that a person loves, to him it appears greatest.

2074 ✹ **Mwoyo chawada chanaka.**

VARIANT
◆　　Chada mwoyo hachina gofa.

EXPLANATION AND TRANSLATION
Munhu chinhu chaanenge ada, nyange chakashatira vamwe,
iye chakamunakira.
He that is in love with an ugly maid, he is no judge of her beauty.
He that loves a maid loves her with all her faults.

2075 ✹ **Mwoyo chawada chareruka.**

VARIANT
◆　　Mwoyo chawada hachirwadzi.

EXPLANATION AND TRANSLATION
Kubata basa rechinhu chinodisiswa kuwananikwa nomunhu
nyange kuchirema sei, anokunzwa kwakamurerukira
zvikurusa.
The heaviest burden that is gainfullest is always the lightest burden.

2076 ✸   Mwoyo chawakambodya hauchikanganwi.

EXPLANATION AND TRANSLATION
*Chinhu chakagara chichiitwa nomunhu, akazochirega,
anongogara achichifunga, zvimwe angangokaruka
ochiitazve.*
He that once tasted honey remembers it with watery mouth.

2077 ✸   Mwoyo (Munhu) chinhu chausina kugara wadya
mutupo.

EXPLANATION AND TRANSLATION
*Chinhu, nyange chokudya, munhu chaasina kumbodya
nerimwe zuva, nyange chichizipa, haana hanyn'a nokuchidya.*
To him that has never tasted honey, thinks honey is sour.

2078 ✸   Mwoyo haipiwanwi.

EXPLANATION AND TRANSLATION
*Munhu ane mwoyo wakanaka, nyange oshuva kuti munhu
ane mwoyo wakashata ave nomwoyo wakanaka, haangagoni
kumupa wake mwoyo wakanaka.*
Even a generous person cannot share his good heart with another
man.

2079 ✸   Mwoyo haugombedzerwi chausingadi kudya.

EXPLANATION AND TRANSLATION
*Munhu asazvimanikidzira kuita chaanonzwa mwoyo wake
usingadi kuchiita zvichida, chingava chiri chinhu chine njodzi
ingamukuvadza.*
The will must always direct all daily life activities.

2080 ✱ **Mwoyo haukanganwi.**

EXPLANATION AND TRANSLATION
*Nyange munhu akatora nguva refu achifunga zvaanofanira
kuita, nyange akambenge azvikanganwa, anozogumisidza
azviyeuka akazoguma nokuzviita.*
He that always thinks of stealing will one day steal.

2081 ✱ **Mwoyo haupakurirwi nomumwe.**

EXPLANATION AND TRANSLATION
*Munhu anoda kuita zvose zvaanozvifungira iye pachake,
kwete zvaanofungirwa nomumwe.*
Men always act according to their wills (feelings).

2082 ✱ **Mwoyo haupakurirwi ukaguta sedumbu.**

EXPLANATION AND TRANSLATION
*Nyange munhu akararama nguva yakareba sei hapana
akafa mwoyo wake usati uchashuva kuwana zvinhu zvitsva.
Munhu anongofa achida kuwana zvinhu zvitsva.*
Men die still in need of new property.

2083 ✱ **Mwoyo haurasi chawo.**

EXPLANATION AND TRANSLATION
*Zvinhu munhu zvaanoda kuita muupenyu hazvibvi mumwoyo
make zvinogara zvirimo nguva dzose.*
The heart never parts with what it treasures.

2084 ✱ **Mwoyo haurwadziri chausina kuchengeta.**

EXPLANATION AND TRANSLATION
Munhu asina vana kana zvipfuwo, kana zvichinetswa uye

zvichibatwa noutsinye, hazvimunetsi mumwoyo make,
anongoonekwa achifara zvake.
They that have no children are happy at seeing children given no meal.
Those who have nothing, have nothing to worry about.

2085 ❋ **Mwoyo haurwadzirwi chausina.**

EXPLANATION AND TRANSLATION
Murombo asina pfuma, uye asingagoni kuiwana, haagari
akasuwa nguva dzose pamusana pokusava nepfuma.
The poor lives a contented life.
Things that are not ours count nothing to us.

2086 ❋ **Mwoyo haushumbi (haushuvi) chisakafanira.**

EXPLANATION AND TRANSLATION
Murombo haana hanyn'a nezvinhu zvinokosha zvakakwirira
muupenyu. Nomupfumiwo haana hanyn'a nezvinhu zviri pasi
pasi muupenyu, zvisingakoshi.
Things that are above us are nothing to us.
Things that are below us are nothing to us.

2087 ❋ **Mwoyo haushuvi (haushumbi) chisiri chawo.**

EXPLANATION AND TRANSLATION
Munhu wechirume haana hanyn'a nenhumbi dzevechikadzi,
nyange zvive zvipfeko zvakanakisisa sei hazvimutori mwoyo.
Anongozviona sezvisina maturo kwaari.
Even a beautiful thing is nothing to you when it is not meant for you.

2088 ❋ **Mwoyo hausiyi chawo chiri mukati mawo.**

EXPLANATION AND TRANSLATION
Munhu chinhu chaakagara achida achisarudza kuchiita,

chinongogara chiri mukati mehana yake nguva dzose.
What is buried within the heart survives throughout the whole
lifetime.

2089 ✹ **Mwoyo mirefu haisiri yavangani panyika.**

EXPLANATION AND TRANSLATION
Vanhu vakanaka mwoyo, vane tsitsi kune vamwe,
vasingakurumidzi kuneta namabasa akashata avanoitirwa
navamwe vavasina kutadzira vashoma.
Patience is a flower that grows not in everyone's garden.

2090 ✹ **Mwoyo muchena ndoweyi bere kurinda munhu**
akafa?

VARIANTS
◆　　Mwoyo muchena ndoweyi munhu kugombera mhuru
　　inomwa hayo?
◆　　Mwoyo muchena ndoweyi pahuku yomwenga?
◆　　Zvigonzi chii munhu kudzaravanda pahuku yomwenga?

EXPLANATION AND TRANSLATION
Munhu haangapedzi nguva yake achishanda basa
risingamupi mubairo. Munhu, basa raanoshanda rinofanira
kumupa mubairo.
When a hyena volunteers to guard a corpse it is sure that it also
will feed itself on the corpse.

2091 ✹ **Mwoyo muchena unobayisa.**

VARIANTS
◆　　Mwoyo muchena unourayisa.
◆　　Tsiye nyoro dzinourayisa.

EXPLANATION AND TRANSLATION
Munhu anoitira vamwe zvakanaka ndiye anowanza kuitirwa

zvakashata naivo vaanoitira zvakanaka.
Generosity recoils on the giver.
Kindness may be repaid with death.

2092 ✳ **Mwoyo mukukutu ndihwo uroyi.**

EXPLANATION AND TRANSLATION
Munhu ane mwoyo wakaomera kubatsira vanotambudzika
akafanana nomunhu anoroya, ane mwoyo wokuda
kurwadzisa vamwe vanhu sezvinoita muroyi.
He that is materially hard-hearted is no different from a human
killer.

2093 ✳ **Mwoyo munyengedzi, unganyengera mwene wawo**
akazviwisira murufu.

EXPLANATION AND TRANSLATION
Munhu angazvinyengera omene kuita chinhu chakashata, asi
achiziva zvake kuti zvaanoita zvakashata, zvichida
zvingamupinza mudambudziko.
There is no such a flatterer as a man's self.
The heart deceives the owner.

2094 ✳ **Mwoyo murefu une vako, haune mharadze.**

EXPLANATION AND TRANSLATION
Munhu anoita zvinhu zvake zvose nokusatya kurema kwazvo,
akashingirira, asingadzokeri shure, anowanza kubudirira
pane zvaanoita.
It is the patient man who is always successful in life.
Patient men win the day.

2095 ❋   **Mwoyo ndimai havanokoreri vana vavo vose misuva yakafanana.**

EXPLANATION AND TRANSLATION
Munhu haangadi vanhu vose norudo rwakaenzana. Vamwe angavada zvikuru vamwe zvishomawo asi vose vari hama dzake, achivada vose.
The heart has different amount of love on all the things it loves.
Every man loves all that surround him by degrees.

2096 ❋   **Mwoyo pakufa haisiiranwi sepfuma.**

EXPLANATION AND TRANSLATION
Munhu akanaka mwoyo, kana ofa haasiiri vana vake kunaka kwomwoyo wake, anongofa nako.
Whenever a good man dies, he leaves all his personal property behind him, but not his personal goodness.

2097 ❋   **Mwoyo wakanaka hautengwi sepfuma.**

EXPLANATION AND TRANSLATION
Munhu ane mwoyo wakashata, nyange oshuva kuva nomwoyo wakanaka, anongokonewa kuva nawo, achingo-ushuva.
He that was born wicked will never change to good.
It is impossible to buy someone's good character.
If another person's goodness would be bought, all men would be good.

2098 ❋   **Mwoyo womunhu kunze unoshanduka siku nesikati.**

EXPLANATION AND TRANSLATION
Pfungwa dzomunhu dzinofambirana dzichitungamirirwa nezvinenge zvichiitika mumagariro ake emisi yose.
The heart feelings of a person timely change like weather that timely changes wind directions.

619

2099 ✱ **Mwoyo womunhu ndishe anoutevedzera (anoita) zvaunoda.**

EXPLANATION AND TRANSLATION
Pane zvose zvinoitwa nomunhu muupenyu anotungamirirwa nomwoyo wake oita zvaunenge wasarudza kuti zviitwe.
The heart controls all man's activities.
The man does what his heart wills.

2100 ✱ **Mwoyo wowabva nechapo kuserera.**

VARIANTS
◆ Kuserera mwoyo kowabva nechapo.
◆ Wabva nechapo kuserera mwoyo.

EXPLANATION AND TRANSLATION
Munhu anga achitsvaka chinhu zvikurusa, kana akabudirira kuchiwana, anobva agadzikana mwoyo wake chaizvo.
Gain breeds a settled mind.
They laugh that win.
Gain makes the heart leap with joy.

2101 ✱ **Mwoyo yavanhu haifanani.**

EXPLANATION AND TRANSLATION
Mumwe nomumwe ane kururama kwake kwomwoyo wake kwakasiyana nokwavamwe.
People do not possess the same heart qualities and feelings.

2102 ✱ **Mwoyo yavanodya vachiguta kuserera.**

EXPLANATION AND TRANSLATION
Munhu anowana zvose zvaanoda nomwero wazvo, anogara mwoyo wake wakazorora, akafara nguva dzose.
A heavy purse makes a light heart.
He that gets enough lives with a settled mind.

2103 ❋ **N'anga haina kutanga nokurova rukukura.**

EXPLANATION AND TRANSLATION
Ruzivo rukuru haruna kutanga ruri ruzivo rukuru.
He who would climb the ladder must begin at the bottom.

2104 ❋ **N'anga inopfupirwa ndeyakakunda gosha.**

EXPLANATION AND TRANSLATION
Munhu anotendwa ndeakubatsira akapedza nhamo yawanga uchinetsekana nayo.
The physician that has cured (overcome) the disease is quickly paid.

2105 ❋ **N'anga nyoro inoodza maronda.**

EXPLANATION AND TRANSLATION
Kurera vana nenzira yakanyorova vachibvumirwa kuita zvose zvisina kunaka kunoita kuti vakure vachiita zvakashata.
A pitiful surgeon (physician) spoileth the sore.
Spare the rod, spoil the child.

2106 ❋ **N'anga yakanaka icharapa, kana yodana shanu yava muroyi.**

EXPLANATION AND TRANSLATION
Munhu kana achakubatsira basa rako raunenge wamupa kuti akushandire akanaka zvikurusa asi kana aripedza achinge oda mubairo wake anenge ashata zvikurusa.
A physician (doctor) is good when treating but a devil when demanding pay.

2107 ❋   Ndakaziva haitangi.

EXPLANATION AND TRANSLATION
Hakuna munhu, nyange mumwe zvake, angagona kuziva kumira kuchange kwakaita zvinhu zvose muupenyu mukati mezuva rose rinotevera.
It is unforeseen that always happens.
It is easy to be wise after one has fallen into danger.

2108 ❋   Ndanzwa ndanzwa yakaparadza nzanga (yakaputsa misha).

EXPLANATION AND TRANSLATION
Kutaurirwa zvinhu zvisiri zvechokwadi, vanozvitaurirwa vakazvitora sezviri chokwadi, zvinoguma zvavapesanisa navamwe mumagariro avo.
False information destroyed the community.
Hearsayings destroyed villages.

2109 ❋   Ndebvu chuma chakada muromo kuti uchishonge.

EXPLANATION AND TRANSLATION
Muromo une ndebvu unotarisika wakashonga zvakanakisisa, zvinofadza maziso.
Beard decorates the mouth.

2110 ❋   Ndebvu hadzisiri mano.

EXPLANATION AND TRANSLATION
Havazi vose varume vane ndebvu pamiromo vakangwara mune zvavanoita muupenyu.
The brain does not lie in the beard.

622

2111 ❋ **Ndezvamaganga echakata, kana ari mashuku tinofundika.**

VARIANT
◆ Ngazviitwe navamboko kana vari vafere tinoferenyura.

EXPLANATION AND TRANSLATION
Kuzvidza vamwe ngakuitwe nevane simba rokurwa vachikurira vavanozvidza. Kana kuzvidza kuchiitwa nendonda dzinokurirwa nevadzinozvidza, dzinorohwa nevadzinozvidza.
The weakest should never pick up quarrels with the strongest.

2112 ❋ **Ndezvameso muromo zvinyarare.**

EXPLANATION AND TRANSLATION
Munhu asagara achitaura-taura zvinhu zvaanogaroona namaziso nezvaanonzwa nenzeve.
He that sees much, hears much and speaks not all shall be welcome both in houses and halls.

2113 ❋ **Ndezvashe zviri mubwe (munhinga), hazviregwi.**

EXPLANATION AND TRANSLATION
Kukanganisa kwavakuru hakufaniri kutaurwa pamusoro pako. Anenge akutaura kana akanzwikwa, anozorangwa zvakaoma.
Those who remove great stones bruise their fingers.
It is dangerous to disclose (criticise) the faults of the elders

2114 ❋ **Ndezvomwene wejira kufuka kana kuwarira.**

EXPLANATION AND TRANSLATION
Munhu upi noupi ane simba rizere pachinhu chake kuita zvaanoda pachiri.
A person is free to do what he likes with his own property.

2115 ✴ Ndichagotyei kusviba maoko ndakagara ndateya mariva murutsva?

EXPLANATION AND TRANSLATION
Murume akaroora muroyi kana mbavha kana mhombwe kana ana mai vanoroya haatyi kusekwa kana kumhurwa nenyika nekuti anenge azvidira mukadzi akadaro.
He that is married to a witch's daughter has no fear for witchcraft.

2116 ✴ Ndicharurega ndatemwa mbonje mumusoro, kutemwa mupimbira handiruregi.

EXPLANATION AND TRANSLATION
Munhu azvipira kuita chinhu asisina hanyn'a nokurema kwacho achangoramba akatsungirira asingadzokeri shure nyange rwava rufu.
Unless I sustain head injuries, I cannot give up my firm struggle.

2117 ✴ Ndichati ndoti yakavetsa nhau (nyaya).

VARIANTS
◆ Shiri ine rugarira yakavetsa nhau (nyaya).
◆ Runonokera rwakavetsa nhau (nyaya).

EXPLANATION AND TRANSLATION
Munhu agura kushanda basa rake anotofanira kutanga kurishanda achangobva mukugara. Kunonoka kushanda basa kunozoita kuti risabudirira.
Delays hinder success.

2118 ✴ Ndiko kukona kwechomunda barwe kufa rava nerebvu.

VARIANT
◆ Kurambwa nepfuma, mbudzi kusvodza yava nezamu.

624

EXPLANATION AND TRANSLATION
Chinhu change chatarisirwa kuti chava pedyo nokupinda mumusha, choonekwa chava nezvibingamupinyu zvinochikonesa.
The expected success is threatened with failure.

2119 ❋ **Ndiko kurarama kwenherera, musi wainenge yaba isingabatwi yoti vadzimu ndevayo.**

EXPLANATION AND TRANSLATION
Munhu ari munhamo nguva dzose asina angamuyamura, kana akawana ruyamuro nenzira yakashata, anobva azvikorokotedza.
Although the orphan gets help by foul means, it congratulates itself upon the success.

2120 ❋ **Ndini muvambi, ndini mubvumiri.**

VARIANT
♦ Zvangu zvapera, zvasarirana newe kubvumidza mazembe.

EXPLANATION AND TRANSLATION
Munhu haangakumbiri chinhu kumunhu odzoka ova ndiye anozvipazve chinhu ichocho. Munhu anenge ava kutora zvinhanho, nezvimwe zvaanenge asingafaniri kutora pane dzimwe nyaya dzoupenyu.
No person can judge in his own cause.

2121 ❋ **Ndiri (Uri) pakati porunyemba, vamwe vari pakati peminzwa inobaya.**

VARIANT
♦ Kupura nyemba nomusana vamwe vachidzipura nemaoko.

EXPLANATION AND TRANSLATION
Munhu anotaura kuti iye agere zvakanakisisa ari mumufaro mukuru asi vamwe vake vachitambudzika.
I am completely surrounded by ever-lasting happiness while others are in torment.

2122 ❋ **Ndiwo mutovo wechidembo kana choramba mwena, chinouchera chakaufuratira chichiitira kuti chitosvorwe chigourega.**

EXPLANATION AND TRANSLATION
Munhu kana asati achada chinhu anochipomedzera zvinhu zvakashata zvakawanda zvachisina kuti zvive zvikonzero zvaanoshandisa pakuchiramba kwake.
He that no longer likes (loves) a thing speaks of it the worst.
Where love is thin faults are thick.

2123 ❋ **Ndiyo hayo nyama yeasina imbwa.**

VARIANT
◆ Kupiwa bapu unoti vadzimba vangu mandirangarira.

EXPLANATION AND TRANSLATION
Munhu asina kugara abatsira pabasa ranga richishandwa iye asipo, kana akasvikapo akawana vanhu vanenge vabatsira kurishanda vopiwa migove yokushanda kwavo, iye akango-piwa kamugove kaduku ngaasapopera achiti dai apiwawo sevashanda.
He that has no dog to hunt with, is content with a small share of meat.

2124 ✻ Ndizvo zvakanyadza munengami, gudo harikwiri rumbuswa.

EXPLANATION AND TRANSLATION
Hakuna munhu akapiwa ungwaru hwokuziva nokugona kuita zvose. Gudo nyange rine njere dzokukwira miti, makomo namawere, asi harina kupiwa njere dzokugona kukwira rumbuswa.
All were given not to do all things, as baboon cannot climb up grass.

2125 ✻ Ndomene haichemedzi.

VARIANT
◆ Mazvokuda mavanga enyora.

EXPLANATION AND TRANSLATION
Munhu anozviparira nhamo nokuita chinhu chaagara achiziva kuti chakatakura nhamo mukati macho.
He that does a dangerous thing being aware of its bitter consequence deserves no sympathy.

2126 ✻ Nduma haina chakakombama, chinozokombama hubikirana.

EXPLANATION AND TRANSLATION
Kana jaya nomusikana vachangonyengana hapana mumwe wavo anoshoora mumwe asi kana varoorana vava pamwe chete vomhurana.
The newly found love is stainless until marriage union.

2127 ✻ Ngava hariurayi.

EXPLANATION AND TRRANSLATION
Munhu nyange anonoka kudzosera mumwe pfuma yake yaakamutorera anongozogumisidza amudzosera.
He that delays paying off, his debt never dies.

627

2128 ● **Ngoma (Matumba) dzinorira pane rugare.**

VARIANT
◆ Panorira matumba (ngoma) pane rugare.

EXPLANATION AND TRANSLATION
*Pamusha panogara vanhu vachifara panoratidza kuti
pakagarwa zvakanaka.*
Where drum-beating sound is heard, there is peace.

2129 ● **Ngoma kuparuka inokakwa imwe.**

EXPLANATION AND TRANSLATION
*Murume akaroora akafirwa nomukadzi, anopamhidza
kuroora mumwe. Zvakadaro nomukadziwo, kana akafirwa
nomurume anopamhidza kuroorwazve.*
In the event of the death of a spouse, the surviving spouse remar-
ries.

2130 ● **Ngoma yawarovera (yawajaira) kutamba
haikunyadzi (haikunetesi).**

VARIANTS
◆ Chimbo chawarovera kutamba hachikunyadzi.
◆ Nhumba yawarovera kutamba haikunyadzi.

EXPLANATION AND TRANSLATION
*Munhu akakura achiba anodzamara akakwegura achingoba
asati achaona kushata kwazvo.*
A thief is never tired of stealing because he is used to it.

2131 ● **Ngoma zangirwa hairiri.**

EXPLANATION AND TRANSLATION
*Chinhu icho munhu anenge akavimba akazvigadzirira asi
chisingazoitiki.*
Great expectations are never fulfilled.

2132 ❋ **Ngozi haiurayi muparanzvongo.**

EXPLANATION AND TRANSLATION
*Kana munhu achinge apara ngozi inowanzorwisa hama
dzomunhu aita ngozi wacho, iye mupari wengozi achingonye-
nyeredzwa kuti zvipe mutauro pakati pehama.*
He that has stirs trouble never pays the death price, but someone
else.

2133 ❋ **Ngozi rumhunzi runoodza.**

EXPLANATION AND TRANSLATION
*Murume atorerwa mukadzi wake, kana otsiva kumutorerwa
kwake anogadzira nzira inopedza vose hama navatorwa.*
The vengeful spirit pounds on many living souls in close succes-
sion.

2134 ❋ **Nguva ndimaenzanise, mucheche akagumisidza ava
harahwa (mutana).**

EXPLANATION AND TRANSLATION
*Zvinhu zvose zvinotanga zviri zvitsva zvinozoguma
zvasakara nekufamba kwenguva.*
Time is the rider that breaks youth into old age.
Time works on all things.

2135 ❋ **Nhaka haipfumisi.**

VARIANT
◆ Kudya chowafa kudya chirove.

EXPLANATION AND TRANSLATION
*Ukapiwa pfuma yowafa haikutoreri nguva yakareba
uchinayo.*
Inherited property will soon disappear.

2136 ❋   **Nhambausiku ndidzo svorera.**

EXPLANATION AND TRANSLATION
Vanoda kuungana nenguva dzousiku vachitamba mitambo
yousiku vanofarira kurarama nokuita zvitema zvinoitirwa
muzarima.
They that love to play in the dark like mischief.

2137 ❋   **Nhamo dzomurume dzose hadzipedzwi negunere.**

EXPLANATION AND TRANSLATION
Matambudziko ose anowira munhu haashandisirwi nzira
imwe kuti apere nekuti anenge akasiyana-siyana.
A man always has many needs all his lifetime.

2138 ❋   **Nhamo hadzizakaita mbiri nezuva.**

EXPLANATION AND TRANSLATION
Munhu haangawirwi nematambudziko akasiyana-siyana
nguva iwe chete.
God tempers wind to the shone lambs.

2139 ❋   **Nhamo haikumbirwi sesadza.**

EXPLANATION AND TRANSLATION
Kutambudzika kunoitika kwoga pamunhu, hakuitiki nokuda
kwomunhu anenge achitambudzika.
Tribulations are never asked for like *sadza (staple food made*
from maize meal).

2140 ❋   **Nhamo haioni pane imwe.**

EXPLANATION AND TRANSLATION
Munhu agara achitambudzika, ndiye anogara akapindwa
nokutambudzika kwakasiyana-siyana.
He that is already suffering, other sufferings confront him.

630

2141 ❋ **Nhamo haipfumirwi.**

EXPLANATION AND TRANSLATION
*Kunyange mupfumi aine zvinhu zvizhinji muupenyu, zviripo
zvakawandisa zvaanogara asinawo.*
No matter how affluent, no one has everything in life.

2142 ❋ **Nhamo haiputirwi nejira.**

EXPLANATION AND TRANSLATION
*Kushaya kana kwagara kwapinda mumunhu, hakuna imwe
nzira yaangakuvanzaidza nayo.*
Problems cannot be wrapped up in a blanket.

2143 ❋ **Nhamo huru ndeyako, yomumwe iduku.**

EXPLANATION AND TRANSLATION
*Iwe kana wotambura unofamba uchiti uri kutambudzika
zvikurusa zvisina kumboitwa nomumwe munhu kana
wakatarisa nhamo yako uchiona dzavamwe seduku.*
Everyone thinks of his own burden as the heaviest.

2144 ❋ **Nhamo huru ndeyokushaya sadza, yokushaya usavi
haina waisingachemedzi.**

EXPLANATION AND TRANSLATION
*Kushaya sadza mumba kunokurumidza kuzviratidza kuvanhu
vokunze kuti mhuri yava mudambudziko asi kushaya usavi
kungangodzamara kukapera kusina akuziva.*
The greatest want is that of porridge but the lack of side-dish is
commonest to all families.

2145 ✹ Nhamo hwena inodurikana pamusoro peimwe.

EXPLANATION AND TRANSLATION
Marudzi okutambudzika anowira munhu akawanda.
Matambudziko anowira munhu achingoita dutu (chita)
pamusoro pomunhu mumwe chete.
It never rains but it pours.

2146 ✹ Nhamo inodzivaidza sechamupupuri.

EXPLANATION AND TRANSLATION
Munhu awirwa nokutambudzika kwokushaya zvingamuya-
mura muupenyu anenge angova munhu asati achagara
panhu pamwe chete, ongofamba pose pose mazuva ose.
Need turns a stable person into a wanderer.

2147 ✹ Nhamo inokandira mazai mumba sehuku.

EXPLANATION AND TRANSLATION
Munhu ari mukushaya kukurusa zvingamuyamura, kushaya
kwake kunogara kwakawedzereka zuva nezuva.
He that is always in the lowest depths of poverty is never even
least contented.

2148 ✹ Nhamo inokwcgudza.

EXPLANATION AND TRANSLATION
Munhu akagara achishaya, achitambudzika zvikurusa,
anokurumidza kuva harahwa (mutana) kana chembere.
One that is always in sorrow ages faster.

2149 ✹ Nhamo inhamirwa.

EXPLANATION AND TRANSLATION
Kana munhu apindwa nokutambudzika panzvimbo yaari

632

*angaedza kuenda kune imwe nzvimbo kunotsvaka ruyamuro
asi inoramba.*
He that is in poverty may move somewhere to find wealth.

2150 ✹ **Nhamo inopedzwa nowafa.**

EXPLANATION AND TRANSLATION
*Kutambudzika kwomunhu achararama achishaya zvizhinji
zvinoumba upenyu kunongoramba kuchiwanda asi kana
munhu afa, kushaya kuya hakuchisina, kwaari kwaguma.*
One that is dead is relieved of all burdens.

2151 ✹ **Nhamo inorisa wayarumba (wayasarudza).**

EXPLANATION AND TRANSLATION
*Munhu agara anangwa nokutambudzika, kunongomuwira
napanzvimbo panga pasakafanira kuti pangava
nokutambudzika kwake munhu iyeye.*
Problems tend their victim.

2152 ✹ **Nhamo inozvirevera yoga.**

EXPLANATION AND TRANSLATION
*Munhu agara achitambudzika anotaridzika akasuwa, asina
kufara nguva dzose.*
One that is in sorrow never can conceal it.

2153 ✹ **Nhamo inozvizivira.**

EXPLANATION AND TRANSLATION
*Munhu anoshaya anoshandisa zvose zvaanowana nenzira
yokuchengetedza asingazviparadziri pazvisakafanira*

kuparadzirwa.
One that is always in need uses economically whatever little he gets.

2154 ✺ **Nhamo ishumba, haigumi isina wayaparadza.**

EXPLANATION AND TRANSLATION
Dambudziko rimwe nerimwe rinowira munhu rinopfuura rambomurwadzisa.
Any disaster claims victim.

2155 ✺ **Nhamo munzwa unonzwikwa nowabayiwa.**

EXPLANATION AND TRANSLATION
Kana kutambudzika kusati kwakuwira haumbozivi marwadziro ako, asi kana ukangotangidza kutambudzika unonzwa mwoyo worwadza, wokundikana kudya, uye wogara wakasuwa.
A disaster is a thorn that is felt at the point that one is pricked.

2156 ✺ **Nhamo mutoro wedengu.**

EXPLANATION AND TRANSLATION
Munhu wose anofanira kuziva kuti achapinda mune kumwe kutambudzika mukati menguva yokurarama kwake.
Hardship is a full basket-load that everyone will carry.
Everyone is bound to be confronted with some difficulties during the course of one's life.

2157 ✺ **Nhamo haizi yomunhu mumwe.**

EXPLANATION AND TRANSLATION
Kutambudzika pano panyika kwakaenzanisirwa munhu wose. Hakuna angangodzamara akafa asina kumbotambudzika.
All of us were born to suffer sometime.

634

2158 ❋ **Nhamo madzoro inoravanwa.**

EXPLANATION AND TRANSLATION
Wose munhu anofema ane zuva rake raachapinda naro mukutambudzika, ozovazve nerimwe zuva rake rokubuda mukutambura.
Every one of us has a turn of undergoing some troubles.

2159 ❋ **Nhamo ndimaunganidze.**

EXPLANATION AND TRANSLATION
Vanhu vamwe kana vapindirwa nedambudziko vanosangana kuti varwisane nedambudziko vakabatana.
Adversity unites family members.

2160 ❋ **Nhamo ndiyo ngwadzi.**

EXPLANATION AND TRANSLATION
Munhu akakura achishaya, achitambudzika, anozoita munhu ane njere namano okugona kuita zvinhu zvinoyamura muupenyu.
Adversity makes a person.

2161 ❋ **Nhamo pane agere pasi ihuru, asi pane amire iduku.**

EXPLANATION AND TRANSLATION
Munhu anoswera agere asingashandi, kushaya kwake zvinhu zvinobatsira muupenyu kunogara kwakakura, asi uyo anoswera achishanda, anowana kuyamurika kwakakurawo.
He that idly sits down the whole day has many needs, but one who is industrious the whole day has fewer needs.

2162 ✴ **Nhamo rwizi ruzere, inopweva.**

EXPLANATION AND TRANSLATION
Dambudziko rimwe nerimwe rinenge rawira munhu, nyange
rakakura sei, rine zuva raro rarichapera naro.
All sufferings get reduced with time.
Hardships are a flooded river which eventually recedes.

2163 ✴ **Nhamo uroyi inouraya nowaunoda.**

EXPLANATION AND TRANSLATION
Kana munhu ari murombo akasvikirwa nehama yake yaziya
akashaya chaangamuziyinura nacho, anenge atomuuraya
somuroyi.
One that is in the lowest depths of poverty sends off one's
relative hungry.

2164 ✴ **Nhamo yambokuwira hauikanganwi.**

VARIANTS
◆ Chakachenjedza ndechakatanga.
◆ Rega zvipore akabva mukutsva.

EXPLANATION AND TRANSLATION
Munhu akambopinda mutsaona inorwadzisisa, asi akapona,
anogara akairangarira nguva dzose muupenyu.
A problem once encountered hardly escapes one's mind.

2165 ✴ **Nhamo yakuwira (yawaona) yapfuura.**

EXPLANATION AND TRANSLATION
Chinhu chinenge chatoitika nyange change chakarema,
hachichatyisi nokuti kana chikangorwiswa chichakundwa
chete.
The danger that has befallen you is a past danger.

2166 ✱ **Nhamo yechirikadzi haina murume asingarwisani nayo.**

EXPLANATION AND TRANSLATION
Chirikadzi kana ikawirwa nedambudziko, vaigere navo vanoibatsira kuti dambudziko riiperere.
Widows are always rich because all men care for them.

2167 ✱ **Nhamo yomumwe hairambirwi sadza.**

EXPLANATION AND TRANSLATION
Kutambudzika kwomumwe hakunetsi mwoyo wousingata-mbudziki, asi kana ava iye otambudzika mwoyo wake unogara wakanetsekara.
Someone's hardship never can blunt your appetite.
Someone's want, though great, is to you a minor thing.

2168 ✱ **Nhango yenyama inoonekwa (kukora) kununa yawira pasi.**

EXPLANATION AND TRANSLATION
Kunakisisa kwechinhu norubatsiro rwacho rukurusa, kunowanzoonekwa pashure pokunge chamurasikira.
The loss of a thing brings out its usefulness.

2169 ✱ **Nhasi chikamba (hamba) chazosangana navane masanhu (matemo).**

EXPLANATION AND TRANSLATION
Munhu anosigara achitadzira vanomutya, vachimurega achienda asina kurwiswa, uyo azotangana navasingamutyi vanorwisana naye vakamukurira.
The tortoise that used to meet the stick-armed hunters has today met the axe-armed hunters.
The boastful fighter who used to bully the weak ones has today met his equal-strength opponent.

2170 ✳ **Nhasi ndezvangu, mangwana ndezvakewo.**

EXPLANATION AND TRANSLATION
Munhu anotsiurwa pamusana pokuseka mumwe waanoona achitambudzika asi iye achazotambudzika akasekwawo.
Today is one's turn and tomorrow it is someone's to fall into misfortune.

2171 ✳ **Nherera hadzitumburani munzwa.**

EXPLANATION AND TRANSLATION
Murombo haagoni kubatsira mumwe murombo mukushaya kwaanako.
He that is poor cannot help another poor person.

2172 ✳ **Nherera haishari, kunoshara ana mai.**

VARIANT
◆ Nherera idya ugute, rega zvirevareva.

EXPLANATION AND TRANSLATION
Mwana asina vabereki anongodya zvose zvaanenge apiwa nyange zvisingagutsi mwoyo wake.
All types of food to an orphan are dainties.

2173 ✳ **Nherera ihamba inoveserwa mwoto wokuibvura yakatarisa.**

EXPLANATION AND TRANSLATION
Mwana asisina vabereki nyange otambudzwa sei paakachengetwa anongoramba aripo achingotambudzwa anyerere nokuti anenge asina angamutora kuti amurwire.
An orphan is always at the mercy of its tormentor.

638

2174 ✳ **Nherera inorwara iri paduri napaguyo.**

EXPLANATION AND TRANSLATION
*Munhu asina hama dzinomuchengeta dzichimubatsira nyange
orwara, anongorwara achizvishandira. Kana akarara pasi
haana angamukuyira.*
Although feeling unwell, an orphan is never free from domestic
duties.
A friendless person, although sick, is ever in the harness.

2175 ✳ **Nherera rware chizvimbisa (bundu) ugoregotumwa.**

EXPLANATION AND TRANSLATION
*Mwana asina mai kana achirwara urwere hwusingaratidzi
kushanduka kwokuzvimba kwenyama dzokunze komuviri,
vakamuchengeta havabvumi kuti anorwara.*
A swollen body helps an orphan to be believed to be ill.

2176 ✳ **Nhomba haina mbare.**

EXPLANATION AND TRANSLATION
*Chinhu chinoonekwa ukuru hwacho chinhu chinosiya chira-
tidzo pamuviri sembare dzinoonekwa dzochechenya ganda.*
Great appetite for meat is only felt by one who has it.

2177 ✳ **Nhonongora ndeinodya twayo, haikumbiri uchi
kudondi.**

VARIANT
♦   Mukuru ndeane chake, haadyi chokuteta sehuku.

EXPLANATION AND TRANSLATION
*Munhu akura anofanira kuzviriritira iye nemhuri yake,
asararama nezvokukumbira kuvaduku.*
The stingless honey-bee depends on its honey juice not on
other bees' honey.

639

He that classifies himself an elderly person should never feed from another man's hand.

2178 ❋ Nhovo dzendonda hadziwarurwi.

EXPLANATION AND TRANSLATION
Munhu anogara achitambudzika zvikurusa, nyange akasambotambudzika kwechinguva, mwoyo wake nomuviri zvinenge zvisati zvasununguka.
An invalid's bedding is ever (always) spread.
He that is always in hardships presents a grace appearance.

2179 ❋ Nhumba (chimbo/Ngoma) yawarovera kutamba haikunyadzi.

EXPLANATION AND TRANSLATION
Kana munhu akakura achingoita mabasa akashata anodzamara akakwegura achingomaita.
A thief is never tired of stealing because he is used to it.

2180 ❋ Nhumbu (Dumbu) ihuru isina apa.

EXPLANATION AND TRANSLATION
Nyange munhu afa nenzara, kana akangopiwa zvokudya zvishomanana anotanga kunzwa kuti apona.
Hunger is assuaged by a small morsel.

2181 ❋ Nhumbu inhamburirwa.

EXPLANATION AND TRANSLATION
Munhu kuti agare zvakanaka asingashaiwi zvinhu zvinomuraramisa muupenyu, anofanira kushanda nguva dzose.
Hunger is a driving force to work for oneself.

2182 ✱ Nhungo (Mapango) dzinosungwa nembariro kuti denga rigosimba.

EXPLANATION AND TRANSLATION
Kurarama kwavaduku ndiko kwakabata kurarama kwavakuru.
Old people depend on small ones for their living.
Rafters are bound together by purplins.

2183 ✱ Njodzi inoyananisa, awirwa nayo anotsvaka mununuri wakewo.

EXPLANATION AND TRANSLATION
Vanhu nyange vanga vachivengana vakawirwa nenhamo vanobatsirana vobva vawirirana.
Trouble brings great enemies together.

2184 ✱ N'ombe dzinobva kune uswa dzinoonekwa nokubwinya (nokununa).

VARIANT
◆ Dzinobva kune uswa dzinoonekwa nokubwinya (nokununa).

EXPLANATION AND TRANSLATION
Vakadzi navana vavanhu vane zvokudya nezvipfeko, vanotarisika miviri yavo nezviso zvavo zvakafara nokuyevedza.
Fat-looking beasts are a good testimony of good pastures.

2185 ✱ N'ombe (Dzinobva) dzinobva kusina uswa dzinongoswera dzichifura.

EXPLANATION AND TRANSLATION
Vanhu vanobva kune nzara vanoda kudya zuva rose.
Cattle from barren pastures graze the whole day long without rest.

2186 ❋ N'ombe haikanganwi padziva payakambonwa mvura.

EXPLANATION AND TRANSLATION
Munhu haakanganwi chinhu chaimbova chake, chichi-muraramisa, chichimufadza, chichimugutsa zvakaenzanira chishuwo chake.
The love a man once had for his first lover hotly survives in his heart throughout his life.
Old friends will be soon remembered.

2187 ❋ N'ombe haikodzwi noufuro humwe.

EXPLANATION AND TRANSLATION
Upfumi hahwuwanikwi nenzira imwe kana nemhindu yorudzi rumwe asi nenzira dzakawanda nemhindu dzamarudzi akawandawo.
Change of pasture makes fat calves.

2188 ❋ N'ombe haimiriri ivete (irere), imire.

EXPLANATION AND TRANSLATION
Kana zvokudya zvagadzikwa pamberi pavanhu, ngavachitangidza kuzvidya. Hakumirirwi vaya vasingakurumidzi kuuya kwavadanirwa zvokudya.
The standing beast grazes without taking care for the lying one.

2189 ❋ N'ombe haipakurirwi somwana.

EXPLANATION AND TRANSLATION
Nyange mombe iri duku ichitengeswa nemutengo wakakwirira, munhu ngaaitenge, asairegera nokuti kukura kwemombe hakutani.
A beast feeds not from its owner but grazes by itself.

2190   ❋   **N'ombe inokura nokurimirwa.**

VARIANT
◆   Pfuma inowanda nokurimirwa.

EXPLANATION AND TRANSLATION
Kana mombe hadzi ikatengwa iri duku nomunhu asingata-
mbudziki nokushaya zvokudya, inokura, ikazvara vana vayo,
vana vayo vakazozvaranawo, dzikawanda.
Labour increases wealth.

2191   ❋   **N'ombe inorova danga usiku inobatwa (inodyiwa)**
neshumba namapere.

VARIANT
◆   Mbudzi inorova chirugu usiku inodyiwa nengwe.

EXPLANATION AND TRANSLATION
Munhu anonzwanana nokushamwaridzana zvikuru
navatorwa achisiya vake vomumba anogumisidza apinda
mumatambudziko.
The lone beast is in danger of the lion.
The goat that sleeps outside its kraal is for the wolf and leopard.

2192   ❋   **N'ombe (Mhou) inosisa hairarami.**

EXPLANATION AND TRANSLATION
Munhu akanaka asinganeti pakuyamura vamwe haana
mazuva mazhinji ari panyika.
The cow that gives much milk lives not longest.

2193 ✸ **N'ombe kurasika inoenda (inopinda) mune dzimwe.**

EXPLANATION AND TRANSLATION
Nyange munhu akapengereka nenyika asi anenge achigara mumisha yavanhu. Nyange akati achifamba akavirirwa nezuva anonokumbira nzvimbo yokurara mumisha yavanhu.
A stray beast joins other beasts it finds elsewhere.

2194 ✸ **N'ombe mai inoyamwa mumhuru yayo.**

EXPLANATION AND TRANSLATION
Mwana angabatsira vabereki vake nokuvapa mazano angagadzirisa nyaya yomumhuri yavo nokuti vabereki kana vapererwa namazano vanogona kubvunza vana vavo.
It is possible that children can give healthy advice to their own parents.
The cow suckles from its calf udder.

2195 ✸ **N'ombe (Nzombe) nyoro haibviwi nomutoro wehomwe pamusana.**

EXPLANATION AND TRANSLATION
Munhu akapfava anomhanyirirwa navanhu vose vanoda kumutuma kuti avashandire mabasa avo akasiyana-siyana.
The most tame ox always has the big load on its back.

2196 ✸ **N'ombe nzuma haizakaonda nekusava nenyanga.**

EXPLANATION AND TRANSLATION
Zviripo zvinhu zvinoshandiswa muupenyu navamwe vanhu vanazvo asi zvisingaderedzi magariro oupenyu hwavamwewo vanhu vasinazvo vachingogara vakafara zvakafanana navaya vanazvo.
A hornless beast has never been lean for having no horns.

644

2197 ✱ **N'ombe shava yakazvara (inozvara) nhema.**

EXPLANATION AND TRANSLATION
Munhu akarurama anogona kuzvara vana vane mabasa akashata.
A brown cow may produce a black calf.
Straight trees have crooked roots.

2198 ✱ **N'ombe yatsika mumunda yadya zviyo nokuti yasiya makumbo.**

VARIANTS
- N'ombe yatsika musheche yanwa.
- Wananzva minwe adya.
- Yatsika musheche yanwa.

EXPLANATION AND TRANSLATION
Munhu kana akati achifamba akapfuura nepanzvimbo, nyange asingagaripo, akangogara kanguvana anonzi asvikapo panzvimbo iyoyo akaona zvose zvanga zviripo.
The beast that has trespassed into the crop field is presumed to have grazed on green maize.

2199 ✱ **Nyadenga anotsiva amene, mheni yakarova muti ukafa.**

EXPLANATION AND TRANSLATION
Kuranga kwaNyadenga hakukumbirwi nomunhu akatadzirwa.
Revenge is the prerogative of God.

2200 ✱ **Nyadzi dzakakunda kufa.**

EXPLANATION AND TRANSLATION
Munhu akange aitirwa chinhu chinorerutsa chimiro nounhu hwake hazvimubvi mumwoyo.
Shame (Humiliation) pains more than death.

2201 ✦ **Nyadzi hadzina dumbu.**

EXPLANATION AND TRANSLATION
Munhu anodya achizeza maziso avamwe vakamutarisa
achitya kuti vanozoti anodyisa saka ongodya zvishomanana,
oregera asati aguta, anogara asakaguta nguva dzose.
A shy person is ever hungry.

2202 ✦ **Nyama ndakunzwa kunaka, chinokunatsa munyu.**

EXPLANATION AND TRANSLATION
Munhu mungwaru wawadzidza zvake zvose, wawazivira
nokuwanira mazano okumukurira pane zvaaronga
kukwikwidzana newe.
He that has been thoroughly studied has been half-way defeated.

2203 ✦ **Nyama yagoverwa padare haipoperwi.**

EXPLANATION AND TRANSLATION
Chinhu chawapirwa pamberi pavazhinji vachichiona, nyange
chikava chiduku, kwauri chikuru.
Meat shared in public is fairly shared.
It is no little share that is given to you in public.

2204 ✦ **Nyamuchimbidzi akabva asina, nyamunonoki**
akabva nechinhu.

EXPLANATION AND TRANSLATION
Munhu anoita chinhu nebapu achida kuti zvikurumidze
kusvika pazvinenge zvakafanira kusvika, anowanza
kukanganisikirwa nazvo zvisati zvabudirira. Anobudirira
ndeanoita hana yakawa.
He that does things hurriedly achieves no success.

2205 ❋ **Nyanga dzezizi manhenga.**

EXPLANATION AND TRANSLATION
Munhu anonzi muroyi, achizvibvuma kuti muroyi, anogara
achityityidzira vanhu kuti vagare vachimutya.
Even the harmless witch is greatly feared by all who know her.

2205 ❋ **Nyanzvi (govere) inotamba iri mukati menhanga,**
haizvioni unyanzvi hwayo sevari kunze kwenhanga.

EXPLANATION AND TRANSLATION
Munhu anogonesesa kuita chinhu, iye pachake haangatauri
kuti anochigonesesa achizvirumbidza asi vaya vakachitarisa
ndivo vanogona kumurumbidza pakuchiita kwake.
The dancing expert is not a good judge of his dancing perfor-
mance.

2206 ❋ **Nyaya yakatutsa rwendo mberi.**

EXPLANATION AND TRANSLATION
Kana vanhu vakashanda basa vachifara, vachiseka,
vachivaraidzana nokutaura-taura, basa ravanoshanda
nyange richirema haritani kupera.
Chatting on a journey keeps the journey short.

2207 ❋ **Nyere inorira ndeine deko.**

EXPLANATION AND TRANSLATION
Munhu ane vatsigiri pachinhu chaatanga ndiye
anobudirira pakuchiita.
He that is backed up by relatives in a cause must succeed.
Unity is strength.

2208 ✹   Nyere (Inyere) itsva inozvimbisa muromo.

EXPLANATION AND TRANSLATION
*Munhu anosiya shamwari dzake dzekare achindokumbana
neshamwari itsva, ndidzo dzinozomukwezvera mukuita
zvakashata.*
He that associates himself with evil-doers will reap sorrow.

2209 ✹   Nyika dzinogara hombarume, hadzigari marume
matye.

EXPLANATION AND TRANSLATION
*Kuti munhu womurume abudirire pane zvose zvaanoita
muupenyu, anofanira kuva nomwoyo wakatsunga.*
Only the brave, not the cowardly, are fit to live and survive.

2210 ✹   Nyika inofa ichiona zvikobvu.

EXPLANATION AND TRANSLATION
*Zvinhu zvinoitika zvinoshamisa zvakawandisisa,
zvinoonekwa navanhu vanorarama nguva yakarebesesa.*
Time works wonders.

2211 ✹   Nyiranyire yapafiwa ine murwise.

EXPLANATION AND TRANSLATION
*Kupomerana nokufungirana kwavavakidzani kana hama
nehama kunozvara kupesana kunosvitsana pakurwisana.*
Suspicion in bereavement begets quarrels.

2212   ❋   **Nyiranyire (Inyiranyire) yowafa, inongonenerwa neasiri muroyi.**

EXPLANATION AND TRANSLATION
Panenge pafiwa panofungidzirwa munhu wose, neasina uroyi, kuti ndiye akauraya uyo anenge afa.
Whenever death occurs, everyone, even the innocent, is suspected to be the culprit.

2213   ❋   **Nyoka dzinoruma izhinji, tsvimbo haivezerwi kuuraya nyoka imwe.**

EXPLANATION AND TRANSLATION
Kutambudzika kunovinga munhu kwakawanda, saka pfuma haina kuunganidzirwa kushandiswa kupedza kutambudzika kworudzi rwumwe.
A hat was never made for one summer season.

2214   ❋   **Nyoka haidariki musingwi (mwena) wayaona.**

EXPLANATION AND TRANSLATION
Kutambudzika hakupfuuri neparutivi pemunhu wakunenge kwakananga
He whom misfortune is bound to befall never shall escape.
A snake never passes aside an open hole.

2215   ❋   **Nyoka haina duku.**

EXPLANATION AND TRANSLATION
Munhu anoroya haana kuti muduku pazera nokuti mushonga waanoroya nawo une simbawo rokuuraya.
A viper may not be full grown but hath its venom.
Even a young witch is dangerous as an old one.
Even a little serpent has poisonous fangs.

2216 ❋ Nyoka huru haizvirumi.

EXPLANATION AND TRANSLATION
Munhu akange atadzirwa nomwana waakazvara, nyange
kutadzirwa ikoko kwakakura zvokusaregerwa, anopedzisira
amuregerera hake.
Parents love their own children with their faults.

2217 ❋ Nyoka huru inoonekwa kukura kwayo nomuhwezva.

EXPLANATION AND TRANSLATION
Kukura kwenhamo yawira vanhu kunoonekwa nokukura
kwezvinhu zvayakaparadza.
A big snake is determined by its broad spoor.
The disaster's enormity is largely determined by destruction it has
caused.

2218 ❋ Nyoka inochenera chayo.

VARIANT
◆ Maranga ida ako.

EXPLANATION AND TRANSLATION
Mubereki mumwe nomumwe anoda vana vake vaakazvara
norudo rukuru runopfuura rudo rwaanopa vana vasiri vake.
Blood is thicker than water.
Even a crow does not call her young ones black.
The owl thinks her young ones are the fairest.

2219 ❋ Nyoka inokwegura nouturu (noukasha) hwayo.

EXPLANATION AND TRANSLATION
Munhu ane hasha anongokwegura achingova nadzo.
A viper grows old with its poisonous venom.
A wicked person will always spit malicious words.

650

2220 ✱   **Nyoka inorohwa neanobva kure.**

EXPLANATION AND TRANSLATION
*Mweni anogona kupa vohwo mazano avanga vakundikana
kuwana okuita chinhu chikabudirira.*
A problem may be solved by a stranger.

2221 ✱   **Nyoka nyange ive duku sei, haingaurawi noruvado
rworuoko.**

VARIANT
♦   Rukova rwizi, kuruyambuka unokwinya nguo.

EXPLANATION AND TRANSLATION
*Nhamo nyange yava duku sei, kuti uikurire unofanira
kugwinya pakutsvaka mazano.*
A flooded rivulet is just the same as a flooded big river, when
crossing it one pulls up the garment above the waist.
No minor want that can be overcome without material means.
No snake is so small that when killing it one uses a hand palm.

2222 ✱   **Nyope munin'ina werombe, rinodya nokupemha.**

EXPLANATION AND TRANSLATION
*Munhu ane usimbe, pfungwa dzake nenzira dzamararamiro
ake hazvisiyani nezviri mumwoyo momunhu anodya
nokukumbira.*
A slothful man is the beggar's brother.

2223 ✱   **Nyota inopedzerwa patsime.**

EXPLANATION AND TRANSLATION
*Chokwadi chezvakaitika chinotaurwa neanenge azviona
zvichiitika.*
Thirst is quenched at the well.

2224 ✸ **Nyuchi dzinoruma hadzina uchi.**

EXPLANATION AND TRANSLATION
Basa rinoremesesa pakushandwa kwaro hariwanzi kuva nomubayiro unofadza.
Strenous efforts do not pay sometimes.
Bees which sting most do not possess honey.

2225 ✸ **Nzanga hwowa hwunoora nousiku humwe.**

VARIANT
◆ Nzanga usiseki dumba, newe unofuma wave dumbawo.

EXPLANATION AND TRANSLATION
Musha mukuru kana woputsika unongoparara nenguva pfupipfupi.
A big village perishes like mushroom, within a night.

2226 ✸ **Nzanga yakaparadzwa nedehwa.**

EXPLANATION AND TRANSLATION
Kupesana kwavavakidzani kudukuduku kungavaputsira misha yavo, ikaparara zvachose.
A small leak (hole) sinks the great ship.
A petty quarrel splits a large village.

2227 ✸ **Nzara (Zhara) haina chinoyera.**

VARIANT
◆ Nzara (Zhara) inodyisa mutupo.

EXPLANATION AND TRANSLATION
Vanhu kana vava mukushaya kukurusa, nezvose zvisingabvumidzwi nemitemo yamagariro kudyiwa, zvinongodyiwa kukasavapo neanobingisiwa kuti azvidyirei.
Necessity knows no law.
Acute need observes no customs.

2228 ❋   **Nzara (Zhara) haina dera.**

EXPLANATION AND TRANSLATION
*Munhu afa nenzara, nyange zvokudya zvowanika nenzira
inorema sei, haangatyi akaregera kurwisa kuti abudirire
kuzviwana.*
There was never a coward that could not struggle hardest to
feed himself.

2229 ❋   **Nzara (Zhara) haina (haizivi) hama.**

EXPLANATION AND TRANSLATION
*Munhu afa nenzara chaanofunga kugutsa dumbu rake.
Nyange achidya, hama yake iri pedyo, anongodzamara
akapedza iripo.*
A hungry person knows no friend.

2230 ❋   **Nzara (Zhara) haitori chakarema, inotandwa
nokumusuva.**

EXPLANATION AND TRANSLATION
*Munhu anenge aziya, musuva wokutanga waanonokora
akaudya ndiwo unomuziyinura. Nyange ozodya yakawanda
pashure anenge agara apona.*
The sharp pangs of hunger are repulsed by the first morsel.

2231 ❋   **Nzara (Zhara) haiziri tsvina inoshambwa nemvura
ikabva.**

EXPLANATION AND TRANSLATION
*Munhu afa nenzara hapana chimwe chinhu chaangaita kuti
ibve mumuviri kunze kwokuti awane chinodyiwa.*
Hunger is not dirt that can be washed off in water.

2232 ✹ **Nzara idera rinotandwa nomusuva mumwe.**

EXPLANATION AND TRANSLATION
*Munhu anenge afa nenzara, kana akangopiwa zvokudya
zvishomanana, haatani kuziyinuka.*
Hunger is a coward that is repulsed by a single morsel.
Even little food wards off the pangs of great hunger.

2233 ✹ **Nzara (Zhara) ifambisi.**

EXPLANATION AND TRANSLATION
*Munhu anoshaya zvokudya anoenda pose pose, achikumbira
zvokudya.*
He that starves wanders about in search of food.

2234 ✹ **Nzara (Zhara) imhenzi.**

EXPLANATION AND TRANSLATION
*Munhu afa nenzara anotarisika ava nehasha, asisina hana
yakatsiga, oita semunhu asisina pfungwa dziri mugwara
rokufunga zvine mano mukati.*
A hungry man is an angry mad man.

2235 ✹ **Nzara (Zhara) imhesanisi, yakapesanisa murume
nomukadzi mumba.**

VARIANT
♦ Nzara ine murwise mumba.

EXPLANATION AND TRANSLATION
*Kana mumba moshaikwa zvinodyiwa, murume nemukadzi
vanongogara vakatukana vachitukirana kushaya zvokudya.*
Hunger breeds strife between a man and a wife.

2236   ✱   **Nzara inopaza masasa neakasimba.**

EXPLANATION AND TRANSLATION
*Munhu abvurirwa nokushaya zvokudya haana imba ine
zvokudya mukati ine mukova wakapfigwa zvakasimba
waasingagoni kukwatsura sasa rawo akapinda.*
Hunger breaks stone walls and iron doors.

2237   ✱   **Nzara (Zhara) inyimi, unoshaya chokupa waunoda.**

EXPLANATION AND TRANSLATION
*Munhu ari munzara huru ndiye anokonewa zvikurusa
kuyamura vanenge vabvurirwa nenzara kana vasvika
kwaari.*
The years of famine have no corn gifts to give the needy.

2238   ✱   **Nzara pamurimi ivato inovata yomuka yopfuura.**

VARIANT
   ◆   Demba nzara uchirima kuti uikurire.

EXPLANATION AND TRANSLATION
*Munhu anotambudzika nokushaya achishanda, anokurumidza
kukurira kushaya kwaanenge ari mukati mako.*
At the home of a hardworking farmer, starvation only lodges
for one night.

2239   ✱   **Nzara (Nhomba) shura mweni, nevohwo vagogutawo.**

EXPLANATION AND TRANSLATION
*Kana pamusha pakashanyirwa navaenzi, nyange panga
pasisina zvokudya zvingadyiwa navene vomusha, kunobva
kwatsvakirwa vaenzi zvokudya zvakawanda zvinozodyiwa
navose.*
The arrival of visitors brings plenty of meat with them.

2240 ✸ Nzara (Zhara) yomurume haiperi.

EXPLANATION AND TRANSLATION
*Kushuva kwomunhu wechirume kuti awane zvinhu
zvakasiyana-siyana muupenyu hakuna mugumo,
anodzamara akangofa kwakawanda.*
Man's desires never come to an end.

2241 ✸ Nzara (Zhara) ziva yomumwe, yako igozikanwawo.

VARIANT
◆ Dumbu ziva romumwe rako rigozikanwawo.

EXPLANATION AND TRANSLATION
*Munhu anopa vamwe zvavanoshaya muupenyu, naiye
anopiwawo zvaanoshaya muupenyu navamwe.*
He that pities another remembers himself.
He who feeds others also feeds himself.

2242 ✸ Nzeve (Zheve) dzeari pandiro dzadzivira.

VARIANT
◆ Wava pandiro haachina nzeve.

EXPLANATION AND TRANSLATION
*Kana munhu achinge awana chaanodisisa haazove
nehanyn'a yakanyanya nezvimwe zvinhu panguva iyoyo.
Somuenzaniso, munhu anga afa nenzara kana paanenge odya
nyange odaidzwa haakurumidzi anzwa.*
Hungry bellies have no ears.

2243   ✳   **Nzeve (Inzeve) dzenzara dzinongodaidzwa kamwe dzodavira.**

EXPLANATION AND TRANSLATION
Munhu anodisisa chinhu, kana kwaanenge achinzwira kuti ndiko kwachiri haazononoki kuenda ikoko kunoona kana chiriko.
He that is hungry responds to the call without delay.

2244   ✳   **Nzeve (Zheve) hadzinyimwi somuromo, chadzanzwa dzanzwa, dzinozvitorera dzochichengeta.**

EXPLANATION AND TRANSLATION
Nyange munhu asingadi kuti zvinhu zvake zvaanoziva iye oga zvizivikanwe navamwe vanhu, kana akagara ashamisa muromo wake akazvitaura, uyo anenge amunzwa achizvitaura anobva azvitorawo ozvichengetawo sezvake.
No one can possibly refuse the ears from hearing a spoken word.

2245   ✳   **Nzira (Zhira) haizivi chinouya nhasi.**

EXPLANATION AND TRANSLATION
Hakuna munhu anogara achiziva kuti pazuva raanenge ari iroro ndiani wake achamushanyira.
The path tells no one who is the visitor to arrive.

2246   ✳   **Nzira (Zhira) hombami ndiyo ndurami.**

EXPLANATION AND TRANSLATION
Zvinhu zvinotangidza nenzira dzinomhurika ndizvo zvinogumisidza zvanakisisa zvakanyanyisisa.
Scorn at first makes after love the more.

2247 ❋ **Nzira (Zhira) ibvunzwa kune vari mberi kwako.**

EXPLANATION AND TRANSLATION
*Munhu kuti ave noungwaru hwakasimba hwokugona kuita
zvinhu nomazvo, anofanira kudzidziswa ungwaru
hwakadzama nevakuru kwaari pazera.*
If you wish, to have good advice, consult an old man.

2248 ❋ **Nzira (Zhira) ndimarashe unoguma wasvika kusina
wako.**

EXPLANATION AND TRANSLATION
*Nzira dzokuita zvinhu muupenyu dzingagumisidza
dzarasa munhu akanosvika kusina waanoziva.*
The path is an ill neighbour, it can lead you to perish.

2249 ❋ **Nzira (Zhira) ndivatateguru, ukarwarira mairi
unorarama.**

EXPLANATION AND TRANSLATION
*Kunyange munhu akarwara zvikuru ari murwendo haawanzi
kufira munzira.*
A severe illness on a journey does not kill.

2250 ❋ **Nzira (Zhira) yewakadikanwa chigidigidi.**

EXPLANATION AND TRANSLATION
*Munhu panzvimbo paanenge ongogara achiendapo panenge
paine chaanodapo.*
Gain breeds too often visits.

2251 ❋ **Nzira yewakarambwa yamera (bundo) tsanga.**

EXPLANATION AND TRANSLATION
Munhu arasikirwa nechaanga ava nacho panzvimbo iyoyo anobva amira zvachose kuendako.
Loss makes feet heaviest.

2252 ❋ **Nzombe dzakakora ngadzitinhwe nerume gobvu.**

EXPLANATION AND TRANSLATION
Vanhu vakangwara pavanenge vagere vari boka, munhu anofanira kuvabata nokuvatungamirira ngaave munhu mungwaru kupfuura vamwe vake.
The one who drives fat oxen should be fat too.
The one who leads a wise society should himself be wise too.

2253 ❋ **Nzombe huru yakabva mukurerwa.**

EXPLANATION AND TRANSLATION
Munhu wose mukuru ane mukurumbira akatanga ari mudiki achiriritirwa nevakuru.
Small beginnings make great endings.
Great people once depended on elders when they were young.

2254 ❋ **Nzombe nyoro haibviwi nomutoro wehomwe pamusana.**

EXPLANATION AND TRANSLATION
Munhu akapfava anogara achingoshanda nguva dzose, achishandira vanomutuma nokuti anenge achitumwa asingarambi.
All lay their loads on the tame ox.

2255 ✳ **Nzvimbo imwe haidyisi zvakawanda .**

EXPLANATION AND TRANSLATION
Munhu asingagari achienda kune dzimwe nyika dziri kure nenyika yake yaanogara, haawanzi kuwana makomborero edzimwe nyika.
He that stays at one place will never be rich.

2256 ✳ **Nzvimbo inokunakira wagara pairi.**

EXPLANATION AND TRANSLATION
Kana munhu ava pane rimwe dunhu ogarapo, ndipo paanotanga kunzwa muropa rake kuti paagere pakanaka.
A new dwelling place is homely when one has made many friends.

2257 ✳ **Pabva zino rava vende.**

EXPLANATION AND TRANSLATION
Munhu paanenge arasikirwa nenhumbi yaanga ava nayo, anosara asisina imwe inotsiva yarasika.
The falling out of a tooth leaves an open gap.
The loss of a child in a family decreases its rising number.

2258 ✳ **Pabviwa nomunhu rava dongo.**

EXPLANATION AND TRANSLATION
Panzvimbo patamwa nomunhu, nyange pozova nomufaro unopfuura waimbovapo achiripo, haazovi nehanyn'a nawo.
An abandoned home has become a ruin.

660

2259 ❋   **Pabviwa pazara marara, hapachina achatsvaira.**

EXPLANATION AND TRANSLATION
Kana munhu akatama panzvimbo akasiya zvinhu zvose zvakanaka, pashure penguva panenge pava nezvakawanda zvakanganisika.
The place you have left is full of strange happenings.

2260 ❋   **Pachikwenzi pawakavanda nhamo ramba uripo.**

EXPLANATION AND TRANSLATION
Mukadzi akaroorwa pamurume anomuriritira, asaramba murume pamusoro pechikonzero chisina maturo.
Stick to the bush that gives you shelter.
Every man bows to the bush he gets shelter from.

2261 ❋   **Pachuru pawakamboona nyoka hapagarotambirwa.**

EXPLANATION AND TRANSLATION
Panzvimbo paakambopinda mumatambudziko akakunda, munhu haafariri kugara akajaira kushanyirapo, panogara pakamutyisa.
Do not get used to playing at an antheap you once saw a snake.
It is a silly fish that is caught twice with the same bait.

2262 ❋   **Padare hapapiwi munhu pokugara somumba.**

EXPLANATION AND TRANSLATION
Panze pakaungana vanhu hapana mutemo unomanikidza munhu kuti asagara paanozvidira, haaratidzwi nzvimbo nomumwe.
There is a wide choice of sitting-places in the open.

2263 ❋   **Paduku paduku hapadzoki.**

EXPLANATION AND TRANSLATION
Nyange basa rakakura sei, munhu akaramba achirishanda
zvishoma nezvishoma, rinodzamara rikapera.
Little by little each day is much in a year.

2264 ❋   **Padyiwa pakagutwa panosara mivhuruvhuru.**

EXPLANATION AND TRANSLATION
Kuti zvitendeseke kuti panenge papiwa vanhu zvokudya
vazvidya vakazviguta ngakuonekwe tumafufu twasarirapo.
People who have eaten well leave crumbles.

2265 ❋   **Padzinorohwa matumbu ndipo padzinomhanyira.**

EXPLANATION AND TRANSLATION
Vanhu vanoita samatununu vachiramba vachingozvipinza
mumatambudziko avanoona vamwe vavo achivakuvadza.
People flock to other people who victimise them.

2266 ❋   **Paenda (Papinda) badza hapanyepi.**

EXPLANATION AND TRANSLATION
Basa rose munhu raanoshanda, kana achirishanda zvakanaka
harikoni kumupa mubairo.
Even a small planted portion of land will yield a little.

2267 ❋   **Pafa mukuru mhanda dzedanga dzaora.**

VARIANT
◆   Pafa mukuru pazara marara.

662

Musha wanga wakavakwa navanhu vamwe, kana
mukuru wavo akatorwa norufu, musha iwoyo unobva
waparara.
The death of the elder splits the family.

2268 ❋ **Pafa nyama nhunzi dzawanda.**

EXPLANATION AND TRANSLATION
Panzvimbo pane mitambo yamabiko nemimwe mitambo izere
mifaro yezvakashata, ndipo panoitwa zvitema nezvinose-
mbura zvakawanda.
Where meat is, flies come increasingly.

2269 ❋ **Pafa nyangadzi hapashaikwi wayo anochemawo.**

VARIANT
◆ Nomuroyi (Muroyi) ane hama dzakewo dzinomuda.

EXPLANATION AND TRANSLATION
Nyange nomunhu anorarama namabasa akashata anavo
vake vanomunzwirawo tsitsi kana otambudzika.
When an evil-doer dies, he never lacks a chief mourner.

2270 ❋ **Pafira mhuka panosara ropa.**

EXPLANATION AND TRANSLATION
Panenge paitika nyaya hombe, hukutu, panowanikwa
uchapupu hwakajeka.
Where the deer is slain, some of her blood will lie.

2271 ❋ **Pafiwa panochemwa pachidyiwa.**

EXPLANATION AND TRANSLATION
Vanhu nyange vawirwa nedambudziko guru rakaomarara kwazvo, havangagari vasingadyi.
No death sorrow that ever forbids the taking of meals by mourners.

2272 ❋ **Pakukutu hapaurayi.**

EXPLANATION AND TRANSLATION
Kana uri parwendo ukavirirwa nezuva, ukasvikokumbira nzvimbo yokurara pamwe nyange ukanorariswa pasina kukufanira iwe rara wakafaranuka nokuti, kutambudzika kwousiku humwe chete.
One night of ill-lodging while on a journey must be borne silently. What cannot be helped must be boldly endured.

2273 ❋ **Pamukova pamukova, hapaenzani nesango, unogota mwoto.**

EXPLANATION AND TRANSLATION
Nyange munhu oshaya achitambudzika ari pamusha pake, haangatambudziki zvakanyanyisisa seari murenje.
Home is home, though it never be homely.

2274 ❋ **Pamuzinda pane svito (botero/duriro).**

EXPLANATION AND TRANSLATION
Pamisha yose yamadzishe pane munhu anotambira vanhu vanouya vane zvichemo zvavo.
Every courtyard has a messenger.

2275 ● **Pana vamwe hapabviwi.**

EXPLANATION AND TRANSLATION
Kuvaraidzana kwavanenge vasangana vane nyaya
dzakawanda, dzisingakurumidzi kutaurwa kunoita kuti
vanhu vasaonekane.
Idle gossiping delays parting.

2276 ● **Pana vanhu hapazvarwi mwana akashata.**

EXPLANATION AND TRANSLATION
Chinhu chakashata kana chikaitirwa pakazara vanhu,
hachitani kubuda.
A crime committed before the public is soon out.

2277 ● **Pane (Panoengerera) magora ndipo pane mutumbu.**

EXPLANATION AND TRANSLATION
Mhosva haibati asina kuipara.
Vultures soar over a scene where the carcass lies.
He that has committed a crime is the victim of the verdict

2278 ● **Pane mukadzi pane nyama, varume vanochekana namapanga.**

EXPLANATION AND TRANSLATION
Vanhu vechirume kudisisa kwavanoita vechikadzi hakuna
kumbosiyana nokudisisa kunoita vanhu vose nyama kana
vaiona.
Women are the confusion of men.

2279   ✸   **Pane nyuchi ndipo pane uchi.**

EXPLANATION AND TRANSLATION
Chinhu chakanaka chinowanikwa nokutamburirwa,
hachingowaniki nyore. Pane basa rinorema ndipo pane
mubairo unofadza.
Where bees are, there is honey.

2280   ✸   **Pane wafa hama dzinowanda.**

EXPLANATION AND TRANSLATION
Munhu kana asisipo akasiya pfuma navakanga vasiri hama
dzake dzeropa vanoti ihama dzake dzeropa kitira kuti
vagowana migove.
The deceased rich person never wants kindred.

2281   ✸   **Pane zvavamwe sekerere (jekete), pane chako**
kwinye.

EXPLANATION AND TRANSLATION
Munhu anonyima anofadzwa nokupiwa navamwe
achitambira akafaranuka, asi vamwe kana vava mukushaya
haafariri kuvapawo kuti vayamurike.
A miser smiles at receiving from others but frowns at giving away.

2282   ✸   **Panodya imbwa mbiri mundiro imwe manara.**

EXPLANATION AND TRANSLATION
Majaya maviri kana achinyenga musikana mumwe chete
panguva imwe chete anorwa nokuvengana.
Two dogs feeding in one plate snarl at one another.

2283 ✱ **Panodya ishe muranda anodyawo.**

EXPLANATION AND TRANSLATION
Muduku anogona kubatsirwa nomukuru pakushaya kwake.
Panofara vakuru vachidya, navaduku vanofarawo vachipiwa
zvinosiiwa navakuru.
King's chaff is worth other man's corn.
The subject feeds on the remains of the king's meal.

2284 ✱ **Panodyiwa hapagari pasina vanhu.**

EXPLANATION AND TRANSLATION
Vanhu vanoenda panzvimbo pavanobatsirwa nguva nenguva.
People gather where there is food.

2285 ✱ **Panofira mukuwasha ndipo panofira mukarahwa.**

EXPLANATION AND TRANSLATION
Kazhinji kana munhu akaroora mwanasikana womumwe
murume, anozvipira kutakura kurema kwose kwezvinowira
uyo akaroorerwa mwanasikana wake.
Matrimonial relationships bind a father-in-law and a son-in- law
together.

2286 ✱ **Panogogonera hapabvunzwi, panongonzwika poga**
nomuviri.

EXPLANATION AND TRANSLATION
Munhu anenge apara mhosva anongoonekwa nenzira
yaanotarisa nayo vamwe vanhu namataurire aanoita
pamusoro payo.
A guilty mind displays a withered face.

2287 ✹ Panogumira mwena ndipo panoperera nhau.

EXPLANATION AND TRANSLATION
Kana vanhu vanotongwa padare vachinge vapa umbowo
hwose hwemhosva yavanotongerwa, inobva yasvika
painoperera, yogurwa hayo.
Sufficient evidence brings about the final judgement of a case.

2288 ✹ Panorairwa muzvarwa, nherera swedera uterere.

EXPLANATION AND TRANSLATION
Mwana asina vabereki kuti ave mwana ane tsika dzakanaka
anofanira kudzidza tsika dzakanaka kubva kuvabereki
vanenge vaine vana pavanenge vachivaraira.
Orphans should learn good manners from children with living parents.

2289 ✹ Panorwa vanhu vamwe (vohwo), mutorwa usapinda.

EXPLANATION AND TRANSLATION
Kana hama nehama dzichivengana, uyo asina ukama navo,
asabatsira mumwe wavo pakuvenga kwaanoita mumwe,
mangwana vanobatana vakamupindukira.
Put only thy hand between the bark and the tree.

2290 ✹ Panotengeswa hari dzine mitswe dzinotengwa namapenzi.

EXPLANATION AND TRANSLATION
Nhumbi dzakasimba dzinosarudzwa navanhu vane ruzivo
rwenhumbi dzakasimba, nhumbi dzisina kusimba
nedzakasakara dzinosharwawo navanhu vasina ruzivo
rwenhumbi dzakasimba.
Where earthen pots are sold, cracked ones are bought by fools.

2291 ✹ Panovhiyiwa nzou hapakoni kuchekana vanhu namapanga.

EXPLANATION AND TRANSLATION
Panofariwa zvikurusa hapakoni kuva nezvimwe zvinoitika zvinofurusa mufaro iwoyo.
Where people skin an elephant, they cut one another's fingers.

2292 ✹ Papfumba rwendo pava nenyaya.

VARIANT
◆ Papfumbidza gwavava pane mwena waro.

EXPLANATION AND TRANSLATION
Munhu kana ongoramba achienda kunzvimbo imweyo nguva nenguva, panenge paine zvinomubatsira muupenyu.
Somuenzaniso, jaya rinogara rakajaira kushanyira pane vasikana rinenge radikanwa.
Everyone fastens oneself where there is gain.

2293 ✹ Papinda mwena panonzwika nemhururu.

EXPLANATION AND TRANSLATION
Pawanikwa chinhu chitsva chinokosha pane mufaro unobudira kunze kure kure, uchipararira nokutekeshera kwose kwose.
Joyful singing sound suggests the reception of a wedding party.

2294 ✹ Parairano haparasi.

EXPLANATION AND TRANSLATION
Munhu haakanganwi zuva raanenge avimbiswa kuti achagamuchira chipo chichibva kune achamutumira.
Nyange asingazochigamuchiri, asi zuva racho anenge achirichengeta.
A promised gift is never forgotten the date of its reception.

2295 ✸ **Parambwa (Pabva) mumwe, mumwe anoda.**

EXPLANATION AND TRANSLATION
Kana munhu akashora chinhu chinofanira kuva chakakosha
muupenyu, anototsvaka chimwe chinotora nzvimbo yacho.
Somuenzaniso, kana murume akaramba mukadzi wake
anotsvaka mumwe.
Where one has been rejected, another one goes.

2296 ✸ **Pasi (Gombo) haparwirwi panoyera.**

EXPLANATION AND TRANSLATION
Pamagariro avanhu, hazvikodzeri kuti vanhu vapesane
vachirwisana pamusoro pokurima gombo.
It is taboo to quarrel over arable land.

2297 ✸ **Pasi hapavongi.**

VARIANT
♦ Ivhu harivongi.

EXPLANATION AND TRANSLATION
Nyange vanhu vanofa vowanda sei, ivhu rinongovabvuma
kuti vachengeterwe mariri.
The earth gives no thanks for the gifts of corpses it daily receives.

2298 ✸ **Pasi mupindu panopinduka.**

EXPLANATION AND TRANSLATION
Kugara kwapane rino pasi kune mazuva okufara namazuva
okuchema.
Life is made up of sweet and bitter changes.

2299 ❀ **Pasi ndimaminye, pakaminya zvikomba zvefodya yokuzipa.**

EXPLANATION AND TRANSLATION
Muivhu munovhuchirwa zvitunha zvavanhu vakanga vakakoshesesa muupenyu.
The earth swallows up very important human beings.

2300 ❀ **Pasi parohwa nenyundo.**

EXPLANATION AND TRANSLATION
Inyika yanga iri mukati mokutambudzika kukurusa yava mukati mokusununguka kukurusa.
The whole country is at peace.

2301 ❀ **Pasina charehwa hapana nyaya.**

EXPLANATION AND TRANSLATION
Kana zvinhu zviri munzira yazvo yazvinofanira kufamba nayo hapana zvingataurwa pamusoro pazvo.
No news is good news.

2302 ❀ **Pasina kuveswa mwoto hapapfungairi utsi.**

EXPLANATION AND TRANSLATION
Kana mumhuri musina kutauriranwa makuhwa hamunzwikwi muchipopotedzanwa nokutukanwa.
Make no fire, raise no smoke.
Family squabbles follow idle gossiping.

2303 ✳ **Patete panorohwa imbwa ikahukura.**

EXPLANATION AND TRANSLATION
Idambudziko gurusa chose rinotadzisa ari mukati maro kutaura chimwe chinhu pamusoro paro kune vamwe kuti varinzwewo.
It is such a dreadful situation that even a dog dares not bark.

2304 ✳ **Paungana vohwo hapashayiki nyaya.**

EXPLANATION AND TRANSLATION
Kana vanhu vedzinza rimwe vakava panhu pamwe vanokurukurirana pamusoro pezvose zvikuru nezviduku zvedzinza ravo.
Where the same group families are together a lot of family discussions are on the lips.

2305 ✳ **Paunodzihwa imbogarapo kwenguva, mangwana uchawana rava dongo.**

EXPLANATION AND TRANSLATION
Kana uchigere panzvimbo pachakakunakira uchawana zvinokubatsira nyore nenzira dzakareruka saka usabvapo, zvichida ungarasikirwa nenguva yakanaka yaunozoti kana wodzokerapo, wowana zvinhu zvashanduka.
Where is well with me, there is my country.

2306 ✳ **Pava neshoko panoonekwa nokupfumba nzira.**

EXPLANATION AND TRANSLATION
Jaya paradikanwa nomusikana rinoonekwa nokungogara richiendapo kunoona musikana waro.
Where there are prospects of love, there are frequent visits.

2307 ✱   Pawa (Papunzika) danda guru panonzwikwa (mubvumo) mutinhiro.

EXPLANATION AND TRANSLATION
Patadzikara chinhu chikurusa hapavandi, panobva pagara pachitaurwa.
The fall of the mighty reaches farthest end.

2308 ✱   Pawakambovaka hapatyisi kudzokera.

EXPLANATION AND TRANSLATION
Kana mukadzi nomurume vanga vakamboroorana vakaparadzana kwenguva refu, kana vakazosangana hazvinyanyovanetsa kubvumirana kuti vadzokerane.
It is possible for a divorced couple to reunite.
Your abandoned old home may become your home again.

2309 ✱   Pawarambwa pamera bundo.

VARIANT
◆   Nzira yowakarambwa yamera bundo (tsanga).

EXPLANATION AND TRANSLATION
Munhu anga awana chinhu panzvimbo, anogara achiendapo kunochiona asi kana chazomukona, chikabva paari, anobva aregera kuendapo zvachose.
Where one has been rejected the path overgrows grass.

2310 ✱   Pawira njodzi hapashayikwi gwara.

EXPLANATION AND TRANSLATION
Kana pamusha pawirwa netsaona, panowanza kuva nokufungidzira anenge akonzera tsaona.
Every misfortune is attributed to some evil source.

2311 ❋ **Pembera wabaya.**

EXPLANATION AND TRANSLATION
Zvirumbidze kuti unogona kushanda kana wapedza basa rako.
Conquer first and then talk of yourself as a brave warrior.
Praise yourself after death.

2312 ❋ **Pengera zvimwe, imbwa haihukuri sadza.**

EXPLANATION AND TRANSLATION
Nyange munhu otsoropodza zvinhu, asangotsoropodza zvinhu zvine rubatsiro rwaanozotsvaka iye orushaya.
Be sure which thing you talk ill of.

2313 ❋ **Pfuma inoshaviwa, haivingi munhu yoga sorufu.**

VARIANT
◆ Chinouya choga kumunhu rufu, kana iri pfuma inoshaviwa.

EXPLANATION AND TRANSLATION
Kuti munhu ave nepfuma anofanira kushanda mabasa anomuwanisa pfuma.
Wealth, unlike death, never comes to a man unless laboured for.

2314 ❋ **Pfuma haiwandiri kuparadzwa.**

EXPLANATION AND TRANSLATION
Kuwanda kwepfuma hakurevi kuti ichingoparadzwa hayo ichishandiswa nokusava nehanyn'a nechikonzero chokuti yakawanda.
Wealth was never too much, so as to be wasted for nothing.

2315 ✸ **Pfuma huru yomunhu mwana.**

EXPLANATION AND TRANSLATION
Kana munhu akashaya mwana, nyange ane pfuma
yakawanda sei anozviona semurombo nokuti kana afa
pfuma yake haina mwana wake angaidya kunze kwehama.
To a man a child is above all other riches he possesses.

2316 ✸ **Pfuma idova (iveta) inozuka pamunhu.**

VARIANT
◆ Pfuma iveta (idova) inowa pamunhu.

EXPLANATION AND TRANSLATION
Munhu anga akapfuma zvikurusa angangokaruka ava
murombo pfuma yamunyangarikira nenzira dzakasiyana-
siyana.
Riches are dew that falls off.

2317 ✸ **Pfuma imhesi, inopesa mwene wayo akachererwa**
rinda (bwiro).

EXPLANATION AND TRANSLATION
Rufu pamunhu akapfuma harutani kumusvikira ruchibva
kune vanomugodora kuti akapfumirei.
Much wealth invites imminent death to the owner.

2318 ✸ **Pfuma inodzikamisa ane mano, kana riri benzi**
rinopenzwa nayo.

EXPLANATION AND TRANSLATION
Munhu akangwara kana akapfuma, anoshandisa pfuma yake
hana yakawa, asi benzi rinongoishandisa nenzira
dzisina kutsiga.
Riches serve a wise man but commands a fool.

2319 ● **Pfuma inoenda pane imwe pfuma kuti igowanda.**

VARIANT
◆ Pfuma inovinga imwe pfuma kuti igowanda.

EXPLANATION AND TRANSLATION
Munhu akapfuma ndiye anongoramba achidikanwa nepfuma ichingowedzerana paari ichiwanda.
He that hath plenty of goods shall have more goods.
He that has wealth, more wealth favours him.

2320 ● **Pfuma inorova (inopera) kwafa mushavi anoishava.**

EXPLANATION AND TRANSLATION
Kana mwene wepfuma achinge afa, kazhinji pfuma yaanga aunganidza inowanzopararawo.
Upon the death of the family head, wealth accumulation ceases.

2321 ● **Pfuma inovava sechikukwa.**

VARIANT
◆ Pfuma inososona sorwenya pamuviri.

EXPLANATION AND TRANSLATION
Kuwandisa kwepfuma pamunhu kunomutuma kuti aiparadze nenzira dzoupenzi dzakawandisisa dzingaipedza yose akasara ava murombo.
Abundance of wealth begets reckless waste.
Plenty makes poor.

2322 ● **Pfuma inovhaidza semvura inovhaira.**

EXPLANATION AND TRANSLATION
Munhu anotanga kupfuma anozviratidzira kumunhu wose kuti ane pfuma zhinji.
A newly became rich man speaks much of himself the richest.

676

2323 ✹   **Pfuma inowanda nokurimirwa (nokubatirwa).**

VARIANT
◆   N'ombe inokura nokurimirwa.

EXPLANATION AND TRANSLATION
Munhu ane pfuma kana akarega kurima kuti awane
zvokudya, kana nzara ikamupindirira asina zviyo,
anozoparadza pfuma achitenga zvokudya.
Labouring increases wealth.
Care and diligence bring luck with them.

2324 ✹   **Pfuma ndeyavo vakadikanwa nayo vakaisikirwa.**

EXPLANATION AND TRANSLATION
Munhu akazvarwa ane mhanza yokupfuma ndiye anopfuma.
Well thrives he whose creator loves him.

2325 ✹   **Pfuma (N'ombe) ndipfuwa ndikupfuwevo.**

VARIANT
◆   Wava mupfumi, wava muranda.

EXPLANATION AND TRANSLATION
Munhu akapfuwa mombe, mbudzi, namakwayi, kana
ashaya mufudzi wazvo, ndiye anodzizarura oenda nadzo
kusango kumafuro kunodzifudza muswere wose, zuva nezuva.
He that owns many beasts is a servant of himself.
Use me and I also use you.
The rich man has no easy time in his life.

2326 ✹   **Pfuma ndisvitsanai, waishavawo woshavisa mumwe.**

EXPLANATION AND TRANSLATION
Wakapfuma ngaatengesere vamwe pfuma yaanayo kuitira
kuti vapfumewo saiye.
All that a man possesses came from others and as will still go
to others.

2327 ❋ **Pfuma rwizi ruzere mapweva.**

EXPLANATION AND TRANSLATION
*Nyange pfuma yowanda sei pamunhu, zvinoitika kuti
imuperere yose asare asisina sorwizi rwanga rwuzere
nemvura rwukapweva.*
Wealth, like a flooded river-recedes.
Every flow has its ebb.

2328 ❋ **Pfuma yakabva muziya.**

EXPLANATION AND TRANSLATION
*Munhu kana asingashandi haangapfumi. Kushanda ndiko
kunopfumisa.*
Riches came from sweating while working.

2329 ❋ **Pfuma (Ipfuma) yakawira mumwena wanyanjara,
usingasvikirwi pasi pawo.**

EXPLANATION AND TRANSLATION
*Pfuma yakaposhewa (yakakwereteswa) murombo haidzoseki,
kuidzosa kwake manhenda nokuti chokuidzosa nacho anenge
asina, zvongogarawo zvakadaro.*
He that lends a poor man throws his riches into a ravine.
It is entirely lost that is lent to a poor man.

2330 ❋ **Pfuma yamapfachupfachu namakusha haina
mwaka.**

EXPLANATION AND TRANSLATION
*Munhu asina hanyn'a nepfuma, anoitambisa nyange
akawana pfuma yakawanda sei haimbopedzi nguva refu
asati aiparadza yose.*
He that plays with his wealth will find himself with none of it.
He who in time of plenty will take no heed shall find default in time
of need.

2331 ❋ **Pfuma yenhaka (yowafa) haigari pamunhu.**

EXPLANATION AND TRANSLATION
Pfuma yowafa ikagarwa nhaka, haipedzi nguva refu ichiripo.
Inoparara nokukurumidza.
Inherited property lasts a short term of life.
Inherited estate quickly dissolves.

2332 ❋ **Pfuma yenhaka haivimbiwi.**

EXPLANATION AND TRANSLATION
Kana hama yako ikafa, ikasiya vakadzi nepfuma usavimba
kuti wapfuma. Musi wokugadza nhaka vakadzi vose
vangangoramba kuti uvagare nhaka, nepfuma ikagoverwa
vamwe iwe ukasara usina chawawana.
He that hopes to gain from a deceased estate will be bitterly
disappointed when he gains nothing.

2333 ❋ **Pfuma yenhaka imhute inopwititika ikaenda.**

EXPLANATION AND TRANSLATION
Kupera kwepfuma yowafa hakumbotori nguva. Inopera
vanoishandisa vakasaziva maperero ayo, asi vari ivo
vashandisi vayo.
Like mist, inherited properties disappear very qickly.

2334 ❋ **Pfuma zhinji inoparadza.**

EXPLANATION AND TRANSLATION
Kana pfuma ikawandira munhu wechirume ari pazera
duku, inomutuma kuita zvinhu zvakashata zvakawandisisa
zvinoguma zvamuurayisa.
Abundance of wealth ruins life.

2335 ❋ Pfumakamwe (Ipfumakamwe/Zipfumakamwe) kuchera shana ine vana.

VARIANT
+ Mupfumakamwe wechidembo kuchera mbeva nomwena wachichagara.

EXPLANATION AND TRANSLATION
Murombo akaroora mwana womupfumi wabatsirika kaviri pakuti awana mukadzi nepfuma yaachapiwa natezvara achibatsira mwanasikana wake kuti aishandise arege kutambudzika. Shana navana vayo magapu maviri ousavi.
He inherits an estate he that marries a rich man's daughter.
To do a double gain job.

2336 ❋ Pfuudza n'ombe yaroora mwanasikana achembera pamurume.

EXPLANATION AND TRANSLATION
Pfuma yabvisirwa mwanasikana wako nomurume amuroora, usakurumidza kuiparadza yose, mwanasikana wako asati agara nomurume wake nguva yakareba.
Lobola cattle paid for the married daughter must never be used up all at once.

2337 ❋ Radza maoko kunze unokaruka wabata (wawana).

EXPLANATION AND TRANSLATION
Munhu ari mukushaya anoshanda basa ripi neripi raanosanganidzana naro nokuti rimwe rinogona kumupa mubairo waanga asina kutarisira.
He that sets traps is likely to catch some game.

680

2338 ❋ **Raguta harioneki.**

VARIANT
◆   Aguta haaoneki.

EXPLANATION AND TRANSLATION
Munhu anenge apiwa mugove wamugutsa mwoyo, kana
oenda haatauriri munhu kuti oenda.
He that has had enough departs without bidding farewell.
He that has been fed to his fill walks away with no goodbye.

2339 ❋ **Rambakuudzwa (Rambakudzihwa) rakaonekwa**
neropa kudonha.

VARIANT
◆   Ndambakuudzwa akaonekwa nembonje pahuma.

EXPLANATION AND TRANSLATION
Munhu asingadi kuteerera kurayirwa kwaanoitwa navamwe
pakutadza kwaanenge achiita, anozogumisidza azvipinza
mumatambudziko.
The obstinate person is seen by blood stains.
He that will not listen to counsel falls into danger.

2340 ❋ **Ranga rakanaka zai harina gofa sedende.**

EXPLANATION AND TRANSLATION
Chiripo chinhu chinoti kana chaitwa nenzira isiri iyo
chikatadzikara chongonzi ngachichingotorwa sechaitwa
kwazvo nokuti hachichakwanisi kugadzirika.
A thing should be taken as it is.

2341 ✱ **Rave ramba mai ndikupakurire.**

EXPLANATION AND TRANSLATION
Inenge iri nguva yamasutso, ine zvidyiwa zvakawanda
zvinowanika nyore, zvinoti nomwana asina mai panzvimbo
yaagere anongodyawo achiguta misi yose.
The woman that looks after another's child in the harvest season
always feeds it to its fill.

2342 ✱ **Rave zinatsa wafa kurumbidza wakachererwa zuro.**

VARIANT
◆ Wafa wanaka pane zvose.

EXPLANATION AND TRANSLATION
Munhu asati achiri mupenyu anongorumbidzwa kudivi
rezvakanaka zvoga, zvaaitadzira vamwe hazvichataurwi.
The dead are often over-praised.

2343 ✱ **Rave zuru rapinda nyoka rongonzi ichirimo.**

VARIANT
◆ Rave zuru rapinda nyoka.

EXPLANATION AND TRANSLATION
Munhu aimbova nembiri yezvakashata, nyange akapfidza
akaregera kuzviita anongogara akafungidzirwa kuti
achakangoshata, saka vanhu vanenge vachingomuzeza.
He that once ever did well is ever respected.
The anthill that was once dwelt by a serpent is always thought has
a serpent living in it.

2344 ✱ **Ravira radane rimwe idzva.**

EXPLANATION AND TRANSLATION
Kurasikirwa kwomunhu anoshanda basa rake kwezuva

rimwe haro hakungaiti kuti akonewe kuzoshanda basa rake
kuti aripedze pane mamwe mazuva anotevera.
The setting of the sun gives way to another day.

2345 ❀ **Ravira raedza, zuva rimwe hariodzi nyama.**

EXPLANATION AND TRANSLATION
Kumira kwebasa rinoshandwa kwezuva rimwe roga
hakunganzi kungadzosera kubudirira kwaro kana
razoshandwa pamazuva ose anotevera.
The loss of one working day was never counted as the loss of
time.

2346 ❀ **Rega kuridza chikwee usati wabira (wayambuka)**
rukova.

EXPLANATION AND TRANSLATION
Usavimba norubatsiro rwechinhu chisati chabudirira.
Do not laugh before you have crossed the stream.
Do not count your chickens before they are hatched.

2347 ❀ **Rega kutamba nechine mambava, mangwana**
chinofuma chakudya.

EXPLANATION AND TRANSLATION
Munhu anogara achizvifadza nokuita zvakashata
anozogumisidza ava mumatambudziko.
He that indulges in wrongdoing dies a shameful death.

2348 ❀ **Rega zvipore akabva mukutsva.**

VARIANTS
◆   Chakachenjedza ndechakatanga.

683

- Kuona kamwe kuna kaviri.
- Kureve chinhu (chiro) taonezvi.

EXPLANATION AND TRANSLATION
Munhu akamboita chinhu chikagumisidza chamupinza mukutambudzika, anogara achitya kuchiitazve, achifunga kutambudzika kwaakamboita.
A burnt child dreads fire.

2349 **Regoshanyambudza-shanyambudza, chakarumba ndechako chitore.**

EXPLANATION AND TRANSLATION
Kana rombo rako rakupa chinhu chawanga uchishaya muupenyu, chibva warega kutaura zvakawanda zvisakafanira pamusoro pacho, asi kuti chibva wachitambira uchishandise.
Do not look for faults in gifts.
Look not a gift (given) horse in the mouth.

2350 **Regotamba (Usatamba) naMaisva, Manatsa aripo.**

EXPLANATION AND TRANSLATION
Munhu anoita chinhu chakashata chinomukuvadza achisiya kuita chinhu chakanaka.
It is not safe to play with a dangerous tool when there is a safe one.

2351 **Reva chawaona namaziso (nameso) ishe haakambi guhwa.**

VARIANT
- Vashe havakambi guhwa.

684

EXPLANATION AND TRANSLATION
Munhu mukuru akabata mhuri haafaniri kupindira munyaya
dzaanongonzwa dzichitaurwa navanhu kunze, asina
kudzisumwa.
Hearsay must not be taken as the truth.

2352 ❋ **Reva mukuru wakakwira pachibwe.**

EXPLANATION AND TRANSLATION
Kana munhu achitsoropodza zvomunhu mukuru ngaatange
aziva kuti hapana munhu ari pedyo naye angadzoka onopfuu-
dzira kutsoropodza uku kumukuru iyeye muchivande.
Backbite an elderly person while sitting on a high stone.
Walls have ears.

2353 ❋ **Rinonyenga rinobwatama (rinohwatira/ rinobwatira/ rinohwarara) rinozosimudza musoro rawana.**

EXPLANATION AND TRANSLATION
Munhu kana achitsvaka chinhu chaanodisisa kune vanacho,
anotsvaka achizviisa pasi, achinyengetedza asi kana
achiwana, anoonekwa ozvikudza, odada, asisina hanyn'a
navakamupa zvaanazvo.
He who courts grovels, lifts his head when he has received
what he wants.

2354 ❋ **Ronda (Vanga) rapamhanza harivanziki.**

EXPLANATION AND TRANSLATION
Chinhu chakashata chikagara chaitirwa pamaziso avazhinji
hachizogari chisina kuzivikanwa.
It is impossible to hide a scar on the forehead.
The crime committed in public must be widely known by every-
one.

2355 ❋ **Ronda rinosunda nderine runyunzwe.**

EXPLANATION AND TRANSLATION
Dambudziko rinoperera munhu nderinenge rine mazano
anoumbwa kuti ashandiswe pakuripedza. Pakuvara panoda
mushonga.
An urgent matter calls for immediate attention.
A wound that heals up is the one on which medicine is applied.

2356 ❋ **Ropa ravanhu vamwe ndiro rinowirirana pakuvaka**
dzimba.

EXPLANATION AND TRANSLATION
Jaya nemhandara vane ukama hweropa asi rimwe hwuri
hwokure nakure vakaroorana, vanowanza kugara upenyu
hwomukadzi nomurume hwunoyemurika.
Distant cousins' matrimonial union produces a stable marriage.

2357 ❋ **Rova nyoka, uyirove norumhenda.**

EXPLANATION AND TRANSLATION
Kana basa richishandwa ngarishandwe kamwe richibva
rapedzwa risashandwa richisiyirirwa panzira.
Never do things in bits.

2358 ❋ **Rubvunzisisa rwakazvare nhema.**

EXPLANATION AND TRANSLATION
Munhu anokarira kugara achingoti uno waasangana naye,
nowaaona, obvunza mibvunzo nemibvunzo yezvisina
maturo, anogumisidza ava mutauri wamakuhwa nenhema.
He that is in the habit of asking countless questions eventually
becomes a liar.

2359 ✸ **Ruchiva (Ruchochoro) harupfumisi.**

VARIANT
- Godo haripfumisi munhu.

EXPLANATION AND TRANSLATION
*Munhu anokarira pfuma, achingoda kuti dai ari iye
anongopfuma oga anokanganisa mazano avamwe
okuunganidzawo pfuma.*
Envy never enriched any man.

2360 ✸ **Rudo ibofu.**

EXPLANATION AND TRANSLATION
*Munhu anodisisa chinhu, nyange chava nezvakawanda
zvinoonekwa navamwe zvachinomhurwa asi iye achisarudza,
haazvibvumi.*
Love blinds reasoning.

2361 ✸ **Rudo igomarara rinomera pamuti warada.**

EXPLANATION AND TRANSLATION
*Munhu asina maturo pane zvaari angangodikanwa nechinhu
change chisina kumufanira.*
Love is a parasite plant which grows on the tree of its choice.

2362 ✸ **Rudo imota rinomera parisakafanira.**

EXPLANATION AND TRANSLATION
*Jaya ringangoroora musikana asakarifanira, nomusikana
angangoroorwa nejaya risina kumufanira.*
Love is a boil that settles on any part of the body.

2363   ✸   **Rufu harukumbirwi, chinokumbirwa kudya.**

EXPLANATION AND TRANSLATION
Hakuna munhu angafamba achitsvaka vangamuuraya.
Nyange ava munhamo huru sei, haangashuvi kuti dai afa.
Death comes upon everyone unbegged for.

2364   ✸   **Rufu harupingwi nokupfigirwa musuwo.**

VARIANTS
◆   Rufu haruvandwi semvura.
◆   Rufu warwada harumusiyi.

EXPLANATION AND TRANSLATION
Pane zvimwe zvinhu zvatinosangana nazvo muupenyu
zvisingagoneki kudzivirirwa kuti zvisaitika. Somuenzaniso,
kana nguva yokufa kwomunhu yasvika, nyange anga
akapfigirwa muimba anongofa.
Death cannot be debarred.

2365   ✸   **Rufu haruna mhare (chikomba).**

EXPLANATION AND TRANSLATION
Munhu anorumbidzwa kugona kurwisana navanhu
achikurira, haangarwisani norufu akarukurira.
Even a famous brave warrior must sometime die.

2366   ✸   **Rufu haruna n'anga.**

EXPLANATION AND TRANSLATION
Munhu anoziva mishonga yokurapa urwere hwamarudzi
akawanda, kana rufu rwamunanga anofa chete.
Death defies the doctor.

2367　❋　**Rufu harurapwi soukosha.**

EXPLANATION AND TRANSLATION
*Munhu, kana achirwara anochererwa mishonga yokurapa
urwere inova ndiyo inozivikanwa nen'anga dzose asi hakuna
nyange imwe zvayo inoziva kurapa munhu afa kuti amuke.*
There is remedy for all things except death.
There is no herb to fight against death, as there is against diseases.

2368　❋　**Rufu haruravirwi sousavi.**

EXPLANATION AND TRANSLATION
*Munhu asagara akazvijaidza kutamba nezvinhu zvaanoziva
kuti zvine njodzi mukati nokuti angatamba nechinhu
chingagumisidza chamuuraya.*
If you leap into the well Providence is not bound to fetch you out.

2369　❋　**Rufu harushosherwi rukute semhuka.**

EXPLANATION AND TRANSLATION
*Hakuna nzira ingaitwa inoonekwa namaziso avanhu yokuti
kufa kusavapo.*
No strong highest fence against death can hinder its attack on
man.

2370　❋　**Rufu haruwaririrwi (haruwadzirwi) nhovo.**

EXPLANATION AND TRANSLATION
*Hakuna munhu anozvishuvira kuti dai arwara agogumisidza
afa.*
Men fear death as children fear to go in the dark.

2371 ❋ **Rufu igonye rinodya, harina muti warinoshara kuboora.**

EXPLANATION AND TRANSLATION
Segonye richidya midzi yomuti, muti wooma, mashizha nemidzi zvoora, wowira pasi, ndizvo zvinoita vanhu vose vanorwara. Vanopedzisira vafa, vovigwa, voora.
Death is a borer that bores every tree's roots.

2372 ❋ **Rufu mweni anokaruka asvika.**

EXPLANATION AND TRANSLATION
Kufa kunouya pamunhu nenguva yaasingazivi sezvinoita mweni anongoti paazvifungira ouya.
Unaware is the arrival of a stranger, so is death.

2373 ❋ **Rufu nderweakwegura, rwomucheche ishurarutonga.**

EXPLANATION AND TRANSLATION
Kana munhu akwegura nyange ofa hazvityisi vapenyu asi kana kuchifa achiri mutsva, zvine mibvunzo yekuda kuziva kuti sei afa.
Old men go to death, death comes to young men.

2374 ❋ **Rufu ndimaunganidze.**

EXPLANATION AND TRANSLATION
Panenge paitika rufu vanhu vose, hama navatorwa vanoendapo vogumisidza vawandisisa pakuverengwa kwavo.
Like a feast, death fetches farthest relations and outsiders.
Death, like evening, brings all home.

2375 ✹ **Rufu runodada.**

EXPLANATION AND TRANSLATION
*Kufa kunogona kutorera munhu mwana wake
anga akangwara, waanga achivimba naye achimubatsira,
ruchisiya benzi risingamubatsiri nechinhu.*
Death rules over the world without mercy.

2376 ✹ **Rugare maruva, atanhiwa anosvava.**

EXPLANATION AND TRANSLATION
*Munhu kana akange agere zvakanaka achidikanwa
nevaagere navo, asakanganwa kuti zvingangoitika kuti
kudikanwa kumuperere, asare asisina achamuda.*
Fortune is fickle.

2377 ✹ **Rukusha harushongedzi (harusungi) musoro.**

EXPLANATION AND TRANSLATION
*Zviripo zvinhu zvine basa razvo razvakagadzirirwa
kubvira pachisikirwo, zvisingabviri kutsaudzirwa basa razvo
zvikashanda rimwe.*
A waist-belt is never worn around the head.

2378 ✹ **Runopfumba rwendo rweane hama.**
EXPLANATION AND TRANSLATION
*Kuti jaya rinonyenga musikana ridikanwe nekukurumidza
rinofanira kuva nevanoribatsira kutaura nomusikana.*
He that is assisted in a cause is sure to succeed.

2379 ❋ **Rusvosve harupedzi dura.**

EXPLANATION AND TRANSLATION
Vanhu vanokwata, nyange vokwata vakawanda sei, hazviitiki
kuti vapedze zviri mumatura aivavo vavanokwatira sadza.
It is not the food we give our spongers that empties our granaries.
Strangers do not feed to finish our granaries.

2380 ❋ **Rusvosve rwakatuma nzou ikabvuma.**

EXPLANATION AND TRANSLATION
Munhu mukuru kana asingabvumi kubatsira muduku
haangashandi zvinhu zvinobudirira.
A black ant sends an elephant on an errand.
A young person asks an elderly person to take his message.

2381 ❋ **Rutsoka haruna mhino.**

VARIANT
♦   Gumbo harifemberi zviri mberi kwaro.

EXPLANATION AND TRANSLATION
Kana munhu achifamba angangokaruka asvika panzvimbo
ine njodzi ingamukuvadza, asingazivi kuti pane njodzi
yakadaro.
The foot never can smell the scent of the danger lying ahead.

2382 ❋ **Rutsoka ndimarashe.**

EXPLANATION AND TRANSLATION
Munhu kwaanofamba anganosvika napanzvimbo
paangasangana namamwe magariro anomushamisa
aangakona kuwirirana nawo.
Men wander about to meet strange experiences.
The foot walks (treads) upon misfortune.

2383 ❉ **Rutsva runovivana.**

VARIANT
◆ Rutsva runoviva ruchiona rumwe.

EXPLANATION AND TRANSLATION
Kana vaviri vatsamwisana, vakaramba vakatsamwa
zvakafanana, pasina anozvidzora, vakangoramba vakadaro,
vanopedzisira varwa.
Angry words stir up anger.
One ill-word asketh for another ill-word.

2384 ❉ **Ruzhowa runodarikwa noparwakaderera.**

EXPLANATION AND TRANSLATION
Kana vana vachikumbira zvinhu kuna baba vavo vanotanga
nokukumbira mai vavo kuti vavakumbirire kuna baba, nokuti
mai havatyisi kutaura navo sezvingaita baba.
Children ask for things from their father through their mother.
Men leap over where the hedge is lowest.

2385 ❉ **Rwendo rwakapfumba nenyaya.**

EXPLANATION AND TRANSLATION
Vanhu pavanenge vachishanda basa ravo vakafara,
vachitaura vachiseka, nyange basa ranga richirema sei,
rinoreruka.
Chatting while travelling makes the journey short.

2386 ❉ **Rwizi rukuru runozara namadiro.**

EXPLANATION AND TRANSLATION
Mugove mukuru unoumbwa nemigove miduku
yasanganiswa pamwe chete.

The big river is flooded by tributaries.
Small contributions swell the fund.

2387 ✹ Rwizi rwazara nokunze runorasira matanda makuru kumhenderekedzo.

EXPLANATION AND TRANSLATION
Munhu kana atsamwisisa anotuka achibudisa mashoko anoremesesa.
An over-swollen river overthrows floating logs to the river-bank land.

2388 ✹ Rwomuranda rwendo rwakona norwashe, rwashe rwakona nemvura kunaya.

EXPLANATION AND TRANSLATION
Zvido zvomunhu anoremekedzwa ndizvo zvinotanga kuitwa, zvemunhu ari pasi zvozoitwa mushure kunyange vose vanga vachida kuti zviitwe nguva imwe chete. Zvido zvomukuru zvinozokundikana nokuda kwezvido zvomukuruwo kwaari zvinofanirawo kutanga kuzadziswa.
The servant's journey was held up by the chief's journey, the chief's journey gets held up by the rain.
Even the chief has no absolute freedom. There are higher authorities than the chief.

2389 ✹ Sadza imbezo inoveza, zviso zvakazvarwa ari makoronga.

EXPLANATION AND TRANSLATION
Nyangwe mwana akazvarwa akashata kumeso, kana achikura achidya achiguta, kumeso kwake kunofadza kwakaurungana, ozogumisidza ava nokumeso kwakanaka.
Even the ugliest child, under the influence of good diet, grows to be handsome (pretty).
Food like an adze smoothens ugly faces.

2390 ❋ Sadza nderinodyiwa richipisa, kana rapora rinonzwisa chirungurira.

EXPLANATION AND TRANSLATION
Zvinhu zvinofanira kuitwa nenguva yazvo yazvinofanira kuitwa nayo. Kana zvikaregerwa nguva yazvo ikapfuura, zvinobva zvakona kubudirira.
Take your ready-cooked meal while still warm. A cold meal causes heartburn.
Strike the iron while still hot.

2391 ❋ Sadza rinozipira woridya.

EXPLANATION AND TRANSLATION
Chinhu chinokunakira kana wochishandisa woona rubatsiro rwaunenge wowana pachiri.
Marry first, love will come afterwards.

2392 ❋ Sango harinyimi munhu.

EXPLANATION AND TRANSLATION
Munhurume upi noupi zvake nyange akanonoka kuroora anogumisidza aroora. Zvakadaro, nomunhukadzi anogumisidza aroorwa.
The bush has meat for everyone.
Life is generous to everyone in need.

2393 ❋ Sango hariramwirwi.

EXPLANATION AND TRANSLATION
Chinhu chinodikanwa navanhu vose nyange chiri chiduku, ukange wachiwana chitore. Kana ukachirega uchiti chiduku unochitorerwa nomumwewo.
He that peevishly refuses an offer open to all will have it taken without delay.

2394 ❋   **Sango harivigiswi.**

EXPLANATION AND TRANSLATION
Chinhu chausati wave nacho pachezvako, haungavimbi nacho uchiti wave nacho. Pamwe chingatotorwa, nomumwe anenge asvika pachiri akachionawo chisina mwene.
The bush stores for no one.

2395 ❋   **Shambakodzi (Tsambakodzi) inovira nomukuchidziri.**

EXPLANATION AND TRANSLATION
Munhu anobudirira pabasa raatanga ndaanenge ane hama dzinomutsigira.
The pot boils with stoker.
He that is backed up in a cause is sure to succeed.

2396 ❋   **Shambakodzi (Tsambakodzi) mbiri dzikavirirana hadzina mabikirwo.**

EXPLANATION AND TRANSLATION
Kana mabasa maviri orudzi rumwe anoshandwa nenhumbi dzakafanana akaitwa nomunhu mumwe chete nenguva imwe chete, haangagoneki kushandwa ose akabudirira.
Two pots boiling at the same time cannot be cooked.
A person with too many irons in the fire gets nothing.

2397 ❋   **Shambakodzi (Tsambakodzi) yawandirwa haiviri.**

EXPLANATION AND TRANSLATION
Chinhu chinenge chakatarisirwa kuti dai chaitika zvinodikanwa pachiri zvionekwe hachiitiki.
A watched pot takes long to boil.

2398 ❋ **Shana inobatirwa panoguma mwena.**

VARIANTS
◆ Kana watevera shezhu guma wasvika pane mukoko wenyuchi.
◆ Watevera shezhu anoguma asvika pane mukoko.

EXPLANATION AND TRANSLATION
Kuti munhu apiwe mubairo wose webasa raanenge apiwa ngaarishande rose ripere.
The mouse is caught where the hole ends.
Seek till you find and you will not lose your labour.

2399 ❋ **Shanga haina rwendo.**

EXPLANATION AND TRANSLATION
Kana vanhu vaviri vanogara kwakasiyana vakarangana kusangana panzvimbo imwe chete kuti vagotangidza kufamba rwendo, rwendo rwavo runokona vapesana.
Those who start their journey from a fixed meeting place never go on the planned journey.

2400 ❋ **Shanga (Tsanga) imwe haikodzi shambakodzi (tsambakodzi).**

EXPLANATION AND TRANSLATION
Munhu mumwe haangakwanisi kushanda basa rinofanira kushandwa navanhu vazhinji.
One single grain does not provide enough mealie-meal to thicken *sadza.*
One hand makes the work heavy.

2401 ❋ **Shanga (Tsanga) imwe inozadza dura.**

EXPLANATION AND TRANSLATION
Mwana wechirume anogona kuzvara vana vakawanda musha ukakura.
One son can father many children.

2402 ✱ Shato (Ko, shato) zvayakanyarara, mhembwe dzayakauraya (dzayakabata) ingani?

EXPLANATION AND TRANSLATION
Munhu akapfava anogona kuva noungwaru hwunopfuura hwavanhu vanoonekwa vakangwara pazviso.
Although a python looks a tame snake, but how many duikers did it trap?
A quiet person is sometimes the wisest.

2403 ✱ Shaya rira, wana rira.

VARIANT
◆ Wana rira, shaya rira.

EXPLANATION AND TRANSLATION
Murume nomukadzi vakaroorana vakagara vasina vana, vanogara vachichema pakusava navo. Kana vakazovapiwa, pavanenge vakura vakomana vopara mhosva, vabereki vanochemedzwazve nokuripa mhosva dzinenge dzaparwa.
It is equally painful to have no children as well as to have them.

2404 ✱ Shezhu (Senzu) inodziya pane muzinda wenyuchi.

EXPLANATION AND TRANSLATION
Mhosva kana ichitongwa uyo anobatwa nayo anenge ari iye akaipara.
The conviction falls upon the one that has committed a crime.

2405 ✱ Shindi ine mhango imwe haiponi panjodzi yorufu.

EXPLANATION AND TRANSLATION
Kuva nebhindauko rimwe chete rinoraramisa munhu kunoita kuti munhu iyeye atambure muupenyu kana bhindauko racho ratadza kubudirira. Somuenzaniso, munhu anodzvara mbeu

yechibage yoga mumunda, kana zuva rikapisisa pakupakata
kwechibage chikasvodza, haaponi panzara yegore rose.
A squirrel that has but one tree cave is soon taken.

2406 ❋ **Shindi ine mhango yayo haivingwi nenhamo.**

EXPLANATION AND TRANSLATION
Munhu ane musha wake nezvokudya haawirwi nokutambudzika
kwakanangana nomusha nezvokudya.
He that has a home has a cave to hide in.

2407 ❋ **Shiri ine rugare yakavetse nhau (nyaya) kutaurwa.**

EXPLANATION AND TRANSLATION
Munhu anoti achida kushanda basa, ononoka kuritangidza,
ozoti kana orishanda, opererwa nenguva yaaifanira kuripedza
orisiya risina kupera.
Delays hinder progress.

2408 ❋ **Shiri inochema ndeiri paurimbo, iri muriva inoti gore**
rawa.

EXPLANATION AND TRANSLATION
Munhu anorwisana nemhandu yaanoona namaziso anomboedza
kuzvirwira achisheedzera vamwe kuti vazomurwira, asi uyo
anonyangirwa anongokaruka arohwa, awira pasi, ofa asina
nyange nokumbotaura.
He that is attacked during broad daylight by his enemy defends
himself, but he that is waylaid dies without shouting for help.

2409 ❋ **Shoko rabuda mumuromo ibwe rapotserwa.**

EXPLANATION AND TRANSLATION
Pakutaura, munhu ngaasarudze mashoko anofanira kutaurwa

nomunhu chimiro. Kana shoko ragara rataurwa rikanzwikwa,
nyange riri rakashata harizovanziki.
A word, like a stone which is thrown, cannot be called back.

2410 ◆ **Shumba inozivikanwa negumbo rayo payatsika.**

EXPLANATION AND TRANSLATION
Kushata nokukura kwenhamo inenge yawira vanhu ikapfuura
kunoonekwa nouzhinji hwezvinhu zvayakaparadza.
The lion is known by his paws.

2411 ◆ **Shumba kushaya mhembwe inodya hamba.**

EXPLANATION AND TRANSLATION
Kana munhu amanikidzwa nokushaya chinhu chaicho
chaanofanira kushandisa, anozongoshandisa chinhu
chisakafanira mukuedza kupedza dambudziko rake.
In the face of dire need a lion preys on a tortoise.

Chaff makes a good substitute for corn.

2412 ◆ **Shungu dzeimbwa dziri mumwoyo.**

EXPLANATION AND TRANSLATION
Munhu anogara akanyarara kunenge kuri kutsamwiswa
kwaanogara achiitwa, asi musi waanezenge onzwika opopota
anenge odudza kuti kutsamwiswa kwanyanyisisa,
ngakuchiguma.
The dog which is silent most of the time, when it barks it tells out
how badly annoyed it has become of ill-treatment.

2413 ◆ **Shungu hadziurayi.**

EXPLANATION AND TRANSLATION
Munhu angagara achitambudzika kwenguva refu kuti awane

700

chinhu chaanodisisa, asi kushuva kwake hakungavi hosha ingamurwadza akafa. Pashure penguva angazowana nguva yokushanda kuti achiwane.
A burning desire, no matter how great it may be, has no bad effect on health but endures to be crowned with glorious success.

2414 ✸ **Shungu maonde hadzipfundikwi, dzinoora.**

EXPLANATION AND TRANSLATION
Kurwadza kwezvinonetsa mwoyo kana kwawanda kusavanzwa, kunogumisidza kwatadzisa munhu kuronga muupenyu.
Grievances should not be kept bottled up lest you get completely upset.

2415 ✸ **Shura mutundo unozvitundira.**

EXPLANATION AND TRANSLATION
Munhu ane chishuwo chokuti dai mumwe awirwa nokutambudzika, iko kutambudzika kunoguma kwawira iye anga achishuvira kuti dai mumwe awirwa nedambudziko.
He that ill-wishes someone to become a misfortune victim may be surprised when he becomes one.

2416 ✸ **Shura rutongo, parasvika rave dongo.**

EXPLANATION AND TRANSLATION
Panenge papinda nhamo, inogumisidza yaparadza vanhu.
The attack of an ill-omen may end in the destruction of a home.

2417 ✸ **Simba harinyimi.**

EXPLANATION AND TRANSLATION
Munhu anoshanda mabasa ake nguva dzose anowanawo

zvinomuyamura nguva dzose.
Energy is a good paymaster to the owner.

2418 ✸ **Simba mukaka rinodzinira.**

EXPLANATION AND TRANSLATION
Nyange munhu akashanda akanorara akaneta zvikurusa kana omuka chifumi chamangwana anenge ava nesimba idzva mumuviri.
Energy is a milking cow that gives milk daily.
Drawn wells seldom dry up.

2419 ✸ **Simba rehove riri mumvura.**

VARIANT
♦   Simba rengwena riri mumvura.

EXPLANATION AND TRANSLATION
Kuti mutungamiriri wavanhu abudiririe pane zvaakananga anenge achibatsirwa navaakatungamirira.
Through the co-operation of his followers, the leader achieves success.

2420 ✸ **Simba rehwai (gwai) riri mukukweva.**

EXPLANATION AND TRANSLATION
Kutsunga nokupenga kwomunhu anogara anyerere kunoonekwa kana achinge atsamwiswa.
Quiet persons display their colour in practical terms. Silent folks show their unequalled bravery in exchanging blows.

2421 ❋ **Simba romudzimba riri mukutendwa (mukuvongwa).**

EXPLANATION AND TRANSLATION
Munhu anoshanda achitendwa nevaanoshandira anoshanda
nesimba kupfuura paanga achishanda napo.
The hunter that hunts most tirelessly is encouraged by sincere
thanks.

2422 ❋ **Simbe kuvhunikirwa nomupinyi webadza iri mundima**
inoridza mupururu.

EXPLANATION AND TRANSLATION
Munhu anozeza kugara achishanda, kana akakanganisikirwa
nenhumbi yokushandisa anofara zvikuru achiti azorora.
A sluggard dances with joy when his working tool gets broken.

2423 ❋ **Siya zviuya zviri mberi.**

EXPLANATION AND TRANSLATION
Chinhu chaunoti wachiwana chakanaka, asi chikabva
charatidza zvakare kusanaka kwacho, ibva wachiregera, chako
chakanaka chinenge chisati chasvika.
Sometimes the best gain lies in a loss.
Leave it, better things lie ahead.

2424 ❋ **Svanana svehuku svinorwara svichiteta marara.**

EXPLANATION AND TRANSLATION
Munhu asingafariri kushanda zuva rimwe nerimwe muupenyu
hwake, haangagoni kuwana zvinomubatsira.
An ill-click scratches the refuse.
He that will not labour shall not eat.

2425 ❋   **Swerehope akasharuka asina kudya zhezha.**

EXPLANATION AND TRANSLATION
Munhu anofarira kungogara asingabati haadyi chinhu gore rose.
He that sleeps all day never tastes any greens.

2426 ❋   **Taiti zizi rine nyanga, nyamba nyanga dzezizi manhenga.**

EXPLANATION AND TRANSLATION
Munhu anotyiwa zvichibva pakutyityidzira kwaanoita vanhu achiti chikakarara chisingabviri chine mishonga inouraya, asi dziri nhema dzaanadzo.
The empty threat of a wicked person (witch) is often most feared.

2427 ❋   **Takura hwamanda yomukuru parwendo, asi usairidza.**

EXPLANATION AND TRANSLATION
Zvinhu zvavakuru vatinogara navo, nyange tojairirana navo sei mumagariro edu navo, tinofanirwa chose kuzviremekedza.
Bear a horn for the elder and blow it not.

2428 ❋   **Takabvako (Takabveyo) kumakura (kumhunga) hakuna ipwa.**

EXPLANATION AND TRANSLATION
Munhu anotaura pamusoro pechinhu chaanoziva nezvacho kuti hakuna rubatsiro rwachaimbova narwo kubvira nakare.
Old infertile lands yield no sweet reeds.

2429 ❋   **Tamba nezvimwe, mwoto ndimashonongore.**

EXPLANATION AND TRANSLATION
Munhu anogara achiita mabasa anokuvadza, anozoonekwa akuvara.

One who indulges in bad behaviour gets hurt in the end.
Play with other things, not with fire, fire reveals who has been
playing with it.

2430 ✸ **Tamba ngoma ichapfumba.**

EXPLANATION AND TRANSLATION
*Kana munhu achida kuita chinhu, ngaachiite nguva yacho
yachinofanira kuitwa nayo isati yapera kuitira kuti
chigobudirira.*
Make hey while the sun shines.

2431 ✸ **Tamba ngoma uyisiye ichapfumba.**

EXPLANATION AND TRANSLATION
Munhu ngaasiye mafaro achanakidza.
Leave while the dance is good.

2432 ✸ **Tamba nomuroyi chiziso chiri kumwana wako.**

EXPLANATION AND TRANSLATION
*Munhu ane mwoyo wakashata nyange ukanzwanana naye
zvakanaka sei, gara wakamungwarira iwe nemhuri yako.*
Take heed of the love of an enemy, it is most dangerous.

2433 ✸ **Tanzwa raVaDzingidzi, raVaRwaivhi haticharitendi.**

EXPLANATION AND TRANSLATION
*Munhu anotanga kukuudza pamusoro pamaitikiro echinhu
namafambiro acho ose ndiye waunobvuma. Uyo anozokuudza
pashure hauzomubvumi.*
The first messenger brings the truest news.

2434 ● **Tenda nyemba wadzinwira muto.**

EXPLANATION AND TRANSLATION
Munhu ngaabvume chivimbiso chaanenge apiwa kans chabudirira.
Rely on the promise after its fulfilment.

2435 ● **Tenda upenyu, zuva rechakanaka riripowo.**

EXPLANATION AND TRANSLATION
Nyange zvinhu zvichikuomera, ukaramba uri mupenyu, unozoguma wasangana nechakanakawo.
Time tames the strongest grief.
Where there is life, there is hope.

2436 ● **Tendai muchero ugowa.**

EXPLANATION AND TRANSLATION
Kana munhu achinge abatsirwa nomumwe nyange apiwa zvishoma zvezvaanoshaya, anofanira kutenda uyo anenge amupa.
Be grateful even for little help so that it may increase.

2437 ● **Tenzwa nechako, chomumwe hachina madanha.**

EXPLANATION AND TRANSLATION
Nyange munhu aine pfuma shomanana, ngaagutsikane nayo, azvide pamusoro payo, achipedzera shungu dzake dzokuti naiyewo akapfuma.
Let every man be content with his own.

2438 ● **Tichadzinzwa dzorira ngoma, hadzibiwi dzikavanda.**

EXPLANATION AND TRANSLATION
Kana jaya rikapa musikana pamuviri muchivande, nhumbu

706

*painenge yokura zvinozogumisidza zvabuda pachena
kuruzhinji kuti jaya raifambidzana nomusikana muchivande.*
He that steals drums will be discovered by the sound they make
in beating.

● **Tichainzwa (Tichainzwira) nyama kuzipa mugapu.**

EXPLANATION AND TRANSLATION
*Nyaya inozozivikanwa musoro wayo kana yapera kutaurwa
ikagurwa.*
The taste of pudding is in the eating.

● **Tichaona (Tarira uone) kunowira tsvimbo nedohwe.**

EXPLANATION AND TRANSLATION
*Chinhu chinoitwa vanhu vaine pfungwa mbiri pamusoro pacho
dzokuti zvimwe zvichabudirira, zvimwe chichakona kubudirira.*
The end will prove whether success or failure is the outcome.

● **Tingagorevereyi patichigere, zvapaugere hazvirehwi.**

EXPLANATION AND TRANSLATION
*Zvinorema kuti munhu muduku agere pasi pomukuru
atsoropodze mabasa okubatwa zvisiri izvo kwake nomukuru.*
The wrongs of the great men choke up the throats of the small.

● **Tiri kuimbwa, tiri kutsuro.**

EXPLANATION AND TRANSLATION
*Pamusoro pemhosva yapariranwa navaviri, isadzorerwa
kumunhu mumwe oga, ngakuonekwe kukanganiswa kunenge
kwaitwa nomumwe nomumwe wavo.*

There are two sides to every question.
Both parties should be thoroughly examined.

2439 ✳ **Tobvu tobvu kunokora (kudya) kwowakaguta.**

EXPLANATION AND TRANSLATION
*Munhu anotsvaka chinhu chorudzi rwezvaanazvo, anochitsvaka
achingononozeka, asina hanyn'a, asingachitsvaki nesimba,
achingoita saasingachidi.*
He whose belly is full eats his dinner (supper) unwillingly.
He is less active he that courts the second wife.

2440 ✳ **Tondozvionerako imbwa ichimhanyira kunotemwa
danda.**

EXPLANATION AND TRANSLATION
*Chinhu icho munhu anonzwa mukurumbira wacho aenda
kunozvionera pachake kuti atendeseke.*
Eye-witnessing gives the clearest picture (view) of an object.

2441 ✳ **Tongoita tsika kutandavara kwehuku.**

EXPLANATION AND TRANSLATION
*Munhu anozvipira kuita chinhu chaasina hanyn'a nacho nokuti
chinodikwa kuitwa kuti kuzadziswe mutemo.*
A custom is a custom, it must be observed by all concerned.

2442 ✳ **Tongotarirawo, maziso anotorei chavashe?**

VARIANT
♦ Ziso harityi nomukadzi wavashe (nomukuru) rinomutarisa.

EXPLANATION AND TRANSLATION
Musikana anogona kushumbiwa nomurume upi noupi anenge

akamutarisa. Nyange aine jaya rake raakada, asi kushumbiwa kwaanoitwa hakumubvisi pajaya rake.
A chief's wife may be admired (coveted) by an ordinary person.
A cat may look at the king.

2443 ✱ **Tongozvinyararira mwana achirohwa namai.**

EXPLANATION AND TRANSLATION
Munhu kana achiita zvaanoda pachinhu chake, nyange zvaanoita pachiri zvakashata, vanenge vakamutarisa achizviita havana simba rokumudzora nokuti ndechake.
Everyone does what he likes to his/her own thing.
Interfere not with other people's affairs.

2444 ✱ **Totenda (Tichatenda) dzanwa n'ombe dzokuna makore.**

EXPLANATION AND TRANSLATION
Chinhu chinoitwa nomunhu asina kungwara, chinongobvumwa kuti chichaitwa kwazvo kana achinge azochiita akabudirira.
Cattle looked after by a fool may never be brought home to be kraaled.
The results will testify the success.

2445 ✱ **Tsanga imwe haikodzi shambakodzi.**

EXPLANATION AND TRANSLATION
Munhu ari mumwe haangashandi basa rakarongerwa vanhu vakawanda akaripedza ari oga.
One single grain does not produce enough mealie-meal to thicken the *sadza*.
Many hands make work light.

2446 ❋ **Tsapata rupasa ndinowaridza bandi.**

VARIANT
◆ Tsapata rukukwe hazvienzani nokuvata (rara) pasi.

EXPLANATION AND TRANSLATION
Panenge pashayikwa chinhu chaicho chinofanira kushandiswa, chinenge chiri pasi pacho kana chawanikwa ngachishandiswe.
An old sleeping-mat is not as bad as sleeping on the naked ground.
Better an inferior article than nothing at all.

2447 ❋ **Tsuro (Shuro) inotandaniswa (inodzinganiswa) neimbwa inokaruka yapinda mumwena une mawombera.**

EXPLANATION AND TRANSLATION
Munhu anotiza nhamo akanovanda kumwe, anopedzisira azviwisirazve mune imwe nhamo hurusa kudarika yaari kutiza.
A hare that is being chased by dogs takes refuge in a wasp-infested barrow.

2448 ❋ **Tsuro (Shuro) inoti rufu rwunoikunda ndorwetsvimbo, chirambe rweimbwa zvinovivirana.**

EXPLANATION AND TRANSLATION
Munhu anotya kurwa nomunhu waasingaenzani naye, ane nzira dzokurwa nenhumbi dzokurwa dzaasingagoni kunzvenga, asi uyo anorwa nenzira yaanogona kurwa nayo anoti ngatirwe tione achakundwa.
The hare admits that throwing a stick can kill him, but as for being chased by a dog, there are chances of escaping.

2449 ❋ **Tsuro (Shuro) yamutswa noruzhinji yave nyama.**

EXPLANATION AND TRANSLATION
Basa guru rinenge ratanga kubatwa, kana rikasangana navanhu
vakawanda vanenge vachirigona, rinobva rabatwa chiriporipo
richibva rapera.
Many hands make a piece of hard work light.

2450 ❋ **Tsvaka (Itsvaka) utsotso matsika (matsiga) haabatidzi mwoto.**

EXPLANATION AND TRANSLATION
Munhu anoda kutukana kana kurwa nomumwe munhuwo, asi
achishaya nzira dzaangamuvamba nadzo, anotangidza
kumutsamwisa nenyaya diki ozoguma asvikira pakurwa naye.
Little sticks kindle fire but great ones put it out.
Petty insults beget fierce fighting.

2451 ❋ **Tsvaru akadana tivu.**

EXPLANATION AND TRANSLATION
Munhu anotanga kurova mumwe munhu iye asina kutadzirwa
kana odzorerwa anobva arohwa zvikurusa.
He that starts beating someone gets serious retaliation.
A light blow asks for a heavy one.

2452 ❋ **Tsvimbo (Svimbo) haitambi mhosva, chinotamba mhosva muromo.**

EXPLANATION AND TRANSLATION
Kana vanhu vatadzirana, vanofanira kugadzirisa kutadzirana
kwavo nokutaurirana nemiromo vagere pasi, kwete nokurwa.
Fighting is not the right way to settle a dispute.

2453 ● Tsvimbo (Svimbo) imwe haigovanwi parwendo.

EXPLANATION AND TRANSLATION
Kana munhu aine chinhu chimwe chaanofanira kushandisa panguva imwe cheteyo yachakatarisirwa kushandiswa nayo, haangachipi mumwe kuti achishandise, iye agosara asina.
He who has but one stick cannot lend it.

2454 ● Tsvimbo (Svimbo) inopotera pagwenzi rivete tsuro.

EXPLANATION AND TRANSLATION
Munhu anogamuchira munhu atiza achirwiswa nomuvengi anobva abatanidzirwa arwiswawo.
The protector sustains injuries from the attacker.

2455 ● Tsvimbo (Svimbo) inoturura chiri mumuti chakazviturika.

EXPLANATION AND TRANSLATION
Kutaudzana nokutukana namashoko akashata awo anopinza zvokushuvirana kufa pakati pavavakidzani kana hama nehama anozvara rufu mukati mavo.
Bad talk breeds misfortune.

2456 ● Tsvimbo iri kure hairovi nyoka yapinda mumba.

EXPLANATION AND TRANSLATION
Rubatsiro rwakatarisirwa nomunhu kubva kune imwe nzvimbo iri kure naye harungamuyamuri kupedza kutambudzika kunogara kuchimuwira.
A distant source relief (support) cannot be relied upon.

2457 ✱ **Tsvimbo (Svimbo) inovhunika napayakatetepa.**

EXPLANATION AND TRANSLATION
Kazhinji munhu anofa achiurawa norudzi rwechirwere
chakangobvira chichimurwadza kubvira paucheche hwake.
The thread (stick) breaks where it is weakest.

2458 ✱ **Tsvimbo (Svimbo) yokurova nayo imbwa haitani**
kuwanika.

EXPLANATION AND TRANSLATION
Kana munhu achivenga mumwe munhu, achitsvaka
kumuurayisa kana kumukuvadzisa navamwe,
anongomurwisanisa navo.
The staff to beat the dog is normally quickly found.

2459 ✱ **Tsvimbo (Svimbo) yokupedzisira kurova nayo mhuka**
ndiyo inokohovedza.

EXPLANATION AND TRANSLATION
Nhamo inogumisidza kuwira munhu agara achingowirwa
nenhamo ndiyo inomuurayisa.
It is the last straw that breaks the camel's hump.

2460 ✱ **Tsvimbo (Svimbo) yomukadzi muromo.**

VARIANT
♦ Kurwa kwomukadzi muromo.

EXPLANATION AND TRANSLATION
Kana mukadzi atsamwiswa anotuka achipopota
zvakanyanyisisa.
A woman's weapon is her tongue.

2461 ❋ Tsvimborume (Svimborume) haityi zarima.

EXPLANATION AND TRANSLATION
Munhu wechirume adarikwa nezera rokuroora, haachazezi
kufamba oga pakati pousiku achitsvaka vasikana.
A bachelor is not afraid of moving about alone in the night.

2462 ❋ Tsvungu (Tsvingu) dzinoparadza nzanga.

EXPLANATION AND TRANSLATION
Kutorerana vakadzi kunorwisanisa, varume vachigumisidza
vaurayana, misha ichiparara.
He that elopes with someone's wife plants seeds of destruction.

2463 ❋ Tuka benzi warirwira munjodzi, rigoziva chaunoritukira.

EXPLANATION AND TRANSLATION
Kana uchida kuraira munhu ane gakava, asingadi kuteerera
zvaanorairwa, tanga wamurega apinde mukutambudzika,
unozomuraira akakuteerera.
After you have saved a person from danger, admonish him.

2464 ❋ Uchachena tikauona, mwedzi hauvandi.

EXPLANATION AND TRANSLATION
Chinhu chakashata chinoti nyange chikaitirwa muchivande,
chinozogumisidza chabuda pachena.
Secret murder is bound to come out one day.

2465 ❋ Uchagotyei kusviba maoko wakagara wateya mariva
murutsva?

VARIANT
◆ Ndingagotyeyi kusviba magaro ndakagara ndakateya
mariva murutsva?

Murume akaroora mwanasikana anozvarwa namai vanoita zvakashata, haangavi achatsamwa kana naiye odaidzwa kunzi akashatawo, musha wake wava wavanhu vakashata.
He that marries the daughter of a witch bears the shame.
He that is married to a witch's daughter is never afraid of being bewitched.

2466 ❋ **Uchapemberera n'anga ichabata mai.**

EXPLANATION AND TRANSLATION
Munhu anoshuvira kuuya kwenhamo pane mumwe munhu waagere naye yozogumisidza yamubata iye nhamo yacho.
The thief that delights over the arrest of another thief will be sorry when he too gets arrested by the same policemen.

2467 ❋ **Uchandiwana pandakaroorwa ndikakubikira mutakura une mabwe.**

EXPLANATION AND TRANSLATION
Munhu akapfuma anodadira varombo, anoyambirwa kuti mangwana angakaruka pfuma yamuparira akazodadirwawo.
He that looks down upon others may in the future be looked down upon too.

2468 ❋ **Uchi hwawira pachirebvu hahwunanzviki.**

EXPLANATION AND TRANSLATION
Munhu adarikwa nechinhu chinopfumisa, kana kuti chakakosha, changa chamunanga, asi chikabva chamunzvenga ava pedyo pedyo kuchiwana.
It is honey juice that has fallen on the chin.

2469 ✸ Uduku (Utsva) hahwudzokerwi.

EXPLANATION AND TRANSLATION
*Munhu akagara azvarwa, akakura kuva munhu, akadzidza
kuzvifungira nokuzvivaka haachagari achifungirwa nomumwe.
Kunyange akademba mikana yaakasikirwa nayo achikura
hazvichamubatsiri.*
Childhood cannot be returned to.

2470 ✸ Ugaro uruvirwa.

EXPLANATION AND TRANSLATION
*Kuti munhu apiwe ukuru hwokubata nzvimbo, kana chigaro
choukuru anotanga ambovawo pasi pomukuru.*
Seniority comes from subservience.

2471 ✸ Ukafamba uchizemberana namadziro ose ose
unokaruka warumwa nechinyavada.

VARIANT
♦ Ukangofamba uchidongorera mumwena yose yose,
unozogumisidza wapfirwa mumaziso nenyoka.

EXPLANATION AND TRANSLATION
*Munhu anozvipira kuwirirana nokushanyirana navanhu
vakawanda anogumisidza azvipinza mukutambudzika.*
He that leans against every wall will find himself stung by a
scorpion.

2472 ✸ Ukagara uchitamba dzvarire nebenzi pamusha,
mangwana richafuma rotamba newe pahumwe (panhimbe).

EXPLANATION AND TRANSLATION
*Munhu akajaira kugara achiita zvinhu zvinonyadzisa ari
pamusha pake ari oga navamwe vake. Mangwana anokaruka
ozviita pakaungana vazhinji.*

716

If you play with a fool at home, he will play with you at the work party.

2473 ❋ **Ukama hahwushambwi setsvina.**

EXPLANATION AND TRANSLATION
Nyange pakava nomunhu anogara asingadi hama dzake dzeropa, achidzisema, hakuzodzimi ukama nadzo.
Blood relationship sticks more than dirt sticks to the body.

2474 ❋ **Ukama hwakanaka ndohwavaviri, hwavatatu ndohwamuzvinaguhwa.**

EXPLANATION AND TRANSLATION
Kunzwanana nokuwirirana kusingaputsiki-putsiki ndokwavanhu vaviri. Kana vakapinza wetatu pavari, anoswera avarwisanisa otaura nhema, vozogumisidza vasati vachanzwanana.
Two is company, three is none.

2475 ❋ **Ukama hwunovakwa nokudya.**

VARIANT
◆ Hama huru ndeyakuziva dumbu.

EXPLANATION AND TRANSLATION
Kunzwanana nokuwirirana kwavanhu kunoramba kuchitsigirwa nokupanana zvinhu zvinoshaikwa muupenyu.
Sharing of meals builds up permanent friendship.

2476 ❋ **Ukama hwenjiva dzasangana paburiro (paruware).**

EXPLANATION AND TRANSLATION
Kunzwanana nokuwirirana kwavaviri vakamuka vagere

pamwe chete kunongova kunzwanana kusina kusimba kusina kuvimbana mukati.
It is a newly market meeting established friendship.

2477 ❋ **Ukama igasva, hwunozadziswa nokudya.**

EXPLANATION AND TRANSLATION
Vanhu vagere pamwe chete vachiwirirana, vachidanana, kuti kudanana kwavo kukurisise, vanofanira kugara vachibatsirana pane zvavanoshaya.
Relationship is half a measure, the full measure is attained by sharing food.
Gifts keep friendship green.

2478 ❋ **Ukama inzira, hwunovambiwa hwukapfumba.**

EXPLANATION AND TRANSLATION
Vanhu vakagara vasingazivani, kana vakasangana panzvimbo vakatanga kuvakidzana, vanozopedzisira vatova hama nehama.
Friendship will exist where there was never any.

2479 ❋ **Ukomba (Undere) ndehweasina mwana.**

EXPLANATION AND TRANSLATION
Mukadzi asingazvari anogara akapfeka hanzu dzisina tsvina nguva dzose, asi anoyamwisa hanzu dzake dzinosvibiswa netsvina yomwana.
A suckling mother cannot be as clean as a woman without a child.

2480 ❋ **Ukukutu hahwupfumisi.**

EXPLANATION AND TRANSLATION
Munhu anoomera nezvinhu zvake asingadi kuzvipawo vamwe,

718

naiye haana akasunungukawo kumupawo zvake.
He that is mean can hardly become rich.

2481 ❋ Una (Ana) baba vakafa vachitsva nomwoto anotya kudziya mwoto.

EXPLANATION AND TRANSLATION
Rudzi rwenhamo kana njodzi yakambowira hama yomunhu,
munhu anogara akaifananidzira pamwe chete nokuitya.
He whose father died being killed by a lion, to him all bushes at
night are lions.

2482 ❋ Un'anga mwoto, hwunogokwa kumwe.

EXPLANATION AND TRANSLATION
Munhu anogona kuwana ruzivo rwebasa rakakosha mushure
mokuwana ruzivo urwu kune vanarwo. Somuenzaniso, munhu
akazvarwa nevabereki vasingarapi, angava murapi nokurati-
dzwa makwenzi nemishonga yokurapa navamwe varapiwo.
A man may become a herbalist through being shown (given) curing
herbs by old herbalists.

2483 ❋ Une jira ndeane rushakadza, ane idzva akariwana meso (maziso) atsvuka.

Munhu ane nhumbi yave tsaru anofanira kugutsikana nayo
nokuti kuwana nhumbi itsva kunotora nguva refu.
He that has an old blanket should be content for it takes
hard work and long time to buy a new one.
An old tool is as much as useful as a new one.

2484 ❋ Une chake ndishe.

EXPLANATION AND TRANSLATION
*Chinhu chose munhu chaanacho, nyangwe chisingakoshi
kuvazhinji, chakaderera, mwene wacho anozvida pamusoro
pacho achichiona chakakosha.*
He that has his own is a king, he prides over it.

2485 ❋ Une muromo wake haarasiki nzira yokwaanoenda.

EXPLANATION AND TRANSLATION
*Munhu anozvitaurira, anogona kuzvirongera
nokuzvigadzirira nyaya dzake, achipiwa mazano navamwe
okuti abudirire padziri.*
He that has a tongue to talk with does not get lost.

2486 ❋ Unochema soro unochema rake soro.

EXPLANATION AND TRANSLATION
*Munhu mumwe nomumwe kana achidemba pamusoro
pokutambudzika, anenge achizvidembera iye pamusoro
pokutambudzika kwake kwete kwomumwe.*
Every man thinks of his own hair too long and needs shaving.

**2487 ❋ Unodembwa (Unochemerwa) ndowanyengerwa
kamwe, wanyengerwa kaviri ibenzi.**

EXPLANATION AND TRANSLATION
*Kana munhu akanyengedzwa kekutanga anonzwirwa tsitsi
asi akazonyengedzwa kepiri zvakafanana nekekutanga
anenge ave kuratidza kusangwara kwake.*
If a man deceives me once, shame on him, but if twice, shame on
me.
He is never called a fool, he that is deceived once, but he that is
deceived twice.

2488 ❋ **Unokumbira haashayi.**

EXPLANATION AND TRANSLATION
*Kana kutsvaka kwomunhu chinhu chaasina kwakati tasa,
anochiwana.*
He that asks gets.

2489 ❋ **Unokumbira haavengwi, anovengwa ndowaba.**

EXPLANATION AND TRANSLATION
*Munhu anoratidza kushaya kwake pachena namashoko
anokujekesa anofarirwa, asi anotsamwirwa ndiye
anozvitorera zvaanoshaya asina kupiwa.*
Hate not he who asks except he who steals.

2490 ❋ **Unoparikwa mukadzi, murume haaparikwi.**

EXPLANATION AND TRANSLATION
*Murume anobvumidzwa kuroora vakadzi vaviri kana
vanopfuura nenguva imwe, asi mukadzi haabvumidzwi
kuroorwa navarume vaviri kana vanopfuura nenguva imwe.*
It is a married woman who can be paired by another woman to
her husband, but no woman can be paired by two husbands.

2491 ❋ **Unoradza sadza ndeakaguta.**

EXPLANATION AND TRANSLATION
*Murombo asina zvaangashandisa kana akangogara awana
chinhu chinoshandiswa, anobva achishandisa chose nokuku-
rumidza.*
He that reserves sadza is full, but he that is hungry eats it all
without delay.

2492 ✳ **Unoreva chake haanenerwi (haavengwi).**

EXPLANATION AND TRANSLATION
*Munhu anenge oda kudzorerwa nhumbi yake yaakanga apa
mumwe kuti ashandise.*
Blame not one who asks for the return of one's own tool.

2493 ✳ **Unoshora (Usashora) mbodza neinozvimbira.**

EXPLANATION AND TRANSLATION
*Munhu anozvidza mumwe munhu achiti haangarwi naye
indonda, asi ari iye anozomukurira. Uye munhu asangoshora
munhu pane zvimwe zvinhu nokuti anoshorwa wacho
anogona kududirira pane zvinhu zvaange asingafungirwe.*
You turn up your nose at badly cooked porridge yet it can
give you indigestion.
Do not be too quick to underestimate your opponent.

2494 ✳ **Upenyu hahwugutwi sesadza.**

EXPLANATION AND TRANSLATION
*Nyange munhu ararama nguva yakarebesa sei panyika,
haangazvishuviri kana kusarudza kuti dai achifa.
Anongoona seasati akararama nguva yakarebesesa.*
None is so old that he/she hopes not for another year's life.

2495 ✳ **Upenyu mambure hwunokomberanwa.**

EXPLANATION AND TRANSLATION
*Vanhu vanobudirira muzvirongwa zvoupenyu kana
vachinamatira pamwe.*
Life is easily successful by unity.

2496 ❋   **Upfumi ukuru ndohwekugutsa dumbu.**

EXPLANATION AND TRANSLATION
Munhu anowana zvokudya zvake nemhuri yake yose mise
yose ndiye anonzi akapfuma nokuti dumbu ndiro
rinoshandirwa nomunhu misi yose.
He is rich enough who lacks no bread.

2497 ❋   **Ura mapako hwunozvara mbavha nomuroyi.**

EXPLANATION AND TRANSLATION
Mukadzi mumwe anobereka vana vakasiyana-siyana
mumagariro avo, mumwe mwana angaberekwa iri simbe,
mumwewo ari mupengo anoda kugara achirwisana navamwe
vanhu.
On fair lands grow foulest weeds.
Out of the same womb a thief and a witch may come.

2498 ❋   **Urema usundiranwa.**

EXPLANATION AND TRANSLATION
Murume nomukadzi kana vakati varoorana vasingazvari
vana, hapana mumwe wavo angabvuma kuti ndiye
asingazvari pakati pavo vaviri, vanongonenerana.
A childless couple blame each other for failure to bear children.

2499 ❋   **Uri pake mukuru (pamana rake), anotyiwa.**

EXPLANATION AND TRANSLATION
Munhu upi noupi wechirume, nyange ari muduku, asi kana
ari pamusha pake anofanira kubatwa norukudzo, nokunya-
rwa, atorwe somunhu mukuru.
He that is at his own living quarters should be looked upon an
elderly person.

2500 ✸   **Uri pamusoro pegomo ndiye anoona zvakakomberedza gomo.**

EXPLANATION AND TRANSLATION
Munhu anogara mumusha mamambo akabata nyika anozivisisa zvose zvinoitikira munyika nezvinowanikwamo.
When one is on a mountain, he sees all that surrounds it.

2501 ✸   **Urombo uroyi.**

EXPLANATION AND TRANSLATION
Kana munhu asina chokudya chaangapa hama yake yaanodisisa, yaziya nenzara, ingangomufira akaitarisa, akaita saiye aiuraya.
He that has no food to give to a hungry friend sends him to death.

2502 ✸   **Usaona vonde(Guyu) kutsvukira kunze mukati rina masvosve.**

EXPLANATION AND TRANSLATION
Munhu wechikadzi akaisvonaka pachiso, kazhinji mwoyo wake unenge wakashata, aine ushati hwamarudzi akasiyana-siyana.
A fig is red and smooth outside but full of small black ants inside.
A fair face covers a foul heart.

2503 ✸   **Usasheedzera kana uchiri mukati mesango.**

EXPLANATION AND TRANSLATION
Nyange wovimba kuti nhamo yawanga uri mukati mayo yobva yopera, tanga wamira kutaurira vamwe kuti yapera, kusvikira wabuda mairi zvachose.
Do not shout hallo until you are out of the wood.

724

2504 ❋ **Usashumbe ishwa, haina gapu.**

EXPLANATION AND TRANSLATION
Munhu wechirume kana oroora asadisisa kuroora mukadzi akaisvonaka pachiso. Akadaro anowanza kusava namabasa akanaka.
The prettiest woman usually has numerous character defects.

2505 ❋ **Usatumbura mbudzi yausati wakumbirwa.**

EXPLANATION AND TRANSLATION
Munhu asangopindira kutaura nyaya inenge ichitaurwa kana asina kukumbirwa navanoitaura, kuti aitaurewo.
Do not cut open the belly of a goat if you have not been required to do so.

2506 ❋ **Usawanza mbambo panguwo yeshindi, inobvaruka.**

EXPLANATION AND TRANSLATION
Kana munhu achitaura zvikanganiso zvinoitwa navashe, ngaazvitaurire munhu mumwe. Kana akawanza vaanotaurira, vashe vanoswera vazvinzwa.
Kings (Chiefs) have many ears everywhere.
Do not have many pegs on a squirrel's skin.

2507 ❋ **Usazviisa pamwoyo rega zviri kumakumbo.**

EXPLANATION AND TRANSLATION
Munhu anozvinetsa nokufunganya pamusoro pechinhu chamuwira, icho chinosiwanza kuwira vazhinji, vachishaya hanyn'a nacho saka iye ngaasashungurudzika nacho.
Never you lay sorrow to your heart when others lay it to their heels.

2508   ❋   **Ushamwari hwechikwinyanguwo, tichahunzwa nemipinyi yorira.**

EXPLANATION AND TRANSLATION
Kana mutorwa nomutorwa vakatangidza kunzwanana nokungogara vakafambidzana mazuva ose, vachingoda kurara pamwe chete misi yose, vanokurumidza kupesana votorovana.
The under-same-blanket friendship has stinky ending.

2509   ❋   **Ushe(Ukuru) hahwudyiwi sesadza.**

EXPLANATION AND TRANSLATION
Nyange munhu akasarudzwa kubata vamwe vanhu hazvizomuraramisi kana asina zvokudya mumusha make.
Great birth is a very poor dish at table.

2510   ❋   **Ushe hahwuyambuki muganhu wenyika, chinoyambuka muganhu un'anga.**

VARIANTS
◆   Mwana washe muranda kumwe.
◆   Chinoyambuka muganhu wenyika un'anga, ushe hahwuyambuki muganhu.

EXPLANATION AND TRANSLATION
Ishe anongokudzwa zvikurusa munyika yake asi kune dzimwe nyika asingakudzwi sezvinoitwa n'anga inongofamba ichingokudzwa pose pose.
A chief is a great man in his own area but a physician doctor is universally great.

2511 ❋ **Ushe huzvivaka iwe mwene.**

EXPLANATION AND TRANSLATION
Munhu angapiwa ukuru, asi iye anofanira kuzvifungira
mazano akanaka anotsigira ushe hwaanenge apiwa kuti
hwusamurasikira.
Offices may be given, but not discretion.

2512 ❋ **Ushe hwakabva muziya.**

VARIANT
◆ Zita guru rakabva muziya.

EXPLANATION AND TRANSLATION
Munhu kuti ave nepfuma nokuzivikanwa munzvimbo dziri
kure anofanira kushanda mabasa anounza upfumi.
He that perspires through hard work will through hard work swell
out great man.
Greatness came out of sweat of the brow.

2513 ❋ **Ushe hwakanyanga (hwunonyanga) dera.**

VARIANT
◆ Ushe hwakabva muhama.

EXPLANATION AND TRANSLATION
Munhu anosarudzwa kuva mukuru navanhu vokwake
vanoziva zvaari naiye achizivavo zvavari.
Greatness is obtained by strong recommendations from kinsmen.

2514 ❋ **Ushe hwokubatira idambakamwe.**

VARIANT
◆ Dambakamwe ushe hwokubatira.

EXPLANATION AND TRANSLATION
*Munhu anosarudzwa kuchengeta vanhu munyika, uyo
anofanira kuvachengeta achambokura kuti asvike pazera
rokubata ushe. Uyezve kana anga ari ishe akwegurisa
zvokusabata nyika, anongobata ushe kamwe chete, hwopiwa
mwene wahwo asvika pazera hwozosarudzirwa mwene
wahwo, wakwegurisa kana azofa.*
The term of a regent ruler is shortly limited.

2515 ✻ Ushe hwowa hwunoora, nousiku humwe.

EXPLANATION AND TRANSLATION
*Ushe hwungava hwepfuma zhinji, nyange hwedzinza,
nyange hwunobva muzita rakakurumbira, kana nguva yahwo
yokupera yasvika hwunongoputsika hwose hwukapera
sokutamba.*
Chieftainship has speedy mushroom decay.

2516 ✻ Ushe hwune dzimba dzahwo hwadzakaravirwa

EXPLANATION AND TRANSLATION
*Varipo vamwe vanhu vakagara vasarudzirwa muropa ravo
kubata vamwe vanhu, vanongoti pose pavanenge vanogara
vanosarudzwa kuva vakuru vepo.*
Some families were born for greatness.

2517 ✻ Ushe (Ukuru) hwunourayisa.

VARIANT
◆ Zita guru rinourayisa.

EXPLANATION AND TRANSLATION
*Munhu anenge asarudzwa kuva mukuru akapiwa simba
rokubata vamwe anowanza kusazofarirwa nokudikanwa
navamwe vane godo.*
The post of honour is the post of danger.
The death of a chief comes soon.

2518 ✸   **Ushe imhute hwunopfaranyuka.**

EXPLANATION AND TRANSLATION
*Zvingangoitika kuti nyange ushe hwanga hwakakura sei,
hwuputsike mukati menguva pfupipfupi, hwubve hwaparara
zvachose.*
Like thick mist, chieftainship clears up at sunrise.

2519 ✸   **Ushe kukokwa kune vamwe.**

EXPLANATION AND TRANSLATION
*Munhu anozvigadzirira kudikanwa nevanhu nokuvaitira
zvakanaka kuti vagogara vakamutenda nokumukudza.*
Popularity has to be cultivated.

2520 ✸   **Ushe mwoto hwunogokwa kumwe.**

VARIANT
◆   Ushe uruvirwa kune vamwe.

EXPLANATION AND TRANSLATION
*Kuti munhu asarudzirwe ukuru anofanira kumbova anga ari
munhu akambobatwawo navamwe vakuru ari pasi pavo,
vagozomusarudzirawo ushe.*
He that should be a senior must first be a junior.
Through serving others one mounts the greatness.

2521 ✸   **Ushe madzoro hwunoravanwa (hwunosiyiranwa).**

EXPLANATION AND TRANSLATION
*Kubata ushe kunobatwa nenzira yokupananwa, kuchirongwa
sokutevedzana kwedzimba dzine majana okubata ushe.*
Chieftainship is taken in turns.

The chieftainship is handed down in a family for generations.

2522   ❋   Ushe mashizha emiti hwunozuzika kuchitunga mamwe matsva.

EXPLANATION AND TRANSLATION
Pakubata vanhu kwose kunoitwa nomunhu ari ishe kana nguva yake yokuti kupere yasvika kunongoparara pakarepo.
Chieftainship is like tree leaves which fall off the trees in winter.

2523   ❋   Ushe (Ukuru) ndohwokugutsa dumbu.

EXPLANATION AND TRANSLATION
Munhu anowana zvinomuenzanira misi yose ndiye anogara aine mufaro mukuru uzere mumwoyo make, achizvinzwa ari ishe.
He is a king (chief)he that lacks no bread.

2524   ❋   Usikana utamba kamwe, ukuru umvana.

EXPLANATION AND TRANSLATION
Zera roumhandara ipfupi, zera rakareba nderomukadzi aroorwa raanopedza ozvara vana, ava mai vevana.
Maidenhood is a short season, the longest one is that of motherhood.

2525   ❋   Usiku hahwufambwi kamwe, hwunofambwa kaviri.

EXPLANATION AND TRANSLATION
Zvinoitika kuti munhu ari murwendo akagara avirirwa nezuva ari munzira, zvinozoitikazve kuti avirirwe zuva rwechipiri ari murwendo rwakare irworwo.
He that travels by night one day, will again travel by night the following day.

2526 ❋ **Usiku hahwuna hama.**

EXPLANATION AND TRANSLATION
Hakuna munhu anofanira kufamba usiku ari oga nokuti zvinhu zvizhinji zvinoparadza upenyu hwomunhu zvinowanzoparadza munguva dzousiku.
The night time is no man's friend.
He that walks about alone by night sustains grave injuries.

2527 ❋ **Usiku hahwuwonekwi, unowana shumba yakugarira munzira (mberi).**

EXPLANATION AND TRANSLATION
Kupondwa kwomunhu nemhondi kwakareruka kuitwa usiku saka kana munhu obva panhu usiku haatauriri vaanosiya kuti oenda.
It is no safe departure by night-time to take leave.
Bid no one good night when you leave by night.

2528 ❋ **Usiku igore kunoedza (kunomuka) kwava nezvitsva.**

EXPLANATION AND TRANSLATION
Kana zuva ranyura, ranyura nezvaranga rinazvo zvange zvichiitika. Kana rava zuva rinotevera kunenge koitika zvakowo, zvakasiyana nezvazuro.
One night period passes to change daily current happenings.

2529 ❋ **Usiku ndimadye, masikati imhandu.**

EXPLANATION AND TRANSLATION
Munhu, muusiku anongopondwa asina kuzvirwira nokuti anenge asingaoni uyo anomuponda, asi anouya kuzoponda masikati anotanga amborwiswa nyange angazobudirira hake akaponda.
He that is openly attacked by night is killed without resistance, but daily attack is resisted.

2530 ✴ **Usimbe hwakazvara mbavha.**

VARIANT
◆ Mbavha dzakazvarwa nousimbe.

EXPLANATION AND TRANSLATION
Munhu asingadi kushanda kuti azviwanire zvinomubatsira, anozvipira kuti anozvitorera asina kuzvipiwa kune vamwe vanazvo.
He that loathes to labour earns his living by stealing.
Laziness breeds a thief.

2531 ✴ **Usimbe hwunosakadza (hwunokwegudza).**

EXPLANATION AND TRANSLATION
Munhu asingadi kushanda anoswera agere asingashandi anokurumidza kukwegura, nguva yake isati yasvika.
He that is always idling gets old soonest.
Sloth, like rust, consumes faster than labour wears.

2532 ✴ **Usimbe hahwudyiwi.**

VARIANT
◆ Usimbe hahwuna dumbu, hapana simbe inoswera yakaguta.

EXPLANATION AND TRANSLATION
Munhu asingadi kushanda kuti awane zvinhu zvinoyamura anogara achitambura asina chokudya, haadyi achiguta misi yose.
Laziness feeds none.
A sluggard has never had enough meals.

732

2533 ❋ **Usimbe hahwuna dura.**
EXPLANATION AND TRANSLATION
Munhu asingarimi haangavakiwo dura nokuti pasina zviyo
hapatsvakwi nzvimbo yokuzvichengetera.
A lazy person without grain never can build a grain granary
(food storage).

2534 ❋ **Usimbe uroyi [ibere] hahwutendwi nomunhu.**

EXPLANATION AND TRANSLATION
Nesimbewo inozvizivira mukati memwoyo wayo kuti isimbe,
kana ikanangwa nomumwe munhu kuti isimbe, inoshatirwa
ichiti yatukwa.
Call a man lazy and he will set his face against you, as if you
called him a wizard.

2535 ❋ **Usina chake chena mwoyo.**

EXPLANATION AND TRANSLATION
Munhu anenge achishayisisa, nyange akasekwa paanenge
achikumbira kuti apiwe zvingamubatsira, haagari atsamwira
vanomuseka, anongoramba akasunnguka zvake.
He that is poor must be patient when begging.

2536 ❋ **Usina haazorori kutsvaka.**

VARIANT
◆   Risina harizorori kutsvaka.

EXPLANATION AND TRANSLATION
Munhu anenge achishayisisa zvingamubatsira muupenyu
anogara achifamba-famba achiedza kuzvitsvaka-tsvaka.
A hungry dog is never tired of moving about in search of a bone.
He that is in need feels no pain in the heels.

2537   ✸   Usina mombe haavaki danga.

EXPLANATION AND TRANSLATION
Munhu haatsvaki nhumbi yaasina basa nayo muupenyu.
He that has no cattle builds no cattlekraal.
He that hath no money needeth no purse.

2538   ✸   Uta hwunopiwa magovere okukanda miseve.

EXPLANATION AND TRANSLATION
Munhu ane njere dzokugona kuita zvinhu ndiye anopiwa
mukana wokuita zvaanogona kuita kuti zvinhu zvinake.
Bows and arrows are given to the best shooters.
Better chances are given to the industrious workers.

2539   ✸   Utera hahwugutsi.

EXPLANATION AND TRANSLATION
Munhu anotya kuita zvinhu achitya kurema kwokuitwa
kwazvo anongogara asina zvakaenzanirana kumuraramisa
muupenyu. Munhu anozeza kushanda kuti awane zvokudya
zvaangadya achiguta misi yose anongogara akashaya
zvokudya achiziya nenzara.
He that is cowardly to work hard has never had enough to feed
on.

2540   ✸   Utera hwune huro kukonewa kuminya [kumedza]
chava mumuromo.

EXPLANATION AND TRANSLATION
Munhu awana chinguva chakanaka chisina zvibingamupinyi,
chokuwana zvaanga achidisisa kuwana, orega kuchishandisa

ongochitarisa chichidarika zvacho.
He has the weakest gullet he that cannot swallow his freely given meal.
He is a double fool he that neglects his favourable chances.

2541 ❋ **Utsi (Tsungirira utsi) hwenyama hahwutosvori mugochi.**

VARIANTS
◆ Utsi hweshambakodzi hahwutosvori, mubiki.

EXPLANATION AND TRANSLATION
Kurema nokunetsa kushandwa kwechinhu, munhu chaanodisisa kuti achiwane, hakungamuiti kuti abve aregera kuramba achishanda kuti achiwane.
The smoke rising from the roasting fire was never too thick for the one roasting the meat.

2542 ❋ **Utununu kunorasa mapfupa enyama yausina kudya.**

EXPLANATION AND TRANSLATION
Munhu anobvuma kuripa mhosva yaanopomerwa, asi asiri iye akaipara uye umbowo hwuchibudisira chokwadi pachena kuti haasiri iye akaipara.
It is foolish for one to agere to suffer the wrong done.

2543 ❋ **Uturu hwenyoka hwuri mumuromo mayo.**

EXPLANATION AND TRANSLATION
Kutaura kwomunhu akashata mwoyo namashoko akashata aanotaura zvinobuda nomumuromo make.
An evil person has a malicious tongue.
The snake posion is found in the mouth.

2544 ✱ **Uvete wafa (Wavata wafa)**

EXPLANATION AND TRANSLATION
*Munhu anenge arara, zvinhu zvose zvinozoitika nenguva
yekare iyoyo arere, zvinongopfuura asingazvizivi.*
He that is asleep is dead.
He that has fallen asleep knows nothing of what is happening
about him.
He that has fallen asleep is half-dead.

2545 ✱ **VaChiendanyume vanodzoka hwana hwashuva.**

EXPLANATION AND TRANSLATION
*Munhu anofamba rwendo rupfupi norurefu, asingakurumidzi
adzoka.*
He is an everywhere happy creature who sets out on a journey
never too soon to return.

2546 ✱ **Vadzimba ndivo vanotendwa kuti mwoyo ichene.**

EXPLANATION AND TRANSLATION
*Kana vanenge vaenda kunotsvakira mhuri zvinhu zvinenge
zvoshayika mumusha, pavanenge vadzoka vauya nazvo,
vanotendwa zvikurusa kuti vagare mwoyo yavo
yakasununguka.*
Family providers deserve hearty thanks.

2547 ✱ **Vagara vane rusa (rombo) rwepfuma havatsvaki
mamwe mazano okupfuma nawo.**

EXPLANATION AND TRANSLATION
*Varipo vanhu panyika vasingazvinetsi nokutsvaka nzira
dzokushanda nadzo kuti vagowana pfuma.*
Lucky men need no counsel.

2548 ❋   **Vagara vose mumba vava varumudzani.**

EXPLANATION AND TRANSLATION
*Vanhu vakakura vasiri vose sezvakaita murume nomukadzi
kana vakazogara pamwe chete zvachose, kupesana kunogara
kuripo.*

2549 ❋   **Vagere mukati meshumba, vanotya namakwenzi.**

EXPLANATION AND TRANSLATION
*Kana vanhu vakavakidzana navanhu vakashata vanongo-
vatya vose pamwe chete navana vavo vavanozvara.*
They that live among lions get frightened even at seeing bushes in
the dark.
They, whose neighbours are witches, fear them all including their
children.

2550 ❋   **Vagoni vechimbo magovere acho asipo (pasina).**

EXPLANATION AND TRANSLATION
*Munhu ane ruzivo ruduku rwokuita chinhu, anozokumbirwa
kuti achiite kana uya ane ruzivo rukuru ashayikwa.*
For want of a wise man, a fool is set on the chair.

2551 ❋   **Vaititurira matohwe vachiri pwere nhasi votiseka
mapangurwa.**

EXPLANATION AND TRANSLATION
*Munhu akadzidziswa achiri mucheche kuita chinhu, kana kuti
basa nomumwewo munhu, uyo anozoti kana agona kuchiita,
akura, otangidza kusava nehanyn'a nouya aimudzidzisa
kuchiita.*
Those whom were taught the art of doing things are now treating
us with contempt.
Those who through our guidance and backing up finally landed
upon top-most positions now look down upon us.

2552 ✸ Vakachenjera (Vakangwara) havana nhamo inoenda kure.

EXPLANATION AND TRANSLATION
Munhu akangwara ane nzira pfupi dzokuwana zvinhu zvaanoshaya.
The wise soon find possible means to overcome their wants.

2553 ✸ Vakadya mhesa vanogara vakapesana munzira.

EXPLANATION AND TRANSLATION
Vanhu vanoti kana mumwe onoshanyira mumwe, omuwana asisipo achinzi aenda kwake kwaabva. Vanenge vangopfuurana nenzira dzakaparadzana.
They always circumvent each other on the way.

2554 ✸ Vakadzi ndivo vamwe, havasiyani pakusikwa.

VARIANT
◆ Kunhuwa kwetsikidzi ndiko kumwe.

EXPLANATION AND TRANSLATION
Maitiro avakadzi akangofanana.
Women are the same in behaviour.

2555 ✸ Vakadzi vane mharadze nomurwise.

EXPLANATION AND TRANSLATION
Kutorerana vakadzi kwavarume, nyange varume vaina amai vamwe chete nababa vamwe chete kunovapesanisa vakavengana zvakanyanyisisa, vakafa vasati vachada kuonana.
Women can cause perpetual hostility between men of the same parenthood.

738

2556 ❋ **Vakamboonana havashayani.**

EXPLANATION AND TRANSLATION
Nyange vanhu vakaparadzana kwenguva yakareba sei,
vanopedzisira vakasanganazve.
Once together, will be together.

2557 ❋ **Vakanaka havararami panyika.**

EXPLANATION AND TRANSLATION
Munhu anoitira vamwe vanhu zviri munzira kwayo nguva
dzose haana upenyu hwakareba.
The just do not live long.

2558 ❋ **Vakangwara havarwi netsvimbo.**

EXPLANATION AND TRANSLATION
Munhu ane ruzivo rwokupwisa vakachenjera kupfuura
vamwe anopedza hasha dzose dzavanoda kurwa nokutaura
zvine uchenjeri.
Wise men do not need weapons but fight with their tongues.

2559 ❋ **Vakazvara havasekani, tsika dzavana hadzisiyani.**

VARIANT
◆ Wakazvara sekera muchitende.

EXPLANATION AND TRANSLATION
Maitiro namagariro avana vaduku anofambirana pose pose.
She that has children must not jeer at someone's child's ill
behaviour. All children behave well and badly.

2560 ❋ Vakazvarwa ndivo vashe vanokudziwa nevavo.

EXPLANATION AND TRANSLATION
Munhu akabereka vana vakarurama pamagariro avo anoremekedzerwa muvana vake vanenge vachiyemurwa navakavakidzana navo.
They that have good children find most joy in them.

2561 ❋ VaMuzvinaguhwa senge wenga (chainga), kutore gwande (gwati) rinotsva.

EXPLANATION AND TRANSLATION
Mudzimai ane makuhwa anoti, kana akanogoka mwoto kune dzimwe dzimba, oti agoka haachabudimo mumba, oramba achingotaura mazimbe ane mwoto obva apisa gwati raagokera.
A gossiping housewife spends longest time being at someone's premises gossiping.
It is merry when gossips meet.

2562 ❋ Vamwene nomukadzi womwanakomana mutswi neduri.

EXPLANATION AND TRANSLATION
Muroora namai vomurume wake havangapedzi nguva refu vasati vambopesana mumusha.
The mother-in-law and the daughter-in-law are often at logger-heads.

2563 ❋ Vana vanoriswa vane utondori.

EXPLANATION AND TRANSLATION
Vana vanogara vakachengetedzwa pamusha nguva dzose zvakanyanyisa, vanowanza kutadza zvisina mwero.
Strictly looked- after children mostly get out of hand.

2564 ❋ **Vana vehurudza havapari makoko mushambakodzi.**

EXPLANATION AND TRANSLATION
Vanhu vanoshanda nguva dzose, mhuri dzavo hadzishayi
zvokudya, dzinogara dzichidya dzichiguta muupenyu hwadzo.
They that have got good store of butter may lay it thick on their
bread.
Rich men's children do not scrap for food.

2565 ❋ **Vane madanha havazviwani, zvinowanikwa navasina.**

EXPLANATION AND TRANSLATION
Munhu ane shungu dzokuti dai adzidzisa vana vakewo
vakava vakadzidza haawanzi kuzvara vana vane zvido
zvokudzidza zvikuru, uye vane misoro yakapinza.
Nice eaters seldom meet with a good dinner.
The proper the man, the worse the luck.

2566 ❋ **Vane maronda mumisoro vanovenga zvisvo**
zvokuvevura.

EXPLANATION AND TRANSLATION
Munhu anotambura chaizvo haafariri kuona kana kunzwa
nezvezvinhu zvinomuyeuchidza kutambura kwaanoita.
Scabby heads love not the razor (comb).

2567 ❋ **Vanga (Ronda) ranyenga haricharapiki.**

EXPLANATION AND TRANSLATION
Kana chinhu chikatadzikara, chikambotora nguva refu
chisina kugadziriswa chinozotadza kugadziriswa zvachose.
It is ill healing of an old sore.

2568 ❋   **Vanhu makore, vanosenana.**

EXPLANATION AND TRANSLATION
*Nyange vanhu vari vatorwa kana vokurukurirana
kunowanikwa pakati pavo pava noukama hweropa hwuri
kure kure.*
All men are connected to one another by distant relationship.

2569 ❋   **Vanhu vamwe havapfumisani.**

EXPLANATION AND TRANSLATION
*Hama nehama kazhinji hadzifariri kubudirira kwehama
nehama.*
It is very rare that relatives work for the success of one another.

2570 ❋   **Vanhu vamwe havarasani.**

VARIANTS
- Vanhu vamwe havashayani.
- Vanhu vamwe vanonhuwirana.
- Hama nehama dzinowirirana.

EXPLANATION AND TRANSLATION
*Vanhu veropa rimwe padzinza, nyange vosangana pavasinga-
zivani, hazvivatoreri nguva refu vagere pamwe chete vasati
vazivana kuti ihama nehama.*
Blood relatives are never long strangers to one another.

2571 ❋   **Vanhu vava parufu havachavengani.**

EXPLANATION AND TRANSLATION
*Panenge pafiwa nyange pane kusawirirana pakati
pavagerepo, kunobva kwaregeranwa.*
At a funeral, sworn enemies suspend their conflicts.

2572 * **Vanokungurusa mabwe makuru ngavangwarire kupwanyiwa minwe.**

EXPLANATION AND TRANSLATION
Avo vanobudisa pachena kuvanhu noruzhinji zvikanganiso zvakavanzika navashe, kana vakazivikanwa kuti ndivo vakazvibudisa pachena, vanobatwa, vopiwa mhosva.
Those who remove great stones bruise their fingers.

2573 * **Vapengo vanozezana.**

EXPLANATION AND TRANSLATION
Munhu akashata anotyawo kusangana nomumwe akashatawo saiye.
Violent-natured persons fear one another.

2574 * **Vari kuno vanoshora vanoviga nherera mhenyu, vachisiya muzvare afa.**

EXPLANATION AND TRANSLATION
Vanhu vanopomera mwana asina vabereki mhosva yaasina kupara vachipembedza uyo anova ndiye apara, nokuti ane vabereki vachiri vapenyu.
It is easier to falsely accuse an orphan than to set free the rightfully accused with both parents.

2575 * **Vari pachavo chidigidigi.**

EXPLANATION AND TRANSLATION
Vanhu vemhuri imwe chete kana vakavakidzana vanofambirana zvakanyanyisa vachivaraidzana namabiko ezvinobikirwa mhuri kuti dzifare.
Men are happy within their family circles.

2576 ❋ **Vari pachavo chikwinyakwinya (chikwitikwiti/ chikurikuri).**

EXPLANATION AND TRANSLATION
Vanhu vamwe vanomushandirapamwe, vanoshanda nesimba ravo rose misi yose kuti vakurumidze kuwana pfuma.
Those who are at their own quarters deny outsiders.
Those who are in their business are exceedingly industrious.

2577 ❋ **Varoyi vanozeza uroyi.**

EXPLANATION AND TRANSLATION
Hakuna munhu akashata asingatyi kudenha mumwe akashata nokuti simba romumwe haringaenzaniswi nomumwe akaziva ukuru hwaro.
Witches fear one another.
A wicked person is afraid of another wicked person.

2578 ❋ **Varume ndivo vamwe, kutsva kwendebvu vanodzimurana.**

EXPLANATION AND TRANSLATION
Vanhu vechirume panhamo dzakanangana norutivi rwevechirume havaregererani, vanobatsirana kuti mumwe wavo asakundikana.
In the face of hardships, men strive to rescue one another.

2579 ❋ **Varumudzani havagari vasina kurwira zamu ravakasiyirana.**

EXPLANATION AND TRANSLATION
Vanhu vagere panhu pamwe vanofarira kugara vakangope-sana kunge vana vakazvarwa vachitevedzana.
They live like fighting cocks.

2580 ✸ **Varwi ndivo vayanani.**

EXPLANATION AND TRANSLATION
Kukanganisana ndiko kunoita kuti vanhu varambe
vakabatana nokuwirirana.
Little misunderstandings make good friends.

2581 ✸ **Vashe havakambi guhwa chavo ngachive**
chokusumwa nenhume yauya nacho.

VARIANT
♦ Reva chawaona namaziso, ishe haakambi guhwa.

EXPLANATION AND TRANSLATION
Munhu mukuru asagara achingobvuma-bvuma zvinhu zvose
zvaanonzwa zvichitaurwa zvinenge zvichipinza vamwe vanhu
mukati. Ngaabvume zvauya neatumwa nezvaazvionera
zvichiitika.
All hearsay must not be taken as truth.

2582 ✸ **Vashe havapingwi pavanosvika.**

EXPLANATION AND TRANSLATION
Munhu akapiwa simba roushe kana roukuru, paagere
anongoita madiro, hakuna angamudzivisa kuita chaanenge
ada kuita.
Kings do as they like.

2583 ✸ **Vasingazivi kudya nyama, vanoti mbeva inyama.**

EXPLANATION AND TRANSLATION
Avo vasina kujaira kushandisa kana kuwana zvinhu
zvakakosha, vanogutsikana mwoyo yavo, nyange vachisha-
ndisa kana kuwana zvakadereresa pakukosha.
He that is not used to eating meat thinks mice are meat.

2584 ✸ Vasingazivi kushambira vasayambuka rwizi ruzere.

EXPLANATION AND TRANSLATION
Munhu asina ruzivo rwokuita chinhu asagara achiita nokuti anogona kutadza kuchiita akazvikuvadza nacho.
Those that know not how to swim must never cross a flooded river.

2585 ✸ Vatambi vechimbo chimwe vanowirirana.

EXPLANATION AND TRANSLATION
Vanhu vanofadzwa nokuita chinhu chorudzi rumwe, angava ari mabasa akashata kana akanaka havasiyani.
Birds of the same feather flock together.
Persons of a similar character are usually found together.

2586 ✸ Vatsva vetsambo (veshambo) chena kudzidza kudziroverwawo.

EXPLANATION AND TRANSLATION
munhu wechikadzi akaroorwa pakapfumiwa zvikurusa asi akazvarwa navarombo vakapumhururwa. Oonekwa achidadira zvikurusa vose vanosvika paakaroorwa.
Those who were born in poverty get excited over the little property they own.

2587 ✸ Vaumbi vehari vakavakidzana vanogodorana.

EXPLANATION AND TRANSLATION
Vanhu vanorarama nebasa rorudzi rumwe vakagarisana pedyo napedyo vanongogara vasingafarirani nyange pavasangana nokuda kwegodo.
One porter envies another.
Neighbours of the same trade are jealous of one another.

2588 ✹   Vazivi vamazembe havatangi mberi.

VARIANT
◆   Vazivi vehakata havatangi mberi.

EXPLANATION AND TRANSLATION
Munhu akangwara ane ruzivo rwezvinhu zvakawanda zvinozivikanwa muupenyu pose pose nyange panotaurwa zvinhu zvakadzika napanobvunzwa zvinhu zvakadzika, anotaura shure kwavose.
He who knows most speaks last.

2589 ✹   Vomuzinda vanofa vachinzi vanodya.

EXPLANATION AND TRANSLATION
Munhu akapfuma, kana oshaya, vari kure naye vanenge vachingoti achakangopfuma sezvaakagara akaita.
He that lives in a courtyard dies upon straw.

2590 ✹   Vonyanga roziva, dahwa harindondi.

VARIANT
◆   Yarwira kutonona, shiri haitanyarari.

EXPLANATION AND TRANSLATION
Munhu waziva vavengi vake, ogona kuvanzvenga kana vomukomberana.
Forewarned is forearmed.

2591 ✹   Vuvangu hahwukodoborani maziso nokuti hwunozivana.

EXPLANATION AND TRANSLATION
Vanhu vanoita mabasa akashata akafanana ari orudzi rumwe havarwi.
Persons of similar character usually do not fight.
Hawks will not peck out the other hawk's eyes.

2592 ✸ **Wabatira ichivhiyiwa anopiwa chihwahwaridza.**

VARIANT

◆ Wamenyeswe nzungu anopiwavo manonganzara (manyangamuromo)

EXPLANATION AND TRANSLATION
Munhu anowana vamwe vachishanda basa akavabatsira anopiwa mugove wakaenzanirana norubatsiro rwaavapa.
He that renders services deserves a share.

2593 ✸ **Wabatira makombo mazhinji wazvipa nzara.**

EXPLANATION AND TRANSLATION
Munhu atangidza kushanda mabasa makuru uye anorema nenguva imwe, haazobudiriri kuashanda, achishaiwa chimuko chamabasa iwaya.
He has given himself starvation he that decides to till many new lands.
A man of many trades begs his bread.

2594 ✸ **Wabuda kunze (Wazvarwa) wabudira nhamo.**

EXPLANATION AND TRANSLATION
Kana munhu achinge angozvarwa anototanga kusangana nematambudziko akasiyana-siyana kubvira ari mucheche.
He that is born undergoes several different sufferings.

2595 ✸ **Wabvuma kutakura mumbure unoda chihwahwaridza.**

EXPLANATION AND TRANSLATION
Munhu anozvipira kubatsirawo panobatwa basa, anenge achidawo kubatsirwa nekupiwa mubairo unobva mukushanda kwaanenge aita.
He that assists in a business is after being given a share.

748

2596   ✸   **Wabvuma urema hwake, wazvishopera (wazvibvisa muchishwe).**

EXPLANATION AND TRANSLATION
Munhu anotaura pachena pamberi pavanhu kukonewa kwake kuita chinhu chaanofanira kugona kuchiita anenge azvishambidza tsvina.
He is not laughed at, he that laughs at himself first.

2597   ✸   **Wada mwongo ngaapwanye bvupa.**

EXPLANATION AND TRANSLATION
Kuti munhu awane zvinhu zvakakoshesesa nokunakisisa muupenyu anofanira kushanda zvikurusa.
He that likes the marrow must crush the bone.

2598   ✸   **Wadana n'anga watya gosha.**

EXPLANATION AND TRANSLATION
Uyo akumbira vamwe kuti vamubatsire pabasa raanoshanda, anenge atoona kuti haangaripedzi oga.
He that sends for a physician (doctor) dreads illness.

2599   ✸   **Wadanwa kumuzinda haanonoki.**

VARIANT
  ◆   Kudanwa kumuzinda usanonoka, unowana dzamira nemhuru.

EXPLANATION AND TRANSLATION
Kana munhu achinge adaidzwa anokurumidza kudavira kana kuenda kwaanenge adaidzwa, nekuti akanonoka anowana zvaanenge adaidzirwa zvapera kana kuti zvapiwa vamwe.
Calls from chiefs must immediately be responded to.
Who arrives (comes) late returns with no news.

2600 ❋   **Wadya benzi wadya mate aro.**

EXPLANATION AND TRANSLATION
Kana munhu akagara achitamba nemunhu anorarama
nounhubu, anozogumisidza naiye ava nhubuwo.
He that associates with a thief eventually turns out to become a
thief too.

2601 ❋   **Wadya chake haabvunzwi.**

EXPLANATION AND TRANSLATION
Munhu ane tendero yokushandisa chinhu chake kana
akawanikidzwa achichishandisa haapiwi mhosva
yokuchishandisa.
He that has used his own property need not be asked why.

2602 ❋   **Wadya gadzi wadya gono.**

EXPLANATION AND TRANSLATION
Munhu kana achinge ashinga kuita chimwe chinhu anozvipira
kusangana namatambudziko makurukuru namaduku
asingatyi.
One has the guts not only to eat the female dog but even the
 bulldog.

2603 ❋   **Wafa wanaka.**

EXPLANATION AND TRANSLATION
Kana munhu angotorwa norufu, navaya vaisimuvenga
vanobva vomuda, kunyange navaisiti akashata vanoti aiva
munhu kwaye.
The dead is faultless.

750

2604 ✹ **Wafa watiza nhamo namangava.**

VARIANT
◆ Watiza nhamo namangava ndowafa.

EXPLANATION AND TRANSLATION
Munhu achiri mupenyu ane zvinhu zvakawanda zvinomunetsa zvinogara zvakamukomba uye ane mhosva zhinji dzaanoita kune vamwe vanhu. Kana afa anenge atozvinzvenga.
The dead has run away from troubles and debts.

2605 ✹ **Wafamba wapenga.**

EXPLANATION AND TRANSLATION
Uyo abva pamusha akaenda kumwe achiti anokurumidza kudzoka, zvinoitika kuti anobatikana nezvekowo agozogarako kwenguva refu somunhu asina pfungwa dzakakwana.
The return of him who has gone on a journey is unknown.

2606 ✹ **Wafirwa haatariswi kumeso.**

EXPLANATION AND TRANSLATION
Munhu afirwa, mukurwadziwa mwoyo kwake, anogona kutaura zvakawanda, achipomera vaimuvenga kuti ndivo vauraya hama yake, asi vaanopomera havafaniri kumutsamwira.
In mourning, speeches by the bereaved are not to be quarrelled over.

2607 ✹ **Wagova pamutambo haaguti.**

VARIANT
◆ Dumbu rowagova hariguti.

EXPLANATION AND TRANSLATION
Munhu anopa vamwe zvokudya panenge pakaunganwa

751

navanhu vazhinji, ndiye anodyira shure kwavamwe vose,
zvokudya zvinenge zvava zvishomanana.
He that shares gets the least share.

2608 ✱ **Wagumirwa nenyika ndowafa, mupenyu anoguma akawana.**

EXPLANATION AND TRANSLATION
Nyange munhu ane ropa rokurambwa nepfuma kwenguva
yakareba zvingaonekwa seasingazopfumi asi kana
achararama angapedzisira akomborerwa akafa ava nayo.
The world gives none to the dead but something to the living.
Fortune will shine upon the living.

2609 ✱ **Waguta haawoneki.**

EXPLANATION AND TRANSLATION
Munhu paanenge apiwa zvakawanda zvikamugutsa, kana
achingoda kubvapo, anongozvibvira chinyararire oenda.
One who has been given a satisfying meal does not bid   farewell
formally.

2610 ✱ **Waguta kurarama muranda anonyenga mukadzi washe**.

EXPLANATION AND TRANSLATION
Munhu anoita chinhu chikurusa achitadzira munhu ane simba
gurusa anogona kuita madiro neamutadzira.
He ties the rope round his neck, the subject that seduces the
chief's wife.

2611 ✱ **Wakabata makumbo musoro une venechiro.**

EXPLANATION AND TRANSLATION
Murume akaroora anofanira kuziva kuti nyange mukadzi ari

wake asi achiri mwana kune vakamubereka uye kuti anosungirwa kumubata noruremekedzo.
Treat your wife with a view in mind that she still belongs to her people.

2612 ◈   **Wakamborumwa nenyoka anotya kuona gavi.**

EXPLANATION AND TRANSLATION
Munhu akambopinda mutsaona huru haafariri kuona chero chinhu chakafanana nechakakonzera tsaona yaakambopinda mairi.
He that was once bitten by a snake is afraid of a rope.

2613 ◈   **Wakanaka ngaanake mwoyo, kunaka kwechiso inyengedzi.**

VARIANT
◆   Kunaka ndokwomwoyo kana kuri kwechiso inyengedzi.

EXPLANATION AND TRANSLATION
Munhu ane mwoyo unoshuva kugara wakaita zvinhu zvinofadza vamwe vanhu nguva dzose ndiye munhu kwaye muupenyu.
Virtue is beauty fairness.

2614 ◈   **Wakangira maputi padare haadyi oga.**

EXPLANATION AND TRANSLATION
Munhu akataura nyaya yake pakazara vanhu, vazhinji vanobva vapindira munyaya vachida kuinzwisisa.
He that brings a case before the public, is sure to have many responds.

2615 * **Wakashata kumeso haashoperwi.**

VARIANT
• Kushata kwechiso hahwusi uroyi.

EXPLANATION AND TRANSLATION
Nyange munhu ane chiso chakaipa haafungidzirwi kuti anoroya kusvikira anoshoperwa akaonekwa kuti chokwadi anoroya.
An ugliest person should not be suspected to be a witch/wizard.

2616 * **Wakatakura chake haabvunzwi.**

EXPLANATION AND TRANSLATION
Munhu ane zvinhu zvake kana asati akuudza pamusoro pazvo haafaniri kubvunzwa pamusoro pazvo.
Question him not of the parcel contents, he that carries his own.

2617 * **Wakatakura ganda wakatakura nyama, haaenzani neakatakura hwowa.**

EXPLANATION AND TRANSLATION
Munhu ane chinhu chiri pakati nepakati pechakakoshesesa nechisakakosha anoona chake chiri nani pane chakaderesesa.
He that has lean meat is better than he that has mushrooms.

2618 * **Wakazvara sekera muchitende.**

EXPLANATION AND TRANSLATION
Munhu ane vana haafaniri kuti kana akaona kutadza kunoi- twa nevana vevamwe otsoropodza vabereki vavo, nokuti vake vana vachazoonekwa votadzawo nenzira imweyo.
He that has children should not mock other children.

2619 ❋ **Wako ndowako haadyi usipo**.

EXPLANATION AND TRANSLATION
*Hama dzomunhu nyange dzichimuda zvishomanana asi
dzinogara dzakamurangarira panhamo dzake.*
Your kinsmen have pleasure in sharing the little they have with
you.

2620 ❋ **Wakokota mugoti waguta.**

VARIANTS
◆ Wananzwa mimwe (maoko, banga) wararama.
◆ Washama muromo wararama.

EXPLANATION AND TRANSLATION
Kudya kudukuduku kunopodza nzara huru.
Eating cooking-stick sticking porridge remains stills hunger.

2621 ❋ **Wakukwidza padura wakuvimba**.

EXPLANATION AND TRANSLATION
*Munhu anochengetesa mumwe munhu pfuma yake yakakosha
anoratidza kuti ane chivimbo chokuti achaichengeta
zvakanaka.*
He that has allowed someone access into his granary wholly relies
on him.

2622 ❋ **Wakunyima wati rimawo.**

EXPLANATION AND TRANSLATION
*Munhu anoramba kupa vamwe zvinhu zvake anenge achida
kuti vazvishandire vagowana zvavowo pachavo.*
He that refuses you a share of his meals urges you to labour for
your own living.

2623 ❋ **Wakura haanokorerwi.**

EXPLANATION AND TRANSLATION
*Munhu anenge ava pazera rava namano okuzvitsvagira
zvinhu zvaanoona kuti ndizvo zvingakurumidza kuvaka
upenyu hwake haachafaniri kuramba achararama
nokutsvakirwa navamwe.*
He that is grown up is not to remain being fed from another's
hand.

2624 ❋ **Wakura wadya mano.**

VARIANTS
◆   Wakwegura wadya mano.
◆   Wakwegura wava mucheche, ogara akatsigirwa.

EXPLANATION AND TRANSLATION
*Kazhinji munhu kana akura ava pazera rokukwegura njere
dzokuzivisa zvose zvaaigara achiziva dzinotanga
kumurasikira.*
Old age swallows up wisdom.
In him that is old, wit has decreased.

2625 ❋ **Wakura warehwa navaagere navo.**

VARIANT
◆   Kukura hurehwa nevaugere navo.

EXPLANATION AND TRANSLATION
*Munhu kana ava pazera roukuru anogara achitaurwa
nezvake nevaagere navo vasanganisa mhuri yake navatorwa.*
He that is fully grown up must in his absence be spoken about
by others.

2626 ✸ **Wakuruma nzeve ndowako.**

EXPLANATION AND TRANSLATION
*Munhu anenge akunyevera pamusoro pezvausingazivi
zvaunogara uchirongerwa nevanokuvenga, usamubudisa
pachena kwavari kuti anokuda.*
He that tips you on a plot against you is your bosom friend, do
not disclose his name.

2627 ✸ **Wakwegura ndeasati achafumira kumunda.**

EXPLANATION AND TRANSLATION
*Nyange murume otarisika seasakara nokukwegura, kana
achashanda mabasa ake apamusha, anonzi achiri murume
achiri kuzvinzwa.*
An old man that still labours in the lands is considered young.

2628 ✸ **Wakweva shazhu wakweva namashizha aro.**

VARIANT
◆ Watakura hamba watakura nedeze rayo.
EXPLANATION AND TRANSLATION
*Murume azvipira kuroora chirikadzi navana vayo, ndiye
atoriritira zvose nevana.*
He that loves the tree cannot hate its branches.
He that drags the branch, drags it together with its leaves.
He that marries a woman with children must look after both.

2629 ✸ **Waminama muzinda wapembera.**

VARIANTS
◆ Wasunyaira (punyaira) wachema.
◆ Wapembera muzinda warwa.

EXPLANATION AND TRANSLATION
Munhu akutsirana navamwe vanga vashishanda basa guru,

raasvika akawana ropera, anoverengwawo kunzi ashanda.
He that joined a nearly completed piece of work is also counted a worker.

2630 ❋ Wamutsa (tsuro)ndeyake oga.

EXPLANATION AND TRANSLATION
*Munhu anenge aita zvinonyadzisa ari pakati pavazhinji,
ngaasapomedzera vamwe.*
He that has farted in public must alone bear the shame.
He that has stirred up troubles for himself must alone
suffer the consequences.

2631 ❋ Wananzvira wazipirwa, wati wedzerai zvimwe.

EXPLANATION AND TRANSLATION
*Kana munhu akapiwa chinhu nomumwe akaratidza kutenda
kunogutsa mwoyo weamupa, anenge aratidza kuchidisisa.*
Felt gratitude implies asking for more.
He that highly thanks the giver is wholly satisfied.

2632 ❋ Wananzviwa negwavava haachakori.

EXPLANATION AND TRANSLATION
*Munhu anenge akandwa zvinhu zvakashata
zvine uturu mumuviri, anozongogara nguva dzose
akaondoroka.*
He/She that was licked by a lizard never can grow stout.

2633 ❋ Wandipa nhasi neachandipa mangwana vose ndevangu.

EXPLANATION AND TRANSLATION
Vanhu vanokuyamura panguva dzakasiyana-siyana vose

vanokuda.
He that feeds me today and he that shall feed me tomorrow are both true friends.

2634 ✳ **Wanhonga bvupa anhonga nomwongo**.

EXPLANATION AND TRANSLATION
Azvipira kushanda basa rakaoma asi rine mubairo mukuru kana aripedza anofanira kuwana mubairo wake.
He that picks up a bone piece of meat picks up the marrow inside it as well.

2635 ✳ **Wanhonga haanzi waba.**

EXPLANATION AND TRANSLATION
Munhu awanikidza chinhu chakawira munzira nyange pasina nzira asapiwa mhosva yokunzi atora chinhu chine muridzi.
He who finds a dropped item on the ground is not accused of theft.

2636 ✳ **Wanonga nhango yegodo avimba namazino ake**.

EXPLANATION AND TRANSLATION
Munhu anozvipira kuita chinhu anenge achivimba namamiriro ake.
It is those with strong teeth who should prefer a bone for relish.

2637 ✳ **Wanwe mvura asandinyira mufuku**.

EXPLANATION AND TRANSLATION
Munhu kana abatsirwa nomunhu waanoziva kuti angamubatsira panguva inotevera, asamutadzira.
Fill not with sand the well you have drawn water from.

759

2638 ❋ Wanyima wazvitserera kuti asapiwawo.

VARIANTS
- ◆ Kunyima kuzvitserera.
- ◆ Kunyima kune tsere kuti usapiwawo.

EXPLANATION AND TRANSLATION
Munhu asingapi vamwe zvinhu zvavanoshaya anoita kuti naiye asapiwawo zvaanoshaya nevanazvowo.
He that denies others his own things is also denied theirs.

2639 ❋ Wapande gombo una masimba okuriunda.

VARIANT
- ◆ Kupande gombo huvimba nesimba rokuriunda.

EXPLANATION AND TRANSLATION
Murume akamboroora anonyenga musikana achisiya mvana isina murume anenge achivimba nen'ombe zhinji dzaanadzo dzokurooresa.
He that be a strong hardworking man is he that clears his own land.

2640 ❋ Wapande gombo wazvipira basa rokuswera amire.

EXPLANATION AND TRANSLATION
Munhu azvitsvakira basa guru rinorema ngaachiziva kuti ave nemutoro mukuru waatarisana nawo. Somuenzaniso, murume akaroora kana azvipira kunyenga musikana, anenge azvitsvakira basa gukutu rokugara achingoenda kunomunyenga.
He that has opened a new business will always be busy.

2641 ❋ Wapembera muzinda warwa.

EXPLANATION AND TRANSLATION
Munhu abatsira kuita chidimbu chiduku chebasa guru

rinobatwa, naiye anoverengwa kuti ashandawo.
He that has helped a little has done most.

2642　✻　**Wapembera wabaya.**

EXPLANATION AND TRANSLATION
Munhu anoonekwa achiuruka achidzana nomufaro anenge
abudirira pachinhu chaanga achiita.
He that dances with joy has succeeded.

2643　✻　**Wapererwa nehama ndowafa.**

EXPLANATION AND TRANSLATION
Kana munhu achingove mupenyu chete, kunyange asina
anomubatsira panhamo dzaainadzo, ngaasaora mwoyo.
Anozoguma awana hama kana angamubatsirawo.
Friendless is the dead, the living has many friends about him.

2644　✻　**Waposha mumwe pfuma yake, watenga mudonzvo**
wedova.

EXPLANATION AND TRANSLATION
Kana munhu akapa mumwe chinhu chake chaanotora nguva
asati adzorerwa anozogara akaendako nguva dzose
kunochidzorerwa.
He that lends someone an item gives himself many demanding
trips.

2645　✻　**Wapota nechibwe avanda, haachadzoki.**

VARIANT
◆　Wapota nechuru avanda, haachadzoki.

EXPLANATION AND TRANSLATION
Kana munhu ane chikwereti chikuru chinoda kudzorerwa.
Kana akange awana kamuripo anokabvisawo, kuti achenese
mwoyo womunhu waane chikwereti naye.
An instalment on a big debt owed makes the heart light.
He that employs a mediator must be forgiven his wrongs.

2646 ✸ **Wapunyaira haashayi misodzi.**

EXPLANATION AND TRANSLATION
Munhu ashanda zvishomanana anopiwawo mubairo muduku
wakaenzanira.
One who has worked himself up will not lack.
If you try hard, you will achieve something.

2647 ✸ **Waramba mukadzi wakomborera vane nzara.**

EXPLANATION AND TRANSLATION
Murume anoregera mukadzi waanga akaroora achiti
haachamuda, anobatsira mumwe murume anga achishaya
mukadzi wokuroora.
He that divorces a wife passes fortune on to bachelors.

2648 ✸ **Warambwa nechake haarwiwi naye.**

EXPLANATION AND TRANSLATION
Munhu anenge asingadi kupa mumwe chinhu chake haafaniri
kutsamwirwa.
He that refuses to give away one's own property must not be
quarralled with.

2649 ✸ **Warambwa shamba mabori mumwe achakuonawo.**

EXPLANATION AND TRANSLATION
Murume, nyange mukadzi, akarambwa nowanga akamuroo-

762

ra, kana kuroorwa, kana akazvibata anozowana mumwe.
Personal cleanliness lacks no lover.

2650 ✳ **Warambwa wanhuwa sechidembo (sedembo)**

EXPLANATION AND TRANSLATION
Murume nomukadzi vanenge varambana havazodi kugara vachionana, vanobva vosemana.
He /She that has been divorced stinks like a polecat.

2651 ✳ **Warambwa wave dongo ramera mhosva (mowa)**

EXPLANATION AND TRANSLATION
Murume nomukadzi vakange varambana vongoona mumwe nomumwe angosawuka muviri wake wasakara.
He or She is completely out of mind that has been divorced.

2652 ✳ **Waramwa waguta.**

EXPLANATION AND TRANSLATION
Munhu anoramba nemaone zvaanenge apiwa anenge ainazvo zvimwe zviri nani.
He that peevishly refuses a given meal is full.

2653 ✳ **Waramwirwa musikana waatizisa mukumbo wanzi wana.**

EXPLANATION AND TRANSLATION
Munhu anoti kana atora zvinhu zvevaridzi vasingazivi, kana vasina kumutevera vanenge vabvuma kuti zvive zvake.
He that elopes with a woman and never be soon followed by her parents to fetch her is a sign of being permitted to marry her.

2654 ✳ **Wareva mwana wareva namai.**

VARIANTS
◆ Kureva mwana kureva namai.
◆ Dimba (Timba) svinoteta hundi mwoyo uri kumakoto.

EXPLANATION AND TRANSLATION
Munhu anogona kutaridza rudo rwechinhu chinoonekwa asi iye pasi pasi pemwoyo wake inenge iri nzira yokuratidza zvakavanda zvaanonyanya kuda kuti azviwane. Somuenzaniso, munhu wechirume ane pfungwa dzokunyenga mukadzi ane mwana anotanga kuratidza rudo rwokuda mai nokufarira mwana wake mukadzi iyeye zvikurusa.
Many kiss the child for the mother's sake.
He that wipes the child's nose kisseth the mother's cheek.

2655 ✳ **Waridza mhere watya.**

VARIANTS
◆ Wakoka humwe watya bundo.
◆ Waure mhere watya.

EXPLANATION AND TRANSLATION
Kana munhu achishanda basa rake, akakumbira vamwe kuzomubatsira kurishanda, anenge aona kuti ramukurira, haangarishandi ari oga akaripedza.
He that has shouted for help has been overcome.

2656 ✳ **Waronza huku ngaaronze nedende romunyu.**

VARIANT
◆ Kuronza huku ronza nendende romunyu.

EXPLANATION AND TRANSLATION
Munhu achengeteswa zvipfuwo nomumwe, zvizhinji
zvezvinozvarwa anongozviurayira achizvidyira asingaudzi
mwene wazvo akamuchengetesa.
He that gives his fowls to someone to look after should include a calabash of salt as well. Fowls looked after by someone have a slow increase.

2657 ✸ **Warwa nebenzi wabatana nacho.**

EXPLANATION AND TRANSLATION
Kana munhu akaita chinhu chinonyadzisa nebenzi vari voga
asi musi waanosangana naro pane vanhu vazhinji pane
rinotangidza kumubata richida kuti vaite zvavaiita
pachivande.
He that quarrels (fights) with a fool must always live to quarrel (fight).

2658 ✸ **Wasekerera wafara.**

EXPLANATION AND TRANSLATION
Munhu anoratidza kuti agutsikana mumwoyo make
anomwekurira chiso chake chichitarisika chaedza.
He that smiles is pleased.

2659 ✸ **Washamba maoko haanokorerwi.**

EXPLANATION AND TRANSLATION
Munhu anenge azvigadzirira chinhu chake namazano ake
anofanira kubvumirwa kuti azvishandisire, vanhu
vasingamuvhiringi.
He that has washed his hands cannot feed from another hand.

2660 ✹ **Wasvika muzinda ane chinongo.**

EXPLANATION AND TRANSLATION
*Kana muranda akashinga kuenda kumusha washe, anenge
ane kanyaya kaanofambira. Muranda haanooni ishe asina
chiduku hacho chaanofambira.*
He that visits the chief's kraal must have a case to place before
the chief.

2661 ✹ **Watakura (Wasenga) ngwena waida.**

EXPLANATION AND TRANSLATION
*Munhu akange ada chinhu chaanonyatsoziva kuti
chinovengwa kana kutyiwa navanhu, anenge azvipira
nomwoyo wose. Somuenzaniso, murume akange aroora
mukadzi ana amai vaagara achiziva kuti vanoroya, anenge
azvipira kusekwa nokunyombwa pamusoro pake.*
He must have the deepest love for her he that marries a witch.
He that marries the daughters of a witch must be patient enough to
bear the scorn.

2662 ✹ **Watamba neimbwa anozara utata nebukuta.**

EXPLANATION AND TRANSLATION
*Kana munhu akagara achifadzwa nokuita zvounhubu
anozogumisidza ashatisa zita rake.*
He that lies with dogs must rise with fleas.

2663 ✹ **Watevera shezhu (senzu) anodya mazana.**

VARIANT
◆ Kutevera vadzimba unouya nebapu.

EXPLANATION AND TRANSLATION
*Kana munhu azvipira kushanda basa rake rakanaka
anogumisidza nokuwana mubairo wokurishanda.*
He who starts a fair business will gain.

2664 ❋ **Wati ndowangu ndowanzwa pandinorehwa akatsamwa.**

EXPLANATION AND TRANSLATION
Munhu anoti ihama chaiyo ndiye anoti kana akaziva vanokuvenga haavafariri.
He is a good friend that speaks well of us in our absence.

2665 ❋ **Watora chake haanzi aba.**

EXPLANATION AND TRANSLATION
Kana munhu akazotora nhumbi iwe usipo, yaakanga akupa usamukwirira kwavashe uchiti akutorera nhumbi yako.
A person that takes away what belongs to him is not said to have stolen.

2666 ❋ **Watungamira haatori nzira.**

EXPLANATION AND TRANSLATION
Munhu atangidza kushanda basa rakamirira kushandwa navazhinji haaritori kuriita rake. Anenge angoritangidza kurishanda bedzi kuti vanozorishanda vagotevera vachirishanda nenzira yaatangidza kurishanda nayo.
The one who first uses a new path does not use it for oneself alone.

2667 ❋ **Watsva neshambakodzi haaenzani nowatsva nomwoto.**

EXPLANATION AND TRANSLATION
Munhu anobayika nebasa rinomupa mubairo kana aripedza anochena mwoyo kupfuura munhu anobaika nebasa risingamupi mubairo.
He suffers cheerfully, he that suffers for gain.

2668 ❋ **Watungamira watungamira, haachabatwi.**

EXPLANATION AND TRANSLATION
Munhu agara atangidza kubata basa rake, vamwe vasati
vatangidza kubata ravo, atoenderera mberi naro,
zvichida angangozovatangirazve kuripedza vachiri kure naye.
He that has gone ahead may not be overtaken.

2669 ❋ **Watye chiromo ndowatya chitema chinoparadza.**

EXPLANATION AND TRANSLATION
Munhu anozeza kuita zvinhu zvakashata, ndiye
anorumbidzwa achinzi akangwara, haadi kuzvitsverudza
namabasa etsvina.
Fear nothing but sin because it ruins.

2670 ❋ **Wava muroyi wafa navana.**

VARIANT
◆   Chapera chapera, wava muroyi wafa navana.

EXPLANATION AND TRANSLATION
Chinhu change chichinetsa vanhu chapera chikakurirwa
nezvose zvacho, zvanga zvichichitsigira nokuchikurudzira.
It is the entire perishing of the witch and all her children.
It is the entire destruction of the enemy and supporters.

2671 ❋ **Wava musevera kure usavi hwechirimo (hwenhamo).**

EXPLANATION AND TRANSLATION
Kwava kushandiswa kwezvinhu zvisingachawanikwi
zvakawanda sezvazvinosiwanza kuwanikwa nenzira
inongobvumira kushandisa zviri zvishoma zvishoma kuti
zvisakurumidza kupera.
The scarcity of relish sources makes lean rationing.

2672 ❋ **Wavamba rwiyo rwusina mubvumiri.**

EXPLANATION AND TRANSLATION
Munhu atangidza kuita chiro chisina anochitsigira.
You have begun a cause which no one supports.

2673 ❋ **Wavengwa nevake wachererwa rinda.**

EXPLANATION AND TRANSLATION
Munhu kana akagara asati achadikanwa nehama dzake
hadzitani kuita zvadzinoda paupenyu hwake.
The hatred of relatives carries death.

2674 ❋ **Wavhuna tsvimbo achipotsera tsuro haamhurwi.**

EXPLANATION AND TRANSLATION
Munhu akuvadza nhumbi yokushanda nayo achishanda basa
rine ruyamuro haashoorwi.
He that wasted his energy on profitable business deserves no
blame.

2675 ❋ **Wawazvara (Wawabereka) naye haumukanganwi.**

EXPLANATION AND TRANSLATION
Mukadzi nomurume vaita vana, nyange vaparadzana
vanongogara vachingorangarirana.
Divorced parents who have had children together are bound to
keep on thinking about each other.

2676 ❋ **Wazvara wazvivambira nhamo (miromo) mumba.**

VARIANT
◆ Kuzvara huzvivambira nhamo (miromo) mum

EXPLANATION AND TRANSLATION
Munhu akange ava navana, kutambudzika kwaanova nako ndekwekuvariritira.
Bearing children is the beginning of want in man's life.

2677 ❋ **Wokwachirume ndowokwachirume anotanga kuyambuka rwizi ruzere.**

EXPLANATION AND TRANSLATION
Mwana wechikomana nyange achiri pazera duku sei pazvinhu zvinoitwa nokutsunga anobva aratidza kutsunga kwake pakuda kuzviitawo.
The male faces dangerous situations with greater courage than the female.

2678 ❋ **Yapfuura kamwe haiteyewi.**

EXPLANATION AND TRANSLATION
Kungoonekwa kwechinhu chinofema panzvimbo kwenguva imwe yoga hakuna chokwadi chizere chinosimbisa kuti chichazosvikapozve mukugara nedzimwe nguva dzinotevera.
One-time passing foot-tracks of a buck does not guarantee its regular crossing-spot to set up a trap.

2679 ❋ **Yasvikira shure padziva haigungwi.**

EXPLANATION AND TRANSLATION
Munhu anoenda kumutambo waanga akokwa, akanowana vazhinji vanga vavapo, vatopiwa zvokudya, vakadya vakapedza, anozongopihwa zvokudya zvokunongedzera, zvaanongodya asingaguti.
The beast that reaches the pool last quenches not its thirst.

* **Yave nhamo mukwasha kubatira mbuya vachivedzenga nyama.**

EXPLANATION AND TRANSLATION
Kutambudzika kukurusa kunopindura kuchengetedzwa kwose kuri mutsika dzamagariro evanhu.
Pressure of prevailing circumstances alter traditional customs' observance.
Circumstances alter cases to suit current conditions.

* **Yave shindi (Ishindi) yawana urungiro.**

EXPLANATION AND TRANSLATION
Munhu agara asisade chinhu, asi anga achishaya nzira yokuti achirambe nayo, anenge azowana zano renhema raaumba.
Faults are thick where love is thin.
He that divorces his innocent wife falsely accuses her of witchcraft.

3096 * **Yavedzengerwa padare yati ngandigochwe.**

VARIANT
♦ Yavhiyirwa (mbudzi) padare yati ngandigochwe.
EXPLANATION AND TRANSLATION
Nyaya inenge yaitika vazhinji vakatarisa, munhu wose anenge aripo anobvumirwa kutaurawo zvaanofunga pamusoro pokuitika kwayo.
The two opponents that fight in public find themselves stopped sooner.

3103 * **Yawira mumwena wanyanjara, haichabudi,**

EXPLANATION AND TRANSLATION

Kana ukakweretesa pfuma yako kumurombo, asingazogoni
kukudzorera, unenge wangoita somunhu atora pfuma yake
akaikweretesa mufambi anopfuura achienda kwaasingadzoki,
newe kwausingazivi.
He that lends a poor man throws his riches into a ravine.
It is entirely lost wealth that is lent to a poor man.

2680 ❀ Zai rinoonekwa hukwana (nhiyo) mukati raputswa (rapwanywa).

EXPLANATION AND TRANSLATION
Mhosva inoenzaniswa nokuonekwa ukuru nouduku hwayo
pashure pokunge yatongwa padare ikapera.
A chick will only be seen when the egg has been hatched.

2681 ❀ Zambuko risina ngwena (garwe) nderawayambuka.

EXPLANATION AND TRANSLATION
Munhu waunoti haana simba rinokurira rako ndowawa-
rwisana naye ukamukurira, kwete wausati warwisana naye.
He knows how to praise creditably he that praises a ford he has
safely-crossed.

2682 ❀ Zamu guru nderokwamai, rokwababa ndimuzvaravanji.

EXPLANATION AND TRANSLATION
Pavabereki, vanhu vedivi rokwamai ndivo vanoratidza
kudisisa mwana womukunda wavo kupfuura vanhu vedivi
rokwababa. Mubereki ndimai, baba ndimuzvaravanji.
The mother's side is the surest.
Parental love on children is deeper on the mother's side than on
the father's.

2683 ✱ **Zamu pana mbuya tika, richabatwa nani?**

EXPLANATION AND TRANSLATION
*Mukwasha haana hanyn'a nokunaka kwechiso chamai
vanozvara mukadzi wake. Nyange vonaka sei pachiso
hazvimutori mwoyo.*
The beauty of one's mother-in-law feeds not one's eyesight to its
fill.

2684 ✱ **Zaruko rehanga ndiro rimwe.**

EXPLANATION AND TRANSLATION
*Munhu wose wose zvake ari panyika nzira yokuti asiye nyika
ino ndeyokufa.*
Death is the only gate through which every soul passes.

2685 ✱ **Zembe ndiro rimwe hapana ane rake.**

EXPLANATION AND TRANSLATION
*Vanhu vakasiyana-siyana, vasingagari panzvimbo imwe
chete, vanoitira mumwe munhu anogara oga zvinhu namaiti-
ro akafanana sezvinonzi vanenge vagara vakarangana kuita
saizvozvo nyamba kwete.*
Like dogs, when one barks they all bark.

2686 ✱ **Zibudakamwe dare retsvimborume.**

VARIANT
♦ Zipfigakamwe dare retsvimborume.

EXPLANATION AND TRANSLATION
*Imba inorara munhu asina kuroora, kana ikazarirwa
mangwanani mwene wayo achienda kwaanoenda, inoswera
zuva rose yakazarirwa kudzamara manheru mwene wayo
adzoka.*
A bachelor's sleeping quarters, in his absence, spends the whole
day closed up.
The wife is the key of the house.

773

2687 ✹ **Zijera wachera tsime rebofu.**

EXPLANATION AND TRANSLATION
Kunyengwa kwomukadzi akaroorwa nomurume asingaoni kunongoitwa zvako nyange notuvarumewo tusakafanira nokuti tunenge tusina anotuona tuchimunyenga.
All fetch water from the blindman's well. All men fidget (consort) with the blind man's wife.

2688 ✹ **Ziitakamwe mimba yousikana.**

EXPLANATION AND TRANSLATION
Kubatsirwa mwana wokutanga kunorwadza zvikuru munhu wechikadzi nemhosva yamasuwo anenge akashanha. Anobatsirwa anobva atsidzira kusazotakurazve pamwe pamuviri pechipiri.
In the pains of the first childbirth, the woman says this will never happen again.

2689 ✹ **Zimudemba ndawa.**

EXPLANATION AND TRANSLATION
Munhu anozoti kana chinhu chake atochiita chatokanganisika pakuchiita kwake ndipo poozowana zano neruzivo rwokuitwa kwacho.
It is too late to grieve when the chance is past.
When a thing is done, advice comes too late.

2690 ✹ **Zinatsa mukanwa kugungura kwerinopemha.**

EXPLANATION AND TRANSLATION
Munhu anorarama nokukumbira anofanira kuva akangwara mukutsanangura kutambudzika kwake kune vaanokumbira kuti agonzwirwa tsitsi.
The one who survives on begging should be good at persuasive language.

2691 ● **Zindoga watonga muzinda wenyuchi.**

EXPLANATION AND TRANSLATION
Musha unenge usina mukuru anozivikanwa akaubata,
anodzika mirayiro inofanira kuteverwa navose vanogaramo.
Musha unongoti ada azviitira zvake zvaanoda asina hanyn'a
navamwe, asina waatanga azivisa zvaanoda.
There is no accord where every man commands. In a bee-hive
every bee rules.

2692 ● **Zino irema rinonyenamira (rinosekerera)**
newarisingadi.

EXPLANATION AND TRANSLATION
Kumwekurira nokuseka-seka zvinhu zvakagara zvakapiwa
munhu pakusikwa. Kumwekurira nokuseka-seka hakusiri
rudo pane vanozviita.
A person may smile at you, yet his teeth are cold and dry.

2693 ● **Zinyadza mungwari mutakudze mwana wake akafa.**

EXPLANATION AND TRANSLATION
Hakuna munhu anozviti akangwara kupfuura vamwe asinga-
zopwisiwiwo navamwe vanhu vakangwarawo kupfuura iye.
Deceiving a deceiver is not deceipt.

2694 ● **Zinyenyevekwa kusungirwa huni kwebenzi**
mumwoyo zvisimo.

EXPLANATION AND TRANSLATION
Munhu anonyengedza mumwe achitaura kune vamwe vanhu
kuti akanaka, anomuda, nyamba achiziva zvake kuti anosi-
mbogara achimutaurazve kune vamwevanhu kuti haamudi.
Colourful praise is usually full of flattery.
To be promised and be given nothing is comfort to the fool.

2695 ● **Ziso charakamboona harichikanganwi.**

EXPLANATION AND TRANSLATION
*Mamiriro echinhu chemunhu chaanoziva, namaziso ake
anogara akanyorwa mukati memwoyo wake.*
The eye forgets not that it has seen.

2696 ● **Ziso charaona chadzira mumwoyo.**

EXPLANATION AND TRANSLATION
*Munhu anoshumba nokuda chinhu chaanotanga aona
namaziso ake.*
That which the eyes have seen descends inside the heart.

2697 ● **Ziso charaona rachida.**

EXPLANATION AND TRANSLATION
*Munhu akaramba akatarisa chinhu chaanenge achiona,
anobva apindwa nepfungwa yokuti dai chava chake.*
Looks breed loving.

2698 ● **Ziso chararovedzera   kuona chadupuka.**

EXPLANATION AND TRANSLATION
*Chinhu icho munhu chinogara chiri paari nguva dzose,
nyange chine unako ukuru, hwunobva hwaderera, hwava pasi
pasi kwaari.*
The longer you look at it the less you will like it.
It is nothing when you are used to it.

2699 ● **Ziso guru rinoparira.**

EXPLANATION AND TRANSLATION
Munhu asingadi kupfuurwa nezvinhu zvose zvaanosangana
nazvo muupenyu anowanza kuzvipinza mukutambudzika
kusakafanira.
It is the eye that sees both good and bad.
He that extremely loves women is ever involved in troublesome
women affairs.

2700 ● **Ziso harinyimwi, charaona rinongozvitorera.**

EXPLANATION AND TRANSLATION
Chinhu chagara chazarurirwa maziso, hachizogoni
kuvanzika.
The eye can never be refused seeing a thing within its sight.

2701 ● **Ziso haritori chavashe.**

VARIANTS
◆   Ziso rinotorei chavashe?
◆   Tongotarisavo maziso anotorei chavashe?

EXPLANATION AND TRANSLATION
Chinhu chomunhu mukuru, nyange chikatariswa nomuduku,
hachibvi paari.
The eye robs nothing of the king.

2702 ● **Ziso harityi, nomukuru rinofa ramutarisawo.**

EXPLANATION AND TRANSLATION
Muupenyu hwawo maziso akapiwa kuona nokutarisa zvinhu
zvose, zvingava zvinonyarika nezvisinganyariki.
A cat may look at the king.
A chief's wife may be admired.

2703 ❋ **Ziso inyangadzi rinochochora (rinochiva) warakaramba.**

EXPLANATION AND TRANSLATION
Muupenyu munhu anogona kuchochora zvinhu zvaakambe-nge ati haazvidi zvachose. Somuenzaniso, zvinoitika pane dzimwe nguva kuti murume kana mukadzi akasangana nomukadzi kana murume waakanga akaroorana naye vakaparadzana, obva amuchivazve oda kudzokerana naye.
The eye is shrewd, it suggests for the heart.
Long broken up love is renewed by eyesight.

2704 ❋ **Ziso rembavha (remhombwe) harivandiri.**

VARIANT
◆ Ziso reimbwa inoba harivandiri.

EXPLANATION AND TRANSLATION
Munhu anorarama nokuita zvakashata, kana akatarisa vanhu maziso ake anorembera akatarisa pasi kana parutivi achida kunzvenga zviito zvake.
The face is the index of the mind.
Guilt reveals itself through facial looks.

2705 ❋ **Zita mudzimu unobata pawaiswa.**

EXPLANATION AND TRANSLATION
Kuita kwomwana atumidzwa zita romunhu anozivikanwa nezviito zvake, zvingangofanana namaitiro aiita mwene wezita.
Names and nature do often agree.
Sometimes people act under the influence of the names they are given.

2706 ● **Zita rambuya nyangodaidzwa nomukwasha anotorei chavo?**

EXPLANATION AND TRANSLATION
Kuremekedzwa kwaamai vomukadzi nomurume womwanasikana wavo kunozadzisika muzviito kwete mukusadaidza zita ravo bedzi.
The son-in-law that calls out his mother-in-law's name in good faith is traditionally customary faultless(innocent).

2707 ● **Ziya (Iziya) reimbwa rinoperera mumakushe (mumambava).**

EXPLANATION AND TRANSLATION
Ibasa gukutu kumunhu raanoshanda zvakaremesesa rinozogumisidza risina kumupa mubayiro nyange mudukuduku zvawo wokurishanda kwake.
It is a much sweating business that never rewards the owner.

2708 ● **Zunguza mutondo, mukarati uchawa wabaya.**

EXPLANATION AND TRANSLATION
Tangidza kurwisana nevane simba gurusa rokurwa uvakurire. Kana kwasara vasina simba rokurwa, wozovarwisawo wovakurira nyore nyore.
When fighting conquer the strongest first, the weakest will be easy to conquer.

2709 ● **Zuva rechako harirevi.**

VARIANT
◆ Zuva rechako harizivikanwi.

EXPLANATION AND TRANSLATION
Hapana munhu anogara akaziva nguva yaachagamuchira

zvose zvaanowana muupenyu.
Property gifts come to us without sounding a bell.
Gifts enter everywhere without wimble.

2710 ✸ Zuva rimwe hariodzi nyama.

VARIANTS
- Ravira radane rimwe.
- Zuva ravira rayedza.

EXPLANATION AND TRANSLATION
Kurasikirwa nezuva rimwe chete rokushanda basa, handiko kungakonzera kusabudirira kushandwa kwebasa rose pamazuva anotevera.
A loss of one working day can never hinder the success in daily life.

2711 ✸ Zuva rimwe haripedzi kutunga chuma.

VARIANT
- Zuva rimwe haripedzi munda.

EXPLANATION AND TRANSLATION
Chinhu chikuru chinobatsira, chine basa guru muupenyu, hachingangoshandwi chikasvika pamagumo mukati momusi mumwe.
One cannot accomplish a great task within a day.
Rome was not built in one day.

2712 ✸ Zuva rimwe nerimwe rine zvaro (nhamo dzaro)

EXPLANATION AND TRANSLATION
Zvinhu zvinoitikira muupenyu hwavanhu mumisi yakasiyana-siyana zvakasiyana-siyana. Musi mumwe nomumwe une zvawo.

No day passeth without some grief.
No day passes without a line of its news.

2713 ✳ **Zvababa (Zvavashe) zviri mugonera hazvibufurwi.**

VARIANT
◆ Zvavashe hazvirehwi, zvinorehwa neakadzika ngundu youshe.

EXPLANATION AND TRANSLATION
Kuita kwavanhu vakuru nyange kusina kunaka hakuna angakubudisa pachena achikutsoropodza.
The wrongs of the husband (chief) are irreproachable.
The wrongs of the king cannot be criticised except by king's kinsman.

2714 ✳ **Zvadzarovedzera n'ombe kudya munda webofu mangwana dzichanodya wouna maziso.**

EXPLANATION AND TRANSLATION
Munhu anogara achitadzira uyo waanozvidza, achazonota-dzira akangwara anesimba rakaenzana nerake pakurwa, acharwisana naye asingamuzezi.
He that cheats a blind man never can cheat the one with double eyes.

2715 ✳ **Zvagona (Zvakagona) kupinda kubuda hazvichadi.**

EXPLANATION AND TRANSLATION
Kurwara kunopinda nyore nyore mumuviri womunhu, asi kana kworapwa kuti kupere munyama yomunhu, kunotora nguva refu kusati kwaenda.
Diseases come on horseback but go away on foot.

2716 ● **Zvakona n'anga murapwa achida.**

EXPLANATION AND TRANSLATION
Zvimwe zvinhu zvinokurira vanozviita vanenge vaine shungu
dzekuti zvibudirire asi izvo zvoramba.
It was too late for the healer in spite of the patient wanting to
be cured.
Some things are impossible even with the best will in the world.

2717 ● **Zvangu zvapera, zvasarira newe kubvumidza**
mazembe.

EXPLANATION AND TRANSLATION
Kana jaya rinonyenga musikana rikange radudza nomuromo
waro kumusikana warazvipira kuti rinoda, rinenge
rapedza basa raro rokunyenga. Kunenge kwamirirwa
mhinduro kubva kumusikana kuti achipedzisa nyaya.
When a man has proposed love to a woman, all he can do is to
wait for a response from the woman.

2718 ● **Zvapaguru hazvirondwi, wazvironda anenge ane**
zvakewo zvaakabva nazvo.

EXPLANATION AND TRANSLATION
Pakaroorwa vakadzi vazhinji nomurume mumwe chete,
panogara pakarevanwa zvokuti ukazvitevedzera
haungazvipedzi.
Polygamy rules its kingdom with endless gossip and backbiting.

2719 ● **Zvapererana hamba nesanhu (nedemo).**

EXPLANATION AND TRANSLATION
Kana mhosva yanga yakaparwa, musi wainenge yozotongwa
inenge yozosvika pamagumo.
It is the final hearing of the case that brings it to a final judgement.

2720 ❋   Zvavapengo hazvirondwi,

EXPLANATION AND TRANSLATION
Munhu asava nehanyn'a namashoko anotsamwisa anotaurwa
nomunhu ane pfungwa dzisina kuti tasa, dzisingatori kwazvo.
Mind not the actions of a mad person.
For mad words deaf ears.

2721 ❋   Zvavashe hazvipingwi, wazvipinga waguta kurarama.

VARIANT
♦   Zvavashe hazvirambwi, wazviramba wapererwa
noupenyu.

EXPLANATION AND TRANSLATION
Kana ishe achida kudzika mutemo wake, nyangwe uri
mutemo usina kunakira vanhu, hakuna angamudzivisa.
Kings rule as they like.
It is hard to sit in Rome and strive against the Pope.

2722 ❋   Zvavaviri ndezvavaviri, hazvitsvaki wechitatu
zvinosuruka.

EXPLANATION AND TRANSLATION
Chinhu chikuru chakavanzika chinorongwa navanhu vaviri
chete, kana vakapinza wechitatu chafumurwa.
A secret plan is only for two people. The third one can only spoil
by divulging it.

2723 ❋   Zvebenzi zvinotendwa (zvinobvumwa) zvaonekwa.

EXPLANATION AND TRANSLATION
Munhu asina pfungwa dzakatsarukana zvaanotaura
pakutanga zvinonzi hazvisiri izvo, zvozobvumwa zvafamba.
A fool's statement (report) is never believed till it is proved.

2724 ❋   Zvicharimwa (zviyo) zvinorwadza, zvinonaka zvodyiwa.

EXPLANATION AND TRANSLATION
Chinhu chipi nechipi chinopa mufaro muupenyu hwavanhu, kana chichishandwa chinorema, asi kana chodyiwa charerukira munhu wose.
It is painful to work but sweet to eat.

2725 ❋   Zvina mashura gudo kuwa (kupunzika) mumuti.

VARIANT
◆   Zvina manenji gudo kupunzika mumuti.

EXPLANATION AND TRANSLATION
Chingava chishamiso kunzwa kuti munhu anonzi inyanzvi pakuita chinhu akachikonewa zvachose kuchiita nenzira yachinosigara chichiitwa nayo.
It is bad omen that a baboon falls from a tree.

2726 ❋   Zvingava zvandibvira nepiwo kuti ndifukewo dehwe rembizi rinofukwa navahosi?

EXPLANATION AND TRANSLATION
Munhu anoshoreka pangava paanogara kana zvaanodya anongokaruka asimudzirwa pamagariro asingazvifungidziri.
How would it come that l, the least loved wife, be loved equally the same as the senior wife.

2727 ❋   Zvinobvirei kuti mwana womurongo ave ishe?

EXPLANATION AND TRANSLATION
Mutsika namagariro edu pane zvinzvimbo zvinotevedzera

gwara razvakatarirwa.
The first son born of a junior wife will never be a lawful successor to the desceased father's name.

2728 ✳ **Zvinochenesa mwoyo kufira bvupa rine mongo.**

EXPLANATION AND TRANSLATION
Munhu kana achitambudzikira kuwana chinhu chinozomu-pfumisa hazviwanzi kurwadzisa mwoyo.
It is a relief to the heart to undertake to do a profitable task.
It is heartening to pursue a rewarding project.

2729 ✳ **Zvirevo muto zvinosevana.**

EXPLANATION AND TRANSLATION
Munhu ataura shoko kune mumwe nyange riri rakanaka kana rakashata rinofanira kupindurwa nevaritaurirwa kana aritaurirwa, vachipindurana.
One word asketh for another.

2730 ✳ **Zviri kwaari wakama n'ombe kudya mukaka kana kuurega.**

EXPLANATION AND TRANSLATION
Munhu mumwe nomumwe anoita zvaanoda pakushandisa pfuma yake.
A man may do what he likes with his own.

2731 ✳ **Zviri mumwoyo, kurutsa hakutumwi munhu.**

EXPLANATION AND TRANSLATION
Pane zvinhu zvatinongozvisarudzira kuita kana kusaita, tisina atituma.
Giving comes of will.

2732 ❋   Zviri pavanhu, musango hamuna.

EXPLANATION AND TRANSLATION
Kutambudzika kwakasiyana-siyana kunofanira kuwira vanhu kwete mhuka.
All sufferings were meant for human beings not for wild animals.

2733 ❋   Zviso zvavanhu vamwe zvinotsvakana.

VARIANT
◆   Zviso zvavanhu vamwe hazvishayani.

EXPLANATION AND TRANSLATION
Vanhu vedzinza rimwe chete vakaumbwa zvakafanana nyange vakagarisana vari kure nakure.
The same origin blood families have same bodily structure and facial looks.
Same blood same facial looks.

2734 ❋   Zvokureva ndozvinei, kutarisa namaziso hungwaruwo.

VARIANTS
◆   Ndezvamaziso muromo zvinyarare.
◆   Zvokureva ndozvinei, kutarisa hurevawo.

EXPLANATION AND TRANSLATION
Kana munhu akawanikidzwa achiita zvakaipa, uya amuona akangomunyararira achimusiya akadaro asi achitaridza kuti aona kukanganisa kwomunhu uyu, uya aonekwa anopindwa nenyadzi dzokuti aonekwa achitadza, haazopamhidzizve kutadza.
In seeing and being silent, there is also remedy for stopping doing evil actions.

2735 ❋   **Zvokuwana munzira kumusha wabva usina.**

EXPLANATION AND TRANSLATION
*Munhu akazvarwa navabereki vakarurama, vasina
zvibatabata akazodzidziswa kuita mabasa akashata
navamwe vaakazosangana navo muupenyu.*
Children of honest parents can turn out thieves.
Born good but can turn out wicked.

2736 ❋   **Zvomumba momumwe hazvibvunzwi.**

EXPLANATION AND TRANSLATION
*Munhu asafamba achitsvakisisa kuzivisisa pamusoro pezvino-
itika mumagariro evanhu nemhuri dzavo.*
Curiosity is ill manners in another's house.
He must be a habitual tale-bearer he that goes peeping into every
neighbour's house.

Lightning Source UK Ltd.
Milton Keynes UK
UKHW040647221119
354046UK00003B/609/P